Deutsch denken

Alexander Aichele

Deutsch denken

Die Philosophie der Neuen Rechten

Alexander Aichele
Universität Halle-Wittenberg
Halle, Deutschland

ISBN 978-3-476-05714-3   ISBN 978-3-476-05715-0 (eBook)
https://doi.org/10.1007/978-3-476-05715-0

Die Deutsche Nationalbibliothek verzeichnet diese Publikation in der Deutschen Nationalbibliografie; detaillierte bibliografische Daten sind im Internet über http://dnb.d-nb.de abrufbar.

© Springer-Verlag GmbH Deutschland, ein Teil von Springer Nature 2021
Das Werk einschließlich aller seiner Teile ist urheberrechtlich geschützt. Jede Verwertung, die nicht ausdrücklich vom Urheberrechtsgesetz zugelassen ist, bedarf der vorherigen Zustimmung des Verlags. Das gilt insbesondere für Vervielfältigungen, Bearbeitungen, Übersetzungen, Mikroverfilmungen und die Einspeicherung und Verarbeitung in elektronischen Systemen.
Die Wiedergabe von allgemein beschreibenden Bezeichnungen, Marken, Unternehmensnamen etc. in diesem Werk bedeutet nicht, dass diese frei durch jedermann benutzt werden dürfen. Die Berechtigung zur Benutzung unterliegt, auch ohne gesonderten Hinweis hierzu, den Regeln des Markenrechts. Die Rechte des jeweiligen Zeicheninhabers sind zu beachten.
Der Verlag, die Autoren und die Herausgeber gehen davon aus, dass die Angaben und Informationen in diesem Werk zum Zeitpunkt der Veröffentlichung vollständig und korrekt sind. Weder der Verlag noch die Autoren oder die Herausgeber übernehmen, ausdrücklich oder implizit, Gewähr für den Inhalt des Werkes, etwaige Fehler oder Äußerungen. Der Verlag bleibt im Hinblick auf geografische Zuordnungen und Gebietsbezeichnungen in veröffentlichten Karten und Institutionsadressen neutral.

Umschlagabbildung: Ein großer Sieg, dt. Fotopostkarte 1914 © akg-images / Jean-Pierre Verney; Fog in the streets of the town of Luckenwalde © Tino Lehmann / mauritius images

Planung/Lektorat: Frank Schindler
J.B. Metzler ist ein Imprint der eingetragenen Gesellschaft Springer-Verlag GmbH, DE und ist ein Teil von Springer Nature.
Die Anschrift der Gesellschaft ist: Heidelberger Platz 3, 14197 Berlin, Germany

Die Idee der Menschheit voran – will ich zeigen,
daß es keine Idee vom *Staat* gibt, weil der Staat etwas *Mechanisches* ist,
sowenig als es eine Idee von einer *Maschine* gibt.
Nur was Gegentand der *Freiheit* ist, heißt *Idee*.
Wir müssen also auch über den Staat hinaus! –
Denn jeder Staat muß freie Menschen als mechanisches Räderwerk behandeln;
und das soll er nicht; also soll er *aufhören*.
Das älteste Systemprogramm des deutschen Idealismus

There are no disasters, only opportunities.
And, indeed, opportunities for fresh disasters.
A. B. de Pfeffel Johnson

Ain't I a stinker?
B. Bunny

Inhaltsverzeichnis

1 Deutsch denken? Kann es so etwas geben?   1

2 **Fichtes Nationalidealismus**   11
    2.1 *Deutsche, esst deutsche Bananen! Der nationale und sozialistische* Geschloßne Handelsstaat   13
    2.2 *Warum Die-da-Oben und der wirkliche Staat so verrottet sind und Rettung nah ist:* Die Grundzüge des gegenwärtigen Zeitalters   59
    2.3 Am deutschen Wesen… oder: Warum die Deutschen so großartig sind. – Der Nationalidealismus der *Reden an die deutsche Nation*   90

3 **Vom Deutschen Idealismus zur deutschen Weltanschauung: Wissenschaftliche, kulturelle und politische Mythen**   121
    3.1 Ernst Haeckel: Der Mythos der Rasse   123
    3.2 Herman Wirth: Mythos und Mystik des Nordens   156
    3.3 Arthur Moeller van den Bruck: Der Mythos der politischen Ewigkeit   175

4 **Fortsetzung folgt: Populär-akademischer Nationalismus in Diktatur und Demokratie**   205
    4.1 Der erste Nationalsozialist: Arnold Gehlens Fichte   206
    4.2 Bernard Willms (1931–1991): Ein „neuer Nationalismus"?   221

5 **Gnome auf den Schultern von Zwergen: Die Bewahrung nationalistischer Substanz und das Herbeiraunen ihrer Wiederauferstehung** 307
   5.1 Götz Kubitschek: Der Wahlpreuße im Schweinestall 309
   5.2 Björn Höcke: „Patriot in einem anti-nationalem (sic!) Regime" (Nz, 63) 348
   5.3 Markus Willinger (*1992): Hast Du keine Identität, werde identitär! 382

6 **Ein Ende, ohne dass es aufhört** 413

Nachwort 419

Abkürzungen 421

Literatur 423

1
Deutsch denken? Kann es so etwas geben?

Dies ist kein politisches Buch: Einteilungen wie Links und Rechts oder links- und rechtsextrem, rechtsradikal, nationalsozialistisch oder konservativ, bürgerlich oder dergleichen und ihre gewiss mögliche Anwendung auf gegenwärtige Gestalten, Einrichtungen, Bewegungen oder Parteien kommen nicht vor – mit der gelegentlichen Ausnahme von Selbstbezeichnungen, insbesondere die der „Neuen Rechten" oder des „Rechtsintellektuellen".

Dies ist auch kein soziologisches Buch: Welche gesellschaftlichen Gruppen aus welchen sozialen Schichten aus welchen soziologisch beschreib- oder analysierbaren Gründen die Meinungen und Positionen vertreten haben oder immer noch vertreten, von denen das Buch handelt, wird hier nicht erörtert.

Ebenso wenig ist es ein juristisches Buch: Ob die dargestellten Meinungen oder Positionen, wie sie immer noch und gegenwärtig vermehrt vertreten werden, zum Teil oder in Gänze verfassungswidrig sind, kann hier nicht festgestellt und schon gar nicht entschieden werden. Trotzdem wird es gegen Ende öfter heißen, dass die Denkungsart, die hier unter dem Titel „Deutsch denken" zum Thema gemacht wird, dem *Grundgesetz* widerspricht.

Damit ist aber gemeint, dass so zu denken dem zuwiderläuft, was man gerne den „Geist des *Grundgesetzes*" nennt, also die Prinzipien, auf denen dessen Bestimmungen selbst gegründet sind. Bei diesen Prinzipien handelt es sich, grob gesagt, um Individualität, ihren Schutz und ihre freie Entfaltung, um die dies gewährenden subjektiven Rechte, um deren allgemeine Gültigkeit im Sinne von Rechten, die Menschen nur deswegen zukommen, weil sie Menschen sind, also um die universalen Menschenrechte, demzufolge um die elementare Gleichheit aller Menschen. Das Denken, um das es hier geht, verneint diese Prinzipien nämlich – teils ganz offen, teils schamhaft versteckt – rundheraus. Damit stellt es Zweck und Grenze staatlicher Gewalt in Frage und verneint den systematischen – wenngleich nicht immer praktischen – Vorrang des Einzelnen von einer sich gern autoritär gebärdenden staatlichen, nationalen oder völkischen Gemeinschaft.

Weil es um solche fundamentalen Prinzipien und ihre Infragestellung bishin zur schlussendlichen Ablehnung und Verneinung als unwahr, falsch und unbegründet – oder wenigstens als ziemlich schlechte, weil unbequeme Ideen – geht, ist dieses Buch ein philosophisches Buch und ein wenig auch ein philosophie- bzw. ideengeschichtliches. Denn es macht Gedanken und Behauptungen an den Autoren fest, die sie in die Welt gebracht, aus Überzeugung, Opportunismus, Geltungsdrang oder warum auch immer übernommen und nach ihrem Geschmack modifiziert haben und dies immer noch tun. So verfolgt das Buch eine Spur. Sie beginnt am Anfang des 19. Jahrhunderts mit dem Deutschen Idealismus (Johann Gottlieb Fichte), führt über das Weltanschauungsdenken des kaiserzeitlichen Darwinismus (Ernst Haeckel) und der sowohl urgeschichtlichen (Herman Wirth) wie politprophetischen (Arthur Moeller van den Bruck) Mythenentwürfe der Zwischenkriegszeit, die allesamt auf wissenschaftliche Objektivität pochten, weiter über die Großsiegelbewahrer eines nationalen Idealismus im und nach dem Dritten Reich (Arnold Gehlen) bis zum Ende des 20. Jahrhundert (Bernard Willms) und endet – bislang! – heute mit der sogenannten „Neuen Rechten" (Götz Kubitschek, Björn Höcke, Markus Willinger).

***

Es ist diese Kontinuität, die den im Grunde genommen beinahe skandalösen Namen des Deutsch-Denkens rechtfertigt. Zudem wird er tatsächlich spätestens von einem der Hauptbezugsautoren und Vordenker der „Neuen Rechten", Bernard Willms, selbst zur Auszeichnung dieser Denkungsart im bewussten Anschluss an den Deutschen Idealismus benutzt. Nun, und darin liegt vielleicht der enttäuschendste, ärgerlichste oder kontroverseste Teil dieses Buches, ist diese Berufung auf den Deutschen Idealismus nicht nur nicht ganz, sondern eher ganz und gar nicht verkehrt.

Denn mag es möglich sein, alle Protagonisten dieser Kapitel auszutauschen und doch mehr oder weniger bei den gleichen Ergebnissen zu landen, Johann Gottlieb Fichte – und zu einem geringeren, eher atmosphärischen Maße Hegel – kann man nicht weglassen. Nicht nur in den *Reden an die deutsche Nation*, sondern auch in seinen anderen populären oder nicht-akademischen Schriften, insbesondere *Der geschloßne Handelsstaat* und *Die Grundzüge des gegenwärtigen Zeitalters*, entwickelt Fichte nach eigenem Bekunden auf der Basis seiner „eigentlichen", akademischen Philosophie, der *Wissenschaftslehre*, eine Staats- und Geschichtsphilosophie, die nicht anders als nationalistisch, chauvinistisch, isolationistisch und womöglich darüber hinaus zutreffend als rassistisch bezeichnet werden kann.

Das Problem ist nun, dass es keine zwei Fichtes gegeben hat, von denen der eine unter den faszinierendsten begrifflichen und argumentativen Anstrengungen in immer neuen Anläufen in akademischen Vorlesungen mit der *Wissenschaftslehre* die letzte mögliche Begründung eines jeden möglichen Denkens – oder zumindest etwas in dieser Art – geben wollte, während der andere gleichzeitig in öffentlichen Vorträgen seinen zahlreichen und angehäuften Ressentiments – Fichte fühlte sich und seine *Wissenschaftslehre* Zeit seines Lebens nie hinreichend gewertschätzt – die Zügel schießen ließ. Es gab nur den einen Fichte, und der lässt keine Missverständnisse über die systematische Verträglichkeit und Einheit seiner akademischen und populären Philosophie aufkommen. Freilich ist erstere ungleich anspruchsvoller als letztere und die Auseinandersetzung mit ihr macht viel mehr Spaß als mit letzterer. Dass die *Wissenschaftslehre(n)* in der zuständigen akademischen Forschung viel beliebter sind und die populären Schriften entweder ganz ignoriert oder mit nachgerade schamhafter Schonung unter Aussparung von Fichtes Nationalismen, Totalitarismen etc. behandelt werden,[1] lässt sich deshalb durchaus verstehen. Daraus folgt aber keineswegs, dass Fichtes populäre Schriften, also auch sein zwar für den gebildeten Laien zubereitetes, aber eben dennoch originäres Denken in Wirklichkeit nicht viel erfolgreicher gewesen wären als die unsäglich komplexen und unübersichtlich vielen, immer neuen Fassungen der *Wissenschaftslehre*.

So war es auch: Das populäre Werk war viel populärer. So sehr, dass man die Bemerkung des seinerzeit sehr berühmten Professors für Psychologie und Erfinders der Völker- bzw. Kulturpsychologie Wilhelm Wundt (1848–1915; *Völkerpsychologie. Eine Untersuchung der Entwicklungsgesetze von Sprache, Mythos und Sitte*, 10 Bde., 1900–1920) als völlig repräsentativ ansehen kann: „Die ‚Wissenschaftslehre' wird längst vergessen sein oder doch nur als eine überlebte Gedankenkonstruktion von der Geschichte der

---

[1] Repräsentativ für diesen erstaunlich rücksichtsvollen Umgang ist beispielsweise: Jean-Christophe Merle, Fichte's Political Economy and his Theory of Property, in: D. James/G. Zöller (eds.), The Cambridge Companion to Fichte, Cambridge 2016, 199–221.

Philosophie weiter geführt werden, diese drei Schriften [sc. *Die Bestimmung des Menschen, Die Grundzüge des gegenwärtigen Zeitalters* und die *Reden an die deutsche Nation*] aber werden fortbestehen, so lange es ein deutsches Volk gibt, und sie sollten als die edelsten Erzeugnisse des deutschen Idealismus neben den Werken Goethes und Schillers in keiner Bibliothek eines gebildeten Deutschen fehlen."[2]

Fichte hätte diese Einschätzung sicher gefallen – obwohl man vielleicht Goethe und Schiller durchaus ein, zwei Regale tiefer hätte stellen können –; allerdings nicht nur aus Gründen des eigenen Selbstbewusstseins, sondern auch aus sachlichen. Denn in der Tat bemüht sich Fichte in den *Reden an die deutsche Nation* zu beweisen, dass allein die Deutschen überhaupt im Stande sind, so zu denken, wie es die *Wissenschaftslehre* und der damit verbundene Idealismus verlangt. Diese und dieser selbst und damit zugleich die daraus abzuleitenden Begriffe von Volk, Nation und Staat sind folglich nach Fichte sowohl objektiv wahr als auch exklusiv deutsch. Demzufolge sind sie exklusive Resultate einer deutschen Art zu denken. Das Deutsch-Denken ist damit in der Welt, und dort ist es bis heute geblieben.

Leider handelt es sich dabei nicht um die berühmte „deutsche Gründlichkeit", mit der immerhin Immanuel Kant den Aufklärer Christian Wolff (1679–1754) geadelt und sich selbst in diese Tradition gestellt hat. Das damit vielleicht verbundene Bild eines etwas abseitig interessierten, leicht verpeilten, aber harmlosen und liebenswerten Pedanten, der im Tüfteln an unverständlich anmutenden Details zu den erstaunlichsten und fundamentalsten Ergebnissen gelangt, steht seit Fichte neben dem Staats- und Weltdenker, der mit imperialer Geste alle für zu blöd erklärt, die seinen Lehren und Argumenten nicht folgen mögen und zumeist logische oder begriffliche Einwände zu machen sich erdreisten. Man mag hier die Karikatur des arroganten, besserwisserischen, herrischen, autoritätsbegeisterten, ja -süchtigen und naturgemäß völlig selbstironiefreien Deutschen erkennen, die der kaiserzeitliche Aufstieg des Landes unter preußischer Führung im 19. Jahrhundert so nachhaltig befördert und der Heinrich Mann mit seinem *Untertan* ein immer wieder neu zu lesendes Denkmal, gleichsam ohne Hosen, gesetzt hat.

Die Karriere solchen Deutsch-Denkens, wie es zu jener Karikatur gerade passt, ist das Thema dieses Buches. Es ist die Karriere einer Denkungsart, die zuallermindest einmal als philosophische angefangen hat. Deswegen ist dies Buch, wie gesagt, ein philosophisches. Es will aber kein Fachbuch sein, dass

---

[2] Wilhelm Wundt, Die Nationen und ihre Philosophie. Ein Kapitel zum Weltkrieg, Leipzig ²1915, 88.

sich exklusiv an akademische Zirkel wendet. Deshalb versucht es wenigstens, auf philosophischen Jargon weitgehend zu verzichten und die unvermeidliche fachliche Begrifflichkeit geziemend zu beschränken und bei Gebrauch einzuführen und zu erklären. Auch der Fußnotenapparat und damit Zitate aus der benutzten Forschungsliteratur sind auf ein Minimum reduziert.

Geblieben ist die wissenschaftliche Distanz zum Gegenstand und eine im weitesten Sinne begriffs- und argumentationsanalytische Methode, die klarlegt, von welchen Voraussetzungen das Deutsch-Denken ausgeht und also für wahr halten muss und welche Konsequenzen ein jeder Deutsch-Denker nicht nur hinnehmen, sondern befürworten muss. Speziell im Kapitel zu Fichte mag diese Sorgfalt zu einer gewissen Zähigkeit und im Kapitel zu Willms zu gelinder Qual bei der Lektüre führen. Ausufernde Widerlegungen sind dann allerdings oft unnötig, weil jene Gedankengänge, sind sie erst einmal aufgeklärt, die Neigung haben, sich selbst zu widerlegen. Dies lässt sich am besten in den Kapiteln zur „Neuen Rechten" spüren, deren größere Leichtgängigkeit zum Gutteil das Verdienst der vorherigen Plackerei ist.

Bei aller Distanz ließen sich ab und an ironisch oder sarkastisch klingende Formulierungen nicht vermeiden. Sie sind stehengeblieben, weil sie eher klärend als entstellend wirken. Zumal ohnehin lieber ausführlicher als verkürzt zitiert wird, um ja nicht den Anschein zu erwecken, als würden hier Behauptungen aus ihrem Zusammenhang gerissen, um sie böswillig misszuverstehen. Dabei gibt es bei den gegenwärtigen Protagonisten des Deutsch-Denkens erschreckend wenig zu missverstehen.

***

Zweierlei bleibt noch zu klären, um wenigstens vermeidbare missliebige Überraschungen bei der Lektüre tatsächlich zu vermeiden, nämlich zum einen ein Begriff und zum anderen, warum ein weiterer Begriff, ein scheinbar historisches Schlagwort und zwei philosophische Gestalten der Gegenwart keine Rolle spielen, obwohl ihre Untersuchung naheliegend und thematisch einschlägig erschiene.

*

Der wenigstens in seinen Grundzügen zu klärende Begriff ist der der Identität. Er wird hier ganz elementar verstanden und gebraucht werden, also keinesfalls in dem sehr komplexen Sinne von verschiedenen Arten von Identitätspolitiken oder moralischen bzw. rechtlichen Ansprüchen auf freie Identitätswahl usw., die seit Jahren die Öffentlichkeit so sehr beschäftigen und zum Teil auch spalten.[3] Von Identität wird hier in einem sehr grundsätzlichen, philosophischen Sinn gesprochen, der in der Tradition von Gottfried Wilhelm Leibniz steht. Zunächst gilt das Prinzip der Ununterscheidbarkeit (principium identitatis indiscernibilium), wonach genau und nur dies identisch ist, was nicht voneinander unterschieden werden kann. Zwei verschiedene, in jeder Hinsicht selbige Dinge kann es demzufolge nicht geben; sie könnten nicht zwei, sondern müssten eines sein. Dieses Prinzip gilt notwendig und für alle Dinge, die überhaupt möglich sind. Jedes mögliche Ding kann und muss demnach ausschließlich nur mit sich selbst identisch sein, weil es von jedem anderen Ding unterschieden werden kann. Folglich ist jedes Ding einzeln im stärksten Sinne des Wortes: Es ist singulär, weil es von jedem anderen der unendlich vielen möglichen Dinge überhaupt, so ähnlich sie einander auch sein mögen, unterschieden werden kann. Diese Identität kommt jedem Ding, sofern es überhaupt möglich sein soll, notwendigerweise und von selbst zu. Es handelt sich deswegen um eine reale Identität, die, weil sie davon unabhängig existiert, dass sie von irgendjemand gedacht, erkannt oder ausgesagt wird, auch metaphysische Identität genannt werden kann.

Freilich aber sprechen wir auch – und zwar viel häufiger – in einem logischen Sinne von Identität, nämlich dann, wenn wir ein und denselben Begriff auf verschiedene einzelne Dinge anwenden wie „rot", „Pyrenäen-Desman", „Deutscher", „Handwerker", „Stift" usw. Wir klassifizieren auf diese Weise Einzeldinge, um Ordnung zu schaffen und uns in der Welt besser zurechtzufinden. Wie wir diese Begriffe bilden und definieren, ist uns aber nicht vorgegeben. Dies geschieht willkürlich und aus pragmatischen Gründen, solange es sich, wie in den Beispielen angeführt, um Dinge handelt, die in der Welt vorkommen, aber ebenso auch nicht vorkommen könnten. Solche Dinge besitzen notwendigerweise von sich aus metaphysische Identität und bekommen von uns, damit sie gedacht, erkannt und ausgesagt werden können, ihre begriffliche Identität. Diese, logische Identität ist also im Gegensatz zur metaphysischen vom Denken, Erkennen und Aussagen abhängig. Sie könnte deswegen auch anders sein, so dass wir uns auf sie festlegen und einigen müssen. Sobald weiterer Unterscheidungs- bzw. Klassifikationsbedarf auftritt, kann diese Form der Identität durch Revision, Spezifikation oder Aufgabe und Neubestimmung eines Begriffs gewechselt

---

[3] Vgl. zum Überblick über das Problem: Francis Fukuyama, Identity. Contemporary Identity Politics and the Struggle for Recognition, London 2018.

werden. Die der Existenz des Dings oder auch nur seiner Möglichkeit zugrundeliegende metaphysische Identität bleibt davon unbehelligt.

Auf das im Folgenden, vor allem in den späteren Kapiteln teils latente, teils akute Thema der Identität angewendet, heißt das: Jeder einzelne Mensch hat – wie jedes andere Ding übrigens auch – von sich aus eine und genau eine einzigartige Identität und ist deswegen prinzipiell unverwechselbar, unaustauschbar und unersetzbar. Jede Gruppe von Leuten, die sich selbst oder der andere eine bestimmte Identität zusprechen, klassifiziert sich selbst oder wird von anderen klassifiziert durch einen eigens dazu gebildeten Begriff, der sie selbst von anderen Klassen unterscheidet. Diese Klassen können verändert werden. Folglich bestehen sie weder notwendigerweise von sich aus noch taugen sie als reale Existenzbedingung auch nur eines einzigen Angehörigen der jeweiligen Klasse. Denn sie stellen nur universale Selbst- oder Fremdbezeichnungen dar. Wenn man also weiterhin von „Identität" liest, sollte man sich an die gerade umrissene Unterscheidung zwischen realer (oder metaphysischer) und begrifflicher (oder logischer) Identität erinnern.

*

Der Begriff, der im Folgenden weder vorkommt noch thematisiert wird, ist der des Populismus. Das hat einen einfachen und einen noch einfacheren Grund. Der einfache Grund besteht darin, dass es immer noch keine handfeste, allgemein anerkannte Definition dessen gibt, was „Populismus" eigentlich genau sein soll. Deswegen wäre es nötig, hier an Ort und Stelle zunächst eine zu entwickeln, kurz zu begründen und sie dann erst zu gebrauchen. Das wäre ebenso unerlässlich wie unangenehm, wenn man einen solchen Begriff hier denn brauchte. Dies ist aber nicht der Fall. Schließt man sich der Tendenz der einschlägigen und sehr intensiven Forschung an, dass der Populismus ein Verfahren darstellt, einem in seinen Bildungs- und anderen Voraussetzungen extrem gemischtem Publikum Kernanliegen der eigenen politischen Position, Einstellung und Absichten so einfach wie möglich nahezubringen, sieht man sogleich, dass der Populismus ein Mittel zum Zweck mündlicher oder schriftlicher politischer Rhetorik bzw. Propaganda ist. Seine Einsatzmöglichkeiten können dann schon aus begrifflichen Gründen nicht auf eine oder nur wenige politische Positionen eingeschränkt sein, weil ihn jede, die seinen Einsatz für nötig hält, gebrauchen kann. Ist der Populismus aber nur Mittel zum eigentlichen, politischen Zweck, ist er für das Erkenntnisinteresse dieses Buches nicht relevant. Denn es richtet sich ganz auf die Zwecke, ihre Begründungen und die Folgen ihrer Erreichung.

*

Bei dem Schlagwort, das im Folgenden ebenfalls nicht auftauchen wird, handelt es sich um das der sogenannten „Konservativen Revolution". Sie wurde vorhin schon „scheinbar historisch" genannt. Denn schon ihre Existenz wird unter Historikern nicht nur angezweifelt, sondern mit den besten Gründen schlicht verneint: Die ‚Konservative Revolution' ist nichts weiter als eine Erfindung ihres selbsternannten Entdeckers, Armin Mohler (1920–2003).[4] Dazu hat Volker Weiß bereits alles Nötige gesagt;[5] es muss hier nicht wiederholt werden. Doch mag man einwenden, dass in diesem Buch mancherlei Erfundenes dargestellt, abgehandelt, sogar ausführlichen Analysen unterzogen wird, und die Legende von der ‚Konservativen Revolution' immerhin zum Kernbestand der Neuen Rechten gehöre, weil die Fortsetzung dieser fiktiven Tradition der Rechtfertigung der eigenen Existenz diene.

Nichts davon soll bestritten werden. Trotzdem kann hier getrost auf eine erneute Nacherzählung der Geschichte von der ‚Konservativen Revolution' verzichtet werden. Zwar sind sogar zwei der Gestalten, nämlich Wirth und Moeller van den Bruck, die später ausführlich thematisiert werden, in Mohlers Sammelsurium enthalten. Alles andere wäre auch überraschend. Denn es reicht von echten Höhenkammliteraten wie Hugo von Hofmannsthal über Ernst Jünger und Thomas Mann bis hinunter in die Niederungen einer Unzahl völlig zu Recht vergessener Autoren, deren Gemeinsamkeiten sich darin erschöpfen, dass sie wenigstens eine Phase, gern während des Ersten Weltkriegs oder in den Jahren danach, eines wie immer gearteten anti-liberalen, anti-demokratischen Nationalismus bzw. Chauvinismus durchmachten und in ihren Veröffentlichungen dokumentierten.[6]

Niemals aber formierten all diese disparaten Schriften oder gar ihre Produzenten so etwas wie eine einheitliche politische Bewegung oder eine kohärente Theorie ihrer oft erstaunlich diffusen oder konfusen politischen Überzeugungen. Es lassen sich allenfalls einzelne Autoren herauspicken, die zumindest den Versuch dazu unternehmen. Über eine Kombination aus einem in Fichtes Sinne idealistischen Begriff von Staat, Nation und Volk

---

[4] Armin Mohler, Die Konservative Revolution in Deutschland 1918–1932. Ein Handbuch, Darmstadt 1994[4].
[5] Vgl. Volker Weiß, Die autoritäre Revolte. Die Neue Rechte und der Untergang des Abendlandes, Stuttgart 2018, 39–63.
[6] Vgl. etwa zu Thomas Mann: Peter Gay, Weimar Culture. The Outsider as Insider, New York 2001, 73 f. u. 123 ff.

und dessen biologischer Unterfütterung mit Sozialdarwinismus haeckelscher Prägung samt dem zu beiden gehörigen deutschen – gerne auch: deutschnordischen – Sendungsbewusstsein der zur Kultur-, Menschheits-, Abendlands- und Weltrettung auserwählten Nation kommen jene Autoren selten hinaus, wenn überhaupt so weit. Der Rückgriff auf die ‚Konservative Revolution' als ein Ganzes, das es ohnehin nie gegeben hat, ist folglich überflüssig für ein Buch, das nach den philosophischen – und nicht den ausgedachten historischen – Grundlagen sucht, auf denen das Deutsch-Denken selbst- oder fremdernannter gegenwärtiger Rechtsintellektueller beruhen mag.

*

Bei den beiden Gestalten, die im Folgenden auch nicht auftreten werden, handelt es sich um Peter Sloterdijk und seinen ehemaligen Doktoranden und wissenschaftlichen Mitarbeiter Marc Jongen (*1968). Auch dies hat zwei einfache Gründe: Das in interessierten Kreisen seit Jahren begierig erwartete Grundsatzwerk Jongens in Gestalt „einer philosophischen Grundlegung der AfD" unter dem Arbeitstitel eines „Manifests" (SsG, 144) ist bislang noch nicht erschienen und andere thematisch einschlägige Bücher von ihm gibt es nicht. Zwar findet sich ein kurzer Text mit dem Titel *Das Märchen vom Gespenst der AfD,* der als „Manifest" bezeichnet wird. Er enthält aber eigentlich nur, dass die im Titel erwähnte Partei, zu deren Landessprechern Jongen in Baden-Württemberg gehört, vor allem einerseits die EU zurückreformieren möchte und andererseits möchte, dass ein verändertes, erneuertes Deutschland „von den europäischen Nachbarn wieder geachtet und vielleicht sogar gemocht wird"[7] und ansonsten alle nett zueinander sind. Irgendwelche philosophischen Erörterungen oder Argumentationen finden sich in diesem Text nicht. Außerdem ist er schon am 22. Januar 2014 erschienen, kann also nicht das von Götz Kubitschek 2016 angekündigte Fundamental-Manifest sein.

Ohne Jongen aber auch kein Sloterdijk. Denn trotz oder eigentlich gerade wegen der heftigen, doch allein professionellen Distanzierungen des Doktorvaters von seinem ehemaligen Mitarbeiter – kein „einziges vorzeigbares Buch", Thymosbegriff „völlig entstellt";[8] „complete

---

[7] https://www.cicero.de/innenpolitik/afd-ein-manifest-fuer-eine-alternative-fuer-europa/56894 (zuletzt abgerufen am 16.03.20, 18:07).
[8] Res Strehle, Interview mit Peter Sloterdijk, Tages-Anzeiger Zürich vom 16.04.16: https://www.tagesanzeiger.ch/ausland/europa/merkel-ging-einen-teufelspakt-ein/story/16212849?track (zuletzt abgerufen am 16.03.20, 18:15). Vgl. dazu die Andeutungen Jongens in: Justus Bender/Reinhard Bingener, Marc Jongen. Der Parteiphilosoph der AfD, FAZ vom 15.01.16: https://www.faz.net/aktuell/politik/inland/marc-jongen-ist-afd-politiker-und-philosoph-14005731.html?printPagedArticle=true#pageIndex_3 (zuletzt aufgerufen am 16.03.20, 18:25).

impostor"⁹ – wäre es nicht von geringem Interesse, beider Begriffe von thymos, d. h. des lebenskräftigen, aber irrationalen Antriebs des Menschen im Streben nach Geltung und Selbstbehauptung, wie er sich in Stolz, Ehrgeiz oder Zorn äußerst, oder auch ihre Zugriffe auf fremde, insbesondere außereuropäische, bevorzugt islamische Kulturen und deren Angehörige nebeneinanderzuhalten.

Allein, es geht nicht mangels belastbaren Materials aus Jongens Feder. So fehlt auch Sloterdijk, denn er legt offenbar mir größter Bewusstheit unerwünschter Nähe in seinem Thymos-Buch *Zorn und Zeit* (2006) ausgesprochenen Wert auf gelegentliche, doch schroffe Distanzierungen von Fremdenfeindlichkeit, Nationalismus und dergleichen. Allerdings seine auch in diesem Buch herrschende, permanente und ziemlich herablassende Attitüde des stets leicht oder schwer von den Bemühungen parlamentarisch-demokratisch sich krümmender Erdwürmer in Bundestag und EU-Parlament gelangweilten bis amüsierten Intellektuellen, der diesen zumindest in Sachen Zeitdiagnostik himmelweit überlegen ist, aber leider nicht gefragt wird und deswegen nur kopfschüttelnd diese Umtriebe kommentieren kann, ohne aber den Verzweifelnden feine Handlungsalternativen empfehlen zu können oder zu wollen, wird kaum als Werbung für die parlamentarische Demokratie und die Europa seit der Aufklärung durchaus charakterisierende Liberalität taugen. Aber vielleicht ist das ja gar keine Attitüde; wir werden es hier nicht entscheiden können.

***

Dies sollte an einleitenden Bemerkungen genügen. Zur Sache.

---

⁹ Thomas Meaney, https://www.newyorker.com/magazine/2018/02/26/a-celebrity-philosopher-explains-the-populist-insurgency (zuletzt abgerufen am 16.03.20, 18:20).

2

Fichtes Nationalidealismus

Johann Gottlieb Fichte, geboren am 19. Mai 1762 im Dörfchen Rammenau in der Lausitz, damals Kurfürstentum Sachsen, und gestorben am 29. Januar 1814 zu Berlin im Königreich Preußen, ist ohne Zweifel der Ur- und Übervater des deutschen Nationalismus, auch Chauvinismus, ebenso des Weltgenesungswünsche sendenden deutschen Sendungs- und Ausnahmebewusstseins und allerlei verwandter Phänomene – unter welchem Namen man sie immer listen und differenzieren möge.

Ganz naiv steht hier „ohne Zweifel" – trotz aller gemeinhin üblichen Rettungsversuche dessen,[1] was die politische Philosophie Fichtes ausmacht, und der bereits erwähnten Diskretion oder Verschämtheit der Spezialforschung, die, anstatt einmal in dunkle populärphilosophische Ecken zu blicken, sich lieber mit den, zugegebenermaßen intellektuell ungleich reizvolleren diversen Fassungen der *Wissenschaftslehre* zu beschäftigen pflegt – ganz im Gegensatz zur Vorkriegstradition im Übrigen: Sie hielt eine systematische Beschäftigung damit für ebenso langweilig wie überflüssig und wollte wie der schon zitierte Wilhelm Wundt vielmehr die populären Schriften Fichtes zu Staat, Erziehung und Nation neben Goethe und Schiller auf jedem bildungsbürgerlichen Bücherbord griffbereit wissen. Vor all dem, was auf den folgenden Seiten vorgetragen wird, um jenes „ohne Zweifel" zu rechtfertigen, ist noch zweierlei zu bemerken:

Freilich wird der Nationalismus Fichtes oft nicht genau derselbe Nationalismus späterer Fichteaner, Fichteleser oder derjenigen sein, die

---
[1] Vgl. Wilhelm G. Jacobs, Johann Gottlieb Fichte: Eine Einführung, Frankfurt a. M. 2014.

Fichtes Gedankengut irgendwie osmotisch aufgesogen haben oder sich den so erhabenen wie „tiefen" deutschen Klassiker einfach nur wie eine besonders prächtige Pfauenfeder ans Zipfelmützchen stecken wollen. Dennoch tritt mit Fichte eine Art zu denken in die Welt, die im Gegensatz zu ihren Vorgängern ebenso bewusst wie ausdrücklich auf ihrer Deutschheit als eigentümliche („ursprüngliche") Qualität und ihrer damit einhergehenden Überlegenheit über andere („ausländische") Arten zu denken, zumindest auf ihrer kategorialen, mithin unübersetzbaren Verschiedenheit beharrt. Und wenigstens dies teilen alle der später vorgestellten Autoren bzw. Ideologien, – mögen sie sich unmittelbar auf Fichte berufen oder auf den Wegen ihrer „deutschen" Denkungsart mittelbar an ihn anschließen.

Weiterhin könnte man meinen, dass Fichtes Ausführungen zu politischen Gegenständen ohne hinreichende Kenntnis seiner *Wissenschaftslehre* – welcher von den vielen Darstellungen eigentlich? – gar nicht recht zu verstehen wären und daher missverstanden werden müssten, dass Fichte also in seinen öffentlichen Vorträgen oder populären Schriften gar nicht gesagt hätte, was er eigentlich meinte, weil sich deren tieferer Sinn erst dem Tiefsinn des Lesers der *Wissenschaftslehre* erschlösse. Dagegen spricht nicht nur, dass Fichte stets betont – nicht ohne die aggressive Larmoyanz eines unverstandenen Märtyrers der Wahrheit –, prinzipiell jederzeit zu sagen, was er meine, sondern auch sein ebenso stets betonter Anspruch auf die unbedingte Klarheit, ja „Sonnenklarheit" seiner Darstellungen. Es kann aber kaum verboten sein, schlicht Fichtes Selbstauskünfte ernstzunehmen und davon auszugehen, dass er durchaus gesagt hat, was er meint, wenngleich dies für heutige, immer noch oder schon wieder aufgeklärte Ohren vielleicht durchaus unschön – sozialistisch, nationalistisch, chauvinistisch, völkisch, vielleicht rassistisch – klingen mag.

Der Schwerpunkt liegt also auf Fichtes politischem Denken, beginnend mit dem *Geschloßnen Handelsstaat* (1800) über die *Grundzüge des gegenwärtigen Zeitalters* (1804/05) bis zu den zentralen *Reden an die deutsche Nation* (1808); die späte *Staatslehre* von 1813 fügt dem kaum Neues hinzu und wird nur gestreift. Der Fokus liegt dabei auf den Begriffen von Volk, Nation und Deutschtum, die Fichte mehr und mehr miteinander identifiziert, und ihrem Gegensatz, den „Ausländern" und der auch unter Deutschen von Westen aus zunehmend um sich greifenden „Ausländerei", die er mehr und mehr zum Hindernis, ja zum Feind, des geistigen Potentials der Menschheit überhaupt erklärt. Dass am Ende allein die Deutschen als Träger dieser Zukunft übrigbleiben und ggf. auch dazu gezwungen werden müssen, ihre historische Mission zu erfüllen und die Menschheit, notfalls ebenso gegen deren Willen, zu retten – „Und es mag am deutschen

Wesen/ Einmal noch die Welt genesen."² –, bildet nur die systematische Konsequenz von Fichtes Überlegungen.

2.1 Deutsche, esst deutsche Bananen! Der nationale und sozialistische Geschloßne Handelsstaat

Fichte verfasst seinen „philosophischen Entwurf" eines *Geschloßnen Handelsstaats* zugleich „als Anhang zu Rechtslehre und Probe einer künftig zu liefernden Politik", wie es im Untertitel der Schrift heißt. Sie soll daher darstellen, wie ein Staat aussehen müsste, in dem das von Fichte vertretene Prinzip des Rechts vollständig verwirklicht wäre. Weil sie dies auf der Basis einer Beschreibung des – naturgemäß: verrotteten – Zustands tut, „der etwa allen Staaten der großen europäischen Republik in dem Zeitalter, da sie aufgestellt wird, gemeinschaftlich ist", weil sie also eine „allgemeine Regel" gibt, die „der ausübende Politiker […] auf den besonderen Fall anzuwenden" hat (GH, 421), sofern er denn vernünftig genug wäre, ist sie ein Beitrag zur Wissenschaft der Politik, wie sie Fichte versteht.

Der *Geschloßne Handelsstaat* entwirft daher keine Utopie oder ein irgendwie hübsches, aber ansonsten unverbindliches Wolkenkuckucksheim. Fichte verwahrt sich dagegen sogar ausdrücklich (GH, 420). Vielmehr leitet er aus notwendigerweise wahren und folglich unangreifbaren Prinzipien die Möglichkeit einer Form staatlicher Organisation ab, die nicht nur Wirklichkeit werden kann, sondern auch soll. Sie stellt so eine moralische Aufgabe dar, der sich die Menschheit nur um den Preis ihrer eigenen Selbstaufgabe entziehen kann. Erfüllt sie diese Aufgabe allerdings, dankt die praktische Politik ab: Hat sie die totale Herrschaft des Rechts im „Vernunftstaat" erst einmal hergestellt und durch Verwaltung, Polizei und Justiz gesichert, ist sie überflüssig geworden, da seine Bürger, durch seine vollständige Isolation vom Ausland und allgemeine Wehrhaftigkeit gegen jede äußere Bedrohung gefeit, allesamt aufgrund vernünftiger Einsicht freiwillig den Gesetzen folgen, die nun keinerlei Anpassung mehr bedürfen und damit unabänderlich geworden sind. Zur Einsicht, dass dies nur in Deutschland überhaupt noch möglich ist, wird Fichte freilich erst später gelangen, wenngleich kaum

---

² Emmanuel Geibel, Deutschlands Beruf (1861).

zu übersehen ist, dass sich schon der *Geschloßne Handelsstaat* vor allem am deutschen Teil der ‚europäischen Republik' orientiert.

a) Wozu überhaupt Staat?

Bereits mit seiner Bestimmung des Staatszwecks stellt sich Fichte gegen die aufklärerische Tradition. Sie sah ihn im Schutz der Rechte des Individuums und ihrer Gewährleistung für eine jede Person; zum Teil – was nämlich die subjektiven Rechte angeht, die jedem Menschen zukommen, bloß weil er Mensch ist – sogar ohne Rücksicht darauf, welchem Staat derjenige angehört, der sie einfordert. Mag dieser Begriff eines Rechtsstaats auch in der Aufklärung grundgelegt und von Kant ausgeführt worden sein,[3] und mag er ebenso bis heute eine liberale Verfassung, wie sie etwa das *Grundgesetz* der Bundesrepublik Deutschland repräsentiert, zutiefst prägen, Fichte genügt er bei weitem nicht, und wir werden noch sehen, warum jener Rechtsstaatsbegriff keinesfalls mit einer total(itär)en Herrschaft des Rechts in einem totalen Staat gleichgesetzt oder verwechselt werden sollte, wie sie Fichte vorschwebt.

Zwar hält er jenen auf den Schutz der persönlichen Rechte des Einzelnen beschränkten Staatszweck für „nicht geradezu unrichtig" (GH, 429), aber doch zumindest für sekundär, eigentlich: tertiär, im Verhältnis zur massiven Ausweitung „der Pflichten und Rechte des Staats" (ebd.) selbst gegen seine Bürger. Denn „[a]lles Gute, dessen der Mensch teilhaftig werden soll, muß erst durch seine eigene Kunst, zufolge der Wissenschaft, hervorgebracht werden: dies ist seine Bestimmung. Die Natur gibt ihm nichts voraus, als die Möglichkeit, Kunst anzuwenden." (GH, 428) Wenn aber dem Menschen von Natur aus überhaupt keine Güter zukommen, dann setzt jeder Erwerb eines Gutes, das ja erst dann überhaupt geschützt werden könnte, bereits einen Staat voraus, der als Organisator der Produktion und Verteilung der Güter fungiert. Fichte zufolge ist es daher „die Bestimmung des Staats, jedem erst das Seinige zu *geben,* ihn in sein Eigentum erst *einzusetzen* und sodann erst, ihn dabei zu *schützen.*" (GH, 429) Es ist also der Staat, der alles Schützenswerte schafft. Ohne ihn gibt es folglich schlicht keine Güter, die er schützen könnte, indem er sie zu Eigentum deklariert. Die Existenz des Menschen als eines Wesens, das gemäß seiner Bestimmung Güter produziert, hängt so von der Existenz des Staats ab, der diese Produkte aller-

---

[3] Vgl. Joachim Hruschka, Kant und der Rechtsstaat, Freiburg i. Br. 2015.

erst zu Gütern macht. Der Staat genießt demnach unbedingte Priorität vor dem Individuum, sofern dies als Mensch seiner Bestimmung gemäß soll existieren können: Ohne Staat kein Mensch und kein Mensch ohne Eigentum.

Zwar ist nun der Genuss der hervorgebrachten Güter „das einzige, worum es mir zu tun ist" (GH, 431), doch das heißt nach Fichte gerade nicht, dass Eigentum auch in ebendiesen Sachen besteht. Er widerspricht auch hier der Tradition, namentlich der kantischen. Denn ein solches Gut geht stets aus menschlicher Tätigkeit hervor, die, sofern sie produktiv ist, auch frei sein muss, weil von Natur aus nicht festgelegt ist, welches Gut hervorgebracht wird. Also ist das eigentlich zu schützende Gut die freie Tätigkeit: „Ich habe das Eigentumsrecht beschrieben, als das ausschließende Recht auf *Handlungen*, keineswegs auf *Sachen*." (ebd.) Denn aus der stillen Bewahrung eigenen Besitzes ohne weitere Interaktion wird kein Streit entstehen: „So lange alle ruhig nebeneinander sind, geraten sie nicht in Streit; erst wie sie sich regen und bewegen und schaffen, stoßen sie aneinander. Die freie Tätigkeit ist der Sitz des Streits der Kräfte; sie ist sonach der wahre Gegenstand, über welchen die Streiter sich zu vertragen haben, keineswegs aber sind die Sachen dieser Gegenstand des Vertrags. Ein Eigentum auf den Gegenstand der freien Handlung fließt erst und ist abgeleitet aus dem ausschließenden Rechte auf die freie Handlung." (ebd.)

Die Schutzpflicht, die seine Existenz rechtfertigt, erfordert folglich nachgerade vollständige Durchgriffsrechte des Staats in den persönlichen Lebensbereich des Einzelnen. Denn der Staat hat nun nicht bloß ein ansonsten freies Spiel der Kräfte zu moderieren, sondern es im Gegenteil durch eine strikte Ordnung auszuschalten, um jede Kollision zu vermeiden. Er tut dies, indem die „Sphäre der freien Handlungen [...] durch einen Vertrag aller mit allen unter die einzelnen verteilt" (GH, 432), d. h. indem er jedem Einzelnen seine Tätigkeit zuweist, weil keiner einen wie immer gearteten Anspruch auf eine ganz bestimmte Tätigkeit – gar die seiner Wahl – hat, sondern nur auf die, für die ihn der Staat geeignet befindet und die er zugleich als nötig und brauchbar für seinen Zweck erachtet. Dass auf diese Weise im Interesse des Schutzes der Freiheit ein radikal paternalistischer und durchaus totalitärer Staat entsteht, in dem für alles außer persönlicher Freiheit – jedenfalls nach herkömmlichem bzw. modernem Verständnis – Platz scheint, liegt nahe. Dieser individualistische Freiheitsbegriff stammt zwar aus der Aufklärung, hat aber nichts mit dem Fichtes zu tun. Oder jedenfalls nur insoweit, als er ihn bekämpft und als „Leichtsinn" denunziert, den der Staat zu unterbinden hat, weil er „strenge Regelmäßigkeit und einen festgeordneten, durchaus gleichförmigen Gang der Dinge beabsichtigt" (GH, 541).

Denn er hat für „die Sicherheit der Zukunft" (ebd.) zu sorgen. Dazu muss er auf unabsehbare Zeit jedem gegenwärtigen und zukünftigen Bürger das Seine garantieren, nämlich durch eigene Tätigkeit „leben zu können", worauf „alle, die von der Natur in das Leben gestellt wurden, den gleichen Rechtsanspruch" haben (GH, 432). Weil weiterhin „jeder so angenehm leben (will), als möglich", sofern er überhaupt Mensch ist, haben auch „in dieser Forderung alle gleich recht" (ebd.). Also muss der Staat mit seiner Verteilung auch die Voraussetzung schaffen, „daß alle ohngefähr gleich angenehm leben können", jedoch so, dass „es nur an ihm selbst liegen (muß), wenn einer unangenehmer lebt, keineswegs an irgendeinem anderen" (ebd.). Daher ist es Aufgabe des Staats, „daß das *Vorhandene* unter alle gleich verteilt werde" (GH, 433). Dieser Anteil an den *„unter den gegebnen Umständen"* (GH, 432) jeweils vorhandenen Gütern ist für jeden Bürger „das *Seinige* von Rechts wegen" (GH, 433). Es ihm zu geben, ist „die Bestimmung des Staates" (ebd.).

In Fichtes „Vernunftstaat" hat also jeder immer gleich viel an Gütern sowohl zum Leben als auch für dessen Annehmlichkeiten zu Verfügung. Dabei bleibt das Konzept staatlicher Eigentumsverteilung strikt egalitär: Der gerechte Anteil dient keinesfalls als Startkapital oder als Anschubfinanzierung zum selbständigen Erwerb von materiellem Reichtum irgendwelcher Art. Eine private Anhäufung von Kapital findet nicht statt und ist auch nicht erlaubt. Vielmehr sorgt der Staat permanent für Gleichverteilung und überwacht deren Einhaltung. Allenfalls billigt er ausgewählten Berufsgruppen – etwa Philosophieprofessoren (GH, 448) – zur besseren Bewältigung ihrer entsagungsvollen Tätigkeit ein höheres Maß an Annehmlichkeiten zu.

Ebenso wenig kann ein privates Eigentum an materiellen Produktionsmitteln bestehen. Wenn der Staat die Pflicht hat, jedem sein Eigentum zuzuweisen und zu schützen, und Eigentum selbst nur an freien Handlungen besteht, muss der Staat auch jedem die Mittel bereitstellen, um mit seiner spezifischen Tätigkeit seinen Handlungsbereich zu erfüllen. So überlässt er den Boden zu landwirtschaftlicher Bebauung, entzieht ihn, wenn er nicht bewirtschaftet wird, und weist ihn anderweitig zu; so verteilt er Naturprodukte zur Lebenserhaltung und Weiterverarbeitung; so ist alle Bildung in staatlicher Hand; so wird jedem seine Tätigkeit, die er schon, insofern er sie überhaupt ausübt, frei ausübt, nach staatlichem Bedarf und individueller Eignung zugewiesen. Was daher eines jeden, fremden Eingriff ausschließendes und also privates Eigentum ist, bleibt also allein die Fähigkeit, eine besondere, produktive Tätigkeit auszuüben, selbst. Denn falls jemand keine Lust hat, diese auszuüben, mithin nicht zu arbeiten, steht ihm dies durchaus frei – er wird dann eben verhungern oder zur Durchfütterung auswandern müssen. Ist er dagegen bloß aus gesundheitlichen oder ähnlichen Gründen oder wegen seines Alters nicht im Stande zu arbeiten, sorgt der Staat für ihn.

Eventuelle Produktionsüberschüsse fallen demnach stets an den Staat – aber auch schon deswegen, weil sie mangels inländischer Absatzmöglichkeiten und aufgrund des privaten Außenhandelsverbots „auf keine Weise in den öffentlichen Verkehrt gebracht werden" können (GH, 458). Auch der Staat kapitalisiert Überschüsse nicht. Mit Ausnahme des von ihm auf Tauschbasis betriebenen Außenhandels für wenige, ausgewählte Produkte – Fichte nennt hier nur den Wein (GH, 535) –, hortet der Staat die erzielten Überschüsse, um jederzeit die sowohl von allen Bürgern als auch von den besonderen Gewerken benötigten Nahrungsmittel, Rohmaterialien und Kunstprodukte vorhalten zu können. Diese Vorsorge erstreckt sich jeweils über einen Zeitraum von fünf Jahren, nach deren Ablauf das Verhältnis von Produktion und aufgewendeten Mitteln, vor allem Arbeitskraft und Zeit, bewertet wird. In einem neuen Fünfjahresplan werden etwaige Missverhältnisse ausgeglichen – sei es, indem dem Ackerbau mehr Kräfte zugeführt oder die Anbauflächen vergrößert werden oder die Herstellung „feinerer Produkte" angeordnet wird, um „der Nation zu dem höheren Wohlstande, auf welchen sie unter diesen Umständen Anspruch hat, zu verhelfen" (GH, 461).

Fichte denkt dabei naturgemäß nicht an materielle Genussmittel oder gar an die Ausstattung aller mit der größtmöglichen Anzahl von Luxusgütern von der farbenprächtigsten Ganzkörpertätowierung über den wenigstens dreimal jährlich zu vollziehenden Fernurlaub und den ebenso weißen wie ungespielten Konzertflügel im Wohnzimmer bis zum PS-stärksten SUV. Von einem derart konsumorientierten Wohlstandsbegriff, der dem Belieben der privaten Geschmäcker freien Lauf lässt, distanziert sich Fichte vielmehr ausdrücklich. Unter Anspielung auf Adam Smith bestimmt er den „Wohlstand der Nation" gemäß seines eigenen Menschenbilds, das dem grosso modo durchaus egoistischen des schottischen Klassikers der Ökonomie geradewegs widerspricht: „der innere, wesentliche Wohlstand besteht darin, daß man mit mindest schwerer und anhaltender Arbeit sich die menschlichsten Genüsse verschaffen könne. Dies soll nun sein ein Wohlstand der *Nation;* nicht einiger Individuen, deren höchster Wohlstand oft das auffallendste Zeichen und der wahre Grund ist von dem höchsten Übelbefinden der

Nation; er soll so ziemlich über alle in demselben Grade sich verbreiten." (GH, 453)

Ganz offensichtlich hängt das Verständnis dieser zentralen Passage davon ab, was ‚die menschlichsten Genüsse' sein mögen. Der Gebrauch des Superlativs zeigt schon einmal an, dass es hier nicht um die schiere Artzugehörigkeit gehen kann. Denn in diesem biologischen Sinne ist etwas entweder ein Mensch oder eben nicht. Es geht vielmehr darum, was nach Fichte eigentlich menschlich sein soll, genauer: welche Art von Tätigkeiten unter den unendlich vielen möglichen Aktivitäten es ist, die Menschen von der Nahrungsaufnahme über das anonyme Schimpfen über andere in asozialen Medien und das gemeinsame Fußballspielen bis zum einsamen Studium der *Wissenschaftslehre* alle so vollziehen können, welche einen Menschen erst zum eigentlichen – wenn man so will: erst zu einem „richtigen" – Menschen macht. Seine natürliche Artzugehörigkeit ist hierzu nur die Voraussetzung, die ein jeder, sofern er Mensch ist, hat. Ihre Verwirklichung ist etwas ganz anderes und keineswegs notwendig, d. h. sie kann ebenso gut geschehen oder unterbleiben, oder genauer: willentlich betrieben oder unterlassen werden.

Es ist diese Vermenschlichung des Menschen auf der Basis seiner natürlichen Anlagen, die den Zweck des Staates samt seiner rigiden Organisation und Planwirtschaft darstellt. Er fördert, ja – wenn es nach Fichte geht – erzwingt sie sogar durch Erziehung und, soweit und solange nötig, mit den Mitteln des gesetzlichen Ver- oder Gebots. Was dieses wahre Menschentum näherhin sein soll, mag für den Moment noch dahingestellt bleiben. Es wird sich jedenfalls um irgendetwas Geistiges handeln. Denn einen Leib mit entsprechenden Fähigkeiten zur Aufrechterhaltung seiner Lebensfunktionen zu besitzen, zeichnet den Menschen kaum unter seinen Mitgeschöpfen aus. Einzigartig ist vielmehr sein Geist, der Verstand, Wille und Bewusstsein o. ä. vereinigt.

Ebenso scheidet ein sinnlich-materialistisches Verständnis jener ‚menschlichsten Genüsse' auch deswegen aus, weil dieser Wohlstand zwar allein durch Arbeit erworben werden kann, aber durch so wenig davon wie möglich erworben werden soll. Ist einmal derjenige Grad an Wohlstand erreicht, der das wahre Menschsein ermöglicht, wird nicht zur Produktion und allgemeiner Verteilung von Luxusgütern fortgeschritten, sondern die Arbeitszeit allgemein zugunsten von Freizeit, besser wohl: Muße, vermindert, die nun ihrerseits mit menschlichster Tätigkeit erfüllt werden kann und soll. Der Staat verteilt zwar die Arbeit, indem er jedem seine Freiheitssphäre zuweist und schützt, und die Arbeit ist der Anfang jeder Höherentwicklung, indem sie Existenz und gleiche Annehmlichkeiten ermöglicht. Arbeit ist aber kein Selbstzweck, sondern allein Mittel zum Zweck des geistigen Fortschritts der Nation – worin immer dieser bestehen mag.

Trotz des unangenehm anachronistischen Klanges und der notorischen Schwammigkeit dieser modernen Titulatur wird man kaum umhinkommen, Fichtes Vernunftstaat „sozialistisch" zu nennen – und nicht bloß wegen seiner unweigerlich an „real existierende" sozialistische Staaten gemahnenden Fünfjahrespläne. Nicht umsonst war der Gründervater der deutschen Sozialdemokratie, Ferdinand Lassalle, glühender Fichteaner.[4] Das unbedingte Recht eines jeden Menschen, von seiner eigenen Arbeit gerade so angenehm, wie es einem jeden anderen auch möglich ist, leben zu können; die Ausschaltung des Strebens, ja der Gier nach privatem Eigentum und dessen Mehrung; die vollständige soziale, ökonomische und rechtliche Gleichheit aller, für die ein allein nach Prinzipien der Vernunft organisierter, daher im Allgemeinen unfehlbarer bzw. sich selbst korrigierender und entwickelnder, also auch mit allen Durchgriffsrechten auf das Individuum ausgestatteter Staat sorgt, der durch seine Planwirtschaft nicht nur die unverbrüchliche ökonomische und soziale Sicherheit (GH, 476) seiner Bürger, sondern noch viel mehr und eigentlich deren geistige Entwicklung zu wahrhafter Menschheit zum Ziel hat; – all dies nimmt viele Kernideen der späteren Sozialisten ohne Zweifel so sehr vorweg, dass es mehr als gerechtfertigt scheint, auch im Falle Fichtes von einem Staatssozialismus zu sprechen. Was ihm allerdings fehlt – und auch das findet man bei Lassalle wieder –, ist der für den späteren Sozialismus marxscher Prägung charakteristische Internationalismus. Denn Fichtes Staat ist durch und durch national, d. h. im Inneren egalitär, aber zugleich nach Außen exklusiv.

b) Was und wer ist der Staat?

Zuallererst stiftet der Staat Identität. Er „allein ist's, der eine unbestimmte Menge Menschen zu einem *geschloßnen Ganzen,* zu einer *Allheit* vereinigt" (GH, 431). Diese Einheit ist zunächst die des Rechts, mit dem er die Verträge, die seine Bürger untereinander schließen, vor der Intervention Dritter schützt, die ohne ihn nicht durch eine solche Vereinbarung gebunden wären. Gleiches gilt im Verhältnis zu „den übrigen Menschen auf der

---

[4] Die Philosophie Fichtes und die Bedeutung des deutschen Volksgeistes. Fest-Rede, gehalten bei der am 19. Mai 1862 von der philosophischen Gesellschaft und dem wissenschaftlichen Kunst-Verein in dem Arnim'schen Saale veranstalteten Fichtefeier, in: Ferdinand Lassalle, Gesammelte Reden und Schriften. Vollständige Ausgabe in 12 Bänden (hg. u. eingel. v. E. Bernstein), Berlin 1919, Bd. VI, 111–152.

Oberfläche des Erdbodens", mit denen er „im Namen aller seiner Bürger als Staat" Verträge schließt (ebd.). Schon hier zeigt sich, dass in Fichtes Vernunftstaat keine privatrechtlichen oder sonstigen Beziehungen zwischen eigenen und fremden Bürgern vorgesehen, ja sogar verboten sind.

Das ist nur konsequent. Denn ebenso wenig wie die eigenen Gesetze in einem fremden Staat gelten und also auch nicht für fremde Staatsbürger – sie sind ja keine Partner des Staatsvertrags –, sind die eigenen Bürger nicht fremden Gesetzen unterworfen. Die Einheit, die Fichtes oberstes Rechtsprinzip der Zuteilung und des erst dann möglichen Schutzes individueller Handlungssphären herstellt, ist hermetisch. Und da das Rechtsprinzip zugleich das Prinzip des Staates ist, muss sich alle Politik ihm unterordnen. Fichte verdeutlicht das von Anfang an in seiner „Vorläufigen Erklärung des Titels" in aller wünschbaren Klarheit:

> „Den juridischen Staat bildet eine geschloßne Menge von Menschen, die unter denselben Gesetzen und der höchsten zwingenden Gewalt stehen. Diese Menge von Menschen soll nun auf gegenseitigen Handel und Gewerbe unter- und füreinander eingeschränkt, und jeder, der nicht unter der gleichen Gesetzgebung und zwingenden Gewalt steht, vom Anteil an jenem Verkehr ausgeschlossen werden. Sie würde dann einen *Handelsstaat*, und zwar einen *geschloßnen* Handelsstaat bilden, wie sie jetzt einen geschloßnen juridischen Staat bildet." (GH, 418)

Diese strikte Form der Identitätsstiftung durch das geltende, positivierte Recht hat gravierende Folgen, was den gesamten Komplex der sogenannten Menschenrechte angeht, jene subjektive Rechte also, die einem jedem schon allein kraft der Zugehörigkeit zur Spezies „Mensch" zukommen und gewährt werden müssen. Zwar erkennt Fichte das natürliche Recht eines jeden zu leben, gar möglichst angenehm zu leben, an. Sein ganzes Staatsgebäude ist ja auf nichts anderes hin angelegt, als genau dieses Recht in vollständiger Gleichheit zu gewähren und zu sichern. Jedoch gilt dies allein für die Bürger ebendieses juridischen Staats, keineswegs aber für alle Menschen. Denn auch die werden Bürger irgendeines anderen Staates sein, der dann für die Wahrung ihrer natürlichen Rechte zuständig ist. Falls er dies nicht tut, haben seine Bürger eben Pech und müssen, so sie ihre subjektiven Rechte genießen wollen, versuchen, ihren Staat diesem Bedürfnis entsprechend umzugestalten oder ihn zu verlassen, und sich um die Aufnahme in die Bürgerschaft eines anderen Staats bemühen, der ihnen genehm ist. Allerdings hat zumindest Fichtes Staat keinerlei Pflicht, diese Leute aufzunehmen oder ihnen auch nur vorübergehenden Aufenthalt zu gewähren.

Denn dies würde das Gleichgewicht der Handlungssphären gefährden, das den eigenen Bürgern ihre natürlichen Rechte sichert. So etwas wie ein allgemeines Asylrecht widerspräche schlicht der Erreichung des Staatszwecks, während Immigration nur unter der Bedingung der Einbürgerung und ausschließlich nach dem Kriterium staatlichen Bedarfs zulässig sein kann. Fichtes Vernunftstaat erkennt also natürliche Rechte des Menschen an, und zwar sogar als sein eigenes Fundament, er gewährt sie aber allein denjenigen Leuten, die seine Bürger sind. Fichtes Begriff des Vernunftstaats ist folglich strikt exklusiv. Entweder man ist dort Bürger und genießt alle Rechte, wie sie aus dem obersten Rechtsprinzip abgeleitet werden, oder man ist dort nicht Bürger und hat gar keine Rechte:

> „ist es vielmehr der wahre Zweck des Staates, allen zu demjenigen, was ihnen als Teilhabern der Menschheit gehört, zu verhelfen, und nun erst sie dabei zu erhalten [...]; so ist der Vernunftstaat ein ebenso durchaus *geschloßner Handelsstaat*, als er ein geschloßnes Reich der Gesetze und der Individuen ist. Jeder lebendige Mensch ist ein Bürger desselben, oder er ist es nicht." (GH, 450)

Wer ist nun Bürger von Fichtes Staat? Alle ‚lebendigen Menschen' können es nicht sein. Denn weder gelten für sie alle dieselben Gesetze noch sind sie alle derselben Herrschaft unterworfen. Vielmehr unterscheiden sie sich „durch dasjenige, was sonst die Menschen trennt, durch die Staatsverfassung" (GH, 481). Zwar sind, jedenfalls in der Moderne, alle lebendigen Menschen Bürger, jedoch solche verschiedener, durch ihre Gesetze definierter Staaten. Dieser Zustand ist zwar durchaus zufällig, aber keineswegs beliebig veränderbar.

Die Bürgerschaft eines jeden Menschen hat nämlich eine natürliche Grundlage. Denn jeder ist, beginnend mit seiner Geburt, ‚Einwohner eines Landes'. Und er hat zunächst auch zu bleiben, wo er ist: „Mit der Sphäre, in welche ihn die Natur setzte, und mit allem, was aus dieser Sphäre folgt, muß jeder zufrieden sein." (GH, 441) Die natürlichen Gegebenheiten irgendeiner Weltregion – Feuerland, Wüste Gobi, Emsland – zählen also nicht als Gründe für Auswanderung. Nur politische Gründe können einen solchen Schritt rechtfertigen. Da solche aber nicht von Natur aus bestehen, sind größere oder kleinere Migrationsbewegungen auch von Natur aus nicht vorgesehen. Die natürliche Existenzform des Menschen ist daher nach Fichte die Sesshaftigkeit innerhalb desjenigen geographischen Bereichs, in dem jemand geboren ist und der ihm irgendwie einen wenigstens kargen Lebensunterhalt ermöglicht. Es gibt deshalb schlicht keinen Grund, jenes Land zu verlassen.

Diese natürliche Gebundenheit an die Geburtsregion liegt ebenso dem notorisch unklaren Begriff des Volkes zugrunde. Er ist bei Fichte regional und damit durch den Zufall der Geburt an einem geographischen Ort bestimmt, d. h. die Verschiedenheit von Völkern ist eine natürliche Gegebenheit. Niemand kann daher die Zugehörigkeit zu einem Volk wählen; sie gehört zu seiner gebürtlichen Ausstattung. Ein Volk ist daher eine Menge von Leuten, die „dieselbe Abstammung und dieselben ursprünglichen Gebräuche und Begriffe" teilen (GH, 480). Das kulturelle Element, das in der Rede von Gebräuchen und Begriffen liegt, setzt, solange es jedenfalls um die Formation eines Volkes geht, immer eine natürliche – modern gesprochen: biologische – Grundlage. Letztere tritt zwar in Fichtes Bestimmung des Begriffs der Nation zugunsten der Kultur in den Hintergrund. Wir werden jedoch bei dessen ausführlicher Erörterung in den *Reden an die deutsche Nation* am Begriff der Ursprünglichkeit noch sehen, dass sich dadurch bei der Zugehörigkeit zu einer Nation im Verhältnis zur Volkszugehörigkeit weder Exklusivität noch Festgelegtheit, d. h. die Abwesenheit einer positiven Wahlmöglichkeit, ändern.

Nun ist ein Einwohner eines Landes ebenso wenig schon ein Bürger eines Staates wie ein Volk schon eine Nation ist. Denn die rechtlichen Verhältnisse in den „einzelnen Niederlassungen dieser Halb-Barbaren" in „Germaniens Wäldern" rechtfertigen nicht den Gebrauch dieser modernen politischen Begriffe (GH, 481). Die dort bei wenigen Gelegenheiten, insbesondere im Kriegsfalle, vollzogenen herrschaftlichen und vor allem richterlichen Handlungen folgen nämlich nur aus den zufällig entstandenen Sitten solcher, im Übrigen durchaus autonomen Völkerschaften oder Sippen, jedoch nicht aus der einen, unabänderlichen Vernunft. Für eine Nation hingegen gilt, „daß sie *Zweck an sich,* daß *die Gesetze das eigentliche Bindungsmittel*" sein sollen (GH, 482).

Die Nation beginnt also mit einer „Staatsverfassung" (GH, 482). Sie ist daher ein durch und durch politisches, besser: rechtliches Gebilde. Und sie entsteht – das ist einer der Hauptpunkte Fichtes – nicht „durch Sammlung und Vereinigung unverbundener Einzelner unter der Einheit des Gesetzes, sondern vielmehr durch Trennung und Zerteilung einer einigen großen, jedoch nur schwach verbundenen Menschenmasse" (GH, 482/3). Fichte dreht damit das politische Denken der Aufklärung, das vom Partikularismus zum Universalismus zu führen pflegt, um und denunziert dessen dezidiert nicht-nationalen Ansatz als verfehlt, ja verwerflich. Er bemüht sich, dies an den „Völker(n) des neuen christlichen Europa" (GH, 481) zu zeigen. Dass er damit genauerhin das Heilige Römische Reich Deutscher Nation meint, von dem auch die gelehrtesten Zeitgenossen nicht recht wussten, was es eigentlich für ein politisches Gebilde war,[5] erhellt aus seiner Bemerkung, dass sich jene Völker nicht nur „betrachten (lassen) als Eine Nation" (GH, 481), sondern sich auch als solche „betrachteten und betrugen, daß sie sich durcheinander vermischten, reisten, Handel und Wandel trieben, Dienste nahmen, und daß jeder auf dem Gebiete des anderen angekommen, noch immer zu Hause zu sein glaubte" (GH, 481).

Was wie die Zukunftsvision eines vereinigten Europas ohne Handels- und Landesgrenzen klingt, ist nach Fichte nichts anderes als ein ungeheures Selbstmissverständnis. Es verhindert die Bildung von echten Staaten und damit die Rechtlichkeit der Verhältnisse. Im Gegenteil herrscht in einem solchen Konglomerat von Völkern, die sich als Einheit betrachten, ohne eine zu sein, „Anarchie" (GH, 483). Und selbst wenn es eine einheitliche Rechtsordnung gäbe, so wie es freilich den Anschein hat, dass aus den verschiedenen Völkern verschiedene Staaten gemacht worden sein mögen, würde sich daran nichts ändern. Denn weil keiner dieser sogenannten Staaten seinen Zweck erfüllt, ist man politisch nicht über Germaniens Wälder bzw. die „Denkart unserer Voreltern, für welche sie paßten" (GH, 484), hinausgekommen: Man hat „die Aufgabe des Staates bis jetzt nur einseitig aufgefaßt, als eine Anstalt, den Bürger in demjenigen Besitzstande, in welchem man ihn findet, durch das Gesetz zu erhalten. Die tiefer liegende Pflicht des Staates, jeden in den ihm zukommenden Besitz erst einzusetzen, hat man übersehen." (GH, 483)

Die Eine Vernunft, Fichtes Vernunft also, verlangt demnach ein Europa, mithin eine Welt, die streng in juridisch, ökonomisch und schließlich auch kulturell abgeschlossene, voneinander getrennte Nationalstaaten geteilt ist (GH, 542). Es braucht daher irgendwelche Kriterien, durch deren Anwendung das etwa in Europa herrschende Völkermischmasch mit seiner Illusion einer universalen nationalen, in Wahrheit aber supranationalen Identität zum Zwecke der Staatsbildung säuberlich voneinander getrennt werden kann. Fichte führt im *Geschloßnen Handelsstaat* allerdings nur ein solches Kriterium an, und das ist trotz des unbedingten Primats der Vernunft bei der Staatsbildung ein rein natürliches, nämlich die zufällige Geburt in einer bestimmten Region, die auch die Volkszugehörigkeit ausmacht. Jedoch handelt es sich dabei nicht mehr bloß um den finsteren Eichwald, in dem die wilde Sippe haust und bei Auftreten zivilisierte Römer daraus verscheucht. Um seine Funktion und seinen Zweck zu

---

[5] Vgl. Samuel Pufendorf alias Severinus de Monzambano, De statu imperii Germanici, Den Haag 1667 (Dt. Die Verfassung des Deutschen Reiches, hg. u. übs. von H. Denzer, Frankfurt a. M. 1994).

erfüllen, benötigt ein Staat entschieden mehr Platz und vor allem natürliche Ressourcen – Wildschweine, Wurzeln und Regenwasser genügen hier offenkundig nicht. Fichte erweitert deswegen sein Modell der natürlichen Volkszugehörigkeit auf das Staatsgebiet. Der Vernunftstaat hat nämlich „seine natürlichen Grenzen", und diese werden durch seinen Bedarf bestimmt. Ein Volk und, wenn es bereits durch eine Verfassung dazu geworden ist: eine Nation braucht also zumindest so viel Raum, dass es einen geschloßnen Handelsstaat bilden kann:

> „Ein Staat, der im Begriffe ist, sich als Handelsstaat zu verschließen, muß vorher in diese seine natürlichen Grenzen, – nachdem es kommt, entweder vorrücken, oder sich einschränken. Teils bedarf er, um die im vorigen Kapitel dargelegten Anforderungen seiner Bürger zu befriedigen, ein ausgedehntes Land, das ein vollständiges und geschlossenes System der notwendigen Produktion in sich enthalte. Teils können und sollen unter der Herrschaft der allgemeinen Ordnung, und bei dem festen innern Wohlstande, die Bürger nicht mehr durch jenes Heer von Abgaben gedrückt werden, welches die großen stehenden Heere und die stete Bereitschaft zum Kriege erfordert." (GH, 512/3)

Hat ein Staat diese, von seinem Zweck und der Menge seiner Bevölkerung bestimmte, folglich auf Zuwachs angelegte Größe erreicht, kann und darf er sie erst endgültig sichern. Um dies zu tun, „muß [er] seinen Nachbarn die Garantie geben und geben können, daß er von nun an sich auf keine Weise vergrößern werde" (GH, 513). Aufgrund seiner Autarkie, die seine ökonomische Isolation ermöglicht, und seiner außenpolitischen wie militärischen Neutralität, die aus dieser Selbstgenügsamkeit folgt, benötigt er kein stehendes Heer mehr, nachdem er mit welchen Mitteln auch immer in seine natürlichen Grenzen gelangt ist. Der Staat hat dann „einen Angriff kaum zu fürchten", und „[f]ür den letztern äußerst unwahrscheinlichen Fall übe er alle seine waffenfähigen Bürger in den Waffen" (GH, 538). Es besteht demnach eine allgemeine Wehrpflicht, wie sie heutzutage etwa in der Schweiz üblich ist – sie erstreckt sich über das beste Volkssturmalter vom 16. bis zum 60. Lebensjahr. Die Stärke einer professionellen Truppe ist dann auf die enge Grenze beschränkt, die zur Ausbildung des Volksheeres und „zur Erhaltung der inneren Ruhe und Ordnung" (GH, 538) unabdingbar ist.

Freilich ist die Königsfrage nun, was denn, bitte, die natürlichen Grenzen eines Staates sein sollen. Fichte beantwortet sie, ohne viele Umstände zu machen, unter Verweis sowohl auf geographische Gegebenheiten als auch auf ökonomische und politische Erfordernisse:

„Gewisse Teile der Oberfläche des Erdbodens, samt ihren Bewohnern, sind sichtbar von der Natur bestimmt, politische Ganze zu bilden. Ihr Umfang ist durch große Flüsse, Meere, unzugängliche Gebirge von der übrigen Erde abgesondert; die Fruchtbarkeit eines Landstrichs in diesem Umfange überträgt die Unfruchtbarkeit eines anderen; die natürlichsten und mit dem größten Vorteile zu gewinnenden Produkte des einen gehören zu denselben Produkten des anderen, und deuten auf einen durch die Natur selbst geforderten Tausch. Gegen einen Strich fetter Weide ist ein Strich Ackerboden, ein Strich Holzland usw. Keiner dieser Striche könnte für sich allein bestehen. Vereinigt bringen sie den höchsten Wohlstand ihrer Bewohner hervor. – Diese Andeutungen der Natur, was zusammenbleiben oder getrennt werden solle, sind es, welche man meint, wenn man in der neueren Politik von *den natürlichen Grenzen* der Reiche redet: eine Rücksicht, die weit wichtiger und ernsthafter zu nehmen ist, als man sie gemeiniglich nimmt. Auch ist dabei gar nicht lediglich auf militärisch gedeckte und feste Grenzen, sondern noch weit mehr auf produktive Selbständigkeit und Selbstgenugsamkeit zu sehen." (GH, 510)

Es ist die Natur, die in grundlegender Weise die politische Landkarte vorgibt. Ihre sowohl geographischen wie ethnischen ‚Andeutungen' sind schwer misszuverstehen, da man sie sehen kann. Nicht ohne Weiteres zu überwindende natürliche Hindernisse und die Ausbreitung eines bestimmten Menschentyps innerhalb dieser bilden so etwas wie ein natürliches Staatsgebiet. Ebendieses auch politisch zu vereinigen, ist die Hauptaufgabe, die zunächst zu lösen ist, um zu einem Vernunftstaat gelangen zu können. Denn erst in diesen natürlichen Grenzen kann der Staat seinen Zweck erfüllen, für den unter den gegebenen natürlichen Vorgaben größtmöglichen Wohlstand einer anfangs zumindest ethnisch und späterhin auch immer mehr kulturell homogenen Bürgerschaft zu sorgen. Der Staatszweck definiert die politischen Grenzen und vollzieht damit zugleich deren natürliche Bestimmung nach. Die natürliche Verteilung der Ressourcen selbst verlangt auf diese Weise nach einer Welt aus in sich vollständig abgeschlossenen, autarken politischen Einheiten, die kaum bis gar nicht ökonomisch und politisch interagieren und nur wissenschaftlichen und technischen Austausch miteinander pflegen, weswegen „nur der Gelehrte und der höhere Künstler […] zum Besten der Menschheit und des Staates […] auf öffentliche Kosten" (GH, 536) ins Ausland reisen darf und soll. Hingegen „der müßigen Neugier und Zerstreuungssucht soll es nicht länger erlaubt werden, ihre Langeweile durch alle Länder herumzutragen" (GH, 536).

Dass der Staatszweck die Staatsgrenzen definiert, heißt aber zugleich, dass die eigentlichen, wahren natürlichen Grenzen eines Staats, wie sie die Natur selbst andeutet, erst vor dem Hintergrund des Staatszwecks eindeutig erkannt werden können. Deswegen weist Fichte auf die Nachrangigkeit – jedoch nicht: Überflüssigkeit! – militärischer Kriterien bei der Grenzziehung hin. Schließlich bilden die erwähnten natürlichen Hindernisse ebenso basalen Schutz gegen militärische Angriffe, der sich mit technischen Mitteln ausbauen lässt. Priorität genießen aber Produktion und Autarkie. Also müssen alle zur angenehmen Lebensführung aller Bürger nötigen Rohstoffe und Güter auch auf dem Staatsgebiet zu erzeugen sein. Es wird also keinesfalls zu klein sein dürfen, gerade wenn man bei steigenden Lebensstandards und Muße mit einer auf natürliche Weise wachsenden Bevölkerung rechnen möchte. Dies tut Fichte zweifellos: Denn mit dem erwünschten technischen Fortschritt soll ab einer hinlänglichen, aber keinesfalls luxuriösen Annehmlichkeit des Lebens die pro Person zu verteilende Arbeit ja nicht mehr, sondern weniger werden, so dass sich jeder Einzelne umso mehr seiner eigenen geistigen Bildung widmen kann. Liegt also bereits ein zahlenmäßig großes Volk vor, braucht es auch ein großes Staatsgebiet, um seine natürlichen Bedürfnisse zu befriedigen. Das mag höchst banal klingen, hat aber weitreichende Konsequenzen. Geht man mit Fichte von ‚sichtbarer' ethnischer Homogenität aus und schaut man auf das naheliegende Beispiel der germanischen Volksstämme, sofern diese sich nicht mit anderen, insbesondere Römern, mischen sollen, gelangt man zu einem erstaunlichen Staatsgebiet, das Deutschland als Zentrum derart urgermanischer Bewohnerschaft von Natur aus einnehmen müsste: Die natürlichen Grenzen, in denen sich ein deutscher Vernunftstaat abschließen müsste, könnten kaum andere als die folgenden sein: Im Süden die Alpen, im Westen der Rhein, im Norden die Nord- und Ostsee und im Osten – der Ural. Diese natürlichen Grenzen mögen einem seltsam bekannt vorkommen.

Schon am Beispiel dieses auf Zuwachs kalkulierten natürlichen Staatsgebiets sieht man leicht, dass sich dort durchaus auch noch andere Völkerschaften – gleichsam wider die bessere Ordnung der Natur – schon herumtreiben mögen. Auch Fichte ist dies klar. Er rechnet damit, dass das vorgesehene natürliche Staatsgebiet zumindest in Teilen und vornehmlich an den Rändern durch dumme Zufälle bereits besetzt ist und daher erst erworben werden muss. Dies geschieht durch „Okkupation" (GH, 532). Sie erfordert zwar militärische Macht, aber nicht unbedingt einen regelrechten Krieg:

> „Die Regierung, von welcher wir reden, hat vermöge ihres Geldreichtums das Vermögen, sich zu rüsten, von den Hilfsmitteln und Kräften des Auslandes auch zu diesem Zwecke so viel an sich zu kaufen und zu dingen,

daß ihr kein Widerstand geleistet werden könne; so, daß sie ihre Absicht ohne Blutvergießen und beinahe ohne Schwertschlag erreiche, und daß ihre Operation mehr ein Okkupationszug sei, als ein Krieg." (GH, 532)

Für den Moment einmal abgesehen von der Anhäufung des nötigen ‚Geldreichtums' basiert Fichtes Strategie einer ‚beinahe' unblutigen Besetzung des natürlichen Staatsgebiets auf zwei Voraussetzungen: Wirtschaftlicher und militärischer Dominanz – begleitet von der Entschlossenheit, alle zur Erreichung des Ziels nötigen Mittel ohne Zögern einzusetzen. Dass man eine Haltung, bei der ein moralisch durchaus zweifelhafter Zweck die Mittel heiligt, ohne Weiteres Skrupellosigkeit nennen könnte, die bigott gerne vorgibt, irgendein größeres Gut zu verfolgen, nach Fichte zur internationalen Politik gehört, wird sich noch zeigen.

In Fichtes Staat entsprechen vor seiner politischen Selbstisolation einander Wirtschafts- und Militärmacht. Denn sein Vermögen kann nicht zur Sicherung des allgemeinen Wohlstands bzw. der angemessenen Beteiligung eines jeden einzelnen Bürgers an ihm aufgewendet werden. Neben den üblichen staatlichen Zwecken investiert dieser Staat vor allem in die Rüstung. Die Stärke seines stehenden Heeres und seine Kriegsbereitschaft müssen nämlich weit über die Zwecke bloßer Selbstverteidigung hinausgehen, um jeden Widerstand gegen ihre Mobilisierung von vorneherein gegenüber jedem möglichen Gegner – naturgemäß vorzugsweise unmittelbar oder mittelbar benachbarte Staaten – als sinnlos zu erweisen. Hierzu hält Fichte es sogar für gerechtfertigt, nicht nur Rüstungsgüter aus dem Ausland zu erwerben, sondern auch ausländische Truppen zu ‚dingen', d. h. Söldner anzuwerben, um eventuell anfallende Drecksarbeiten zu erledigen. Unter der Bedingung totaler militärischer Überlegenheit – so also die Überlegung – spart sich ein regelrechter Eroberungskrieg und lässt sich durch eine stille, scheinbar friedliche Besetzung oder Übergabe des begehrten Gebiets ersetzen. Die Nutzung des eigenen unwiderstehlichen militärischen Drohpotentials zur Durchsetzung territorialer Interessen entspricht in ihrer Friedlichkeit und Fairness in etwa der Überredung eines Verhandlungspartners vermittels eines an dessen Kopf gehaltenen und geladenen großkalibrigen Revolvers. Nobel formuliert: Fichtes Okkupant legt keinen gesteigerten Wert auf so etwas wie ein Existenzrecht oder gar weitergehende Interessen des okkupierten Staats.

Anders ist das mit seiner Bevölkerung. Sie nämlich wird durch dieselben wohlstandsfördernden Maßnahmen, die auch im Stammgebiet gelten, „ihrer neuen Regierung befreundet" (GH, 533). Mehr noch: Teilweise Umsiedlungen sollen zur vollständigen Assimilation der Neubürger führen:

„Es dürfte zweckmäßig sein, einen Teil der Bewohner der neuen Provinzen durch freundliche Mittel in das Mutterland zu ziehen, an deren Stelle aus dem Mutterlande andere in die neuen Provinzen zu schicken: und so die alten und die neuen Bürger zu verschmelzen. Auch in Rücksicht des Ackerbaues und der Industrie dürfte diese Verschmelzung von guten Folgen sein, da ja vorausgesetzt worden, daß die neuen Provinzen auch mit um ihrer natürlichen Verschiedenheit willen zum Mutterlande gehörten, und mit ihm ein vollendetes System der Produktion ausmachten." (GH, 533)

Auch dieser generöse Plan Fichtes steht freilich unter Bedingungen, die für eine scharfe Selektion unter den Bewohnern der okkupierten Gebiete sorgen. Integrationsfähig bzw. assimilationswürdig sind nämlich nur Volkszugehörige, während alle Ausländer, die das Kindesalter überschritten haben, nicht Teil der Bürgerschaft sein und sich daher weder auf dem natürlichen Staatsgebiet aufhalten noch dort wohnen dürfen, auf dass sie nicht „späterhin um sich greifen, und ihn (sc. den Staat) gänzlich vertreiben" (GH, 513). Es wird also auch so etwas wie natürliche Bürger geben müssen bzw. Leute, die von Natur aus dafür prädestiniert sind, Bürger genau eines bestimmten Staats und keines anderen zu sein. Die Kriterien dafür spezifiziert Fichte allerdings erst in seinen *Reden* genauer. Sie werden noch ausführlicher dargestellt.

Auch ohne dies schon getan zu haben, kann man fragen: Darf Fichtes Staat das alles? Denn ganz offensichtlich verfolgt er doch ohne jede Rücksicht auf andere allein seine eigenen Interessen, und zwar mit allen Mitteln, deren Einsatz er zur Erreichung seiner Ziele für erforderlich hält, also jedenfalls unter Hintanstellung aller völkerrechtlichen Regeln oder Gepflogenheiten und eigentlich ganz so, als gäbe es überhaupt kein Völkerrecht. Darf irgendein Staat das alles? Die Antwort darauf ist: „Das ist die falsche Frage." (also eigentlich: „Ja").

Die falsche Frage ist es, weil ein rechtlicher Zustand zwischen Staaten, die sich noch nicht abgeschlossen haben, einen Widerspruch in sich selbst darstellt. Die Einhegung oder Bändigung ihrer Interessen durch internationale Verträge und das Recht wird stets nur vorläufig bleiben, d. h. nur so lange halten, wie ein gebundener Staat (wieder) mächtig genug ist, um seine Interessen mit allen Mitteln, naturgemäß auch kriegerischen, durchzusetzen. Es liegt in der Natur wirklicher, also noch nicht abgeschlossener Staaten, eine expansive, ja imperialistische Politik auf Kosten anderer zu verfolgen. Witzigerweise soll aber gerade durch die Schließung des Staats, also die radikale Umstellung des Wirtschaftssystems, genau dieser unvermeidliche „Grund der Kriege aufgehoben werden" (GH, 512). Denn:

„Ein Staat, der das gewöhnliche Handelssystem befolgt und ein Übergewicht im Welthandel beabsichtigt, behält ein fortdauerndes Interesse, sich sogar über seine natürlichen Grenzen hinaus zu vergrößern, um dadurch seinen Handel, und vermittelst desselben seinen Reichtum zu vermehren; diesen hinwiederum zu neuen Eroberungen anzuwenden [...]. Einem dieser Übel folgt immer das andere auf dem Fuße: und die Gier eines solchen Staates kennt keine Grenzen. Seinem Worte können die Nachbarn nie glauben, weil er ein Interesse behält, dasselbe zu brechen. Dem geschloßnen Handelsstaat hingegen kann aus einer Vergrößerung über seine natürliche Grenze hinaus nicht der mindeste Vorteil erwachsen; denn die ganze Verfassung desselben ist nur auf den gegebenen Umfang berechnet." (GH, 513/4)

Man sieht: Die Ausräumung jeglicher Kriegsgründe durch die Abschließung der Staaten und der daraufhin notwendigerweise ausbrechende „ewige Friede zwischen den Völkern" (GH, 542) hängt zuallererst an den natürlichen Grenzen, in die ein jeder Staat ‚entweder vorrücken, oder sich einschränken' muss. Diese beiden Möglichkeiten – die freiwillige Verkleinerung entspricht offenkundig der nachbarschaftlichen Besetzung und taucht an dieser Stelle das einzige Mal in Fichtes eher auf Okkupation gerichtetem Modell auf – scheinen nun alles zu enthalten, was man sich nur zu einer vollständig friedlichen Auffindung aller natürlichen Grenzen aller Staaten wünschen mag: Es braucht bloß die rechte Einsicht aller Staaten in das Gebiet, das ihnen von Natur aus zugeteilt worden ist. Fehlt diese oder geht sie im Detail fehl, wird sich das mehr oder weniger von selbst zurechtrucken, allerdings nicht ohne den zu großen oder zu kleinen Staat zu gefährden:

„Hat er im Umfange seiner natürlichen Grenzen noch Fremde geduldet, so werden diese später ungestraft um sich greifen, und ihn gänzlich vertreiben. Hat er im Gegenteil etwas über seine eigene wahre Grenze Hinausliegendes beibehalten, so wird er es späterhin gegen die Angriffe des natürlichen Eigentümers doch nicht behaupten können, und diesen reizen, weiter um sich zu greifen." (GH, 513)

Allein, so gesittet funktioniert das Modell nicht. Eine globale oder auch nur europäische Konferenz aller Völker zur vernünftigen Feststellung ihrer natürlichen Grenzen und der entsprechenden immerwährenden Festlegung der ihnen zustehenden Staatsgebiete oder eine sonstwie geeignete diplomatische Initiative, die über schlichte Okkupation unter militärischer Vernichtungsdrohung hinausgeht, ist von Fichte nicht vorgesehen. Er setzt vielmehr auf die beispielhafte Wirkung, die von der Insel der Glückseligen im Meer zwischen- und innerstaatlicher Stürme ausgeht und nach und nach die anderen Staaten ihr nacheifern lässt (GH, 539).

Ebenso darf man nicht vergessen, dass auch ein Staat, der danach strebt, sich abzuschließen, bevor dies geschehen ist, immer noch ein wirklicher Staat bleibt und sich auch so verhält. Mit anderen Worten: Solange permanent ein möglicher Kriegsgrund vorliegt, ist bei hinreichender Überlegenheit Zurückhaltung gegenüber anderen Staaten nicht geboten. Vielmehr herrscht im zwischen den Staaten das Recht des Stärkeren. Fichte macht sich hier, wie wir noch sehen werden, ausdrücklich die Auffassung Machiavellis zu eigen, wonach Außenpolitik eine Art Nullsummenspiel darstellt, in dem, was der eine gewinnt, der andere verliert. Folglich darf all dies jeder beliebige Staat. Allein einer, der auf unbegrenzte Expansion setzt, scheint zum Misserfolg verdammt. Allerdings wird Fichte seine, ohnehin eher halbherzig vertretene Position zu diesem Punkt noch ändern.

Die wirtschaftliche und militärische Stärke, die Dominanz und ungestörte Durchsetzung eigener Interessen ermöglicht, erwächst aus der politischen Einsicht in die Rationalität und die Natürlichkeit von Fichtes Modell des geschloßnen Handelsstaats und der daraus folgenden Konzentration aller vorhandenen Mittel auf seine Errichtung. Je früher dies geschieht, desto vorteilhafter ist es für den betreffenden Staat, desto leichter gelingt seine Verwandlung und desto komfortabler lassen sich seine natürlichen Grenzen setzen:

> „Aber nur der, welcher zuerst kommt, hat davon die größten Vorteile. Sowie dieser sein Gold- und Silbergeld in die übrige Welt verströmt, verliert dieses in derselben, weil dessen mehr wird. Wie ein zweiter ihm nachfolgt, verliert dasselbe noch mehr an seinem eingebildeten Werte, und so fort, bis alle Staaten ihr eigenes Landesgeld haben, und Gold und Silber nirgends mehr Geld ist, sondern Ware wird, und nur nach seinem wahren inneren Werte geschätzt. Deswegen braucht der erste schließende Staat seines Goldes oder Silbers nicht zu schonen; je früher er es ausgibt, desto mehr erhält er dafür: späterhin wird es ganz zu seinem innerem wahren Werte herabsinken. Der hierin der erste ist, gewinnt am meisten: jeder, der später kommt, um so viel weniger, als er später kommt." (GH, 539)

Weil Fichte staatlichen Reichtum unmittelbar in politische Macht bzw. militärische Gewalt umrechnet – denn außer der Ziehung der natürlichen Grenzen hat er keinen Zweck –, sollte seine rein ökonomische Beschreibung des „Wer zuerst kommt, mahlt zuerst." nicht als bloß ökonomischer Sachverhalt (miss)verstanden werden. Denn die empfohlene stille Anhäufung von Kapital, genauer: Geld in seiner hergebrachten, durch Edelmetalle definierten Form, und dessen zunächst sukzessiver Einsatz zur Verstärkung der eigenen Infrastruktur und zur langsamen Hochrüstung und sein dann schlagartiger Einsatz zu Okkupationszwecken, d. h. zum schlichten Ankauf fremder Territorien und militärischen Geräts oder zur Anwerbung ausländischer Truppen oder zum Anreiz potentieller Neubürger zum freiwilligen Anschluss an ihr eigentliches Mutterland, ist nichts anderes als die Verwandlung von Geld in politische Macht. Darüber hinaus haben Gold oder Silber keinen Wert, der über ihre materiellen Eigenschaften hinausginge.

Das heißt aber, dass der erste Staat, der sich abschließt, auch der stärkste sein wird und bei der Setzung seiner natürlichen Grenzen carte blanche hat. Dass er hier ganz nach Belieben und seiner politischen Macht entsprechend verfährt, scheint zwar Fichtes Warnungen vor territorialer Überdehnung zu widersprechen. Jedoch sollte man sich die bereits angeführte Stelle noch einmal genauer ansehen. Sie weist nämlich eine eigentümliche Unwucht auf. Also noch einmal:

„Hat er (sc. der Staat) im Umfange seiner natürlichen Grenzen noch Fremde geduldet, so werden diese später ungestraft um sich greifen, und ihn gänzlich vertreiben. Hat er im Gegenteil etwas über seine eigene wahre Grenze Hinausliegendes beibehalten, so wird er es späterhin gegen die Angriffe des natürlichen Eigentümers doch nicht behaupten können, und diesen reizen, weiter um sich zu greifen." (GH, 513)

Fichte formuliert hier zwei Bedingungen für die dauerhafte Integrität des abgeschlossenen Staats. Beide haben zwar irgendwie mit seinen natürlichen Grenzen zu tun, es geht aber nicht beidesmal um das Staatsgebiet. Denn im ersten Fall geht es nur um die Leute, die sich darauf aufhalten dürfen, im zweiten um das beanspruchte Territorium. Zum einen also darf ein geschloßner Handelsstaat keine Fremden auf seinem Territorium dulden. Das bedeutet zumindest zweierlei: Hat er sich erst einmal abgeschlossen, dürfen sich auf seinem Staatsgebiet keine Leute vorübergehend oder dauerhaft aufhalten, die nicht seine Bürger sind. Private persönliche Kontakte zwischen Bürgern des geschloßnen Handelsstaats und Fremden, also gemäß dem Kriterium der Bürgerschaft bzw. Staatsangehörigkeit allen anderen Menschen, sind verboten. Befindet sich der Staat gerade im Begriff sich abzuschließen und rückt dabei durch Okkupation in seine natürlichen Grenzen ein, ist Kontakt mit Fremden freilich kaum zu vermeiden. Um ihn fürderhin auszuschließen, ist er daher gehalten, alle Fremden, d. h. alle

Leute, die aus irgendwelchen, noch näher zu erläuternden Gründen nicht potentielle Bürger sind, so schnell als möglich und ohne Ausnahme aus den besetzten Territorien zu vertreiben. Fichte hält dies für unerlässlich, um der Gefahr eines Anwachsens fremder Populationen vorzubeugen, die bis zur Auflösung der Staatlichkeit in den betroffenen Gebieten bzw. ihrer Absonderung vom Staatsgebiet oder gar der Kaperung des Staats durch ihm fremde Bevölkerungsgruppen gehen kann. Heutzutage würde man wohl „Überfremdung", „Umvolkung" oder ähnlich eklige Kunstwörter benutzen. Festzuhalten ist jedenfalls, dass Fichte zufolge schon die Anwesenheit von Fremden auf dem Staatsgebiet und noch mehr deren dauerhafte Duldung ebendort eine tödliche Gefahr für die Integrität des Staates darstellen. Was und wer denn nun genau ein derart furchteinflößender Fremder ist, fragt sich allerdings und muss deshalb später noch eigens untersucht werden.

Zum anderen soll ein sich abschließender Staat keine Territorien besetzen, die nicht von Natur aus ihm gehören, sondern ebenso von Natur aus Fremden gehören. Die Begründung dafür klingt etwas anders und weniger dringlich als die vorherige: Derart unnatürliches Gebiet ließe sich nämlich auf die Dauer nicht halten und provoziere nicht nur rückerobernde, sondern auch weiterreichende Übergriffe des natürlichen Eigentümers. Klar ist zunächst, dass das nur gelten kann, wenn es überhaupt einen natürlichen Eigentümer gibt. Dass das der Fall sein muss, dass also die gesamte Erdoberfläche von Natur aus unter die verschiedenen Völkerschaften verteilt wäre, scheint Fichte nicht zu behaupten. Die Okkupation unbewohnter Gebiete von wirtschaftlichem oder besiedlungstechnischem Wert ist daher unproblematisch. Ebenso lässt jene einfache Überlegung die Möglichkeit offen, im Zuge einer Okkupation dafür zu sorgen, dass es keine natürlichen Eigentümer mehr gibt, also die ursprüngliche Bevölkerung eines gewaltsam besetzten Gebiets nicht nur aufgrund ihrer Fremdheit zu vertreiben, sondern sie schlicht zu eliminieren. Da strenggenommen unter nicht abgeschlossenen Staaten kein Völkerrecht, das über das Recht des Stärkeren hinausginge, besteht – und unter geschloßnen Handelsstaaten auch gar nicht mehr nötig ist – und weiterhin Fichtes Staat nur seinen eigenen Bürgern gegenüber subjektive Rechte oder Menschenrechte garantieren muss, könnte ein solches Vorgehen dem Okkupanten nicht einmal als Verbrechen zugeschrieben und jedenfalls nicht geahndet werden. Denn wenngleich „ein sich abschließender Staat alles Vermögen, noch kräftig auf das Ausland zu wirken" (GH, 513), verliert, verliert er doch nicht seine Macht. Er verzichtet nur auf ihren Gebrauch, indem er keinen „Anteil an den politischen Verhältnissen anderer Staaten" mehr nimmt (GH, 538). Zwar gibt er bis auf polizeiliche Funktionen sein stehendes Heer auf und entlässt naturgemäß seine fremden Söldnertruppen, jedoch verkauft er weder sein militärisches Gerät – An wen auch? Er hat sich ja abgeschlossen. – noch verschwindet dies sonstwie noch verzichtet er auf Rüstung. Vielmehr – so Fichtes Anweisung – „übe er alle seine waffenfähigen Bürger in den Waffen" (GH, 538) – das sind immerhin alle Männer zwischen 16 und 60. Dass Fichte eine solche Defensivstreitmacht für unter allen Umständen unbesiegbar hält, wenn sie von ‚Vaterlandsliebe' und ‚Begeisterung' erfüllt ist, wird sich ebenfalls später noch zeigen. Sein Expansionsverbot, soviel ist festzustellen, ist jedenfalls weitaus weniger eindeutig als sein Aufenthaltsverbot für sogenannte Fremde.

c) Handel ohne Wandel: Geld und Ware im Vernunftstaat

So evident die Segnungen des geschloßnen Handelsstaats – zumindest in Fichtes Augen – auch sein mögen, kann es doch sein, dass sie sich dem, dem eine gleichermaßen tiefe Einsicht ins Wesen der Einen Vernunft und ihre politischen Ableitungen nicht oder noch nicht gegeben ist oder niemals gegeben sein wird, nicht auf den ersten Blick erschließen. Womöglich lehnt er aufgrund seines Mangels an Einsicht, dessen er sich freilich nicht einmal bewusst sein wird, sogar das ganze Modell ab. Auf den ersten Blick nämlich wird es einem normalen Menschen, der dazu nicht einmal besonders liberal eingestellt zu sein braucht, eher ziemlich unbequem anmuten.

Dies gilt keineswegs bloß aus heutiger Sicht. Obgleich der Verzicht auf liebe Gewohnheiten wie Importwaren jeglicher Art – also auch Kaffee, Kakao u. ä. –, private Reisefreiheit – also auch Urlaube, um seine ‚Langeweile durch alle Länder herumzutragen' – und private Kontakte ins Ausland – also kein world wide web – für die meisten Zeitgenossen sogar im Austausch gegen die völlige Ausschaltung aller Lebensrisiken und hinlänglichen Wohlstand vermutlich schwer zu schlucken wäre. Und dabei handelt es sich nur um die auffälligsten Annehmlichkeiten, die zur Streichung anstehen. Auf dem Weg in den geschloßnen Handelsstaat sind indes viel tiefere und weitreichendere Eingriffe in das Leben eines jeden einzelnen Bürgers bzw. in das, was man in der Moderne unter bürgerlichen Freiheiten zu verstehen und für unantastbar zu halten pflegt, unabdingbar. Allerdings spricht Fichte die genannten, eher oberflächlichen Einschränkungen, insbesondere der Konsumgewohnheiten immerhin ausdrücklich an. Das liegt aufgrund der seinerzeit äußerst aufwendigen und ohnehin nur ganz wenigen offenstehenden internationalen Reise- und Kommunikationsmöglichkeiten durchaus nahe. Die angedeuteten Zumutungen für eine selbstbestimmte Lebensführung hingegen thematisiert Fichte dagegen kaum; jedenfalls sofern sie eben, womöglich sogar mit guten Gründen, als Zumutungen empfunden werden könnten, sondern nur als unvermeidliche Maßnahmen, die aus vernünftiger Einsicht auf dem Weg zur besten Staatsform zu ergreifen sind und infolgedessen überhaupt nicht zur Diskussion stehen.

Freilich gilt dasselbe Diktat der Vernunft für Gegenstände des alltäglichen Gebrauchs. Es lässt sich in eine einfache Faustregel fassen: Alles, was unverzichtbar ist, muss im eigenen Land produziert oder schlimmstenfalls im Tausch mit dem Ausland erworben werden (der professorale Wein!); alles, was zu produzieren wünschenswert und zu besitzen bequem ist und aufgrund mangelnder inländischer Rohstoffe nicht hergestellt werden kann, muss durch im Inland zu gewinnende Rohstoffe substituiert werden; alles, was verzichtbar und überflüssig ist, mithin allein Genuss- und keine Bildungs- oder Stärkungszwecke (der professorale Wein!) verfolgt, braucht und darf gar nicht produziert werden, es sei denn, das Ausland legt so großen Wert auf dessen Besitz, dass es dagegen unverzichtbare Güter (den professoralen Wein!) eintauscht.

Notwendig ist der Verzicht auf ein alltäglich gewohntes, aber importiertes Gut um der vollständigen „Unabhängigkeit vom Auslande" (GH, 530) willen. Soviel ist klar. Diese soll aber „nicht bei Dürftigkeit, sondern bei dem höchst möglichen Wohlstande" (GH, 530) herrschen. Wie Fichte sich das grundsätzlich vorstellt, zeigt er ausnahmsweise ziemlich ausführlich am Beispiel des „baumwollenen Zeuges", dessen „eigene Bequemlichkeiten […] gänzlich abzuschaffen", „nicht ohne einige Härte" wäre (GH, 530). Es sollte also in heimischer Produktion hergestellt oder gleichwertig ersetzt werden:

> „Nun wächst die wahre Baumwolle in den nördlichern Ländern nicht, und es ist gar nicht darauf zu rechnen, daß die Bewohner der Länder, in denen sie wächst, fortdauernd uns dieselbe unverarbeitet werden zukommen lassen. Ich würde sonach allerdings verlangen, daß ein schließender nördlicher Staat die Einfuhr der indischen, levantinischen, maltesischen Baumwolle untersagte, ohne uns doch der baumwollenen Zeuge zu berauben. Aber tragen nicht mehrere Grasarten, Stauden, Bäume in unseren Klimaten eine wohl ebenso feine, und durch Kultur noch sehr zu veredelnde Wolle? Ich erinnere mich, gehört zu haben, daß vor mehreren Jahren in der Oberlausitz aus lauter inländischen Produkten ein Stück Zeug verfertigt worden, das dem besten ausländisch baumwollenen Zeuge geglichen oder es übertroffen. – ‚Aber die Aufsuchung dieser zerstreuten Wolle, die Zubereitung derselben, usw. kostet weit mehr als die ausländische Wolle, wenn sie bei uns ankommt.' Ich zweifle

nicht daran, so wie die Sachen gegenwärtig stehen. Aber wenn ihr z. B. die euch bekannte wollenreichste Grasart des Landes ordentlich sätet, sie durch alle in des Menschen Gewalt stehenden Mittel veredeltet, zweckmäßige Werkzeuge zur Einsammlung und Zubereitung dieser Art von Wolle erfändet, so würdet ihr vielleicht nach Verlauf einiger Jahre eine ebenso wohlfeile Wolle, als die ausländische, und vielleicht noch überdies an dem Samen der Grasart ein neues, gesundes und wohlschmeckendes Nahrungsmittel gewinnen. Was vermag nicht der Mensch durch Kultur aus der unscheinbarsten Pflanze zu machen? Sind nicht unsere gewöhnlichen Getreidearten, ursprünglich Gras, – durch ihren Anbau seit Jahrtausenden in den mannigfaltigsten Klimaten, so veredelt und verwandelt worden, daß man die wahre Stammpflanze in der wilden Vegetation nicht wiederzufinden vermag! ‚Wohl; aber unsere Generation ist so sehr im Gedränge wahrer und erkünstelter Bedürfnisse, daß wir auf jahrelange Operationen und auf Versuche, die zuletzt doch mißlingen könnten, keine Zeit noch Mühe zu verwenden haben. Wir müssen bei dem durchaus Bekannten, Sicheren, die Mühe auf der Stelle Belohnenden stehen bleiben.' Aus diesem Gedränge eben rettet sich ein Staat durch die angezeigte Maßregel: er hat Vermögen genug, auf seine eigenen Kosten alles zu versuchen, und den Erfolg ruhig zu erwarten. Im Lande kostet es ihm nichts weiter, als ein Stück Geld, das er mit leichter Mühe verfertigt: im Auslande ein Stück Geld anderer Art, das mit der Zeit seinen Wert ganz verlieren wird." (GH, 530/1, Anm.)

Nun mag das Problem der Ersetzung von Baumwollstoffen vor dem Hintergrund eines völligen Umbaus eines Staats, ja eigentlich seiner idealen Neugründung wie eine banale Kleinigkeit anmuten. Allerdings besteht das Leben unglücklicherweise zum Großteil aus lauter solchen und anderen banalen Kleinigkeiten. Gerade deswegen ist aufschlussreich, ein bisschen genauer hinzusehen, wenn sich Fichte einmal in deren Niederungen hinabbegibt. Denn sein Raisonnement in dieser unangenehm konkreten Frage repräsentiert durchaus seine Einschätzung, wie mit solchen, man möchte sagen: Problemen des wirklichen Lebens umzugehen ist.

Am Anfang steht eine Einsicht, die der Vernunft zugeschrieben wird, aber nur einer sehr eng begrenzten Elite, jedoch der breiten Masse noch nicht zur Verfügung steht, nämlich vom wirklichen Staat, der liberal, demokratisch und kapitalistisch oder sonstwie organisiert sein mag, zum vernünftigen geschloßnen Handelsstaat, übergehen zu müssen, und zwar um des nationalen Überlebens willen. Die praktische Verwirklichung dieser Einsicht genießt Priorität vor allen anderen möglichen politischen Zielen. Nun schließt jener Idealzustand nicht nur vollständige Sicherheit der individuellen Existenz und Ruhe des öffentlichen Lebens ein, sondern auch ein hohes Maß an Bildung, Wohlstand, Freizeit und Bequemlichkeit, um die angezielten ungeahnten Höhen der Wissenschafts- und Kunstproduktion zu erreichen. Ein geschloßner Handelsstaat von lendenschurz- oder bärenfelltragenden Wald- und Höhlenbewohnern genügte also keineswegs. Es kann demnach nicht um eine dauerhafte Absenkung des gewohnten Lebensstandards gehen, sondern nur um dessen sukzessive Erhöhung. Spätestens an dieser Stelle lassen sich Fragen nach der Bereitstellung von Produkten nicht mehr umgehen, die der Annehmlichkeit des Lebens dienen.

Wie es seine Art ist, packt Fichte auch hier den Stier mit erstaunlichem Optimismus bei den Hörnern. Seine Lösung findet allerdings nur in Form von rhetorischen Fragen und ansonsten im Konjunktiv statt. Sie geht so: Es gibt auch in den für die Baumwollproduktion klimatisch ungeeigneten Breiten wolltragende Pflanzen. Dabei handelt es sich hierzulande insbesondere um die in Moor- und Sumpfgebieten verbreiteten Wollgräser der Gattung Eriophorum, die es immerhin auch in der Oberlausitz gegeben hat. Sie besitzen und besaßen keinerlei wirtschaftliche Bedeutung, auch nicht für die Textilproduktion. Jedoch schlägt Fichte die Veredelung vermutlich dieser oder auch ähnlicher Pflanzen nach dem Beispiel der Zucht des Getreides aus verschiedenen Grassorten vor. Um diese Möglichkeit, auf die vor ihm wohl noch niemand gekommen ist, zu untermauern, suggeriert er, dass dies in seiner Heimat bereits ‚vor mehreren Jahren' geleistet worden ist. Diese Information beruht jedoch nur auf Hörensagen. Sie genügt ihm dennoch, um den auf der Hand liegenden Einwand der Unwirtschaftlichkeit beiseite zu wischen. Denn bei hinlänglichem Einsatz für Zucht und maschinelle Effektivierung von Aussaat, Anbau, Ernte und Weiterverarbeitung könnte ‚vielleicht' jene veredelte Graswolle nicht nur wie jener fabulöse oberlausitzer Stoff ein der herkömmlichen Baumwolle ebenbürtiges oder gar überlegenes Produkt abgeben, sondern sogar ‚vielleicht' zugleich ein ausgezeichnetes Nahrungsmittel. Bis auf das Hörensagen und die Analogie zum Getreide ist diese Spekulation von keinerlei, insbesondere botanischer oder texttechnischer Sachkenntnis getrübt. Sie reicht Fichte jedoch wiederum, um Hinweise auf die Unsicherheit des Unternehmens und seine Langwierigkeit als schlaffe Bedenkenträgerei abzutun. Vielmehr verschwindet die gerade noch eingeräumte Ungewissheit des Erfolgs nun gänzlich zugunsten eines, wenn auch vielleicht in fernerer Zukunft liegenden, so doch ‚ruhig zu erwartenden Erfolgs', dessen staatliche Finanzierung ohnehin kein Problem darstellt. Auf diese Weise wird aus einem ad hoc gefassten, ziemlich schrägen Einfall, dessen Erfolgsaussichten durch Hörensagen begründet werden, eine, schon weil in ferner Zukunft liegende, unwiderlegliche Gewissheit.

Diesen Machbarkeitsoptimismus oder besser vielleicht: die zur Gewissheit gewordene Hoffnung, dass sich natürliche und technische Möglichkeiten schon den Wünschen des politischen Philosophen fügen werden, hätte die von Fichte freilich verabscheute Aufklärung wohl ein „untaugliches Hirngebäude" (speculatio) genannt.[6] Er darf nicht mit dem klassischen Modell des architektonischen Wissens verwechselt werden, wie es etwa Aristoteles für die Philosophie in Anspruch nimmt. Denn hier geht es darum, dass der Philosoph, der beispielsweise über den besten Staat nachdenkt, zwar wissen muss, was die einzelnen Gewerke und Wissenschaften zu leisten vermögen bzw. dass sie das auch tun und was die Natur zulässt bzw. ausschließt, aber freilich nicht, wie im Einzelnen welche Produkte hergestellt werden usw. Die Grenzen solchen architektonischen Wissens scheinen Fichte im Gegenteil gleichgültig. Sein Vorgehen erinnert eher an manche Teile der modernen Hirnforschung, indem er die Möglichkeit, dass ein bestimmtes Problem vielleicht irgendwann einmal trotz aller begründeter Zweifel auf eine bestimmte Weise gelöst werden kann, mit dessen wirklicher Lösbarkeit und damit dessen prinzipieller Gelöstheit gleichsetzt. Ein solcher Schluss von der Möglichkeit auf die Wirklichkeit stellt zwar einen sehr grundsätzlichen logischen Fehler dar, aber dieser fällt ja nicht sonderlich auf, wenn es um mögliche und wirkliche Lösbarkeit – also die reale Möglichkeit einer logischen Möglichkeit – geht, und nicht ins Gewicht, wenn es um die Durchsetzung eines politischen Projekts zur allgemeinen nationalen Beglückung geht. Wichtig scheint hier allein zu sein, dass man sich erst einmal auf den Weg macht. Schlimmstenfalls gibt es dann eben keine baumwolladäquaten Stoffe und bestenfalls könnte das natürliche Staatsgebiet so weit ausgedehnt werden, dass irgendwo doch richtige Baumwolle wächst. Es steht also am Anfang der unbedingte Wille, ein Ziel zu erreichen, ohne unbedingt wissen zu müssen, ob und wie dies auch wirklich möglich ist. Diese Ungewissheit wird jedoch nicht offen zugegeben, sondern vermittels an der Oberfläche mehr oder weniger plausibel anmutender Erfindungen bzw. Erdichtungen und Versprechungen verdeckt, verneint oder verschwiegen. Es kommt nur darauf an, aus beliebigen Gründen – außerordentliche Intelligenz, allgemeinen Erfolg, öffentliches Ansehen o. ä. – Autorität zu beanspruchen und zunächst einmal allen das Gefühl zu vermitteln, dass das geplante Vorhaben trotz aller Schwierigkeiten schon gut gehen möge. Sodann ist die allgemeine Überzeugung zu schaffen, dass es allen, die mitmachen, mindestens so gut und eigentlich – mit der rechten

---

[6] Alexander Gottlieb Baumgarten, Metaphysica, Halle 1779[7], § 669.

vernünftigen Einsicht betrachtet – jedenfalls besser als jetzt gehen werde. Wie schnell – und deswegen auch ob – das Versprochene dann eintritt, tritt vor der steten Aufrechterhaltung des Glaubens an sein schlussendliches Eintreten in den Hintergrund. Zumal ein Aufbegehren der Bevölkerung im gegenteiligen Falle aufgrund des dann bereits eingerichteten politischen Systems ausgeschlossen werden kann. Wenn es darauf ankommt, wird der geschloßne Handelsstaat seinen Bürgern ohnehin vorschreiben, was sie anzuziehen haben.

Die womöglich lange Wartezeit auf wissenschaftliche oder technische Innovationen und mit dem entsprechenden Knowhow hergestellten Produkte lässt sich freilich auch verkürzen. Denn auch die Regierung eines bereits abgeschlossenen Staats hat das Recht und die Pflicht „von den Kräften und den Hilfsmitteln des Auslandes so viel zu leihen, und zu kaufen, als sie nur immer brauchen kann" (GH, 530). Der geschloßne Handelsstaat ist also trotz seiner selbstgewählten Isolation keineswegs dazu verdammt, auch jede gewünschte Innovation aus eigener Kraft selbst entwickeln zu müssen. Das liegt an der generellen Käuflichkeit der Angehörigen aller anderen Staaten: Die Regierung

> „ziehe um jeden Preis aus dem Auslande große Köpfe in praktischen Wissenschaften, erfindende Chemiker, Physiker, Mechaniker, Künstler (sc. Handwerker) und Fabrikanten an sich. Sie bezahle, wie keine andere Regierung kann, so wird man sich drängen, ihr zu dienen. Sie mache mit diesen Ausländern einen Vertrag auf Jahre, innerhalb welcher sie ihre Wissenschaft und Kunst in das Land bringen und die Inländer unterrichten, und bei ihrem Abzuge ihre Belohnung in Weltgelde, gegen das bisher an sie ausgezahlte Landesgeld ausgewechselt erhalten. Ziehen sie bereichert mit dem, was in ihrem Vaterlande gilt, in dasselbe zurück! Oder wollen sie bleiben und sich einbürgern, so ist es desto besser: nur lasse man ihnen freie Wahl, und verbürge sie ihnen gleich im Anfange feierlich. – Man kaufe die Maschinen des Auslandes, und mache sie im Lande nach. Geldverheißung siegt über jedes Verbot." (GH, 530)

Der geschloßne Handelsstaat nutzt in einem sehr engen Segment, nämlich dem der ‚großen Köpfe' bzw. der wissenschenschaftlichen, technischen und industriellen Kompetenz, demnach alle Vorteile eines freien Marktes, ohne ihm jedoch im Sinne eines freien Leistungs- oder Warenaustauschs oder gar Personenverkehrs eigentlich anzugehören. Fichte stellt sich den von ihm geplanten Kompetenztransfer vielmehr als Einbahnstraße vor: Die Innovationen, die ins Land geleitet werden sollen, werden ausschließlich, indes äußerst großzügig finanziell vergolten. Die Innovationsträger, die anders als die Bürger des geschloßnen Handelsstaats private Geschäfts- und Reisefreiheit genießen, weil sich ihre Heimatstaaten noch nicht abgeschlossen haben, haben für eine im vorhinein vertraglich festgelegte Zeit Residenzpflicht. Sie dürfen sogar eingebürgert, aber nicht über die Laufzeit ihres Vertrags hinaus gegen ihren Willen festgehalten werden. Mit dieser Furcht, die sich aus dem nach außen zwangsläufig erweckten abweisenden und unfreien Eindruck des geschloßnen Handelsstaats speist, rechnet Fichte und versucht, ihr eigens durch ein ausdrückliches ‚feierliches' Versprechen an die angeworbenen Personen entgegenzuwirken, sich frei für oder gegen einen Verbleib zu entscheiden. Für weitere Immigration als diese, die der Staat in eng beschränktem Maße zu seinem eigenen Vorteil zulässt und fördert, ist in Fichtes Modell kein Platz.

Auf eine mögliche Schädigung der Interessen der Staaten, denen die begehrten Innovationsträger oder ihre Produkte angehören, nimmt Fichte keine Rücksicht, selbst wenn sie dieser durch Export- oder sonstige Verbote vorbeugen wollten. Es wird sich nämlich immer jemand finden, der dem Lockruf des Geldes folgt, und sensible Güter trotzdem ver- kauft, d. h. schmuggelt. Solche, insbesondere technische Vorrichtungen bzw. Maschinen, werden unter Missachtung jedes Urheber- oder Patent- schutzes im geschloßnen Handelsstaat schlicht ‚nachgemacht' und selbst produziert. Mit dem umgekehrten Fall braucht Fichte nicht zu rechnen, da die Bürger des geschloßnen Handelsstats zum einen mit ihrer Lage zufrieden und moralisch und patriotisch so gefestigt sind, dass sie nicht einmal auf einen derart verbrecherischen Gedanken verfallen könnten, und zum anderen, selbst wenn dies ausnahms- und perverserweise einmal nicht der Fall sein sollte, strikt von jedem privaten Kontakt mit Ausländern abgeschnitten sind. Festzuhalten ist jedenfalls, dass Fichte grundsätzlich auf die moralische Verrottetheit von Ausländern rechnet, die stets ihren persön- lichen, vor allem pekuniären Vorteil suchen. Ihr söldnerhafter Materialis- mus gereicht dem patriotischen Idealismus des eigenen Volks ebenso zum Vorteil wie der Materialist dem Idealisten schon seinem Wesen nach, also jederzeit und überall und mit Notwendigkeit, unterlegen ist. Das Ausland ist also wenn schon nicht hinsichtlich seiner allgemeinen intellektuellen wie technischen und sonstigen Fähigkeiten, so doch jedenfalls seiner geistigen wie moralischen Kultur nach Fichtes Inland, also der deutschen Nation, unterlegen.

Der irgendwie auf Idealismus gebaute oder diesen sonstwie inkorporierende geschloßne Handelsstaat macht sich also die rein materiellen Interessen ausländischer Privatpersonen – Staaten kommen hier recht eigentlich nicht in Betracht, weil sie diesen Namen noch kaum verdienen – zu nutze und wendet sie zum eigenen Vorteil. Mit dem Egoismus des anderen zu rechnen, ist nun so wenig etwas Besonderes, dass das sogar die ganze neuzeitliche Wirtschaftswissenschaft zu tun gelernt hat und – das ist gewiss eine ihrer größten Schwächen – es sich auch gar nicht mehr anders vorstellen kann oder mag. Besonders an Fichtes Modell ist vielmehr zum einen, dass derartiger Egoismus bei seinen Bürgern nicht vorkommt, und zum anderen, dass der sich abschließende und auch noch der frisch geschloßne Handelsstaat über schier unbegrenzte finanzielle Mittel in Form von ‚Weltgeld' verfügt, d. h. Devisen bzw. ihren Gegenwert in denen ihnen als Standard zugrundeliegenden Edelmetallen, üblicherweise also Gold und Silber. Die Sache mit dem fehlenden Egoismus wird uns später noch beschäftigen, die finanziellen Angelegenheiten – weil in ihnen der Schritt zur Abschließung des Staates letztlich selbst besteht – umgehend. Wie also kommt der Staat zu seinem sagenhaften Vermögen?

Die Antwort liegt in Fichtes Unterscheidung zwischen ‚Weltgeld', „d. h. alles Gold und Silber" (GH, 515), und ‚Landesgeld', d. h. irgendetwas anderes. Ihr Gebrauch als Zahlungsmittel ist jeweils exklusiv: „Die Regierung zahlt oder zieht [...] vom Ausländer *Weltgeld;* zahlt an den Bürger, oder zieht von ihm statt desselben *Landesgeld.*" (GH, 527) Diese schlichte Festlegung bedeutet zunächst einmal nur, dass Inländer (und die wenigen im Inland tätigen Ausländer) ausschließlich Landesgeld und Ausländer (sofern sie nicht im Inland tätig sind) von Staatswegen offensichtlich ausschließlich Weltgeld besitzen sollen, während die Regierung über beides verfügt. Sie entzieht dem heimischen Zahlungsumlauf das Weltgeld, mit dem sie ihre Geschäfte mit dem Ausland abwickelt, und ersetzt es durch Landesgeld. Das klingt nicht sonderlich bahnbrechend: Alle politischen und ökonomischen Einheiten – seien sie Nationalstaaten oder Staatenverbände – pflegen eigene Währungen zu besitzen, in die man Fremdwährungen eintauschen muss, um dort einzukaufen. Dies geschieht normalerweise zu wechselnden Kursen, die sich an bestimmten weltweit anerkannten Leitwährungen oder auch, insbesondere in früheren Zeiten, an anderen Standards, etwa Gold, orientieren, Fichtes ‚Weltgeld' also. Das besondere an Fichtes Entwurf ist nun aber, dass er dem Weltgeld im Inland jeden Wert abspricht: Es kann und darf nicht nur nicht als Zahlungsmittel gebraucht werden, mit ihm darf auch weder gehandelt noch darf es von Privatpersonen angehäuft werden. Vielmehr besitzt der Staat ein Weltgeldmonopol, das jeder fremden Währung und dem Gold- oder Silberstandard, auf dem ihr Wert beruhen mag, jegliche Kaufkraft im Inland entzieht.

Über diese Funktion als universales Tauschmittel hinaus darf nach Fichte Geld aber keinerlei Eigen-, also auch keinen Materialwert besitzen. Es muss daher seinen Wert von etwas anderem her, das nicht selbst Geld ist, erhalten und für alle, die Geld gebrauchen, unabhängig vom Geldgebrauch denselben Wert, und dies immer, besitzen. Kursschwankungen bzw. Wertsteigerungen oder -minderungen sind dann ausgeschlossen, so dass die Anhäufung von Geld oder Spekulationsgeschäfte keinerlei Gewinn versprechen. Diesen von subjektiven Vorlieben und historischen Veränderungen unabhängigen und unwandelbaren Wert, der als objektiver Maßstab des Geldwertes dienen soll, erblickt Fichte in der „bloße[n] Möglichkeit des Lebens, d[er] bloße[n] Ernährung […]; etwas, das *nach der allgemeinen Annahme der Nation* jeder zum Leben haben solle und müsse. Dies ist nun unter Völkern, die seit Jahrhunderten sich an den Genuß des Brotes gewöhnt haben, ohne Zweifel das Brot." (GH, 445/6)

Schon der Wertmaßstab des Geldes erhält demnach von Natur aus eine geographische bzw. nationale Prägung durch das jeweils hergebrachte Grundnahrungsmittel, das „am leichtesten, d. h. mit dem wenigsten Aufwande von Zeit, Kraft, Kunstfertigkeit und Boden gewonnen wird" (GH, 447). Geld ist daher, sofern sich sein Wert denn auf natürlichen Grundlagen bemisst, gleichsam von vorneherein immer schon Landesgeld, nämlich in Abhängigkeit von dem „Nahrungsmittel, welchem absoluter Wert beigelegt, und das zum Maßstabe aller anderen Dinge bestimmt worden" (GH, 447). Für die deutschen Völker bzw. die deutsche Nation, die Fichte im *Geschloßnen Handelsstaat* vordringlich anspricht, gilt demnach zur Festlegung des Geldwerts der Brotstandard, genauer der Nährwert und der Herstellungsaufwand einer Broteinheit, um nicht nur den Wert aller anderen Speisen, sondern sogar ‚aller anderen Dinge' in diese Währung umrechnen zu können: „Eine Quantität von jedem anderen Nahrungsmittel, *die den gleichen inneren Wert zur Ernährung hat,* wird mehr Aufwand eines oder mehrerer von den genannten Stücken (sc. Geldes) kosten. Dennoch macht die Nation diesen größeren Aufwand, das Produkt muß ihr sonach denselben belohnen, und da dies nicht durch den inneren Wert zur Ernährung überhaupt geschieht, kann es nur durch den äußeren zur *angenehmen* Ernährung geschehen. Dieser größere Aufwand ist es, den nach allgemein geltender Schätzung die Annehmlichkeit dieses Nahrungsmittels unter dieser Nation wert ist. – Sonach das Nahrungsmittel ist *über* seinen inneren Wert durch seine Annehmlichkeit *noch diejenige Quantität des ersten Nahrungsmittels wert, welche, wenn die Gewinnung des ersteren unterblieben wäre, durch Anwendung derselben Kraft und Zeit, und desselben Bodens, von dem letzteren wäre erbaut worden.*" (GH, 447)

Weil es nun aus den verschiedensten praktischen Gründen wenig tunlich ist, das „Grundmaß alles Wertes, die Brotfrucht", selbst zum „wirkliche[n] Tauschmittel" zu machen (GH, 461), „wird ein besonderes Tauschmittel und Zeichen alles Wertes, kurz, es wird *Geld* eingeführt werden müssen" (GH, 462). Dies muss nun als Landesgeld den Gesetzen des Marktes entzogen werden, d. h. sein Wert muss jederzeit stabil bleiben. Das kann allerdings der Staat nicht einfach so ohne Weiteres festsetzen: „Macht der Staat erzwungene Preise, mit denen Käufer oder Verkäufer nicht einverstanden sind, so verbirgt der Geldbesitzer sein Geld, oder der Warenbesitzer seine Ware, und der Handel ist vernichtet." (GH, 462) Wie also kann der Staat absolute Preis- und Geldwertstabilität garantieren, ohne ‚den Handel zu vernichten'? Denn Handel soll es auch im geschloßnen Handelsstaat geben, der gerade kein Wohlfahrtsstaat sein soll. Allein bleibt der Handel in all seinen Belangen strikt auf das Inland eingeschränkt. Genau dies ist die fundamentale und letztlich einzige Bedingung, die erfüllt sein muss, um Fichtes Modell zu verwirklichen:

„Ein geschloßner Handelsstaat, dessen Bürger mit dem Ausländer keinen unmittelbaren Verkehr treibt, *kann zu Gelde machen, schlechthin was er will*, wenn er nur deklariert, daß er selbst nur in diesem Gelde, und schlechthin mit keinem anderen werde bezahlen lassen. Denn es kommt beim Besitz des Geldes jedem nur darauf an, daß jeder andere, mit welchem er in Verkehr kommen könnte, es von ihm um denselben Wert wieder annimmt, um welchen cr es erhalten hat. Der Bürger eines geschloßnen Handelsstaates kann nur mit einem Bürger desselben Staates in Verkehr kommen, und schlechthin mit keinem anderen Menschen. [...] Hierdurch entsteht ein *Landesgeld*: bei welchem es auch nicht einmal in Frage kommt, ob dasselbe im Ausland werde genommen werden, oder nicht; indem für einen geschloßnen Handelsstaat das Ausland so gut als gar nicht vorhanden ist." (GH, 463)

Kontrolliert der Staat den Geldwert derart, indem er nämlich seinen Gegenwert durch den absoluten Wert der Broteinheit unveränderlich festsetzt und keinen anderen Gegenwert zulässt, verliert die Menge des in Umlauf befindlichen Geldes seine Bedeutung:

„Der Strenge nach findet hier ein Viel oder Wenig gar nicht statt; denn das Geld ist an und für sich selbst gar nichts; nur durch den Willen des Staates *repräsentiert* es etwas. Die ganze Summe des zirkulierenden Geldes repräsentiert die ganze in dem öffentlichen Verkehr befindliche Summe der Ware. [...] Solange das Verhältnis des im Umlaufe befindlichen Warenwertes zu dem im Umlaufe befindlichen Gelde dasselbe bleibt, können diese (sc.

gesetzlich festgesetzten) Preise sich nicht ändern; die Natur der Sache, der notwendige Wille aller, und das Gesetz sind in Übereinstimmung." (GH, 464/5)

Jede Steigerung der Warenmenge erfordert folglich einen staatlichen Eingriff, demgemäß entweder die Preise sinken und das Geld an Kaufkraft gewinnt oder die Preise samt Kaufkraft des gemäß der Warenvermehrung vermehrten und anteilig an „Familienväter" (GH, 466) ausgegebenen Geldes stabil bleiben. Jeder Bürger erhält auf diese Weise jederzeit genau den Anteil am „erhöhten Wohlstand der ganzen Nation" (GH, 466), der ihm nach seinem Rechtsanspruch zusteht. Fichte spricht in der Tat nur von der Steigerung der Quantität und Qualität der im Inland produzierte Waren und folglich auch des nationalen Wohlstands. Das Gegenteil kommt gar nicht erst in Betracht, „denn der Wohlstand einer arbeitsamen und wohlregierten Nation wird von Jahr zu Jahr wachsen" (GH, 466). Vorübergehende wirtschaftliche Rückschläge durch Missernten oder ähnliche Zufälle werden durch die bereits angeführte staatliche Fünfjahresplanung und die damit verbundenen Bevorratungs- und andere Maßnahmen ausgeglichen.

Da sich der Wert des Geldes nach Fichtes Theorie aufgrund seiner gesetzlichen Bindung an die Warenmenge nicht durch die Erhöhung der Geldmenge vermindert und der Staat buchstäblich alles zu Geld machen kann, was er möchte, unterliegt der Gegenstand bzw. der Stoff, der zum Landesgeld erklärt wird, nur wenigen, scheinbar leicht zu erfüllenden Bedingungen. Zum einen sollte es aus einem Material verfertigt werden, das nicht anderweitig für irgendetwas benötigt werden könnte (und demzufolge auch billig ist):

„Je unbrauchbarer dieses Zeichen an und für sich selbst ist, je weniger inneren Wert es hat, desto schicklicher ist es zum bloßen Zeichen; denn alles Brauchbare gehört zum inneren Reichtume der Nation, und soll von ihr genossen, keineswegs aber für andere Zwecke verwendet werden. Das Geld werde aus dem wenigst brauchbaren Materiale verfertigt." (GH, 462/3)

Ist sein Material nun im Inland sowohl ausreichend vorhanden als auch überflüssig, mit einem Wort also: billig, muss das Landesgeld auch noch hergestellt werden – und zwar naturgemäß ebenfalls so billig wie möglich (vgl. GH, 517). An diesem Punkt der Geldproduktion liegt ihre „einzige einschränkende Bedingung" (GH, 464): Der Staat muss Gewissheit darüber besitzen, „daß sein Landesgeld ihm nicht nachgemacht werden könne, daß schlechterdings kein andrer Mensch, und keine andere Macht es zu verfertigen möge, als er selbst" (GH, 463/4).

Der Grund für die Bedingung vollkommener Fälschungssicherheit liegt auf der Hand: Geriete Falschgeld in Umlauf, geriete auch das gesetzlich festgelegte Verhältnis von Waren- und Geldmenge durcheinander, und der Fälscher könnte einen höheren Anteil am nationalen Wohlstand ergaunern, als ihm zusteht. Auch für dieses knifflige Problem hat Fichte naturgemäß eine Lösung parat, die er unmittelbar nach der Forderung nach möglichst billiger Herstellung darlegt. Sie erinnert ihrer Struktur nach bemerkenswert an die Ersetzung der Baumwolle durch Graswolle:

> „Jede mögliche Form, – beim Gelde alles, was zum Gepräge gehört, – kann nachgemacht werden; das Unnachahmliche müßte sonach im Stoffe liegen. Dieser müßte, eben damit er nicht nachgeahmt werden könnte, weder durch die Kunst zerlegt, noch durch Probieren getroffen, noch durch Erzählung verraten werden können. Irgendein wesentlicher Bestandteil der Zusammensetzung müßte ein Staatsgeheimnis sein: in einem monarchischen Staat nur der regierenden Familie bekannt." (GH, 517)

Die Latte liegt zweifellos hoch: Das billige, leicht im Inland zu beschaffende und anderweitig unbrauchbare Material darf nicht zerlegbar bzw. chemisch oder sonstwie analysierbar sein, obwohl es zusammengesetzt ist; es darf nicht in einem trial-and-error-Verfahren gefunden werden können, obwohl man es anfassen und mit allen äußerlichen Mitteln untersuchen und die richtige Mischung wenigstens zufällig finden kann; und sein Rezept darf nicht mündlich verraten werden können, obwohl es ein Geheimnis ist, das ganz wenige Leute kennen. Darauf, dass hier eine Reihe von Widersprüchlichkeiten aufgelistet zu werden scheint, ist ausführlicher einzugehen müßig. Trotzdem suggeriert Fichte, dieses fabulöse Material bereits erfunden zu haben oder es jedenfalls zu kennen. Er fährt nämlich fort: „Hieraus ist klar, warum ich über diesen Punkt mich nicht deutlicher herauslassen kann; gesetzt auch, daß die Art und Weise seiner Ausführung mir bekannt wäre." (GH, 517)

Man wird unterstellen dürfen, dass Fichte jenen fälschungssicheren Stoff, aus dem die Gelder sind, weder besitzt noch kennt. Seine Behauptung oder besser: seine irgendwie implizite Behauptung soll jedoch zureichen, gelinde Zweifel über die Machbarkeit seines Vorschlags wegzuwischen, und nur deswegen steht sie vermutlich da. Es ist wie bei der Graswolle – nur dass man bei Fichtes geheimem Geldmaterial sogar darüber streiten kann, ob hier überhaupt noch eine logische Möglichkeit vorliegt. Entscheidend ist auch hier wiederum allein, praktische Einwände und Bedenken hinsichtlich der Lösbarkeit von Detailfragen zugunsten eines umfassenden Plans zum allgemeinen, genauer: nationalen Heile hinter den Nebelschwaden des eigenen Autoritätsanspruchs des deutschesten aller deutschen Professoren (RdN, 101 ff.) verschwinden zu lassen.

d) Der Vater Staat

Lässt man solche Kleinigkeiten beiseite, darf man immer noch fragen, wie man die vor dem Abschluss des Staats gewiss noch in Privatbesitz vorhandenen Vorräte an Weltgeld, Gold und Silber also, in Staatseigentum überführt. Denn – dies gibt auch Fichte zu – es mag Leute geben, die ihre Devisen nicht gerne hergeben und in für sich genommen ausdrücklich und ganz besonders wertloses Landesgeld umtauschen mögen. Das beste also wird sein, dass man die Bürger, die jetzt übrigens ausgerechnet wieder Untertanen heißen dürfen, weil sie ja erst im geschloßnen Handelsstaat richtige Bürger sein werden, gar nicht erst fragt: „Es soll nun gar nicht von dem guten Willen der Untertanen abhängen, ob sie das neue Landesgeld sich auf der Stelle anschaffen, und ihr Gold und Silber dagegen vertauschen wollen, oder nicht; sie sollen zum Tausche genötigt sein." (GH, 515)

Um derartigen Zwang auszuüben und etwaige private Devisentransfers ins Ausland, Hamsterkäufe und ähnliches zu verhindern, gerät die exklusive Einführung des Landesgeldes bei gleichzeitiger heimischer Entwertung des Weltgeldes samt ihrer Vorbereitung zu einer geheimen Kommandoaktion der Regierung, deren Details Fichte wiederum aus Geheimhaltungsgründen leider verschweigen muss:

„Über den eigentlichen Plan dieser Einführung und die notwendige Folge der einzelnen Schritte zum Ziele lege ich mir vor dem Publikum billig Stillschweigen auf; und erinnere nur soviel, daß vor der Ausführung vorher mit dem Volke gar nicht beratschlagt, und dieselbe nicht angekündigt werden müsse, welches nur Zweifel, Bedenklichkeiten und Mißtrauen erregen würde, die am schicklichsten durch den sichtbar guten Erfolg gehoben werden. Die eigentliche Einführung ist durchaus Ein Schlag, dessen Wirksamkeit freilich durch vorbereitende Anstalten, die man auf jeden anderen Zweck ebensowohl beziehen kann, erleichtert ist. Es bedarf hier keiner Strenge, keines Verbots, keines Strafgesetzes, sondern nur einer sehr leichten und natürlichen Vorkehrung, durch welche *in einem Augenblicke alles Silber und Gold dem Publikum zujedem andern Zwecke außer zum Einwechseln des neuen Landesgeldes durchaus unbrauchbar; das neue Landesgeld aber ihm sogar zum Leben durchaus unentbehrlich werde.*" (GH, 519)

Dass es keine Verbote und gleichartige Maßnahmen braucht, um den Staat in den Besitz des gesamten im Inland vorhandenen Weltgeldes zu bringen, klingt eigen, lässt sich aber aus Fichtes Sicht freilich rechtfertigen, allerdings auch nur aus dieser. Denn mit der Währungsreform schließt sich der Staat ja ab und wird zum Vernunftstaat. Privatleute haben dann schlicht keinen Grund mehr, das Ausland zu besuchen, und werden das auch nicht mehr tun wollen, wenn sie denn von vernünftiger Einsicht geleitet werden. Sie soll sich offenkundig unmittelbar mit dem Erfolg der Operation einstellen: Mit einheimischen Qualitätsprodukten, entweder bereits gleich- oder höherwertig durch heimische Waren ersetzten oder bald zu ersetzenden Importwaren und minimalen Importen (der professorale Wein!) zu ewig gerechten Preisen wohlgefüllte Ladenauslagen bei vollständig gesichertem Einkommen und dem höchstmöglichen Wohlstand, sofern man nur arbeiten kann und will, sollte sich allgemeine Zufriedenheit mit dem neuen politischen System mit derartiger Gewissheit und Geschwindigkeit einstellen, dass vorher auch noch zu fragen wirklich überflüssig scheint und jedes halbwegs vernünftigen Menschen Zustimmung stillschweigend vorausgesetzt werden darf. Denn niemand würde sich schließlich dagegen wehren, wenn es ihm so gut geht, wie es ihm nur gehen kann, sofern er eben bei rechter Vernunft ist.

Der Gedanke, dass man jemanden, der dies nicht ist, durchaus zu seinem Glück zwingen darf, weil er das selber wollen würde, ja geradezu müsste, wenn er sich denn nur vernünftig verhielte, ist weder besonders neu noch originell. Vielmehr genießt er allgemeine Verbreitung und Anerkennung, nämlich bei der Kindererziehung. Man kann diese so liberal anlegen, wie man will, trotzdem kommt man nicht umhin, beinahe ständig Entscheidungen für den Nachwuchs und zu dessen Bestem treffen zu müssen, wenngleich dies mit zunehmender Häufigkeit trotz aller Erläuterungs- und Begründungsbemühungen weder auf Einsicht noch gar auf Beifall stößt. Mit dem Erreichen der Volljährigkeit freilich setzt schlagartig voller Vernunftgebrauch ein und die Entscheidungsgewalt über die eigene Lebensgestaltung geht vollständig auf die nunmehr erwachsenen Personen über. Weitere von anderen getroffene Entscheidungen darüber ohne ausschlaggebende Mitsprache verböten sie sich zurecht.

Nun halten nicht nur manche Politiker mit mehr oder weniger flagranten diktatorischen Tendenzen, sondern auch etliche politische Denker nach der Aufklärung es für durchaus legitim, auch mündigen Personen individuelle Entscheidungen im Interesse des Besten, des greater good oder was da noch für Blendereien sein mögen mehr oder weniger unverhohlen abnehmen zu wollen. Die Begründung bleibt generell die gleiche wie bei der Kindererziehung: Die Leute sehen halt nicht ein und wissen folglich nicht, was gut für sie ist, oder, noch schlimmer, sie wissen es, wollen es aber nicht. Die Ausübung von mehr oder weniger unverhohlenem Zwang liegt also stets im Interesse der Gezwungenen und fällt den Zwingenden notorisch schwer, obschon sie zum Ausgleich für ihre Last immerhin erwarten dürfen, dass es ihnen die zunächst gegen ihren Willen Beglückten dermaleinst danken werden. Man nennt diese Denkschule gemeinhin Paternalismus, und Fichte hängt ihr ganz offenkundig an. Daran ändert seine stete Betonung der fundamentalen Freiheit aller Menschen nichts: Denn wenn – auch dies ist eine klassische Theorie – vernünftiges und freies Handeln so zusammenfallen, dass die Vernünftigkeit die Freiheit definiert, dann muss es auch paradoxerweise möglich sein, jemanden gegen seinen Willen zu freiem Handeln zu zwingen. Dadurch verschwindet auch die Möglichkeit nicht, hintennach die eigene Unvernünftigkeit einzusehen und sich ob des erlittenen Zwanges glücklich zu schätzen.

Genau davon geht Fichte aus, wenn er den kompletten Geldaustausch und damit zugleich die Schließung des Staats durch eine kleine Gruppe mit vernünftiger Einsicht gesegneter Personen über die Köpfe aller anderen Staatsangehöriger beschließen und hinter ihrem Rücken planen und vorbereiten lässt. Und in der Tat haben auch diejenigen, gewiss sehr wenigen Untertanen, die sich mit dem politischen Systemwechsel wider alle Vernunft gar nicht abfinden und ihn schätzen können, keinerlei Repressionen zu fürchten. Sie können nämlich ohne Weiteres ihr Heimatland verlassen: „Eine beträchtliche Emigration wäre höchstens im Anfange zu befürchten, von Personen, welchen die neue Ordnung, welche allein die wahre Ordnung ist, lästig, drückend, pedantisch vorkommen würde. An ihren Personen verliert der Staat nichts." (GH, 536)

Dass Fichte nur zu Beginn des politischen Neustarts von einer merklichen Emigration ausgeht, kann kaum verwundern. Das Versprechen vollständiger Existenzsicherung und größtmöglichen allgemeinen und individuellen Wohlstands, mithin gänzlicher Risikofreiheit, unter der einfachen Voraussetzung schlichter Arbeitsbereitschaft und seine umgehende Erfüllung besitzt schon für sich genommen gewiss große Attraktivität. Projiziert man diesen Zustand nun in die Zukunft, d. h. auf die kommenden Generationen, die gar keine andere Organisations- und Lebensform mehr kennen werden, lässt sich wohl mit hinlänglicher Gewissheit voraussagen, dass die Bürger des geschloßnen Handelsstaats sich mit ihrer Existenz in ihrem goldenen Käfig nicht bloß abgefunden, sondern es sich darin auch durchaus bequem gemacht haben werden. Etwaige – und aus Fichtes Sicht sowieso missverstandene, nur scheinbare – Freiheitsbeschränkungen können mangels internationaler Kontakte und mit allenfalls staatlich kontrollierten Informationen gar nicht mehr bemerkt werden; – es mag einem Nordkorea in den Sinn kommen. Zwar soll wissenschaftlicher und technischer Austausch mit dem Ausland gepflegt werden, doch sind dessen Ergebnisse für die breite Masse der Bevölkerung nicht von eigentlichem Interesse, sondern allein der staatlich ausgewählten und verpflichteten, jeweils zuständigen gelehrten Klasse vorbehalten, die sie zur Steigerung des wirtschaftlichen und kulturellen Wohlstands weiterverarbeitet und nutzt.

Im Rahmen des Rundum-sorglos-Pakets, das der geschloßne Handelsstaat seinen Bürgern bietet, werden demnach nach einer überschaubaren Phase der Eingewöhnung Dissidenten kaum noch auftreten, und auch diese können und sollen den Staat jederzeit und tunlichst bald verlassen. Denn sie nützen dem Staat ja nicht, sondern schaden ihm eher, indem sie die herrschende allgemeine Zufriedenheit stören könnten. Solche Dissidenten, die etwa Reise-, Berufsfreiheit und dergleichen mehr vermissen mögen, stellen indes schon aufgrund ihrer notwendigerweise geringen Anzahl und vernachlässigbaren Einflussmöglichkeiten auch keine ernstzunehmende Gefahr dar. Vielmehr werden sie in der Bürgerschaft selbst unangenehm auffallen, und zwar weil sie durch ihre abweichenden Meinungen notgedrungen dokumentieren, dass sie eben nicht oder noch nicht zu vernünftiger Einsicht in die Wahrheit der bestehenden Ordnung gelangt sind. Dissidenten verdienen daher eher das Mitleid ihrer Mitbürger und eventuell einsichtsfördernde Erziehungsmaßnahmen von staatlicher Seite, jedoch keine gesetzliche Strafe. Sie sind durch die Mängel ihres Vernunftgebrauchs ohnehin schon gestraft genug und strafen sich überdies durch ihre Auswanderung selbst. Personen, die aus beliebigen Gründen Kritik an der Art der staatlichen Ordnung üben, erscheinen auf diese Weise als uneinsichtige und obendrein verstockte, insgesamt bedauernswerte Deppen, die zu verlieren sich der Staat eigentlich nur glücklich schätzen kann.

Hinlängliche vernünftige Einsicht oder wenigstens das Streben nach ihrer Ausbildung sind nämlich nicht nur unerlässlich, um die Segnungen des geschloßnen Handelsstaats angemessen zu schätzen, sich in sein System einzufügen und mit der dadurch bestimmten Nation zu identifizieren, sondern um die Notwendigkeit zu erfassen, dass ein Staat, der den Titel einer Nation zu Recht beanspruchen will, nur genau so und nicht irgendwie anders eingerichtet sein muss. Könnte es anders sein, wäre das politische System bloßer historischer Zufall und könnte nach Belieben geändert werden. Dann aber wäre es nach Fichte eben nicht mehr vernünftig. Denn es gibt nur Eine Vernunft, so wie es nur eine Wahrheit gibt. Dem mag man nun durchaus zustimmen – und sollte es im Zeitalter der fake news, alternative facts und ähnlichem Blödsinn vermutlich sogar. Nicht ohne Weiteres zustimmen sollte man allerdings der Behauptung, dass die Eine Vernunft, soweit sie von endlichen und zur Erkenntnis der Welt auf ihre Sinnesorgane angewiesenen Wesen wie Menschen gebraucht wird, die Eine Wahrheit auch vollumfänglich erkennen kann. Und man sollte dies vielleicht noch weniger tun, wenn derjenige, der sich eine entsprechende Theorie ausgedacht hat, unbedingte Zustimmung verlangt und einen, der sie nach Kenntnisnahme verweigert oder Einwände erhebt, mehr oder weniger deutlich für zu dumm erklärt, um die Theorie zu verstehen.

Eine derartige Strategie der Selbstimmunisierung gegen Kritik hat Fichte immer wieder betrieben. Denn freilich stammt die in Anschlag zu bringende Theorie der Einen Vernunft und ihres umfassenden Zugriffs auf die Eine Wahrheit von ihm selber. Er war zutiefst davon überzeugt, mit seiner *Wissenschaftslehre* die ganze Philosophie nach zweieinhalbtausend Jahren endlich zu einem glücklichen Abschluss geführt zu haben, so dass alle weiteren außerphilosophischen, doch auf die Anleitung durch die Philosophie angewiesenen menschlichen Bemühungen um Erkenntnis nach und nach auf die Vollendung eines umfassenden Systems alles möglichen Wissens hinarbeiten können und Natur und Geschichte bzw. Gesellschaft schließlich vollständig durch die Vernunft beherrscht werden. Unglücklicherweise war die *Wissenschaftslehre* kein wirklich rauschender Erfolg, und Fichte hat sie seit ihrer ersten Version von 1797 bis zu seinem Lebensende in immer neuen, modifizierten Varianten an der Universität vorgetragen und auch versucht, sie per „sonnenklare[m] Bericht" unters Volk zu bringen, um „die Leser zum Verstehen zu zwingen".[7] Seine zunehmend verzweifelten Versuchen, seine Gedanken in möglichst klarer und verständlicher Form zu artikulieren, erreichen allerdings – sogar für die ohnehin intrikaten Disziplinen der Erkenntnistheorie und der Metaphysik – bisweilen ganz erstaunliche Höhen von Unverständlichkeit und Dunkelheit. Schon deswegen mag hier einiges Misstrauen angebracht sein, besonders wenn man sich an Wittgensteins – nicht sonderlich originelle, aber dafür zutreffende – Mahnung erinnert, dass man das, was man sagen kann, auch klar sagen könne. Sei dies, wie es sei. Fichtes *Wissenschaftslehre(n)* brauchen hier nicht weiter zu beschäftigen. Wichtig ist nur, dass Fichte der Überzeugung war, die Eine Wahrheit bewiesen zu haben und zu besitzen, und zugleich sehr

---

[7] So lautet der Titel einer populären Fassung der Wissenschaftslehre aus dem Jahre 1801 *Sonnenklarer Bericht an das größere Publikum, über das eigentliche Wesen der neuesten Philosophie. Ein Versuch, die Leser zum Verstehen zu zwingen*.

darunter litt, dass sie nur, wenn überhaupt, ganz wenige Leute außer ihm selbst verstanden.

Von diesem Kaliber ist nun auch die ‚allein wahre Ordnung', die der geschloßne Handelsstaat darstellt. Es ist keine Kleinigkeit, dass Fichte hier gerade nicht, wie das einer langen Tradition der politischen Philosophie seit Platon entspräche, von der „besten" spricht, sondern von der ‚allein wahren'. Denn Wahrheit lässt sich weder graduieren noch teilen. Entweder etwas – genauer: ein Satz bzw. ein Zusammenhang von Sätzen – ist wahr oder nicht, und dann ist er eben falsch. Es gibt also weder mehr oder weniger, ein bisschen oder ganz arg wahr noch mehr als eine Wahrheit über ein und dasselbe Ding, ein und denselben Zustand oder Sachverhalt, sondern genau und nur eine – egal, ob man Anspruch auf ihre Erkenntnis erhebt oder nicht. Jede andere mögliche Staatsordnung bzw. jeder andere mögliche Satzzusammenhang, der eine solche beschreibt, ist daher schlicht falsch, also nicht etwa schlechter oder weniger gut. Ob man eine derart falsche Ordnung überhaupt noch eine Ordnung und den ihr entsprechenden Staat überhaupt noch zu Recht einen Staat nennen könnte, darüber ließe sich gewiss lange streiten. Jedenfalls wäre ein solcher wirklicher Staat, wie ihn Fichte ja nennt, aus Zufall so eingerichtet, wie er ist, und daher schon einmal nicht vernünftig. Man sieht also: Wenn Fichte den vernünftigen Staat dem wirklichen entgegensetzt, meint er damit nicht, dass es den vernünftigen Staat nicht in der Welt geben könnte, sondern vielmehr, dass alle bisherigen Staaten nicht vernünftig, sondern zufällig, nicht wahre, sondern falsche sind. Sie werden daher solange modifiziert, umgestürzt, aufgelöst oder sonstwie verändert werden, bis sie zu vernünftigen geworden sind, deren Ordnung nicht mehr verändert werden kann, ohne die in ihr lebende Nation in ihrer Existenz zu gefährden, ja zu vernichten.

Die Voraussetzung dafür, den Vernunftstaat zu begründen, ist naturgemäß das Wissen, wie er aussehen soll, da seine Ordnung keinesfalls zufällig sein kann. Und die Voraussetzung des Besitzes dieses Wissens ist wiederum die Einsicht in das Wesen der Vernunft und der Wahrheit. Und deren Voraussetzung ist klarerweise der Besitz und das Verständnis der *Wissenschaftslehre*. Folglich entscheidet auch die *Wissenschaftslehre*, genauer: die Einsicht in ihre Wahrheit – die seit 1801/02 auch ein Gefühl sein darf[8] – oder wenigstens das Streben nach ihr unter grundsätzlicher Anerkennung ihrer Wahrheit oder zuallermindest die fraglose Anerkennung

---

[8] Vgl. Johann Gottlieb Fichte, Darstellung der Wissenschaftslehre (1801/02) (hg. sowie mit einer Einl. u. Anm. versehen v. R. Lauth unter Mitarb. v. P. K. Schneider), Hamburg ²1997, 80.

ihrer Wahrheit, wer eines hinlänglichen Vernunftgebrauchs mächtig ist, um im eigentlichen und vollen Sinne Bürger des geschloßnen Handelsstaats sein können. Um alle andere ist es, wie gesagt, nicht schade. Es gilt: Eine Wahrheit – Ein Staat. Die Verschiedenheit der Staaten in einer Welt aus lauter geschloßnen Handelsstaaten kann sich so nur noch aus der von Fichte emphatisch bejahten wesentlichen Verschiedenheit der Völker ergeben, die sie bewohnen. Da diese Unterschiede auf keine Weise wahrheitsgemäß verneint oder gar aufgehoben werden können, weil sie von Natur aus und ebenfalls gemäß der Vernunft bestehen, muss der geschloßne Handelsstaat immer ein Nationalstaat sein. Nur hat es eben der erste Staat, der sich auf diesen Weg begibt, wesentlich leichter und bequemer, und er wird immer reicher und mächtiger bleiben als die, die ihm nachfolgen.

Wer denn die Geschicke dieses Staats und vor allem über seinen Übergang vom wirklichen zum vernünftigen Staat bestimmt, kann vor diesem Hintergrund keine Frage mehr sein. Es kann sich dabei nämlich nur um diejenigen Personen handeln, die zum Verständnis der *Wissenschaftslehre* gelangt sind, und – da das nicht sehr viele sein werden – diejenigen, die deren Autorität unbedingt anerkennen. Dass Fichte trotz der betonten Gleichgültigkeit der Herrschaftsform – ob Monarchie, Aristokratie oder Demokratie – deutliche Sympathie für die Monarchie sehen lässt, wird deswegen nicht verwundern. Eine einzige Person ist schließlich immer leichter von der Wahrheit der *Wissenschaftslehre* oder der geistigen Autorität ihres Propagandisten zu überzeugen als mehrere oder gar alle.

Ist der Abschluss erst einmal vollzogen und der Vernunftstaat hergestellt, verschwindet freilich auch das Problem, wer herrschen soll. Denn „die von nun an zu befolgenden Maßregeln liegen nicht mehr auf dem Gebiete der Politik, sondern auf dem der reinen Rechtslehre" (GH, 506). Mit dem Geburtsmoment des geschloßnen Handelsstaats hat folglich die Politik ihren einzigen wahren Zweck erreicht und ist damit an ihr Ende gekommen. Sie ist schlicht überflüssig geworden, und wo es keine Politik mehr braucht, gibt es auch keine politische Beteiligung und die damit verbundenen Auseinandersetzungen mehr. Daher herrscht eigentlich niemand mehr. Denn es gibt keine Gesetze mehr, die zu reformieren, zu erlassen oder abzuschaffen wären. Die nötigen Fünfjahrespläne werden von staatlichen Experten erstellt, durch die Verwaltung verwirklicht und ihre Einhaltung durch die Polizei kontrolliert. All dies zusammengenommen bildet das, was Fichte „Regierung" nennt. Ihr ist auch das Gerichtswesen eingegliedert:

> „Die Regierung des beschriebnen Staates hat selten zu strafen, selten gehässige Untersuchungen anzustellen. Die Hauptquelle der Vergehungen von Privat-

personen gegeneinander, der Druck der wirklichen Not, oder die Furcht der zukünftigen (sc. und die schiere Lust an Bereicherung; GH, 518), ist gehoben: und eine große Anzahl von Vergehungen sind durch die eingeführte strenge Ordnung ganz unmöglich gemacht. Verbrechen gegen den Staat, Aufwiegelung und Aufruhr ist ebensowenig zu befürchten. Es ist den Untertanen wohl, und die Regierung ist die Wohltäterin gewesen." (GH, 538/9)

Die klassischen drei staatlichen Gewalten der Legislative, Exekutive und Judikative liegen so in der einen Hand der ebenso wohlwollenden wie strengen Regierung. Wechselseitige Kontrollen und unabhängige Gerichte sind überflüssig, weil die Produktion von Polizei-, Verwaltungs- und Rechtsakten allein in der Anwendung von absolut wahren Prinzipien besteht. Die Regierung des geschloßnen Handelsstaats erinnert so an die gütige und gerechte Herrschaft, die der Hausvater in der aristotelischen Tradition über seine Familie ausüben soll; allerdings ins schier Unendliche vergrößert und mit der unbedingt zwingenden Gewalt der Einen Vernunft bewehrt. Wie der Hausvater weiß der Staat immer am besten, was für seine Schäfchen gut ist und setzt dies auch durch. Mehr Paternalismus geht kaum.

Unterworfen sind also sowohl alle Bürger – oder doch besser: Untertanen? – als auch die Regierung der Autorität der *Wissenschaftslehre* und ihrer politischen bzw. rechtlichen Konsequenzen. Der Staat kann daher, solange er diese Prinzipien nicht verletzt, umfassend in das Leben seiner Bürger eingreifen. Entweder sehen diese die Notwendigkeit solcher Eingriffe selbst ein oder sie haben zu glauben, dass sie zu ihrem und der ganzen Nation Besten geschehen. Dies erklärt den erstaunlichen Grad der Unfreiheit, die – nicht bloß im Vergleich zu einer liberalen Demokratie gegenwärtiger Prägung – im geschloßnen Handelsstaat herrscht.

Bezeichnend hierfür ist die Art, wie die Regierung über die Arbeitskraft, d. h. das alleinige natürliche Eigentum der Bürger, verfügt. Der Vernunftstaat ist gemäß der „beiden Hauptzweige der Tätigkeit, durch welche der Mensch sein Leben erhält und angenehm macht" (GH, 433), also von Natur aus, ständisch organisiert. Diesen beiden Tätigkeiten, nämlich der „Gewinnung der Naturprodukte und d[er] weitere[n] Bearbeitung derselben", entsprechen die beiden „Hauptstände" der „Produzenten" und der „Künstler" (GH, 433/4). Beide betreiben in allen Spezialisierungen und Gewerken ihr Geschäft nach wechselseitiger vertraglicher Zusicherung exklusiv, indem sich die Produzenten verpflichten, „sich aller weiteren Bearbeitung der Produkte, von da an, wo die Natur ihre Arbeit abgeschlossen hat, gänzlich zu enthalten", und die Künstler, „keine Handlung an irgendeinem Gegenstande, der der Gewinnung der Produkte ausschließend gewidmet ist, vorzunehmen" (GH, 434). Dieser negative Vertrag, der nur dazu verpflichtet, etwas nicht zu tun, d. h. zu einer Unterlassung, wird durch einen positiven Vertrag ergänzt. In ihm verpflichten sich die Produzenten zur Bereitstellung einer Menge von Nahrungsmitteln und Rohstoffen, die zur Ernährung und Versorgung ihrer selbst und der Künstler des gesamten Staates ausreicht, und deren Austausch mit den Handwerksprodukten, der deren Herstellern ein gleichermaßen angenehmes Leben ermöglicht (GH, 434). Umgekehrt verpflichten sich die Künstler, den Produzenten jederzeit die gewohnte Menge an Waren in bestmöglicher, landesüblicher Qualität zu liefern (GH, 434/5). Außerhalb dieser staatlich vorgeschriebenen vertraglichen Regelungen sind weder Rohstoffgewinnung noch -weiterverarbeitung erlaubt. Der Staat erlaubt also nicht bloß, sondern erzwingt den Tauschhandel, „nicht daß man tauschen und abliefern nur *dürfe,* sondern daß man es *müsse*" (GH, 435).

Um nun bei dessen Organisation und Abwicklung „Zeit- und Kraftverlust" zu vermeiden, „ist es zweckmäßig, daß zwischen beiden ein Stand in die Mitte trete, der statt ihrer den Tauschhandel zwischen beiden besorge; der Stand der *Kaufleute*" (GH, 435). Auch er steht unter dem Schutz vertraglicher Exklusivität. Dabei schließt sich der Kaufmann dem negativen Vertrag der beiden anderen Stände an, während diese „auf jeden unmittelbaren Handel untereinander" verzichten (GH, 435). Daher liefern Produzenten und Künstler den nicht für die eigene Existenz nötigen Überschuss an den Kaufmann und nehmen ihm alle darüber hinaus benötigten Waren ab, so „daß er während der Besorgung des Handels ebenso angenehm leben könne, als der Produzent und Künstler" (GH, 435). Im Gegenzug verpflichtet sich der Kaufmann, ihnen „zu jeder Stunde jedes unter diesem Volke gewöhnliche Bedürfnis" zu erfüllen und „zu jeder Stunde jeden gewöhnlichen Artikel des Tausches" anzunehmen (GH, 435). Bei all diesen Transaktionen gilt jederzeit ein staatlich auf der Basis des allgemeinen Standards jedes Warenwerts, d. h. der Broteinheit, festgesetzter „Grundpreis" (GH, 435/9). Überschüsse gehen an den Staat, der im Zuge der Fünfjahresplanung zum Ausgleich möglicher Produktionsausfälle für ihre Bevorratung sorgt. Übersteigt die Produktion an Rohstoffen und Gütern die notwendige Menge, wird sie reduziert, um den Bürgern mehr Zeit für die Verfolgung ihrer kulturellen Fort- und Höherentwicklung bei zumindest gleichbleibendem Wohlstand zu gewähren. Auf diese Weise kontrolliert die Regierung vollständig Produktion und Handel des Landes und verhindert jede private Waren- oder Geldanhäufung und also jede Form der persönlichen Bereicherung, die vom allgemeinen Wohlstandsniveau abweicht.

Im Rahmen dieser strikten Staatswirtschaft verteilt die Regierung auch die Tätigkeiten nach dem jeweiligen Bedarf. Sie verfügt daher über die Arbeitskraft ihrer Untertanen, d. h. ihr natürliches Eigentum, um ihnen ihr rechtlich zustehendes Eigentum, d. h. ihren Anteil am staatlichen Gesamtwohlstand, zu garantieren. Dabei ist die fundamentale Pflicht des Staats die Sicherung der Ernährung seiner Angehörigen. Folglich müssen genügend Produzenten bereitstehen, die mehr als das, was sie selber unbedingt brauchen, herstellen müssen. Das hat Konsequenzen für die Berufsfreiheit der Bürger. Denn

„es müssen (sc. d. h. dürfen) also nicht mehr Nichtproduzenten in einem Staate angestellt werden, als durch die Produkte desselben ernährt werden können. Die Anzahl der Bürger, die sich des Ackerbaus überheben, muß durch den Staat berechnet werden nach der Anzahl der Produzenten, der Fruchtbarkeit des Bodens, dem Zustande des Ackerbaus." (GH, 438)

Es darf also niemals mehr anderweitig Tätige, vordringlich Künstler, geben, als von den Produzenten – die man hier buchstäblich den Nährstand nennen könnte – mit Nahrungsmitteln versorgt werden können. Denn Zukäufe aus dem Ausland sind ja verboten. Der Staat muss daher „nach dem eben angegebenen Maßstabe die Zahl derer, die überhaupt den Künsten sich widmen dürfen, auf eine bestimmte einschränke[n], und nie zugebe[n], daß diese Zahl, *solange die Umstände dieselben bleiben,* überstiegen werde." (GH, 438)

Diese Beschränkung gilt auch noch für die verschiedenen Gewerke bzw. die herzustellenden Produkte: „Das Entbehrliche ist überall dem Unentbehrlichen oder schwer zu Entbehrenden nachzusetzen; ebenso in der großen Wirtschaft des Staates." (GH, 438) Luxusgüter dürfen daher nur dann überhaupt hergestellt werden, wenn die Versorgung, und zwar die allgemeine Versorgung, mit Gütern des täglichen Bedarfs sichergestellt wird. Welche diese sind, bestimmt der Staat, der demzufolge auch festlegt, wie viele Künstler in welchen Gewerken tätig sein dürfen, da diese „überall für die Notdurft zuerst zu sorgen" haben (GH, 439). Dies gilt nicht nur für bestimmte Regionen, sondern landesweit: „Es geht nicht, daß einer sage: ich aber kann es bezahlen. Es ist eben unrecht, daß einer das Entbehrliche bezahlen könne, indes irgendeiner seiner Mitbürger das Notdürftige nicht vorhanden findet, oder nicht bezahlen kann." (GH, 439) Hergestellt und gehandelt werden dürfen Luxusgüter deswegen nur dann, wenn sie sich jeder Bürger nach Belieben anschaffen könnte, wenn er denn wollte.

Der Staat schreibt nun aber nicht allein vor, welche Güter von wie vielen Leuten produziert und zu welchem Preis sie gehandelt werden, sondern auch welche Leute dies alles tun. Zunächst lizenziert der Staat jede geschäftliche bzw. berufliche Tätigkeit:

> „Jeder, der in dem schon bestehenden Staate irgendeiner Beschäftigung ausschließend sich zu widmen gedenkt, muß ohnedies von Rechts wegen sich bei der Regierung melden, welche ihm, als Stellvertreterin aller im Namen derselben ausschließende Berechtigung erteilt, und statt aller den nötigen Verzicht leistet. Meldet sich nun Einer zu einem Kunstzweige, nachdem die höchste durch das Gesetz verstattete Zahl der Bearbeiter schon voll ist, so wird ihm die Berechtigung nicht erteilt, sondern ihm vielmehr anderer Zweige angegeben, wo man seiner Kraft bedürfe." (GH, 439)

Freilich überlässt der Staat auch im Rahmen seiner zahlenmäßigen Festlegungen es nicht dem Zufall, wer die Erlaubnis und sodann die Pflicht erhält, einer bestimmten Arbeit nachzugehen. Denn die Regierung erhebt höchste Qualitätsansprüche an alle Produkte und kontrolliert diese rigide. Der geforderte und vorgeschriebene Qualitätsstandard ist einfach zu formulieren: Es ist der höchstmögliche, relativ zum Potential des Landes. Auf diese Qualität haben die Bürger bzw. Verbraucher einen rechtlichen Anspruch:

> „Ich habe die Forderung der Einwohner auf die *in ihrem Lande mögliche* Vollkommenheit des Fabrikats eingeschränkt, und diese Möglichkeit nach dem besten, was von dieser Arbeit bisher im Lande wirklich geliefert worden, beurteilt." (GH, 440)

Alle Bürger haben also immer Anspruch auf das derzeit beste Produkt einer bestimmten Art. Weil immer nur eines das Beste sein kann, werden alle Bürger, die ein solches Produkt erwerben wollen, das gleiche erwerben müssen, nämlich dasjenige, welches die Regierung zum Besten erklärt hat. Ein anderes wird folglich gar nicht hergestellt werden dürfen. Das erleichtert naturgemäß die Auswahl ungemein, weil sie mit der Anschaffungsentscheidung bereits endet. Zugleich schließt dieses Vorgehen technische Innovationen keineswegs aus. Da die Produktionsmenge jedes Gutes ja ebenfalls staatlicherseits limitiert ist, kann jeder Hersteller, der sein Quantum erfüllt hat, seine verbleibende Arbeitszeit dazu nutzen, an Verbesserungen zu tüfteln, die dann den zuständigen Prüfinstanzen vorgelegt und gegebenenfalls allgemein eingeführt werden.

Dass dies nicht alle Leute gleich gut können und häufig genug Personen wünschen, einer bestimmten Tätigkeit nachzugehen, für die sie wenig geeignet oder talentiert sind, weiß auch der Staat. Er kontrolliert daher den Zugang zu einem bestimmten Gewerk, indem er vor der Lizenzierung des Antragstellers seine Fähigkeiten überprüft:

„Ferner, damit das Fabrikat in der möglichsten Vollkommenheit geliefert werde, hat der Staat jeden, der sich ankündigt, zu prüfen. Wessen Arbeit nicht wenigstens ebenso gut ist, als die seiner übrigen Kunstgenossen im Lande, dem wird die öffentliche Ausübung seiner Kunst so lange versagt, bis er sie besser gelernt hat, und in einer zweiten Prüfung besteht." (GH, 440)

Da von einem dritten oder vierten Anlauf nicht die Rede ist, kann man davon ausgehen, dass der Staat den offenkundig ungeeigneten Kandidaten in bewährter Weise umberät. Auf diese Weise bleibt er vor beruflichem Scheitern geschützt und wird in jedem Fall in irgendeine Arbeit kommen, auch wenn er womöglich keine Lust zu dieser Tätigkeit haben mag. Seinen Arbeitswillen vorausgesetzt besteht daher für keinen Bürger irgendein Risiko, seine Existenz nicht selbst durch Arbeit bestreiten zu können. Ist dies aus Krankheits- oder Altersgründen unmöglich – aber genau und nur dann –, springt der Staat ein.

Alle weiteren Stände, die für die Funktion des Staats unerlässlich sind, fallen hier nicht weiter ins Gewicht. Allein die „drei aufgeführten Stände sind die Grundbestandteile der Nation. […] Die Mitglieder der Regierung, sowie die des Lehr- und Wehrstandes sind bloß um der ersten willen da, und gehen in der Berechnung darein." (GH, 436) Es ist daher davon auszugehen, dass auch deren Vertreter strikt nach Eignung von staatlicher Seite ausgewählt werden. Freie Wahlen – und nicht nur die des Berufs – finden im geschloßnen Handelsstaat demnach nicht statt. Sie hätten ja auch gar keinen Sinn, da es in ihm keinen Bedarf mehr an Politik gibt. Deswegen gibt es in ihm nicht nur keine Politikverdrossenheit, sie ist sogar unmöglich. Hegte jemand aus welchen Gründen auch immer eine prinzipielle Abscheu gegen Politiker, wäre er in Fichtes Vernunftstaat gut aufgehoben. Er müsste dann bloß auf die paar Freiheiten verzichten, die wir, gewöhnt an liberale Demokratien, fälschlicherweise für selbstverständlich halten.

Denn persönliche Vorlieben oder Interessen der einzelnen Bürger, was ihre in der Regel zeitlebens niemals gewechselte (GH, 440) Berufstätigkeit und die damit notwendigerweise, weil alle arbeiten müssen, einhergehende Lebensführung angeht, haben also jederzeit hinter dem Zweck und den aus ihm folgenden Bedürfnissen des Staats zurückzustehen. Und dieser definiert sich durch die Herstellung gerechter Eigentumsverhältnisse, wie sie im Interesse eines jeden vernünftigen Menschen und Bürgers liegen müssen. Dass also jederzeit das Individuum hinter das Ganze der Nation zurücktritt, folgt aus dem einzig vernünftigen und wahren Staatsprinzip. „In diesem Staate sind Alle Diener des Ganzen, und erhalten dafür ihren gerechten Anteil an den Gütern des Ganzen." (GH, 449)

Diese allgemeine Dienerschaft, deren unumschränkter Herr der Staat bzw. die Nation und also die allen gemeinsame Eine Vernunft ist, die bis auf den staatlich „durch besoldete Akademien" (GH, 542) gesteuerten und ausgewählten wissenschaftlichen und literarischen Austausch vollständige nationale Isolation und die damit bei hinreichender Gewöhnung fast zwangsläufige Identifikation mit der eigenen Nation – Womit auch sonst? Ist ja nichts anderes da. – transformiert die Nation selbst und hebt sie auf eine neue, höhere Stufe:

> „Es ist klar, daß unter einer so geschlossenen Nation, deren Mitglieder nur untereinander selbst, und äußerst wenig mit Fremden leben, die ihre besondere Lebensart, Einrichtungen und Sitten durch jene Maßregeln erhält, die ihr Vaterland und alles Vaterländische mit Anhänglichkeit liebt, sehr bald ein hoher Grad der Nationalehre, und ein scharf bestimmter Nationalcharakter entstehen werde. Sie wird eine andere, durchaus neue Nation. Jene Einführung des Landesgeldes ist ihre wahre Schöpfung." (GH, 539)

Die politischen Maßnahmen zur Gründung des geschloßnen Handelsstaats erweisen sich so als Weg zur Höherentwicklung der Menschheit. Man möchte hierin vielleicht den letzten versprengten Rest aufklärerischen – und das heißt in jedem Falle auch in einem gewissen Maß europäischen, kosmopolitischen, ja universalistischen – Denkens erblicken, wenngleich das Vehikel dieser Entwicklung ausgerechnet die scharfe nationale Differenzierung bildet. Allein, Fichte erteilt gerade jenem Denken eine schneidende Absage – und in gewisser, ziemlich verdrehter Weise auch wieder nicht:

> „Wie es nicht leicht irgendeiner vernunftwidrigen Denkart an einem vernünftig scheinenden Vorwande fehlt, so auch dieser. So hat man an dem ausgebreiteten Welthandelssysteme uns die Vorteile der Bekanntschaft der Nationen untereinander durch Reisen und Handelschaft, und die vielseitige Bildung, die dadurch entstehe, viel angepriesen. Wohl: wenn wir nur erst Völker und Nationen wären; und irgendwo eine feste Nationalbildung vorhanden wäre, die durch den Umgang der Völker miteinander in eine allseitige,

rein menschliche übergehen, und zusammenschmelzen könnte. Aber, so wie es mir scheint, sind wir über dem Bestreben, Alles zu sein, und allenthalben zu Hause, nichts recht und ganz geworden, und befinden uns nirgends zu Hause." (GH, 542)

Der Kosmopolitismus, wie er gerade in der Zeit vor Fichte blühte und zum Wesen der Aufklärung gehörte, verhindert also gerade die Herausbildung der Identität eines Volkes und ihre staatlich-rechtliche Fixierung in einer Nation. Er ist deswegen abzulehnen. Was an der Aufklärung eigentlich so schlecht und an nationaler Identität – was immer das auch näherhin sein mag – so toll ist, fragt sich freilich, soll aber sogleich beantwortet werden. Dennoch scheint Fichte den Blick für eine Vision der Vereinigung der gesamten Menschheit zu öffnen. Ihre Verwirklichung setzte allerdings voraus, dass nur eine Nationalkultur zur Kultur der gesamten Menschheit aufstiege. Während dieser Gedanke in den *Reden an die deutsche Nation* die letzte und äußerste Pointe seines Begriffs des Deutschtums sein wird, hält Fichte ihn im *Geschloßnen Handelsstaat* noch für utopisch. Hier wie dort bleiben jedoch die Grenzen zwischen den verschiedenen nationalen Identitäten unüberwindlich. Im *Geschloßnen Handelsstaat* folgt daraus, dass Universalität nur in einem, den allerwenigsten Menschen überhaupt zugänglichen Bereich möglich ist:

„Es gibt nichts, das allen Unterschied der Lage und der Völker rein aufhebe, und bloß und lediglich dem Menschen als solchem, nicht aber dem Bürger angehöre, außer der Wissenschaft. Durch diese, aber auch nur durch sie, werden und sollen die Menschen fortdauernd zusammenhängen, nachdem für alles übrige ihre Absonderung in Völker vollendet ist. Nur diese bleibt ihr Gemeinbesitz, nachdem sie alles übrige unter sich geteilt haben." (GH, 542)

Wir werden, wie gesagt, noch sehen, dass dies nicht Fichtes letztes Wort zu so etwas wie einer Einheit der gesamten Menschheit ist. Das politische bzw. rechtliche Modell des geschloßnen Handelsstaats allerdings ist sein letztes Wort. Seine nationale, sozialistische und autoritär-paternalistische Anlage wird in der weitgreifenden Theorie einer deutschen, nationalen wie kulturellen, Identität der *Reden an die deutsche Nation* sogar noch um ein totalitäres und chauvinistisches wie imperialistisches Element ergänzt. Der daraus resultierenden politischen Höllenmaschine widerspricht auch die späte *Staatslehre* von 1813 nicht mehr.

2.2 Warum Die-da-Oben und der wirkliche Staat so verrottet sind und Rettung nah ist: Die Grundzüge des gegenwärtigen Zeitalters

Die Gründe für die notwendige Korruption des wirklichen, also noch nicht vernünftigen Staats und seiner Herrscher setzt Fichte in einer eigenen populären Vorlesung auseinander. Zum Verständnis des Deutschnationalismus bzw. Nationalidealismus von Fichtes Vernunftstaat, wie er ihn in den *Reden* entfaltet, ist daher ein Zwischenschritt unerlässlich. Er besteht in der Lektüre seiner Vorlesung über die *Grundzüge des gegenwärtigen Zeitalters* (GZ). Fichte setzt sie selbst voraus, weil die *Reden* „als Fortsetzung der im Winter 1804–1805, eben daselbst vorgetragenen *Grundzüge des gegenwärtigen Zeitalters* (in derselben Verlagshandlung abgedruckt 1806) gehalten worden" (RdN, 3). Da Fichte sie ausdrücklich nicht in einer Einleitung in die *Reden* zusammenfasst (RdN, 3), kommt man um einen Blick auf die einschlägigen Hauptpunkte der *Grundzüge* – und auf die kleine, schon erwähnte Schrift zu Machiavelli – nicht umhin. Wie die *Reden* versteht Fichte auch die *Grundzüge* als philosophische Gegenwartsdiagnose der aktuellen politischen Zustände, „und zwar werde ich in denselben [sc. den *Reden*] die vor 3 Jahren angehobne Betrachtung, die unter dem Titel: *Grundzüge des gegenwärtigen Zeitalters,* auch gedruckt ist, bis auf unsere Tage fortführen."[9]

Beider Resultate fallen sehr verschieden aus, nämlich vernichtend in den *Grundzügen* und hoffnungsvoll bis siegesgewiss in den *Reden*. Es wird also irgendetwas in den drei Jahren, die zwischen den beiden populären Vorlesungsreihen liegen, passiert sein, das diese Veränderung rechtfertigt. Dabei handelt es sich nach Fichte um nichts Geringeres als den Beginn eines neuen Zeitalters, und zwar genau desjenigen, das seiner eigenen Philosophie der Geschichte gemäß dem 1805 noch gegenwärtigen und 1808 bereits vergangenen zu folgen hat. Vor einer knappen Darstellung dieses – wie man schon an den theologisch gefärbten Titeln seiner Abschnitte sieht – geradezu eschatologischen Modells, das mit dem Ende aller Geschichte und also auch aller Politik aufhört, ist jedoch erst auf das „Zeitalter der vollendeten Sündhaftigkeit" einzugehen, das den dritten Abschnitt der Weltgeschichte nach Fichte bildet.

---

[9] Vorlesungsankündigung, GA I.9, 289.

a) Individualismus und Selbstsucht der Aufklärung: *Das Zeitalter der vollendeten Sündhaftigkeit*

Fichte erinnert am Anfang der *Reden* kurz an das Wesen jenes zu Ende gegangenen Zeitalters: „Ich hatte in jenen Vorlesungen gezeigt, daß unsere Zeit in dem dritten Hauptabschnitte der gesamten Weltzeit stehe, welcher Abschnitt den bloßen sinnlichen Eigennutz zum Antriebe aller seiner lebendigen Regungen und Bewegungen habe; daß diese Zeit in der einzigen Möglichkeit des genannten Antriebes sich selbst auch vollkommen verstehe und begreife; und daß sie durch diese klare Einsicht ihres Wesens in diesem ihren lebendigen Wesen, tief begründet und unerschütterlich befestigt werde." (RdN, 11)

Der Begriff, der die Essenz dieses Zeitalters aussagt, ist „Selbstsucht". Dabei handelt es sich nicht um eine solche, die unbewusst oder verschämt das menschliche Handeln beherrscht, sondern eine selbstbewusste, die sich für das vernünftig bzw. philosophisch begründete Recht eines jeden einzelnen Subjekts hält. Sie ist dann vollendet, „wenn, nachdem sie erst mit unbedeutender Ausnahme die Gesamtheit der Regierten ergriffen, sie von diesen aus sich auch der Regierenden bemächtigt, und deren alleiniger Lebenstrieb wird" (RdN, 17).

Im Widerspruch zum Vernunftstaat ist hier niemand mehr eines anderen Diener, sondern nur noch Diener seiner eigenen Interessen. Dem Bürger eines solchen wirklichen Staats klänge die Identifikation mit diesem oder seinen Mitbürgern absurd. Erst aber, wenn die Selbstsucht zum allgemeinen Prinzip wird und den gesamten Staat erfasst, gelangt ihr Wesen zu vollständiger Entfaltung. Wenn auch die Regierenden nur noch ihre eigenen Interessen verfolgen und sich nicht mehr um das wahrhafte Wohl der Bürger kümmern, mithin alle sich nur noch in mehr oder weniger großen Blasen konkurrierender Egoismen betätigen, zeitigt dies politische Konsequenzen. Fichte malt sie in den düstersten Farben. Eine derartige von Selbstsucht ergriffene Regierung wird alle bereits von Machiavelli beschriebenen, proto-darwinistischen Regeln des außenpolitischen Nullsummenspiels und dessen allgegenwärtige Bedrohungen ignorieren. Sie gefällt sich um „ihrer trägen Ruhe" willen in der „traurige[n] Täuschung der Selbstsucht, daß sie Frieden habe, solange nur die eignen Grenzen nicht angegriffen sind" (RdN, 17).

Dieser Vernachlässigung des eigenen außenpolitischen Kampfpotentials, d. h. der Fähigkeiten zu ökonomischer oder militärischer Verteidigung oder Aggression, entspricht auf Seiten der Innenpolitik „jene weichliche Führung der Zügel des Staats, die mit ausländischen Worten sich Humanität,

Liberalität und Popularität nennt, die aber richtiger in deutscher Sprache Schlaffheit und ein Betragen ohne Würde zu nennen ist" (RdN, 17). Der Grund dieser erbärmlichen politischen Zustände liegt gerade in der Gleichheit von Regierten und Regierenden, die sich um ihrer Bequemlichkeit und des damit erhofften Erfolgs willen der Schlechtigkeit der Regierten anpassen, also gerade ihre vernunftgemäße Pflicht verweigern, das Volk – und das heißt jeden einzelnen – mit allen erdenklichen, dazu nötigen Maßnahmen zu besseren Bürgern zu machen – am besten bis zur Ununterscheidbarkeit. Auch auf die Frage nach der Ursache dieses Verfalls hat Fichte eine eindeutige Antwort: „Aufklärung des nur sinnlich berechnenden Verstandes war die Kraft, welche die Verbindung eines künftigen Lebens mit dem gegenwärtigen durch Religion, aufhob, zugleich auch andere Ergänzungs- und stellvertretende Mittel der sittlichen Denkart, als da sind Liebe zum Ruhm, und Nationalehre, als täuschende Trugbilder begriff". (RdN, 19/20)

Möchte man also verstehen, warum ein wirklicher Staat oder hier naturgemäß die deutsche Noch-nicht-wirklich-Nation mit Haut und Haaren der Selbstsucht verfällt, muss man den Begriff der Aufklärung analysieren, und zwar gemäß dem ziemlich exklusiven Verständnis Fichtes. Demnach wirkt sie ihrem ganzen Wesen nach negativ, ja destruktiv, indem sie sich radikal gegen „alle[n] blinden Vernunft-Instinkt[]", und alle[] Autorität" stellt (GZ, 243). Allein durch diesen ‚Vernunft-Instinkt', d. h. die Kenntnis des Wahren ohne Wissen um seine Gründe, und durch von „wenigen Auserwählten" ausgeübte „zwingende äußere Autorität", d. h. fraglos hinzunehmende und nicht unter Legitimationszwang stehende absolute Herrschaft, gelangt die Vernunft im Mantel des Instinkts überhaupt zur Herrschaft über das menschliche Tun und Lassen (GZ, 243). Doch bleibt dann unbegreiflich, warum diese und keine anderen Leute so und nicht anders politische Macht ausüben. Genau diese Unbegreiflichkeit bildet die Triebfeder der „Auf- und Ausklärung" (GZ, 223) dieses, des zweiten Geschichtsabschnitts, des „Standes der anhebenden Sünde". Dessen Herrschaftsmodell wird nämlich nun durch den Erweis des Fehlens universal einsehbarer Gründe, also den Beweis seiner Irrationalität, diskreditiert und nach und nach zerstört, am radikalsten freilich durch die Französische Revolution, in der das Zeitalter der vollendeten Sündhaftigkeit seinen Höhepunkt erreicht. Solche Systemwechsel – wenn auch vielleicht nicht derart exzessive Blutbäder – sind deswegen in den Augen der Aufklärung gerechtfertigt, weil aus der von ihr festgestellten Unbegründetheit eines Anspruchs auf Autorität seine Illegitimität folgt. Also darf man sich auch von derartiger Herrschaft befreien. Das hat allerdings die scheinbar paradoxe Folge, dass damit zugleich alle Vernunftherrschaft abgeschafft wird. Das ist jedenfalls Fichtes Pointe, die sowohl seine Aufklärungskritik trägt als auch die Grundzüge seines eigenen Begriffs von Vernunft sehen lässt. Denn – so läuft das Argument – auch aus der berechtigten Kritik an der Unbegründetheit politischer Herrschaft folgt keineswegs schon, dass ihr Kritiker selbst ihren wahren Begriff besitzt, also selbst weiß, wie die wahre politische Herrschaft aussieht und funktioniert. Zutreffende negative Kritik bedeutet also keineswegs positives Wissen. Diesen elementaren Sachverhalt übersehen zu haben, wirft Fichte nur der Aufklärung vor. Er unterstellt ihr nämlich ganz generell, dass sie sich in einem bloß negativen Kritizismus erschöpft und deswegen positive Lösungen erzeugt, die gänzlich beliebig sind und mit der Einen Wahrheit nichts zu tun haben. Dadurch verschwindet mit der Aufklärung die Vernunft komplett aus der Welt. Die Aufklärung bekämpft also im Namen der Rationalität die Herrschaft der Vernunft, die sie selber vorgibt durchsetzen und einführen zu wollen.

Nach Fichtes – leicht bestreitbarer, um nicht zu sagen: ziemlich hanebüchener – Auffassung gibt jener Kritizismus der Aufklärung „die Form der Wissenschaft" (GZ, 247) vor, also das Richtmaß des Wahren und Falschen. Das Zeitalter der Aufklärung stellt dabei „die Maxime auf: schlechthin nichts gelten zu lassen, als das, was es begreife, – es versteht sich unmittelbar, mit dem schon vorhandenen, und ohne alle seine Mühe und Arbeit ihm angeerbten gesunden Menschenverstande" (GZ, 243). Diese strikte, und auf den ersten Blick irgendwie durchaus sympathische, Berufung auf den jedermann zugänglichen Verstand ist für Fichte in Angelegenheiten der Wissenschaft ein Ding der Unmöglichkeit, höchst gefährlich und jedes Abscheus wert. Denn die Konzentration auf die Kritik, zu der der gesunde Menschenverstand offensichtlich zureicht, entleert die Wissenschaft und damit zugleich die Vernunft selbst, klärt sie „aus". Weil der Verstand selber keinen Inhalt hat, sondern nur beliebige Eindrücke nach den Gesetzen der Logik auf irgendeine geheimnisvolle Weise verarbeitet, geht der Aufklärung „dasjenige, wodurch allein die Wissenschaft einen Gehalt bekommt, die Idee, gänzlich ab" (GZ, 247). Im Gegenteil soll ihr Inhalt in der Aufklärung allein auf dem „bloßen empirischen Erfahrungsbegriff" (GZ, 248) beruhen und nicht auf reinen Vernunftbegriffen, wie sie Fichte empfiehlt. Die Erkenntnis dieser Ideen bedarf also nicht der Erfahrung, sondern liegt vor ihr und geschieht allein durch die Vernunft selbst. Man nennt so etwas apriorische Erkenntnis, und sie ist, weil die Eine Vernunft durch nichts verändert werden kann, notwendig und allgemeingültig, d. h. im strengen Sinne objektiv. Ideen sind bei Fichte also der Ort der Einen Wahrheit.

Auf bloß empirischer Basis ist aber weder absolute Gewissheit noch objektive Geltung möglich, sondern nur mehr oder weniger hohe Grade von Wahrscheinlichkeiten. Zum wissenschaftlichen Paradigma des gesamten Zeitalters erklärt Fichte deswegen das „allerschlechteste philosophische System, das Lockische" (GZ, 274) – einerseits, weil es oberflächlich betrachtet gut zu Fichtes extrem selektiver These passt, und andererseits vielleicht, weil sein Autor kein Deutscher ist. Aus dieser prinzipiellen Bindung von Erkenntnis an Erfahrung folgert Fichte stracks – und gänzlich zu Unrecht – die vollständige und grenzenlose Beliebigkeit aller Urteile, die auf dieser Basis gefällt werden. Es handelt sich dann dabei nicht mehr um wahre Erkenntnisse echter Wissenschaft, sondern um bloße Meinungen (GZ, 256 ff.). Dies gilt allgemein und bleibt so, solange über die Wahrheit der konkurrierenden Meinungen nicht „vor dem Richterstuhle [...] der reinen Vernunft" (GZ, 256/7) entschieden werden kann. Und dies kann nicht geschehen, bevor (Fichtes) Vernunftwissenschaft entweder noch nicht (durch Fichte) entwickelt oder noch nicht allgemein anerkannt ist (schwierig! sehr schwierig!). Den bedauernswerten Aufklärern und aufgeklärten Bürgern bleibt also bis dahin, d. h. bis zum Ausbruch eines neuen Zeitalters, gar nichts anderes übrig, als „[o]hne Richtung [...] innerhalb des leeren Gebiets grundloser Meinungen herumzuschwärmen" (GZ, 258).

Aus Fichtes apriorischer, d. h. erfahrungsfreier, Perspektive geschieht dieses richtungs- und wahrheitslose Umherirren bei allen möglichen Urteilen, also ebenso im Bereich der Moral. Damit entmachtet die Aufklärung die Vernunft gänzlich. Denn sie kann der Menschheit, also allen möglichen vergangenen, gegenwärtigen und zukünftigen Individuen bzw. Personen, in keiner ihrer beiden möglichen Erscheinungsformen – als Instinkt nicht mehr und als Wissenschaft noch nicht – den Einen wahren Zweck ihrer irdischen Existenz vorgeben. Ist dieser nämlich nicht für jeden Gegenstand vernünftiger Einsicht, sondern nur erfahrungsbasierter Meinung, kommt es notgedrungen zu einer unendlichen Zersplitterung der Zwecke: So viele verschiedene individuelle Subjekte – so viele verschiedene individuelle Lebensziele. Deren Individualität ist aber für Fichte das genaue Gegenteil des vernünftigen Lebenszwecks, der für alle und jeden ein und derselbe sein muss: Die Gattung genießt immer und überall Priorität vor dem Individuum und so naturgemäß auch der Staat, wenn er nach vernünftiger Einsicht eingerichtet ist.

Die Aufklärung, die Befreierin des Individuums und Anwältin des Individualismus, lehrt das genau umgekehrt, und das kann Fichte zufolge auch gar nicht anders sein. Denn hier hängt das Urteil, wie man leben und handeln soll, das Lebensziel also, ganz von Sinnlichkeit und Erfahrung ab. Es ist nicht einmal die Möglichkeit vorgesehen, dass es von der Einsicht in eine für alle verbindliche, übersinnliche Idee der Vernunft bestätigt oder verworfen wird. Darüber besteht in der Aufklärung durchaus Klarheit. Sie reagiert darauf nach Fichte völlig konsequent, indem mit dem Ruf „Sapere aude!" – Wage (sinnliches) Wissen! – jeden zur Verbreiterung seiner Erfahrungsbasis auffordert. Fichte setzt dies mit einer vollständigen Hinwendung zur Sinnlichkeit und ihrem Genuss gleich, die nötig sei, um für einen steten Nachschub an neuen Erlebnissen, mithin Sensationen und öffentlich zu beredenden Meinungen zu sorgen (vgl. GZ, 256 ff.), welche „die unendliche Leerheit und Plattheit" (GZ, 248) des Zeitalters in mehr oder weniger geistreichem Geplauder verdecken mögen.

Wird Aufklärung so verdreht verstanden, wie sie Fichte versteht, fungiert sie als große Vernichterin von Vernunft und Wahrheit. Indem sie die vordem unhinterfragte und elitäre Autorität des Vernunftinstinkts zertrümmert, der wie alle Vernunft „immer auf das Leben der Gattung" geht, lässt sie als Lebensziel zwangsläufig nur noch „das bloße individuelle persönliche Leben" übrig (GZ, 243). Egal, welche Auffassungen zur Moral, d. h. zu den Normen des Tun und Lassens, geäußert werden: Schon darin, dass sie ihren Wahrheitsanspruch niemals einlösen können, steckt das Pochen auf die eigene Individualität. Folglich kann die Moral des Aufklärungszeitalters allein „der bloße, reine, und nackte Egoismus" (GZ, 243) sein und muss in der „Klugheit, seinen persönlichen Vorteil zu befördern", (GZ, 244) bestehen – worin jemand ihn auch immer sehen mag.

Diese perverse Auffassung von Wissenschaft und Moral zeitigt naturgemäß umfassende Folgen in allen Lebensbereichen. Fichte malt ein Bild tiefer Dekadenz und Verrottung, ja Entartung: Technik und schöne Künste dienen in Sinnesgenuss und Unterhaltung ausschließlich dem Luxus; die Politik verfährt strikt progressiv und traditionsfeindlich allein um ihrer scheinbaren Fortschrittlichkeit willen und gründet ganze Verfassungen „auf luftige und gehaltleere Abstraktionen", um „durch weitschallende Phrasen […] entartete Geschlechter zu regieren", oder sie verhält sich aus dem gleichen Grund konservativ und bekennt ihre „Nullität" durch anachronistischen Rekurs auf „bunt an einander gereihte[] Stücken verschiedener abgestorbener Zeitalter"; die Religion biedert sich der Degeneration ihrer Gläubigen an und verkauft sich als „bloße Glückseligkeitslehre […], bestimmt uns zu erinnern, dass man mässig genießen müsse, um recht lange und recht vieles zu genießen" (GZ, 215/6).

Nun umfassen Wissenschaft, Kunst, Moral, Politik und Religion unglücklicherweise alle möglichen Grundzüge eines Zeitalters (GZ, 244). Das sieht freilich gar nicht gut aus für das Aufklärungszeitalter, das sich auf diese Weise als absoluter Tiefpunkt – in der Tat geht es in Fichtes Geschichtsphilosophie wirklich nicht tiefer – der Menschheitsgeschichte entpuppt. Allein, wie es so schön heißt, ist die Nacht vor Sonnenaufgang am finstersten, und freilich kann keine Sonne ohne die Nacht davor aufgehen. Und so ist die Verfinsterung der Vernunft in der Aufklärung notwendig, um den Aufgang des nächsten Zeitalters, des „Standes der anhebenden Rechtfertigung", zu ermöglichen, das mit der Entdeckung der Einen Vernunft in der *Wissenschaftslehre* anhebt – sofern sie denn jemand entdeckt, worüber man sich freilich keine Sorgen mehr zu machen braucht, weil Fichte sie ja schon entdeckt hat und nur noch mit ihrer Formulierung ringt, und sie sich allgemein durchsetzt, was schon weniger gewiss ist.

Fichte beschreibt daher die Bedingungen der Möglichkeit des Zeitalterwechsels als Bedingungen der Möglichkeit der, genauer: seiner Vernunftwissenschaft. Es sind die folgenden: Am wichtigsten ist die von der Aufklärung propagierte und auch zur Herrschaft gelangte absolute Freiheit.[10] Zwar ist das radikal antiautoritäre Denken der Epoche vollständig negativ, jedoch ist die Beliebigkeit und Leere bzw. Unbestimmtheit ebendieses Denkens der neuen und vernünftigen positiven Bestimmung der Freiheit vorausgesetzt. Die tabula rasa der ‚ausgeklärten' Freiheit bildet erst die Möglichkeit wirklicher Freiheit. Damit erklärt sich das von Fichte vor dem Hintergrund seiner *Wissenschaftslehre* erblickte Paradox des Aufklärungszeitalters: Einerseits ist es absolut frei – und humanistisch –, weil es keinerlei Autorität, die über den gesunden Menschenverstand hinausgeht, mehr anerkennt, und andererseits ist es zugleich absolut unfrei, weil es außerhalb und ohne die absolute Autorität der Vernunft keinerlei echte Freiheit gibt. Echte Freiheit bedeutet demnach nicht Belieben, sondern Unterwerfung unter Das Wahre.

Weiterhin übernimmt die Vernunftwissenschaft „jene Maxime der Begreiflichkeit […] als ihre eigne" (GZ, 282) und radikalisiert ihre Forderung nach allgemein zugänglichen Begründungen aller anzuerkennenden Behauptungen sogar noch. Die Ideenerkenntnis der *Wissenschaftslehre* lässt nämlich im Gegensatz zu jedem empirischen Modell gar kein „absolut Unbegreifliches" mehr zu, das „der Form der Wissenschaft noch weit unmittelbarer, als selber das Prinzip der Begreiflichkeit aller Dinge durch den bloßen sinnlichen Erfahrungsbegriff [widerstreitet]" (GH, 282).

Schließlich verdient die Aufklärung ebenfalls darin, daß sie die Wissenschaft „schlechthin an alle Menschen zu bringen sich bestrebt, […] keinen Tadel" (GZ, 256). Auch dieses Streben nach Popularität radikalisiert das diesem „Zeitalter folgende, vierte der wahren realen Wissenschaft": „Alle

---

[10] Vgl. etwa WL 01/02, 156.

ohne Ausnahme müssen über kurz oder lang zur Vernunft-Wissenschaft kommen" (GZ, 256).

Im Stande der anhebenden Rechtfertigung wird folglich Freiheit von unbegründeter Autorität und Unterwerfung unter die Urteile der Vernunft, d. h. positive bzw. wirkliche Freiheit, herrschen. Alles Denken und Handeln wird auf Wissenschaftlichkeit in Form und idealem Gehalt festgelegt und die Vernunftwissenschaft allgemein anerkannt und verstanden sein. Nichts davon schließt freilich unbedingte politische Autorität aus, wenn sie denn der Vernunftwissenschaft folgt; sie ist dann sogar gefordert.

b) Rolle rückwärts und vorwärts: Fichtes Geschichte

Den Rahmen dieser vernichtenden und geradezu klischeehaft, seinerzeit aber zumindest in seiner Radikalität und Wirkungsmacht durchaus originären Aufklärungskritik bietet Fichtes Philosophie der Geschichte. Ihre Ausarbeitung ist schon deswegen Hauptgegenstand der *Grundzüge*, weil sein „philosophisches Gemälde des gegenwärtigen Zeitalters" (GA, 196) nur im Rahmen einer Philosophie der Geschichte aufgehängt werden kann. Warum ist das so, bzw. wozu braucht man eigentlich Geschichtsphilosophie? Oder – vermutlich richtiger gefragt: Wer braucht so etwas? Denn eine extra Geschichtsphilosophie brauchen bei weitem nicht alle, nicht einmal alle Philosophen. Versteht man unter Geschichte, wie dies üblich ist, grob gesagt, die zeitliche Abfolge aller Ereignisse mit menschlicher Beteiligung, für die es irgendwelche schriftlichen Quellen gibt – davor liegt noch die Ur- und Frühgeschichte – und die in irgendwelchen noch so rudimentären politischen Organisationsformen stattfinden, braucht man zumindest dann keine eigene Geschichtsphilosophie, wenn man davon ausgeht, dass die einzige Ordnung, welche diese Ereignisse strukturiert, ihr zeitliches Nacheinander ist. Die Geschichte hat dann für sich genommen keine Bedeutung, sondern nur das, was in ihr passiert, und sie unterliegt auch keinem besonderen Gesetz, das diese Bedeutung zu erklären bräuchte. Auch aus einer derartigen geschichtsphilosophische Abstinenz würde keineswegs folgen, dass man nicht irgendwie aus der Geschichte lernen könnte – falls man das überhaupt kann – oder geschichtliche Ereignisse im Gegensatz zu Naturprozessen nicht auf freien Entscheidungen und Handlungen von Menschen beruhten. Sie haben dann nur keinen übergeordneten Sinn, folgen nicht durch philosophische Betrachtung zu entdeckenden Gesetzen und schon gar keinem verborgenen Plan, über den sich irgendetwas Vernünftiges sagen ließe.

Schon die bisherigen kurzen Blicke auf Fichtes Verständnis der Vernunftwissenschaft schließen diese Option aus. Im Gegenteil hängt sogar die Möglichkeit wahrer Geschichtsschreibung von ihrer philosophischen Grundlegung ab (GZ, 196), wenngleich dies freilich keineswegs ihr Hauptzweck ist. Dennoch betont Fichte ausdrücklich, dass ohne (wahre) Geschichtsphilosophie jeder Historiker bloßer „Chronikenmacher" bleibt, der weder über ein Kriterium der Vollständigkeit noch der Einheit der ihm „auffallende[n]" und also aufgezeichneten „Phänomene" verfügt (GZ, 196). Bislang also verfährt alle Geschichtsschreibung sowohl in der Auswahl der berichteten Ereignisse als auch in ihrer Einordnung zum – durch die Geschichtsphilosophie vorauszusetzenden – wahren Wesen des beschriebenen historischen Abschnitts beliebig. Die bisherige Geschichtsschreibung genügt daher keinen wissenschaftlichen Ansprüchen. Denn von zufälligen bzw. bloß empirischen Fakten ist über ihren bloßen Bestand hinaus kein Wissen möglich.[11] Ein Nebeneffekt einer greifbaren Geschichtsphilosophie, naturgemäß nur der wahren, wäre folglich eine Komplettrevision der bisherigen Geschichtsschreibung und eine unverrückbare Anweisung für alle zukünftige.

Diesen eingeklagten Anspruch auf Wissenschaftlichkeit erfüllt nun Fichtes „philosophische Ansicht" der Geschichte, „welche ein vorliegendes Mannigfaltiges der Erfahrung auf die Einheit des Einen gemeinschaftlichen Princips zurückführt, und wiederum aus dieser Einheit jenes Mannigfaltige erschöpfend erklärt und ableitet" (GZ, 196). Was heißt das nun?

Am einfachsten ist es, sich zunächst einmal vor Augen zu führen, was es nicht heißt. Fichtes Anspruch ist gerade nicht, jedes einzelne Ereignis in der zeitlichen Reihe menschlicher Handlungen auf ein oberstes Prinzip zurückzuführen und so seine Notwendigkeit zu begründen. Im Gegenteil bleibt auch nach Fichte zufällig und daher „undurchschaubar" (GZ, 196), warum gerade dieses und kein anderes Ereignis an genau dieser Stelle des zeitlichen Ablaufs auftritt. Denn in ihm gibt es nur freie Handlungen bzw. Ereignisse, die auf freie Handlungen zurückzuführen sind. Geschichte ist also immer Geschichte der Freiheit. Deswegen kann es nicht um deren Eliminierung durch Notwendigkeit gehen, sondern die Geschichtsphilosophie hat „die in der Erfahrung möglichen Phänomene aus der Einheit seines vorausgesetzten Begriffs abzuleiten" (GZ, 196).

---

[11] Vgl. immer noch: Emil Lask, Fichtes Idealismus und die Geschichte, Tübingen/Leipzig 1902, 9 f. u. 218 ff.

Die Geschichtsphilosophie soll also im vorhinein bestimmten, welche Ereignisse überhaupt in der Geschichte möglich sind. Sie entscheidet also darüber, welche Eigenschaften irgendein auf Freiheit beruhendes Ereignis haben muss, um als zur Geschichte gehörig angesprochen werden zu können und also in die einschlägigen Darstellungen aufgenommen werden zu müssen. Die Geschichtsphilosophie handelt daher nicht von einzelnen Ereignissen, sondern von Arten von Ereignissen, deren Begriff sie, weil sie Vernunftwissenschaft ist, apriori bestimmt. Ein solcher Begriff kann gar nicht aus Erfahrung gewonnen werden.

Folglich muss nach Fichte eine Philosophie der Geschichte ohne Betrachtung der Geschichte erarbeitet werden. Dabei muß der Philosoph „unabhängig von aller Erfahrung einen Begriff des Zeitalters, der als Begriff in gar keiner Erfahrung vorkommen kann, aufsuchen, und die Weisen, wie dieser Begriff in der Erfahrung eintritt, als die nothwendigen Phänomene dieses Zeitalters darlegen" (GZ, 196). Die Geschichtsphilosophie muss also zu apriorischen Begriffen von Zeitaltern gelangen, deren Vollständigkeit ebenfalls a priori beweisen und schließlich die Notwendigkeit des Eintretens bestimmter apriorisch zu definierender Arten von Ereignissen in den verschiedenen Zeitaltern erklären. Sie verfährt daher gänzlich auf der Ebene apriorischer Begriffe und ihrer Ableitungen, und davon ist erst wissenschaftliche Erkenntnis im strengen Sinne Fichtes möglich.

Nun finden überhaupt nur Ereignisse, die auf Freiheit beruhen, Eingang in die Geschichte: Ohne Freiheit keine Geschichte. Will man daher verschiedene Epochen unterscheiden, muss es verschiedene, apriori durch Begriffe bestimmbare Beziehungen des Menschen, genauer: der gesamten Menschheit zur Freiheit geben. Gibt es diese nicht, hat die Geschichtsphilosophie keinen Gegenstand. Verändert sich das Verhältnis von Menschheit und Freiheit nicht, gäbe es nichts, was die Wissenschaft bzw. Philosophie daran zu erklären bräuchte. Umgekehrt gilt aber: Lassen sich hier überhaupt verschiedene Verhältnisse logisch unterscheiden, folgt daraus ihre Veränderbarkeit und daraus die Möglichkeit von Geschichte und ihre Erklärbarkeit durch die Wissenschaft.

Aufgrund dieser Überlegung gelangt Fichte zu einer apriorischen Einteilung „der gesammten Zeit", die das „Erdenleben der Menschheit" umfasst (GZ, 197). Deren Verhältniswechsel zur Freiheit bestimmen Abschnitte, die Fichte „Zeitalter" nennt. Sie bilden keine nebeneinander stehenden Stücke der Gesamtzeit, sondern einen Zusammenhang, der wiederum durch einen „Einheitsbegriff des gesammten Lebens" (GZ, 197) erklärt werden kann. In ihm besteht nach Fichte der „*Weltplan*" (GZ, 197). Ohne dessen Kenntnis ist jede wissenschaftliche Erfassung von Geschichte ausgeschlossen.

Fichte kennt den Weltplan und weiß demzufolge, dass das „Erdenleben der Menschheit" (GZ, 198) einen Fortschritt bildet. Geschichte verläuft daher linear. Sie zeugt aber ebenso wie die Ereignisse, die sie ausmachen, „nur vom Fortschreiten des Lebens der *Gattung*, keineswegs dem der Individuen" (GZ, 198). Individuen – die berühmten Einzelschicksale, auf die keine Rücksicht genommen werden kann – sind demzufolge als solche für den Weltplan irrelevant. Sie erfüllen in ihm ausschließlich eine Funktion, indem sie die für ihr jeweiliges Zeitalter notwendigen Handlungen vollziehen, und sind daher austauschbar. Dieser Verachtung des Individuums hat Fichte bereits im *Geschloßnen Handelsstaat* Ausdruck verliehen und sie in seiner Aufklärungskritik zu begründen versucht. Er wiederholt sie auch hier, und das wird nicht das letzte Mal sein. Man wird sie daher zum wesentlichen Kern seines Denkens zählen dürfen. Dementsprechend fällt der Lebenszweck, den der Weltplan schon deswegen angeben muss, weil er das Gattungsleben sowohl als Einheit als auch als Fortschritt festlegt, auch nicht mit dem eines jeden einzelnen Menschen zusammen, sondern mit dem eines Abstraktums, nämlich der Menschheit. Fichte formuliert diesen „Grundstein" (GZ, 198) seiner von ihrem Ziel her definierten, d. h. teleologischen, Geschichtsphilosophie so: „*der Zweck des Erdenlebens der Menschheit ist der, daß sie in demselben alle ihre Verhältnisse mit Freiheit nach der Vernunft einrichte.*" (GZ, 198)

Dieses Prinzip lässt nicht nur Fichtes Kriterium für seine Einteilung der Zeitalter sehen, sondern auch, was er unter „Menschheit" verstanden wissen will. Ihm zufolge ist die „Vernunft [...] das Grundgesetz der Menschheit" (GZ, 199), und Grundgesetz bedeutet hier zweierlei: Zum einen bestimmt der Besitz von Vernunft ein körperliches Lebewesen als Mensch und zum anderen existiert dieses Lebewesen deswegen, weil es vernünftig ist (GZ, 199). Definiert also die Vernunft, was der Mensch ist, und gehört zu jedem vernünftigen und also menschlichen Handeln Freiheit, kann das Verhältnis, dessen Veränderung die verschiedenen Zeitalter entstehen lässt, nur das von Vernunft und Freiheit sein. Beide kommen zu einem Ausgleich ohne wechselseitige Behinderung, wenn das, was vernünftig ist, frei gewählt wird. Da dies auf einer universalen, mithin abstrakten Ebene geschehen muss, sieht Fichtes Ziel so aus, wie es aussieht.

Spielt man die möglichen Kombinationen durch, gelangt man zu den Charakteristika aller möglichen verschiedenen Zeitalter, deren Reihenfolge durch den linearen Fortschritt zum Endziel bereits festgelegt ist. Zuerst ergibt sich durch schlichte Bejahung und Verneinung eine Teilung der Gesamtgeschichte in „zwei Haupt-Epochen [...]: die Eine, da die Gattung lebt, und ist, ohne noch mit Freiheit ihre Verhältnisse nach der Vernunft eingerichtet zu haben; und die andere, da sie diese vernunftmäßige Einrichtung mit Freiheit zu Stande bringt." (GZ, 198/9) Dass sich die beiden Hauptepochen offensichtlich nicht durch die Vernünftigkeit der gesellschaftlichen Organisation unterscheiden, braucht nicht verwundern: Da die Vernunft das menschliche Wesen ausmacht, muss jede Ordnung, in der Menschen leben, vernunftgemäß eingerichtet sein. Der Unterschied liegt vielmehr in der Freiheit, und das heißt: Bewusstheit, bei der Etablierung einer Ordnung, die ausdrücklich nur vernünftiger Einsicht folgt und damit – das sollte man nicht vergessen – nach Fichte erst eine wahrhaft menschliche sein wird. Ist dies wie in der ersten Hauptepoche nicht der Fall, wirkt die Vernunft „als Naturgesetz und Naturkraft", so dass entsprechende Handlungen aufgrund eines „dunklen Gefühls" bzw. „Instinkts" erfolgen müssen (GZ, 199), also ohne Einsicht in ihre Gründe. Sie sind den Handelnden in der zweiten Hauptepoche „deutlich bewußt" (GZ, 199), und die vernünftige Ordnung wird zum möglichen Gegenstand freien Strebens, kann also, muss aber nicht verwirklicht werden. Damit ist der Status ‚sittlicher Freiheit' erreicht, der folglich in nichts anderem als in einem sich selbst transparenten Bewußtsein der Vernunft besteht.[12]

Aus sittlicher Freiheit folgt jedoch keineswegs mit Notwendigkeit vernünftiges Handeln. Vielmehr bleiben vernunftwidrige Handlungen genauso möglich und können sogar erst jetzt, also unter der Voraussetzung des Besitzes sittlicher Freiheit, unsittlich bzw. böse genannt werden. Die Geschichte der Menschheit kann daher auch durchaus scheitern. Aus dieser Möglichkeit und dem Gegensatz von Freiheit und unbewusster Vernunft, vulgo Instinkt, ergibt sich Fichtes weitere Einteilung der Gesamtgeschichte in insgesamt fünf Zeitalter. Ihre Titel sind deutlich an die christliche Heilsgeschichte angelehnt und hüllen den Weg der Menschheit zur Freiheit und zum Ende aller Geschichte auf diese Weise in ein gewissermaßen biblisches Gewand, das zur angestrebten Popularisierung dieser, der einzig wahren Geschichtsphilosophie beitragen mag.

Wie es sich gehört, steht am Anfang der Geschichte das Paradies. Sie beginnt mit der „Epoche der unbedingten Herrschaft der Vernunft durch den Instinkt: *der Stand der Unschuld des Menschengeschlechts*" (GZ, 201). Weil die Vernunft aufgrund ihres eigenen Wesens, das auf die Erfassung der Wahrheit und ihrer Gründe gerichtet ist, nach ihrer Bewusstheit strebt, wird

---

[12] Vgl. WL 01/02. Dass gerade diese auch für die späteren Anläufe maßgebliche Fassung heranzuziehen ist, zeigt Jai-jeong Choi, Fichtes *Wissenschaftslehre 1801/02* und das Nationalismusproblem in: J Stolzenberg/O.-P. Rudolph (Hg.), Wissen – Freiheit – Geschichte. Die Philosophie Fichtes im 19. und 20. Jahrhundert, Bd. 2, Leiden/Amsterdam 2012, 451–465.

dieser ‚unschuldige' Zustand freiheitsloser Vernunftherrschaft früher oder später verlassen.

Dafür sorgen einzelne Funktionsträger, deren individuelle Qualitäten nicht relevant sind, bis auf eine: Sie müssen Heroen sein, und zwar Heroen politischen Umsturzes und autoritärer Herrschaft. Solche „kräftigern Individuen der Gattung" versuchen die „Resultate des Vernunft-Instinkts", d. h. die natürlich gewachsene und von jenen starken Männern für gut befundene politische Ordnung der Lebensverhältnisse, durch Zwangsmittel zu verallgemeinern und gesetzlich zu fixieren, um „die ganze Gattung" auf ein einheitlich höheres Niveau des Vernunftinstinkts zu führen. (GZ, 200) In diesem Moment, „da der Vernunft-Instinkt in eine äußerlich zwingende Autorität verwandelt ist" (GZ, 201) und die politische Ordnung zuerst die Form der Zwangsanstalt annimmt,[13] wird der Staat geboren. Seine Gestalt ist autoritär, und dies charakterisiert das „Zeitalter positiver Lehr- und Lebens-Systeme, die nirgends zurückgehen bis auf die letzten Gründe, und deswegen nicht zu überzeugen vermögen, dagegen aber zu zwingen begehren, und blinden Glauben und unbedingten Gehorsam fodern: *der Stand der anhebenden Sünde.*" (GZ, 201) Der Vernunftinstinkt herrscht allein durch äußeren Zwang und kann gar nicht anders herrschen, da er nicht über letzte Gründe seiner Herrschaft verfügt, die von allen vernünftigen Wesen eingesehen werden und anerkannt werden könnten. Eine solche staatliche Ordnung ist illegitim. Daher besteht ein allgemeines Recht auf ihre Ablehnung.

Es wird gleichfalls aus Gefühlsgründen bzw. instinktiv wahrgenommen. Damit kommt es aber nicht allein zur „Befreiung" von der Herrschaft des Vernunftinstinkts (GZ, 199). Wenn nämlich die Vernunft sich noch nicht ihrer selbst bewusst ist und zugleich der Vernunftinstinkt nicht mehr herrscht, endet „die Botmäßigkeit [...] der Vernunft überhaupt in jeglicher Gestalt" (GZ, 201). Die Freiheit agiert daher anarchisch, entwirft beliebige Ordnungen ohne bindenden Gehalt und setzt so die Individuen mit ihren singulären und einander zuwiderlaufenden Interessen völlig frei. Damit ist das „Zeitalter der absoluten Gleichgültigkeit gegen alle Wahrheit, und der völligen Ungebundenheit ohne einigen Leitfaden: *der Stand der vollendeten Sündhaftigkeit*" (GZ, 201) erreicht. Dieser Zustand öffentlicher Vernunftlosigkeit entspricht, wie wir schon gesehen haben, exakt der Diagnose, die Fichte 1804 der Gegenwart stellt. Ohne diese Absenz könnte sich allerdings

---

[13] Vgl. den Überblick bei Stefan Reiß, Fichtes *Reden an die deutsche Nation* oder: Vom Ich zum Wir, Berlin 2006, 84–102.

wiederum die Vernunft nicht ihrer selbst bewusst werden, weil „der Instinkt, als blinder Trieb, die Wissenschaft aus[schließt]" (GZ, 199): Ohne das Ende der Tyrannei des Vernunftgefühls keine vernünftige „Herrschaft […] durch die Freiheit" (GZ, 199).

Der stets gefährdete Fortschritt bedarf nun erneut eines individuellen Agenten, um den nächsten Schritt, den zur sittlichen Freiheit, zu tun. Dazu ist das „*Bewußtseyn oder die Wissenschaft der Vernunft*" (GZ, 199) notwendig. Ohne jeden Zweifel bezieht sich Fichte hier auf seine eigene philosophische Tätigkeit, die er nicht als Leistung dieser einen, ganz besonderen Person Fichte ansehen will, sondern eines Agenten des Weltplans, der auch hätte jemand anderes sein können (GZ, 203/4; RdN, 236/7). Allerdings fällt weder die Entdeckung der Möglichkeit der *Wissenschaftslehre* noch die Arbeit an ihr noch ihre Fertigstellung schon mit dem Auszug aus dem Stand der vollendeten Sündhaftigkeit zusammen. Erst wenn sie allgemein als die Eine Vernunftwissenschaft anerkannt und gelehrt wird, ist das vierte Zeitalter angebrochen, „wo die Wahrheit als das höchste anerkannt, und am höchsten geliebt wird: *der Stand der anhebenden Rechtfertigung*" (GZ, 201). Die Existenz der *Wissenschaftslehre* bietet daher nur das einzig geeignete Instrument zur Legitimation der Vernunftherrschaft. Es kann zwar jederzeit genutzt werden, dies muss aber erst einmal geschehen – und zwar von öffentlicher bzw. staatlicher Seite, denn es handelt sich hierbei um ein umfassendes volkspädagogisches Projekt, dessen Form und germanisch spezifizierten Zweck die *Reden an die deutsche Nation* entwerfen.

Es braucht also eine staatlich approbierte und allgemeine gelehrte „eigne Wissenschaft des Handelns, die nur durch Uebung zur Fertigkeit sich bildet" (GZ, 200). Diese Kunst der praktischen Anwendung der Vernunftwissenschaft hat nichts weniger zum Ziel als die Umbildung und Erneuerung der Menschheit selbst gemäß ihrer wahren Idee.[14] Sie muss folglich alle Staatsgrenzen überschreiten, denn die Vernunftwissenschaft „wäre nun vollständig auf alle Verhältnisse der Menschheit anzuwenden und durchzuführen, so lange bis die Gattung als ein vollendeter Abdruck ihres ewigen Urbildes in der Vernunft dastände" (GZ, 200). Die Geschichte findet folglich ihr Ziel in der „Epoche der Vernunft-Kunst: das Zeitalter, da die Menschheit mit sicherer, und unfehlbarer Hand sich selber zum getroffenen Abdrucke der Vernunft aufbaut: *der Stand der vollendeten Rechtfertigung und Heiligung*" (GZ, 201). Danach findet schlechterdings keine Geschichte mehr statt; sie ist an ihr Ende gelangt, weil „der Zweck

---

[14] Vgl. etwa WL 01/02, 216 f.

des Erdenlebens erreicht [wäre], das Ende desselben erschienen, und die Menschheit beträte die höhern Sphären der Ewigkeit" (GZ, 200). Und in der Ewigkeit ist keine Veränderung und schon gar kein Fortschritt mehr möglich.

c) Das eigene Land zuerst! Fichtes machiavellistische Realpolitik

Ohne Zweifel handeln die *Reden an die deutsche Nation* vom Weg zu anhebender und vollendeter Rechtfertigung. Man darf sogar sagen, dass sie einen Versuch darstellen, das neue Zeitalter heraufzuführen und auf heroische Weise in den Gang der Geschichte einzugreifen. Das ist neu. Denn die *Grundzüge* legen den Philosophen auf eine strikt theoretische Perspektive zur Geschichte fest und warnen ihn ausdrücklich vor „dem Wahne, daß durch seine Bestrebungen das Zeitalter sehr merklich fortrücken werde" (GZ, 203). Diesen offenkundigen Wandel von theoretischer und womöglich zähneknirschender, aber in Passivität verharrender Betrachtung zu politischem Aktivismus erklärt ein kleiner Text, den Fichte gerade zwischen den *Grundzügen* und den *Reden* veröffentlicht, nämlich den Aufsatz *Ueber Machiavell, als Schriftsteller, und Stellen aus seinen Schriften*.[15]

Fichte vollzieht hier den Wechsel von der apriorischen Geschichtswissenschaft zur konkreten Geschichtsbeeinflussung, von der Geschichtsphilosophie zur Politikberatung. Letzteres wohl eher notgedrungen, da in Preußen trotz der vernichtenden Niederlage gegen Napoleon und der Flucht der Regierung samt Fichtes nach Königsberg immer noch der König die Entscheidungen zu treffen hatte und nicht der nach eigener Einschätzung ungleich kompetentere Großphilosoph. Solche Formulierungen klingen tatsächlich sarkastischer, als sie es sind. Denn an Selbst- und Sendungsbewusstsein gebrach es Fichte gewiss nicht, und seine politischen Pläne für Königsberg, wo er die Notstandsregierung in der Zensurbehörde unterstützte, entsprachen durchaus seinem Selbstverständnis.

Die konkreten Mittel zur Rettung zuerst Preußens, dann Deutschlands und schließlich, wie die *Reden* zeigen, wenn's geht, der ganzen Welt fand Fichte beim intensiven Studium Machiavellis, dessen politische Schriften

---

[15] Vgl. Reiß, 42–52, und Ives Radrizzani, La «machiavélisation» du politique chez le Fichte tardif, in: ders. (Hg.), Fichte lecteur de Machiavel. Un nouveau *Prince* contre l'occupation Napoléonienne, Basel 2006, 68–85, insb. 74 ff., u. Gaetano Rammetta, Vérité et politique dans la pensée de Fichte lecteur de Machiavel, in: ebd., 86–97, insb. 96 f.

aufs schönste zum *Geschloßnen Handelsstaat,* aber auch zu den *Grundzügen* zu passen schienen. Wir befinden uns also genauso wie Machiavelli im ‚wirklichen Staat', der zuerst einmal mächtig und stabil genug sein muss, damit sodann ein Vernunftstaat aus ihm gemacht werden kann. Die nötigen Regeln, um einen wirklichen Staat so erfolgreich zu regieren finden sich nach Fichte „klar[], verständig[] und wohlgeordnet[]" (ÜM, 228) vornehmlich bei Machiavelli, aber auch weniger bekannten Autoren. Allerdings, wie es immer so ist, liest die Sachen keiner, jedenfalls nicht die Leute, die sie angehen, die Politiker. Im Gegensatz zu derartigem guten Gebrauch verstauben die einschlägigen Bücher in der Finsternis akademischer Seminarräume. Weil also „diese Schriften, als Schulübungen, und Fakultätenwaare, und als nicht würdig von den Händen der Weltleute berührt zu werden, liegen geblieben, [...] mag denn nun einer, der nicht unbekannt ist, und nicht unberüchtigt, von den Todten aufstehen, und sie des Rechten bedeuten!" (ÜM, 245)

Die Adressaten von Fichtes Übersetzungen sind daher „unsere Politiker" (ÜM, 242) und vorzüglich der zuständige Monarch, d. h. der preußische König. Für dessen Augen nämlich war der Aufsatz in erster Linie bestimmt,[16] und wie es im, indes ungedruckten *Prolog* der patriotischen Zeitschrift *Vesta,* worin der Aufsatz erschien, heißt, wollte Fichte selbst „[e]ingreifen gewaltig ins Rad der Zeit".[17] Mit Politikberatung sollte also – das kann auch heute kaum anders gedacht werden – Politik gemacht werden, indirekt, gleichsam von der Rückbank aus, ohne legitimiert zu sein, durch Beeinflussung des Souveräns und seiner Regierung. Fichte versucht das mit allen damals zur Verfügung stehenden Mitteln: Briefen und Eingaben an Entscheidungsträger, öffentlichen Reden und Druckerzeugnissen. Letztere müssen freilich allgemeinverständlich sein, und so gehört auch der Machiavelli-Aufsatz zu Fichtes populärphilosophischen Schriften, deren Menge bei einem zu derartiger Esoterik fähigen Autor wie Fichte nur auf den oberflächlichsten Blick erstaunen kann. Denn es sollte ja nicht nur die Vernunftwissenschaft entdeckt und in ihre adäquate Form gebracht, sondern auch im Einklang mit dieser historische, also politische Wirkung erzielt werden. So stellt Fichtes *Machiavell* genau wie Machiavellis *Principe* „ein Noth- und Hülfsbuch für jeden Fürsten in jeder Lage" (ÜM, 226) dar. Spätestens mit diesem Büchlein erklärt sich Fichte, erinnert man sich

---

[16] Immanuel Hermann Fichte, Vorrede des Herausgebers, in: Fichtes Werke (hg. v. I. H. Fichte), Berlin 1971 (ND der Ausg. Berlin 1845/46 u. Bonn 1834/35), Bd. VII, XIII.
[17] Prolog zur Vesta, GA II.10, 283–285, hier: 284.

an seine Geschichtsphilosophie, zu einem jener Heroen, die versuchen, die Geschichte voranzubringen, zu einem Agenten des Weltplans. Diese Überzeugung hat ihn nicht mehr verlassen.

Um ihr zu genügen, reicht aber die apriorische Ableitung von Geschichtsepochen nicht. So ist es gerade die diesem Ansatz völlig entgegengesetzte Konkretheit Machiavellis, die Fichte nun als nötige Ergänzung begreift: „Machiavell ruht ganz auf dem wirklichen Leben, und dem Bilde desselben, der Geschichte, und alles, was der feinste, umfassendste Verstand und praktische Lebens- und Regierungs-Weisheit in die Geschichte hinein zu legen, und eben darum wieder aus ihr heraus zu entwickeln vermag, leistet er mustermäßig, und, wie wir zu glauben geneigt sind, vorzüglich vor den andern neuern Schriftstellern seiner Art. Ganz aber ausserhalb seines Gesichtskreises liegen die höhern Ansichten des menschlichen Lebens und des Staates, aus dem Standpunkte der Vernunft; und dem, was er sich als Ideal denkt, ist er so abgeneigt, daß er […] sagt: ‚[…] Es scheine ihm nemlich zuträglicher, sich an die wirkliche Beschaffenheit der Dinge zu halten, als an die eingebildete." (ÜM, 224)

Für einen bloßen ‚Chronikenmacher', einen Sammler von Ereignissen, deren einzige Gemeinsamkeit ist, „daß sie nun eben in Einer und derselben Zeit beisammen seyen" (GZ, 196), hält Fichte Machavelli gewiss nicht. Er sieht in ihm vielmehr den Schöpfer einer politischen Kunst, die ganz in der Lösung aktueller, wirklicher Probleme aufgeht, ohne auch nur den Hauch eines Bedürfnisses nach philosophischer Analyse oder Rechtfertigung spüren zu lassen. Er verteidigt dieses radikal pragmatische Verständnis von Politik als bewusste Selbstbeschränkung eines „ehrliche[n], gerade[n] und derbe[n] Charakters", der sich „ohne Gefühl des Übersinnlichen […] wie ohne Organ für die Metaphysik" gegen „täuschende Aussichten auf ein anderes Leben […] um den Gebrauch und den Genuß des gegenwärtigen" (ÜM, 231) allein kümmert. Man mag Machiavelli also aus philosophischer Sicht vielleicht „Beschränktheit" (ÜM, 225) vorwerfen, aber diese ist wenigstens selbstgewählt und seine Überlegungen sind ebenso ehrlich wie effizient. Er erhebt nicht den Anspruch, „ein transcendentales Staatsrecht" (ÜM, 226) schreiben zu wollen, ja nicht einmal den, als Philosoph zu gelten – der er nach Fichte sowieso nicht hätte sein können –, sondern nur, Regeln für politisches Handeln in der Wirklichkeit zu finden, die sich zwar um weiterreichende, philosophische Begründungen nicht scheren, dafür aber jederzeit anwendbar sein sollen. Das geht indes nicht, ohne bestimmte Auffassungen über die Wirkungen bestimmter politischer Handlungen und die Momente, in denen solche Maßnahmen einzusetzen sind, zu haben, mit anderen Worten: nicht ohne die Vorstellung einer berechenbaren geschichtlichen

Mechanik (ÜM, 240/1), deren Funktionsweise aber strikt weltliche und keineswegs transzendente Gründe hat.

Diese immanenten Gesetzmäßigkeiten des Geschichtsverlaufs, die Machiavelli entdeckt haben soll, und die nach wie vor gültigen Regeln, die er daraus ableitet, fasst Fichte in dem Kapitel seines Aufsatzes zusammen, das dessen ersten Teil abschließt. Seine Überschrift macht seine Absicht mehr als klar: „In wie fern Machiavells Politik auch noch auf unsere Zeiten Anwendung habe" (ÜM, 239).

Machiavellis kleine, aber konkrete Politik soll also in den Dienst von Fichtes großer, aber abstrakter Politik gestellt werden. Von Interesse ist dabei allein die Außenpolitik, da der „ganze Theil der Lehren des Machiavell, wie man ein widerstrebendes Volk unter das Joch der Gesetze erst bringen solle, für unser Zeitalter erledigt" (ÜM, 240) sei. Das Problem des Zeitalters der vollendeten Sündhaftigkeit war ja nicht Staats- bzw. Gesetzlosigkeit, sondern die völlige Beliebigkeit und demzufolge Falschheit der Gesetze. Zu deren endgültiger inhaltlicher Berichtigung braucht es aber nicht Machiavellis Pragmatik, die dazu ohnehin nichts zu sagen hat, sondern Fichtes Vernunftwissenschaft. Diese kann dafür um so mehr auf Machiavellis Überlegungen zur Außenpolitik zugreifen, ja diese sogar integrieren. Denn „betreffend das Verhältniß zu andern Staaten [...] wird durch die reichen Erfahrungen der drei Jahrhunderte, um welche die seitdem in ganz andrer Kraft und Fülle sich entwickelnde Geschichte älter geworden, imgleichen durch eine tiefere Philosophie, [...] noch verstärkt, und noch weit nachdrücklicher eingeschärft" (ÜM, 240).

Naturgemäß entspricht jene ‚tiefere Philosophie' Fichtes Bemühungen, Machiavellis „ewige Regeln, die Verstand und Vernunft der Verwaltung der Staaten geben" (ÜM, 244), vernunftwissenschaftlich zu begründen und in politische Prinzipien, Grundsätze und Regeln bzw. deren philosophische „Prämisse[n]" (ÜM, 241) und wiederum deren sittliches Prinzip einzuteilen. Fichtes philosophischer Systematisierungsversuch ergibt ein Lehrbüchlein der Außenpolitik, wie es auf den Nachttischlein von Leuten wie Donald Trump oder Vladimir Putin oder ähnlich strukturierten Großmachts- und Einflussbereichspolitikern liegen könnte.

Das erste Prinzip aller Außenpolitik besteht in der Annahme, „daß jeder jede Gelegenheit ergreifen werde, um den andern zu schaden, so oft er seinen eignen Vortheil dabei zu ersehen glauben wird" (ÜM, 240). Die Unterstellung derart allgemeiner „Bösartigkeit" (ÜM, 239) beansprucht keineswegs, ein wahrer Satz über die Wirklichkeit zu sein. Jemand, z. B. einen Freund, in außenpolitischen Zusammenhängen als Feind zu bezeichnen, ist demnach keine Behauptung eines Sachverhalts, sondern legt nur jene Möglichkeit offen, die nach Machiavelli als „Voraussetzung" jeder politischen „Berechnung" fungiert (ÜM, 241). Sie hat immer die eigene Sicherheit und, soweit nur möglich, darüberhinausgehende eigene „Vortheile" zum Ziel (ÜM, 241).

Fichte unterfüttert dieses Prinzip mit einer geschichtsphilosophischen Prämisse, die schon sowohl aus dem *Geschloßnen Handelsstaat* als auch aus den *Grundzügen* bekannt ist. Sie bewirkt, „daß, selbst ohne bei irgend einem die geringste Bösartigkeit vorauszusetzen, zwischen Staaten es zu diesem Verhältnisse der fortdauernden Kriegslust kommen müsse" (ÜM, 241), und besteht ironischerweise gerade in dem bereits im *Geschloßnen Handelsstaat* verdammten allgemeinen Streben nach einem Universalsstaat bzw. einer Universalmonarchie (GZ, 355 ff.). Fichte liefert dafür eine weitgreifende, geschichtsphilosophisch begründete historische Erklärung, die bereits sehen lässt, dass die scheinbare Expansionsabstinenz des geschloßnen Handelsstaats nicht das letzte Wort war.

Fichte beginnt bei seiner Erklärung mit dem Verfall päpstlicher Macht. Spätestens seit dem Ende seiner kulturellen wie politischen Autorität und vor der Ausprägung echter Nationalstaaten ist die „Tendenz zu einer Christlich-Europäischen Universal-Monarchie [...] das eigentliche belebende Prinzip unserer Geschichte geworden" (GZ, 356). Zugleich besitzen vor dem Auftreten der Vernunftwissenschaft die verschiedenen Staaten auch verschiedene „religiöse[] und wissenschaftliche[] Prinzipien" (GZ, 358), die ihre verschiedenen Kulturen ausmachen. Aus demselben Grund, d. h. der fehlenden Vernunftwissenschaft, gibt es auch noch keinen Maßstab, um über die Hierarchie jener, vom Vernunftinstinkt geleiteten „reine[n] Geister" (ÜM, 241) zu entscheiden. Deswegen hat auch jeder Staat das gleiche Recht, seine eigene Ordnung und Kultur „für die rechte zu halten, und zu glauben, daß die Bewohner anderer Reiche sich sehr glücklich zu schätzen haben würden, wenn sie Mitbürger seines Reichs würden" (GZ, 355).

Gerade die Vielfalt von Kulturen und der (noch) ungerechtfertigte Glaube, dass die eigene auch die beste sei, führt also zu Expansionsdrang. Er ist im zweiten Zeitalter dadurch motiviert, auch alle anderen an den Segnungen des eigenen Vernunftinstinkts teilhaben zu lassen; im dritten Zeitalter folgt er aus schierem Selbsterhaltungstrieb (GZ, 358) und später darf er bei genau und nur einer Nation aus dem objektiven Wissen über die Bestheit der eigenen Kultur folgen, so dass deren imperiale und universale Durchsetzung letztendlich zur vernünftigen Pflicht wird. Die ohnehin ein wenig lax gefasste, weil gut zu unterlaufende Lehre von den natürlichen Grenzen aus dem *Geschloßnen Handelsstaat* fällt nunmehr also unter den Tisch. Staatlicher Expansionsdrang gehört bis zu ihrem Ende notwendigerweise zur Geschichte (GZ, 360). Wie immer dessen allgemeine Ordnung und Kultur auch aussehen wird, sie wird keine Universalmonarchie sein, obwohl ihr Begriff Teil von Fichtes apriorischem Geschichtsmodell bleibt, jedoch als etwas, das in seiner „Hassenswürdigkeit und Vernunftlosigkeit" (RdN, 218) überwunden werden muss. Denn dieses politische Ziel kann aufgrund der Unmöglichkeit der allgemeinen Einsicht in seine Notwendigkeit nicht „in den ewigen Frieden" (ÜM, 245) führen, sondern allenfalls in ein ebenso labiles wie prekäres Gleichgewicht der Staaten:

> „Es strebt daher jeder Staat entweder nach der Christlichen Universal-Monarchie, oder wenigstens, nach dem Vermögen darnach streben zu können: nach Gleichgewicht, wenn ein anderer es stören will, und ganz in der Stille, nach dem Vermögen, es allenfalls selber zu stören." (GZ, 357)

Solange also die Vernunft noch nicht ihre universale Herrschaft angetreten hat, muss alle Außenpolitik dem Bösartigkeitsprinzip folgen. Aus ihm folgen zwei Grundsätze, welche das Verhältnis von Staaten zueinander ohne jede Ausnahme erfassen (ÜM, 242). Man könnte sie als die ehernen Gesetze eines Nullsummenspiels bezeichnen: 1. Bestehen keine vorübergehenden Hindernisse, ist der „Nachbar [...] stets bereit, bei der ersten Gelegenheit, da er es mit Sicherheit können wird, sich auf deine Kosten zu vergrößern." (ÜM, 242) 2. „Wer nicht zunimmt, der nimmt, wenn andere zunehmen, ab." (ÜM, 242) Unter Staaten herrscht allein das Recht des Stärkeren.

Folglich muss im Verhältnis der einzelnen Staaten untereinander schon das bloße Streben nach eigener Erhaltung zu Expansion führen. Versprechungen von Saturiertheit sind demnach notwendigerweise gelogen, so „daß die Worte: ich will nichts weiter haben, eigentlich die Bedeutung gehabt hätten: ich will gar nichts haben, und will auch nicht existiren" (ÜM, 242). Solche Versprechen gelegentlich abzugeben, gehört zwar zum Einmaleins der Außenpolitik, sie zu halten ist aber nicht nur unmöglich, sondern auch „nicht recht" (ÜM, 244). Warum ein Staat nicht trotzdem ein solches Versprechen abgeben und halten, also gleichsam Selbstmord begehen darf, beantwortet Fichte in seinem *Machiavell* nicht, denn er hat es bereits in den *Grundzügen* getan, wie gleich noch zu sehen sein wird.

Aus den Gesetzen des Nullsummenspiels ergeben sich wiederum zwei Regeln der politischen Praxis. Die erste betrifft die für eine erfolgreiche Außenpolitik nötigen innenpolitischen Maßnahmen. Sie fordert auf der positiven Seite die größtmögliche Verstärkung der eigenen Machtmittel – also etwa Annexion angrenzender Gebiete samt ihrer Bevölkerung, stetige Aufrüstung, Ausbau der militärischen und militärisch nutzbaren Infrastruktur, Militarisierung der Bevölkerung, Herstellung wirtschaftlicher und technischer Unabhängigkeit vom Ausland usw. –, und zwar umgehend und bei jeder sich bietenden Gelegenheit. Dem entspricht auf der negativen Seite die rigorose Unterdrückung auch nur der Möglichkeit einer Gefahr der Schwächung jener Machtmittel, also etwa Verbot und gegebenenfalls Umerziehung oppositioneller, insbesondere kosmopolitischer oder pazifistischer Ideologien und Gruppen, Verbot jeglicher Aktionen, welche Güterproduktion, Bautätigkeit u. ä. unterbrechen oder auch nur bremsen könnte, also insbesondere von Streiks und ähnlichen Protesten usw. (ÜM, 242). Das mag ein bisschen ungemütlich klingen, jedoch lässt sich das Eroberungs- und Verteidigungspotential militaristischer Diktaturen kaum bestreiten.

Die zweite Regel nutzt die durch die erste bereitgestellten und gesicherten Mittel. Sie besagt, dass das Verhältnis zu jedem anderen Staat ausschließlich auf Garantien gegründet werden darf und jederzeit die eigene Fähigkeit gewährleistet sein muss, solche Garantien zu erzwingen (ÜM 242/3). Das bedeutet nun freilich viel mehr, als dass zwischenstaatliche – wirtschaftliche, militärische, kulturelle – Beziehungen prinzipiell durch vorzugsweise bilaterale Verträge geregelt werden sollen. Das stimmt zwar durchaus, jedoch verlangt Fichte-Machiavelli, dass der gut geführte Staat stark genug sein muss, seinen Vertragspartnern deren Inhalt zu diktieren, sie also außenpolitisch zu dominieren, wie man dies etwa vom Denken in Einflusssphären her oder der Großraumtheorie kennt.[18] Dieses Dominanzpotential bildet geradezu die Essenz aller erfolgreichen Außenpolitik. Denn steht diese Fähigkeit in einer zwischenstaatlichen, in der Regel militärisch geführten Auseinandersetzung auf dem Spiel, ist ein „ehrenvolle[r] Frieden" (ÜM, 243) ausgeschlossen, mithin keine Kapitulation unter welchen Bedingungen auch immer erlaubt. Sie würde die völlige Vernichtung des Unterlegenen nämlich nur unsinnig hinauszögern. Fichte zufolge ist daher der Untergang der Aufgabe jederzeit vorzuziehen:

„Muthige Vertheidigung kann jeden Schaden wieder gut machen, und wenn du fällst, so fällst du wenigstens mit Ehre. Jenes feige Nachgeben aber rettet dich nicht vom Untergange, sondern es giebt dir nur eine kurze Frist schmählicher und ehrloser Existenz, bis du von selbst abfällst, wie eine überreife Frucht." (ÜM, 243)

---

[18] Vgl. Carl Schmitt, Völkerrechtliche Großraumordnung mit Interventionsverbot für raumfremde Mächte. Ein Beitrag zum Reichsbegriff im Völkerrecht, Berlin 1991 [ND der Ausg. Berlin/Leipzig 1941⁴]. Dieser Lehre möchte sich auch Björn Höcke (Nz, 282 f.) anschließen.

Das klingt zwar sehr nach Führerbunker, aber derartige Katastrophen erwartet Fichte naturgemäß nicht. Vielmehr soll aus der Beachtung dieser einfachen Regeln ein zwar gespannter – das ist im Interesse der allgemeinen Schlaffheitsverhinderung sogar zu begrüßen –, aber stabiler Frieden resultieren, der auf wechselseitiger Abschreckung beruht, weil „keiner es wagt, das Schwert zu entblößen, da er allenthalben sich gegenüber eben so gute Schwerter erblickt" (ÜM, 244).

Diese Prämissen, Prinzipien und Regeln hängen nicht in der Luft und sind auch nicht bloß empirisch, mithin zufällig, sondern philosophisch begründet:

> „Diese Regeln werden durch die höhere Ansicht des Verhältnisses des Fürsten zu seinem Volke und zu der gesammten Menschheit, aus dem Standpunkte der Vernunft, bestätigt, verstärkt, und zur heiligen Pflicht gemacht." (ÜM, 244)

Der Souverän steht also sowohl zum Volk, über das herrscht, als auch zur gesamten Menschheit, über die er nicht herrscht, in einem Verhältnis, und zwar in einem der Verantwortung.

Fichte stellt dies für den ersten Fall ausdrücklich fest: „Der Fürst gehört seiner Nation eben so ganz und vollständig an, als sie ihm angehört; ihre ganze Bestimmung im ewigen Rathe der Gottheit ist in seine Hände niedergelegt, und er ist dafür verantwortlich". (ÜM, 244) Das Herrschaftsverhältnis bildet also kein Eigentumsverhältnis. Das Volk gehört nicht dem Fürsten, sondern der Fürst gehört zum Volk. Fürst und Volk sind also hinsichtlich ihrer Zugehörigkeit zur Nation gleich. Nur muss der Fürst, da ihm die „Bestimmung" seines Volks „in einem Ganzen des Menschengeschlechts" (UM, 244) obliegt, um zu regieren, politische Freiheit besitzen, während das Volk nur die im Rahmen der Staatsräson jeweils möglichen bürgerlichen Freiheiten genießen kann (GZ, 311–17). Zwar gebraucht Fichte, wie auch sonst häufig, hier die Begriffe von Volk und Nation synonym. Trotzdem zeigt sich eine nachgerade symbiotische Verbindung zwischen Fürst und Volk, die ihn zum Erhalt der Nation um jeden Preis verpflichtet: „Salus et decus populi suprema lex esto." – Heil und Würde des Volks sei das höchste Gesetz (ÜM, 245).

Nun ist die Pflicht zur Erhaltung der Nation nicht dasselbe wie eine Pflicht zur Erhaltung der Existenz jedes einzelnen Bürgers und ebenso wenig des Bürgertums überhaupt. Bürger hat schließlich jeder Staat. Er muss deswegen noch lange keine auf einem homogenen Volk beruhende Nation sein. Weder Volk noch Nation sind deswegen ihrem Begriff nach identisch mit dem des Staats. Sie bilden eher die „*Materie* des Staats, de[n] wahre[n] innere[n] Gehalt und Zweck desselben" (GZ, 308). Ein solcher Zweck lässt sich aber nicht mehr mit dem allgemeinen des Erdenlebens unterscheiden (GZ, 321). In dieser sachlichen Identität liegt nun aber gerade der Witz der Überlegung. Denn der universale Zweck kann ja erst bewusst angestrebt werden, wenn es die Vernunftwissenschaft gibt, der besondere Zweck der Erhaltung einer bestimmten Nation, der jeweils seinen nämlich, jedoch immer. Nun muss es aber die Kultur einer und genau einer Nation sein – strenggenommen gibt es andere Kulturen, die diesen Namen verdienen, nach Fichte sowieso nicht –, aus der die Vernunftwissenschaft hervorgeht. Zugleich kann man wegen der Zufälligkeit der geschichtlichen Einzelereignisse nicht im Voraus wissen, aus welchem jener, aufgrund ihres nationalen Charakters verschiedener ‚reiner Geister' (ÜM, 241) die Vernunftwissenschaft schließlich tatsächlich hervorgeht. Folglich besteht um des Fortschritts der gesamten Menschheit willen die unbedingte Pflicht zur Erhaltung der eigenen Nation und ihrer einzigartigen Kultur. Daher muss aber auch ein entsprechender Nationalstaat unbedingt erhalten werden. Denn wäre ein solcher einem anderen Staat welcher Art auch immer auf Gedeih und Verderb ausgeliefert, bestünde die Gefahr, dass „die edelsten Besitzthümer, welche die Menschheit in tausendjährigem Ringen erworben hat, in den Koth getreten werden" (ÜM, 244) – vielleicht sogar die womöglich just gefundene Vernunftwissenschaft. Genau diese Gefahr sieht Fichte zur Zeit der *Reden* eingetreten. Er spezifiziert darin die Mittel, wie, und die Gründe, warum jene Gefahr um jeden Preis abzuwenden und damit zugleich die Menschheit auf eine neue Stufe ihrer Geschichte zu heben ist. Wie es dann allerdings um den Imperativ der Erhaltung aller verschiedenen Nationen bestellt ist, wenn die Vernunftwissenschaft einmal gefunden und die Nation, die diese Leistung erbracht hat, in ihrem Fortbestand gesichert ist, fragt sich. Auch hierauf werden die *Reden* eine ebenso konsequente wie beklemmende Antwort geben.

d) Das Individuum ist nichts, die Gattung alles: Der Idealismus des absoluten Staats

Bevor all diese Antworten, die heutzutage teils unterschwellig, doch immer dezidierter von der extremeren, trotzdem durchaus, ja in einem besonderen, überkommenen Sinne ganz besonders „bürgerlichen Rechten" vertreten werden,[19] durchgegangen werden können, muss noch der erste Kreis geschlossen und Fichtes Begriff des Nationalstaats erläutert werden.

Das vordringlichste Anliegen der *Grundzüge* war eine philosophische Diagnose der Gegenwart. Dazu war nach Fichtes Auffassung die Entwicklung einer Geschichtsphilosophie unumgänglich, d. h. ein apriori gewonnenes, in verschiedenen Zeitaltern verlaufendes Modell des überhaupt möglichen geschichtlichen Fortschritts. Seine Anwendung erfordert Kriterien, um die ‚nothwendigen Phänomene' eines Zeitalters und damit dieses selbst zu identifizieren. Diese Funktion übernimmt das Verhältnis, in dem die jeweilige „Ansicht der Wissenschaften, der Kunst, der gesellschaftlichen Verhältnisse des Menschen, der Sittlichkeit und der Religion", welche die „Grundzüge eines solchen Zeitalters" bilden, zum Endzweck der Menschheit steht (GZ, 244). Von Interesse ist hier vor allem der politische Teil. Fichte behandelt ihn in den *Grundzügen* sehr ausführlich. Angel- wie Zielpunkt seiner staatsphilosophischen Zeitdiagnostik ist der Begriff des absoluten Staats (GZ, 295). Seine Verwirklichung entspricht dem letzten Zeitalter vor dem Ende der Geschichte (GZ, 307/8). Dementsprechend kommt es für die philosophische Zeitdiagnose darauf an, „dar[zu]legen, wie der Vernunftgemäße Begriff des Staates unter den Menschen allmählich realisirt worden, und auf welcher Stufe der Entwickelung des absoluten Staats unser Zeitalter stehe" (GZ, 306).

Fichte widerspricht damit einer Auffassung, die er selber noch knapp zehn Jahre zuvor in seiner *Grundlage des Naturrechts* vertreten hatte, nämlich der „unter den deutschen Philosophen verbreitetste[n] Ansicht vom Staate, nach der er fast nur ein juridisches Institut seyn soll" (GZ, 307). Das bleibt auch der absolute Staat durchaus, allerdings ist er viel mehr. Fichte bestimmt seinen Begriff sowohl der Form als auch der Materie nach. Dabei gilt, „daß der Staat erst durch die Vollendung seiner eigenthümlichen Form sich in den Besitz seiner wahren *Materie*, d. i. des ächten Zwecks der menschlichen Gattung, welche in ihm sich vereinigt hat, setze" (GZ, 313). Wird also die Form des absoluten Staats verwirklicht, wird zugleich der wahre Zweck aller Staatlichkeit verwirklicht. Alle anderen Modelle sind deswegen demgegenüber defizitär und besitzen kein eigenständiges Existenzrecht, sondern sind allenfalls als Durchgangsstufen gerechtfertigt.

Dieser einzig wahre politische „Zweck ist die Kultur" (GZ, 310), weil die Kultur zugleich „der Zweck der Gattung" (GZ, 309) ist und alle Kultur erst

---

[19] Vgl. Justus Bender, „Ich kann ja nichts dafür, wenn einige Leute spinnen". Interview mit Alexander Gauland, in: FAZ v. 09.09.19, 2.

mit dem Staat, wo „Freie andern Freien auf Bestand, und nach einer Regel unterworfen werden" (GZ, 322), anfängt. Wenn und weil der absolute und der vernünftige Staat ein und dasselbe sind und der vernünftige Staat keinen vernunftwidrigen Zweck haben kann, bedeutet die formale Vollendung des absoluten Staats die Setzung und Verfolgung seines vernünftigen Zwecks, jedoch nicht schon dessen Erreichung. Denn diese hieße ja, dass das Ende der Geschichte erreicht wäre. Fichtes Definition des absoluten Staats lautet daher: „Der absolute Staat in seiner Form ist, nach uns eine künstliche Anstalt, alle individuellen Kräfte auf das Leben der Gattung zu richten, und in demselben zu verschmelzen: also, die oben sattsam beschriebne Form der Idee überhaupt, äußerlich an den Individuen, zu realisiren, und darzustellen." (GZ, 307)

Der Angelpunkt dieser Definition ist der auf den ersten Blick unauffällige, ja nachgerade unschuldige Begriff der Gattung. Er verbindet in seiner scheinbaren Selbstverständlichkeit die politische Philosophie des deutschen Idealismus und seiner Erben von Feuerbach über Marx bis zu Habermas.[20] Er besitzt aber nicht nur eine immanente totalitäre Tendenz, sondern erklärt auch Fichtes Abkehr von seiner vormaligen, liberaleren Staatsauffassung und ist auch der Argumentation der *Reden* vorausgesetzt. Anders als der neutrale Ausdruck „Spezies" hat „Gattung" moralischen wie normativen Charakter: Wer „Gattung" sagt und damit die Menschen meint, meint nicht nur eine bestimmte Art von Dingen oder Lebenwesen, sondern vielleicht Dunkleres, aber jedenfalls ungleich Bedeutsameres. So auch Fichte.

Er gebraucht den Begriff der Gattung von vorneherein als Spezifikation von „Menschheit". Diese setzt er „als Gattung genommen" (GZ, 198) der „Individualität", d. h. der „persönlich sinnliche[n] Existenz des Individuum" (GZ, 246), so scharf entgegen, dass sich beide Begriffe wechselseitig verneinen. Individualität schließt daher Gattungszugehörigkeit aus und umgekehrt. Aus dieser „unbedingte[n] Verwerfung aller Individualität" (GZ, 246) folgt zuerst nur, dass Fichte den Gattungsbegriff hier nicht im logischen Sinne gebrauchen kann, da es sonst nicht zu jenem wechselseitigen Ausschluss kommen könnte. Dasselbe folgt aus der Möglichkeit, den Gattungsbegriff zu graduieren, wie dies seine teleologische Geschichtsphilosophie fordert. Denn in jedem Zeitalter wird der Begriff der Gattung mehr oder weniger vollkommen realisiert (GZ, 206). Es ist folglich die Gattung,

---

[20] Vgl Alexander Aichele, Was heißt „Gattung"? Zu einem unaufgeklärten Begriff in Jürgen Habermas' Versuch zur Bioethik, in: M. Kaufmann/L. K. Sosoe (Hg.), Gattungsethik – Schutz für das Menschengeschlecht?, Frankfurt a. M. u. a. 2005, 193–210.

die als Träger des Fortschritts in der Bewusstwerdung der Vernunft fungiert. Also entspricht ebendieser Prozess der fortschreitenden Vernichtung aller Individualität bis zur Vernunftherrschaft aus Freiheit (GZ, 212). Warum muss das so sein?

Die Vernunft ist Eine und immer dieselbe und als solche das „Grundgesetz des Lebens einer Menschheit" (GZ, 199). Daher bestimmen die verschiedenen Weisen, wie sie in der gesamten Zeit des „Erdenleben[s] der Menschheit" (GZ, 197) erscheint, die verschiedenen Geschichtsepochen. Gelangt die Vernunft also zu vollständigem und deswegen allgemeinem Bewusstsein resultiert daraus die gattungsinterne Ununterscheidbarkeit all ihrer einzelnen Träger. Daraus folgt logisch deren Identität und daher die Eliminierung ihrer Individualität: Wer vernünftig denkt und handelt, denkt und handelt auf genau dieselbe Weise, wie alle denken und handeln, die dies vernünftig tun. Wenn aber genau dies, die Vernunft, Menschheit definiert, dann ist Individualität nur ein Schein, der nur „in der irdischen Ansicht" (GZ, 211) den Daseinsgrund der einzelnen Menschen (vgl. GZ, 199) als einer Art Spaltungsprodukt der Einen Vernunft bildet. Eine sich als individuell begreifende Existenz existiert daher nur scheinhaft und gar nicht wirklich; sie existiert im Falschen. Der Vernunftwissenschaft hingegen, die „sich über die irdische Ansicht emporgehoben" (GZ, 211) hat, zeigt sich das „Eine, und sich selber gleiche Leben der Vernunft" in ihrer jeweiligen epochalen Erscheinungsform „im Ganzen als Leben der Gattung" (GZ, 212).

Real und wahr am Menschen ist also allein die Gattung. Sie bildet ein Ganzes, dessen Teile ohne sie nicht existieren können und daher auch nur um ihretwillen existieren. Individua sind daher keine selbständigen Dinge, und wegen alledem muss das Ganze der Gattung unabhängig von seinen möglichen Teilen existieren. ‚Gattung' ist daher nicht „eine bloße leere Abstraktion, die da nicht existire, außer in dem durch die Kraft irgend eines Individuum künstlich gemachten Begriffe dieses Individuum" (GZ, 212). Die „Gattung, gerade das einzige, was da wahrhaft existirt", ist im Gegenteil selbst „ein in sich geründetes organisches Ganze[s]" (GZ, 212). Der Begriff der Gattung resultiert daher nicht wie irgendein empirischer Begriff aus einer logischen Operation. Er kann daher auch nicht nach Belieben unter bloßer Beachtung seiner Widerspruchsfreiheit gebildet werden. Vielmehr erfasst er eine metaphysische Realität, die alle Erfahrung überschreitet und ganz unabhängig von ihrer Erkenntnis oder Aussage so existiert, wie sie ist. Sie kann durch die Vernunftwissenschaft eingesehen werden, wird aber keineswegs durch sie erzeugt. „Gattung" scheint daher eigentlich gar kein Begriff zu sein, sondern etwas anderes, das Fichte „Idee" nennt.

Das klingt zwar alles ein wenig technisch, um nicht zu sagen: esoterisch, und ist demnach nicht ganz einfach zu verstehen – wenn überhaupt. Trotzdem muss man noch etwas bei dieser Angelegenheit verweilen, um schließlich später zu sehen, wie sich Fichtes „Gattungsidealismus" aus den *Grundzügen* in den „Nationalidealismus" der *Reden* verwandelt.

Folgt man jener knappen Analyse von „Gattung", zeigt sich weiterhin, dass ganz offenkundig das Eine Leben der Vernunft in der gesamten Zeit nicht vom Leben der Gattung unterschieden werden kann. Also sind beide Leben ein und dasselbe. Weil nun der letzte Zweck der Menschheit das Selbstbewusstsein der Vernunft ist, „besteht das vernünftige Leben darin, daß die Person in der Gattung sich vergesse, ihr Leben an das Leben des Ganzen setze, und es ihm aufopfere" (GZ, 219). Dabei ist es gleichgültig, ob dies aus Vernunftinstinkt geschieht oder dem Zwang vernünftiger Notwendigkeit, den zumindest Fichte Freiheit nennen möchte, obwohl bzw. gerade weil diese jede Individualität zugunsten totaler Konformität verloren hat.[21] In Fichtes Augen ist dies naturgemäß gar kein Verlust, sondern im Gegenteil ein großer Gewinn: Denn eine beliebige individuelle Person besitzt ohnehin keine reale bzw. selbständige Existenz. Sie kann sie folglich auch nicht opfern. Sie kann vielmehr ihre falsche Einbildung von Selbständigkeit sausen lassen und ihr wahres Selbst verwirklichen. Dies nämlich besteht allein in der Gattung, so „daß man Nichts verloren habe" (GZ, 236).

Allerdings hat diese tröstliche Einsicht leider erst in der „höchste[n] Form der, in sich selbst klar gewordenen, Idee" Platz, d. h. nach Fichte der „Religion" (GZ, 394). Sie ergreift das Leben der Gattung jedoch erst nach dem Ende der Geschichte. Dann aber ist auch der absolute Staat – dessen Definition noch nicht vollständig klar ist – bereits überflüssig geworden. Sein Ziel nämlich bleibt die Verwirklichung der Idee der Gattung in der geschichtlichen Welt. Dazu muss sie zuerst durch die Vernunftwissenschaft eingesehen und gemäß dem „innern Gesetze" der Notwendigkeit ihrer Erscheinung im Leben „demonstrirt und konstruirt" werden (GZ, 212). Erst dann kann sie durch (Vernunft)Kunst ins Werk gesetzt werden (GZ, 212). Vorher kann das Staatsziel nur die Verwirklichung der durch den Vernunftinstinkt gefühlten Gattungsidee sein. Wenn dies nicht mehr der Fall ist und es die Vernunftwissenschaft noch nicht gibt, wird das Staatsziel beliebig und orientiert sich wie in Fichtes Aufklärung an den Vorlieben der

---

[21] Vgl. Isaiah Berlin, Freedom and Its Betrayal. Six Enemies of Human Liberty (ed. h. Hardy), Princeton/Oxford 2002, 50–73, aber auch Wilhelm Schmidt-Biggemann, Die Freiheit, der Wille, das Absolute. Fichte als Aus-denker Rousseaus, in: H. Jaumann (Hg.), Rousseau in Deutschland. Neue Beiträge zur Erforschung seiner Rezeption, Berlin/New York 1995, 197–219.

Bürger, also der Bewahrung und Beförderung ihrer falschen, weil individuell scheinenden Freiheit.

Nun ist das Ende der Geschichte noch nicht erreicht. Zwar gibt es dank Fichte schon die Vernunftwissenschaft. Sie erfreut sich aber noch nicht der zu weiterem historischen Fortschritt erforderlichen allgemeinen Anerkennung. Es gibt also noch Geschichte, und deswegen sind in ihrem Verlauf unter „Schmerz" (GZ, 381) um des Fortschritts des Gattungslebens willen gebrachte Opfer unvermeidlich. Der absolute Staat ist noch nicht die Religion. Um ihn noch genauer zu begreifen, ist daher Fichtes Gebrauch der Begriffe von Idee und Opfer in den *Grundzügen* zu erläutern.

„Idee" und „Begriff" sind nach Fichte „streng zu unterscheiden" (GZ, 246). Sie werden nämlich auf gänzlich verschiedene Weise erworben und führen zu ebenso verschiedener Erkenntnis: „*Begriffe* [...] [kommen] auf dem Wege der Erfahrung in den Verstand des bloß sinnlichen Menschen", während „*Ideen* [...] schlechthin ohne alle Erfahrung durch das in sich selber selbstständige Leben in dem Begeisterten sich entzünden" (GZ, 246).

Hält man die diversen Unterscheidungen, mit denen Fichte hier arbeitet, auseinander, kommt man auf folgende Liste: 1. Die Ursache von Begriffen ist Erfahrung, die von Ideen dagegen das Eine Leben der Vernunft. 2. Folglich sind Begriffe prinzipiell empirisch bzw. aposteriorisch, Ideen hingegen prinzipiell erfahrungsfrei bzw. apriorisch. 3. Weil sie von Sinnlichkeit und Verstand abhängen, steht die Bildung von Begriffen allein unter den formalen Bedingungen der Logik und ist ansonsten beliebig; Ideen sind von diesen Bedingungen frei, und ihr Inhalt ist notwendig.[22] 4. Weil sich Begriffe stets auf die empirische Welt beziehen, führt ihr Besitz zu bloßen Meinungen;[23] Ideen hingegen sind „Anschauungen einer reinen Vernunftwelt" und erlauben eine Art unmittelbares Wissen,[24] das in einem „Gefühl" als „Bewußtseyn einer Unveränderlichkeit" besteht, sich jedoch weiterer Begründung entzieht, weil – grob gesagt – die Eine Vernunft ohne weiteren Grund einfach da ist.[25] Für Ideen gilt daher der beunruhigende Satz: Und fühlst Du's nicht, so wirst Du's nie versteh'n. 5. Aufgrund der Art ihrer Bildung sind Begriffe vollständig analysierbar und folglich durch eine Definition aussagbar; für Ideen gilt dies nicht: Ihre Bedeutung erschließt

---

[22] Vgl. etwa WL 01/02, 96 f. u. 224.
[23] Vgl. ebd., 112.
[24] Ebd., 212 f.
[25] S. ebd., 80; vgl. Jürgen Stolzenberg, Absolutes Wissen und Sein. Zu Fichtes Wissenschaftslehre von 1801/02, in: Fichte-Studien 12 (1997), 307–322.

sich aus dem Drang zu ihrer Verwirklichung, der mit der durch ihre Einsicht erzeugten Begeisterung einhergeht (GZ, 235/6).

Möchte man ein Fazit dieser Erklärung, was eine Idee ist, ziehen, könnte es so lauten: Definieren – also aussagen, was etwas ist – kann man Ideen nur ihrer Form nach; was ihr Inhalt sein soll, lässt sich nicht eindeutig aussagen. Man kann folglich Ideen haben; man kann wissen, dass man sie hat; man kann sagen, was es heißt, dass man eine Idee hat; aber man kann nicht aussagen, was der Gegenstand genau dieser Idee ist, die man hat. Denn eine Idee hat genaugenommen keinen Gegenstand, den man unter einen logischen Begriff bringen könnte. Sie hat demnach gar keinen logischen Gegenstand, weswegen man auch keinen suchen braucht. Allein eine Beschreibung, die von ihrer Wirkung her kommt, scheint einigermaßen zugänglich. Fichte gerät sie erwartbarerweise ein wenig mystisch: Das „eigentliche Wesen" der Idee sei nämlich ein *„selbstständiger, in sich lebendiger, und die Materie belebender Gedanke"* (GZ, 235). Ideen sind also Sachen, die irgendwie und nicht weiter erklärlich, da sich hinter diese Eine Vernunft nicht weiter zurückgehen lässt, eine autarke spirituelle Existenz führen und Unbelebtes, Materie nämlich, beleben. Man mag hier an den Odem Gottes, Seelenfünklein oder ähnlich poetische Dinge denken, braucht aber deswegen nicht gleich in, sowieso aussichtslose, definitorische Panik zu verfallen. Denn die wirkungsbasierte Beschreibung von Idee führt wieder zurück zur Gattung, die wir immerhin einigermaßen in den Griff bekommen haben.

Vor deren Hintergrund kann man Fichtes Erklärungsversuch wieder in seine Einzelteile zerlegen. Also noch einmal eine Liste: 1. Eine Idee ist ein selbständiger Gedanke. Dieser nämlich ist von einem „besondern denkenden Individuum" (GZ, 235) unabhängig, weil ein Individuum selber „doch nur ein einzelnes gedachtes ist aus dem Einen allgemeinen, und nothwendigen Denken" (GZ, 210). Die Idee ist demnach ein notwendiges Produkt der notwendigen Tätigkeit der Einen Vernunft. Weil diese aber das Leben der Gattung bestimmt, ist eine Idee immer eine Idee der Gattung. 2. Daraus folgt Fichte die Lebendigkeit der Idee, „denn das Denken ist seinem Wesen nach lebendig, eben so wie das Selbstständige seinem Wesen nach lebendig ist" (GZ, 235).[26] Das bewusste Leben der Gattung spielt sich demnach exklusiv in Ideen ab. 3. Ihre belebende Wirkung zeigt sich in versteckter, also nur für die Vernunftwissenschaft einsehbarer Form schon in der individuellen Person: „Alles Leben in der Materie ist Ausdruck der

---

[26] Vgl. etwa WL 01/02, 41 ff.

Idee". (GZ, 235) Also hängt auch die scheinhafte Existenz des Individuums vom Einen Leben der Vernunft in der Gattung ab. Sorgt die Einsicht in die Idee – etwa durch das Verständnis der *Wissenschaftslehre* – für das Bewusstsein dieser Abhängigkeit, „verschwindet der niedere Lebensgrad der verdeckten Idee, und geht auf in dem höhern" (GZ, 235). Genau dann löst sich das falsche Bewusstsein der Individualität der persönlichen Existenz des sinnlichen Einzelmenschen auf im wahren Bewusstsein seiner spirituellen Existenz als unselbständiger Teil der Gattung. Aus dem Bewusstsein seiner eigenen individuellen Nichtigkeit wird der Bürger des absoluten Staats geboren.

Damit gelangt Fichte zum letzten zentralen Teil seines Begriffs des absoluten Staats, dem „Phänomen der Aufopferung des persönlichen, d. h. des unbestimmt idealen Lebens, an das Leben der bestimmten und als Idee sich darstellenden Idee" (GZ, 235/6). Fichtes Opfer besteht also zuallererst im Opfer des herkömmlichen eigenen, falschen, aber liebgewonnenen Selbstbewusstseins. Mit der gefühlten oder vernünftigen Einsicht in die Idee der Gattung erkennt das individuelle Selbstbewusstsein seine Scheinhaftigkeit, ja im dekadenten Kontext der Aufklärung: seine Verlogenheit und verneint diese, seine Scheinexistenz zugunsten des Lebens in der Einen Vernunft.

Jede bestimmte Idee ist nun eine Idee der Gattung. Denn sie bestimmt stets das Leben der Gattung in der gesamten Zeit. Also dient jede Verwirklichung einer Idee, d. h. ihr Ausdruck in einem Ereignis der konkreten Geschichte (GZ, 236), dem Fortschritt der Gattung bis zum vollständigen und allgemeinen Bewusstsein der Vernunft. Folglich befördert jede Verwirklichung einer Idee notwendigerweise die Kultur eines Volkes oder einer Nation und allenfalls indirekt die der gesamten Menschheit, weil im Verlauf der Geschichte jede Kultur nur national sein kann. Dass mit einem solchen Akt der Verwirklichung ohne Weiteres die Aufgabe des irdischen Wohlergehens oder der vereinzelten sinnlichen Existenz verbunden sein mag, liegt auf der Hand (GZ, 227–35 pass.).

Genauso klar dürfte jetzt sein, dass Fichte der Idee der Gattung den Charakter einer ebenso moralischen wie politischen Pflicht verleiht. Denn Ziel wie Form des absoluten Staats ist die *„Richtung aller individuellen Kräfte auf den Zweck der Gattung"* (GZ, 308). Seine Ausrufung kann aber erst erfolgen, „nachdem im Zeitalter der Vernunftwissenschaft sein gesammter Zweck, und die Mittel für dessen Erreichung, wissenschaftlich durchdrungen, und das fünfte Zeitalter der Vernunftkunst schon eingetreten ist" (GZ, 308). Allerdings bleibt der absolute Staat, auch wenn beide Bedingungen erfüllt sind, noch „eine *Zwangs*-Anstalt" (GZ, 307).

Solange nämlich die Vernunftreligion noch nicht herrscht, darf „auf das innere Leben, und die ursprüngliche Thätigkeit der Idee in den Gemüthern der Menschen, nicht gerechnet" werden (GZ, 307). Der absolute Staat muss daher sogar in besonders extremer Weise Staat bleiben und „von außenher wirk[en] auf Individuen, die gar keine Lust, sondern vielmehr ein Widerstreben empfinden, ihr individuelles Leben der Gattung aufzuopfern" (GZ, 307). Ein derart anspruchsvolles Staatsziel erfordert und rechtfertigt umfassende legislatorische und erzieherische, ebenfalls gesetzlich vorgeschriebene Maßnahmen. Dies ist Aufgabe des Gesetzgebers. Egal, ob es sich bei ihm um einen einzigen oder mehrere oder alle Bürger handelt (GZ, 316): Um seine Aufgabe, d. h. die Errichtung des absoluten Staats, zu erfüllen, muss er nur zwei Bedingungen erfüllen, nämlich Einsicht in die Idee der Gattung und in die Wahrheit der Vernunftwissenschaft. Zwar lässt Fichte ausdrücklich offen, welche Regierungsform der absolute Staat haben soll. Gleichwohl zeigt er auch wieder Sympathie für politischen Heroismus: „Alles große und gute (sc. in der Geschichte) [...] ist lediglich dadurch wirklich geworden, daß edle und kräftige Menschen allen Lebensgenuß für Ideen aufgeopfert haben" (GZ, 224).

Wahrscheinlicher wird es deshalb sein, dass die schlussendliche Errichtung des absoluten Staates von einem oder ganz wenigen ausgehen wird. Die Vermutung liegt nahe, dass er wenigstens für eine gewisse Zeit den Charakter einer totalitären Zwangsbeglückungsanstalt haben wird. Denn eine aus Uneinsichtigkeit widerstrebende und überwältigend große Mehrheit von Leuten wird kaum anders zu ihrem eigentlichen Besten bewegt werden können. Freilich wäre dies in Fichtes Augen gewiss kein vernünftiger Vorwurf. Er fiele nur auf den Kritiker zurück, weil er die mangelnde Kultur eines sogenannten Individuums zeigte, das ganz offensichtlich noch nicht weit genug im Bewusstsein der Vernunft fortgeschritten ist. Es benötigte dann weitere Unterrichtung. Denn die Totalität des absoluten Staates folgt ja schon aus seinem Zweck, d. h. der Idee der Gattung.

Ist der geschichtliche Fortschritt nun in Gefahr, muss das für denjenigen, der über all diese politisch-philosophischen Einsichten, mithin die Vernunftwissenschaft, verfügt – also Fichte selbst –, Folgen haben. Er muss dann seine historische Rolle in der Menschheitsgeschichte, notfalls um den Preis seines eigenen Wohlergehens willen, annehmen und alles, was nur in seiner Macht steht, tun, um die Errichtung des absoluten Staats zu beschleunigen. Falls er nicht selbst gesetzgeberisch tätig werden oder gleich die Regierung übernehmen kann, ist er deswegen in der Pflicht, wenigstens zu versuchen, politische und erzieherische Wirkung zu entfalten. Genau dies tut Fichte mit den *Reden an die deutsche Nation*.

2.3 Am deutschen Wesen… oder: Warum die Deutschen so großartig sind. – Der Nationalidealismus der *Reden an die deutsche Nation*

Ohne Zweifel schließen die *Reden* an die *Grundzüge* an. Sie wiederholen sogar deren Ansatz. Denn Fichte hält nun eine erneute Zeitdiagnose für nötig, weil das Zeitalter der vollendeten Sündhaftigkeit inzwischen vorbei ist: „Mit uns gehet, mehr als mit irgendeinem Zeitalter, seitdem es eine Weltgeschichte gab, die Zeit Riesenschritte. Innerhalb der drei Jahre, welche seit dieser meiner Deutung des laufenden Zeitabschnittes verflossen sind, ist irgendwo dieser Abschnitt vollkommen abgelaufen und beschlossen. Irgendwo hat die Selbstsucht durch ihre vollständige Entwicklung sich selbst vernichtet, indem sie darüber ihr Selbst, und dessen Selbständigkeit, verloren; und ihr, da sie gutwillig keinen andern Zweck, denn sich selbst, sich setzen wollte, durch äußerliche Gewalt ein solcher anderer und fremder Zweck aufgedrungen worden." (RdN, 11)

Das „Irgendwo", der Ort, an dem sich dieser epochale Einschnitt ereignet hat, ist nicht schwer zu erraten. Es handelt sich um Preußen, das der preußische Professor und Untertan Fichte, wie bedauerlicherweise so viele nach ihm, umstandslos mit Deutschland gleichsetzt. Berlin, das Herz des preußischen Staats, steht nach seiner demütigenden Niederlage gegen Napoleon unter französischer Besatzung. Genau dort, im runden Saal der Preußischen Akademie der Wissenschaften, hielt Fichte vom 13. Dezember 1807 bis zum 20. März 1808 *Reden an die deutsche Nation,* und zwar, in bewusstem Anschluss an die übliche Zeit des Gottesdienstes, jeweils sonntags zur Mittagsstunde.

Bereits am 27. Oktober 1806 war Napoleon im Triumph in Berlin eingezogen, freilich ohne dort die königliche Familie zu finden. Sie war nach dem Tod des Prinzen Louis Ferdinand in einem Scharmützel bei Saalfeld unmittelbar nach Ausbruch des Krieges am 10. Oktober 1806 und der vernichtenden Niederlage der preußischen Armee in der Doppelschlacht von Jena und Auerstedt fünf Tage später zuerst nach Königsberg und dann weiter nach Memel geflohen. Dort blieb sie bis zum Abschluss des Friedens von Tilsit am 9. Juli 1807, der das preußische Staatsgebiet um die Hälfte reduzierte. Der preußische König Friedrich Wilhelm III. durfte dabei nicht einmal mitreden. Während Napoleon und Zar Alexander I. auf einem Floß auf der Memel verhandelten, hatte er am Ufer auf das Ergebnis zu warten. Schon die schiere Fortexistenz Preußens verdankte sich allein der Gnade des französischen Kaisers, die wiederum dem „Respekt gegenüber dem Zaren aller Reußen" geschuldet war, der ein Interesse daran hatte, „zwischen Rußland und dem französischen Machtgebiet einen ohnmächtigen Pufferstaat zu haben".[27] Das Heilige Römische Reich Deutscher Nation war bereits am 6. August 1806 liquidiert worden. Der Umsturz der bestehenden Verhältnisse war vollkommen.

Fichte durfte die galoppierende Auflösung der ehemaligen Großmacht und das damit verbundene Tohuwabohu aus nächster Nähe miterleben.[28] Als der Krieg ausbrach, war er in Berlin, weil er zwecks Ausarbeitung eines Reformplanes für die Universität Erlangen von seinen dortigen Professorenpflichten beurlaubt worden war. An eine Rückkehr nach Franken war nicht zu denken. Stattdessen bot er sich im Zuge der Mobilmachung mehrmals der preußischen Militärführung als eine Art Feldprediger zur Hebung der Truppenmoral an.[29] Dies Ansinnen wurde zwar ebenso höflich, wie bestimmt abgelehnt. Trotzdem verließ Fichte aus „Pflicht" Berlin.[30] Anstelle dort bei seiner Frau und seinem elfjährigen Sohn auszuharren, folgte er König und Regierung nach Königsberg „in das Innere der Monarchie, wo ich für meinen ersten litterarischen Zwek Stille, und für den zweiten Sicherheit fände"[31]. Stille erforderte die Wissenschaftslehre und Sicherheit seine Pläne zur politischen Schriftstellerei.[32] Letztere erschöpften sich allerdings in seiner Tätigkeit als Zensor der *Hartungschen Zeitung*, aus der er durch ihren Herausgeber, General v. Rüchel, bald entlassen wurde, und der Abfassung des Machiavelli-Aufsatzes. Zerschlugen sich zwar Fichtes Hoffnungen auf einen doch noch günstigen Ausgang des Krieges, bestätigte das dysfunktionale Agieren der Kabinettsregierung[33] immerhin seine Geschichtsphilosophie: „Wer hinter dem Vorhange stand, sieht manches anders;

---

[27] Hans-Joachim Schoeps, Preußen. Geschichte eines Staates, Frankfurt a. M./Berlin 1981, 112. Vgl. Thomas Stamm-Kuhlmann, König in Preußens großer Zeit. Friedrich Wilhelm III., der Melancholiker auf dem Thron, Berlin 1992, 252 ff.
[28] Vgl. dazu Reiß, 38–64, an dem ich mich, was die historischen bzw. politischen Zusammenhänge betrifft, orientiere.
[29] So berichtet Johanne Fichte (vgl. J. G. Fichte im Gespräch. Berichte der Zeitgenossen [hg. v. E. Fuchs in Zusammenarbeit mit R. Lauth u. W. Schieche], Bd. 3: 1801–1806, Stuttgart-Bad Cannstatt 1981, 439 [1741]). Vgl. auch GA, Bd. III.5, 367 (Beyme an Fichte, 20.09.1806) u. 371 (Fichte an Hardenberg, 18.10.1806).
[30] Ebd.
[31] An Hardenberg (18.10.1806), GA III.5, 371.
[32] Vgl. Wiederholte ernstl. Deliberation über meine Lage, GA II.10, 91 f.
[33] Walter Hubatsch, Die Stein-Hardenbergschen Reformen, Darmstadt 1977, 136.

tröstlicher nicht gerade, aber er sieht die eiserne Nothwendigkeit mehr ein."[34]

Mit dem völligen Zusammenbruch des für seine Aufgeklärtheit gerühmten Königreichs Preußen endete für Fichte offenkundig das Zeitalter der vollendeten Sündhaftigkeit. Es galt daher, Rückschritt zu verhindern und die Chance zu ergreifen, das neue Zeitalter der anhebenden Rechtfertigung heraufzuführen und zwar in Preußen bzw. „Deutschland". Denn dort war das Irgendwo, wo das alte Zeitalter zu einem für alle, die es mit Fichtes Augen sehen wollten, sichtbaren Ende gelangt war. Und dieses Ende machte zugleich erst den nächsten Schritt zum historischen Ziel der Menschheit möglich. Die Prioritäten von Fichtes ‚literarischen Zwecken' verschoben sich daher von Rettung zu Reform. Über die weiteren Fluchtstationen Memel und Kopenhagen kehrte er nach dem Friedensschluss 1807 nach Berlin zurück und stellte sogar die Arbeit an der Wissenschaftslehre vorübergehend ein, um „in einem einsamen Gartenhause verschlossen, und dadurch von der Einquartierung befreit, [...] den Prinzipien einer besseren Ordnung der Dinge nachzudenken".[35]

Das bedeutendste Resultat seiner Konzentration auf politische Philosophie sind die *Reden an die deutsche Nation*. Sie sind jedoch viel mehr als eine bloße philosophische Abhandlung. Sie bilden zugleich ein – im Übrigen von der Besatzungsmacht nicht unterdrücktes – politisches Manifest und sollen nach dem ausdrücklichen Willen ihres Verfassers größtmögliche öffentliche Wirkung entfalten. Denn er verpackte ihren philosophischen Gehalt in einen rhetorisch höchst aufgeladenen Appell an ein politisch durch die Besatzung aufgewühltes Publikum, unter dem sich durchaus Entscheidungsträger finden mochten. Zudem wurde jede Rede – bis auf eine, deren Manuskript auf dem Weg zum Verleger verlorenging (RdN, 232) – sofort einzeln gedruckt, um sie so schnell als möglich und auch bis nach Königsberg zu verbreiten, wo sich die Regierung immer noch aufhielt. Es sollte nach Fichtes Wunsch „gar keine Zeit deutsche Denkweise zu erneuern und zu bilden" verloren gehen.[36]

Inwieweit oder ob überhaupt Fichte persönlich oder mit seinen *Reden* und den vorherigen populären Schriften zu Preußens Wiederaufstieg beigetragen haben mögen, braucht hier nicht zu interessieren. Die sofort nach dem Sieg über Napoleon einsetzende Restauration, die dementsprechend

---

[34] An Johanne Fichte (31.07./01.08. 1807), GA III.6, 157.
[35] An Beyme (29.09.1807), GA III.6, 180.
[36] An Beyme (02.01.1808), GA III.6, 213.

weiter bestehende Aufteilung Deutschlands in autonome Einzelstaaten – nun sogar ohne das gemeinsame Dach des Heiligen Römischen Reiches – und Fichtes eigene Propagation eines auch staatlich einheitlichen Deutschtums in der späten *Staatslehre 1813* sprechen jedenfalls dagegen. Geblieben sind allerdings seine nunmehr eine unübersehbare und eindeutige sowohl nationalistische als auch chauvinistische bzw. völkische Richtung einschlagenden Ideen. Sie wirken bis heute fort – leider sogar stärker als zu Fichtes Lebzeiten.

a) Du bist nichts, dein Volk ist alles: Fichtes Erziehungsprogramm

Fichte hält den gerade im Moment der Niederlage möglichen historischen Fortschritt für äußerst gefährdet. Der am Rande der Auflösung stehende, weil nicht mehr autonom agierende Staat droht die durch die Aufklärung bewirkte Fragmentierung der Bürgergemeinschaft fortzusetzen, ja zu verewigen. Verfolgt jeder Einzelne weiterhin nur noch seine eigenen Interessen, um seine individuelle Persönlichkeit zu verwirklichen, wird auf die bereits vollzogene politische „Vernichtung" (RdN, 21) des Gemeinwesens auch noch seine endgültige ideelle Auflösung folgen. Dies hätte freilich, wie wir später noch sehen werden, katastrophale Konsequenzen nicht nur für das sogenannte deutsche Volk, sondern auch für die Entwicklung der ganzen Menschheit.

Herbeigeführt haben diese fatale Situation „die Franzosen", und zwar durch ihren Verrat an den Ideen der Revolution: „Dass ihr [sc. Franzosen] aber aus einer Republik euch in die allerärgste Despotie begebt, ist Verbrechen eurer Feigheit an der Menschheit."[37] Personifiziert wird jene tödliche Gefahr durch Napoleon. Er gewinnt als Widersacher des möglichen Fortschritts des menschlichen Geistes zum Besseren und Guten buchstäblich satanische Größe.[38] Seine selbstgeschaffene Alleinherrschaft verkörpert nämlich nicht nur den Egoismus des Zeitalters, sondern führt ihn zugleich ad absurdum. Denn Napoleons Herrschaft gründet sich nach der aufgeklärten Mode der Zeit auf „Atheismus und Materialismus"[39] und beansprucht

---

[37] In Beziehung auf den Namenlosen, GA II.10, 83–85, hier: 84.
[38] Zur damals üblichen Verteufelung Napoleons vgl. Michael Jeismann, Das Vaterland der Feinde. Studien zum nationalen Feindbegriff und Selbstverständnis in Deutschland und Frankreich 1792–1918, Stuttgart 1992, 76 ff. Zu Fichtes gleichzeitiger Bewunderung für Napoleon vgl. Reiß, 107 ff.
[39] Reiß, 109.

gleichzeitig im Kaisertum vollständige Autorität und setzt diese auch mit allen Mitteln durch. Preußen bzw. Deutschland ist deswegen auf Gedeih und Verderb der kaiserlichen Macht ausgeliefert. Daher droht nicht nur die Stagnation des Geschichtsverlaufs im Zeitalter der vollendeten Sündhaftigkeit, sondern sogar ein historischer Rückschritt ohne Wiederkehr, d. h. – nimmt man Fichtes theologische bzw. heilsgeschichtliche Epochentitel ernst – heillose Verdammnis. Denn nicht einmal auf die Fortexistenz der eigenen Kultur und des ihr – und wie sich zeigen wird: allein ihr – innewohnenden Fortschrittspotentials ist unter den herrschenden politischen Bedingungen Verlass (vgl. RdN, 203 ff.).

In dieser, von Fichte zu einem apokalyptischen Endkampf zwischen Gut und Böse stilisierten Lage sollen die *Reden* den einzig noch gangbaren Weg zur Rettung weisen. Er besteht in einem „ganz andere[n] und neue[n], über Furcht und Hoffnung erhabene[n] Bindungsmittel" des „gänzlich zerrissen[en] […] gemeine[n] Wesen[s]" (RdN, 20). Nun ist „tätige[r] Widerstand" gegen die Besetzungsmacht unmöglich (RdN, 183). Ebenso liegt die Verantwortung für alle außen- wie innenpolitischen Staatsaufgaben für „die nächste Zukunft" in fremden Händen (RdN, 184), so dass auch Maßnahmen auf den klassischen Politikfeldern ausscheiden. Allerdings gibt es, wenigstens bis auf weiteres, die von Fichte immerhin unterstellte gemeinsame nationale, deutsche Kultur noch. Und sie bietet „Nahrung, die Gegenwart über die Pflicht zu leben [zu] trösten; die Hoffnung einer besseren Zukunft allein ist das Element, in dem wir noch atmen können" (RdN, 185). Solche Hoffnung wäre freilich bloße Träumerei, wenn sie sich nicht „auf etwas anderes gründe[te], denn auf ein solches, das er [sc. der Träumer] selbst für die Entwicklung einer Zukunft, in die Gegenwart zu legen vermag" (RdN, 185). Ist die Gegenwart also in politischer Unmündigkeit verloren und muss das Ziel zuallererst die Bewahrung der eigenen, nationalen Kultur sein, eröffnet die einzige Perspektive auf eine bessere Zukunft die Erziehung der kommenden Generationen. Diese nämlich muss nicht unbedingt von offizieller, staatlicher Seite kontrolliert werden. Vielmehr ist deren eigenverantwortliche Organisation immer noch erlaubt. Wie Fichte nicht ohne Häme über dies weitere Indiz ihres geistlosen Materialismus feststellt, hat die Besatzungsmacht, anders als zuhause in Frankreich, an die Kontrolle der Erziehung schlicht „nicht gedacht" (RdN, 184). Dass diese Erziehung überhaupt nur eine im nationalen Geiste sein kann, folgt aus den politischen bzw. historischen Zwecken, die Fichte im Sinn hat, und kann daher kaum überraschen. Überraschen sollte jedoch, was er dann unter deutschem Geist zu verstehen gewillt ist.

2 Fichtes Nationalidealismus 95

Zunächst geht es bei jenem Erziehungskonzept aus Fichtes eigener geschichtsphilosophischer Perspektive tatsächlich keineswegs um konkrete politische Ziele wie die Restauration des preußischen Staates oder gar um die Wiedererrichtung eines deutschen Reiches, sondern um die Beförderung des Fortschritts der Menschheit gemäß der behaupteten Zeitalterfolge. Und dieses Streben erfordert erst einmal die Schaffung und Sicherung der notwendigen Bedingungen. Sie und damit das „Wesen der neuen Erziehung im allgemeinen" – so die Überschrift der 2. Rede – folgen aus dem, ebenfalls zunächst allgemein anzugebenden, Ziel der Erziehung. Denn erst wenn dies bestimmt ist, können den jeweiligen kulturellen und historischen Umständen angemessene Maßnahmen festgelegt werden.

„Das eigentliche Wesen" jener „neuen Erziehung" besteht nun „darin, daß sie die besonnene und sichere Kunst sei, den Zögling zu reiner Sittlichkeit zu bilden" (RdN, 44). Dies läuft auf nichts geringeres als „eine gänzliche Umschaffung des Menschengeschlechts" (RdN, 149) hinaus. Derartige Radikalität ergibt sich aus dem falschen Verhältnis zwischen Denken und Welt, das die Aufklärung im dritten Zeitalter propagiert und bis zur Vollendung der Sündhaftigkeit verabsolutiert. Dieses Verhältnis kehrt Fichtes philosophische, genauer: metaphysische Revolution der Vernunftwissenschaft um: Nicht mehr soll sich der Geist der Materie unterwerfen, ja selbst als materielles Ding gelten, sondern das ‚tote Sein' muss dem ‚lebendigen Denken' unterworfen werden. Im genauen Anschluss an die *Grundzüge* (vgl. GZ, 235 ff.) schreibt Fichte:

> „In der Regel galt bisher die Sinnenwelt für die rechte eigentliche, wahre, und wirklich bestehende Welt, sie war die erste, die dem Zöglinge der Erziehung vorgeführt wurde; von ihr erst wurde er zum Denken, und zwar meist zu einem Denken über diese, und im Dienste derselben angeführt. Die neue Erziehung kehrt diese Ordnung geradezu um. Ihr ist nur die Welt, die durch das Denken erfaßt wird, die wahre, und wirklich bestehende Welt; in diese will sie ihren Zögling, sogleich wie sie mit demselben beginnt, einführen. An diese Welt allein will sie seine ganze Liebe, und sein ganzes Wohlgefallen binden; so daß ein Leben allein in dieser Welt des Geistes bei ihm notwendig entstehe, und hervorkomme." (RdN, 150)

Fichtes Erziehungskonzept ist also nicht nur anti-aufklärerisch oder anti-materialistisch, sondern auch im wahrsten Sinne des Wortes idealistisch. Es soll mit Notwendigkeit, d. h. unter Ausschaltung aller individuellen Zufälligkeiten, zur Führung des in den *Grundzügen* beschriebenen höheren Lebens in der Idee führen, das jederzeit die eigene, nur scheinhafte Individualität der einzigen Realität der idealen Gattungstotalität aufopfert. Zwar fällt der Ausdruck „Gattung" in den *Reden* so gut wie gar nicht mehr. Trotzdem bleibt der Gedanke, den er ausdrückt, auch in ihnen überdeutlich präsent. Denn einerseits bleibt die Pflicht, die eigene Individualität zugunsten eines Ganzen aufzuopfern, von zentraler Bedeutung, und andererseits findet sich der gesamte Gehalt des Gattungsbegriffs in Fichtes Bestimmung der deutschen Nation und des dazugehörigen Volks wieder.

Nach wie vor nämlich bleibt „die Wurzel aller Sittlichkeit (..) die Selbstbeherrschung, die Selbstüberwindung, die Unterordnung seiner selbstsüchtigen Triebe unter den Begriff des Ganzen" (RdN, 168). Findet ein derartiges Erziehungsmodell allgemeine Anerkennung oder wird es jedenfalls von den zuständigen, zunächst privaten, später staatlichen Entscheidungsträgern durchgesetzt, folgt daraus nichts anderes als die Errichtung des absoluten Staats. So fährt Fichte nach der zitierten Passage über die Umkehr der bestehenden Ordnung sogleich fort:

> „Bisher lebte in der Mehrheit allein das Fleisch, die Materie, die Natur; durch die neue Erziehung soll in der Mehrheit, ja gar bald in der Allheit, allein der Geist leben, und dieselbe treiben; der feste und gewisse Geist, von welchem früher, als von der einzigmöglichen Grundlage eines wohleingerichteten Staats gesprochen worden, soll im allgemeinen erzeugt werden." (RdN, 150)

Auch in pädagogischen Angelegenheiten bestätigt der absolute Staat seinen Charakter als Zwangsanstalt. Zum einen nämlich besitzt der Staat, wenn es um die allgemeine Durchsetzung der neuen Erziehung geht, „als höchster Verweser der menschlichen Angelegenheiten, und als der Gott und seinem Gewissen allein verantwortliche Vormund der Unmündigen […] das vollkommene Recht, die letzteren [sc. die Anhänger der überkommenen Erziehung] zu ihrem Heile auch zu zwingen" (RdN, 187). Und zum anderen bemerkt Fichte lakonisch, dass der „Edle", der „die Nation als Hülle des Ewigen", d. h. des idealen Lebens der Gattung, erfasst, im Kriegsfall für diese „mit Freuden sich opfert, und der Unedle, der nur um des ersten willen da ist, sich eben opfern soll" (RdN, 136). In beiden Fällen, dem der Überantwortung der Kinder an das erzieherische Programm des Staates und der Pflicht zum militärischen Dienst, gilt daher das paternalistische Prinzip. Im idealen Endzustand ist freilich kein Zwang zum eigenen Besten mehr nötig. Es wird dann aus höherer, pädagogisch vermittelter Einsicht nur noch fanatische Streber in den Bildungsanstalten und freiwilliges Kanonenfutter in den Regimentern geben.

Das Merkmal, das die neue Erziehung von ihrem Ziel her bestimmt, ist also die Verwirklichung dessen, was Fichte in den *Grundzügen* unter der Darstellung der Idee der Gattung „in jedem besondern Individuum" (GZ, 246) versteht. Es gelangt dabei durch die Vernichtung seiner „sinnlichen Individualität" – man darf fragen, wie das ohne zu sterben gehen soll – zu „ideale[r] Individualität" bzw. „Originalität" (GZ, 246).[40] Weil dies, um kein von vorneherein vergebliches Unterfangen zu sein, im Wesen des zu erziehenden Gegenstands angelegt sein muss, verwirft Fichte die immerhin seit Augustinus[41] „gewöhnliche Annahme, daß der Mensch von Natur selbstsüchtig sei, und auch das Kind mit dieser Selbstsucht geboren werde" als „sehr oberflächliche Beobachtung, und [...] durchaus falsch" (RdN, 165). Freilich folgt dieser Fehler aus der konsequenten, aber irrigen Hochschätzung von jedermanns Individualität durch das aufgeklärte, an der Sinnlichkeit bzw. Empirie ausgerichtete und schon deshalb für Fichte oberflächliche Denken. Der „erste Irrtum der bisherigen Erziehung" besteht demnach im „Anerkennen, und [...] Rechnen auf einen freien Willen des Zöglings", „den keine Erziehung ihm nehmen könne" (RdN, 29). Die Vernunftwissenschaft nämlich zeigt, dass ein solcher und jeder individuelle Wille ein bloßer Schein und folglich nichtig ist. Denn sie beweist ja die Nichtigkeit aller Individualität, weil deren Entstehung und Aufrechterhaltung, also ihre gesamte Existenz, von der Sinnlichkeit bzw. Materialität abhängt.

So bleibt das Ziel von Fichtes pädagogischem Projekt zwar die Eliminierung des Phänomens der Selbstsucht, deren katastrophale Wirkung er schon geschichtsphilosophisch in ihrer Notwendigkeit deduziert und historisch-empirisch nachgewiesen hat. Aber dies liegt nur an der Oberfläche seines Plans. Die eigentliche, vernunftwissenschaftliche Aufgabe muss tiefer greifen und in der Erzeugung der Einsicht in die Idee der Gattungstotalität bestehen. Denn in ihrem Dienst allein steht alles vernunftgemäße Leben. Folglich ist umgekehrt jede Lebensgestaltung, die nach dem persönlichen Wohlergehen des Individuums strebt oder der Aufrechterhaltung dieser Existenz um ihrer selbst willen gewidmet ist, abzulehnen, weil sie widervernünftig, deswegen unfrei und also eines wahrhaften Menschen unwürdig ist. Das Leben des Individuums hat allein wert als Mittel zum Zweck der Nation.

---

[40] Diese Seltsamkeit findet sich auch bei Schleiermacher; vgl. Lask (Fn. 14), 209 f.
[41] Bekenntnisse I.7.11.

Der grundlegende, erste Schritt in einem solchen Erziehungsprozess, der auf die Erreichung des Bewusstseins der eigenen Vernunft und realer Freiheit – beides naturgemäß nur nach Fichtes Definition – zielt, muss deshalb die Vernichtung jenes falsch, weil individualistisch verstandenen freien Willens sein (vgl. RdN, 29 f.). Dazu genügt die Herbeiführung wahrhaften Selbstbewusstseins, weil ja nicht durch den bloßen Verstand empirisch und daher zufällig begründete Selbstsucht, sondern die notwendig verfahrende Vernunft das Wesen des Menschen ausmacht. Stellt sich diese Einsicht vermittels der Überführung des kindlichen „natürlichen Trieb[s] nach Klarheit, und Ordnung" (RdN, 164) in „klare Erkenntnis" (vgl. RdN, 52 ff.) erst einmal ein, beseitigt sich die Gefahr eines egoistischen Willens von selbst: Der Wille ist dann nicht mehr absolut frei, sondern „aufgegangen in der Notwendigkeit" (RdN, 30) der Vernunft und damit nach Fichtes Lehre erst wirklich frei.

Geschehen kann dies mit Mitteln, die Fichte in Pestalozzis Pädagogik beschrieben, aber nicht zutreffend begründet findet (vgl. RdN, 164). Fichte korrigiert sie mit einer idealistischen Wendung von Pestalozzis Prinzip der Selbsttätigkeit.[42] Noch vor dessen Erwähnung betont Fichte in den allgemeinen Grundlinien seines Erziehungsplans, dass die beschriebene Willensbildung letztlich mit der „Bildung des Erkenntnisvermögens des Zöglings" (RdN, 34) zusammenfällt. Sein angeborener Ordnungstrieb ist nämlich nur noch zur „Liebe für das Gute schlechtweg als solches, und nicht etwa um seiner Nützlichkeit willen für uns selber" (RdN, 32) zu verstetigen, d. h. zur „Tugend" (GZ, 326). Mit diesem „innigen Wohlgefallen" (RdN, 32) am Guten, d. h. am Vernünftigen, verfügt jedes Kind über die Anlage zu einem natürlichen Gefühl, das zum Träger seiner weiteren Entwicklung zum wahrhaften Menschen taugt. In dieser Gestalt als geliebter Gegenstand ist das Gute allerdings noch keineswegs Gegenstand transparenter Einsicht. Zugleich aber wird die Heranführung des Kindes an die klare Erkenntnis des „Umfang(s) der sittlichen Welt" (RdN, 169), mit deren Erreichung seine Erziehung abgeschlossen ist, ohne dieses Gefühl des Wohlgefallens scheitern. Daher muss es zuallererst gezielt hervorgebracht werden.

Das kann aber nicht durch die einfache Betrachtung der Welt geschehen. Denn deren Zustand ist stets verbesserungswürdig. Die Gegenstände des Wohlgefallens am Guten können deswegen nicht sinnlich bzw. in materieller Form gegeben sein. Gut ist vielmehr etwas anderes. Das gewünschte Wohlgefallen muss sich deshalb an einem „gewissen Zustand der Dinge, der in

---

[42] Vgl. dazu Reiß, 181–201 ff.

der Wirklichkeit nicht vorhanden ist" (RdN, 32), entzünden. Gegenstand des Wohlgefallens ist somit „ein Bild dieses Zustandes, das vor dem wirklichen Sein desselben vorher dem Geiste vorschwebt" (RdN, 32), und dieses Gefühl stellt sich genau dann und deswegen ein, wenn der Zögling jenes Bild durch eigene geistige Aktivität hervorbringt (vgl. RdN, 32 f.). Dabei darf es sich indes nicht um bloß träumerische Schwärmereien handeln (vgl. GZ, 283 ff.). Der Vorstellungsprozess und das daraus resultierende Bild stehen im Gegenteil unter Regeln, die „dem Tätigen kund werden, bis zur Einsicht ihrer einzigen Möglichkeit in unmittelbarer Erfahrung an sich selber" (RdN, 33).

Diese Regeln können nichts anderes als die universalen Gesetze der Einen Vernunft selbst sein, weil es nichts Anderes gibt, was jeder Einzelne in identischer Weise jederzeit und unmittelbar an sich selbst erfahren kann. Die Erziehung gipfelt daher in der Erkenntnis der idealen Verfasstheit des eigenen Wesens, d. h. im Bewusstsein der Einen Vernunft. Fichtes Erziehungsprogramm entspricht, wie man leicht sieht, grundlegender philosophischer Bildung, genauer gesagt: einem Kurs in den Grundlagen seiner *Wissenschaftslehre.* Denn der Zögling soll die „allgemeine[n], und ohne Ausnahme geltende[n] Gesetze" (RdN, 33) erfassen, „nach denen eine solche stehende [sc. historisch gegebene] Beschaffenheit der Dinge notwendig wird" (RdN, 34). Jedoch – und das ist das Problem – gibt es kein „eigentlich *logisches* Erzwingungsmittel der Einsicht" (GZ, 388). Im Gegenteil beruht sie auf einem Gefühl, das durch die vernunftwissenschaftlich fundierte Kunst der Erziehung hervorgerufen werden kann. Dieses Gefühl, das seit der *Wissenschaftslehre 1801/02* beginnt, das Wissen zu ersetzen,[43] setzt Fichte nun mit der „deutsche(n) Vaterlandsliebe" (RdN, 148 pass.) gleich, die ebenso den Entschluss zu allgemeinen Durchsetzung des neuen Erziehungsmodells motiviert. Für alle damit verbundenen Einsichten – und damit für alle Einsichten, weil sie auf denselben Grund zurückgehen müssen – gilt daher: „Wer dasselbe in sich fühlt, der wird überzeugt werden; wer es nicht fühlt, kann nicht überzeugt werden, denn allein auf jene Voraussetzung stützt sich mein Beweis" (RdN, 149).

Zwar gründet die angezielte Herbeiführung apriorischer Erkenntnis auf dem verdächtigen Prinzip des „Und fühlst Du's nicht, so wirst Du's nie versteh'n." Dennoch soll sie planmäßig und kontrolliert, sogar mit Notwendigkeit, d. h. ausnahmslos, durch Erziehung erreicht werden. Es lässt sich ohne Weiteres vorstellen, dass sich die ausschlaggebende gefühlsmäßige

---

[43] Vgl. Stolzenberg,, 320 ff.

Grundlage bei hinreichenden indoktrinativen und manipulativen Anstrengungen seitens der Bildungseinrichtungen durchaus schaffen lässt. Dieser scheinbare logische Nachteil hat einen großen Vorteil: Beruht die Einsicht, dass sich die wahre Idee der Menschheit allein durch die Aufgabe der eigenen sinnlichen Individualität im Leben des Ganzen der Gattung verwirklichen lässt, zuallerletzt auf einem Gefühl, gibt es kein Argument mehr dagegen. Ein Gefühl ist weder wahr noch falsch, und demzufolge ist es unwiderleglich. Man hat es nur oder eben nicht, und wenn man es hat, kann es einem weder mit formalen logischen noch mit empirischen wissenschaftlichen Gründen ausgeredet oder sonstwie genommen werden. Fichtes gefühlsbasierte Einsicht ist so ganz nebenbei immun gegen jede rationale Kritik geworden. Im Gegenteil: Von der Höhe des echten Gefühls, dass etwas – so verrückt oder irrational es auch klingen und sein mag – die alleinige und wahrhafte Wahrheit sei, lässt sich ganz wunderbar mit wahlweise mitleidiger oder verächtlicher Miene – oder beiden zugleich – auf die uneingeweihten Kriechtiere herabblicken, die da in den Bauklötzchen ihrer Argumente herumkrabbeln. Es wird nicht übertrieben sein, wenn man diese Haltung auch in Fichtes eigener Kritik an Leuten, die seine Auffassungen zufällig für falsch oder jedenfalls kritikwürdig hielten, bemerken möchte.

b) Der Ursprung einer neuen Menschheit: Das Deutschtum

Weil nach Fichte sowieso nur die Eine und ewige Vernunft zur Verfügung steht, kann sie schon aufgrund ihrer selbst weder eine partikuläre noch eine kulturrelative noch sonst eine andere sein. Trotzdem ist die Erziehung, die zum Bewusstsein eben dieser Einen Vernunft führen soll, wesentlich und exklusiv Nationalerziehung. Fichte macht das zu Beginn seiner 4. Rede unmissverständlich klar:

„Das in diesen Reden vorgeschlagene Bildungsmittel eines neuen Menschengeschlechts müsse zu allererst von Deutschen an Deutschen angewendet werden, und es komme dasselbe ganz eigentlich und zunächst unsrer Nation zu, ist gesagt worden. Auch dieser Satz bedarf eines Beweises, und wir werden auch hier, so wie bisher, anheben von dem Höchsten, und Allgemeinsten, zeigend, was der Deutsche an und für sich, unabhängig von dem Schicksale, das ihn dermalen betroffen hat, in seinem Grundzuge sei, und von jeher gewesen sei, seitdem er ist; und darlegend, daß schon in diesem Grundzuge die Fähigkeit und Empfänglichkeit einer solchen Bildung, ausschließend vor allen andern europäischen Nationen, liege." (RdN, 60)

Gegenstand des Beweises, der dieser Einleitung folgen soll, ist offensichtlich sowohl die Wesentlichkeit als auch die Exklusivität der Erziehung zur Vernunft für die Deutschen, d. h. dass nur und genau nur sie sich zur vernünftigen Einsicht in die Idee der Menschheit zu erheben vermögen. In die Kategorien der klassischen Logik übersetzt heißt das, dass die spezifische Differenz des Deutschtums im Verhältnis zu anderen Nationen bestimmt werden soll, also darin besteht, was die Deutschen von Angehörigen aller anderen Nationen bzw. allen anderen Menschen unterscheidet. Kurz gesagt: Fichte möchte die Eigenschaft angeben, die einen Menschen zum Deutschen macht bzw. allen Deutschen im Unterschied zu allen anderen gemeinsam ist, mithin was ihr Wesen ausmacht. Noch kürzer: Fichte möchte bestimmen, was ein Deutscher ist. Und dies soll anhand des besonderen und exklusiven Verhältnisses zur Einen Vernunft geschehen, das deswegen das Wesen des Deutschtums definiert. Aus ihm wird später die entscheidende Funktion der deutschen Nation für den Fortschritt der Menschheit folgen, die Fichte behauptet.

Allerdings muss für diesen Beweis genau dasselbe gelten wie für die Einsicht in die Notwendigkeit der allgemeinen Durchsetzung von Fichtes Erziehungskonzept, die ja selbst schon aus dem Bewusstsein der Vernunft resultiert. Weil die Erreichung des Erziehungsziels notwendig die Existenz eines bestimmten Gefühls voraussetzt und eben die Möglichkeit, dies auch tatsächlich zu erreichen, dem Deutschtum wesentlich und exklusiv zukommen soll, kann auch der Beweis dieser These selbst nicht logisch erzwungen werden. Denn ihre Gründe oder Prämissen können keine Gegenstände logischen Beweisens sein, weil sie in vorlogischen und daher nach Fichtes Auffassung ebenso unbedingten wie apriorischen Einsichten bestehen. Logisch beurteilt werden kann an seinem Beweis also allenfalls seine formale Korrektheit, aber nicht seine inhaltliche Wahrheit. Denn die Logik selbst als „das eigne immanente formale Gesez des Wissens, die Folge, und Consequenz"[44] hängt von der bereits vollzogenen Einsicht in die Idee der Vernunft ab. Sie erklärt also nur, wie alles weitere Wissen auf der Basis jener ursprünglichen Einsicht technisch funktioniert – wie und auf welche Weise auch immer die Begriffe gewonnen worden sein mögen. Diese verdächtig zirkulär anmutende Theorie – denn ohne Logik kann man eigentlich keinen Begriff von der sie begründenden Einsicht in die Idee der Vernunft und also eigentlich keine Logik haben – braucht uns hier nicht weiter zu interessieren. Wichtig ist hier nur zu sehen, dass eine klare und aussagbare

---

[44] WL 01/02, 224.

Einsicht in die Vernunft und das entsprechende Bewusstsein schon irgendwie, d. h. in Gestalt des ‚dunklen Gefühls', bewusste Vernunft voraussetzt.

Im Kontext der *Reden* – und insbesondere der 4. – muss Fichte dieses Gefühl bei seinen Adressaten entweder voraussetzen oder zu erregen versuchen. Es besteht – denn es geht ja um das Deutschtum selbst – wiederum in der Vaterlandsliebe. Das Vaterland bzw. Deutschland rückt hier also in die Position des Guten selbst ein –, so dass die Vaterlandsliebe nun genau das ist, was als Gefühl der Vernunft dem zu erreichenden klaren Bewusstsein der Vernunft vorausgesetzt ist. Vaterlandsliebe ist folglich vernünftig, aber nur dann, wenn das Vaterland Deutschland heißt (vgl. RdN, 127–135). Auf die Existenz dieser notwendigen emotionalen Basis bzw. auf ihre Entstehung oder Entdeckung in seinem Auditorium bzw. seiner Leserschaft darf Fichte durchaus hoffen. Der Schock der mit dem Zusammenbruch des alten preußischen Staates gleichsam am eigenen Leibe erfahrenen Selbstvernichtung der ebenso aufgeklärten wie widervernünftigen Selbstsucht könnte und sollte nämlich genügen, jene Vaterlandsliebe auszulösen oder zumindest ihren Ausbruch vorzubereiten. Ist sie gegeben – aber auch nur dann – kann Fichtes Beweis überzeugen (vgl. RdN, 148 f.).

Damit ist bestätigt, dass das ‚Höchste und Allgemeinste', von dem der Beweis ausgeht, d. h. der Beweisgrund, kein nach den Regeln der Logik definierter Begriff sein kann, sondern eine Idee sein muss. Denn das dunkle Gefühl, das ihrer Einsicht zugrunde liegt, kann außer seiner eigenen bloßen Existenz nichts beweisen. Dies erfordert vielmehr „klare Erkenntnis [...] ein[es] übersinnliche[n] Gegenstand[s]" (RdN, 66). Genau in deren Herbeiführung durch den Übergang von Vaterlandsliebe zur Einsicht in die Idee der Menschheit muss folglich Fichtes Beweis bestehen. Bei allgemein gegebener und renitenter Widervernünftigkeit, d. h. mangelnder – deutscher – Vaterlandsliebe, ist der Beweis „verloren" (RdN, 149). Fichtes Beweisgegenstand zufolge liegt also die gesuchte Verschiedenheit „in den Nationalzügen" (RdN, 63) in diesem Gegensatz von Vernunft und Widervernünftigkeit: Die Deutschen besitzen in ihrer Vaterlandsliebe die Voraussetzung zum Aufstieg zur Vernunft, alle anderen besitzen schon erstere nicht und können deswegen auch nicht zu Letzterer gelangen.

Der Unterschied zwischen Vernunft und Widervernünftigkeit zeigt sich nun in der Verschiedenheit der Sprachen. Das Kriterium ihrer Differenz findet Fichte in ihrer „Ursprünglichkeit". Es stammt nicht aus Beobachtung und Vergleich, ist also kein empirisches, sondern aus dem „Wesen der Sprache" (RdN, 63) selbst. Es besteht darin, dass in der Sprache „nicht eigentlich der Mensch [redet], sondern in ihm redet die menschliche Natur" (RdN, 63). Die menschliche Natur ist nun nichts anderes als die Eine

Vernunft, „[u]nd so müßte man sagen: die Sprache ist eine einzige, und durchaus notwendige" (RdN, 63). Allerdings gibt es offenkundig mehr als nur eine Sprache. Dafür gibt es historisch-empirische Gründe, die nicht weiter zu interessieren brauchen. Jedenfalls bilden zunächst alle jemals gesprochenen Sprachen „Abweichung[en]" von der „Eine[n] und reine[n] Menschensprache" (RdN, 63). Gesprochen werden diese verschiedenen Sprachen von verschiedenen Völkern. Fichte bestimmt den Begriff des Volks zunächst also als Sprachgemeinschaft (vgl. RdN, 64).

Nun wird eine Sprache entweder mehr oder weniger ursprünglich oder ursprünglich oder nicht ursprünglich sein können. Der erste Fall, der eine Graduierung und damit auch Übergänge zwischen Ursprünglichkeit und Nicht-Ursprünglichkeit zuließe, muss aber bereits gemäß Fichtes Unterscheidungskriterium ausgeschlossen werden. Denn ist eine Sprache ursprünglich, spricht aus ihr und durch sie die Vernunft; ist sie nicht ursprünglich, tut die Vernunft dies nicht. Eine Sprache kann aber aufgrund der historisch bedingten Notwendigkeit ihrer Entwicklung und der Einheit der Vernunft nicht zugleich vernünftig und nicht vernünftig sein. Folglich muss jede mögliche Sprache entweder ursprünglich oder nicht ursprünglich sein.

Um auf dieses Kriterium zu kommen und es anzuwenden, muss man naturgemäß im Besitz der Vernunftwissenschaft sein. Denn erst sie eröffnet und erklärt ja die Einsicht in die Idee der Vernunft und damit auch in das Wesen der Sprache, ohne welche die Ursprünglichkeit weder erkannt noch ihr Begriff wahrheitsgemäß gebildet werden könnte. Ebenso wenig kann ohne all dies die Sprachentwicklung bewusst durch Vernunft kontrolliert und gesteuert werden. Demzufolge muss die Sprache eines und jedes Volks vor der Vernunftwissenschaft „notwendig so wie sie ist" (RdN, 64) sein. Solange also die Sprachentwicklung nicht bewusst geändert werden kann und natürlich, also notwendig verläuft, bleibt auch für alle historischen Abweichungen von der Einen Menschensprache dasselbe Verhältnis wie zwischen ihr und der Menschheit überhaupt bestehen. Daher gilt für die verschiedenen Einzelsprachen: „nicht eigentlich dieses Volk spricht seine Erkenntnis aus, sondern seine Erkenntnis selbst spricht sich aus aus demselben" (RdN, 64). Daraus folgt, dass sowohl der momentane Zustand als auch die generelle Beschaffenheit einer gesprochenen Sprache selbst den momentanen Zustand und die generelle Beschaffenheit der Kultur bzw. den Grad der Kultivierung desjenigen Volks erweisen, das sie spricht. Er kann sich naturgemäß wiederum an nichts anderem bemessen als am noch unbewusst erzielten Fortschritt und Grad des Bewusstseins der Vernunft.

Auch hierfür kommt als einzige Urteilsinstanz daher die Vernunftwissenschaft in Frage.

Wenn es demnach bei Fichtes sprachphilosophischen Betrachtungen eigentlich um die Bewertung der jeweiligen Kulturen der verschiedenen Völker hinsichtlich ihrer Funktion und ihres Potentials für den Fortschritt der Menschheit geht, muss er seine erfahrungsfrei gewonnene, also apriorische Grundunterscheidung zwischen Ursprünglichkeit und ihrer Abwesenheit auf die Einzelsprachen anwenden. Weil deren historische Entwicklung bislang unbewusst und somit nach natürlichen Gesetzmäßigkeiten verlaufen ist, kann dies anhand der Annäherung der auf Basis sinnlicher Anschauung bzw. Erfahrungserkenntnis gebildeten gesprochenen Sprache an die übersinnliche Erkenntnis der Idee bzw. dem Vermögen, diese auszudrücken, geschehen. Jede Sprache entwickelt sich also innerhalb der Beschränkung des naturgegebenen Anschauungs- und Erfahrungshorizonts ihrer Sprecher: Wortschatz und Ausdrucksbedarf wie -möglichkeiten werden in der feuchtkalten Düsternis germanischer Wälder anders ausfallen als in den sonnendurchfluteten Hügeln der Toscana usw. Aufgrund dieser gleichsam gesetzmäßig entstandenen und sich weiterentwickelnden Originalität hat zunächst prinzipiell jede Sprache das Potential zum Ausdruck des Übersinnlichen. Es wird nach und nach „durch freie Besinnung und Nachdenken" über die unwillkürlich gefundenen Sinnbilder der Worte verwirklicht, so dass „hier gleichsam der unbildliche Gott eintritt" und wiederum jede Sprache ein originäres metaphysisches bzw. übersinnliches Vokabular entwickelt (RdN, 67). Bei diesem geheimnisvollen Verfahren zur Überschreitung zufälliger Erfahrungscheint es sich um eine Art Abstraktion ohne bewusste Abstraktion gemäß logischer Regeln, sondern durch geistige Intuition zu handeln. Da sie sich aller Methode entzieht, lässt sich darüber nicht viel mehr sagen, außer dass am Ende dieses Eintauchens in die Symbolik der Muttersprache die Einsicht in transzendente Ideen und die Entfesselung ihrer lebensspendenden Kraft steht. Zurecht kommen einem die Selbstversenkungsverfahren der Mystik in den Sinn.

Eine solche mystisch aufgeladene Sprache nun ist ursprünglich, und sie bleibt es, wenn ihre Entwicklung nicht willkürlich unterbrochen wird. Dies geschieht nicht etwa durch Übernahme und Integration fremdsprachiger Ausdrücke, sondern nur dann, wenn diese den Horizont des „Stammvolkes", dem die versinnbildlichten Anschauungen und Erfahrungen gar nicht zur Verfügung stehen, überschreiten und sprengen (RdN, 68), also nur dann, wenn die eigene Sprache sich der Entwicklung einer fremden Sprache überantwortet bzw. unterwirft. Bleibt eine Sprache ursprünglich, gilt stets: „Die Worte einer solchen Sprache in allen ihren Teilen sind Leben, und schaffen Leben." (RdN, 68) Eine ursprüngliche Sprache nennt Fichte deswegen lebendig, weil sie nicht nur an jedem Punkt ihrer Entwicklung vom Stand des Vernunftbewusstseins des Volks, das sie spricht – oder besser: durch das die Vernunft spricht –, Zeugnis ablegen wird, sondern auch über die weiteren Möglichkeiten des dadurch bestimmten kulturellen Fortschritts.

Ist jedoch im umgekehrten Fall der „stetige() Fortfluß" der originären Sprachentwicklung in einem Volk „abgebrochen" (RdN, 69), bricht auch der Fortschritt im Bewusstsein der Vernunft ab. Denn er kann sich ja nicht universal in der idealen Einen Sprache, sondern immer nur relativ zu und also innerhalb der Sprachgemeinschaft eines bestimmten Volks vollziehen. Geschieht also ein derartiger Abbruch durch die Übernahme eines fremden Erfahrungshorizonts, verlieren die „sinnbildliche[n] Bezeichnung[en] des Übersinnlichen" (RdN, 65) ihre „unmittelbare Verständlichkeit und Bestimmtheit" (RdN, 72). Sie erscheinen dann „völlig [...] willkürlich" (RdN, 69), weil sie nicht durch eigene Anschauung erfüllt werden können, und bleiben demzufolge leer. Ihnen kann keine authentische, erfahrungsbasierte Bedeutung zugewiesen werden.

Es ist bemerkenswert, dass Fichte dies ausgerechnet anhand des „Beispiels der drei berüchtigten Worte, Humanität, Popularität, Liberalität" (RdN, 70) veranschaulichen möchte. Diese Worte nämlich seien, „vor dem Deutschen, der keine andere Sprache gelernt hat, ausgesprochen, [...] ein völlig leerer Schall, der an nichts ihm schon Bekanntes durch Verwandtschaft des Lautes erinnert, und so aus dem Kreise seiner Anschauung, und aller möglichen Anschauung ihn vollkommen herausreißt" (RdN, 70). Sie bleiben daher in ihrer spezifischen Bedeutung unverständlich. Zwar kann diese lexikalisch erklärt werden. So übersetzt Fichte „Humanität" mit „Menschlichkeit" (RdN, 70), „Popularität" mit „Haschen nach Gunst beim großen Haufen" (RdN, 71) und „Liberalität" mit „Entfernung vom Sklavensinn" (RdN, 71). Jedoch besagt all das für den Deutschen nur Banalitäten: Zu „Menschlichkeit" „hätte [er] gesagt: da ist man nicht eben viel, wenn man ein Mensch ist, und kein wildes Tier" (RdN, 71); zu „Popularität": „eine Schlechtigkeit, die durch das Verderben der Nation und ihrer Verfassung [...] zur Tugend verdreht wird" (RdN, 72); zu „Liberalität": dass „dadurch, daß ein Mensch keine Sklavenseele, oder [...] keine Lakaienart habe, [...] auch [...] sehr wenig gesagt" [RdN, 72] sei. In die „dem Deutschen [...] in seinem sinnbildlichen Kreise" angemessenen Ausdrücke „Menschenfreundlichkeit, Leutseligkeit, Edelmut" hätten sich „die genannten Schlechtigkeiten [...] niemals [...] einschieben lassen" (RdN, 73). Sie wurden aber nicht gebraucht, und deswegen waren, sind und bleiben die angeführten Fremdworte leere Worthülsen. Ihre völlige Beliebigkeit im Verhältnis zur eigenen Sprachentwicklung macht ihren Gebrauch „blind", d. h. sie enthalten oder vermitteln keine Erkenntnis, sondern können aufgrund der mangelnden eigenen Einsicht in das Übersinnliche, das sie bezeichnen, bloß geglaubt werden (vgl. RdN, 70 ff.).

Es ist nun genau diese Beliebigkeit, die Ursprünglichkeit und Lebendigkeit einer Sprache unterminiert und schließlich vernichtet, mithin tötet. Alle verständlichen Bezeichnungen des Übersinnlichen sind nämlich sowohl notwendigerweise relativ zu genau einer bestimmten Sprachgemeinschaft, d. h. einem Volk, als auch ausschließlich relativ zu genau dieser einen Sprachgemeinschaft notwendig. Wenngleich ihre Bedeutung aus authentischer Anschauung und Erfahrung sinnlicher Gegenstände entwickelt werden muss, kann sie nicht durch unmittelbare Anschauung bzw. durch Erfahrung gegeben werden – auf Ideen kann man nicht zeigen. Vielmehr können jene übersinnlichen Bedeutungen allein aus der Einheit des „Ganze[n] des sinnlichen und geistigen, in der Sprache niedergelegten Lebens der Nation" (RdN, 73) begriffen werden. Dieses Ganze ist nach natürlichen Gesetzmäßigkeiten gewachsen und enthält folglich keine willkürlich eingefügten, beliebigen Teile. Wenn doch, bricht die originäre Sprachentwicklung ab und die gesprochene Sprache hört auf, ursprünglich und lebendig zu sein. Und eine solche Sprache ist, auch wenn sie von einem Volk gesprochen werden sollte, „im Grunde tot und unverständlich" (RdN, 70).

Einem Volk, das eine tote Sprache spricht, fehlt folglich schon die bloße Möglichkeit des Fortschritts im Bewusstsein der Vernunft. Denn dieser verläuft, wenn er sich denn überhaupt vollzieht, natürlich und notwendig. Lässt aber die Sprachentwicklung gar keine Notwendigkeit mehr zu, weil sie beliebig verläuft, ist die Beziehung der entsprechenden Sprachgemeinschaft zur Einen Vernunft unterbrochen. Ihre Sprache ist „abgeschnitten von der lebendigen Wurzel" (RdN, 70). Daher kann die Vernunft nicht mehr im Leben dieser Sprachgemeinschaft erscheinen. Also hat allein eine lebendige, „ohne Abbruch nach diesem Gesetze fortentwickelte Sprache auch die Kraft, unmittelbar einzugreifen in das Leben, und dasselbe anzuregen" (RdN, 67).

Nach dieser Erklärung der Prämissen seines Beweises fehlen Fichte noch zwei Stationen bis zum Ziel. Sie lassen sich leicht in zwei Thesen angeben: 1. Das Deutsche ist eine ursprüngliche und lebendige Sprache. 2. Das Deutsche ist mittlerweile die einzige dieser Art.

Zuvorderst ist zu betonen, dass diese bevorzugte, ja einzigartige Position des deutschen Volks keinen apriorischen Bestandteil von Fichtes Weltplan bildet, sondern zunächst historisch-empirische Gründe hat, nämlich willkürliche Eingriffe in die eigene natürliche Sprach- und Kulturentwicklung auf seiten der anderen Völker. Fichtes Befund folgt dann aus einer Analyse des aktuellen Weltzustands vermittels apriorischer Kriterien. Aus ihr resultiert schließlich das singuläre und von anderen Völkern auch nicht mehr ein- oder gar überholbare Verhältnis der Deutschen zur Vernunft und daher auch ihre letztendlich doch apriorisch begründbare Überlegenheit über alle anderen Völker. Dass es gerade diese objektive Erkenntnis – wenngleich womöglich schweren Herzens und mit tiefen Bedauern für den Rest der Welt – anzuerkennen, hinzunehmen und vor allem als Leitfaden innen-, außen- und weltpolitischen Handelns zu gebrauchen galt, bildet den Grundzug des „gelehrten Chauvinismus",[45] der das politische Denken in Deutschland im 19. Jahrhunderts und weit darüber hinaus zu großen Teilen beherrschte. Dass dies mit gänzlich anderen Begründungen außerhalb Deutschlands zu dieser Zeit genauso war, macht jene Frucht des idealistisch gebildeten Bürgertums um keinen Deut appetitlicher oder gar gerechtfertigter. Wie verfährt nun Fichte in seinem Beweisgang?

Das Deutsche unterscheidet sich von anderen Sprachen und damit auch das deutsche von anderen Völkern „germanische[r] Abstammung" (RdN, 60) zunächst dadurch, dass die Deutschen „in den ursprünglichen Wohnsitzen des Stammvolks blieben, die letzten in andere Sitze auswanderten, die ersten die ursprüngliche Sprache des Stammvolks behielten und fortbildeten, die letzten eine fremde Sprache annahmen, und dieselbe allmählich nach ihrer Weise umgestalteten" (RdN, 61 f.). Damit stellt Fichte bereits den Totenschein für jede Sprache aus, die einst zwar aus der (unterstellten) germanischen Ursprache – welche immer dies näherhin sein möchte – hervorgegangen sein mag, aber deren „Volk, mit Aufgebung seiner eignen Sprache eine fremde, für übersinnliche Bezeichnung schon sehr gebildete, annimmt" (RdN, 68). Denn daraus folgt, dass die entsprechenden Ausdrücke nicht mehr authentisch bzw. natürlich gewachsen sind. Dies gilt für alle überhaupt in Frage kommenden Völker mit Ausnahme der Skandinavier, die kommentarlos „hier unbezweifelt für Deutsche genommen werden" (RdN, 60). Folglich ist unter den germanischen bzw. germanischstämmigen Sprachen einzig und allein das Deutsche eine noch lebendige bzw. ursprüngliche Sprache. Alle anderen, also Englisch, Niederländisch usw., mögen vielleicht noch gesprochen werden, sind aber bereits verstorben.

Ebenso geht es „mit den neulateinischen Völkern" (RdN, 70). Sämtliche romanischen Sprachgemeinschaften haben nur „vermeintlich" (RdN, 70), aber „genau genommen, eine Muttersprache gar nicht" (RdN, 73).

---

[45] Hermann Lübbe, Politische Philosophie in Deutschland. Studien zu ihrer Geschichte, Basel/Stuttgart 1963, 173.

Die Übernahme des Lateinischen und seine willkürliche Umgestaltung nach regionalen Vorlieben und Bedürfnissen führt nämlich dazu, dass „sie die flache und tote Geschichte einer fremden Bildung, keinesweges aber eigene Bildung erhalten" (RdN, 69). Weil die übernommenen Wörter nicht aus eigener Anschauung entstanden sind und daher ebenso wenig eigener Erfahrung entsprechen, herrscht im „übersinnlichen Teile" einer derart künstlich fabrizierten Sprache „Unverständlichkeit" (RdN, 73). Diese philosophische, aber genauso dichterische Unfähigkeit (vgl. RdN, 5. Rede) stellt sich notwendigerweise ein und bleibt unaufhebbar: Vom Tod einer Sprache führt kein Weg ins Leben zurück. Denn jedem Volk steht nur eine einzige lebendige Sprache, nämlich die eigene, je zu Verfügung. Deshalb können diejenigen Völker, die irgendwann einmal das Lateinische – oder irgendeine andere fremde Sprache – übernommen haben, „überhaupt nicht im Besitze irgendeiner lebendigen Sprache, woran sie die tote prüfen könnten, sich befinden" (RdN, 73). Es handelt sich deshalb bei allen romanischen Sprachen, also insbesondere Französisch, Italienisch und Spanisch, gleichsam um Totgeburten, die allenfalls „auf der Oberfläche durch den Wind des Lebens bewegt werden, und so den Schein eines Lebens von sich geben" (RdN, 70). Weil nur die lebendige Sprache das Vehikel von Geist und übersinnlicher Erkenntnis sein kann, muss dasselbe auch von den Leuten gelten, die eine in Fichtes Sinne tote Sprache sprechen – egal, wie viele das sein mögen. Mit der alleinigen Ausnahme des Deutschen – und der Deutschen! – führen folglich alle überhaupt in Betracht zu ziehenden, da im „kultivirten Europa, als des dermaligen Reiches der Kultur" (GZ, 329) gesprochenen Sprachen – und die sie sprechenden Völker! – die ebenso traurige wie aggressive Existenz von Zombies. Die Metapher mag vielleicht anachronistisch klingen, aber Fichte hätte sie wohl sehr gefallen. Schließlich können sich jene scheinlebendigen Sprecher einer scheinlebendigen, aber in Wahrheit toten Sprache, ihres unnatürlichen Zustandes, wie es sich für richtige Zombies gehört, nicht einmal bewusst werden (vgl. RdN, 81). Sie werden vielmehr die Sprecher der übriggebliebenen, in Wahrheit lebendigen Sprache solange bedrängen und gefährden, bis man sie erlöst…

Das Monopol des und der Deutschen auf Geist, Dichtung und Kultur im Allgemeinen bzw. Menschheitsfortschritt ergibt sich aus der Anwendung des einzig bedeutsamen, da apriorisch aus der Vernunft begründbaren Merkmals der Lebendigkeit (vgl. RdN, 74). Dieses Vernunftmonopol bleibt auch dann bestehen, wenn immerhin die Möglichkeit weiterer ursprünglicher Sprachen zugelassen wird. Fichte sieht als ernsthafte Kandidaten dafür allein das Griechische (vgl. RdN, 74) und allenfalls noch, jedoch bereits mit etlichen Einschränkungen, vielleicht das Lateinische (vgl. RdN, 71 f. u. 84 f.) an.

Beide Sprachen – Griechisch mit Gewissheit, Latein wenigstens eventuell – waren einstmals ursprüngliche Sprachen. Sie werden jedoch zweifellos nicht mehr von lebenden alten Griechen oder Römern gesprochen. Also sind beide Sprachen ebenso unzweifelhaft tot. Eine andere, womöglich noch gesprochene ursprüngliche und lebendige Sprache führt Fichte nicht an. Das Deutsche bleibt also die einzige aktuelle derartige Sprache, weil nicht von der bloßen Möglichkeit auf eine entsprechende Wirklichkeit geschlossen werden kann.

Ohnehin würden mehrere, gleichzeitig existierende ursprüngliche Sprachen schlecht zur Ökonomie von Fichtes apriorischem Geschichtsmodell passen, weil sie dessen notwendige Ordnung zerstören würden. Denn auch in ihm hängt der geistige bzw. moralische Fortschritt der Menschheit von der Entwicklung der Vernunftwissenschaft ab, und diese kann nur in einer lebendigen Sprache und durch sie entstehen. Dass Fichte der Auffassung ist, dass dies nunmehr, und zwar durch ihn selbst, geschehen ist, kann man kaum bezweifeln (vgl. RdN, 78 pass.). Nun hat Fichte aber gezeigt, dass gerade der Teil einer lebendigen Sprache, auf den es ankommt, nämlich ihr übersinnlicher, die Ideeneinsicht ausdrückender Teil, nicht übersetzt werden kann (vgl. RdN, 69 u. 81). Folglich kann es dann nur noch eine Kultur geben, in der Fortschritt möglich ist und die deswegen allein diesen Namen überhaupt verdient.[46] Sie kann keine andere als diejenige sein, in deren Sprache die Vernunftwissenschaft entwickelt wurde. Schon hieraus folgt, dass die zukünftige Kultur der Menschheit, falls es noch eine solche geben sollte, deutsch sein muss.

Nichts weniger als das Schicksal der Menschheit hängt somit von Fortbestand und Weiterentwicklung der deutschen Sprache und folglich ebenso ihrer Sprecher ab. Denn ausschließlich sie machen ihn noch möglich. Diese letzte Chance sieht Fichte jedoch zusammen mit der Existenz des deutschen Volks in höchster Gefahr (vgl. RdN, 90 f. u. 210). Daraus folgt eine unbedingte Pflicht, diese einzige lebendige Sprache zu erhalten, weil sich sonst ein katastrophaler Rückschritt ereignen müsste, der keine Wiederkehr mehr zulässt: „die Barbarei müßte wieder beginnen, und ohne Rettung fortschreiten, so lange, bis wir insgesamt wieder in Höhlen lebten, wie die wilden Tiere, und gleich ihnen uns untereinander aufzehrten" (RdN, 91).

Schon weil kein anderes Volk dazu imstande ist, überhaupt einzusehen, dass diese Menschheitskatastrophe droht, wiederholt Fichte geradezu

---

[46] Vgl. etwa Carla De Pascale, Der Primat Deutschlands bei Fichte, in: Fichte-Studien 3 (1991), 68–85, insb. 84 f.

gebetsmühlenartig, dass die Deutschen bei ihrer Verhütung auf keinerlei fremde Hilfe hoffen dürfen (vgl. RdN, 14 f. pass.). Das „Volk der lebendigen Sprache" (RdN, 87) muss also völlig auf sich allein gestellt, unter allen Umständen und mit allen Mitteln versuchen, diesen Bruch in der Geschichte abzuwenden. Da demnach Gefahr im Verzug ist, muss gefragt werden, wie dies geschehen soll. Fichte zieht daher die politischen Konsequenzen aus seiner geschichts- bzw. kulturphilosophischen Theorie.[47] Sie liegen zuallererst in der Zurückgewinnung der staatlichen Souveränität bzw. politischen Selbständigkeit des gesamten deutschen Volks in welcher Organisationsform auch immer. Denn nur unter der Bedingung der Nationalisierung des Staats kann das Fortleben der deutschen Sprache gesichert werden. Allerdings darf dieser „nationale Imperativ"[48] keinesfalls auf Verständnis im Ausland rechnen. Denn was für Deutsche gilt, die sich dessen fremdartigen Denkem ergeben haben, hat a fortiori auch für Ausländer selbst zu gelten: „Es ist darum vergeblich, und unmöglich, sie zu belehren; machen müßte man sie, und anders machen, wenn man könnte." (RdN, 110 f.)

Weil sowohl die Erkenntnis der Gefahrenlage als auch die Pflicht zur Nationalstaatsgründung ebenso den Besitz der letzten lebendigen Sprache wie der Vernunftwissenschaft voraussetzt und weder die eine noch die andere übersetzt werden kann, ist die Durchsetzung jener überlebenswichtigen politischen Ziele mit bloß argumentativen Mitteln ausgeschlossen. Der zwanglose Zwang des besseren Arguments ist irrelevant, wenn es aus prinzipiellen Gründen nicht einmal verstanden werden kann. Es liegt auf der Hand, dass dann letzten Endes nur noch gewaltsame Mittel – oder, wenn es um die Durchsetzung gegen ausländische Interessen geht, militärische – bzw. deren glaubwürdige Androhung in Frage kommen werden. Dass Fichte in der Tat in diese Richtung denkt, wird sich noch weisen.

Die „Fortbildung der menschlichen Verhältnisse nach ihrem Urbilde, und so die Erschaffung eines Neuen, und vorher nie Dagewesenen" (RdN, 78) verlangt also zwingend nach einem deutschen Nationalstaat. Diese doppelte historische Novität schließt exklusive Identität ein. Denn sie liegt in der gezielten Herstellung einer bewussten Einheit von Individuum und Gattung in und durch eine lebendige Sprachgemeinschaft, d. h. durch ein Volk im

---

[47] Vgl. Lask, 260 ff.
[48] Bernard Willms, Idealismus und Nation. Zur Rekonstruktion des politischen Selbstbewußtseins der Deutschen, Paderborn u. a. 1986, 125. Zu Willms ausführlich Kap. IV.2.

eigentlichen Sinne des Wortes. Diese Identität ist jedoch nicht irgendwie metaphorisch, sondern buchstäblich zu verstehen. Fichte begreift sie nämlich prinzipiell als Aufopferung der Individualität zugunsten der Gattung und Auflösung in ihr. Von einem solchen Gattungsbewusstsein, ja schon von der bloßen Möglichkeit dazu ist aber eine Gemeinschaft, die eine tote Sprache spricht, ausgeschlossen. Denn bei ihr geht „geistige Bildung und Leben jedes für sich seinen Gang fort" (RdN, 78).

Folglich reduziert sich der Umfang des Gattungsbegriffs, also die Sphäre seiner wahren Anwendung, auf die Angehörigen einer lebendigen Sprachgemeinschaft. Weil es davon keine anderen mehr als Deutsche gibt, machen sie allein die Gattung aus und können auch nur noch sie allein zur Menschheit gehören. Denn das Entwicklungsziel der Geschichte liegt im höheren Leben der wahren Menschheit und besteht in der Einheit von Denken und Handeln (vgl. RdN, 78 ff.). Angehörige nicht-deutscher Sprachgemeinschaften sind aber nicht einmal imstande, deren Herstellung als moralische Pflicht zu erkennen. Also können sie jene Einheit auch nicht bewusst anstreben noch verwirklichen. Dann aber haben die entsprechenden Völker keine Funktion mehr in der Geschichte. Denn nach der Vernichtung der Autorität des Vernunftinstinkts und jeder zufälligen Gestalt der Vernunftherrschaft durch die Aufklärung kann nur noch die Errichtung der bewussten Herrschaft der Vernunft folgen, die, weil es nur die Eine Vernunft gibt, notwendige Gestalt besitzt.

Sie wird durch die Vernunftwissenschaft vorgegeben. Sie bestimmt damit zugleich die Einheit der Kultur. Zugleich muss sie aber unbedingt deren Universalisierung fordern, da neben ihr oder gar über sie hinaus schlechthin kein weiterer vernunftgemäßer Fortschritt möglich ist: Der „einige Selbstzweck, außer welchem es keinen andern geben kann, ist das geistige Leben" (RdN, 79).

Die Vernunftwissenschaft identifiziert Fichte mit der Philosophie und diese mit seiner eigenen Wissenschaftslehre (vgl. RdN, 78). Die wahre, „eigentliche Philosophie" (RdN, 110) muss demzufolge deutsche Philosophie sein. Alle vorherigen und anderen sind demnach nicht nur falsch, sondern – so Fichtes stets wiederholter terminus technicus (vgl. RdN, 86 f. u. 108 ff.) – „ausländisch" oder zumindest ausländischen Ursprungs. Dazu gehört auch „die dermalige deutsche Philosophie" (RdN, 110), insbesondere Leibniz und Kant. Zwar „strebte Leibniz, im Kampfe mit jener ausländischen Philosophie" (RdN, 102), die sich wie der von Fichte besonders verabscheute John Locke (vgl. GZ, 274) mit der Empirie begnügt, nach der Lösung der „Aufgabe das [...] Übersinnliche in der Vernunft selbst aufzusuchen, und so erst eigentliche Philosophie zu erschaffen, indem man, wie es sein sollte, das freie Denken zur Quelle unabhängiger Wahrheit machte" (RdN, 101 f.). Aber freilich ist Leibniz nach Fichtes Meinung an dieser Aufgabe gescheitert – ganz zu schweigen davon, dass er die meisten und die wichtigsten seiner Werke auf Französisch oder Latein verfasst hat. Erfolgreicher bei diesem Unternehmen war immerhin „der eigentliche Stifter der neuen deutschen Philosophie" (RdN, 102), also Kant. Er wurde nach eigener Auskunft jedoch von David Hume aus seinem „dogmatischen Schlummer"[49] geweckt und erreichte seine bloße Teillösung des Problems „nicht ohne das Geständnis, durch eine Äußerung des Auslandes [...] angeregt worden zu sein" (RdN, 102). Allerdings sind Kants fragmentarische Bemühungen inzwischen überholt, wie sich aus Fichtes, von seiner charakteristischen Mischung aus Arroganz und Larmoyanz geprägten Einschätzung seiner eigenen Leistung leicht schließen lässt: „Seitdem ist unter uns die Aufgabe vollständig gelöst, und die Philosophie vollendet worden, welches man indessen sich begnügen muß, zu sagen, bis ein Zeitalter kommt, das es begreift." (RdN, 102)

Alle Philosophie vor Fichtes *Wissenschaftslehre* besteht also bestenfalls entweder in mehr oder weniger unklaren Ausflüssen des Vernunftinstinkts oder in deren Vernichtung durch den an die Sinnlichkeit gebundenen Verstand, aber keinesfalls in Äußerungen der Vernunft:

„Die wahre in sich selbst zu Ende gekommene und über die Erscheinung hinweg wahrhaft zum Kerne derselben durchgedrungene Philosophie hingegen geht aus von dem Einen, reinen, göttlichen Leben, – als Leben schlechtweg, welches es auch in alle Ewigkeit, und darin immer Eines bleibt, nicht aber als von diesem oder jenem Leben; und sie sieht, wie lediglich in der Erscheinung dieses Leben unendlich fort sich schließe und wiederum öffne, und erst diesem Gesetze zufolge es zu einem Sein und zu einem Etwas überhaupt komme. Ihr entsteht das Sein, was jene [sc. die ausländische Philosophie] sich vorausgeben läßt. Und so ist denn diese Philosophie recht eigentlich nur deutsch, d. i. ursprünglich; und umgekehrt, so jemand nur ein wahrer Deutscher würde, so würde er nicht anders denn also philosophieren können." (RdN, 111)

Neben der inzwischen bekannten, zentralen Identifikation von Ursprünglichkeit und Deutschheit fallen in dieser Passage trotz ihrer Dunkelheit, die sowohl Eingeweihte ansprechen als auch geeignete Gemüter zur Einweihung

---

[49] Immanuel Kant, Prolegomena zu einer jeden künftigen Metaphysik, die als Wissenschaft wird auftreten können, in: Werkausgabe in 12 Bd. (hg. von W. Weischedel), Frankfurt a. M. 1977, Bd. V, 109–264, hier: 118 (A 13).

in die Geheimnisse der *Wissenschaftslehre* anreizen mag, zwei weitere Punkte auf. Der erste betrifft die Erhebung einer Nebensache zur faktischen Wahrheitsbedingung. Was etwa noch im sogenannten ‚finsteren' Mittelalter, der frühen Neuzeit und noch mehr in der Aufklärung gleichgültig war, nämlich die Nationalität, erklärt Fichte schlankweg zu einem Kriterium, das notwendigerweise erfüllt sein muss, damit die wissenschaftlichen Arbeiten eines Autors überhaupt wahr sein können. Nicht genug damit: Diese Nationalität muss auch noch besonderen, ideellen Kriterien genügen, um ihm wahrhaft zugesprochen werden zu können. Der einzige Philosoph, der diese Bedingungen derzeit erfüllt, ist – es kann nicht überraschen – Fichte selbst. Vor ihm kann kein Philosoph ein wahrer Deutscher genannt werden, und allein die Anerkennung seiner *Wissenschaftslehre* als wahr oder besser: die gefühlsbasierte Einsicht in ihre Wahrheit qualifiziert zur weiteren Wahrheitsfindung. Fichtes Lehre wird so gegen jede externe Kritik – die etwa an der extrem zweifelhaften Begründung ihrer Einsicht in einem Gefühl, mithin ihrer Unaussagbarkeit ansetzen könnte – immunisiert. Das mag praktisch sein, ist aber nicht nur aus herkömmlicher Perspektive, sondern auch aus der des gesunden Hausverstandes ziemlich suspekt. Man könnte – wenn man unbedingt möchte – dieses Vorgehen als eine Art Kauzigkeit eines offenkundig ausgesprochen ausgeprägten Selbstbewusstseins sehen. Allerdings wird diese milde Sichtweise nicht der Tatsache gerecht, dass hier an prominenter Stelle etwas beginnt, das man kaum anders als die Nationalisierung von Wissenschaft und Wahrheit bezeichnen kann. Es ist nach Fichte nur noch eine Nation, nämlich die deutsche, die ein Monopol auf die Wahrheit besitzt, und wer dazu gehört, entscheidet Fichte bzw. das Verhältnis, das jemand zu seiner *Wissenschaftslehre* einnimmt. Das klingt nicht nur absurd, sondern ist es auch.

Dennoch wäre es verkehrt, so zu tun, als könne niemand diesen Unfug glauben, und diese Denkweise schlicht nicht ernst zu nehmen – obwohl dies freilich die rationalste Reaktion wäre. Denn versteht man etwa – naturgemäß gar nicht im Sinne des Verfassers – die konkreten Inhalte von Fichtes theoretischer Philosophie, ja meinetwegen den ganzen Fichte als Platzhalter für andere mögliche Inhalte, gelangt man zu einer Struktur, die sich ohne Weiteres in wesentlichen späteren Bemühungen um eine „deutsche Mathematik", eine „deutsche Physik" und dergleichen mehr wiedererkennen lässt. Zumal die spezielle Funktion der Philosophie als Grundlage aller Einzelwissenschaften seinerzeit weitgehend akzeptiert war und immer noch keineswegs als völlig verfehlt angesehen zu werden braucht.

Der zweite Punkt liegt in Fichtes Andeutung der Möglichkeit, ein Deutscher, ja sogar ein ‚wahrer Deutscher' werden zu können. Um das zu tun – so lehrt uns schon die Grammatik des Wörtchens „werden" –, muss man wenigstens ein Nicht-Deutscher oder zumindest ein falscher, also der Ausländerei verfallener Deutscher sein. All diese Leute sollten aus Gründen des Menschheitsfortschritts, der Wissenschaft und der Moral ein brennendes Interesse an dieser Möglichkeit haben. Sie scheint offensichtlich sogar Angehörigen anderer Sprachgemeinschaften offenzustehen, also von Völkern toter Sprachen. Denn Fichte bestimmt die Deutschheit bzw. das Deutsch-Sein als eine besondere Art von Bewusstseinszustand. Dieser besteht weniger im Besitz einer besonderen Erkenntnis, sondern viel eher in einem Glauben – erinnert man sich an die grundlose Begründung der idealen Einsicht im Gefühl, ist das nur konsequent. Fichte schreibt nun:

> „Und so trete denn endlich in seiner vollendeten Klarheit heraus, was wir in unsrer bisherigen Schilderung unter Deutschen verstanden haben. Der eigentliche Unterscheidungsgrund liegt darin, ob man an ein absolutes Erstes und Ursprüngliches im Menschen selber, an Freiheit, an unendliche Verbesserlichkeit, an ewiges Fortschreiten unsers Geschlechts glaube, oder ob man an alles dieses nicht glaube, ja wohl einzusehen, und zu begreifen vermeine, daß das Gegenteil von diesem allen stattfinde. Alle, die entweder selbst, schöpferisch, und hervorbringend das Neue, leben, oder, die, falls ihnen dies nicht zuteil geworden wäre, das Nichtige wenigstens entschieden fallen lassen, und aufmerkend dastehen, ob irgendwo der Fluß ursprünglichen Lebens sie ergreifen werde, oder die, falls sie auch nicht so weit wären, die Freiheit wenigstens ahnden, und sie nicht hassen, oder vor ihr erschrecken, sondern sie lieben: alle diese sind ursprüngliche Menschen, sie sind, wenn sie als ein Volk betrachtet werden, ein Urvolk, das Volk schlechtweg, Deutsche. Alle, die sich darein ergeben, ein Zweites zu sein, und Abgestammtes, und die deutlich sich also kennen und begreifen, sind es in der Tat, und werden es immer mehr durch diesen ihren Glauben, sie sind ein Anhang zum Leben, das vor ihnen, oder neben ihnen, aus eignem Triebe sich regte, ein vom Felsen zurücktönender Nachhall einer schon verstummten Stimme, sie sind, als Volk betrachtet, außerhalb des Urvolks, und für dasselbe Fremde, und Ausländer." (RdN, 123)

Man braucht naturgemäß nicht damit zu rechnen, dass Fichte die Grenze der lebendigen Sprache öffnet oder gar einreißt. Im Gegenteil fällt auf den ersten Blick die offenkundige, universale Ausdehnung des Gegensatzes von Deutschtum und Ausländerei ins Auge. Er wurde vorher als Gegensatz in der geistigen Bildung eingeführt und durch den Gegensatz zwischen deutscher Vernunftwissenschaft und ausländischer Philosophie erklärt, der seinerseits wiederum seine Begründung im Gegensatz zwischen lebendiger und toter Sprache fand. Keiner dieser Gegensätze verschwindet, alle gelten fort. Denn das Ziel der historischen Entwicklung der Menschheit bleibt unverändert und der zu diesem Behufe notwendige Fortschritt im Bewusstsein der Vernunft hin zu wahrer, d. h. vollständig vernunftdeterminierter, Freiheit bleibt Schritt für Schritt vorgegeben. Gleichermaßen hat Fichte bereits unmissverständlich klargemacht, dass jener Menschheitsfortschritt allein vom Volk der lebendigen Sprache ausgehen und geleistet werden kann. Ebenso kann kein Zweifel mehr daran bestehen, dass für diese welthistorische Mission nicht nur gegenwärtig, sondern auch fürderhin in aller Zukunft ausschließlich noch das deutsche Volk in Frage kommen kann. Niemand kann also zugleich ‚ursprünglicher Mensch' sein und nicht der deutschen Sprachgemeinschaft angehören.

Alle Bewusstseinszustände und -haltungen, die erst eine Einsicht in das Ziel der historischen Menschheitsentwicklung ermöglichen, sind nämlich selber Ursprünglichkeitssymptome. Denn sie hängen stets in irgendeinem Grade davon ab, dass die Ursprünglichkeit, von der sie zeugen, tatsächlich schon besteht. Damit ist Zugehörigkeit zu einer lebendigen Sprachgemeinschaft bereits vorausgesetzt. Man kann sie zwar verlieren, aber man kann sie nicht auf der Basis einer toten Sprache gewinnen, weil man die dazugehörigen Anschauungen nicht haben und deswegen die ihnen entsprechenden Erfahrungen nicht machen kann. Das grundlos begründende Gefühl, mit dem für Fichte alle übersinnliche Einsicht anfängt, bleibt Angehörigen einer toten Sprachgemeinschaft notwendigerweise fremd. Sie können folglich niemals zu einer derartigen Einsicht gelangen. Allein Menschen, die – falls es so etwas gibt –gar keiner Sprachgemeinschaft angehören, bevor sie sich die deutsche Sprache aneignen, könnten dies vielleicht. Die Bedingung der Möglichkeit dafür, ein ‚wahrer Deutscher' zu werden, besteht also in nichts anderem, als schon ein Deutscher zu sein, also die deutsche Sprache als Muttersprache zu sprechen und nicht rettungslos der Ausländerei verfallen zu sein. Kurz: Das Deutschtum bildet die transzendentale Bedingung des Fortschritts der Menschheit. Ohne wahre Deutsche droht nicht bloß Regress und Verfall, sondern ergreift die Menschheit ganz gewiss. Fichte macht diese einzigartige Sonderstellung des deutschen Volks noch deutlicher, wenn er in offensichtlichem Rückgriff auf die *Grundzüge* fortfährt:

> „In der Nation, die bis auf diesen Tag sich das Volk schlechtweg, oder Deutsche nennt, ist in der neuen Zeit wenigstens bis jetzt Ursprüngliches, an den Tag hervorgebrochen, und Schöpferkraft des Neuen hat sich gezeigt [sc. vgl. die 6. Rede: „Darlegung der deutschen Grundzüge in der Geschichte"];

jetzt wird endlich dieser Nation durch eine in sich selbst klar gewordene Philosophie der Spiegel vorgehalten, in welchem sie mit klarem Begriff erkenne, was sie bisher ohne deutliches Bewußtsein durch die Natur ward, und wozu sie von derselben bestimmt ist; und es wird ihr der Antrag gemacht, nach diesem klaren Begriffe, und mit besonnener und freier Kunst, vollendet und ganz, sich selbst zu dem zu machen, was sie sein soll, den Bund zu erneuern, und ihren Kreis zu schließen. Der Grundsatz, nach dem sie diesen Kreis zu schließen hat, ist ihr vorgelegt; was an Geistigkeit, und Freiheit dieser Geistigkeit glaubt, und die ewige Fortbildung dieser Geistigkeit durch Freiheit will, das, wo es auch geboren sei, und in welcher Sprache es rede, ist unsers Geschlechts, es gehört uns an und es wird sich zu uns tun. Was an Stillstand, Rückgang, und Zirkeltanz glaubt, oder gar eine tote Natur an das Ruder der Weltregierung setzt, dieses, wo auch es geboren sei, und welche Sprache es rede, ist undeutsch, und fremd für uns, und es ist zu wünschen, daß es je eher je lieber sich gänzlich von uns abtrenne." (RdN, 123 f.)

Dass die Anerkennung der Wahrheit der Vernunftwissenschaft in ihrer bereits greifbaren Gestalt der *Wissenschaftslehre* die Bedingung für die Einsicht in das Ziel der Menschheitsentwicklung, der welthistorischen Pflicht des deutschen Volkes und deren erfolgreicher Bewältigung ist, wissen wir schon. Nun geht Fichte noch einen Schritt weiter. Genauer gesagt: Er macht die Konsequenzen seiner Theorie ausdrücklich. Denn jene Einsicht – in welcher Gestalt auch immer sie auf- und eintreten mag – bildet zugleich das Kriterium, wodurch sich wahre Deutsche von anderen Wesen unterscheiden – und auch leicht unterscheiden lassen –, die der Spezies Mensch zugehören. Sie stellen aber im Verhältnis zum höheren bzw. geistigen Leben, das zu führen Pflicht ist, bloß noch einen toten – besser: untoten – ‚Anhang zum Leben' dar. Sie haben für die Geschichte, die Menschheit und alles, was wahrhaftes menschliches Leben ausmacht, also keinerlei Funktion mehr, sind demnach überflüssig und folglich verzichtbar. Ihre Existenz mag geduldet werden, muss dies aber strenggenommen nicht. Es handelt sich dabei ja nicht mehr um Menschen im eigentlichen Sinne des Wortes, müssten somit im rechtlichen und ethischen Verständnis Sachen oder vielleicht Tiere, aber könnten jedenfalls keine Personen sein. Denn sie fallen gar nicht mehr unter Fichtes Begriff der Gattung, den er, weil er ja schon zwischen den Deutschen und Ausländern unterscheidet, in den *Reden* nicht mehr weiter zu verwenden braucht.

Diese alles, weil über die Zugehörigkeit ihres Subjekts zur Menschheit entscheidende Einsicht und vor allem ihre Wahrheit, die sie erst zu einer Erkenntnis macht, lässt sich aber weder mit Notwendigkeit herbeiführen noch beweisen. Denn es gibt ja kein ‚logisches Erzwingungsmittel', das ihre Anerkennung unausweichlich machen würde. Man kann auf der Basis eines untrüglichen ‚Gefühls der Gewissheit' an ihre Wahrheit daher nur ‚glauben' und versuchen, ihre Konsequenzen systematisch auszuarbeiten, wie Fichte dies tut. Daraus resultiert ein, oder besser: das einzig mögliche, System der Einheit von Denken und Handeln. Angewendet auf die persönliche und gesellschaftliche Praxis wird sich sodann alles Leben auf den Fortschritt der Menschheit richten. Die politische Gestalt dieses Lebens ist der absolute Staat. Und aufgrund seiner möglichen Angehörigen, die zugleich die gesamte mögliche Menschheit umfassen, kann er nur noch ein deutscher Nationalstaat, bevölkert von lauter wahren Deutschen, sein. Beherrscht wird er von einem „Zwingherrn zur Deutschheit" (Sl, Frg., 565).

Zu Fichtes Begriff einer deutschen Nation gehört wesentlich eine extreme Exklusivität. Der Bewusstseinszustand, der die Zugehörigkeit zu ihr ermöglicht, kann prinzipiell niemandem auf dem Wege der Erwachsenenbildung im nachhinein beigebracht werden, der einer ausländischen Sprachgemeinschaft angehört und demzufolge nicht nur eine tote Sprache spricht, sondern auch die damit notwendig verbundene geistige Bildung nicht besitzt. Belehrungen über den ausschlaggebenden übersinnlichen Sprachteil blieben aufgrund seiner Unübersetzbarkeit von einer lebendigen in eine tote Sprache vergebens. Folglich kann nur jemand der deutschen Nation angehören, der zumindest das Potential besitzt, ein wahrer Deutscher zu werden, d. h. weder in ihrer eigenen (Nicht-)Kultur sozialisierte Ausländer noch scheinbare Deutsche, die eine solche – materialistische oder empiristische oder kantianische oder aufgeklärte oder eine sonstige, jedenfalls undeutsche – Denkweise angenommen haben, also der Ausländerei verfallen sind. Das bedeutet aber nicht, dass diese bedauernswerten Gestalten ihr wahres Deutschtum verloren hätten. Im Gegenteil hatten sie es noch nie und haben durch ihre Ausländerei nun auch die Möglichkeit verloren, es zu erlangen.

Denn niemand wird als wahrer Deutscher geboren. Dies ist gegenüber den zahlreichen späteren Entwürfen, die ihrer Struktur oder auch ihrem Inhalt nach (ausdrücklich oder nicht bzw. unmittelbar oder irgendwie vermittelt und verborgen) an Fichte anschließen, ausdrücklich festzuhalten. Denn wahres Deutschtum ist keine Sache der Geburt, obgleich, in die deutsche Sprachgemeinschaft hineingeboren zu werden, die Chancen, ein wahrer Deutscher zu werden, naturgemäß erhöht. Vielmehr erwächst wahres Deutschtum einer geistigen Leistung, deren Eintreten aufgrund ihrer Gefühlsbasiertheit nicht vollständig kontrolliert, sondern nur allen durch Erziehung ermöglicht werden kann. Und, wie bereits erwähnt, ist es um die wenigen, die diese Gelegenheit nicht nutzen wollen oder können, sowieso nicht schade. Wenn also wahres Deutschtum und damit die wahrhafte Zugehörigkeit zur wahrhaften deutschen Nation eine Sache von Erziehung, Einsicht, Bildung und Erkenntnis ist, muss es, solange nicht die genannten Ausschlussgründe vorliegen, eigentlich wiederum jedem Menschen offenstehen, der jenes unspezifischen, aber fundamentalen Gefühls für das Übersinnliche fähig ist. Wenn nämlich noch gar keine geistige Bildung vorliegt, dann müsste auch jeder Angehörige der Spezies zu einem wahren Deutschen ‚gemacht' bzw. erzogen werden können.

Fichte diskutiert diese naheliegende Möglichkeit zwar nicht ausdrücklich. Betrachtet man jedoch seine in ihren konkreten Maßnahmen an Pestalozzi angelehnte Erziehungstechnik, die den pädagogischen Plänen der französischen Revolution in ihrem „Machbarkeitsglauben"[50] keineswegs nachsteht, wird kaum etwas dagegen sprechen, dass auch Kinder nicht-deutscher Eltern, wenigstens vor dem fatalen Erwerb ihrer toten, hergebrachten Muttersprache, zu wahren Deutschen erzogen werden könnten. Denn indem sie noch gar keiner Sprachgemeinschaft und deswegen noch keinem Volk angehören, besitzen sie ebenso noch das Potential zu wahrem Deutschtum.

Erinnert man sich nun an Fichtes Modell des bedingt notwendigen Verlaufs der Menschheitsentwicklung verliert dieser Gedanke einer universalen Nationalerziehung zum Deutschtum sogar an Paradoxie. Freilich wäre es völlig verdreht, ein derartiges Konzept kurzerhand zu einer Art Kosmopolitismus zu erklären. Denn dessen Begriff lebt ja gerade von der Vielfalt von Völkern, Staaten und Kulturen, die aber nicht mehr als naturgegebene oder unüberwindliche Grenzen betrachtet werden, jenseits derer keine Verständigung mehr möglich ist. Fichte vertritt vielmehr genau das Gegenteil. Eben deswegen, also wegen des Monopols des Deutschtums auf Menschheitsfortschritt, ist dessen Universalisierung sogar notwendig. Die Entwicklung der Menschheit zum geistigen Leben, wahrer Einheit und Freiheit usw. ist nämlich nur dann gesichert, wenn es nur noch wahre Deutsche und keine Ausländer mehr gibt, die all dies gefährden könnten.

Der erste Schritt auf dieses Ziel liegt in der Selbsterhaltung, Stärkung und Verbreitung der durch die Vernunftwissenschaft bzw. die *Wissenschaftslehre* bewusst gemachten und erklärten deutschen Ursprünglichkeit. Dies ist zugleich der vordringlichste Zweck der Nationalerziehung. Sodann muss die Wiederherstellung vollständiger politischer Souveränität durch die Gründung eines Nationalstaats erfolgen. Da das Ausland hier-

---

[50] Reiß, 200.

für gar kein Verständnis aufbringen kann, wird dieser Akt gewaltsam gegen dessen Widerstand durchgesetzt werden müssen.[51] Auch auf die demnach notwendigen kriegerischen Auseinandersetzungen bereitet die Nationalerziehung vor, weil mit ihrer Ausrichtung auf Einheit und Begeisterung unbezwingliche militärische Stärke einhergeht.[52] Die historische Mission des deutschen Volks erfüllt sich jedoch erst in der Expansion seiner Kultur. Denn erst wenn diese allgemein herrscht, ist der Fortschritt der Menschheit zum höheren Leben gewährleistet. Dies kommt nichts weniger als einer unbedingten Pflicht zum Kulturimperialismus im höheren Interesse der Menschheit gleich.

Dass Fichte insgesamt ein nicht nur nationalistisches, sondern auch aufgrund der ‚Minderwertigkeit',[53] ja Überflüssigkeit alles Nicht-Deutschen chauvinistisches Konzept der Politik zum Besten aller, sofern sie nicht schon geistig tot sind, vertritt und versucht, dies systematisch zu begründen, liegt auf der Hand. Ebenso wenig können kaum Zweifel daran bestehen, dass er dies in einem totalen, nicht bloß nationalen, sondern eher – nach seinem sehr speziellen, übersinnlich definierten Verständnis – völkischen Staat mit staatssozialistischem Wirtschaftssystem verwirklicht sieht. Ebenso klar ist, dass der Endzustand der Menschheitsgeschichte in der ausnahmslosen Globalisierung dieses politischen Systems besteht.

Trotz alledem bezieht Fichte noch keine im allerstrengsten Sinne rassistische Position – dann nämlich, wenn man den Begriff des Rassismus nicht als Bezeichnung für jede denkbare Benachteiligung von Gruppen aus irgendwelchen generellen Gründen verwenden möchte, sondern in seiner klassischen, biologisch oder ethnisch begründeten Bedeutung. Denn auf solche Kriterien greift Fichte nie zurück. Aufgrund ihres evidenten Materialismus könnte er dies auch gar nicht. Er lehnt eine Differenzierung zwischen Völkern aufgrund von Abstammung vielmehr wegen zu geringer Zuverlässigkeit und Trennschärfe ab (vgl. RdN, 62). Das wurde ihm sogar in späterer Zeit, in der Rassentheorien zu den wissenschaftlichen Standards gehörten, von sonst durchaus begeisterten Anhängern und textgetreuen Interpreten wie etwa Ernst Bergmann ausdrücklich zum Vorwurf gemacht.

---

[51] Hans Freyer hält dies in seiner nationalsozialistischen Phase naheliegenderweise für einen „völlig einsichtige[n] Zusammenhang" (Über Fichtes Machiavelli-Aufsatz (1936), in: Ders., Preußentum und Aufklärung und andere Studien zu Ethik und Politik (hg. u. komm. v. E. Üner), Weinheim 1986, 131–150, insb. 143 ff., hier: 146).
[52] Vgl. Alexander Aichele, Singend sterben – mit Fichte nach Langemarck: Authentischer Fichteanismus im Ersten Weltkrieg, in: DVjs 81 (2007), 618–637, insb. 632 ff.
[53] So der Fichte sonst durchaus nahestehende Friedrich Meinecke, vgl. Weltbürgertum und Nationalstaat (hg. u. eingel. v. H. Herzfeld), München 1962, 109).

Dieser nachmalige Begründer einer Art nationalsozialistischer Mysterienreligion[54] bemerkt in seinem immerhin im renommierten Meiner-Verlag zweimal aufgelegten Buch *Fichte, der Erzieher zum Deutschtum* (EA 1915) zu Fichtes Differenzierung des deutschen vom französischen Wesen: Dieser „irrt nur darin, daß er auf den Sprachcharakter schiebt, was in der Rasseneigentümlichkeit begründet liegt".[55]

Fichte dagegen beruft sich in seiner Abtrennung des deutschen von allen anderen Völkern und in der Begründung seiner Überlegenheit über diese stets auf die Eine Vernunft. Denn allein in deren vollkommener Verwirklichung in der Welt liegt aller möglicher Fortschritt der Menschheit. Dies ist allerdings weder so erfreulich noch so vergeistigt noch so harmlos, ja unschuldig, wie es klingt. Denn ebendiese Verwirklichung führt zunächst ins protektionistische und schließlich isolationistische, ebenso nationale wie sozialistische System des *Geschloßnen Handelsstaats* und sodann in den *Grundzügen* zur prinzipiellen Elimination aller Individualität und Liberalität im totalitären Entwurf des absoluten Staats. Und in den *Reden* schließlich ist die Vernunft, die in der Welt wirklich werden soll, deutsch geworden, und sie spricht auch nur noch ausschließlich Deutsch. Der Rest folgt.

Die politischen Konsequenzen eines solchen scheinbar erhabenen, sich jederzeit aufs höchst Kulturelle, ja Geistige, ja Den Geist berufenden chauvinistischen Besonderheits- oder Überlegenheitsgefühls lassen sich kaum von denen eines kruden und womöglich verdrucksten oder heimlichen Rassismus unterscheiden. Beide unterscheiden sich vor allem in ihren Begründungen, die einmal pseudo-metaphysisch und einmal pseudo-naturwissenschaftlich vorgehen. Da beide Unfug sind, macht auch ihre Vermischung schon nichts mehr aus. Dass man besonders in solchen, sich kulturtragend, gelehrt und akademisch gebenden Erwägungen, solange sie jedenfalls der deutschen Sprachgemeinschaft entblühen, wenigstens untergründig stets Fichtes Denkmuster wiedertrifft, davon handeln die folgenden Kapitel.

---

[54] Vgl. Alexander Aichele, Ernst Bergmann: Religiöser Nationalsozialismus, in: K. Herrmann (Hg.), Sächsische Lebensbilder: Reformation und Luthertum, Wiesbaden 2020.
[55] Ernst Bergmann, Fichte, der Erzieher zum Deutschtum, Leipzig 1915, 318.

3

Vom Deutschen Idealismus zur deutschen Weltanschauung: Wissenschaftliche, kulturelle und politische Mythen

Wenn sich in Deutschland (aber auch anderswo) ein Jahrhundert durch einen tiefen, ja inbrünstigen, geradezu religiösen Glauben an Wissenschaft, Beherrschbarkeit der Natur und technische Machbarkeit ausgezeichnet hat, dann war dies das lange 19. Jahrhundert. Sein Vorläufer, das Jahrhundert der Aufklärung, hätte diesen Glauben für naiv gehalten. Seine Philosophen, die sich bis hin zu Kant insbesondere in ganz Europa so große Mühe um die Theorie der Erkenntnis und, auf dieser Grundlage, der Wissenschaft gegeben hatten, wären vermutlich von der Vergeblichkeit (nicht der Verkehrtheit) ihrer eigenen Arbeit überzeugt gewesen. Vielleicht hätten sie die Ansprüche und theoretischen Erwägungen ihrer Kollegen von den Einzelwissenschaften, besonders wenn diese sich um die Aufklärung des sogenannten Volks bemühten, überhaupt nicht mehr verstanden.

Denn die Philosophie war als Leitdisziplin der gesamten Wissenschaft durch empirische Naturwissenschaften, dank Charles Darwin in erster Linie zunächst durch die Biologie, verdrängt worden und verkam selbst zur akademischen Spezialdisziplin unter anderen, die sich von ihr abgelöst hatten wie etwa Psychologie, Soziologie, Politologie, Ökonomie, um nur die beliebtesten zu nennen – ein Vorgang, dem die Philosophie ihre heutzutage weitgehende öffentliche Irrelevanz trotz gesteigerten öffentlichen Interesses, aber auch ihre ungestörte akademische Ruhe verdankt.

Festzuhalten bleibt nur, dass die zunehmende Esoterik der fachphilosophischen Forschung – quasi als Rechtfertigung ihrer weiterhin öffentlich alimentierten Existenz als Wissenschaft unter anderen Wissenschaften – und ihr damit verbundener Rückzug von anderen Fächern (die sie erstaunlich wenig zu vermissen schienen) wenigstens innerhalb Deutschlands zu einem kruden erkenntnistheoretischen Realismus und metaphysischen Materialismus führte, der sich als naturwissenschaftlich gerechtfertigt ausgab und auch selbst so verstand. Dass viele, aber bei weitem nicht alle Fachphilosophen sich gegen die Herrschaft dieser Vorstellung einer allgemeinen Beobacht- und Quantifizierbarkeit von allem und jedem mit zum Teil erfrischend harschen Äußerungen wehrten, soll nicht verschwiegen werden. In der breiten Öffentlichkeit durchsetzen konnten sie sich gegen die anschaulicheren Bilder, Beispiele, Exponate, Experimente und naturgemäß auch die seinerzeit noch abenteuerliche Exotik der Naturwissenschaften freilich nicht. Deren Überzeugungskraft war offenkundig sogar groß genug, um eine Vielzahl von zeitgenössischen Philosophen und – seinerzeit noch frisch so getauften – Geisteswissenschaftlern zur Übernahme jener von der Naturwissenschaft vorgegebenen Auffassung zu bewegen und als Grundlagen eigener Arbeit zu akzeptieren und gebrauchen.

Damit aber nicht genug: Eine steigende Zahl von Naturwissenschaftlern begann, ihre eigenen Forschungsergebnisse selbst irgendwie – so wie sie es eben verstanden und gerade für richtig hielten – „philosophisch", d. h. universalistisch, zu interpretieren und, so der damals erfundene und immer noch beliebte Ausdruck, daraus Weltanschauungen zu erzeugen. Diese hatten zwar zumeist nicht viel mit sorgfältiger, methodisch und logisch einwandfreier Argumentation zu tun, waren dafür aber in ihrer Anwendung neu entdeckter oder vermuteter Naturgesetzlichkeiten auf soziale, politische und ethische Probleme, also auf alles, von großer Eingängigkeit. Der interessierte gebildete Laie, aber auch der berühmte Mann aus dem Volke konnte sich so, wenn er denn wollte, unschwer eine Philosophie, vulgo: eine Weltanschauung zulegen, die naturwissenschaftlich abgesegnet und infolgedessen für wahr zu halten war. Auch etliche Fachphilosophen, egal ob ihrer Erfolglosigkeit und Unbeachtetheit in der breiteren Öffentlichkeit überdrüssig oder vom missionarischen Eifer des Bekehrten beseelt, schlossen sich dieser Linie an oder folgten ihr zumindest tangential.

An dieser Stelle, nämlich dem Verfall dessen, was man vormals Philosophie nannte, von der angestrengten, zugleich vergnüglichen und zumeist aufrichtigen Suche nach der Wahrheit zur Anlieferung einer bereits fertigen Wahrheit unter dem Titel einer Weltanschauung, wären die Philosophen der Aufklärung nun gewiss ausgestiegen. Und eigentlich hätte hier jedermanns Verständnis enden müssen. Denn die gleichermaßen von Natur- wie von Geisteswissenschaftlern selbstgebastelten Weltanschauungen wollten in ihrer mit naturwissenschaftlicher Terminologie aufgemotzten, indes begrifflich dunklen Bedeutsamkeit zumeist gerne alles zugleich in sich enthalten, was man für wahr, gut und wichtig hielt: Materialismus zusammen mit Idealismus; vollständige naturgesetzliche Festgelegtheit des Weltverlaufs und des menschlichen Handelns zusammen mit Wahl- und Entscheidungsfreiheit; rücksichtsloser Kampf ums Dasein zusammen mit Pazifismus; Rassentheorie und -hygiene zusammen mit Humanität; usw. usf. Von subjektiven, unveräußerlichen Rechten, die einem jedem einzelnen Menschen in gleicher Weise zukämen, war allerdings in diesen weltanschaulichen Konglomeraten kaum mehr die Rede.

Man sieht leicht: Obwohl, zumal in Deutschland, man als anständiger und auf Popularität bedachter Wissenschaftler stets die Worte System und Objektivität im Munde führte, war es um systematische Einheit allgemeiner und notwendiger (also objektiver) Aussagen schlecht bestellt. Häufig genug bestand sie in einem Akt des Glaubens, dass all dies doch schon irgendwie zusammenpassen werde. Trotz alledem blieben viele jener Autoren nicht nur in ihrer Fixierung auf System und Objektivität Nachfahren des Deutschen Idealismus, insbesondere Hegels und Fichtes. Mochten sie deren philosophische Prinzipien und Methoden auch ablehnen oder gar ausdrücklich bekämpfen; was bei ihren Weltanschauungsgebäuden an praktischen oder politischen Folgerungen herauskam, sah den Resultaten der Idealisten doch oft verdächtig ähnlich. Das muss keineswegs bedeuten, dass sie sich ausdrücklich und bewusst bei den einschlägigen – und außerordentlich schwer verdaulichen – philosophischen Werken bedient haben müssten. Es genügt vielmehr, dass es hier eine tiefverwurzelte Tradition des politischen Denkens gab, dessen Chauvinismus und globalen Herrschaftsanspruch aufgrund geistiger oder überhaupt allgemeiner Überlegenheit man fraglos, ohne eigens darüber nachzudenken gleichsam, für richtig und geradezu selbstverständlich und nun – im wahrsten Sinne des Wortes – naturgegeben hielt. Vielleicht mögen die Kerninhalte idealistischen politischen Denkens sogar als Fixpunkte beim Weltanschauungsbau gedient haben. Dass man Vieles und Grundsätzliches aus Fichtes umfassendem und aggressiven Nationalismus bei Autoren von bleibender Bedeutung für dessen gegenwärtige Vertreter wiederfindet, soll nun anhand eines Blickes auf Ernst Haeckel, Herman Wirth und Arthur Möller van den Bruck gezeigt werden.

3.1 Ernst Haeckel: Der Mythos der Rasse

Das öffentliche Gesicht der deutschen Wissenschaft und der gewiss berühmteste und auch international einflussreichste deutsche Naturwissenschaftler der zweiten Hälfte des 19. Jahrhunderts bis weit in die erste Hälfte des 20. Jahrhunderts hinein lehrte Zoologie an der Universität Jena. Ernst Haeckel (1834–1919) setzte nicht nur die allgemeine Anerkennung des Darwinismus – der in den deutschsprachigen Ländern gelegentlich und aufgrund seiner charakteristischen Modifikationen durchaus zu Recht „Haeckelismus" genannt wurde – gegen den erbitterten Widerstand seines ehemaligen Lehrers Rudolf Virchow (1821–1902) und des wissenschaftlichen Establishments seiner Zeit durch. Sein Erfolg war derartig groß, dass die breite Masse der Deutschen bzw. Deutschsprachigen, nicht zuletzt Adolf Hitler, Darwins Lehren allein aus dem Zerrspiegel Haeckels kannten.[1] Der Biologe und Mediziner erwarb zugleich auch noch den Ruf des „‚populärsten Philosophen' seiner Zeit".[2]

Dies gelang ihm durch eine wahre Flut zumeist sehr umfangreicher, aus öffentlichen Vortragsreihen hervorgegangener ‚allgemeinverständlicher Schriften', die sechsstellige Auflagen erreichten, ebenso vom Bürgertum wie von der Arbeiterschaft gelesen[3] und in etliche Sprachen übersetzt wurden. Sie propagierten nichts Geringeres als eine vollständige Revolution von Philosophie, Religion, Moral, Gesellschaft, Erziehung und Politik, aber auch der gesamten Naturwissenschaft inklusive der Astrophysik und Kosmologie auf der Grundlage der Evolutionslehre, wie sie Darwin vertrat. Schon mit dieser ebenso spektakulären wie spekulativen Universalisierung einer biologischen Theorie, die ein exklusiv biologisches Problem – ob die Arten unveränderlich sind oder nicht, und wenn nein, wie sie entstehen – lösen sollte, war Darwins Werk samt seiner Intention schon im Grundsatz verfälscht,[4] – einige gewechselte Briefe und persönliche Bekanntschaft mit dem stets höflichen, vorsichtigen und auf Harmonie bedachten Darwin durch einmaligen, kurzen Besuch hin oder her.[5] Die ganz typisch deutsche, politische Ausprägung der Evolutionstheorie im Haeckelismus kann man dem Schöpfer des Originals zumindest nicht in die Schuhe schieben.[6] Ihre Gründe werden sich eher in Haeckels Engagement im *Alldeutschen Verband* finden lassen, der seinerzeit einflussreichsten nationalistischen Vereinigung,

---

[1] Vgl. Daniel Gasman, The Scientific Origins of National Socialism. Social Darwinism in Ernst Haeckel and the German Monist League, London/New York 1971, 161.

[2] Jürgen Sandmann, Der Bruch mit der humanitären Tradition. Die Biologisierung der Ethik bei Ernst Haeckel und anderen Darwinisten seiner Zeit, Stuttgart/New York 1990, 15.

[3] Vgl. Karl Schlechta, Der Trend des Biologismus zur Weltanschauung im 19. Jahrhundert, in: G. Mann (Hg.), Biologismus im 19. Jahrhundert, Stuttgart 1973, 1–9, hier: 6 ff.

[4] Vgl. Pat Shipman, The Evolution of Racism. Human Differences and the Use and Abuse of Science, New York u. a. 1994, 92 f.

[5] Vgl. Shipman, 76 f.

[6] Vgl. Shipman, 101 ff.

deren politische Ziele in der Durchsetzung eines völkisch-rassistischen pangermanischen Imperialismus bestanden.[7]

Ohne noch um nähere, gar molekularbiologische Ursachen und Funktionsweisen wissen zu können – die Genetik steckte noch kaum in den Kinderschuhen –, sah Haeckel die Prinzipien der Evolutionstheorie wie gleichermaßen ihre Ergebnisse und Konsequenzen als schlichte Tatsachen an, die bereits mit ihrer Entdeckung jenseits jeden Zweifels lagen. Mit Darwin identifiziert Haeckel als die zentralen Prinzipien des Evolutionismus das der Deszendenz, d. h. der lückenlosen Abstammung aller Arten von anderen, früheren, mithin der Veränderlichkeit der Arten, und der Selektion, d. h. der natürlichen (aber später auch künstlichen) Zuchtwahl im „Kampf ums Dasein" (Darwins „struggle for life/existence"). Er ergänzt diese beiden Prinzipien um die Gesetze der Divergenz, d. h. der zunehmenden Arbeitsteilung bzw. Spezialisierung in der Kulturentwicklung der Menschen wie der Tiere, und der Vervollkommnung, d. h. des naturnotwendigen Fortschritts zur Höherentwicklung bzw. zum immer Besseren, und gelangt schlussendlich zum Begriff eines quantifizierbaren Lebenswertes der differenten Arten bzw. der Menschenrassen. Haeckel unterscheidet übrigens deren zwölf und bringt sie in eine scheinbar naturwissenschaftlich gerechtfertigte Rangordnung, an deren Spitze die indogermanische Rasse und der Einfachheit halber letztendlich das deutsche Volk steht.

Schon Letzteres wäre mit Darwin kaum zu machen gewesen, der bei aller Variabilität stets auf die Einheit der Spezies insistiert. Insbesondere Haeckels Gesetz der Vollkommenheit kann unmöglich im Sinne Darwins gewesen sein.[8] Denn ein derartiger Optimismus eliminierte die Relativität der Bestenselektion, die stets von den jeweiligen Umständen abhängt, und damit zugleich die Zufälligkeit des evolutionären Prozesses, die Haeckel jedoch so vehement verteidigt, wie er seine Zielgerichtetheit angreift, obwohl er mit dem natürlichen Gesetz der Vervollkommnung ganz offenkundig selbst solch zugleich teleologische und deterministische Vorstellungen vertritt.[9] Denn freilich ist auch nach Haeckel Vollkommenheit etwas Gutes, enthält also eine außernaturwissenschaftliche Bewertung. Indes folgt er in seinem argen Selbstwiderspruch dem Geist seiner Zeit.

---

[7] Vgl. Uwe Poschner, Die völkische Bewegung im wilhelminischen Kaiserreich: Sprache – Rasse – Religion, Darmstadt 2001; u. Peter Walkenhorst, Nation – Volk – Rasse. Radikaler Nationalismus im Deutschen Kaiserreich 1890–1914, Göttingen 2007.
[8] Vgl. Ernst Mayr, What Evolution Is, London 2002, 82.
[9] Vgl. Mayr, 133 f.

Obwohl kaum im Geiste Darwins, lagen progressive und teleologische Geschichtstheorien zumal in Deutschland mit Hegel, Marx, aber auch Fichte geradezu in der Luft. Dies gilt ebenso für den Sozialdarwinismus, dessen Begründer, Herbert Spencer (1820–1903), von dem die berühmte Formel des „survival of the fittest" stammt,[10] Haeckel für „die Begründung dieser monistischen Ethik durch die Entwicklungslehre" (Wr, 361) preist und zur Lektüre empfiehlt. Spencers politische Interpretation des Evolutionismus war allerdings extrem liberal: Der Staat hatte sich möglichst gänzlich aus dem natürlichen Verlauf der Evolution herauszuhalten, da sich erst dann und zudem von selbst die wirklich angepasstesten Exemplare durchsetzen würden. Die deutsche Fassung konnte dagegen – wenngleich vielleicht nicht immer bewusst, sondern öfter gleichsam instinktiv – auf die reiche idealistische Tradition der totalen Staatsbegriffe Fichtes und Hegels (bzw. Marxens) zurückgreifen und zog demnach extrem paternalistische, um nicht zu sagen: totalitäre Konsequenzen. Die pessimistische Be- bzw. Übervölkerungstheorie von Thomas Robert Malthus (1766–1834) hingegen hatte schon Darwin selbst inspiriert.[11] Malthus postuliert die Notwendigkeit permanenter Ausdünnung der seiner Auffassung nach exponentiell anwachsenden Erdbevölkerung, um ihre Ernährbarkeit zu gewährleisten. Ihre moralische Begründung findet diese These in der nicht zu rechtfertigenden Belastung der Familie durch überflüssige, mithin nicht zum Broterwerb beitragende Personen und ihre Nutzlosigkeit für die Gesellschaft, „unnütze Esser" also.

Aus diesen sehr verschiedenartigen Zutaten und aus seinen eigenen Forschungen zur *Generellen Morphologie* hervorgegangenen Theorien, die in der gegenwärtigen Biologie im Übrigen keine Rolle mehr spielen, versuchte Haeckel nun, eine Theorie für Alles zu konstruieren. Er nennt sie „Monismus". Dabei ist „alles" im emphatischen, buchstäblichen Sinne ‚des Lebens, des Universums und des ganzen Rests' zu verstehen. Denn „alles" soll hier nicht nur, wie für derartiges Verlangen üblich, die gesamte Natur bzw. den physischen Kosmos, sondern ebenso die Kultur, mithin den menschlichen Geist mitsamt all seinen Erzeugnissen umfassen. Und genau an dieser Stelle kommt das Deutsch-Denken des Pangermanisten Haeckel ins Spiel. Ein kurzer Blick auf seinen Monismus ist daher von nöten.

---

[10] Vgl. Mayr, 130.
[11] Thomas Robert Malthus, An Essay on the Principles of Population (ed. by J. E. Chaplin), New York/London 2018.

Haeckels Erklärung von allem soll allein das mechanische Gesetz von Ursache und Wirkung und die Prinzipien der Evolution voraussetzen. Weil, so die offensichtlich dahintersteckende Überlegung, Veränderung in der Zeit, wie sie auch die Evolution darstellt, eine Art körperlicher Bewegung ist, muss sie den Bewegungsgesetzen natürlicher Körper unterliegen. Damit mechanisiert Haeckel die Evolution und nimmt ihr – ob absichtlich oder nicht – so ihre Zufälligkeit.

Haeckel wiederholt seine monistische Erklärung in allen seinen gemeinverständlichen Werken, die er im Untertitel gerne der Philosophie zuordnet, immer wieder, insbesondere freilich in den populärsten, nämlich den Bestsellern *Die Welträtsel. Gemeinverständliche Studien über monistische Philosophie* (1899) und *Die Lebenswunder. Gemeinverständliche Studien über biologische Philosophie* (1904). Die konzentrierteste Darstellung des Monismus findet sich vielleicht in Haeckels Vortrag *Der Monismus als Band zwischen Religion und Wissenschaft,* gehalten zum 75. Jubiläum der „Naturforschenden Gesellschaft des Osterlandes" (heute Naturforschende Gesellschaft Altenburg e. V.) 1892 in Altenburg und als Einzelveröffentlichung mit dem Untertitel „Glaubensbekenntniss eines Naturforschers" versehen.

a) Der Monismus: Materialistische Mechanik und der Abschied vom qualitativen Unterschied

Obwohl sich Haeckel in dieser Hinsicht etwas verschämt gebärdet, weil Materialismus „auch heute noch" als „Vorwurf" gilt (MaB, 430), lässt sich doch leicht sehen, dass jene Erklärung eine materialistische sein muss. Wenn nämlich jede Veränderung und Bewegung kausalmechanisch erfolgen soll, müssen sowohl Ursache als auch Wirkung, was immer sie außerdem noch sein mögen, materiell verfasst sein, mithin Masse besitzen. Denn immaterielle Gegenstände können weder Teile mechanischer Beziehungen noch der „causal-mechanischen Nothwendigkeits-Herrschaft"[12] unterworfen sein, zu der nach Haeckels mechanistischer Auffassung auch der Kampf ums Dasein und die diesem folgende Auslese gehören.

Dabei ist es gleichgültig, dass Haeckel der Materie bereits auf atomarer oder molekularer Ebene „Geist" in Form von Kraft, Streben oder Empfindung zuschreiben und damit nach eigenem Dafürhalten „Materialismus" und „Spiritualismus" bis zur Ununterscheidbarkeit versöhnt

---

[12] Z. n. Sandmann, 60.

haben möchte (MaB, 430). Denn zum einen macht es für die Mechanik einer Bewegung keinen Unterschied, ob das Bewegte dabei irgendetwas empfindet: Die Bewegung findet so oder so in identischer Weise statt, so dass ein empfindender Geist hier keinen ursächlichen Beitrag leistete und also kausal irrelevant wäre. Zum anderen handelt es sich bei dieser Empfindsamkeit oder Spiritualität der Materie selbst um eine schiere Behauptung, deren Beweis oder Beleg Haeckel nicht einmal versucht. Und schließlich stellt er fest, dass ein geschädigtes Gehirn auch ohne Geistestätigkeit weiterexistieren kann, der Geist aber nicht ohne Gehirn, so dass offenkundig Geist Materie voraussetzt, aber keineswegs umgekehrt, weswegen es durchaus auch empfindungslose Materie ohne Geist geben wird. Auch die Rede von einer Potentialität der Materie zur Geistigkeit hilft hier nicht weiter: Denn eine solche Möglichkeit bedeutet noch nicht ihre Wirklichkeit, und ihre Verwirklichung braucht irgendeine Ursache, die nach Haeckel wiederum nur mechanisch sein, also ausschließlich auf materielle Dinge wirken kann. Folglich muss auch der Geist selbst materiellen Charakters sein. Das Eine und alleinige Prinzip, von dem der Monismus seinen Namen gewinnt, ist daher die Materie, ob dies Haeckel nun zugeben möchte oder nicht, und alle möglichen Veränderungen geschehen dann, wie Haeckel stets betont, nach den Gesetzen der klassischen Mechanik und daher – ungeachtet aller späterer Erkenntnisse der Quantenmechanik, aber auch der Molekulargenetik – niemals aus Zufall, sondern immer aus und mit Notwendigkeit.

Dieser materialistische Monismus bildet nach Haeckel die einzige naturwissenschaftlich begründete und folglich wahre Alternative gegen die demzufolge obsoleten Positionen des Dualismus, d. h. der Anerkennung zweier nicht aufeinander reduzierbarer Prinzipien, nämlich Materie und Geist, und des Idealismus, den er recht grob als eine Art Monismus des Geistes interpretiert.

Vertritt man aber einen konsequenten Monismus der Materie, so wie Haeckel dies tut, folgt daraus die Leugnung eines kategorischen Unterschieds zwischen Materie und Geist. Fügt man dem noch die Kausalmechanik als alleiniges Bewegungsprinzip hinzu, muss ihm auch die gesamte Evolutionstheorie mit der Deszendenz der Arten auseinander und ihrer jeweiligen Entstehung durch Selektion unterworfen sein. Einen hinlänglich langen Zeitraum und genügend viele kausale Schritte vorausgesetzt, kann daher zumindest aus jeder Art, solange sie einfacher ist, eine andere, neue Art entstehen, sofern diese komplexer ist. Genaugenommen spricht auch nichts gegen den umgekehrten Verlauf, obwohl ihn Haeckels fiktives Fortschrittsgesetz ausschließen soll, so dass man eigentlich sagen müsste, dass unter den geeigneten Umständen jede beliebige Art aus jeder beliebigen sich entwickeln können müsste. Dass die Speziesgrenzen vor dem Hintergrund der Evolutionstheorie flexibel werden und in erster Linie klassifikatorischen bzw. taxonomischen Zwecken dienen, ist freilich banal. Das gilt auch noch, wenn man wie Haeckel alle Arten von auf natürliche Weise entstandenen Dingen – von Bergkristall und Gneis über Schleimrübling, Gänseblümchen, Banane, Radiolarium, Springspinne, Blutegel, Meeraal, Geburtshelferkröte, Steinadler, Gibbon bis zum Menschen – in die monistische Theorie einbezogen wissen will.

Weniger banal daran ist wenigstens zweierlei: Zum einen müssen in einem solchen Kontinuum aller möglichen Arten von Dingen – und deswegen freilich auch aller Individuen, die Haeckel aber sowieso nicht interessieren – alle Eigenschaften, wodurch diese sich unterscheiden mögen, als graduelle Unterschiede gelten. Qualitäten mögen daher zwar als Gründe dafür erscheinen, zwischen Arten (oder Individua ein und derselben Art) zu unterscheiden. In Wahrheit aber bestehen zwischen ihnen nur quantitative Unterschiede. Haeckel sieht sie – denkt man an die jeweilige Zahl der zur Entstehung einer Art nötigen kausalen Schritte: ganz zu Recht– in der Komplexität, also dem Grad der Zusammengesetztheit. Daraus ergibt sich eine einfache Faustregel: Je komplexer ein Ding oder ein Lebewesen seiner Morphologie nach ist, desto später ist seine Art im Laufe der Evolution entstanden, und umgekehrt. Und je später eine Art entstanden ist, desto höher steht sie in der Entwicklung, ist also gemäß des Fortschrittsgesetzes vollkommener als eine frühere, und umgekehrt. Dass Haeckel damit trotzdem wieder ein qualitatives Urteil begründet und verknüpft, nämlich das Werturteil über besser und schlechter, und daraus ethische bzw. politische Folgen ableitet, werden wir gleich noch bestaunen dürfen.

Zum anderen folgt schlicht aus dem Begriff von Haeckels eigentümlichem Monismus, und zwar aus der universalen Ausweitung seiner biologisch-mechanistischen Evolutionslehre, ihre Anwendung auf alle menschlichen bzw. künstlichen Erzeugnisse, also auf das, was man gemeinhin Kultur nennt. Muss aber Kultur auf dieselbe Weise erklärt werden wie die Entstehung und Beschaffenheit der Art, die sie hervorgebracht hat und betreibt, muss ebenso von den verschiedenen Komplexitätsgraden verschiedener Kulturen auf die Verschiedenheit der Arten geschlossen werden, die sie hervorgebracht haben und betreiben. Denn keine Art kann sich die Kultur, die sie bildet, heraussuchen, ja sich nicht einmal innerhalb ihrer für bestimmte Varianten oder Fortsetzungen entscheiden. Ihre jeweilige Kultur kann nämlich gar nichts anderes sein als das einzig mögliche Resultat desselben mechanischen Verursachungsprozesses, der auch die Evolution der Art festlegt. Kultur entspringt folglich in keinem ihrer Teile einer freien

Betätigung kreativer oder sonstiger Vermögen von Individuen; schlicht deswegen nicht, weil in einem materialistischen Monismus wie dem Haeckels nicht der geringste Platz für Willensfreiheit ist, d. h. für dasjenige Vermögen eines jeden Menschen, bei jeder bewusst zu vollziehenden Handlung zwischen mindestens zwei, eigentlich aber unendlich vielen Alternativen zu wählen und sich für eine davon zu entscheiden. Wie Haeckel ausdrücklich erklärt, ist vielmehr das Gegenteil der Fall: Der Wille des Menschen, dessen Vorhandensein er trotz seiner offenkundigen Funktionslosigkeit keineswegs leugnet, ist jederzeit sowohl durch seinem Organismus interne als auch externe Ursachen kausalmechanisch determiniert. Er bildet lediglich das Vollzugsinstrument dieser Festlegung, auf die sein Besitzer keinerlei Einfluss ausüben kann – dies setzte ja wiederum Freiheit voraus. Folglich ist die Zukunft auch für Wesen, die ein reflexives Bewusstsein besitzen und sich selber aus Mangel an überlegener naturwissenschaftlicher Einsicht fälschlicherweise für frei halten, nicht offen, sondern festgelegt. Denn vollständige kausale Determiniertheit des Handelns, oder besser: aller möglichen körperlichen und geistigen Zustandsveränderungen, bedeutet nichts anderes, als dass es für jeden Zustand, in dem sich etwas, z. B. ein Mensch gerade befindet, genau und nur einen Fortsetzungszustand geben kann und dieser mit Notwendigkeit eintreten wird.

Dass sich Haeckel, wie alle Vertreter einer solch scheinbar arrivierten, weil auf scheinbar naturwissenschaftlichen Erkenntnissen basierenden Position, auf Schritt und Tritt in Selbstwidersprüche verwickelt und ebenso erhebliche Schwierigkeiten mit Moral und Recht bekommen muss, die, ohne Willensfreiheit vorauszusetzen, allesamt Unsinn sind, liegt auf der Hand, muss uns indes nur am Rande kümmern. Wichtiger sind die Maßnahmen, die er zur Anpassung der Kultur bzw. des gesellschaftlichen Fortschritts an die natürliche Entwicklung und zur weiteren Beförderung des Menschheitsfortschritts vorschlägt. Sie sind zwar wie bei allen Vertretern deterministischer Positionen ebenso Unfug, weil man etwas, das sich sowieso mit Notwendigkeit ereignen wird, weder vorschreiben noch fördern muss oder auch nur könnte, ohne sich selbst zu widersprechen. Das verhinderte jedoch keineswegs ihren Einfluss auf weite Teile der Bevölkerung und ihre weitverbreitete populäre und politische Anerkennung auf Jahrzehnte.

b) Die Speerspitze der Evolution: Die Überlegenheit der germanischen Rasse

Die spektakulärste und seinerzeit schockierendste Konsequenz von Darwins Evolutionstheorie ist ohne Zweifel die Anwendung der Deszendenztheorie auf die Spezies des Menschen, d. h. seine berühmte „Abstammung vom Affen". Haeckel verficht sie von Anfang an vehement und unter zunehmenden gebetsmühlenartigen Invektiven gegen die, insbesondere katholische, Kirche (Wr, 364–374 pass.). Anders allerdings als seit Ernst Mayrs (1904–2005) noch heute gültiger Definition des biologischen Artbegriffs als Fortpflanzungsgemeinschaft und ebenso in Abweichung von Darwin selbst, der in *The Descent of Man* (1871) eine Aufspaltung des Menschen in unterschiedliche Spezies zugunsten der Einheit der Art ausdrücklich ablehnt, identifiziert Haeckel die „sogenannten ‚Rassen'" ebenso suggestiv wie grotesk verzerrt mit „verschiedenen Menschenarten" (NS II, 379).[13] Zwar weist er darauf hin, dass „was Art oder Spezies und was Rasse oder Varietät ist, niemals entschieden werden" könne (NS II, 381). Dennoch betont er die Grenzen zwischen den Menschenrassen so stark, dass er zumindest die relative Bedeutung der seinerzeit trotz Darwins gegenteiliger Auffassung unter Evolutionisten noch umstrittenen These von ihrem unterschiedlichen Ursprung anerkennt.

Bei dieser Debatte ging es in Haeckels eigenen Worten um Folgendes: „Die Monophyleten [...] behaupten den einheitlichen Ursprung und die Blutsverwandtschaft aller Menschenarten. Die Polyphyleten [...] dagegen sind der Ansicht, daß die verschiedenen Menschenarten oder Rassen selbständigen Ursprungs sind." (NS II, 379) Die Frage war also, ob alle Menschen bzw. „die verschiedenen Spezies der Urmenschen alle von einer gemeinsamen Affenmenschenform abstammen" (NS II, 380) oder nicht. Sie wurde im Sinne der Einheitsthese beantwortet, der sich auch Haeckel anschließt. Er tut dies jedoch mit einer gewissen Reserviertheit:

> „Nach den vorhergehenden genealogischen Untersuchungen kann es Ihnen nicht zweifelhaft sein, daß im weiteren Sinne jedenfalls die monophyletische Ansicht die richtige ist. Denn vorausgesetzt auch, daß die Umbildung menschenähnlicher Affen zu Menschen mehrmals stattgefunden hätte, so würden doch jene Affen selbst durch den einheitlichen Stammbaum der ganzen Affenordnung oder mindestens der Katarhinen (sic!) [sc. d. h. der Alt-

---
[13] Vgl. Shipman, 101 f.

welt- oder Schmalnasenaffen], wiederum zusammenhängen. Es könnte sich daher immer nur um einen näheren oder entfernteren Grad der eigentlichen Blutsverwandtschaft handeln." (NS II, 379)

Unbedingte Ablehnung klingt anders, und Haeckel beabsichtigt sie offensichtlich auch nicht. Der ‚weitere' Sinn, den er der Einheitsthese gibt, ist nämlich so weit, dass sie die Verschiedenheitsthese zu umfassen vermag. Denn ein einheitlicher Ursprung bestünde auch dann, wenn sich an verschiedenen Orten, unter verschiedenen Umständen und womöglich zu verschiedenen Zeiten Menschen aus derselben Affenart bzw. -gruppe entwickelt hätten. Sie könnten dann verschiedene Menschenarten bilden, von denen wiederum manche ursprünglicher geblieben bzw. näher mit den Affen verwandt sein könnten als andere. Und diese affennäheren bzw. -ähnlicheren Menschen könnten, wenn sie nicht von höherentwickelten Spezies verdrängt wurden, freilich immer noch in geeigneten Habitaten existieren. Die Verschiedenheitsthese ist aus dieser Sicht folglich weniger falsch, sondern erscheint vielmehr im basalen und allgemeinen evolutionsbiologischen Sinne bloß überflüssig.

Trotzdem lässt sie sich in einer besonderen, höheren evolutions- oder rassentheoretischen Bedeutung, welche die Kultur- oder Höherentwicklung einbegreift und damit über mehr oder weniger große Affennähe befindet, nach Haeckel sinnvoll und mit Erkenntnisgewinn verwenden: „Im engeren Sinne könnte dagegen die polyphyletische Anschauung insofern recht behalten, als die verschiedenen Ursprachen sich vielleicht ganz unabhängig voneinander entwickelt haben. Wenn man also die gegliederte Wortsprache als den Hauptakt der Menschwerdung ansieht, wenn man ferner einen vielheitlichen Ursprung der Sprache annimmt und wenn man zugleich die Arten des Menschengeschlechts nach ihrem Sprachstamme unterscheiden will, so könnte man sagen, daß die verschiedenen Menschenarten unabhängig voneinander entstanden seien, indem verschiedene Zweige der aus dem Affen unmittelbar entstandenen sprachlosen Urmenschen sich selbständig ihre Ursprachen bildeten. Immerhin würden natürlich auch diese an ihrer Wurzel entweder weiter oben oder tiefer unten wieder zusammenhängen, und also doch schließlich von einem gemeinsamen Urstamme abzuleiten sein. Der Stamm der Ostaffen oder Katarhinen bleibt also auf alle Fälle monophyletisch." (NS II, 379/80).

Die Verschiedenheitsthese kann also unter drei Bedingungen zur Unterscheidung verschiedener Menschenarten bzw. -rassen dienen. Trotz seiner eher zurückhaltenden Formulierungen verfährt Haeckel, als seien sie erfüllt. Das ist schon deswegen unschwer möglich, weil sie offenbar subjektiver

Natur sind: Man muss etwas als etwas ‚ansehen', etwas ‚annehmen' und etwas ‚wollen'. All dies tut Haeckel ohne Zweifel.

Die *erste Bedingung* besteht in der Entstehung des menschlichen Geistes zusammen mit und durch die ‚gegliederte Wortsprache'. Sie macht den Menschen erst wahrhaft zum Menschen. Haeckel unterscheidet auf diese Weise zwei Stufen der Menschwerdung: Zuerst existiert mit dem „aufrechten Gange und der dadurch herbeigeführten charakteristischen menschlichen Körperform" (NS II, 375) ein sprachloser oder Affenmensch. Dieser „Homo alalus" oder „Pithecanthropus", dessen Entwicklungsstufe der später tatsächlich gefundene Homo erectus entsprechen mag,[14] ist „zwar körperlich dem Menschen in allen wesentlichen Merkmalen schon gleichgebildet" (NS II, 376), jedoch noch kein richtiger Mensch. Dazu macht ihn erst „die spätere, zweite und wichtigste Stufe in dem Entwicklungsvorgang der Menschwerdung", nämlich die „Entstehung der gegliederten Wortsprache" bei gleichzeitiger „höhere(r) Differenzierung und Vervollkommnung des Kehlkopfs" (NS II, 376). Erst an dieser Stelle öffnete sich „die tiefe Kluft zwischen Mensch und Tier" (NS II, 376). Wenngleich „der Gesang der Vögel […] eine ähnliche physiologische Leistung" darstellen mag, bleibt doch „eine wirkliche Wortsprache oder Begriffsprache, eine sogenannte ‚gegliederte oder artikulierte' Sprache, welche die Laute durch Abstraktion zu Worten umbildet und die Worte zu Sätzen verbindet, […] fast ausschließliches Eigentum des Menschen" (NS II, 376). Zwar klärt Haeckel weder das einschränkende „fast" auf noch die verwirrende Gleichzeitigkeit von Sprachbildung durch die gewiss intellektuellen Akte der Abstraktion einerseits und die Gebundenheit der Existenz des Geistes an den Vollzug artikulierter Rede andererseits, außer in einem Satz auf eine „unmittelbare Wechselwirkung" der „höhere(n) Differenzierung und Vervollkommnung des Gehirns und des Geisteslebens als der höchsten Funktion des Gehirns […] mit seiner Äußerung durch die Sprache" hinzuweisen (NS II, 377). Dennoch lässt er an dreierlei keinen Zweifel: Erstens bedeutet der Besitz einer semantisch bestimmten und syntaktisch organisierten Sprache den Besitz von Geist. Zweitens markiert genau dies den eigentlichen Unterschied zwischen Mensch und Tier. Drittens entspricht der Grad an Abstraktion und Komplexität, den eine Sprache erreicht, dem Grad der geistigen Bildung ihrer Sprecher und damit ihrer Entfernung von bzw. ihrer Nähe zu den Tieren.

---

[14] Vgl. Shipman, 94.

Auf den dritten Punkt geht Haeckel bei seiner kurzen Darlegung des „Ursprungs des menschlichen Geistes oder der Seele des Menschen" (NS II, 450) näher ein. Da auch diese sich „stufenweise [...] aus der Wirbeltierseele" hervorgebildet haben muss, sind zur Erfassung dieser psychologischen Entwicklungsgeschichte ebenfalls „die höchsten tierischen Erscheinungen einerseits mit den niedersten tierischen, anderseits mit den niedersten menschlichen Erscheinungen zu vergleichen" (NS II, 451). Letztere lassen sich anhand des Sprachkriteriums leicht ausfinden: „Auf der tiefsten Stufe menschlicher Geistesbildung stehen die Weddas und Australier, einige Stämme der Dravidas, und in Afrika die Buschmänner, die Hottentotten und einige Stämme der Neger; in Amerika die Feuerländer. Die Sprache, der wichtigste Charakter des echten Menschen ist bei ihnen auf der niedersten Stufe der Ausbildung stehen geblieben, und damit natürlich auch die Begriffsbildung." (NS II, 452) Haeckel begründet diese Einordnung mit dem gänzlichen Mangel an allgemeinen Begriffen zugunsten singulärer Ausdrücke, so dass „also selbst die nächstliegenden Abstraktionen" fehlen (NS II, 452). Dass es sich dann nach seiner eigenen Erklärung hierbei auch gar nicht mehr um Worte, deren Bildung allemal Abstraktion voraussetzt, und ebenso wenig um eine organisierte Sprache handeln kann, stört Haeckel nicht. Im Gegenteil unterstreicht er den weitgehenden bis vollständigen Abstraktionsmangel, d. h. den Mangel an der einzigen, von Haeckel eigens ausgezeichneten Grundlage intellektueller Entwicklung, durch das geringe Auftreten oder gar die gänzliche Abwesenheit von Zahlwörtern in den Sprachen „[s]ehr viele[r] wilde[r] Völker [...], während man einzelne sehr gescheidte Hunde dazu gebracht hat, bis vierzig oder selbst über sechzig zu zählen" (NS II, 452).[15] Da weiterhin jede Moral auf universellen, mithin abstrakten Normen beruht, leben „[e]inzelne von den wildesten Stämmen im südlichen Asien und zentralen Afrika [...] in umherschweifenden Herden beisammen, welche in ihrer ganzen Lebensweise mehr Ähnlichkeit mit wilden Affenherden, als mit zivilisierten Menschenstaaten besitzen" (NS II, 452). Versuche entsprechender Unterrichtung sind von vorneherein zum Scheitern verurteilt: „[E]s ist unmöglich, da menschliche Bildung pflanzen zu wollen, wo der nötige Boden dazu, die menschliche Gehirnvervoll-

---

[15] Die Tradition ‚gescheidter Hunde' hielt sich an der Zoologie der Universität Jena bis in die dreißiger Jahre des 20. Jahrhunderts, wenngleich der allerklügste seiner Art, Kurwenal, ein gelbroter Dackelrüde, in Weimar wohnte und sich im Besitz der etwas exzentrischen Freiin Mathilde von Freytag-Loringhoven befand; vgl. Uwe Hoßfeld, Kurwenals Zahlenspiele. Streit über sprechende Hunde und rechnende Pferde, https://www4.uni-jena.de/journal_senatskommission_tierpsychologie.htm (zuletzt aufgerufen am 26.03.20, 17:39).

kommnung, noch fehlt." (NS II, 452) Kurzum: Jene Menschenarten „haben sich kaum über jene tiefste Stufe des Übergangs vom Menschenaffen zum Affenmenschen erhoben, welche die Stammeltern der höheren Menschen schon seit Jahrtausenden überschritten haben." (NS II, 453).

Haeckels Vergleich der seelisch-intellektuellen Leistungsfähigkeit verfährt also eindeutig nach dem Kriterium des Komplexitätsgrades sowohl der gesprochenen Sprache als auch der Fähigkeit zu ihrem Erwerb. Er führt, illustriert durch allerlei Beispiele aus Berichten von, vornehmlich, Afrikareisenden zum Ergebnis, „daß zwischen den höchst entwickelten Tierseelen und den tiefstehenden Menschenseelen nur ein geringer quantitativer, aber kein qualitativer Unterschied existiert; dieser Unterschied ist viel geringer als der Unterschied zwischen den niedersten und höchsten Menschenseelen, oder als der Unterschied zwischen den höchsten und niedersten Tierseelen." (NS II, 451) Zwischen den seelischen bzw. intellektuellen Vermögen aller Arten von Lebewesen bestehen, genau wie in ihren physischen Eigenschaften, folglich allein mehr oder weniger große quantitative Unterschiede. Und diese sind zwischen höheren Tieren und niederen Menschen so klein, dass sie nicht nur bis zur Unkenntlichkeit verschwimmen, sondern ‚gescheidte Hunde' und andere Tiere bestimmte Gruppen niederer Menschen, d. h. bestimmte Menschenarten oder -rassen, sogar aufgrund der wenigstens rudimentären logischen und abstraktiven Fähigkeiten, die Haeckel einigen höheren Tieren wie eben Hunden oder z. B. Elefanten ohne Weiteres unterstellt, geistig überholen können (vgl. NS II, 453 f.).

Die *zweite Bedingung* besteht in der Annahme eines ‚vielheitlichen Ursprungs der Sprache'. Haeckel nimmt hier eine (scheinbar) ähnlich ambivalente Haltung wie bei der Frage nach der physischen Abstammung des Menschen ein und referiert knapp die autoritativen konkurrierenden Positionen (vgl. NS II, 377 ff.). Für die – monophyletische – Einheitsthese greift er auf die Forschungen zu den südafrikanischen Bantu-, Khoisan- und Zulu-Sprachen eines Verwandten, des in Kapstadt als Bibliothekar tätigen Linguisten Wilhelm Bleek (1827–75), zurück, für die – polyphyletische – Verschiedenheitsthese auf das Werk des mit ihm befreundeten und ebenfalls in Jena lehrenden Indogermanisten August Schleicher (1821–68). Dieser bemühte sich zwar um die Rekonstruktion einer ur-indogermanischen Sprache, hielt jedoch die Rückführung aller verschiedenen Ursprachen auf eine noch ältere Einheitssprache für ausgeschlossen. Dass sich Haeckel, ohne dies indes ausdrücklich zu benennen, Schleicher anschließt, geht nicht allein aus seinem Postulat eines sprachlosen Vormenschen und der Vielzahl von irreduziblen Ursprachen hervor (vgl. NS II, 403), sondern vor allem aus den argumentativen Bedürfnissen seines Versuchs der Unterscheidung verschiedener Menschenarten und -rassen. Denn eine hinlängliche, Haeckels Ansprüchen und – weniger wissenschaftlichen als weltanschaulich-politischen – Zwecken genügende Differenziertheit ist hier allein auf physiologischer Basis nicht zu erreichen: „Bekanntlich entsprechen aber die Grenzen dieser Sprachstämme und ihrer Verzweigungen keineswegs den Grenzen der verschiedenen Menschenarten oder ‚Rassen', welche wir aufgrund körperlicher Charaktere im Menschengeschlecht unterscheiden." (NS II, 379).

Schlicht ausgedrückt: Es gibt mehr Ursprachen und von diesen ausgehende Sprachniveaus als äußerlich unterscheidbare Menschenarten. Um innerhalb dieser noch weitere, notwendigerweise ebenfalls niedere und höhere Entwicklungsstufen unterscheiden zu können, muss man auf ein zusätzliches Kriterium zurückgreifen, nämlich das Geistige der Sprache, von dem wiederum auf einen höheren Grad der Vollkommenheit des Gehirns zurückgeschlossen werden kann. Eine solche Differenzierung hat Haeckel nicht nur heimlich im Sinn, er führt sie auch sehr ausführlich durch. Damit ist auch die *dritte Bedingung* erfüllt.

Wie seine tabellarischen Darstellungen (NS II, 386 u. 400) zeigen, löst Haeckel seinen ambivalenten Gebrauch der Begriffe von Art bzw. Spezies und Rasse im Sinne einer klassischen zoologischen Systematik auf: Physische Kriterien bestimmen Genera und Spezies, psychische, d. h. sprachliche, Kriterien differenzieren diese in verschiedene Rassen (vgl. NS II, 383). Haeckel gelangt so zu zwölf verschiedenen Spezies und 36 verschiedenen Rassen, ohne dass ihn dies jedoch hinderte, beide Klassenbegriffe immer wieder synonym zu gebrauchen. Bereits die erste, im üblichen Sinne biologische Einteilung läuft Darwins – und im Übrigen auch der gegenwärtigen – Auffassung zuwider, die Haeckel dogmatisch nennt:

> „In gleicher Weise halten auch die meisten Anthropologen dogmatisch an der sogenannten ‚Arteinheit' aller Menschenrassen fest und vereinigen sie in einer ‚Spezies': Homo sapiens. Der unbefangene kritische Forscher aber, welcher dieselben genau vergleicht, kann sich der Überzeugung nicht verschließen, daß ihre morphologischen Unterschiede viel bedeutender sind als diejenigen, durch welche sich im zoologischen System z. B. die verschiedenen Spezies der Bären, oder der Wölfe, oder der Katzen unterscheiden." (NS II, 397 f.)

Haeckels morphologische Einteilung scheint daher schlichter taxonomischer Konsequenz zu folgen. Er gelangt anhand äußerer Kriterien – insbesondere Haarbildung, Hautfarbe und Schädelbildung (NS II, 382) –, die sich freilich auch in krassen Unterschieden zwischen den Organisationsniveaus der entsprechenden Sprachstämme und folglich der geistigen Fähigkeiten niederschlagen, zu immerhin „zwölf Menschenspezies, die wir unterscheiden" (NS II, 383). Dabei gilt weiterhin wie stets, dass später entstandene Arten aufgrund der höheren Komplexität ihrer physischen und psychischen Organisation eine höhere Entwicklungsstufe einnehmen und deshalb vollkommener sein müssen als früher entstandene.

Die Hierarchie der Menschenarten überspannt daher nach Haeckel zwölf Stufen, auf deren unterster die in 13 Rassen zerfallenden vier Spezies der „Wollhaarigen (Ulotriches)" stehen: „Alle Ulotrichen oder Wollhaarigen sind schiefzähnig und langköpfig. Die Farbe der Haut, des Haares und der Augen ist stets sehr dunkel. Alle sind Bewohner der südlichen Erdhälfte; nur in Afrika überschreiten sie den Äquator. Im Allgemeinen stehen sie auf einer viel tieferen Entwicklungsstufe und sind den Affen viel näher, als die meisten Lissotrichen oder Schlichthaarigen. Einer wahren inneren Kultur und einer höheren geistigen Durchbildung sind die meisten Ulotrichen unfähig, auch unter so günstigen Anpassungsbedingungen, wie sie ihnen jetzt in den Vereinigten Staaten von Nordamerika geboten werden. Kein wollhaariges Volk hat jemals eine bedeutende ‚Geschichte' gehabt." (NS II, 383 f.)

Es ist hier nicht nötig, alle ebenso ermüdenden wie unappetitlichen und aus heutiger – und zum Teil auch damaliger – Sicht bestenfalls fiktionalen und ansonsten haltlosen Charakterisierungen seiner verschiedenen Menschenarten und -rassen wiederzugeben, die Haeckel in aller Ausführlichkeit abhandelt (vgl. NS II, 386–95). Vielmehr reicht es völlig, sich das andere Ende der Arten- und Rassenhierarchie anzusehen, für das er die wärmsten Worte findet – er gehört ja schließlich selber dazu. Am oberen Ende der Menschheitsentwicklung stehen die vier Spezies der „Lockenhaarigen (Euplocami)". Deren letzte – und bislang also höchste – Stufe sind die „Mittelländer", der „Homo mediterraneus". Auch diese Spezies lässt sich anhand ihrer physischen Merkmale von den elf früheren unterscheiden: Sie zeigt „helle Hautfarbe […] in alle[n] Abstufungen von reinem Weiß oder Rötlichweiß, durch Gelb und Gelbbraun, bis zum Olivenbraun oder selbst Dunkelbraun. Der Haarwuchs ist meistens stark, das Haupthaar mehr oder weniger lockig, das Barthaar stärker als bei allen übrigen Arten. Die Schädelform zeigt einen großen Breitegrad der Entwicklung […]. Der Körperbau im Ganzen erreicht nur bei dieser einzigen Menschenart jenes Ebenmaß aller Teile und jene gleichmäßige Entwicklung, welche wir als den Typus vollendeter menschlicher Schönheit bezeichnen." (NS II, 394) Generell gilt für die mittelländische Spezies, dass „dieselbe gegenwärtig sich über die ganze Erde verbreitet und die meisten übrigen Menschenspezies im Kampf ums Dasein überwindet. In körperlicher, wie in geistiger

Beziehung kann sich keine andere Menschenart mit der mittelländischen messen. Sie allein hat (abgesehen von der mongolischen Spezies) eigentlich ‚Geschichte' gemacht. Sie allein hat jene Blüte der Kultur entwickelt, welche den Menschen über die ganze Natur zu erheben scheint." (NS II, 394).

Nun teilt Haeckel anhand der anzunehmenden „mindestens vier verschiedene[n] Ursprachen" (NS II, 394) diese mittelländische Spezies weiter in vier, wiederum hierarchisch geordnete Rassen ein, nämlich die Kaukasier, Basken, Hamosemiten und Indogermanen. Unter ihnen hat die „indogermanische Rasse [...] alle übrigen Menschenrassen in geistiger Entwicklung mehrfach überflügelt" (NS II, 395). Diese mehrfache intellektuelle Überlegenheit geht zu Lasten der unterlegenen, also aller anderen Rassen, „und zwar nach dem von Darwin (sic!) entwickelten Gesetze, daß im Kampf ums Dasein die höher entwickelten, begünstigteren und größeren Formengruppen die bestimmte Neigung und die sichere Aussicht haben, sich immer mehr auf Kosten der niederen, zurückgebliebenen und kleineren Gruppen auszubreiten. So hat die mittelländische Spezies, und innerhalb derselben die indogermanische Rasse, vermöge ihrer höheren Gehirnentwicklung alle übrigen Rassen und Arten im Kampfe ums Dasein überflügelt, und spannt schon jetzt das Netz ihrer Herrschaft über die ganze Erdkugel aus." (NS II, 396) Diesem weltumspannenden Netz entgehen nur diejenigen, die das Glück haben, in besonders unwirtlichen, d. h. zu heißen oder zu kalten, Gegenden zu wohnen – und auch die nur „einigermaßen" (NS II, 396).

Haeckel zufolge ist daher jede Art von imperialistischen oder kolonialistischen Bestrebungen evolutionstheoretisch gerechtfertigt – solange sie von der richtigen, der indogermanischen Rasse, aber auch wieder nicht allen ihren Vertretern, ausgehen. Demgemäß versteht Haeckel Darwins Rede vom ‚Kampf ums Dasein' – erneut ganz anders als ihr Schöpfer[16] – ganz buchstäblich: Seine Notwendigkeit kann bei hinlänglichen geistigen Fähigkeiten erkannt, und er selbst kann deshalb gezielt geführt und beschleunigt werden. Die siegreiche Rasse macht sich auf diese Weise zu Recht zum Ausführungsinstrument der Natur, nach deren Gesetz die unterlegene schlicht zu weichen und endlich zu verschwinden hat:

„Dagegen werden die übrigen Rassen, die ohnehin sehr zusammengeschmolzen sind, den übermächtigen Mittelländern im Kampf ums Dasein früher oder später gänzlich erliegen. Zum großen Teil werden sie schon durch die sogenannten ‚Segnungen der Zivilisation' aufgerieben; zum anderen Teil

---

[16] Vgl. Mayr, 137 ff.

durch direkte Kämpfe und durch geschlechtliche Vermischung. Schon jetzt gehen die Amerikaner und Australier mit raschen Schritten ihrer völligen Ausrottung entgegen, und dasselbe gilt auch von den Weddas und Dravidas, den Papuas und Hottentotten." (NS II, 396 f.)

Die sich seinerzeit vollziehende Eroberung und Aufteilung der außereuropäischen Welt und die Unterdrückung oder Vernichtung der dort lebenden Ureinwohner durch die europäischen Nationen erhält so naturgesetzliche Notwendigkeit. Der ‚unbefangene kritische Forscher' Haeckel braucht solche Enden evolutionärer Linien deswegen auch nicht zu bedauern: Ihre Zeit ist ebenso um wie die fossiler Arten und ihr evolutionäres Potential ausgeschöpft.

Das gilt indes keineswegs für die Menschheit überhaupt. Das ließe Haeckels Gesetz der Vervollkommnung gar nicht zu. Im Gegenteil:

„Wir erblicken in einer stufenweise aufsteigenden Entwicklung aus den niederen Wirbeltieren den höchsten Triumph der Menschennatur über die gesamte übrige Natur. Wir sind stolz darauf, unsere niederen tierischen Vorfahren so unendlich weit überflügelt zu haben und entnehmen daraus die tröstliche Gewißheit, daß auch in Zukunft das Menschengeschlecht im großen und ganzen die ruhmvolle Bahn fortschreitender Entwicklung verfolgen und eine immer höhere Stufe geistiger Vollkommenheit erklimmen wird." (NS II, 457)

Da alle weiteren Arten und Rassen ihrer evolutionsbedingten Ausrottung entgegensehen, bleiben als Träger des weiteren Aufstiegs nur noch die Indogermanen übrig, deren „divergierende Zweige [...] sich am weitesten von der gemeinsamen Stammform des Affenmenschen entfernt" haben (NS II, 406). Allerdings wiederum nicht alle. Haeckel erblickt nämlich bereits eine weitere evolutionäre Binnendifferenzierung:

„Von den beiden Hauptzweigen dieser Rasse hat im klassischen Altertum und im Mittelalter der romanische Zweig (die graeco-italo-keltische Gruppe), in der Gegenwart aber der germanische Zweig im Wettlaufe der Kulturentwicklung die anderen Zweige überflügelt. Die germanische Rasse im nordwestlichen Europa und in Nordamerika ist es, welche jetzt vor allen anderen ihr Kulturnetz um den ganzen Erdball spannt, und welche im Ausbau der monistischen Entwicklungslehre das Fundament für eine neue Periode der geistigen Entwicklung legt." (NS II, 406)

Wenngleich Haeckel in diesen Passagen so klingt, als beruhe die gegenwärtige und zukünftige Höherentwicklung auf einer Art heroischem Willensakt, darf man nicht vergessen, dass es sich auch beim angeführten kulturellen Aufstieg nach seiner eigenen Theorie immer um einen kausal determinierten Naturvorgang handelt, zu dem immer die Verdrängung und schlussendliche Eliminierung der jeweils evolutionär tiefer stehenden Rassen gehört. Bleibt man in seinem Bild des Wettlaufs, sind gemäß des Kriteriums der Sprachentwicklung nur noch die angelsächsische und die hochdeutsche Rasse im Rennen, die beide germanischen Ursprungs sind (NS II, 409). Daran, wer es gewinnt, kann kaum Zweifel bestehen. Denn bei aller Hochachtung für die Angelsachsen „verdanken die Briten zum großen Teil das Übergewicht ihres Gehirns und Geistes über andere Nationen" vornehmlich ihrer Ernährung mit „ausgezeichnetem Roastbeef und Beefsteak" und diese wiederum dem Rotklee (Trifolium pratense), der „in England eines der vorzüglichsten Futterkräuter für das Rindvieh bildet", dessen ausreichendes Vorkommen seinerseits vom zufällig herrschenden günstigen Verhältnis von Hummeln (die den Klee bestäuben), Feldmäusen (der „verderblichsten" Feinde der Hummeln) und Katzen (die Feldmäuse fressen) (NS I, 275 f.).

Anders als die noch aktuelle Weltmacht des British Empire gründet die kommende und sich bereits abzeichnende Übermacht der (Hoch) Deutschen jedoch nicht auf Kühen, Klee, Hummeln und Katzen, sondern einer originären geistigen Leistung, die Haeckel gar nicht erst eigens für sich beanspruchen muss – man weiß es ja auch so: Es ist die monistische Entwicklungslehre, die ‚das Fundament für eine neue Periode der geistigen Entwicklung legt'. Und sie ist eben keine angelsächsische Erfindung. Zwar beruht der Monismus auf Darwins Evolutionstheorie, doch war dieser, wie auch Spencer, zu kurzsichtig, ihr universales Potential für eine Theorie für Alles zu erkennen und zu nutzen. Die monistische Entwicklungslehre ist durchaus Haeckels Eigentum und damit eine hochdeutsche Theorie, die, da sie wahr ist und alles, was ist, umfassend erklärt, schon durch ihren Ursprung und ihre Existenz die Überlegenheit der hochdeutschen Kultur und des hochdeutschen Geistes hinreichend erweist. Freilich gilt dies keineswegs bloß für alle anderen aktuell existierenden Rassen, sondern auch in alle Zukunft. Denn gemäß Haeckels Verständnis' des Kampfs ums Dasein wird die hochdeutsche alle anderen Rassen, vornehmlich die angelsächsische, eher früher als später siegreich verdrängt haben müssen. Die (Hoch)Deutschen werden dann der einzige Träger der weiteren Höherentwicklung der Menschheit sein.

Insbesondere aber ergibt sich aus Haeckels konsequenter Anwendung des Sprachkriteriums zur Rassenunterscheidung aufgrund der Unzulänglichkeit physischer Merkmale, die nur zur Artbestimmung ausreichen, mit fortschreitender Differenzierung eine Annäherung der Begriffe von Rasse und Nation bzw. Volk bis zur Ununterscheidbarkeit. Das bedeutet nichts anderes als deren letztendliche Identifikation.[17] Folglich wird auf der Differenzierungsstufe, die Haeckel behauptet, der Kampf ums Dasein zwischen Nationen oder Völkern geführt. Dass diese Konsequenz in weiten Kreisen der wissenschaftlichen und politischen Öffentlichkeit wie der Bevölkerung vor wie während sowohl des Ersten als auch des Zweiten Weltkriegs aufgenommen und akzeptiert wurde, bedarf keiner längeren, eigenen Nachweise mehr.[18]

Trotz ihrer vollständig verschiedenen Grundlagen – hie verschämt eingestandener Materialismus, dort Idealismus – zeigen Haeckels und Fichtes Überlegungen erstaunliche strukturelle Parallelen. In ihren Ergebnissen lassen sie sich nicht einmal mehr recht voneinander unterscheiden:

- Beide verankern die Höhe der geistigen Entwicklung eines Volks bzw. einer Rasse in der Sprachentwicklung: Was Fichte seine lebendige Sprache mit eigentümlicher, von Ausländereien unbefleckter Terminologie für das Übersinnliche ist, ist Haeckel die rassendifferente und also eigentümliche Herausbildung immer komplexerer Abstraktionen aus der Ursprache.
- Beide sehen die Deutschen als Volk, Nation oder Rasse – dass der „Alldeutsche" Haeckel dies letztlich gleichsetzt, wurde gerade betont – an der Spitze der historischen wie globalen geistigen Entwicklung der Menschheit: Fichte aus philosophisch-idealistischen, Haeckel aus biologisch-evolutionären Gründen.
- Beide unterstellen einen progressiven Aufstieg der Menschheit zu immer größerer Vollkommenheit, wenngleich dieser bei Fichte von freien, allerdings vernunftdeterminierten Handlungen abhängt, während er bei Haeckel mit natürlicher Notwendigkeit erfolgen wird.
- Beide identifizieren als Träger dieser Entwicklung das deutsche Volk (bzw. die deutsche Rasse). Dass die Sicherung oder Durchsetzung seiner Überlegenheit auf Kosten der Verdrängung anderen Völker bzw. des Verschwindens anderer Rassen geschieht, ist damit legitimiert.

---

[17] Vgl. Patrik v. zur Mühlen, Rassenideologien. Geschichte und Hintergründe, Berlin/Bonn-Bad Godesberg 1977, 198, u. Shipman, 102.
[18] Vgl. die monumentale, vierbändige Geschichte des Völkermords von Mark Levene, Genocide in the Age of the Nation State, insb. Vol. I: The Meaning of Genocide, London 2008, und Vol II: The Rise of the West and the Coming of Genocide, London 2013.

- Beide vertreten daher die sukzessive globale Ausbreitung und Herrschaft deutscher Kultur im Dienste der Höherentwicklung der Menschheit.

c) Der Lebenswert: Die Ungleichheit der Menschen

Haeckels Aufteilung der Menschheit in verschiedene Rassen und ihre Hierarchisierung bleibt keineswegs ein Gegenstand bloß theoretischer Beschreibung. Sie soll ebenso praktische Konsequenzen zeitigen. Den Weg dorthin ebnet Haeckel mit der Behauptung, „daß die verschiedenen Klassen und Ordnungen der Lebewesen, untereinander verglichen, einen sehr verschiedenen Wert haben" (Lw, 429), dass also mithin manche Arten wertvoller und folglich erhaltenswerter als andere seien. Dies gilt trotz des gleichen Rechts auf Selbsterhaltung, das einem jeden einzelnen Lebewesen bzw. jeder Spezies allein für sich genommen zukommt. Denn sie sind „in bezug auf die übrigen Lebewesen und die Bedeutung für das große Naturganze von höchst ungleichem Wert" (Lw, 429). Deshalb bemisst sich ihr ‚objektiver Lebenswert' nach „der Bedeutung des Einzelwesens für die Außenwelt […]. Letztere wächst um so mehr, je höher der Organismus sich entwickelt und je tiefer er in das allgemeine Gesamtgetriebe des Lebens eingreift." (Lw, 454) Aus Haeckels Gesetz der Vervollkommnung ergibt sich so die quantitative Bestimmbarkeit des individuellen und insbesondere klassenspezifischen Lebenswerts.

Da er zwischen verschiedenen Menschenarten unterscheidet, muss dies auch für sie gelten: „Ebenso ist auch für die Völkergeschichte der Wert der verschiedenen Rassen und Nationen höchst ungleich […]. Obgleich die bedeutenden Unterschiede im Geistesleben und Kulturzustande der höheren und niederen Menschenrassen allgemein bekannt sind, werden sie doch meistens sehr unterschätzt und demgemäß ihr sehr verschiedener Lebenswert falsch bemessen. Das, was den Menschen so hoch über die Tiere, auch die nächst verwandten Säugetiere, erhebt, ist die Kultur, und die höhere Entwicklung der Vernunft, die ihn zur Kultur befähigt. Diese ist aber größtenteils nur Eigentum der höheren Menschenrassen und bei den niederen nur unvollkommen oder gar nicht entwickelt. Diese Naturmenschen (z. B. Weddas, Australneger) stehen in psychologischer Hinsicht näher den Säugetieren (Affen, Hunden), als dem hochzivilisierten Europäer; daher ist auch ihr individueller Lebenswert ganz verschieden zu beurteilen." (Lw, 429 f.).

Da nach Haeckel psychologisch zugleich physiologisch bedeutet, zeugt dies wiederum von engerer oder entfernterer biologischer Verwandtschaft zwischen Mensch und Tier: „Der Abstand zwischen dieser denkenden Seele des Kulturmenschen und der gedankenlosen tierischen Seele des wilden Naturmenschen ist aber ganz gewaltig, größer als der Abstand zwischen der letzteren und der Hundeseele." (Lw, 431) Mit anderen Worten: Nach ihren körperlichen Eigenschaften und gemäß ihrer Morphologie gehören die niedrigen Rassen zur Menschheit, nach ihren geistigen Vermögen und deren kulturellen Verwirklichungen zu den Tieren oder ähneln ihnen zumindest mehr als den höheren Menschenarten. Also besitzt das Leben jener „Wilden" auch keinen höheren Wert als das von Tieren mit ähnlichen oder gleichen psychischen Vermögen (vgl. Lw, 433). Demzufolge sind solche ‚Naturmenschen' anders zu behandeln als, vorzugsweise europäische, ‚Kulturmenschen'.

Dies nicht eingesehen oder unterlassen zu haben, sondern im Gegenteil im Anschluss an die spanische Spätscholastik des 16. Jahrhunderts und ihre Reaktion auf die Eroberung Mittel- und Südamerikas für die Anerkennung und Durchsetzung allgemeiner Menschenrechte bzw. unveräußerlicher subjektiver Rechte gestritten zu haben, macht Haeckel der deutschen Moralphilosophie seit der Aufklärung und insbesondere seinem Lieblingsgegner Kant zum Vorwurf:

> „Die Anschauungen darüber sind bei europäischen Kulturnationen, die große Kolonien in den Tropen besitzen und seit Jahrhunderten in engster Berührung mit den Naturvölkern leben, sehr realistisch und sehr verschieden von den bei uns in Deutschland noch herrschenden Vorstellungen. Unsere idealistischen Anschauungen, durch unsere Schulweisheit in feste Regeln gebracht und von unseren Metaphysikern in das Schema ihres abstrakten Idealmenschen gezwängt, entsprechen sehr wenig den realen Tatsachen. Daraus erklären sich auch viele Irrtümer unserer idealistischen Philosophie, ebenso wie viele praktische Mißgriffe, die von uns in den deutschen erst neuerdings erworbenen Kolonien begangen werden; diese würden vermieden worden sein, wenn wir eine gründlichere Kenntnis vom niederen Seelenleben der Naturvölker besäßen." (Lw, 430)

Weil kulturelle Unterschiede von evolutionären, und das heißt: biologischen, Unterschieden zeugen, ist es nach Haeckels Meinung nicht nur unangemessen, sondern schlicht falsch, alle Menschen, solange sie verschiedenen Kulturen angehören, gleich zu behandeln. Er muss daher den Gedanken allgemeiner Menschenrechte ablehnen, die einem jeden einzelnen Individuum, schon sofern es nur Mensch ist, zukommen. Dagegen spricht nicht, dass „[i]n bezug auf den inneren Selbstzweck, die Selbsterhaltung,

[...] an sich freilich alle Organismen gleichberechtigt und gleichwertig" sind (Lw, 429). Denn auch auf Selbsterhaltung besteht kein eigentliches, schützenswertes oder irgendwie durchsetzbares Recht. Dafür sorgt die Evolution mit ihrem gnadenlosen Kampf ums Dasein, der eben gerade keine „sittliche Weltordnung" (Lw, 428) duldet. „Jede besondere Lebensform, ebenso jedes Individuum wie jede Spezies, ist also nur eine biologische Episode, eine vorübergehende Erscheinungform im Wechsel des Lebens." (Lw, 426 f.)

Folglich muss für Haeckel allein der Gedanke an so etwas wie universale und unveränderliche ethische oder rechtliche Normen als verfehlt gelten. Vielmehr sind auch diese „der Macht der Selektion" unterworfen (Lw, 468). Gut muss also das sein, was den Lebenswert der jeweils am höchsten entwickelten und also kulturell führenden Art befördert oder weiter steigert. Eine Rücksichtnahme auf andere Arten nur um ihrer selbst willen, d. h. ohne ihren Einfluss auf den eigenen Lebenswert in Betracht zu ziehen, wäre deswegen im günstigsten Fall nichts weiter als die Gefühlsduselei eines falsch verstandenen Humanismus oder des von Grund auf verlogenen und volksverdummenden Christentums, das Haeckel permanent mit ermüdender Insistenz zu attackieren pflegt. Im schlimmsten Falle allerdings – und von dem geht Haeckel offensichtlich aus – ist eine derartige Handlungsweise eine entsetzliche Dummheit. Denn sie gereicht der Kultur, d. h. aber auch zugleich der Rasse, die sie begeht, im Kampf ums Dasein mit ihren Konkurrenten zum Nachteil, wie dies die unbefriedigende Kolonialsituation des Deutschen Reiches zeigt. Daran, dass auch dessen – seinerzeit im übrigen weithin bewundertes – Rechtssystem wie die „gesamten Moralgrundsätze" (Lw, 453) genau in diesem Sinne hoffnungslos überholt sind, also auch innere Reformen nach evolutionistischen Prinzipien nötig sind, lässt Haeckel keinen Zweifel: „Für unsere Justiz ist der Wert jedes einzelnen Menschenlebens derselbe, gleichviel, ob es ein Embryo von sieben Monaten ist oder ein neugeborenes Kind (das noch kein Bewußtsein hat!), ein taubstummer Kretin oder ein hochbegabter Genius." (Lw, 453).

d) Eugenik, Rassenhygiene, Euthanasie und Antisemitismus: Der evolutionäre Staat und die Bedeutungslosigkeit des Individuums

Die Unterscheidung und Hierarchisierung des persönlichen und sozialen Lebenswertes verschiedener Individuen und Spezies verlangt also offenbar nach ethischen, rechtlichen und politischen bzw. allgemein öffentlichen

Maßnahmen und Reformen, die ihr Rechnung tragen. Bereits hierin liegt ein zentraler Unterschied zum klassischen Sozialdarwinismus Spencers, der auf staatliche Regelungen und Eingriffe, besonders auf jegliche soziale oder ökonomische Unterstützung, zugunsten einer ungehinderten Entfaltung des struggle for existence verzichten will. An staatliche Kontrollen oder wenigstens Anreize – etwa das Recht erbanlaglich besonders bevorzugter und deshalb passender Paare, in der Westminster Abbey zu heiraten[19] – dachte erst Darwins Cousin Francis Galton (1822–1911), der mit *Hereditary Genius* (1869) die Eugenik begründete; die Bezeichnung findet sich erstmals in *Inquiries into Human Faculty and its Development* (1883).[20]

Ausgehend von der (inkorrekten)[21] Voraussetzung der Erblichkeit charakterlicher und insbesondere intellektueller Eigenschaften ging es Galtons Eugenik – und ihren Varianten bis in die Moderne – um die Verbesserung der Erbanlagen einer bestimmten Menschenrasse (heute eher und ganz schlicht: Population[22]) oder Nation, die zu deren Höherzüchtung führen sollte. Dazu sollten negativ bewertete Erbanlagen eliminiert und positiv bewertete weitergegeben und verbreitet werden. Also müssten, so die grundlegende Überlegung, Träger schlechter Eigenschaften tunlichst an der Fortpflanzung gehindert und die Träger guter Eigenschaften dazu ermuntert werden. Dies durchzusetzen bildet naturgemäß ein zentrales Interesse eines jeden Staates und erforderte entsprechende Maßnahmen. Deren beliebteste war wohl die Zwangssterilisation, die etwa in einzelnen Bundesstaaten der USA noch bis zum Jahre 2002 praktiziert wurde[23] und von „aufgeklärten" Ländern wie Kanada bis dato (2018) immer noch wird.[24]

Auf dem Boden einer Rassenlehre wie der Haeckels, die völlig gegen die seinerzeitigen Erkenntnisse Darwins und ebenso der heutigen Genetik von einer hierarchisch gegliederten Aufteilung der Menschheit in taxonomisch scharf voneinander unterscheidbare Rassen ausgeht, musste die Hypothese konsequent betriebener Eugenik zum Gedanken der Rassereinheit und einer weitgehend linearen Höherentwicklung zur Vollkommenheit

---

[19] Vgl. Shipman, 114.
[20] Vgl. Nicholas Wright Gillham, A Life of Francis Galton. From African Exploration to the Birth of Eugenics, Oxford 2001.
[21] Vgl. Mayr, 89 u. 100 pass.
[22] Vgl. Mayr, 91 f.
[23] Vgl. Edwin Black, War against the Weak. Eugenics and America's Campaign to Create a Master Race. Expanded Ed., Washington DC 2012.
[24] Vgl. Ashifa Kassam, Canada indigenous women were coerced into sterilisations, lawsuit says (https://www.theguardian.com/world/2017/oct/27/canada-indigenous-women-sterilisation-lawsuit; zuletzt aufgerufen am 13.04.20 um 16:10).

führen. Denn, wie die durch einzelne Spitzenexemplare erreichte Hochkultur beweist, liegen die nötigen Erbanlagen ja vor. Lag nun für Galton das Hauptproblem darin, dass sich gerade die höchsten Gesellschaftsschichten, deren soziale Position die Exzellenz ihres Erbgutes dokumentiert, als wenig fortpflanzungsfreudig erwiesen, während die unteren Schichten sich enthusiastisch vermehrten – also genau umgekehrt, wie es eigentlich sein sollte –, zieht Haeckel andere Folgerungen aus dieser sozialen Frage. Er übersetzt sie in seine Theorie des Lebenswerts: „Freilich ist aber auch innerhalb des Kulturlebens die Abstufung des Lebenswertes außerordentlich groß. Denn je weiter die Differenzierung der Stände und Klassen infolge der notwendigen Arbeitsteilung im Kulturstaate geht, desto größer werden die Unterschiede zwischen den hochgebildeten und ungebildeten Klassen der Bevölkerung, desto verschiedener ihre Interessen und Bedürfnisse, also auch ihr Lebenswert. Am größten erscheint dieser Unterschied natürlich dann, wenn man den Blick zu den ‚führenden Geistern' des Jahrhunderts oben auf den höchsten Höhen der Kulturmenschen erhebt und wenn man sie mit der Masse der niederen Durchschnittsmenschen vergleicht, die tief unten im Tal ihren einförmigen und mühseligen Lebenspfad mehr oder weniger stumpfsinnig wandeln." (Lw, 453).

Allerdings gehören jene bedauernswerten Durchschnittsmenschen für Haeckel immer noch zur selben Rasse. Anders also als die Angehörigen niederer Rassen besitzen sie die nötigen Anlagen zur Teilhabe an der bereits bestehenden Kultur. Und hier ist die materielle, erzieherische und bildende Unterstützung durch Staat und Gesellschaft aufgerufen, um ebenso hier „eine gesicherte, behagliche Existenz des Kulturmenschen und eine Verbindung der unentbehrlichen Ernährung mit ästhetischen und geistigen Interessen [zu] gestatten" (Lw, 442). Aus der Priorität der Rasse über die Klasse ergibt sich demgemäß ein durchaus progressives sozialreformerisches – allerdings ausdrücklich nicht sozialistisches und noch weniger marxistisches[25] – Programm, das Haeckels Weg zur nationalen Erbgutverbesserung von den britischen Sozialdarwinisten und Eugenikern unterscheidet, obwohl er ebenso wenig „die freie Konkurrenz der Arbeiter einer und derselben Klasse" (NS I, 168) einschränken will und ansonsten deren evolutionistische und rassentheoretische Überzeugungen durchaus teilt:

„Die moderne Sozialpolitik ist in zunehmendem Maße bestrebt, diese Wohltaten der Kultur auch den niederen Volksklassen durch Wohlfahrtsein-

---

[25] Vgl. v. zur Mühlen, 183.

richtungen aller Art zugänglich zu machen. Philanthropische Gesellschaften bemühen sich, viele materielle und geistige Bedürfnisse einzelner Gesellschaftsklassen zu befriedigen." (Lw, 443)

Haeckel hält also die Kultivierung der niederen Klassen – im Gegensatz zu der niederer Rassen – für möglich und wünschenswert. Das nachgerade naturgegebene Staatsziel der fortschreitenden Steigerung des objektiven Lebenswerts (vgl. Lw, 454 f.) wird dadurch unmittelbar befördert und gerade nicht gefährdet, da und solange die Rasseneinheit der Nation nicht gefährdet wird. Staatliche Förderung darf also nicht wahllos gewährt werden. Vielmehr muss der Staat zugleich für die Herstellung, Erhaltung und Steigerung der Rassereinheit sorgen, die Haeckel – unbeachtlich der modernen Einsicht in die Unsinnigkeit schon dieses Begriffs aufgrund der genetischen Singularität eines jeden Lebewesens[26] – für möglich (vgl. NS II, 407) und nötig hält. Dazu ist es vor allen züchterischen Bemühungen zunächst unerlässlich, der Verschlechterung der Erbguts der in der Nation zusammengefassten Rasse vorzubeugen. Da sein sozialreformerisches Programm auf seiner Rassentheorie beruht, ja sogar durch sie motiviert ist, widersprechen die eugenischen und rassenhygienischen staatlichen Maßnahmen, die Haeckel im Sinn hat, seinen auf den ersten Blick ebenso progressiven wie humanen Ideen keineswegs. Sogar ist das Gegenteil der Fall: Haeckel selbst und seine zahlreichen Anhänger wähnten sich gerade in der Wissenschaftlichkeit ihrer umfassenden, die Gesellschaft mit einbeziehenden Weltanschauung genau wie die großen Totalitarismen des 20. Jahrhunderts an der Spitze des Humanismus. Daran, dass Haeckel selbst seine Theorien auf die sozialen wie politischen Verhältnisse bewusst und gezielt übertragen sehen wollte, kann schon aufgrund des umfassenden Anspruchs seines Monismus kein vernünftiger Zweifel bestehen. Ebenso wenig zweifelhaft ist, dass dazu auch Eugenik, Rassenhygiene und Euthanasie gehörten. Dafür setzte sich Haeckel auch außerhalb seiner populären Vorträge und Schriften mit seiner erheblichen Prominenz ein: Er präsidierte im Jahre 1900 dem Vergabegremium für einen von Krupp gestifteten Preis für die Untersuchung der innenpolitischen und gesetzgeberischen Konsequenzen der Rassenhygiene, den sein eigener Schüler Wilhelm Schallmayer (1857–1919) mit der Arbeit *Was lernen wir aus den Prinzipien der Descendenztheorie in Bezug auf die innenpolitische Entwickelung und Gesetzgebung der Staaten?* gewann. 1905 wurde Haeckel

---

[26] Vgl. Mayr, 81.

Ehrenmitglied der im selben Jahr von seinem Freund Alfred Ploetz (1860–1940) gegründeten *Deutschen Gesellschaft für Rassenhygiene,* deren bevorzugtes Publikationsorgan, das *Archiv für Rassen- und Gesellschaftsbiologie* (ARGB), Ploetz im Jahr zuvor ins Leben gerufen hatte.[27]

Haeckel erläutert die Grundzüge seiner eugenischen Vorstellungen anhand ‚völkergeschichtlicher', medizinischer und gesellschaftlicher Beispiele für Züchtung von Menschen durch künstliche, d. h. nicht natürliche, sondern durch Menschen vollzogene, Selektion. Dabei geht es zunächst um die Auslese von Neugeborenen, deren Leben nach Haeckel schon deswegen keinen unbedingten Schutz verdient, weil sie ohnehin ‚noch kein Bewußtsein haben':

„Ein ausgezeichnetes Beispiel von künstlicher Züchtung der Menschen im großen Maßstabe liefern die alten Spartaner, bei denen aufgrund eines besonderen Gesetzes schon die neugeborenen Kinder einer sorgfältigen Musterung und Auslese unterworfen werden mußten. Alle schwächlichen, kränklichen oder mit irgendeinem körperlichen Gebrechen behafteten Kinder wurden getötet. Nur die vollkommen gesunden und kräftigen Kinder durften am Leben bleiben, und sie allein gelangten später zur Fortpflanzung. Dadurch wurde die spartanische Rasse nicht allein beständig in auserlesener Kraft und Tüchtigkeit erhalten, sondern mit jeder Generation wurde ihre körperliche Vollkommenheit gesteigert. Gewiß verdankt das Volk von Sparta dieser künstlichen Auslese oder Züchtung zum großen Teil seinen seltenen Grad von männlicher Kraft und rauher Heldentugend. […] Daß durch diese künstliche Züchtung die Rasse im Laufe zahlreicher Generationen bedeutend gekräftigt wird, ist an sich nicht zu bezweifeln und wird durch viele bekannte Tatsachen genügend bewiesen." (NS I, 177)

Anders als das Beispiel „manche[r] Stämme unter den roten Indianern Nordamerikas, die gegenwärtig im Kampfe ums Dasein den übermächtigen Eindringlingen der weißen Rasse trotz der tapfersten Gegenwehr erliegen" (NS I, 177), ist das Beispiel Spartas aus mehreren Gründen besonders bezeichnend: Erstens gehörten die Spartaner zur höchsten Menschenart, nämlich den Indogermanen, und bildeten neben den Athenern die beherrschende politische Macht in der Hochkultur der griechischen Antike. Wegen ihrer evolutionären und geistigen Nähe können sie daher durchaus als Vorbild heutiger indogermanischer Rassen wie der Hochdeutschen dienen. Zweitens erfolgte die Kindstötung in Sparta aufgrund staatlicher

---

[27] Vgl. zu Schallmayer und Ploetz: Sandmann, 132–151.

Maßnahmen im Interesse der gesamten Gesellschaft, d. h. per Gesetz, und Gesetze wurden in der Apella, der Versammlung aller wehrfähigen Spartiaten, auf Vorschlag der Könige bzw. der Gerusia, des Ältestenrats, beschlossen. Drittens zeigt sich die problemlose Identifikation von Volk und Rasse unter der Bedingung ihrer Reinheit, die durch künstliche Selektion hergestellt, bewahrt und gesteigert werden kann. Viertens schließlich betont Haeckel den ausschließlich körperlichen Charakter der durch die Spartaner selegierten Eigenschaften und verweist so auf die tatsächliche Überlegenheit der gegenwärtig führenden indogermanischen Rassen, in denen sich das klassische Klischee des Gegensatzes von hochkultivierten und vergeistigten Athenern und militaristischen und bodenständigen Spartanern aufgelöst hat.

Es sei angesichts solcher Tötungen nicht „Entrüstung" angebracht, sondern vielmehr zu fragen:

> „Welchen Nutzen hat die Menschheit davon, daß die Tausende von Krüppeln, die alljährlich geboren werden, Taubstumme, Kretinen, mit unheilbaren erblichen Übeln Belastete usw. künstlich am Leben erhalten und groß gezogen werden? Und welchen Nutzen haben diese bemitleidenswerten Geschöpfe selbst von ihrem Leben? Ist es nicht viel vernünftiger, dem unvermeidlichen Elend, das ihr armseliges Leben für sie selbst und ihre Familie mit sich bringen muß, gleich von Anfang an den Weg abzuschneiden?" (Lw, 137)

Auch wenn sie in Gestalt rhetorischer Fragen vorgetragen wird, ist Haeckels These doch klar: Für die Menschheit, und das heißt freilich: die rassische Höherentwicklung des jeweiligen Volks, sind von Geburt an körperlich oder geistig behinderte Individuen nutzlos. Und nicht nur das. Ihre Fortexistenz verursacht auch anderen Leid, senkt also deren Lebenswert, ohne selbst einen nennenswerten Lebenswert zu erzeugen. Allerdings ist dieses auf die beteiligten Individuen abhebende Argument nicht das ausschlaggebende. Entscheidend ist vielmehr das rassentheoretisch-evolutionistische: Denn was eine Tötung in jedem Fall ausschließt, ist die Weitergabe des nach Haeckels Lehre mit Gewissheit geschädigten Erbguts an Folgegenerationen. Kurz: Die Tötung solcher Individuen unmittelbar nach der Geburt schließt deren Fortpflanzung aus und erhält die Gesundheit der Rasse bzw. des Volks. Das Individuum, das getötet werden soll, und seine möglichen anderen Interessen hingegen spielen in Haeckels Erwägungen keine Rolle.

Dass es Haeckel genau darum geht, zeigt seine Gegenüberstellung der segensreichen Praxis der Spartaner und Indianer mit den scheinbaren Errungenschaften der modernen Medizin:

„Das Gegenteil von der künstlichen Züchtung der wilden Rothäute und der alten Spartaner bildet die individuelle Auslese, welche in unseren modernen Kulturstaaten durch die vervollkommnete Heilkunde der Neuzeit ausgeübt wird. Denn obwohl immer noch wenig imstande, innere Krankheiten wirklich zu heilen, besitzt und übt dieselbe doch mehr als früher die Kunst, schleichende, chronische Krankheiten auf lange Jahre hinauszuziehen. Gerade solche verheerenden Übel, wie Schwindsucht, Skrofelkrankheit, Syphilis, ferner viele Formen der Geisteskrankheiten, sind in besonderem Maße erblich und werden von den siechen Eltern auf einen Teil ihrer Kinder oder gar auf die ganze Nachkommenschaft übertragen. Je länger nun die kranken Eltern mit Hilfe der ärztlichen Kunst ihre sieche Existenz hinausziehen, desto zahlreichere Nachkommenschaft kann von ihnen die unheilbaren Übel erben, desto mehr Individuen werden dann auch wieder in der folgenden Generation, dank jener künstlichen ‚medizinischen Züchtung', von ihren Eltern mit dem schleichenden Erbübel angesteckt." (NS I, 177 f.)

Unabhängig davon, dass es sich bei den angeführten konkreten Beispielen gar nicht um Erbkrankheiten handelt, wird doch Haeckels kritische Absicht mehr als deutlich. Er beschreibt hier, was zeitgenössische und spätere Rassenhygieniker wie Schallmayer und insbesondere Ploetz „Kontraselektion" nannten.[28] Sie besteht in der Vergeudung materieller, medizinischer und anderer Ressourcen für die Unterstützung von Natur aus oder aus eigenem Verschulden schwächerer Individuen oder Bevölkerungsgruppen aus humanitären Bestrebungen. Damit werden den stärkeren oder gesunden nicht nur ebendiese Ressourcen entzogen, sondern gerade denjenigen, deren weitere Fortpflanzung für das rassische bzw. nationale Erbgut schädlich ist, die Reproduktion ermöglicht oder erleichtert, die bei einem natürlichen Verlauf ausgeschlossen wäre. Haeckels radikale Wendung steckt in dem Ausdruck ‚medizinische Züchtung'. Sie besagt nichts anderes, als dass mit künstlichen und obendrein öffentlichen Mitteln – es gab in Deutschland seit 1884 eine gesetzliche Krankenversicherung – gezielt das Erbmaterial des Volks verschlechtert wird. Wenngleich Haeckel sie nicht ausdrücklich zieht und Zwangssterilisationen nicht offen fordert, liegt doch in der Konsequenz seiner Überlegungen, ebendiese Fortpflanzung (scheinbar) Erbkranker staatlicherseits zu unterbinden.

Euthanasie hingegen befürwortet er ausdrücklich, und zwar gegen das „traditionelle Dogma" und „die weitverbreitete Meinung […], daß der Mensch unter allen Umständen verpflichtet sei, das Leben zu erhalten

---

[28] Vgl. Sandmann, 76 ff.

und zu verlängern, auch wenn dasselbe gänzlich wertlos, ja für den schwer Leidenden und hoffnungslos Kranken nur eine Quelle der Pein und der Schmerzen, für seine Angehörigen ein Anlaß beständiger Sorgen und Mitleiden ist." (Lw, 135) Dabei greift Haeckel wiederum auf das Vorbild des Umgangs mit höherstehenden und daher ‚seelenverwandten' Haustieren zurück: „Treue Hunde und edle Pferde, mit denen wir jahrelang zusammen gelebt haben und die wir lieben, töten wir mit Recht, wenn sie in hohem Alter hoffnungslos erkrankt sind und von schmerzlichen Leiden gepeinigt werden. Ebenso haben wir das Recht, oder wenn man will die Pflicht, den schweren Leiden unserer Mitmenschen ein Ende zu bereiten, wenn schwere Krankheit ohne Hoffnung auf Besserung ihnen die Existenz unerträglich macht und wenn sie selbst uns um ‚Erlösung vom Übel' bitten." (Lw, 133).

Allerdings fasst Haeckel diesen Erlösungsbedarf und damit das Recht und die Pflicht zur aktiven Tötung unheilbar Kranker außerordentlich weit. Die Euthanasieindikation beginnt bereits bei „moderne[n] Kulturkrankheiten" wie „Neurasthenie und andere[n] Nervenkrankheiten", deren „Opfer" die „Irrenhäuser" und „Sanatorien" füllen, freilich nur, wenn „diese Übel völlig unheilbar" sind und die Kranken „dem sicheren Tode unter namenlosen Qualen entgegen[gehen]" (Lw, 131), und endet bei den üblichen Leiden: „Hunderttausende von unheilbaren Kranken, namentlich Geisteskranke, Aussätzige, Krebskranke usw. werden in unseren modernen Kulturstaaten künstlich am Leben erhalten und ihre beständigen Qualen sorgfältig verlängert, ohne irgendeinen Nutzen für sie selbst oder für die Gesamtheit." (Lw, 135) All jenen samt ihren Familien wäre „durch eine Gabe Morphium oder Zyankalium […] der größte Dienst erwiesen" (Lw, 132).

Dass dieser breite Anwendungsbereich zu einer hohen Zahl von Erlösungs- bzw. Todeskandidaten führt, ist Haeckel durchaus bewusst: Er berechnet sogar den durchschnittlichen Anteil gegenwärtig unheilbar Geisteskranker an der europäischen Bevölkerung und kommt auf insgesamt 200 000 (Lw, 136). Zwar bietet er keine Zahlen für die anderen euthanasierelevanten Leiden, jedoch reichen ihm bereits die Geisteskranken für sein Argument: „Welche ungeheure Summe von Schmerz und Leid bedeuten diese entsetzlichen Zahlen für die unglücklichen Kranken selbst, welche namenlose Fülle von Trauer und Sorge für ihre Familien, welche Verluste an Privatvermögen und Staatskosten für die Gesamtheit!" (Lw, 136).

Die Aufrechterhaltung äußerst geringen bzw. nicht rassegemäßen Lebenswerts schmälert den Lebenswert derjenigen mit einem rassegemäß hohen Lebenswertpotential. Denn unheilbar bzw. auf den Tod Kranke befinden sich auf einem Lebenswertniveau, das noch allenfalls höheren Haustieren oder niederen Menschenarten entspricht und keiner Wiederherstellung mehr fähig ist. Nun ist aber der Lebenswert ebenso wie das geistige Vermögen ein, ja sogar der entscheidende Indikator für die Rassenzugehörigkeit, wenn äußerliche Merkmale keine weitere Differenzierung erlauben. Folglich bedeutet eine Krankheit, der ohne Schmälerung des rassegemäßen Lebenswertes mit Tötung begegnet werden kann, weil dieser ohnehin unerreichbar geworden ist, eine rassische Degeneration. Deswegen kann Haeckel von Recht und Pflicht zur Tötung solcher Kranker in Analogie zu seelenverwandten Haustieren sprechen. Dass er an wenigstens zwei Stellen einen derartigen Akt unter den Vorbehalt des ausdrücklichen Wunsches des Kranken stellt (Lw, 132/136), bedeutet freilich keineswegs eine generelle Einschränkung der Verfügungsgewalt der Gesunden über das Leben der Kranken. Denn bei weitem nicht alle, am wenigsten die ‚Geisteskranken' werden imstande sein, ihren Willen dergestalt und hinreichend vernünftig zu äußern. Daher müsste „dieser Akt des Mitleids und der Vernunft […] auf Beschluß einer Kommission von zuverlässigen und gewissenhaften Ärzten erfolgen" (Lw, 136) – also ohne etwa die Angehörigen mit der Schwere einer solchen Entscheidung zu belasten. Neben dieser psychischen Erleichterung erlaubt diese Delegierung an Fachleute eine sowohl objektive als auch integrale Betrachtung der Fälle auf einen womöglich durch die Tötung zu erzielenden ‚Nutzen für die Gesamtheit'. Dass Haeckel ganz selbstverständlich genau davon ausgeht, ist nicht schwer zu sehen: Euthanasie spart medizinische, personelle, ökonomische und generell öffentliche Mittel, die anderen, für die sie mit Gewinn aufgewendet werden können, oder der Gesellschaft anderweitig zugute kommen. Euthanasie erhält den Lebenswert Gesunder auf seinem rassegemäßen Niveau, ohne den der Kranken zu schmälern, da deren Leben ohnehin keinen Wert hat. Und nicht zuletzt schützt Euthanasie das nationale Erbgut besonders nachhaltig.

Dessen Reinheit kann ebenso und außerordentlich effizient durch das Strafrecht bewahrt und gehoben werden:

„Direkt wohltätig wirkt als künstlicher Selektionsprozeß auch die Todesstrafe. Zwar wird von vielen gegenwärtig noch die Abschaffung der Todesstrafe als eine ‚liberale Maßregel' gepriesen, und im Namen einer falschen ‚Humanität' eine Reihe der albernsten Gründe dafür geltend gemacht. Aber in Wahrheit ist die Todesstrafe für die große Menge der unverbesserlichen Verbrecher und Taugenichtse nicht nur die gerechte Vergeltung, sondern eine große Wohltat für den besseren Teil der Menschheit; dieselbe Wohltat, welche für das Gedeihen eines wohl kultivierten Gartens die Ausrottung des wuchernden Unkrauts ist. Wie durch sorgfältiges Ausjäten des Unkrauts nur Licht, Luft und Bodenraum für die edlen Nutzpflanzen gewonnen wird, so würde durch unnachsichtliche Ausrottung aller unverbesserlichen Verbrecher nicht allein dem besseren Teil der Menschheit der ‚Kampf ums Dasein' sehr erleichtert, sondern auch ein vorteilhafter künstlicher Züchtungsprozeß ausgeübt werden; denn es würde dadurch jenem entarteten Auswurfe der Menschheit die Möglichkeit benommen, seine schlimmen Eigenschaften durch Vererbung zu übertragen." (NS I, 179)

In der Tat verlangt Haeckels Plädoyer für die Todesstrafe zuvorderst einen radikalen Bruch mit der aufgeklärten und seit Kant jedenfalls in der Theorie rechtsstaatlichen Tradition des deutschen Strafrechts. Denn diese spezielle Strafe soll sich nun nicht mehr nach der Art der begangenen Tat, des Verbrechens, richten, sondern nach den ‚schlimmen Eigenschaften' des Täters, der Art des Verbrechers. Die einzige Voraussetzung nämlich, die ein Täter erfüllen muss, um der Todesstrafe zugeführt zu werden, ist seine ‚Unverbesserlichkeit', also, modern ausgedrückt, die Aussichtslosigkeit jedes Resozialisierungsversuchs. Dieses Kriterium wird offenkundig dann erfüllt, wenn ein verurteilter Täter nach Verbüßung seiner Strafe sich nicht in die Gesellschaft der gesetzestreuen Bürger einfügt, sondern erneut und womöglich immer wieder – wie oft das geschehen muss, sagt Haeckel nicht – straffällig wird.

Damit erweitert sich der Anwendungsbereich der Todesstrafe ungemein: Nicht allein der Schwerstverbrecher, insbesondere, wie seinerzeit üblich, der Mörder, soll der Todesstrafe unterliegen, sondern auch der Typus des Wiederholungstäters, der später tatsächlich ins Strafrecht der Weimarer Republik als „Berufsverbrecher" und des Nationalsozialismus als „Gewohnheitsverbrecher" Einzug fand. Folgt man Haeckel, muss es sich dabei keineswegs um einen Meisterverbrecher handeln. Auch ein Kleinkrimineller, der seine Existenz nicht durch geregelte Arbeit, sondern etwa durch regelmäßigen Taschendiebstahl, Zechprellerei, Betrügereien oder ähnliche Delikte bestreitet, fällt in diese Kategorie, wie Haeckels ausdrückliche Erwähnung des „Taugenichts" bezeugt, der gewiss kein Schwerverbrecher ist. Ein solcher Mensch ist ‚entartet', weil seine Lebensweise die Kultur eines vorrechtlichen Entwicklungszustands dokumentiert – eine Überlegung, die sich übrigens auch in den idealistischen Strafrechtstheorien Fichtes und Hegels findet. Anders als dort ist Haeckels Entartung allerdings irreversibel: Sie zeugt von evolutionärer und daher vererbbarer Degeneration, vor deren schädlicher Verbreitung das nationale Erbgut durch Ausrottung ihrer Träger zu schützen ist. Weit entfernt davon, ‚gerechter Vergeltung' zu dienen, stellt die Todesstrafe bzw. ihre Begründung durch Haeckel in erster Linie eine rassenhygienische Maßnahme dar.

Dass die angeführten Maßnahmen zu Eugenik, Euthanasie und Rassenhygiene jedem hergebrachten Verständnis von Liberalität und Humanität – ausgerechnet Ausdrücke, die schon Fichte als dem Deutschen unverständlich brandmarkte – zuwiderlaufen, ficht Haeckel nicht an. Denn jenes Verständnis stammt aus der vor-evolutionistischen Aufklärung und ist daher aus monistisch-materialistischer Perspektive, die nach Haeckel den unveränderlichen Standard objektiver Wissenschaft repräsentiert, schlicht falsch. Wahre Humanität hingegen lässt ich nicht durch Gefühlsduseleien irre machen und tötet, allenfalls mit Bedauern und Mitleid, körperlich wie geistig Behinderte, unheilbar Kranke und Wiederholungstäter zum Schutz des nationalen Erbguts und also im Interesse der rassischen Höherentwicklung der Menschheit.

Dass bei diesem Unternehmen größere oder kleinere Gruppen von Individuen niederer rassischer Herkunft stören, bedarf eigentlich kaum weiterer Erwähnung. Es liegt auf der Hand, dass die von Haeckel als notwendige Basis rassischer Höherentwicklung angestrebte Rasseneinheit des Volks gleichbedeutend mit dessen rassenbiologischer Homogenität ist. Er nimmt daher mit großer Selbstverständlichkeit ganz nebenbei, und ohne groß darüber zu reden, auch eine antisemitische Position ein.[29] Dies zeigt etwa seine Stellungnahme zu den „wichtigen Fragen der Christusforschung […] im Sinne der objektiven Geschichtswissenschaft" (Wr, 340) – d. h. die Frage nach der Abstammung Jesu –, die er sogleich rassentheoretisch zu beweisen sucht:

„Die Angabe der alten apokryphen Schriften, daß der römische Hauptmann Pandera oder Pantheras der wahre Vater von Christus gewesen, erscheint um so glaubhafter, wenn man von streng anthropologischen Gesichtspunkten aus die Person Christi kritisch prüft. Gewöhnlich wird derselbe als reiner Jude betrachtet. Allein gerade die Charakterzüge, die seine hohe und edle Persönlichkeit besonders auszeichnen, und welcher seiner ‚Religion der Liebe' den Stempel aufdrücken, sind entschieden nicht semitisch; vielmehr erscheinen sie als Grundzüge der höheren arischen Rasse und vor allem ihres edelsten Zweiges, der Hellenen." (Wr, 338 f.)

Wenngleich Haeckel hier nichts weiter ausführt, reicht doch bereits die Qualifikation der semitischen Rasse als einer im Verhältnis zur arischen, also einer indogermanischen, niederen aus, um die Notwendigkeit bzw. das Recht und die Pflicht zur Entfernung ihrer Vertreter, d. h. der Juden, aus der

---

[29] Vgl. Gasman, 157 ff.

hochdeutschen Rasse, welche die deutsche Nation von Natur aus bildet, aus rassenhygienischen Gründen zu folgern. Entsprechende Maßnahmen sind aus ebendiesen Gründen dann ja auch einige Jahrzehnte später eingeleitet worden.

Betrachtet man nun die Beispiele erwiesen erfolgreicher oder erfolgsträchtiger Wege zur künstlichen Menschenzüchtung, die Haeckel anführt, wird einem wenigstens zweierlei auffallen müssen: Zum einen heißt er auch ihren praktischen Vollzug ohne Zweifel gut und hält sie unter der Voraussetzung der allgemeinen Verbreitung seiner monistischen Weltanschauung wenigstens in den geeigneten und richtigen Kreisen politischer Verantwortungs- und Entscheidungsträger für öffentlich durchsetzbar. Zum anderen denkt er bei allen seinen Beispielen stets an gesetzliche, staatliche Maßnahmen. Dazu bräuchte es einen Staat von derart umfassender Kompetenz und Bestimmungsmacht, dass ihm die Verfügungsgewalt sogar in Lebensbereichen übertragen ist, in denen zu entscheiden nach aufgeklärter, „liberaler" Auffassung allein der persönlichen Freiheit eines jeden einzelnen obliegt. Pointiert formuliert: Bei Haeckel hat der Staat durchaus etwas in den Schlafzimmern seiner Bürger zu suchen – und nicht nur da, aber da ganz besonders. Eine solche Ausweitung staatlicher Macht pflegt man mit dem Begriff des totalen Staats zu identifizieren oder, womöglich genauer: des absoluten Staats, der totalitär funktionieren muss. Hier liegt eine weitere strukturelle, nunmehr politische Parallele zum Denken Fichtes.

Gleiches gilt für Haeckels Begründungsstrategie und den Anspruch, den er mit ihr erhebt: Haeckel ist – trotz aller Verfälschungen, weltanschaulichen Manipulationen, methodischer und logischer Fehler usw., die er zweifellos begeht – der ehrlichen Auffassung, dass seine radikalen Ansichten und Reformvorschläge sowohl auf dem Boden objektiver (natur)wissenschaftlicher Erkenntnis ruhen als auch mit Notwendigkeit aus ihr folgen. Dabei besteht kein Bedarf an inhaltlicher Diskussion mehr. Er glaubt, über bereits bewiesene oder – dies ist eine erstaunliche Parallele zur heutigen Hirnforschung – irgendwann gewiss zu beweisende Fakten zu sprechen, deren Bestand es auch vorab zumindest schlicht zu akzeptieren gilt, wenn sich schon in einigen Fällen ihre adäquate wissenschaftliche Erklärung dem Verständnis der Bürger bzw. des Volks entziehen mag. Haeckel beansprucht mit seinem Monismus, Evolutionismus, oder wie man sein weltanschauliches System sonst nennen mag, genau die gleiche Autorität absoluter Wahrheit wie Fichte mit seiner *Wissenschaftslehre*. Und beide, Haeckel wie Fichte, verstehen ihre Positionen als wissenschaftliche und auch in Zukunft unwiderlegliche Avantgarde ihres Zeitalters. Deswegen halten sie auch irreversible öffentliche Maßnahmen, die mit der praktischen Realisierung ihrer Theorien einhergehen, für ohne Weiteres gerechtfertigt.

Schließlich teilen beide trotz gegenteiliger Bekenntnisse eine radikale Verachtung des Individuums bzw. der einzelnen Person.[30] So ordnet Haeckel jederzeit und unter allen Umständen nicht nur das Wohl, sondern auch die schiere Existenz des einzelnen konsequent dem Wohl und den Interessen der durch die Homogenität der (hochdeutschen) Rasse, folglich zugleich der Kultur gebildeten nationalen Gemeinschaft unter. Ein dergestalt „völkisches" – der Ausdruck stammt sogar von ihm[31] – Volk bildet ebenso Fichtes deutsche Nation, in der die Individuen im übersinnlichen Gefühl der Vaterlandsliebe ununterscheidbar und folglich eins werden. Und beide, Haeckel wie Fichte, sehen die singuläre Individualität eines jeden Menschen und die daraus hervorgehenden einzigartigen Vorlieben und Interessen als einerseits zu unterdrückenden (Haeckel), andererseits schlicht eingebildeten und deswegen abzuerziehenden (Fichte) Störfaktor zur historisch bzw. evolutionär bestimmten Höherentwicklung der Menschheit zu immer größerer Vollkommenheit, als deren einziger Träger beidenthalben das deutsche Volk – einmal als übersinnliche Sprachgemeinschaft, einmal als biologische Rasse – fungiert. Diese Entwicklung kann das Volk aber jeweils nur als ganzes und in der sukzessiven Eliminierung aller anderen vollziehen. Das Individuum ist daher jederzeit irrelevant.

3.2 Herman Wirth: Mythos und Mystik des Nordens

Anders als Fichte und Haeckel konnte der aus den Niederlanden stammende gelernte Philologe Herman Wirth (1885–1981) nicht auf die scheinbar natürliche Autorität des deutschen Professors rechnen. Trotz einschlägiger Bemühungen fanden und finden seine Forschungen in der von ihm selbst erfundenen und sodann exklusiv betriebenen Disziplin der „Urgeistesgeschichte" aufgrund ihrer Missachtung aller wissenschaftlichen, vor allem methodischen und systematischen, Standards keine akademische

---

[30] Vgl. Sandmann, 115 f., u. v. zur Mühlen, 185 f.
[31] Vgl. Jakob u. Wilhelm Grimm, Deutsches Wörterbuch, 16 Bde. in 32 Teilbänden, Leipzig 1854–1961: http://woerterbuchnetz.de/DWB/call_wbgui_py_from_form?sigle=DWB&mode=Volltextsuche&firsthit=0&textpattern=&lemmapattern=v%EF%BF%BDlkisch&patternlist=L:v%EF%BF%BDlkisch&lemid=GV10150&hitlist=46021792; zuletzt aufgerufen am 24.11.18 um 18:51.

Anerkennung.³² Daran änderten weder seine Aktivitäten im SS-Ahnenerbe – als Initiator, Leiter der Pflegestätte für Schrift- und Sinnbildkunde und schließlich als Ehrenpräsident – etwas noch seine geradezu schwindelerregende Vortrags- und Publikationstätigkeit. Deren „immense Resonanz" machte Wirth indes zu einem der „populärsten Laienforscher seiner Zeit".³³ Dementsprechend weite Verbreitung fanden seine Thesen. Ohne dies eigens zu erwähnen – bei der Popularität dieser oder nachfolgender Lehren erübrigte sich das –, schloss Wirth im Grundsatz unzweifelhaft sowohl an den übersinnlichen Nationalismus Fichtes als auch an den biologisch-evolutionistischen Rassismus Haeckels an und wendet sie ins Religiöse.

a) Der deutsche Beginn aller Kultur

Es ist hier nicht nötig, die phantastische Geschichte detailliert nachzuerzählen, die Wirth in seinem 1928 erstmals erschienenen Hauptwerk *Der Aufgang der Menschheit* auf der Basis eines mit stupendem Eifer aus aller Welt bzw. einschlägigen Publikationen zusammengetragenen Fundus prähistorischer und volkskundlicher Formen, Zeichen und Symbole konstruiert, wie sie sich überall auf Artefakten, an Wohn-, Kult- und Begräbnisstätten usw. finden. Aus dem nahezu ubiquitären Auftreten einzelner einfacher Symbole (Punkt, Strich, Kreis, Wellenlinie, Schlaufe, verschiedene Kreuzformen usw.) schloss Wirth zum einen auf deren einheitlichen und gemeinsamen Ursprung und interpretierte sie zum anderen aufgrund ihrer Ähnlichkeit zum älteren Futhark, d. h. einer germanischen Lautschrift mit 24 Zeichen in der Art des lateinischen Alphabets, und anderen Runenreihen nicht als ornamentalen Schmuck, sondern als Schrift mit hochabstrakter kultisch-religiöser Bedeutung. Ihre Rekonstruktion und vor allem Wiederbelebung war Wirths Ziel. Es sollte selbst als Mittel zu einem nachgerade überlebenswichtigen Zweck dienen, nämlich der Wiederherstellung des deutschen Volkes und der gesamten Menschheit zu ‚naturgemäßer, lebensgesetzlicher' Gesundheit, Sittlichkeit, ja Vergöttlichung: „Es gibt nur *einen* Wertmesser der wahren ‚Wohlfahrt' der ‚Deutschen', von ‚Volk' und ‚Land': das ist die körperliche, die geistige und

---

³²Vgl. zum folgenden die biographische Skizze von Ingo Wiwjorra, Herman Wirth – Ein gescheiterter Ideologe zwischen „Ahnenerbe" und Atlantis, in: B. Danckwortt u. a. (Hg.), Historische Rassismusforschung. Ideologen – Täter – Opfer, Hamburg 1995, 91–112.
³³Ingo Wiwjorra, In Erwartung der „Heiligen Wende" – Herman Wirth im Kontext der völkisch-religiösen Bewegung, in: U. Puschner/C. Vollnhals (Hg.), Die völkisch-religiöse Bewegung im Nationalsozialismus. Eine Beziehungs- und Konfliktgeschichte, Göttingen 2012², 399–416, hier: 409.

seelische Gesundheit, Reinheit und Schönheit seiner Menschen und ihres Nachwuchses. Ein solches Volk und Land wird Werte schaffen, die unvergänglich und Gemeinschaftsbesitz sind. Werte, die niemals ‚außer Kurs' geraten. Sie werden die kostbarste ‚Ausfuhr' dieses Landes darstellen, die Erhebung und Aufrichtung der weiteren Menschheit." (Whd, 47 f.)

Dabei soll es sich nun um eine ganz buchstäblich verstandene Reformation, eine Zurück-Bildung handeln. Denn Wirths ‚Urgeistesgeschichte' führt zur Erkenntnis einer prähistorischen Geisteskultur von schwindelnder Höhe. Sie ist bislang nicht nur nie mehr erreicht worden, sondern die Menschheit befindet sich seither in stetem geistigen Abstieg. Ihn gilt es nicht nur aufzuhalten. Vielmehr soll die alte Höhe wiedergewonnen werden. Dies kann, wie sich zeigen wird: aus biologischen Gründen, allein noch durch das deutsche Volk geschehen. Um Wirths Erfindung des deutschen Volks und ihre Folgen einigermaßen zu verstehen, muss seine pseudowissenschaftliche Erzählung vom *Aufgang der Menschheit* wenigstens in ihren gröbsten Zügen zusammengefasst werden – wenngleich ihr Erkenntniswert kaum viel größer als der eines Fantasy-Romans sein dürfte. Sie geht ungefähr so:

Vor langer, langer Zeit – in der Tat viel früher als die Schulwissenschaft sich träumen lässt – in einem Land weit, weit im Westen und Norden – sogar direkt am Nordpol – entstand einst ein Geschlecht großer, schöner, blonder, weißer und tugendhafter weiser Frauen und Männer von enormen geistigen Fähigkeiten. Sie lebten in vollständigem Einklang mit Natur und Kosmos und verehrten einen einzigen Gott, dessen Wesen und Macht der Jahreslauf im Auf- und Abstieg der Sonne repräsentierte. Aus dessen Einteilung und Messung entwickelten sich die Zeichen einer Lautschrift, die deswegen mit tiefer religiöser Bedeutung aufgeladen war und die Essenz jener Hochkultur in sich trug. Geologische und später vor allem klimatische Veränderungen führten dazu, dass dieses Volk zunächst den Veränderungen des Nordpols folgte und dann aufgrund seiner heftigen Abkühlung das jetzige Arktisgebiet nach und nach ganz verließ.

Eine erste Auswanderungswelle richtete sich neben Nordamerika und Nordasien auf eine größere Landmasse im Atlantik, irgendwo südwestlich von Irland. Diese, schon in prähistorischen Zeiten versunkene Insel wurde zuerst von den Angehörigen jener „urnordischen Rasse" (AM, 32) besiedelt und zur Heimat der „atlantisch-nordischen Rasse" (AM, 31), die durch die Überlieferung der griechischen Antike weithin unter dem Namen „Atlantis" bekannt wurde. Als die gesamte Arktis nun der vollständigen Vereisung anheimfiel, machte sich auch der Rest der ursprünglichen „arktisch-nordischen Rasse" (AM, 31) auf und gelangte, allerdings aufgrund der Polverschiebung nun schon von diversen versunkenen Inseln im Norden Europas (AM, 174), in einer neuen Auswanderungswelle vor allem nach Irland. Dort stießen sie auf Atlantiker, die sich seit langem dorthin ausgebreitet und die aus Südwesten zugewanderten Ureinwohner, die Nemedier, und die Firbolg unterworfen hatten und sie von den der Westküste Irlands vorgelagerten Aran-Inseln von einem oder mehreren Glastürmen aus beherrschten. In den folgenden Kämpfen um die Vorherrschaft obsiegten die Invasoren, bis sie von den wiederum aus Südosten herandrängenden Milesiern wichen und nach Osten und Nordosten weiterzogen. Die mythischen Berichte der keltischen Überlieferung sind daher nur Einkleidungen eines historischen Kerns: Die nordischen Invasoren sind so niemand anderes als das sagenhafte Feenvolk der Túatha dé danann – nach Wirths Übersetzung „Deutsche" –, während die herrschenden Atlantiker den Fomoriern und die Ureinwohner den schwarzhaarigen, missgestalteten und charakterlich minderwertigen Firbolg – nach Wirth eine „protomongoloide" (AM, 128) bzw. negroide Menschenrasse aus dem Süden – entsprechen. Der Rückzug der Túatha dé danann in die Hügel von Sidhe und dann (als Sidhe) in das Land der ewigen Jugend Tír na nÓg erklärt demnach nur den weiteren Weg der arktisch- bzw. atlantisch-nordischen Rasse.

Zwar verteilen sich ihre Angehörigen und Völker über einen Streifen in südlicher und östlicher Richtung mehr oder weniger über die ganze Welt und hinterlassen dort überall die Spuren ihrer Kultur. Die kultur- und welthistorisch bedeutsamste Siedlung des von Wirth sogenannten „Tuatha-Volks" indes entstand vor der Westküste Jütlands bzw. in der Deutschen Bucht. Ohne sich noch mit anderen Rassen vermischt zu haben, gründeten sie auf einer bis auf kleine Reste (Sylt) dem Meer zum Opfer gefallenen Insel die letzte von Fremdeinflüssen freie Hochburg urnordischer Kultur. Sie war schon in den Nebel mythischer Vergangenheit getaucht, als Plinius d. Ä. und Tacitus jenes Volk der Ingväonen erwähnten.[34] Wirth erklärt sie zu den „letzten, unmittelbaren Nachkommen" der „reinrassigsten" „jüngere[n] Welle der atlantisch-nordischen Rasse", der Túatha (AM, 174). Ausführliche Nachricht von deren altfriesischer Kultur gibt jedoch die *Ura-Linda-Chronik*, die Wirth trotz mehrfach geführter Fälschungsnachweise selbstverständlich als echt behandelt und benutzt.[35] Aufgrund

---

[34] Plinius, Historia naturalis IV,27; Tacitus, Germania II.
[35] Vgl. Sibylle Mulot, Wodin, Tunis und Inka. Die Ura-Linda-Chronik, in: K. Corino (Hg.), Gefälscht! Betrug in Politik, Literatur, Wissenschaft, Kunst und Musik, Frankfurt a. M. 1996, 263–275.

dieses fiktionalen Texts und seiner fiktiven Deutung einer Unmenge prähistorischer Zeugnisse als Reste der Lautschrift einer gleichsam prähistorischen Hochkultur schließt Wirth auf einen zugleich übernationalen und deutschen Ursprung aller geistigen Kultur überhaupt.

Mit dem erzwungenen Auszug der Tuatha/Ingväonen aus ihrem Friesenatlantis jedoch verfällt auch das letzte Beispiel rein arktisch-nordischer Geisteshöhe. Ihre Wanderung führt sie nun weiter nach Norden und Osten, wo sie sich mit den dortigen Ureinwohnern vermischen, die wie alle anderen Bewohner des Erdballs niedrigerer Rasse sind. Der mit dieser Rassenmischung notwendigerweise einhergehende kulturelle Niedergang bedeutet aber nicht das vollständige und unwiederbringliche Verschwinden des ursprünglichen Idealzustands. Er lässt sich nämlich nicht nur durch wissenschaftliche Forschung theoretisch wiederentdecken – eine Leistung, die Wirth für sich in Anspruch nimmt –, sondern sogar aufs Neue erreichen, und zwar durch die Träger der Erbmasse des arktisch-nordischen Herrenvolks, wie sie sich aufgrund ihrer Altfriesennähe vor allem unter den Angehörigen der deutschen Nation finden – eine Aufgabe, die Wirth der seinerzeitigen Politik, d. h. den Nationalsozialisten, zuschreibt (AM, 3; Whd, 55 ff.).

b) Kultur im Blut

Der Weg zu dieser Re-form, die geistigen und kulturellen Fortschritt in kontrolliertem Rückschritt sucht, liegt in der Wiederherstellung der Rassereinheit der Kulturträger zur Wiedergewinnung ihrer Ursprünglichkeit. Wie Haeckel behauptet Wirth einen unmittelbaren, gar ursächlichen und konsequent determinatorischen Zusammenhang zwischen Rassenzugehörigkeit und kulturellem bzw. geistigem Niveau. So stellt er bereits in der *Einführung* zum *Aufgang der Menschheit* programmatisch klar:

„Dieses betreffende (sc. túatha-) Volk oder die betreffenden Völker (sc. urnordischer Abstammung) nannten sich also ‚von Gott' oder ‚aus Gott' (sc. Wirths Übersetzung von z. B. „dé dannan") und betrachteten ihre Rassenmerkmale als göttlichen Ursprungs.

Wenn dem so wäre, so müßte aber – sowohl vom Standpunkt der Wissenschaft wie des Glaubens – von dem Augenblicke an, wo Gott jene Rasse ‚geschaffen' hätte oder jene Rasse als Erscheinungsbild (Phänotyp) mit ganz bestimmten, feststehenden körperlichen Formen, somatischen Merkmalen, sich aus einer anderen primitiven Rasse als erbliche Mutation oder Variation entwickelt hätte, diese Rasse über bestimmte, ihren Körperformen entsprechende, geistige Merkmale als erbliche Eigenschaften verfügen. Entwicklungsgesetzlich und damit gottesgesetzlich ist es völlig undenkbar, daß eine Rasse, welche die Merkmale einer harmonischen Höchstentwicklung zeigt, nicht eine entsprechende geistig-seelische Veranlagung besessen haben soll, von dem Augenblick an, wo jene Körperentwicklung, im Besonderen diejenige des Schädels, zu einer bleibenden Form gelangt war.

Dann wäre aber die menschliche Geistesgeschichte nach denselben Gesetzen der Vererbungslehre zu untersuchen, welche wir bisher für das Erscheinungsbild der Lebewesen, sei es Mensch, Tier oder Pflanze, als maßgebend erkannten. Wir hätten demnach anzunehmen eine bestimmte geistige Rassensubstanz, welche in der Mischung oder Kreuzung mit anderen Rassen reinerbig oder spalterbig oder mischerbig sich äußert. Im Laufe der Jahrtausende wird die Äußerungsweise der reinerbig sich wieder aufspaltenden, geistigen Rassensubstanz vielleicht eine andere sein, der Inhalt, das Wesen aber wird an und für sich gleich bleiben. Mit anderen Worten – es ist einer Rasse eine bestimmte Weltanschauung angeboren, welche als geistige Erbmasse nach erfolgter rassischer oder (und) geistiger Mischung reinerbig immer wieder zum Durchbruch kommen muß, solange die betreffende Rasse als Bestandteil in einem Volke vorhanden bleibt. […]

Wenn also die Geistesgeschichte ebenfalls aufgrund der rassischen Merkmale ihrer Träger nach den Gesetzen der Vererbung, der ‚Mendelung' sich vollzieht, so hätten wir endlich eine Erklärung für jene bisher durch die Geistesgeschichtswissenschaft gerade verkannte Tatsache, daß schon in weit zurückliegenden Zeitaltern der Urgeschichte eine höher geartete Weltanschauung bestanden haben muß. Dann wäre dieselbe infolge der Völkerwanderung oder Völkerfahrt und Rassenmischung ihrer Träger, der Durchsetzung mit Bestandteilen tiefer stehender Religionen andersrassiger Völker anheim gefallen, welche Geister- und Dämonenglauben, vermenschlichte Naturmächteverehrung zu Kulten entwickelt hatten. Das so entstandene geistige Mischgebilde überwucherte immer mehr die ursprüngliche Gemeinschaftsreligion dieser Völker höherer Rasse. Nun trat in der geistigen Vererbung der reinerbige Geistesbestandteil dieser Zersetzung entgegen und versuchte entweder die alte gesunkene Volksreligion wieder zu heben oder zu reformieren wie in der Ahura-Mazda- Reformation des Zarathustra, oder es gab dieses entartete, alte Volksreligion völlig preis und versuchte das Wesen der ihr innewohnenden Weltanschauung als reine Idee, als Abstraktion aufs neue zu entwickeln." (AM, 13 f.)

Wirths Forschungs- bzw. Theorieprogramm besteht also letztlich in der konsequenten Fortschreibung von Haeckels evolutionistischer Rassenlehre unter Einschluss der erst um die Jahrhundertwende wiederentdeckten Vererbungslehre Gregor Mendels (1822–84) bei gleichzeitiger

Vertiefung des Irrglaubens an die Erblichkeit erworbener Eigenschaften wie konkreter Bewusstseinsinhalte in Gestalt von religiösen und anderen Weltanschauungen. Diese Vertiefung eines seinerzeit schon erkannten bzw. erkennbaren Fehlers liegt darin, dass Wirth im Grunde genommen die Erworbenheit solcher grundlegender, Weltwahrnehmung und Bewusstsein bestimmender Inhalte bestreitet: Sie gelten ihm im Gegenteil als wesentlich für eine jeweils biologisch definierte Gruppe, als ‚geistige Rassensubstanz', deren Erscheinungsweise sich womöglich im Verlauf der Geschichte verändern mag, jedoch in ihrem Wesensbestand davon unabhängig immer dieselbe bleibt. Daher folgt aus einer in bestimmter Weise für eine Rasse definierten Erbmasse eine dieser entsprechende, ebenso inhaltlich definierte Bewusstseinsstruktur, und umgekehrt lässt sich von einer solchen Bewusstseinsstruktur auf das zugrundeliegende biologische Material schließen. Geistesinhalt und Erbanlage sind demnach äquivalent. Folglich hat jede Rasse ihre eigentümliche Weltanschauung, in welcher verunreinigten Erscheinungsform auch immer diese auftreten mag. Dementsprechend lassen heterogene Weltanschauungen bzw. religiöse, in der Regel polytheistische oder animistische Kulte ebenso auf heterogenes, mithin ‚entartetes' Erbgut schließen, und umgekehrt.

Zwar ist es eine offenkundige Banalität festzustellen, dass es, wenn es zu rassischen Mischungen, Kreuzungen und Überlagerungen kommen kann, mehrere verschiedene Rassen geben muss. Nicht banal – und grundfalsch – ist aber sowohl die Behauptung, dass zwischen ihnen eine klare Hierarchie hinsichtlich ihrer jeweiligen körperlichen und geistigen Merkmale bestünde, als auch die daraus sich ergebende These, dass der Verlust erblicher Reinheit der jeweils höheren Rasse – und am meisten naturgemäß der höchsten – schade, während er der jeweils niedrigeren nütze: Denn, so das ebenso einfache wie falsche Argument, etwas Gutes oder gar das Beste kann durch die Beimengung von Schlechterem nur schlechter werden. Die Chimäre der Rasseneinheit zeugt also nicht bloß von einer Angst vor Verfall und Abstieg der scheinbar mit wissenschaftlicher Objektivität festgestellten (in Wahrheit freilich nur mit nationaler Subjektivität postulierten) körperlichen und geistigen Exzellenz der eigenen Rasse bzw. ihrer historischen Erscheinungsform, des eigenen Volks. Die Chimäre der Rasseneinheit leistet nämlich noch viel mehr, denn sie rechtfertigt oder entschuldigt gar einen gegenwärtig womöglich schlechten Zustand des Volks und rechtfertigt, erlaubt oder fordert alle möglichen politischen, d. h. öffentlichen und gesetzgeberischen, Maßnahmen sowohl zur Verhinderung eines derartigen Abstiegs als auch zur Wiederherstellung des alten Niveaus, sollte dies denn überhaupt machbar sein.

Bewehrt mit seinem Verständnis der Mendelschen Gesetze gelangt Wirth zur Annahme zweier menschlicher „Urrassen", die räumlich getrennt und unabhängig voneinander entstanden sind: Eine

> „helle Urrasse (Gruppe I), deren Herd das heutige Arktisgebiet, und eine dunkle Urrasse (Gruppe III), deren Hochgebiet das Gondwanaland gewesen sein muß. Roh skizziert können wir sagen, daß aus der Kreuzung dieser hellen und der dunklen (schwarzen) Urrasse die gelbbraune entstanden ist, die asiatische Rasse, zunächst in verschiedenen Mixovariationen, von denen manche überwiegend die Merkmale der Gruppe I noch getragen haben mögen." (AM, 86)

Evolutionstheoretisch vertritt Wirth also eine polygenetische Position. Sie besitzt schon deswegen für ihn und Gleichgesinnte große Attraktivität, weil ihr zufolge die höchste, nordische Menschenrasse – die er wahlweise auch arisch, germanisch oder deutsch nennt – sich nicht aus einer niederen, womöglich sogar schwarzen entwickelt zu haben braucht. Sie ist im Gegenteil sogar besonders ‚reinblütig'. Denn sie entsteht aufgrund der Anpassung an die schwierigeren Existenzbedingungen der Kaltzeit aus der hellen, arktischen Urrasse selbst:

> „Die völlig veränderte Umwelt, die viel tiefere Temperatur des arktischen Klimas, die lange Winternacht, die gänzlich anderen Ernährungsverhältnisse, der harte Kampf um das Leben wird in der Urrasse (Gruppe I) jene Idiovariation hervorgerufen haben, die zur Entstehung der menschlichen Blutgruppe II im Laufe der Jahrhunderttausende geführt haben mag. [...] Mit der Annahme einer tertiärzeitlichen Entstehung der vornordischen Rasse (Gruppe I) in dem jetzigen Polargebiet und der damit verbundenen Umwandlung des gemäßigten Klimas in ein arktisches, gewinnen wir für die Werdung der arktisch-nordischen Rasse (Gruppe II) eine biologisch einwandfreie Erklärung." (AM, 85)

Aufgrund der Reinheit des hervorragenden Erbmaterials führen diese Wandel nicht zu einer Rück-, sondern einer weiteren Höherentwicklung:

> „Die asiatische Rasse würde also das Ergebnis einer Mixovariation sein, die atlantisch-nordische Rasse (Nordatlantiker) dagegen eine Idiovariation. Letztere (Gruppe II) wäre die *weiße Rasse*, mit allen jenen Merkmalen, wie wir sie heute noch am rein nordischen Rassetypus als edelste körperliche und geistige Hochzüchtung der ‚Art' Mensch kennen." (AM, 86)

Im Unterschied zum optimistischen Evolutionismus Haeckels etwa hat für Wirth demnach die Entwicklung der Spezies Mensch verhältnismäßig kurz nach ihrer Entstehung bereits ihren Höhepunkt erreicht. Wirth datiert sie auf erstaunliche 500–600 Tsd. Jahre v. u. Z. (AM, 55); das ist immerhin ungefähr doppelt so viel früher, als die naturwissenschaftliche Stammesgeschichte überhaupt die ersten primitiven Vertreter des Homo sapiens seinerzeit annahm und weiterhin annimmt – ganz abgesehen von der weitestgehenden Übereinstimmung bezüglich seines monophyletischen Ursprungs in Afrika. Da Wirth weiterhin die Blütezeit der noch reinrassigen Ingväonen auf ca. 3000 v. Chr. datiert (AM, 57), ergibt sich eine kontinuierliche Höhenkultur von ungefähr halbmillionenjähriger Dauer, die seit der im Verhältnis lächerlich kurzen Zeit von 5000 Jahren ebenso kontinuierlich verfällt. So abstrus dies auch sein mag, liegt doch auf der Hand, was daraus folgt: Die körperlichen und geistigen Eigenschaften der menschlichen Art in ihrer höchstmöglichen Gestalt, nämlich der atlantisch-nordischen Rasse, befinden sich in stetem Niedergang. Alleinige Ursache dafür ist ihre Vermischung mit anderen, niederen Rassen. Um jenen Niedergang und seine verheerenden physischen wie kulturellen Folgen aufzuhalten, ist zunächst die Rassenmischung zu stoppen. Dann indes lässt sich sogar die alte Höhe wieder erreichen. Denn aufgrund der verhältnismäßig kurzen Zeit der Degeneration besteht die Erbmasse jener frühen Herrenrasse weiter fort. Sie findet sich zumindest latent vorwiegend bei den Angehörigen des deutschen Volks (zu dem wie bei Fichte wieder die Skandinavier gehören). Ist sie aktiv bzw. phänotypisch ausgeprägt, lässt sie sich leicht an den körperlichen (groß, blond, helläugig und -häutig) und geistigen (monotheistischer Lichtglaube, hohe Abstraktionsfähigkeit, generelle Vortrefflichkeit) Eigenschaften ihres Trägers erkennen: „Die frische Milch- und Blutfarbe der nordischen Rasse wird hier besonders hervorgehoben, ebenso das Geistig-Lebendige der Augen." (AM, 176) Die hochgezüchteten atlantisch-nordischen Rassemerkmale vererben sich nach Wirth nämlich rezessiv. Folglich kann man vom Auftreten eines entsprechenden Merkmals auf die Reinerbigkeit des Trägers schließen. Trägt man nun für die Verpaarung ausschließlich reinerbiger Exemplare Sorge und sondert Träger dominanter Merkmale konsequent aus, wird man irgendwann immer mehr Individuen erhalten, die alle angelegten rezessiven Merkmale auch phänotypisch zeigen und vollständig reinrassig sind. Kurz: Warum soll, was bei Erbsen – Mendels Versuchsobjekten – geht, nicht auch bei Menschen funktionieren?

Ebensolcher Unsinn ist Wirths Parallelisierung der Blutgruppen- und Rassenzugehörigkeit. Dabei handelt es sich allerdings nun um weniger originellen Unsinn, da die von ihm beigezogene und gepriesene „blutserologische Rassenforschung" (AM, 50) seinerzeit in Deutschland sehr in Mode war. Zwar stehe diese „erst in dem Anfangsstadium als wissenschaftliche Methode", so dass die „Voraussetzung für die Klärung der Verhältnisse zwischen Blut, Körper und Geist" in „engstem Zusammenwirken mit der anatomisch- anthropologischen und -psychologischen Forschung" noch gar nicht gegeben sein kann (AM, 50). Dennoch bietet das Blut bereits ein sicheres Unterscheidungsmerkmal zwischen verschiedenen Rassen – was bitter nötig ist, da weder die jeweils erscheinenden Phänotypen noch Kulturgestalten aufgrund sowohl der genannten rezessiven Vererbung als auch eines historisch schier unüberschaubaren Zersetzungsprozesses nicht mehr oder noch nicht wieder dazu taugen.

Wie seine Rassen kennzeichnet Wirth auch die Blutgruppen mit römischen Ziffern, wobei die arktisch-nordische helle Urrasse der Gruppe I Blutgruppe 0 (bzw. I), die hochgezüchtete atlantisch-nordische Rasse der Gruppe II Blutgruppe A (bzw. II) und die dunkle Urrasse der Gruppe III Blutgruppe B (bzw. III) entspricht, während Gruppe IV (AB) „eine gänzlich untergeordnete Rolle spielt" und „rätselhaft" bleibt (AM, 39–54). Zwar ist die von Natur aus hochwertige Blutgruppe II – die „des Homo europaeus" – auch „in Frankreich und Italien" sehr verbreitet; jedoch weist dies nur „ausdrücklich auf die Auffüllung mit nordischem Blute, zuletzt in der Völkerwanderungszeit, hin" (AM, 43). Gemäß „der vergleichenden, serologischen Forschung" liegt „der Pol der Blutgruppe II in Nord- und Nordwesteuropa (Skandinavien bis Nord- und Mitteldeutschland", während „[j]e weiter man nach Osten geht, um so mehr die Blutgruppe II ab[nimmt] und der Prozentsatz der Blutgruppe III [steigt], deren Pol jetzt in Indien liegt." (AM, 43) Je weiter östlich bzw. südlich man also gelangt, desto minderwertiger wird das Erbmaterial der dort lebenden Menschen und desto hoffnungsloser jeder Versuch ihrer Hoch- bzw. Rückzüchtung. Das hervorstechendste phänotypische bzw. äußere Merkmal dieser natürlichen Unterlegenheit ist die dunklere Hautfarbe.

Dieser Rangordnung entsprechen auch die geistigen Fähigkeiten und das kulturelle Niveau der jeweiligen Völker, die Wirth geradeso wie die Tradition sowohl des Idealismus als auch des Evolutionismus haeckelscher Provenienz als homogene Ganzheiten fasst, so dass die einzelnen Individuen, die – modern gesprochen – eine Population ausmachen, nicht in Betracht kommen: Es gibt nicht die individuellen Begabungen von Waltraud, Heinz, Thor, Freya, Chantal und Kevin, sondern immer nur individuelle Ausprägungen natürlich vorgegebener volkseigener Begabungen. Sie zeugen zugleich von der ‚angeborenen Weltanschauung' ihres Trägers und damit der Reinheit seines Blutes.

Da Wirth seine Hierarchisierung der verschiedenen Rassen und Völker wie üblich geistig bzw. durch ihre kulturschaffende Potenz begründet, muss er auch die Frage nach dem „Wertmesser der wahren Kulturhöhe eines Volkes" (AM, 11) stellen, d. h. nach demjenigen geistigen Entwicklungsstand, der zwar zuweilen latent sein, aber den ein Volk kraft seiner Erbmasse stets erreichen kann. Wirth beantwortet diese Frage in bemerkenswertem Einklang mit Fichte.

Zunächst schließt er irgendwelche Kriterien rein materiellen Wohlergehens aus, disqualifiziert sie sogar: „Seine gewerbliche Technik kann es nicht sein. Denn sie kann als nur verstandesmäßige Nachblüte einer bereits völlig zerfallenden, älteren Geisteskultur eines Volkes noch weiter bestehen, wenn dasselbe durch die Zerstörung seiner eigenen Volkskraft sich bereits auf dem jähen Abstieg befindet." (AM, 11) Daher ist gerade die äußerste Einfachheit der Lebensweise Zeichen von höchster Kultur. Die seinerzeitige „deutsche Jugendbewegung" befand sich daher auf dem richtigen Weg, insofern sie „als bewußte Ablehnung der Materialisierung und Mechanisierung der städtischen Luxuskultur und ihrer Entartungserscheinungen, sich der Primitivität einer einfachen Lebensführung wieder zuwandte, die Versenkung in das eigene, angestammte Volkstum der heimatlichen Scholle, die Verbindung mit den gefühlsmäßig geahnten, geistig-seelischen Erbmassen suchte." (AM, 11) Diesem dunklen Drang will Wirth mit seiner Forschung ein Ziel geben. Dieses Ziel muss ein übersinnliches sein, schon weil es sowohl ewig ist als auch alleiniger Gegenstand des Bewusstseins und „durch die reine Anschauung aus sich erworben und besessen" wird (AM, 12). Wirths allgemeines Kulturhöhenkriterium ist also dieses: Es ist „das Bewußtsein um höhere Werte des geistig-seelischen Lebens, welche von Vergangenheit durch Gegenwart zur Zukunft gehen, der Inbegriff der Gesittung und wahren Kulturhöhe eines Volkes, also sein religiöses Bewußtsein, das Ewigkeitsbewußtsein seiner Volksseele" (AM, 12).

Zwar werden diese ‚höheren und ewigen Werte', die eine völkische Kultur bestimmen sollen, auch über die quälenden Längen von Wirths Hauptwerk hinweg nie recht deutlich. Vielmehr bleiben sie trotz aller Sammel- und Deutungsleidenschaft erstaunlich verquast und laufen auf eine eher banale Naturmystik hinaus, bei der das (nordpolare) Sonnenjahr und seine Einteilungen die stete Wiederkehr von Geburt und Tod und also eine einheitliche, göttliche und vernünftig einsehbare Ordnung repräsentieren (vgl. AM, 412):

„Was aber zum gewaltigsten Erlebnis dieser mühseligen Kleinforschung wurde, war der immer mehr sich verdichtende Nachweis einer rein monotheistischen

Urreligion, die ‚Weltanschauungen' einer Rasse, der die ewige Wiederkehr im kosmischen Wandel, das Werden und Vergehen als das große, sittliche Gesetz des Weltalls, als die Offenbarung Gottes, des Weltgeistes durch seinen Sohn in Zeit und Raum galt." (AM, 18)

Dass der klassische Repräsentant dieser Funktion, Jesus von Nazareth, nach Wirth kein Jude gewesen sein kann, sondern der atlantisch-nordischen „Herrenrasse" der Arier angehört haben muss (AM, 143–9), dürfte sich nachgerade von selbst verstehen. Freilich hat die Banalität des inhaltlichen Kerns von Wirths ‚Urmonotheismus' einen unbestreitbaren Vorteil: Er bleibt theologisch so vage, dass sich seine Grundzüge praktisch immer und überall wiederfinden und sich so die urdeutschen Wurzeln jeder Kultur samt ihrer Entartung durch Rassenmischung ebenso immer und überall „nachweisen" lassen.

Dies scheint nun wiederum die Rangfolge der Kulturhöhen verwischen zu können. Denn klar ist bislang nur, dass Monotheismus besser ist als Polytheismus und die Bergeshöhe oder die Lichtung – oder wo immer man auch sein Sonnenobservatorium hinstellen möchte – besser als die Verwaltungsinstitution Kirche samt ihren teilweise abergläubischen Reglementierungen.[36] Dennoch behandelt Wirth die gängigen Monotheismen – Judentum, Islam und Christentum – als mit kruden sinnlichen und zugleich sinnlosen Vorstellungen verunreinigte, entartete Formen jenes atlantisch-nordischen Urmonotheismus. Ihre Dekadenz beruht auf einer der Sprache und der Schrift, denen es an ursprünglichem Leben, Abstraktion und Vergeistigung – dem Sinn für das Übersinnliche gleichsam – mangelt. Es wird kaum ein besonders seltsamer Zufall sein, dass es gerade diese Eigenschaften waren, die nach Fichte die deutsche Sprache als letzte noch besitzt – mag auch Wirths erträumter Fortschritt zur Menschheitsrettung und -vervollkommnung zurück in vorsintflutliche Zeiten führen. Die Höhe der Kultur – und damit zugleich die Rangordnung der verschiedenen Rassen und Völker – bemisst sich also an bestimmten Eigenschaften der gesprochenen und geschriebenen Sprache. Sie sind sowohl struktureller als auch inhaltlicher Natur. Dies gilt für alle angeführten drei Aspekte.

Den Gipfel ursprünglichen Lebens erreichte die Sprache in der Altsteinzeit: „Die Sprache der arktisch-nordischen, vor- oder urnordischen Rasse ist eine agglutinierende gewesen, welche sich in der nordatlantischen Periode

---

[36] Wiwjorra, Wirth im Kontext, 407 ff.

des Jungpaläolithikums immer mehr vergeistigt und bereichert haben muß, bis sie ihre Höchststufe erreichte." (AM, 423 f.) Diese sprachwissenschaftliche Bestimmung bedeutet die Rückführbarkeit aller Wörter auf einsilbige verbale oder pronominale Wurzeln, die durch In-, Prä- und Suffixe zu neuen, mehrsilbigen Wurzeln verbunden werden können (AM, 425 f.); Beispiele unter den heute noch gesprochenen Sprachen sind etwa finnougrische und Turksprachen oder das Klingonische. Jede dieser Wurzeln geht nun nach Wirth auf das „Erlebnis des Einzelnen und der Artgesamtheit" (AM, 426) zurück, so dass jede davon einen besonderen, allen Rassen- oder Volksangehörigen zugänglichen Inhalt bezeichnet. In einer solchen agglutinierenden Sprache sind „also die Kasus- und Flexionsendungen, welche in der späteren flektierenden Stufe zu einem toten Mechanismus abgestorben sind, noch vollwertige Stoffwörter" (AM, 426). Im Wissen um deren Bedeutung besteht das Leben einer Sprache und die Höhe einer Kultur: „Bei einem Volke, dessen Sprache sich in seiner (sic!) höchsten Blüte befindet, noch lebendig ist, muß das Bewußtsein vom Sinne jeder Wortwurzel noch voll vorhanden sein." (AM, 426) Ist dies der Fall, folgt daraus sowohl höchste Präzision des Sprachgebrauchs als auch die Möglichkeit der Erzeugung neuer Wörter ohne jede Verständnisschwierigkeit, mithin vollständige sprachliche Transparenz.

Im Gegensatz dazu sind flektierende Sprachen wie Griechisch und Latein immer schon tot: „Allein dieser so reiche Formenapparat ist in Wirklichkeit bereits ein Körper, dessen Gliedern zum Teil schon keine selbständige Funktion, kein eigenes Leben mehr inne wohnt." (AM, 426) Da jeder kulturstiftende Impuls weltweit von den Wanderungen der arktisch- bzw. atlantisch-nordischen Rasse ausging, sind bereits jene klassischen indoeuropäischen Sprachen Verfallsprodukte eines seit der Jungsteinzeit andauernden Absterbeprozesses:

> „Jene Höchststufe einer agglutinierenden Sprache mit noch vollwertigen Wurzelwörtern (Silben) muß die atlantisch-nordische Sprache des Stierzeitalters, das heißt – des ausgehenden Paläolithikums, noch besessen haben. Nach dem Untergang des Hauptlandes Mo-ûru, Atlantis, und dem Abbruch jener großen kultischen Tradition [...] ging in der Rassenmischung der neuen europäisch-festländischen Heimat das Wissen um die lebendige Sprachbildung verloren und trat die Erstarrung in Sprach- und Schriftform ein: dieser letztere Zustand liegt uns in der alten vedischen und homerischen Sprache noch vor. Der Prozeß des Absterbens hat sich seitdem immer weiter vollzogen: die Beugungsendungen sind in den sogenannten romanischen Sprachen bereits wie tote Ästchen vom Baum der Sprache, der keine Sprossen mehr treibt,

abgefallen. Bei der am meisten mit romanischen Bestandteilen durchsetzten germanischen Sprache, dem Englischen, können wir den gleichen Vorgang beobachten." (AM, 426)

Kurzum, allein germanische Sprachen, die von Fremdeinflüssen reingehalten worden sind oder werden können, insbesondere naturgemäß das Deutsche (AM, 614 ff.), sind überhaupt noch lebende Sprachen und können zu erneuter Hochblüte gebracht werden. Alle anderen sind – ebenso wie bei Fichte und aus durchaus ähnlichen Gründen – geistig und kulturell tot oder liegen zumindest im Sterben.

Entsprechen nun Lebens- und Kulturgrad einer Sprache dem – idealerweise vollständigen – Bewusstsein der ursprünglichen Bedeutung aller ihrer Bestandteile, liegt ihre von Wirth ebenfalls permanent angeführte Vergeistigung und Abstraktion sowohl in den Inhalten, die jene Bedeutung ausmachen, als auch in deren adäquater Verschriftlichung. Wirth erklärt dies zusammenfassend im *Schlusswort* des *Aufgangs der Menschheit* hinsichtlich seiner biologisch begründeten – und schon seinerzeit ebenso phantastischen, wie unhaltbaren – zentralen These über den steinzeitlichen und nordischen Ursprung aller Laut- und Linearschrift samt aller wahrhaft menschlichen Kultur:

> „Was besagt uns nun aber diese ‚Handschrift' der nordischen Rasse oder der Völker atlantisch- oder arktisch-nordischen Rasse, für ihren Charakter, ihre innere und äußere Einstellung zur Umwelt und zu ihren Mitmenschen, das heißt – für ihre Weltanschauung? Wir erkennen, daß infolge der Rassenmischung und des Verschwindens dieser nordischen Herren- und Kulturbringerschicht in Mesopotamien und Ägypten, diese Linearschrift allmählich erlischt, ihre Zeichen- und Lautwerte in ein kirchlich-priesterliches Geheimwissen entrückt werden, dafür aber wieder eine primitive Bilderschrift an ihre Stelle tritt, welche nur die Gegenstände der sinnlichen Erscheinungswelt, Menschen, Körperteile, Tiere, Bäume, Pflanzen, Gebrauchsgegenstände usw. umfaßt. Denn darin unterscheidet sich die neue sumerisch-babylonische und ägyptische Bilderschrift von der alten atlantisch-nordischen Linearschrift, daß letztere keine Bilderschrift, keine Darstellung der sinnlichen Erscheinungswelt, der stofflichen Umwelt ist, sondern sich einzig und allein auf jene unstoffliche Welt des Kosmos bezieht, auf das Weltall, auf das Übersinnliche, auf das Gottesbewußtsein und Gotteserleben in seiner Offenbarung in Zeit und Raum, in der ‚Drehung', der ‚ewigen Wiederkehr', in dem ṛta, dem ‚Jahr'. Diese atlantisch-nordische Linearschrift ist eine Abstraktion, eine Vergeistigung, die Äußerung einer metaphysisch, transzendental veranlagten Erbmasse, welche über zeitliche und räumliche Beschränkung des Augenblicks

hinweg hoch empor in das Ewige strebte, um von dort zu einer Gesamtschau des Daseins zu gelangen. Wenn nun die Völker Mesopotamiens und Ägyptens nach rassischer Verflüchtigung der nordischen Kulturbringer-Oberschicht die Fähigkeit dieser Abstraktion und Vergeistigung in ihrer Schrift und Religion verloren, so stehen wir vor einem schwerwiegenden Zeugnis der lebensgesetzlich unzertrennlichen Verkettung der Erbmassen des Blutes und des Geistes." (AM, 623 f.)

Die lebende, vergeistigte, abstrakte Sprache der tuatha-Völker bzw. des durch seine Herrenkultur pan-national latent oder real führenden deutschen Volks ist also weit mehr als ein bloßes Kommunikationsmittel. Sie enthält nicht nur, sie ist eine Weltanschauung. Sie und ihr Inhalt sind erblich, daher biologisch – ‚lebensgesetzlich' – bedingt. Dieser Inhalt besteht in der nicht sinnlich wahrnehmbaren, übersinnlichen Ordnung des gesamten Seins (so banal diese letztendlich auch herauskommen mag), und diese Wahrheit, die nur die einzige sein kann, ist exklusiv den Angehörigen jener Rasse bzw. der aus dieser hervorgegangenen Völker zugänglich. Je reiner diese ihre biologische Erbmasse bewahren, desto reiner und höher ist ihr kulturelles Niveau oder kann die prähistorisch erreichte Höhe zumindest wiederhergestellt werden. Die Verfolgung dieses Ziels dient der gesamten Menschheit. Daraus folgt einerseits das Recht und die Pflicht, es mit allen Mitteln zu verfolgen, und andererseits der globale Führungsanspruch der Träger dieser Erbmasse, in der zugleich jene kulturelle Höhe in Latenz existiert. Dabei handelt es sich vornehmlich um die reinblütigen Angehörigen des deutschen Volks. Denn gemischtrassische Volkszugehörige oder gar andere gemischtrassische Völker besitzen weder die Fähigkeiten zu ihrer Erzeugung noch zu ihrer Erfassung. Die kosmische Wahrheit ist daher ausschließlich genau und nur einer ethnischen Gruppe von Leuten zugehörig und zugänglich, die selber durch die erbliche Reinheit ihre Abstammung, also biologisch definiert ist. Dieser Begriff von Volk ist deutlich exklusiver als seine jedenfalls im Grundsatz diesbezüglich neutrale rechtliche Bestimmung durch Staatsbürgerschaft oder die politische als Nation. Um den mit dem Volksbegriff verbundenen Ausschluss von sowohl biologischen als auch kulturellen Fremdeinflüssen wie den gleichzeitigen Abschluss gegen diese zu bezeichnen, gebraucht man den Ausdruck „völkisch". Die universale und eine Wahrheit und die darauf basierende, einzig wahrhaft des Menschen würdige Kultur ist also völkisch.

c) Identität aus Angst: Globale Gegenwartszivilisation und völkische Zukunftskultur

Wie üblich wissen das noch nicht alle oder wollen es gar nicht wissen – ebenso wenig wie alle jene Wahrheit kennen und jene Kultur leben, obwohl dies zumindest für einen, nämlich den reinblütigen Teil der Volkszugehörigen immer noch möglich wäre. Nach Wirths Gegenwartsdiagnose der allgemeinen „Odalslosigkeit" (Whd, 44), d. h. der Vergessenheit der völkischen Wahrheit (Whd, 41 f.), befindet sich das deutsche Volk am Tiefstpunkt seines Verfalls, an dem nur noch Verschwinden oder Wiederaufstieg möglich sind. Dieser Prozess bestimmt die gesamte „sogenannte ‚geschichtliche' Zeit der Deutschen" (Whd, 42): „Es vollzieht sich in diesem ersten Jahrhundert der römisch-christlichen Zeitrechnung das Sich-selbst-Verlieren des Nordens, des alten Tuatha-Volkes, an die Macht- und Habgier des Südens, – ein seelischer Niedergang, welcher durch die Berührung mit der kulturlosen, technisch-materialistischen ‚Zivilisation' des vorchristlichen, römischen Imperiums eingeleitet wurde." (Whd, 43).

In die Augen fällt hier zunächst die typische, bis heute gerne gebrauchte Gegenüberstellung von Kultur auf der einen und Zivilisation auf der anderen Seite. Zivilisation ist seelen- und damit auch heimatlos, kalt, technokratisch und ausschließlich auf äußere Bequemlichkeit und materiellen Wohlstand gerichtet. Sie spricht daher nur die niederen Begierden an, setzt keine wie auch immer geartete im Übersinnlichen fundierte Weltanschauung, kurz: keinerlei Geist, voraus und bietet sich daher als Strebensziel für jeden Angehörigen jedweder Rasse an. Zivilisation ist also ebenso egalitär wie global und deswegen nicht bloß von der Kultur unabhängig, sondern läuft ihr sogar zuwider: Die Annehmlichkeiten derartiger Zivilisation zerstören Kultur. Denn Kultur erscheint dagegen als naturhaft gewachsene Lebensweise und -ordnung, die den verschiedenen Rassen und Völkern jeweils eigentümlich ist und sie deshalb sowohl voneinander unterscheidet als auch ihre Identifikation ermöglicht. Wenn folglich seine Kultur erst definiert, was ein Volk ist, bedeutet ihr Verlust oder ihre bewusste oder unbewusste Aufgabe zugleich den Verlust seiner völkischen Identität. Da diese stets qualitativ bestimmt ist, führt eine solche Einebnung kultureller Unterschiede zugunsten einer allgemeinen Zivilisiertheit und rassischer Durchmischung, die das kulturspendende Herrenvolk immer weiter auflöst, zum allgemeinen Niedergang der gesamten Menschheit.

Wie dieser Niedergang aussieht, beschreibt Wirth am Beispiel Deutschlands im hierfür gebräuchlichen apokalyptischen Tonfall, der an aktuelle Globalisierungskritiken gemahnt – besonders, wenn man die Rede von der „Mechanisierung" und ähnlichem durch „Digitalisierung" ersetzt: „Das ‚Volk' mußte vom ‚Lande' in die krankhaft sich entwickelnde Industriestadt strömen, auf dem künstlich immer teurer werdenden Stadtboden in Steinkisten aufeinander gestapelt und gehäuft werden. Unzählig sind die körperlichen und seelisch-geistigen Erbgüter, die ferne vom Licht und vom Atem Gottes, ferne vom Od-al in diesen furchtbaren Steinwüsten dahinsiechten und zugrundegingen. In dem immer wahnwitziger gesteigerten Tempo des weltwirtschaftlichen ‚Lebens' der Industriehandelsstadt vollzog sich die völlige Mechanisierung und Materialisierung ihrer Massen durch alle Schichten. Es gab keine Möglichkeit der Ruhe, der Abstandnehmung vom Augenblick, der Besinnung, der Versenkung in den tieferen Sinn des Daseins, des Lebens, als Offenbarung Gottes, der Ewigkeit." (Whd, 44).

Nun ist es eine Sache, die Ökonomisierung der Gesellschaft und allgemeinen Hedonismus zu beklagen, die keinem mehr Zeit zum Nachdenken lassen; diese Kritik besitzt eine lange und durchaus ehrwürdige Tradition. Eine andere Sache ist es aber, die Schuld an einem jeden Missstand der Moderne fremden Mächten zuzuschieben, nämlich der „ganzen ‚Börsenwirtschaft'", die „wie die ganze mammonistische Weltwirtschaft keine ‚deutsche' Lebensform" sind (Whd, 45). Das sogenannte ‚Volk', das die – freilich nur scheinbaren – Vorzüge ihrer notwendigen Folgen genießt und dafür unter ihren – naturgemäß echten – Nachteilen leidet, wird auf diese Weise von aller Verantwortung für seinen miserablen Zustand entlastet. Das Volk tritt so nur als etwas treudoofer Spielball fremder Mächte auf, die es weder abwehren noch durchblicken kann, weil es ihm an der Einsicht in seine wahre Kultur fehlt:

> „Die Odalslosigkeit der industriellen Steinwüste oder Großstadt, Wohnungselend und Rauschgifte, – so heißt der immer verhängnisvoller sich steigernde Kreislauf der weltwirtschaftlichen Entwicklung über Irren- und Krankenhäuser, Zuchthäuser und Revolutionen der Rechtlosen und Unterwertigen, der Heimatlosen, der Odalslosen. Die sieben Milliarden, welche das entdeutschte Volk Deutschlands jährlich für Alkohol und Tabak, für die Frönung unfreier Gewohnheiten oder besser sklavischer Abhängigkeiten ausgibt, übersteigen weit den Sklaventribut, welchen seine Feinde durch den Verrat von 1918, durch die Täuschung und Irreführung der Odalslosen, ihm auferlegen konnten." (Whd, 44)

Wie leicht an Wirths Anspielung auf die Dolchstoßlegende zu merken ist, geht auch die ‚Entdeutschung' des Volks auf das Konto der politischen Verantwortungsträger. Sie und die klassischen beamtenschaftlichen, journalistischen, akademischen usw. sog. „Eliten" gehören nämlich gar nicht mehr zum wirklichen Volk, sind gar nicht ‚deutsch', sondern arbeiten auf eigene Rechnung: „Die weltwirtschaftliche Produktion, Industrialisierung und Vergroßstädterung eines Volkes und Landes dienst nicht dem wahren Bedarf des Volkskörpers, sondern der Macht- und Habgier des Mammonismus. Ihre ganze Denkweise ist die Augenblicksbefangenheit: darüber hinaus reicht der Blick nicht mehr. Nur möchte man aus der eigenen Armut noch eine Tugend machen und sich über die heranschleichende Öde und Leere, die Sinnlosigkeit dieses Rafflebens, das Sterben bei lebendigem Leibe hinwegtäuschen. Nie war die Sprache so wieder zur Falschmünze geworden als in unserer Zeit, nie war der Selbstbetrug und der Betrug am Mitmenschen größer als heute, ganz gleich, ob seine Sprecher in den Staatsbehörden, in den sogenannten ‚Volksvertretungen', in den Organen der ‚öffentlichen Meinung', der käuflichen und bezahlten Presse, auf den Universitätslehrstühlen oder sonst im ‚öffentlichen Leben' wirken. Es ist die Lehre von der zeitgegebenen Entwicklung des weltwirtschaftlichen Organismus, dem wir alle unterworfen wären als höchster Ordnung des staatlichen und völkischen Lebens." (Whd, 48).

Die gesamte, moderne Organisation der Gesellschaft samt der demokratischen Regierungsform der Weimarer Republik entpuppt sich so vor dem Hintergrund von Wirths Konstruktion einer nordisch-deutschen Urkultur als eine einzige riesige, dem wahren Deutschtum feindliche Verschwörung, die wesensfremdes Recht anstelle von wesenskonformen rassischen Eigenschaften setzt:

> „Die sogenannten Volksbefreier von 1918 haben das deutsche Volk und Land der Weltwirtschaft restlos verraten und ausgeliefert. Mit einer wahren ‚Demokratie', einer Gemeinschaft der Gleichwertigen, körperlich-seelisch Ebenbürtigen, von wahren Freien, hat ihre Revolution nichts zu tun. Der Parlamentarismus dieser neudeutschen Demokratie war die Herrschaft der innerlich und äußerlich Unfreien aller Gesellschaftsschichten, eine große Selbsttäuschung und ein großer Volksbetrug." (Whd, 49)

Wirths Übergang von einer radikalen Zivilisations- und Globalisierungskritik avant la lettre zu einer mindestens ebenso radikalen Kritik an der liberalen Herrschaftsform der repräsentativen Demokratie zeugt immerhin von Konsequenz: Wenn das, was er ‚Weltwirtschaft' nennt, ein Ergebnis und eine Form von Zivilisation darstellt, richtet sie sich bereits dadurch gegen eine kulturelle Identität, deren Grund und Ziel die Einsicht in eine übersinnliche Wahrheit ist. Wenn weiterhin die liberale Demokratie diejenige Staatsform ist, in der jene globale ökonomische Vernetzung am besten gedeiht, weil sie gleichermaßen auf alle Völker übertragen werden kann, gilt dasselbe. Daraus folgt, dass diese Staatsform eben nicht für ein Volk von höchster Kultur taugt. Solch ein Volg verlangt vielmehr eine Staatsform, die universale Gleichheit vor dem Recht durch die partikuläre Gleichheit rassenbezogener, völkischer Merkmale ersetzt. In ihr herrschen dann entweder die Herrenmenschen über den gemischtrassischen Rest, oder, falls es einen solchen in einer idealen, reinblütigen Volksgemeinschaft dermaleinst nicht mehr geben sollte, über sich selbst. Dass die Herstellung einer solchen über kurz oder lang beabsichtigt ist, zeigt Wirths Anlehnung an die Traditionen von Sozialdarwinismus und Sozialanthropologie:

> „Und weitere Milliarden kostet das Volk und Land die Folgen dieser Odalslosigkeit, der Unterhalt der Irren- und Krankenhäuser, der Zuchthäuser, die künstliche Lebenserhaltung der erbmassig Minderwertigen, die sich wahl- und schrankenlos vemehren dürfen, während die noch wertvollen, gesunden jungen Menschen in einem verzweifelten Existenzkampf ihre beste Kraft zerreiben und selbst zugrunde gehen dürfen: darum, weil sie kein Odal haben, keine Scholle, kein Heim, das die Sippe, das Geschlecht sichert." (Whd, 44 f.)

Die Vertauschung der eigenen Kultur mit der beliebigen Zivilisation gefährdet nicht nur die Identität der autochthonen Bevölkerung. Da ihren Familien kein unveräußerlicher, zu bewirtschaftender Grundbesitz zur Selbstversorgung mehr zu Verfügung gestellt wird, ergibt sich auch permanente Existenzunsicherheit. Denn, obwohl erbmassig überlegen, unterliegen die echten Volksangehörigen im Existenzkampf den minderwertigen Teilen der Bevölkerung, zu denen eben nicht nur Behinderte, Kranke und Kriminelle zählen, sondern auch rassische Mischlinge und alle Fremden. Weil der korrupte, in fremden Diensten stehende Staat nämlich all jene duldet oder gar fördert und unterstützt, wird dieser Kampf nicht fair geführt, sondern bewusst gegen das eigene Volk. Verliert es ihn, bedeutet das den staatlicherseits erwünschten endgültigen Sieg der globalen, mithin vaterlandslosen Zivilisation über die partikuläre, heimische Kultur.

Die von Wirth unterstellte Fixierung der Moderne auf Wirtschaft, materiellen Wohlstand und Genuss wie auf Liberalität, Demokratie, Rechtsgleichheit und Rechtsstaatlichkeit bedroht sonach das Volk selbst in seiner schieren Existenz. Und das heißt zugleich, all dies bedroht die Deutschheit selbst, die „sich mit keinem staatlichen Begriff [deckt], wohl aber mit dem Begriff ‚Volk' und ‚Land'" (Whd, 7). Verschwindet daher das deutsche Volk, gibt es gar kein Volk mehr und also auch gar keine Kultur, weil eine Kultur, die ihren Namen verdient und nicht nur Zivilisation ist, völkisch sein muss. Das deutsche Volk soll demnach als das einzige gelten, das überhaupt des Titels „Volk" würdig und damit das einzige wahre Volk sei, weil sich schon sprachgeschichtlich belegen ließe,[37] dass „deutsch" selbst ursprünglich „zum Volk gehörig" bedeute. Diesen etymologischen Realismus teilt bereits Fichte: Die „ursprünglichen Menschen [...] sind, wenn sie als ein Volk betrachtet werden, ein Urvolk, das Volk schlechtweg, Deutsche" (RdN, 123). Dieser Glaube an die eigene Allein- und Sonderstellung kraft ethnischer Zugehörigkeit, aus der mit Notwendigkeit kulturelle Überlegenheit folgt, liegt im Kern des völkischen Denkens.

3.3 Arthur Moeller van den Bruck: Der Mythos der politischen Ewigkeit

Trotz ihrer üblichen blutbezogenen, rassistischen und daher biologistischen Grundlagen unterscheiden sich die Überlegungen des Autodidakten ohne ordentlichen Schulabschluss Arthur Moeller van den Bruck (1876–1925) stark vom naiven materialistischen Evolutionsoptimismus Haeckels wie vom ebenso naiven paläo-mystischen Antimodernismus Wirths. Freilich liegen diese Unterschiede keineswegs in der von allen geteilten Behauptung der natürlichen Überlegenheit deutschen Geistes und deutscher Kultur und des damit verbundenen globalen Führungsanspruchs zum Besten der Menschheit. Sie liegen vielmehr in Stil, Gegenstand und Quellen.

Moeller erhebt keinen wissenschaftlichen Anspruch. Seine Schriften sind ebenso frei von professoral-herablassender Volksbelehrung wie massiven Fußnotenapparaten oder auch nur Zitatnachweisen. Dafür sind sie – insbesondere sein Hauptwerk *Das dritte Reich* (1923) – nicht nur passagenweise, sondern fast durchgängig polemisch und enthalten kaum sachliche Informationen, sondern allenfalls Deutungen von historischen Ereignissen oder Zuständen oder Anspielungen darauf – Sachen, die „wir" eben wissen, ohne sagen zu brauchen, warum und woher oder gar was genau wir denn

---

[37] Vgl. zur Etymologie: Digitales Wörterbuch der deutschen Sprache (hg. von der Berlin-Brandenburgischen Akademie der Wissenschaften), https://www.dwds.de/wb/deutsch#et-1 (zuletzt aufgerufen am 15.01.19, 11:06).

wissen. Auf auch nur grobe Definitionen zentraler Begriffe wie „Reich", „Wert", „Kultur" usw. wird genauso verzichtet wie auf durchschaubare Begründungen oder gar Erläuterungen der im Dauerbeschuss vorgebrachten und bis zum Überdruss schlicht wiederholten Behauptungen. Sie werden in einer Sprache dargeboten, die sich einerseits um eine Art von kühl-sachlicher Erhabenheit bemüht und andererseits durch ihre Dunkelheit mit einer Vielzahl von Deutungsmöglichkeiten Leser verschiedenster Denkungsarten und Herkunft in ihren Meinungen zu bestätigen und „mitzunehmen" vermag – jedenfalls, solange sie nicht auf einer irgendwie liberalen oder aufgeklärten Einstellung basieren. Dabei bleibt Moellers Sprache in ihrem Gestus der Verkündigung des unmittelbar Einsichtigen und Notwendigen jederzeit appellativ, und zwar ganz ausdrücklich gerichtet auf das Gefühlsleben der Adressaten, keineswegs jedoch an ihre Vernunft, deren Tätigkeit, wie wir noch erfahren werden, nach Moeller sowieso jederzeit von Übel ist.

Seine nationalistische Erbauungs- und Erhebungsliteratur folgt exklusiv einem politischen Anliegen, dem auch historische und kulturgeschichtliche Themen untergeordnet werden. Sie behandeln nämlich stets die vergangene Größe deutscher Kultur und Geschichte und die dagegen mindere Bedeutung und generelle Oberflächlichkeit der entsprechenden Leistungen anderer europäischer Nationen, insbesondere Frankreichs und Großbritanniens. Diese glorreiche Vergangenheit zweier zusammengebrochener deutscher Reiche benutzt Moeller, um einerseits das seiner Meinung nach bodenlose politische und soziale Elend und den totalen moralischen Bankrott der Weimarer Republik bzw. ihrer Eliten und die daraus folgende Gefahr der vollständigen Auflösung des deutschen Volks und seiner Kultur anzuprangern. Andererseits sieht er die – stets im Munde geführten, aber nie genauer ausgeführten – ‚ewigen Werte' deutscher Kultur als Basis einer ebenso großen Zukunft, in der eine wiedergeborene deutsche Nation ein ‚drittes Reich' schafft, um Europa zu dominieren und den lebensgesetzlich bedingten Wettkampf mit Amerika und Russland um die Weltherrschaft zu bestreiten. Gegenstand und Ziel von Moellers politischer Propaganda ist also zunächst die Erneuerung eines wahrhaft deutschen, ‚blutreinen' Nationalstaats und seine Erhebung zu einem neuen Reich, sodann dessen Vorherrschaft in Europa und schließlich seine globale Anerkennung als letzte und höchste Gestalt Europas und der Kampf um zumindest geistige bzw. weltanschauliche Führung der Welt.

Dieser konsequenten Konzentration auf deutsche Politik und das Politische überhaupt entsprechen Moellers Quellen und Vorbilder. Er stellt sie dar in seinem frühen achtbändigen Sammelwerk *Die Deutschen, unsere Menschengeschichte* (1905), das in stark gekürzter, umgearbeiteter und thematisch auf politische Fragen eingeschränkter Fassung unter dem Titel *Das ewige Reich* in drei Bänden posthum 1933 erneut erschien. Sie umfassen alles, was in der deutschen Geschichte, Kunst und Kultur gut und teuer ist von Karl dem Großen über Wolfram von Eschenbach, Dürer, Luther, Bach, (dem Österreicher) Mozart, Goethe bis zu Wagner, Nietzsche und Moltke. Eine besondere Rolle in dieser Ahnengalerie von aktueller, weil zukunfts- bzw. ewigkeitsträchtiger Bedeutung spielt freilich Fichte.

a) Der Denker des Volks: Fichte

Im Kapitel über „entscheidende Deutsche" im zweiten Band von *Das ewige Reich* findet sich ein Essay über Fichte. Moeller stilisiert ihn zum politischen Popularisierer Kants. Dessen „steifes, schweres und unschönes Deutsch" machte seine „scholastisch verklauselt[en]" Werke „dem deutschen Volke", dem sie „völlig fremd und verschlossen" blieben, zu einer „tiefe[n] Geistesenttäuschung" (ER 2, 474). Für seinen Nachfolger gilt dagegen: „Mit den Reden an die deutsche Nation und den kleineren, politischen Schriften und Aufzeichnungen Fichtes, die mit ihnen zusammenhängen, steht die deutsche Philosophie auf ihrem Höhepunkt." (ER 2, 491 f.) Trotzdem liegt in Kants Denken „der heilige Gral der deutschen Weltanschauung" (ER 2, 474).

Lediglich bemerken sollte man hier die ebenso zeittypische wie degradierende Gleichsetzung von Philosophie und Weltanschauung bzw. als deren Material und Vorstufe (vgl. ER 2, 453 f.). Die eigentliche Frage ist naturgemäß die nach dem Gral. Moeller beantwortet sie am Beginn seines Kant-Kapitels mit einem charakteristischen Satz: „Einem neuen Idealismus erst, der von Deutschland ausgehen sollte, gehörte die Welt: daran konnte weder der Utilitarismus Englands, noch der Skeptizismus Frankreichs, noch die Revolution später, noch die Diktatorerscheinung Napoleons etwas ändern." (ER 2, 430).

Die deutsche Weltanschauung ist ihrem Wesen nach und daher notwendigerweise idealistisch, und genau aus diesem Grund sind „die Deutschen, als das Kernvolk des Germanentums, [...] das Volk der Zukunft" (ER 2, 430). Neben dem offenkundigen Anschluss an Fichtes germanozentrische Geschichtsphilosophie – inklusive seines Abscheus gegen die Aufklärung (ER 2, 479) – bleibt jener Idealismus Kants bis auf den Hinweis auf seine Versöhnung von Natur- bzw. Schicksalsnotwendigkeit und Freiheit des Geistes bzw. des Entscheidens, die bereits seit der *Edda* „die Grundlinien jeder germanischen Weltanschauung" (ER 2, 432) bildete, bei Moeller zunächst ziemlich unterbelichtet. Überhaupt sind diese und seine folgenden Bemühungen um Kant aus fachlicher Sicht insgesamt kaum ernst zu nehmen und in sich widersprüchlich. Das ändert sich in seiner Darstellung Fichtes, der aus Kants Philosophie eine „bestimmte Lebensauffassung […] und, da es für das Leben sehr bald nur die eine Form des Kampfes gab, eine Kampfanschauung" (ER 2, 475) machte. Damit wurde er „der eigentliche Vorstreiter unserer nationalen Entwicklung im neunzehnten Jahrhundert" (ER 2, 475).

Der heilige Gral des Deutschtums ist also Nationalidealismus, d. h. eine Denkweise, die einerseits aufgrund ihrer Natur- bzw. Wesensbedingtheit notwendig ist und deshalb kaum auf andere Völker übertragen werden kann und andererseits das Deutschsein zu etwas Übersinnlichem, nämlich einem bestimmten Bewusstseinszustand erklärt, der deswegen ideal ist, weil sein Grund und sein Gegenstand unveränderlich, somit ewig und durch nichts außer ihm selbst bedingt sind. Eine deutsche Weltanschauung ist folglich insofern unbedingt, als sie deutsch ist, und insofern deutsch, als sie unbedingt ist. Gerade diese Hermetik oder, wenn man so will: Absolutheit unterscheidet sie von fremden Denkweisen wie Empirismus, Utilitarismus oder Skeptizismus, die eine Beziehung auf anderes enthalten müssen und also in diesem Sinne relativistisch sind.

Dem Inhalt nach bietet Fichtes Idealismus im Gegensatz zu Kantens eine Ethik: „Sittlichkeit um der Sittlichkeit willen – und Sittlichkeit um des Lebens willen: das ist noch immer der Unterschied von Moral und Ethik gewesen. […] Die Entwickelung hat bis heute Fichte, und damit der Ethik, recht gegeben." (ER 2, 480 f.) Beide, sowohl Kants Moral als auch Fichtes Ethik streben nach Vollkommenheit, verstehen das Leben des Menschen also als Mittel zum Fortschritt, und weil dieser der Möglichkeit nach unendlich ist, kann er nicht durch einen Einzelnen bewältigt und verwirklicht werden. Es geht folglich beim guten Handeln nicht um das Individuum, sondern stets um die Menschheit, und um diese nicht konkret als Summe der gerade vorhandenen Weltbevölkerung, sondern abstrakt um die Eigenschaften und die Lebensweise der – wie es im Deutschen Idealismus gerne (obzwar logisch inkorrekt) heißt – Gattung, und zwar in der Zukunft.

Die Überlegenheit von Fichtes Konzept beruht auf seiner Grundlage: Während diese bei Kant der „kalte, geistige" Begriff der Pflicht bildet, stellt Fichte „das Streben nach Vervollkommnung auf die Ideale, in der schweren, mächtigen, menschlichen Bedeutung, in der er diesen Begriff selbst lebte" (ER 2, 482), ins Zentrum seines Idealismus der Tat. Was nach Moellers Empfinden bei Kant fehlt, ist nichts anderes als die emotionale Motivation zum moralischen Handeln; – das ist, gelinde gesagt, ziemlich originell, weil es Kant ja geradezu überdeutlich um die reine praktische Vernunft geht, die derartige Beweggründe ausdrücklich von sich ausschließt und aufgrund ihrer Zufälligkeit und also Korrumpierbarkeit überflüssig machen will. Wie dem auch sei, bei Fichte findet Moeller jedenfalls, durchaus zurecht, die gewünschte Motivation und konstatiert sogleich ihre – ganz anders als Kants „tote Begriffe" (ER 2, 483) – fulminante historische Wirksamkeit. „Und hier muß durchaus gesagt werden, daß alles, was in Deutschland im neunzehnten Jahrhundert geworden ist, bis heute in unser zwanzigstes hinein, durch das Ideal geworden ist und nicht, wenigstens in diesem Selbstzwecksinne nicht, durch die Pflicht." (ER 2, 482).

Pflicht also soll nicht als Selbstzweck genügen, sondern nur das Ideal. Moeller gebraucht offensichtlich Fichtes Unterscheidung zwischen toter und lebendiger Sprache für das Übersinnliche und wendet sie auf dessen Verhältnis zu Kant an. Fichte steht dabei auf der Seite des Lebens und seiner Steigerung: Seine „Ideen, die den Menschen von außen gebracht" (ER 2, 482 f.) werden, entfachen „gewaltige Begeisterung" (ER 2, 482) und führen in der „Nation", die „mehr aus Fichte-Naturen, denn aus Kant-Naturen, mehr aus Menschen lebendiger Begeisterung, denn aus Menschen starrer Pflicht bestand", zu „unmittelbarer Lebenswirkung" (ER 2, 483). Es war diese Wirkung, die zur Großmachtstellung Deutschlands vor dem Ersten Weltkrieg führte: „Alle jene lebendigen Begriffe dagegen, wie Ehre, Freiheit und Vaterland, wie später unsere großen modernen Begriffe Arbeit, Kultur und Germanentum, haben das starke, ringende Leben geschaffen, in dem wir heute stehen." (ER 2, 483) Fichte also ist nicht nur der Denker, sondern auch der Initiator, die geschichtliche Ursache des Aufstiegs des deutschen Volks zur Größe.

Dementsprechend kann es hier auch nicht mehr um Philosophie im eigentlichen – oder nach Moeller-Fichte im überholten, toten, verlogen-aufgeklärten – Sinne gehen, d. h. um die Suche nach universaler Wahrheit, sondern um nationales Denken. Dies erkannt und als „Erzieher der Nation zur Nation" gewirkt zu haben, ist Fichtes alleiniger Verdienst: „Die Weltanschauung nahm teil an dem Leben und Leiden des Volkes, aus dem sie geboren war, und unser Denken erklärte sich, was noch jedes große Denken getan hatte, als eine ganz bestimmte Nationalanschauung." (ER 2, 492) Folglich besteht eine exklusive Wechselbeziehung zwischen Denken und Nation: Einem besonderen, noch unbewusst national bestimmten Volk entspringt eine partikuläre Denkungsart, und diese Denkungsart gibt jenem Volk seine partikuläre Wahrheit vor, d. h. macht ihm seine nationale Bestimmtheit bewusst. Dies geschieht durch die Autorität des Denkers, die in der Lebendigkeit seiner Ideen besteht. Ihr einziges Argument ist die Begeisterung, d. h. der emotionale Überschwang, den sie erregen. Ist dieser

„Beweis" geführt, bildet jene partikuläre Wahrheit die Richtschnur des Volks für sein einheitliches Handeln als Nation – und eben gerade nicht für das gute Handeln eines und jedes beliebigen Individuums, das durch nichts als seine Humanität bestimmt wäre. Es geht dieser Art von Ethik nicht mehr um gutes Handeln überhaupt, sondern um das Tun dessen, was der nationalen Wahrheit – was immer das auch sein mag – entspricht und der Nation in ihrem Streben nach Aufstieg und Dominanz nützt. „Deutsche Philosophie sollte das Volk für eine neue Zukunft vorbereiten, und die Zukunft des deutschen Volkes sollte umgekehrt wiederum eine Verwirklichung deutscher Philosophie sein." (ER 2, 493).

Ihre nationale Besonderheit ist der Geist. Dies unterscheidet das deutsche vom „Denken der anderen Völker ringsumher", das durch und durch materialistisches „Denken über den Stoff" und demzufolge „ein Leben im Stoff, ein Hängen, ein Kleben am Groben, Sinnlichen, Diesseitigen" bleibt (ER 2, 493). „Das Denken der Deutschen dagegen war ein Denken einzig und wahrhaft im Geiste." (ER 2, 494) Das deutsche Wesen ist also idealistisch und unterscheidet sich dadurch vom Materialismus aller anderen Völker. Schon darin – weil der Geist und die Idee ewig, der Stoff aber vergänglich ist – liegt die Überlegenheit des deutschen Volkes, ja seine Anlage zur Weltherrschaft: „sobald es gelang, aus dem Geiste der Deutschen heraus ein Geschlecht zu bilden, das willens war, dem Denken endlich ein Leben entsprechen zu lassen, dann mußte uns die ganze Erde gehören." (ER 2, 494).

Dass damit das Deutschtum selbst zuallererst zu einem besonderen Zustand des Bewusstseins – oder einer in nicht recht klarer Weise auf dem Boden eines Gefühl gründenden und auf das Übersinnliche hin orientierten Denkungsart – wird und folglich nicht an staatliche Grenzen gebunden sein kann, sieht Moeller wie Fichte durchaus und zitiert dazu auch die *Reden*. Und ebenso wie Fichte schränkt er diese Transnationalität sofort wieder ein. Allerdings tut er dies nicht vermittels der Unterscheidung zwischen toter und lebender Sprache, sondern durch einen modernen Begriff, dessen Gebrauch er Fichte der Sache nach aber ausdrücklich zuschreibt: „Fichte kannte unseren Begriff der Rasse noch nicht; geahnt und unbewußt angewendet hat er ihn jedoch als erster. Denn was er hier unter Deutschtum verstand, das war schon genau das, was wir heute – wenigstens in einer wirklich verinnerlichten Rasseauffassung, für die äußere Rassemerkmale immer nur Belege sein können – unter Germanentum verstehen: einen gewissen heiligen Geist, der geschichtlich zum ersten Mal auftrat, als er mit den Barbarenstämmen des Nordens über die versinkende Welt des Mittelmeerbeckens hereinbrach, und von dem anzunehmen ist, daß er in der Folge alles veranlaßt hat, was dann auch dort noch einmal zu einer neuen Welt heranwuchs. Denn irgendwo muß es seinen Grund auch in Stoff und Blut gehabt haben, daß aus dem, was schon Tod war, wieder Leben brach." (ER 2, 495).

Der Geist bzw. der nunmehr in der Tat buchstäblich rein deutsch gewordene Idealismus braucht also eine gewisse biologische Grundlage. Sie ist offenkundig dem nordischen Menschen zu eigen. Allerdings folgt aus ihrer schieren Gegebenheit noch nicht die Verwirklichung des Deutschtums. Es liegt vielmehr als – womöglich auch bloß latentes – Potential vor, das durch geeignete Erziehung erst zur Wirklichkeit gebracht werden muss. Genau das ist nach Moeller das Ziel von Fichtes Konzept einer Nationalerziehung. Bis auf jenen Bedarf einer besonderen materiellen Grundlage, den Fichte gewiß hohnlachend vom Tisch gefegt hätte, ist das gar nicht weit vom Original entfernt.

Erweitert man nämlich den engen biologischen Rassismusbegriff, lässt sich jene ‚verinnerlichte Rasseauffassung', die Moeller predigt, leicht als kultureller, intellektueller oder ‚geistiger' Rassismus auffassen, der sich der Sache nach am Ende kaum mehr von Fichtes Position unterscheidet – materieller bzw. biologischer Grundlagenbedarf ‚in Stoff und Blut' hin oder her: In dieser Hinsicht handelt es sich hier durchaus um ein authentisches Verständnis.

Moeller steht hier in einer Reihe mit der verbreiteten und jedenfalls in der breiteren Öffentlichkeit herrschenden Linie der Interpretation von Fichtes populären Schriften seit dem ausgehenden 19. Jahrhundert. Sie greift die maßgeblich von Haeckel und seinen Nachfolgern geprägte Lehre des Darwinismus auf und sucht sie in Fichtes im Gefühl gründenden Idealismus zu integrieren. Dazu bietet ihr der Mythos des Nordens den passenden biologischen, historischen und kulturellen Ort, wie sich am Extrembeispiel Wirths zeigt. Es treibt zugleich die europa-, ja zukünftig weltweit kulturstiftende Funktion des Germanentums – und damit die globale Latenz der Verbreitung seines Bluts – auf die Spitze, die Moeller von Deutschland, dem „Mutterland der geistigen Rasse" (ER 2, 496), ausgehen sieht. Deren Angehörige müssen freilich ebenso wenig dort wohnen wie in Fichtes borussophilem Deutschland: „Zum Kampf für das Germanentum rief Fichte alle Deutschen der Erde auf, bot er Welten auf, um das Volk der Rasse des Geistes zu retten, glaubte er fest an den Sieg des Geistes im Namen des Geistes." (ER 2, 496).

Naturgemäß haben Moellers Gegenwartsenthusiasmus und Siegesgewissheit in seinem 1923 erstmals erschienenen Hauptwerk *Das dritte Reich* nach der Niederlage im Ersten Weltkrieg empfindlich nachgelassen. Das gilt freilich weder für seine Hochschätzung Fichtes noch für seine Charakterisierung des deutschen Volks: Es besitzt nach wie vor seine ebenso herausragenden wie exklusiven Eigenschaften – Wie sollte es sie auch verlieren? Sie sind ja ‚ewig'. Da das Volk sich in seinem Wesen nicht verändert hat, also immer noch dasselbe ist, kann der Grund für seine Niederlage und seine erbärmliche Gegenwart nicht in ihm selbst, sondern muss außer ihm liegen, ihm folglich fremd sein. Diese Auslagerung von Verantwortung macht das ‚echte', ‚wahre' deutsche Volk automatisch zum Opfer von Leuten, die ihrem Wesen nach gar nicht zu ihm gehören können, also gerade keine echten oder wahren Deutschen sind. Gegen diesen Feind kann man sich aber nur zur Wehr setzen, wenn man ihn der Verborgenheit entreißt, indem man ihn identifiziert. Dieser Identifikation solcher Volksfeinde widmet Moeller fast die Hälfte seines Buchs. Es sind insbesondere zwei. Moeller nennt sie Liberalismus und Parlamentarismus.

b) Zersetzung des Volks: Die Säure des Liberalismus

Nach Moeller ist der Liberalismus nichts anderes als „das Element einer Auflösung, die von der Lebensführung des Einzelnen auf das Zusammenleben im Staate übergriff" (DR, 100). Im politischen Liberalismus orientiert sich also die Einrichtung des Staats und seine Organisation an einem individualistischen Lebensmodell, das für jeden einzelnen Bürger die größtmögliche Freiheit zur Entfaltung seiner Persönlichkeit bzw. zur Verfolgung seiner Interessen beansprucht – freilich unter der Bedingung, dabei nicht in die jedem anderen zustehende, gleiche Freiheit einzugreifen. Solchen Individualismus setzt Moeller allerdings mit Egoismus und moralfreiem Rationalismus gleich, der „ohne das mystische Erlebnis, […] ohne das nationale Erlebnis", ohne „Vision" (DR, 95) auskommt: Der liberale Mensch „selbst ist ein durchaus gewöhnlicher Mensch. Er sieht das Leben auf die Möglichkeiten der Sättigung an. Er hat keine Leidenschaften, es sei denn die, welche er in die Betriebsamkeit legt, mit der er sein Nutznießertum zu sichern sucht. Freiheit ist für ihn der Spielraum, den er sich für seinen Egoismus zu schaffen weiß. Diesen Spielraum umgibt er mit den politischen Schutzformen, zu denen er die Demokratie mißbraucht und die er im Parlamentarismus ausgebildet hat. Der liberale Mensch ist politischer Individualist. Er ist Opportunist aus System. Der Liberalismus ist beschützte Willkür. Und es ist die Schutzfarbe des Eigennutzes, die ihn deckt." (DR, 100).

Wie stets, wenn es um politische Richtungen oder generelle Haltungen geht, wird Moeller persönlich, indem er ihnen jeweils einen spezifischen

Menschentypus zuordnet – wiederum in der Tradition Fichtes, bei dem es schon in der *Ersten Einleitung zur Wissenschaftslehre* von 1794 kategorisch heißt: „Was für eine Philosophie man wähle, hängt sonach davon ab, was für ein Mensch man ist."[38] Der universale Vorrang des besseren, rationalen Arguments, den die Aufklärung noch als verbindlichen Standard anerkannte, wird damit beseitigt und durch ein Kriterium ersetzt, das, wenn es darauf ankommt, weder erklärt noch eigens begründet zu werden braucht oder nur kann – über die wenig erhellende Auskunft „Ich bin halt so." hinaus.

Gerade weil sich nun der Liberalismus die Gewährung, Aufrechterhaltung und gar die größtmögliche Ausweitung der persönlichen Freiheit des einzelnen Individuums bzw. Bürgers zum Ziel setzt, schließt Moeller auf Vulgarität, Egoismus und allgemeine moralische Zweifelhaftigkeit seiner Anhänger. Dass solche Freiheit auch im Interesse der bürgerlichen Gesellschaft oder zum Vorteil der Gemeinschaft genutzt werden kann, kann Moeller nicht einmal in den Sinn kommen. Denn ein derartiger Freiheitsgebrauch hinge von einer individuellen Entscheidung ab, die ebenso anders getroffen werden könnte. Schon damit erfüllt der Liberalismus nicht die Ansprüche an den typisch deutschen Menschen (und des „Konservatismus"), welcher „der Ratio die Religio, dem Individuum die Gemeinschaft, der Auflösung die Bindung, und dem ‚Fortschritt' das Wachstum" entgegensetzt (DR, 94). Weder kann folglich ein „höherer" Mensch ein Liberaler sein noch ein Liberaler ein wahrhafter Deutscher.

Ist also der Liberalismus dem deutschen Menschen und demnach dem deutschen Volk fremd, muss ebenso sein Ursprung anderswo liegen. Diesen fremden Ort nennt Moeller generell „den Westen" und den ebenso fremden Ursprung „die Aufklärung", kurz: „Die Aufklärung war die Sache des Westens". (DR, 87) Gemeint sind damit zuerst England und Frankreich und am Ende auch Deutschland. Inhaltlich unterscheidet sich Moellers Polemik kaum von Fichtes Abrechnung mit der Aufklärung; er mag ihre Linie durchaus übernommen haben. Indes fügt er ihr noch einige Invektiven gegen die betroffenen Ursprungsländer hinzu, genauer gesagt: gegen ihre Bevölkerung gemäß Moellers Bevorzugung des Persönlichkeitstypus.

So unterstellt er den Engländern einen wesensmäßigen Hang zum Opportunismus, der Verlogenheit wäre, wenn er nicht schlichte Dummheit wäre:

---

[38] Johann Gottlieb Fichte, Erste Einleitung zur Wissenschaftslehre, Werke. (Medicus), Bd. 3, 1–33, hier: 18.

„Die Engländer sprachen immer von Freiheit. Aber sie handelten für ihre eigene Freiheit gegen jede andere Freiheit. [...] Darin lag keine Heuchelei. Das wirkte nur als Heuchelei. Ja, darin lag eher eine erstaunliche Naivität, die mit einer angeborenen Brutalität an die Dinge heranging. Doch das englische Bewußtsein wußte nichts davon. Das englische Salz war dumm, und sehr oft war es seine höchste Klugheit, daß es so dumm war." (DR, 87 f.)

Dieser nationale Egoismus erhielt bereits mit Thomas Hobbes (1588–1679) seine grundlegende Form. In ihr wendet Hobbes die Mittel der Aufklärung, d. h. nach Moeller vulgären Materialismus, mechanischen Determinismus, Hedonismus, gegen ihren Zweck, d. h. die Durchsetzung gleicher Menschenrechte, und immunisiert dadurch eben jenen Egoismus gegen jeden moralischen Universalismus:

„Als die Frage aufgeworfen wurde: was Freiheit sei, gab Hobbes die Antwort: Freiheit ist Macht. Es war die Antwort des Realpolitikers, des Positivisten, des ersten Tory. [...] Auf die Frage, was denn eigentlich Macht sei, fand der politische Immoralist, der in jedem Engländer steckt, eine Antwort, die er dem liberalen Moralisten, der auch in jedem Engländer steckt, zur Beruhigung mitgab: Macht ist Recht." (DR, 88)

Diese Beliebigkeit der Rechtsetzung durch Macht wird, wie Moeller durch eine Anspielung auf den berüchtigten (ursprünglich amerikanischen) Slogan „My Country Right or Wrong!" betont,[39] durch nichts beschränkt und jederzeit zur „Wohlfahrt des Landes" (DR, 88) ohne Rücksicht auf die Interessen anderer eingesetzt. Da dies völlige Prinzipienlosigkeit fordert „[wurde] der Utilitarismus zur englischen Nationalphilosophie. Mit der Nützlichkeit ließ sich vor allem der Fortschritt begründen, der eine Lieblingsvorstellung der Aufklärung wurde. Doch besonders vorteilhaft wurde dieser Fortschritt, wenn er sich zu den eigenen Gunsten und zu fremden Ungunsten vollzog. Mit dem Gesichtspunkte der Nützlichkeit ließ sich jeder Opportunismus rechtfertigen, der Standpunkt rechtfertigte die Standpunktlosigkeit, und die Standpunktlosigkeit rechtfertigte sich dann wieder als Standpunkt." (DR, 88).

Im Gegensatz zur dummen, aber effizienten englischen Brutalität fügt Frankreich der Aufklärung aufgrund ihrer „geistigere[n] Wurzel" in

---

[39] Vgl. den kleinen Überblick von Simran Khurana, The History of „My Country Right or Wrong!". How a popular phrase became a jingoistic war cry, https://www.thoughtco.com/my-country-right-or-wrong-2831839 (zuletzt abgerufen: 19.03.19, 14:15).

scholastischem Rationalismus und Humanismus die Heuchelei ausdrücklich hinzu. Während im Barock noch einmal die leidenschaftliche Sinnlichkeit „unliberaler Mensch[en]" wie Leibniz, dem Großen Kurfürsten und anderen „großen Architekten" Deutschlands aufflackerte,

> „[verblieb] dem Westen mit seinen fetten und blassen Königen und seinen tänzelnden und witzelnden Philosophen nur die Vernunft als epikuräischer Ersatz, und die Franzosen haben sie alsbald für sich beansprucht. Wenn die Renaissance den Menschen als Mikrokosmos entdeckt hatte, dann entdeckte die Aufklärung ihn als Materie. Jetzt ward jene dicke Entdeckung gemacht, daß der Mensch nicht frei sei. Und jene beklatschte Schlußfolgerung wurde daraus gezogen, die in ihrer Unfolgerichtigkeit immer denkwürdig bleiben wird, daß er gleichwohl politisch frei sein müsse. Neben dieser Entdeckung der Unfreiheit aber ging eine andere her. Es war die, daß dieser selbe unfreie Mensch alles, was er tut, aus Eigennutz tut. Voltaire nannte den Eigennutz ausdrücklich: ‚das Mittel zu unserer Erhaltung'. Und er sagte von ihm: ‚er ist notwendig, er ist uns teuer, er macht uns Vergnügen, und man muß ihn verbergen'. Das letztere ist von dem Liberalismus gründlich befolgt worden." (DR, 90)

Nach Moeller bietet die Aufklärung in Frankreich ein einziges gigantisches Täuschungsmanöver. Dabei kompensiert die Rationalität zuallererst einen allgemeinen körperlichen Verfall und gleichermaßen allgemeine moralische Dekadenz und dient vermittels scheinbarer philosophischer bzw. wissenschaftlicher Erkenntnisse dem Eigennutz – neben „Selbstsucht" Fichtes Wort für Egoismus. Dieser Abstieg der elitären Adelskultur zu „allgemeiner Menschenfreundlichkeit" (DR, 91) ermöglicht erst den Aufstieg des dritten Standes: „Der Höfling beugte sich vor dem Literaten. Der Offizier galt nichts neben einem Akademiker. Der stolze französische Adel verzärtelte, verdummte und wurde albern in der literarischen Mode des Rokoko. Er hörte auf, ritterlich zu sein, und wurde geziert, weibisch, künstlich." (DR, 91) Der Eigennutz bleibt auch im „neue[n] Nationalgefühl" (DR, 92) der Revolution letztes Strebensziel. Wie dieses selbst wird er zwar „grausam und tierisch", steht aber weiterhin im Dienste des „kleinlichsten Eigentumssinn[s]", bleibt also wiederum Eigennutz, und wird durch „schönere Worte" (DR, 92) – Freiheit, Gleichheit, Brüderlichkeit, Menschheit, Tugend, Menschenrecht – verbrämt und legitimiert. Die Herrschaft des gewöhnlichen Menschen ist damit nach dem Rausch der Revolution und der napoleonischen Zeit endgültig angebrochen. Er sichert sich das aktive und passive Wahlrecht, indem er es zum „Menschenrecht" erklärt, mit dem Ziel,

„einer ganz bestimmten und sich immer wieder ergänzenden Gesellschaftsschicht die politische Macht zu schaffen, die der Einzelne um des Genusses willen brauchte, den er als Rente aus dieser Macht zu ziehen gedachte. Um dieses Zieles willen haben die Liberalen sich mit den Klerikalen verständigt. Um dieses Zieles willen sind die Liberalen zu Nationalisten geworden." (DR, 93)

Dies geschieht keineswegs aus Zufall, sondern nach einem weitgreifend gefassten und zäh über Jahrhunderte hinweg verfolgten Plan. Moeller folgt hier einer ebenso klassischen wie beliebten Verschwörungstheorie. Denn er erblickt die Wiege des Liberalismus in der Freimaurerei. Sie

„[setzt] einen ganz bestimmten Menschen voraus, in dem wir den liberalen Menschen erkennen: einen Menschen mit einem je nachdem aufgeweichten oder abgefeimten Gehirne, der entweder seine Grundsätze nicht mehr auseinanderzuhalten vermag oder der sich über sie hinwegzusetzen pflegt: einen Menschen jedenfalls, den es nicht die geringste Selbstüberwindung kostet, sie preiszugeben, im Gegenteile, der sich daraus bezahlt macht und sich dabei in seinem eigentlichen Geschäfte fühlt." (DR, 74)

Dieser Verschwörung vollständiger und egoistischer Charakterlosigkeit fällt auch Deutschland in der und durch die Aufklärung zum Opfer. Dies entspringt keineswegs geschichtlicher Notwendigkeit. Denn hier gab es – etwa im seinerzeit wiederentdeckten germanischen Feudal-, Stände- und Genossenschaftsrecht – noch ausreichend starke, vom Mittelalter herrührende Bindungen, die für die Einheit, die schöpferische und darin freie Tätigkeit und die Wirksamkeit des Volkes sorgten, ohne es zu einer Gesellschaft von Klassen und Individuen degenerieren zu lassen (vgl. DR, 86). Es hätte daher die Möglichkeit gegeben,

„einen anderen Weg zu gehen, als den Weg des Liberalismus, des Westlertums und einer Demokratie, die Demagogie war: einen konservativen Weg vielmehr, der von dem Nationalgeiste ausging, sich auf unseren eigenen Wertungen gründete und auf allem beruhte, was wir an Einrichtungen besaßen, die nicht tot aus Überlieferungen waren, sondern lebendig oder wieder belebbar." (DR, 94)

Diese strikt partikuläre Möglichkeit eines rein deutschen Sonderwegs abseits vom sogenannten ‚Westen' wurde nicht genutzt. Als Gründe für diesen Fehler macht Moeller mangelndes nationales Selbstbewusstsein – im doppelten Sinne als Wissen um die eigene Beschaffenheit und als Zutrauen in sie – und politische wie psychologische „Rückständigkeit" aus: dass sich die Deutschen

> „für rückständig halten, weil sie nicht auch Westen sind, und daß sie nicht erkennen, wie sehr gerade darin, daß sie es nicht sind, ihre Kraft, ihr Vorsprung, ihre Zukunft in Europa liegt. Statt dessen ging ein Wahn durch Deutschland, als müßten erst alle Ideen der Westler auch von Uns nachgeahmt werden, ehe wir wert und würdig sein könnten, an der zivilisierten Geschichte in Ebenbürtigkeit teilzunehmen und in den Kreis liberalisierter Nationen aufgenommen zu werden." (DR, 93)

Moeller passt die ganze Richtung nicht. Der Wunsch der Deutschen, zum Westen zu gehören bzw. Teil der westlichen Zivilisation zu sein, ist deswegen verfehlt, ja wahnhaft, weil er ihrem kollektiven nationalen Wesen widerspricht. Die Deutschen können nicht zum Westen gehören, weil sie anders sind. Ihr Charakter passt schlechterdings nicht zur Dekadenz des liberalen Westlertums, wie es England und Frankreich repräsentieren. Trotzdem verfielen sie dem Selbstbetrug, dazugehören zu wollen, weil ihnen eingeflüstert worden war, dass die Errungenschaften der Aufklärung etwas Gutes seien. Genau dies ist aber nach Moeller nicht der Fall: Die Rede von persönlicher und politischer Freiheit, Menschenrechten, d. h. jedem Menschen schon als Mensch zukommenden subjektiven Rechten, Gleichheit vor dem Recht usw. stellen für ihn nur betrügerische Phrasen dar, um „die Herrschaft eines Klüngels von Menschen" (DR, 84), nämlich des gewöhnlichen Menschen, des allein vom Eigennutz beherrschten Liberalen, einzurichten und aufrechtzuerhalten.

Nach Moeller braucht es im Gegenteil zu wahrhafter Freiheit weder persönliche noch politische Freiheit, denn jene wahrhafte Freiheit war die zu schöpferischer Tätigkeit in festen ständischen, religiösen, staatlichen, generell gemeinschaftlichen Bindungen, die nicht selbst gewählt werden konnten, weil sie über Jahrhunderte hinweg natürlich gewachsen waren (vgl. DR, 86). Freiheit gibt es also nach Moeller allein in einer organischen Gemeinschaft, in der jedes Glied seine vorgegebene Stelle und Funktion besitzt, die es nicht verlassen kann, ohne den Bestand des Ganzen zu gefährden. Nur im Rahmen jenes Ganzen wird der Einzelne schöpferisch, indem er seine Aufgabe vortrefflich erfüllt und die Mittel dazu höher entwickelt, so dass sein Tun die Macht und Größe des Ganzen steigert. Die Gemeinschaft also bestimmt das Individuum, das wie in jedem totalitären Modell hinter dieser verschwindet und sich in ihr auflöst, nicht aber bestimmt das Individuum die Art der Gemeinschaft, in der es leben möchte. Darin besteht der strukturelle Unterschied zwischen (totalitärer) Gemeinschaft und (individualistischer bzw. liberaler) Gesellschaft: „Aber die Menschen blieben nur solange schöpferisch, wie die Völker schöpferisch sind. Und die Völker bildeten jetzt eine Gesellschaft aus, die sich vom Volke absonderte." (DR, 86).

c) Mordversuch am Volk: Das Gift der parlamentarischen Demokratie

Diese Absonderung einer willkürlich konstruierten gesellschaftlichen Ordnung vom gewachsenen Volk äußert sich im schon seinem Wesen nach liberalen Parlamentarismus. Denn hier wird das Volk eben gerade nicht vom Volk, also durch sich selbst, regiert, sondern von einer neu gebildeten Gesellschaft gewöhnlicher, aber dem Volk fremder Menschen. Sie bilden eine besondere „politische Schicht", die sich zwischen Volk und Staat schiebt und den Staat okkupiert. Es ist jene sogenannte Elite, welche „die Regierung bildete und sich in die Ämter, die Presse, die Organisationen hinabzweigte: eine Schicht, die sich auf das Volk berief, aber gleichzeitig das Volk fernhielt" (DR, 109). Moeller entwirft hier also ein Urbild einer vom Volk abgehobenen Elite, die eine selbstgebaute und äußerst bequeme Blase bewohnt, weil „das Leben der Parlamente und das Leben des Volkes auseinandergehen" (DR, 109) – so sehr, dass das wechselseitige Verhältnis von Verachtung einerseits und Gleichgültigkeit andererseits bestimmt wird. Er konstruiert damit einen unüberwindlichen Gegensatz zwischen politischer, administrativer, publizistischer und generell institutioneller Elite und Volk.

Das Mittel zur Bildung dieser Elite ist der Liberalismus und ihr Vehikel, um in eine solche parasitäre Machtposition zu gelangen, ist die liberale und also parlamentarische Demokratie. Deren Nutznießer nämlich müssen stets liberale Egoisten sein. So

> „erklärt sich die Vorliebe für einen Parlamentarismus, der die Kontrolle des Staates übernimmt und dem Berufenen wie dem Unberufenen die Möglichkeit gibt, sich selbst zu wählen; für eine Republik, in der die Gewählten sich in die Macht der Parteien teilen, der Parteiführer mit Laufbahn und Staatsstellung bezahlt und der Wähler wiederum mit Pfründen der Partei belohnt wird" (DR, 81).

Die Erklärung des Wahlrechts zum Menschenrecht erfolgt also niemals um der Menschheit willen und der Kampf um die Einführung des allgemeinen passiven und aktiven Wahlrechts niemals um der Allgemeinheit willen, sondern immer nur im Interesse der liberalen Nutznießer der Regierungsform, die dem allgemeinen Wahlrecht entspricht, der parlamentarischen Demokratie. Diese politische Schicht ist aber nicht das Volk. Folglich muss nach Moeller ein ebenfalls unüberwindlicher Gegensatz zwischen dieser Staatsform und dem Volk bestehen.

Er fügt dem Volk verheerenden Schaden zu. Denn die Elite, die die öffentlichen Institutionen von Parlament und Regierung über Verwaltung und Rechtsprechung bis hinunter zu Bildungs- und Kultureinrichtungen und den Medien beherrscht, ist ja gar keine richtige Elite. Vielmehr handelt es sich dabei um die geballte „Mittelmäßigkeit", die – ohne vorherige verdienstliche oder natürliche „Auslese" – durch das allgemeine Wahlrecht und die allgemeine Freiheit zur selbstbestimmten Wahl der Lebenstätigkeit bzw. zur Entfaltung der eigenen Persönlichkeit unter wechselseitiger Unterstützung und Begünstigung in ihre Positionen gelangt ist, um die jeweils persönlichen Interessen zu verfolgen (DR, 114). All dies geschieht auf Kosten des Volks, das sich schon auf der elementarsten Ebene von dieser herrschenden Schicht unterscheidet. Moeller zufolge kann man das daran sehen,

> „daß es menschlich oft keinen größeren Gegensatz als den zwischen einem Parteiführer und seinem Wählertyp gibt. Wenn man einen Wähler nach seiner Meinung fragt, dann stellt sich heraus, daß er ganz anders denkt, als die Partei stimmt. Und die Parteien stimmen sehr oft anders, als sie denken. Es ist alles ein Schwindel, bei dem es Schwindler und Beschwindelte gibt. Und das Opfer ist immer das Volk." (DR, 110)

Damit ist ein entscheidender Punkt in Moellers Erzählung – um eine Argumentation handelt es sich ja nicht – erreicht: Das Volk ist immer das – einfache, unschuldige, arglose, gutgläubige, wehrlose – Opfer von im weitesten Sinne politischen Machenschaften, die unter dem Banner der parlamentarischen Demokratie vorgeben, sein Bestes zu wollen, während sie in Wahrheit allein den Interessen der herrschenden Schicht dienen. Moellers Entgegensetzung von Volk und Demokratie bzw. Parlament führt so zu einer Befreiung des Volks von jeder Verantwortung für den Zustand des Staats. Dass es kraft seines Wahlrechts das Parlament und die Regierung selbst zusammenstellt, ficht Moeller nicht an. Das Volk ist niemals an irgendetwas, insbesondere an den herrschenden politischen Zuständen, schuld; schuld sind immer die anderen, die nicht wirklich zu ihm gehören, und deswegen hat das Volk immer das gute Recht, sich benachteiligt und beleidigt zu fühlen.

Denn seiner Meinung nach verfolgt ja das ganze System der parlamentarischen Demokratie und der Parteien gar keinen anderen Zweck, als das Volk zu entmachten und ausschließlich eine Politik im Interesse der herrschenden Mittelmäßigkeitselite, also gegen das Wohl des Volks, betreiben zu können. Da kein anständiger Mensch einer solchen Betrugseinrichtung angehören möchte, schließt sich die politische Schicht nach einiger Zeit automatisch und willentlich in einer hermetischen Blase ein und vom Volk ab. Die liberale Gewöhnlichkeit dieser Elite und ihre trotz aller scheinbaren Auseinandersetzungen politische Homogenität, kurz: ihre egalitäre Inkompetenz, ist damit gesichert, solange das System der parlamentarischen Demokratie nur fortbesteht: „Die geistigen Vertreter der Nation dagegen, die großen Unternehmer, jeder irgendwie schöpferisch-tätige Mensch, sie Alle, die wußten, daß die Geschicke einer Nation sich nicht in Diskussionen erfüllen, zogen sich aus den Parlamenten mehr und mehr zurück." (DR, 115).

Das Volk ist daher im Recht, wenn es die Institutionen der parlamentarischen Demokratie verachtet und die Angehörigen der politischen Schicht als Fremde betrachtet, die ihm feindlich gesonnen sind. Dabei braucht – und kann – es seine Opferrolle, die es innerhalb dieses System einnehmen muss, nicht analytisch durchdringen: „Das macht man sich im Volke nicht in Theorien klar. Aber es fühlt den Unsinn." (DR, 109).

Diesem Gefühl kann es sogar innerhalb des Systems Ausdruck verleihen, sofern geeignete Parteien zur Verfügung stehen. Deren Eignung besteht allein in ihrer radikalen Opposition, die letztlich auf die Abschaffung der parlamentarischen Demokratie mit deren eigenen Mitteln zielt: „Nur dort, wo Parteien in der Opposition stehen, ist willensmäßig gerichtete Einheit. Nur Parteien im Kampf, ob sie rechts oder links stehen, haben eine Überzeugung. Und nur sie sind Kraft. Aber gerade diese Parteien bekämpfen den Parlamentarismus – und die Demokratie." (DR, 110).

Allein dieses Ziel befreit sie schon vom Verdacht, politische Macht ausschließlich zur ungestörten Verfolgung individueller Interessen anzustreben, d. h. vom Verdacht des liberalen Egoismus. Im Umkehrschluss behauptet Moeller deren überindividuelle Willenseinheit und – mangels eines positiven Ziels – ihren Bewegungscharakter. Beides ist zu begrüßen. Denn sowohl Entindividualisierung als auch Massendynamik sind nicht nur für die Herbeiführung der adäquaten, spezifisch deutschen und nicht westlerischen Staatsform, die Moeller propagiert, notwendig, sondern liegen ihr auch zugrunde. Um dorthin zu gelangen, muss das Volk allerdings geführt werden.

d) Konservativismus: Gralshüter ewiger Volksgemeinschaft in geführter Demokratie

Diese Führung obliegt dem, was Moeller „Konservatismus" nennt. Konservatives politisches Denken „sucht die Bedingungen festzustellen, unter denen die Menschen innerhalb einer bestimmten Gegebenheit leben können, nicht nur heute, nicht nur morgen, sondern immer, und damit Auch heute, Auch morgen. Und es sucht diese Bindungen zu erhalten und nach ihnen, soweit es politische Bedingungen sind, das politische Leben einzurichten, indem es Bindungen schafft, ihnen Formen der Heiligung gibt, welche langehin anerkannt werden können, und indem es für die Macht, die der konservative Mensch um des Lebens willen ergreift, die Verantwortung übernimmt." (DR, 180 f.)

Der Konservativismus Moellers ist eine Art Idealismus: Er behauptet die Existenz einer politischen Organisationsform, deren Bestheit zeitlicher Veränderung enthoben und damit ewig ist. Diese Staatsform ist allerdings nicht universal, sondern bezieht sich jeweils auf ‚eine bestimmte Gegebenheit', d. h. einen Raum, eine Rasse, eine Blutlinie, einen Menschentyp, eine Tradition, eine Kultur. Sie ist also partikulär und gilt niemals für die ganze Menschheit. Mit diesem Begriff kann der konservative Mensch

> „keine augenscheinliche und sinnfällige Bedeutung verbinden: er hat diese Menschheit noch niemals einig und versammelt gesehen, es sei denn in der eingebildeten Welt des revolutionären Menschen, der in Deutschland mit einer ganz besonderen Inbrunst dem Menschheitsgedanken anhängt – wobei ihm nur zum Schaden des eigenen Volkes die anderen Völker nicht folgen. Der konservative Mensch erkennt vielmehr, daß das Leben der Menschen sich in Nationen erhält. Also sucht er das Leben derjenigen Nation zu erhalten, der er angehört." (DR, 210)

Die ideale Staatsform ist also stets national, oder umgekehrt formuliert: Jede Nation besitzt ihre eigene, spezifische Staatsform. Verschiedene Völker unterscheiden sich folglich auch insgesamt durch ihre exklusive politische Identität. Diese wird nicht irgendwann einmal erfunden oder konstruiert und kann ebenso wenig nach Belieben gewechselt werden. Im Gegenteil entstehen die „Werte" – was immer das auch sein mag –, die ihr zugrunde liegen, „an einem großen Anfange [...], wo große Willensmenschen, starke Entschlußkräfte, mächtige Volksbewegungen sich erheben. [...] Sie sind jäh da, spontan und dämonisch, sobald ihre Zeit erfüllt ist." (DR, 189).

Über diese schicksalhafte, übersinnliche Entstehung jener volksgebundenen Werte, welche die nationale bzw. politische Identität eines Volkes bestimmen, sagt Moeller nichts weiter, als dass sie nicht der „vergängliche[n] Zeit", sondern dem „überdauernden Raum" (DR, 180) „entstammen, sich durch die Zeiten hin weiter geben und hier ihre Selbstvollendung empfangen." (DR, 189) Was ein Volk zu einer Nation macht, ist demnach zuallererst die geographische Region. Eine solche wird ursprünglich durch natürliche Hindernisse – Gebirge, Meere, Flüsse, Urwälder, Wüsten u. dgl. mehr – umgrenzt. Diese natürlichen Grenzen sorgen bereits für die Homogenität der Leute, die eine solche Region bewohnen. Aus ihrer Mitte selbst stammen die Werte, die sie von irgendwoher durch „Gnade" (DR, 189) empfangen. Man kann daher nur sagen, dass es die und die Werte gibt; aber man kann nicht sagen, warum es gerade diese sind. Ihre Herkunft liegt über die besagte Regionalität und Volkseigenheit hinaus in mystischem Dunkel und bleibt ausdrücklich irrational. Dennoch machen erst diese grund- und weitgehend namenlosen Werte, sofern sie geteilt werden und dadurch für Einheit des Wollens und Denkens einer regional begrenzten Gruppe von Leuten sorgen, ein Volk zur Nation, verleihen ihm politische Identität und unterscheiden es und seine Angehörigen von allen anderen Völkern und ihren Angehörigen.

Jeder Zusammenschluss oder jede Vermischung mit diesen verbietet sich demzufolge, weil derartiges zum Verlust der politischen Identität, des National- und Volkscharakters führen würde. Deswegen bekämpft der Konservativismus die Verwestlichung des deutschen Volks durch die parlamentarische Demokratie, die ein Unterjochungs- und Betrugsprojekt der liberalen Elite darstellt: „Der Feind des konservativen Menschen ist der liberale Mensch." (DR,190) Aus demselben Grund, d. h. aufgrund der Gefahr des Identitätsverlustes, lehnt Moellers Konservativismus ebenfalls sowohl den Fortschritts- als auch den Entwicklungsgedanken ab. Im Gegenteil bleibt die Herkunft stets in ihrem Wesen erhalten, indem sie mit den Anforderungen der Zeit organisch wächst und allenfalls ab und an verdeckt oder vergessen, aber immer wieder neu entdeckt wird. Solange also das Volk noch das Volk bleibt, bleiben auch seine Werte bestehen, wenngleich sie ihm weder bewusst noch begrifflich klar zu sein brauchen. Ihre Ewigkeit kann man jedoch in ihrer historischen Variation leicht bemerken, wenn man nur auf ihre Herkunft achtet:

„Man entdeckt, daß die Formverwandtschaft, in der sie sich befinden, auf Herkunft beruht, und die Formenreihe, die sie bilden, auf einer innewohnenden Zielstrebigkeit, die sich überall und immer wieder auswirkt. In der Natur wie in der Geschichte ist nicht Fortschritt am Werke, sondern Fortsetzung: Überlieferung." (DR, 189)

Gegen den Entwicklungsgedanken des Darwinismus bzw. Evolutionismus, der (außer bei Haeckel) den Zufall bejaht, setzt Moeller wieder die historische wie natürliche Teleologie, die auf Menschentypen und Volkscharakteren basiert und von einer wie immer gearteten, schicksalhaften und dunklen Notwendigkeit beherrscht wird. Sie und damit das Gesetz des Geschichtsverlaufs sind zwar nicht Gegenstand logisch-rationaler Analyse und wahrscheinlicher Prognose, jedoch der Einsicht desjenigen zugänglich, der weiß, wonach er zu suchen und worauf er zu achten hat. Solchen völkischen Propheten und politischen Weisen allein, sofern sie auch noch ‚Willensmenschen' sind, gebührt die Führung der ‚Volksgemeinschaft' in einem wahrhaft nationalen Staat.

Dieser hat in Deutschland nach Moeller die Form einer „echten Demokratie", die zugleich Monarchie ist. Eine solche Demokratie ist weder parlamentarisch noch bedarf sie des allgemeinen Wahlrechts oder der Gleichwertigkeit der Stimmen. Im Gegenteil hebt sie nicht „alle Unterschiede des Menschlichen" (DR, 110) auf, sondern legt sie ihrer politischen Organisation sogar zugrunde. Nach Moeller bedeutet „Demokratie" keine egalitäre und durch bestimmte rechtliche Prozesse definierte Staatsform, sondern – wie später bei Bernard Willms, der dies, ohne ihn zu zitieren, von Moeller übernimmt – nur dies: „Demokratie ist die Anteilnahme des Volkes an seinem Schicksale. Und des Volkes Schicksal, sollten wir meinen, ist Volkes Sache. Die Frage ist immer nur: wie ist Anteilnahme möglich?" (DR, 110).

Diese Frage hat das „ursprünglich [...] demokratische" deutsche Volk schon beantwortet, „[a]ls wir aus unserer Vorgeschichte in unsere Frühgeschichte eintraten" (DR, 111). Die Antwort basiert nicht auf einem rationalen bzw. naturrechtlichen oder vertragstheoretischen Konstrukt, sondern war „die natürlichste, die es gibt: die Demokratie war das Volk selbst. Sie beruht auf dem Blute, und nicht auf einem Vertrage. Sie beruht auf der Geschlechterverfassung, die ihrerseits auf die Familie zurückging und von hier aus durch die Geschlechter die Volksgemeinschaft zusammenband. Sie beruhte auf den Verbänden überhaupt, auf den Gemeinschaften, in denen sich die Volksgemeinschaft sozial und politisch gliederte, von den Feldgenossenschaften im Frieden bis zu den Zeltgenossenschaften im Kriege.

Demokratie war die Selbstverwaltung des Volkes gemäß seinen Lebensbedingungen." (DR, 111).

In Moellers echter Demokratie ist das Individuum also niemals die kleinste politische Einheit. Politische Subjekte sind stets nur Verbände, begonnen mit den Familien über Anbau- und Standesgenossenschaften bis hin zu militärischen Einheiten. Auch innerhalb dieser Verbände bestehen keine egalitären Verfahren zur Festlegung ihrer Leitung, wie die archaischen Modelle von Familie und Stamm offenlegen, die das Fundament der Volksgemeinschaft bilden und diese Funktion auch bei steigendem Organisationsgrad behalten. Das Konzept des Naturrechts, das bis zu seiner Hochphase im Zeitalter der Aufklärung immer stärker die Gleichberechtigung des Individuums und sein Recht auf Selbstbestimmung herausarbeitete und schließlich auch politisch in den Mittelpunkt stellte, wird damit hinfällig. Moeller denunziert es gerade wegen seiner durch Rationalität begründeten Universalität als widernatürlich: „Das Naturrecht vergewaltigte die Natur: und allerdings mochte die Auffassung vom Staate als einem Vertragsinstitute einem Zeitalter entsprechen, in dem die Völker ihre Natur verloren, auf die man sich eben deshalb so laut berief." (DR, 114) Die Natur des Menschen liegt so nicht mehr in der universalen Teilhabe eines jeden Menschen an der Vernunft, sondern in seiner naturhaften Zugehörigkeit zu partikulären, ursprünglich bereits räumlich getrennten Gemeinschaften. So etwas wie eine einheitlich verfasste Menschheit kann es dann nicht mehr geben, sondern nur mehr oder weniger große Volksgemeinschaften mit exklusiven Identitäten.

In dieser natürlichen Demokratie entscheidet sich die Führungsfrage in allen Verbänden durch den größtmöglichen Nutzen für ihren Fortbestand und dessen zukünftiger Sicherung. Auch dabei fallen etwaige unveräußerliche Rechte des Einzelnen nicht ins Gewicht. Rechte und Pflichten werden vielmehr nach Maßgabe der jeweiligen Relevanz für die Gemeinschaft, d. h. nach dem Wert des Einzelnen oder des einzelnen Verbandes für das Gemeinschaftsziel, unterschiedlich verteilt:

> „Aus der Selbstverwaltung ergab sich im Genossenschaftsrecht die große Teilung der Rechte und Pflichten um des Lebens willen. Aus ihr ergab sich das Recht zu einer Machtaufrichtung nach Innen und Außen, die von einem Stamme um seiner Selbsterhaltung willen für notwendig befunden wurde. Aus ihr ergab sich die Führerschaft und die Gefolgschaft, der freie Gedanke freier Männer, sich für den Heereszug einen Herzog um des Sieges willen zu küren. Und es ergab sich in dem Grade, wie die Stämme sich durch den Raum hin als Nation zu empfinden begannen, die Wahl eines Königs, der eine

durch die Zeit hin zusammenhängende Politik verbürgte und dessen Königtum schließlich eben um der Sicherung dieses Zusammenhanges willen einem bestimmten und bewährten Geschlechte vorbehalten wurde. Dies alles war echte Demokratie." (DR, 111)

Man sieht, wie sich das Gemeinschaftsziel mit der jeweils nächsthöheren Verbandsstufe ausweitet, ohne dass beide sich im Kern verändern würden – wenngleich die Art und Weise des ständigen und scheinbar selbstverständlichen, bequem zum natürlichen Vorgang erklärten „Sich-Ergebens" völlig unklar bleibt. Auf der ersten Stufe der Genossenschaft geht es um die Sicherung eines auskömmlichen Daseins ihrer Glieder und damit zugleich um die Rechtfertigung und Aufrechterhaltung der Genossenschaft selbst. Im Paradigma der ursprünglichen agrarischen Genossenschaft sind deren Glieder verschiedene Höfe, die von Familien samt Gesinde bewirtschaftet werden und in verschiedener Weise zum Gesamtnutzen beitragen. Vertreten werden sie im Rahmen der genossenschaftlichen Selbstverwaltung durch ihre Besitzer, die in einer vorfeudalen Gesellschaft die jeweiligen Familienoberhäupter sind und in der Regel männlich sein werden. An sie bzw. ihre Höfe werden die genossenschaftlichen Rechte und Pflichten verteilt. Dies geschieht aber nach Maßgabe ihrer jeweils in Größe und Eigenschaft unterschiedlichen Fähigkeiten, dem Genossenschaftszweck zu dienen. Daher kann es hier niemals gleiche Rechte und Pflichten geben. Da auch das Individuum nicht als absoluter Träger von Rechten in Frage kommt, gilt dies auch auf der fundamentalen Ebene der Familie. Es kann also auch von einer natürlichen Rechtsgleichheit nicht die Rede sein. Denn sie existiert auch auf der natürlichsten Ebene nicht. Und weil ihre naturrechtliche Begründung bereits diskreditiert ist, bleibt das so.

Nun nämlich wiederholt sich diese rechtliche Ungleichheit auf der politischen Ebene beim Zusammenschluss verschiedener und familiär verbundenen Genossenschaften innerhalb einer Region zu einem Stamm. Hier folgen die Einrichtungen, die dessen innere wie äußere Verhältnisse regeln, wiederum allein dem Zweck der Selbsterhaltung des Stamms. Diese Gesetze orientieren sich ebenfalls nicht an irgendwelchen äußeren Kriterien. Das entscheidende Personal, vermutlich die Genossenschaftsleiter, hat bei der Einrichtung dieser Regeln carte blanche: Was sie für die Selbsterhaltung als nötig befinden, erlangt Gesetzeskraft bzw. rechtfertigt und gestaltet die Machtausübung. Unveränderliche, gar absolute Rechte für den Einzelnen können hier gar nicht vorgesehen sein, weil sich die Bedingungen der Stammeserhaltung ändern können.

Das gilt erst recht für den Kriegsfall, in dem alle Interessen und die Interessen aller dem Sieg untergeordnet werden. Hier tritt erstmals die Frage nach Führerschaft und Gefolgschaft auf. Ihre Beantwortung hebt nun auch die bislang kollegiale, obzwar nicht gleichberechtigte Stammesleitung auf. Denn sie wird, vorerst zumindest für die Dauer des Feldzugs, durch einen einzelnen Heerführer ersetzt, der autonom und ohne weitere Kontrolle durch seine vormaligen Wähler und nachmaligen Gefolgsleute über sämtliche militärischen und sonstigen Mittel des Stamms verfügt, also im Kriege die Funktion eines absoluten Herrschers einnimmt. Dabei bedeutet das Ziel der Selbsterhaltung keineswegs dasselbe wie die Beschränkung des Heerbanns auf Stammes- bzw. Landesverteidigung. Moeller wiederholt im Gegenteil an etlichen Stellen, dass Selbsterhaltung auch Expansion, gar imperiale Expansion bedeuten kann, nämlich dann, wenn der Raum und die damit verbundenen Ressourcen zu knapp für das ihn bewohnende Volk werden. Als jüngstes Beispiel dient ihm der verlorene Erste Weltkrieg:

„Zu spät kommt auch die andere Erkenntnis, daß der Krieg bevölkerungspolitischen Gründen entsprang, daß der bekämpfte Imperialismus immer schon die beste Sozialform für ein Land der Überbevölkerung war und daß wir dasjenige Volk Europas sind, das vor allen anderen diesen Imperialismus brauchte." (DR, 98)

Derartige Angriffs- und Verteidigungskriege üben zudem, wenn sie denn mit Erfolg geführt werden, eine psychologische Wirkung auf ähnlich geartete Nachbarstämme aus. Sie neigen dazu, sich mit dem siegreichen Stamm zu identifizieren, und beginnen so, sich ‚als Nation zu empfinden'. Moeller mag dabei die Kriege gegen Dänemark (1846), Österreich (1866) und Frankreich (1870/71) im Sinne haben, deren wechselnde Koalitionen immer mehr die Vormacht Preußens anerkannten, wenn sie nicht gleich um sie geführt wurden, und schließlich zur Gründung des Deutschen Reiches unter Führung Preußens bzw. zur Krönung des preußischen Königs zum Kaiser führten.

Entscheidend ist jedoch zu sehen, dass die Zusammenfassung der verschiedenen Stämme zu einer Nation auf einem Gefühl beruht und nicht auf einer rational geplanten politischen Konstruktion. Die Stammesführer, besonders naturgemäß der siegreiche Stammes- oder Heerführer, brauchen vielmehr nur dieses durch militärischen Erfolg erweckte Überlegenheitsgefühl zu nutzen, um die verschiedenen Stämme nun auch politisch zu einer Nation zu vereinigen. Um ihr Stabilität zu verleihen, wird aus der kollegialen Herrschaft der Verbände schließlich eine Erbmonarchie, die über die weiterbestehenden Verbände auf die kleinsten Einheiten durchgreifen kann.

Dass Moellers ‚echte Demokratie' auf diese Weise nichts anderes als ein pyramidal über die Verbände geordnetes System einer totalitären Genossenschaftsdiktatur bildet, stört keineswegs. Weil es hier keine Menschenrechte bzw. keine subjektiven Rechte gibt, sondern allenfalls unterschiedlich, nach dem Nutzen für die Gemeinschaft, verteilte ‚Menschenwürde' bzw. entsprechende Rechte und Pflichten, setzt letztlich Stärke bzw. vorpolitische Macht Recht:

> „Das Volk setzt durch seine Verbände die Rechtsordnung fest. Und der Führer, wer er nun sein mochte, vom Führer der Verbände bis hinauf bis zum Herrscher des Volkes, im Auftrage des Volkes, verwirklichte das Recht durch die ihm verliehene Macht. Der deutsche Staat war die Zusammenfassung der Volksgemeinschaft, und seine ungeschriebene Verfassung […] war die Zusammenfassung des Zustandes, in dem sich das Volk nach Brauch und Sitte und Gewohnheit befand […]." (DR, 111)

Recht und Staat in der sogenannten ‚echten Demokratie' gehen also niemals vom Individuum und seinem Wohl, seinen Bedürfnissen und Interessen aus, sondern stets von der Gemeinschaft. Außerhalb der Gemeinschaft vom Familienverband über die diversen Genossenschaften bis zur Volksgemeinschaft gibt es nicht einmal so etwas wie individuelles Wohl: Das Wohl des Individuums ist das Wohl der Gemeinschaft, und zwar im Interesse des größtmöglichen Erfolgs aller untergeordneten Verbände: das Wohl der Volksgemeinschaft. Weil daher „[n]icht die Form des Staates, sondern der Geist seiner Bürger Demokratie aus[macht]", ist „[i]hre Grundlage Volklichkeit" (DR, 119).

All diese „volklichen" bzw. völkischen politischen Grundlagen bleiben für „die deutsche Demokratie" (DR, 119) auch nach dem Untergang des Kaiserreichs, ja der Monarchie insgesamt, in Geltung. Denn sie erlauben die deutsche demokratische „Fortsetzung" (DR, 119) der Monarchie, erfüllen also den Grundgedanken des Konservatismus. Allerdings hängt das „Daseinsrecht" dieser speziellen, anti-westlichen, deutschen Demokratie „davon ab, ob es ihr gelingt, vom Volke aus für die Nation das zu sein, was früher die Monarchie für das Volk gewesen ist: geführte Demokratie – nicht Parlamentarismus" (DR, 119).

e) Apotheose deutscher Volksgemeinschaft: Das dritte Reich

Diese einzigartige, deutsche Form von „Demokratie", die weder mit deren üblichem Begriff noch mit ihrer politischen Tradition irgendetwas zu tun hat, folgt aus der Einzigartigkeit des deutschen Geistes: „Das Genie des deutschen Volkes ist nicht revolutionär. Es ist erst recht nicht liberal. Es ist konservativ." (DR, 192).

Folgt man Moeller, bedeutet jene Konservativität, dass der deutsche Mensch auch als Einzelner nicht vom deutschen Volk unterschieden werden kann. Es besteht hier kein wie immer gearteter Gegensatz zwischen Individuum und Volksgemeinschaft. Im Gegenteil geht das Individuum vollständig in der Volksgemeinschaft auf; es besitzt keinerlei eigenständigen Wert. Denn konservativ zu sein bedeutet in Moellers idealistisch-nationalistischer Neuerfindung des Ausdrucks dies:

> „Wir leben, um zu hinterlassen. Wer nicht glaubt, daß wir den Zweck unseres Daseins schon in der kurzen Spanne erfüllen, in dem Augenblicke, in dem Nu, den dieses Dasein nur währt, der ist ein konservativer Mensch." (DR, 187)

Nun mag diese Charakterisierung auf den ersten Blick ganz harmlos, sogar angenehm demütig oder nach dem modernen Trend zur sogenannten Nachhaltigkeit aussehen. Allerdings trügt dieser positive Schein. Dies zeigt sich überdeutlich anhand der Gegenüberstellung des konservativen Menschen mit seinem geborenen Feind, dem liberalen Menschen:

> „Für den liberalen Menschen ist das Leben ein Selbstzweck. Er fordert die Freiheit als Mittel, um es ausgiebig genießen zu können, und als sicherste Gewähr, um den Menschen, wie er sagt, das größtmögliche Glück zu verschaffen." (DR, 187)

Wenn also das Leben eines Menschen nicht Selbstzweck bzw. ein Zweck an sich selbst ist, muss es einen Zweck haben, der außerhalb dieses einen, besonderen Lebens liegt. Soll der Zweck eines Menschenlebens verschieden von seinem Vollzug sein, dann muss ebendieses Menschenleben als Mittel zur Erreichung jenes externen Zwecks dienen und eingesetzt werden, um den Lebensvollzug überhaupt erst zu rechtfertigen. Damit, dass er – abstrakt gesprochen – schon die Existenz eines jeden Einzelnen unter den Rechtfertigungsdruck stellt, für etwas Anderes da zu sein, schließt Moeller an die durch Fichte und Hegel begründete idealistische, nationalistische, totalitaristische – der Übergang ist fließend – und seinerzeit wie heute lebendig gebliebene Tradition eines breiten Stroms des deutschen Denkens im 19. Jahrhundert an. Damit ist zugleich ein vollständiger Bruch mit dem moralphilosophischen oder naturrechtlichem Denken der Aufklärung vollzogen, das in der praktischen Philosophie Kants seinen Höhepunkt fand und immer noch – oder besser: seit Gründung der Bundesrepublik Deutschland wieder – das Grundgesetz prägt. Denn das Zentrum gerade Kants praktischer Philosophie bildet die Einsicht, dass ein Mensch niemals nur als Mittel, sondern immer nur als Zweck angesehen werden muss, schon seine Existenz als eine individuelle Person also Zweck an sich ist.

Nach Moeller liegen die Dinge in Wahrheit genau umgekehrt: Nur als Mittel zu einem von ihm verschiedenen Zweck ist das Leben des Einzelnen irgendwie von Wert. Dieser Zweck ist nichts anderes als die Erhaltung derjenigen Gemeinschaft, in der ein Mensch existiert und in die er hineingeboren wird, d. h. die Volksgemeinschaft bzw. die Nation. Dass darin keinerlei Raum für so etwas wie eine freie Entfaltung der Persönlichkeit eines jeden Einzelnen ist oder gar ein entsprechender rechtlicher Schutz besteht, ist dann nur konsequent. Im Gegenteil ist, schon weil damit auch die Setzung individueller Lebenszwecke einhergeht, Individualität etwas, das zu unterdrücken, wenn möglich gänzlich zu eliminieren ist:

> „Der konservative Mensch denkt von dem Menschen sehr hoch und sehr niedrig zugleich. Er weiß, daß sich mit den Menschen die verehrungswürdigsten Dinge erreichen lassen, wenn sie in Gemeinschaft ihr Dasein verteidigen, ihre Zukunft erkämpfen, ihre Freiheit behaupten. Aber er gibt sich keiner Selbsttäuschung darüber hin, daß Menschen, Völker, Zeitgeschlechter noch immer, sobald man ihnen ihr Ich freigab und diesem Ich gestattete, seiner Begier zu leben, aus dem Dasein alsbald einen Dreck gemacht haben." (DR, 190)

Eine solche ich-lose Gemeinschaft zu schaffen und zu erhalten, ist die eigentliche Aufgabe und der Zweck eines deutschen Staats. Da die politische Form der Volksgemeinschaft die Nation ist, muss der Zweck des Staats die Nation sein. An dieser Aufgabe scheiterte das Kaiserreich, weil hier der Staat (in hegelscher Tradition) um des Staats, also um seiner selbst willen, existierte. Ein neuer deutscher Staat muss dagegen Nation sein und deshalb ein bestimmtes Bewusstsein herstellen, nämlich ein ich-loses, das seine Identität allein in der Nation erkennt: „Eine Nation ist ein Volk, das im Bewußtsein seiner Nationalität lebt." (DR, 194).

Die Herstellung oder Förderung dieses Bewusstsein unterliegt keinem rationalen Verfahren. Ein solches ist sogar ausgeschlossen, da es sich nicht um ein rationales Bewusstsein handelt. Denn die rechnende Vernunft täuscht unbedingte Wahrheit vor, wo keine Wirklichkeit ist, und „tötete" (DR, 198) seit der Aufklärung das Gefühl, anders als der allein auf Erfahrung aufbauende Verstand: „Verstand und Vernunft schließen einander aus. Verstand und Gefühl dagegen schließen einander nicht aus." (DR, 198) Zwar bleibt völlig unklar, wie der fabulöse Verstand zu seinen Einsichten gelangt, doch bringt er die Menschen zur Einsicht in sie selbst, also im Falle des konservativen Verstandesbesitzers zur Einsicht seiner ausfüllenden Deutschheit:

> „Der Verstand ist eine Kraft des Menschen, während die Vernunft eher eine Schwäche ist. Der Verstand ist der Herr. Sein Wesen ist Männlichkeit. Und es gehört Charakter dazu, sich keinen Selbsttäuschungen hinzugeben. Der konservative Mensch besitzt diesen Charakter nebst der körperlichen Tüchtigkeit und der sittlichen Entschlußkraft, aus dem Charakter zu handeln, sobald es von ihm verlangt wird. Er bringt von Hause aus die Gabe mit, zu urteilen und zu schließen, zu erkennen, was wirklich ist, was als Erscheinung nicht geleugnet werden kann. Konservativismus beruht auf Menschenkenntnis. Sie kommt dem konservativen Menschen aus seiner Tätigkeit, die immer eine der Sorge ist, der Vorausschau auf Morgen, des Dienstes am Ganzen, der Hingabe an Volk und Staat. Er weiß, daß vieles aus den Menschen herausgeholt werden kann, aber auch, daß beinahe alles herausgeholt werden muß. Er ist als Deutscher in unserem Volke erfahren und hat noch das Blut der Männer in sich, die es einst aufgebaut haben." (DR, 199 f.)

Die durch den exklusiv konservativen und deutschen Verstand erkannte Wirklichkeit besteht offensichtlich einerseits in der Identität von Individuum und Volksgemeinschaft und andererseits in der Aufgabe des Staates, aus der Volksgemeinschaft eine Nation zu machen. Was es nun genau ist, das diese Volksgemeinschaft als solche vor allen anderen Völkern auszeichnet oder das Nationale der deutschen Nation selbst ausmacht, bleibt neben der verstreuten Aufzählung von allerlei für vortrefflich gehaltenen Eigenschaften dunkel. Das bleibt auch so, wenn man sich daran erinnert, dass es hier um nichts anderes als den Konservativismus selbst gehen muss, den Moeller ja schon als ‚deutschen Genius' bestimmt hat. Denn sehr viel mehr Erhellendes als die Fichte-Paraphrase, dass dieser wiederum eine „Idee" und als solche „ein Lebendiges – kein Totes – im Ewigen" (DR, 205) sei, findet sich nicht dazu. Freilich sollte dies nicht überraschen: Denn wenn erst einmal die Logik verabschiedet ist, lässt sich auch kein klarer und deutlicher Satz hierüber mehr aussagen, sondern nur noch die Habe eines Gefühls behaupten, dessen Wirklichkeit sich kaum bestreiten lässt, weil sie eben allein darin besteht, dass man ein Gefühl hat, und zwar das des „Wir" (DR, 207). Dieses „Mysterium der Vaterlandsliebe" (DR, 234), wie es Moeller wieder im deutlichen Anklang an Fichte nennt, stellt sich, wie bereits gesehen, am leichtesten und häufigsten in der Feindschaft gegen den ‚auszutilgenden liberalen Menschen' (DR, 226) und andere Völker ein, die aus konservativer Position prinzipiell entweder als Bedrohung des eigenen Volks oder als Gelegenheit zur Erweiterung des Lebensraumes, mithin als willkommene Opfer von Aggression anzusehen sind.

Die echte Demokratie ist also auf das Gefühl gegründet, derselben Nation zuzugehören, ja in dieser seine alleinige Identität zu besitzen – was immer dies auch näherhin bedeuten mag. Und die echte Demokratie ist eine geführte Demokratie. Der Tradition nach obliegt diese Führung einem Monarchen. Nun ist allerdings die Monarchie seit dem Ende der Hohenzollernherrschaft mit ihrem verfehlten Staatsbegriff diskreditiert und überdies durch die Revolution hinweggefegt worden. Obwohl das „Bekenntnis zur Monarchie" neben „Sicherung der Nation, Erhaltung der Familie, Ordnung des Lebens in Disziplin und Schutz des Lebens durch Autorität, so wie die Erkenntnis der Notwendigkeit ständischer, körperschaftlicher, selbst verwaltungsmäßiger Verfassungsgliederung" zu den „konservativen Forderungen" zählt (DR, 200), ist im Sinne der Lebendigkeit der Idee des Konservativismus hier eine Modifikation unumgänglich. Sie besteht im Gedanken der „volkliche[n] Führer", „die das Amt der Monarchie vom Volke aus übernehmen und für die Nation fortsetzen" (DR, 214). Nach Umsturz und parlamentarischer Parteiendemokratie hält Moeller diesen Schritt von der dynastischen Verkörperung des Staats als Selbstzweck zur Verkörperung der „Politisierung der Nation als Nationalisierung des Volkes" (DR, 214) für eine historische Notwendigkeit unter der Bedingung der Fortexistenz des deutschen Volks und die Zeit dazu für gekommen: „Die Enttäuschung durch den Parteigedanken bedeutet Bereitschaft für den Führergedanken. Und die Jugend hat sich diesem Führergedanken ganz unterstellt." (DR, 214).

Solche Führer können nicht anders als konservativ sein, denn sie gehören keiner Partei an, „weil ihre Partei von vornherein Deutschland ist" (DR, 214). Außer dieser nach wie vor diffusen Verpflichtung auf Erhalt und Größe der Nation erhebt Moeller zunächst keine näheren inhaltlichen Forderungen. Volkliche Führerschaft soll sich allein durch persönliches Führertum rechtfertigen. Dies zeichnet sich vor allem durch zwei Eigenschaften aus: Zum einen durch das völkische Bewusstsein, das sein eigenes Schicksal nicht mehr von dem der Nation unterscheiden kann und also beide miteinander identifiziert. Dabei handelt es sich wie üblich nicht um ein rationales, sondern ein gefühltes Bewusstsein:

> „Wir brauchen Führer, die sich mit der Nation in eines gesetzt fühlen, die das Schicksal der Nation mit ihrer eigenen Bestimmung verbinden […] und die […] die Zukunft der Nation auf ihren Willen, auf ihre Entscheidung, und wäre es auf ihren Ehrgeiz für Deutschland zu nehmen entschlossen sind." (DR, 214)

Um welche Zukunft es dabei genauerhin geht, ist, solange es eine nationale ist, offensichtlich egal. Es kommt nur darauf an, dass es einer allein ist, der die Entscheidungen trifft, welche Konsequenzen sie auch immer haben mögen.

Dies tut der Führer unbehelligt und unbeeindruckt von irgendwelchen Diskussionen, und er kann dies, zum anderen, vermöge seiner persönlichen, charismatischen Durchsetzungsfähigkeit. Es bedarf der Führer, „in denen wir eine Probe auf diese (sc. einer deutschen Geschichte von Morgen) Möglichkeit machen, keine Probe des parteimäßigen Recht-behalten-wollens, sondern die des persönlichen Sich-durchsetzens" (DR, 214). Eine derartige Personalisierung der Machtergreifung passt naturgemäß nicht zum Wahlprozess der klassischen (‚unechten') Demokratie, sondern erfordert eine direkte Kür durch eine umfassende Volksbewegung: Das Volk „wird den Führer wollen, den es sich als Nation erwählt. Der Führergedanke ist keine Angelegenheit des Stimmzettels, sondern der Zustimmung, die auf Vertrauen beruht." (DR, 214).

Die Mindestanforderung, politische Stabilität, verbindet den Führergedanken mit der ursprünglichen Begründung des Königtums, der einheitlichen Politik über Generationen hinweg. Es bedarf der Führer, „die in dem ungewissen Weltgeschehen, dem wir entgegengehen, wenigstens die Richtung halten, die alle Schwankungen, Störungen und Wechselfälle überdauert und die Einer dem Anderen weitergibt" (DR, 214). Weil diese Richtung vom unbedingten Willen zur Bewahrung der deutschen Nation und ihrer Besonderheit vorgegeben wird und dies, da kein „Volk ein ewiges Lebensrecht hat" (DR, 230), jederzeit gegen „eine geborene Feindschaft von Völkern" (DR, 237) erkämpft werden muss, „nennt [man] diesen Willen heute nicht konservativ. Man nennt ihn nationalistisch." (DR, 230). Moellers Konservativismus ist also eigentlich ein Nationalismus, und dieser selbst trägt die klassischen Züge des deutschen Chauvinismus, der – als

Sendungsbewusstsein nur unzulänglich getarnt – seit Fichte der deutschen Nation eine welthistorische Aufgabe zuschreibt, „die ihr kein anderes Volk abnehmen kann" (DR, 231). Es fragt sich aber: Welche ist diese?

Diese Frage ist trotz Moellers Wortreichtum erstaunlich schwer zu beantworten. Die „übernationale Sendung" (DG, 240) des deutschen Volks ist zunächst irgendwie eine Angelegenheit des ‚Geistes' und des Friedens in Europa und der Welt. Repräsentativ ist folgende Antwort: „Nicht nur für Uns gelebt zu haben, sondern für alle Völker, ein Denkmal der Unsterblichkeit aufzurichten, an dem unser Dagewesensein in ferne Zeiten und für fernste Menschen erkennbar bleibt: das war der innerste Wille allen deutschen Geschehens, der uns durch unsere Geschichte geleitete, wie er alle großen Völker durch die ihre geleitet hat und geleiten wird – zum Unterschied von den kleinen Völkern, die nur an ihr Ich denken." (DG, 240).

Mit Moellers Trennung zwischen ‚großen' und ‚kleinen' Völkern braucht man sich nicht lange aufhalten. Dass die restlichen Völker Europas bzw. des sogenannten ‚Westens', insbesondere naturgemäß Frankreich und England, zu den kleinen gehören, ist schon hinlänglich deutlich geworden. Der Möglichkeit nach groß sind lediglich noch Russland und vielleicht die Vereinigten Staaten von Amerika. Das deutsche Volk hingegen ist tatsächlich, auch in seiner Verfassung nach dem Ersten Weltkrieg samt seiner verabscheuungswürdigen Schein-Demokratie, immer noch groß, und zwar einerseits, weil das deutsche Volk jenem System eigentlich gar nicht angehört, und andererseits wegen des gefühlten Bewusstseins seiner „Werte", das den Nationalismus selbst ausmacht (DR, 232). Wie so oft, wenn von Werten die Rede ist, wird zwar nicht im mindesten klar, was und welche das sein sollen. Allerdings verschlägt das im Falle Moellers kaum etwas, da es hierbei sowieso um etwas Ideales, Mystisches geht (DR, 245), das allein dem Gefühl zugänglich ist; und dieses Gefühl hat die welthistorische Bedeutsamkeit des deutschen Volks und seiner Kultur und wiederum seiner Werte zum Gegenstand, lässt sich also wohl in der Tat am besten mit einer Art von bedingungsloser Vaterlandsliebe wiedergeben, die schlechthin liebt, ohne dabei wissen zu können, was es denn ist, was sie da liebt.

Der Geist, der darin stecken soll, ist indes „Ausdruck des deutschen Universalismus und durchaus auf das europäische Ganze gerichtet" (DR, 230). Denn „das Deutsche" muss unbedingt erhalten werden, „weil es Mitte ist, weil nur von ihr aus Europa sich im Gleichgewicht halten läßt – und von hier aus, nicht vom Westen aus […] und nicht vom Osten aus" (DR, 231). Deswegen kämpft der Nationalist „für alles, was von Deutschland aus europäische Reichweite hat" (DR, 245). Inmitten dieser groß, bedeutungsschwanger und hohl klingenden Phrasen, die sich beliebig weiter anführen ließen, lässt Moeller jedoch immerhin und womöglich aus Versehen einen Funken Inhalt aufblitzen. Denn es heißt an einer Stelle:

„Das Bewußtsein der Nation erwachte im Gedicht und Gedanken, aber das Reich löste sich auf. Der deutsche Idealismus hob den Geist auf eine höchste Ebene des Menschentums, aber das Volk seiner Bekenner verfiel in Fremdherrschaft." (DR, 236).

Sowohl Chronologie als auch Inhaltsangabe spielen unzweifelhaft auf Fichtes *Reden* an. Ihr Konzept einer gefühlsbasierten Erkenntnis einer Idee allgemeiner Deutschheit zur Rettung und Erreichung einer höchsten, erst wahrhaft menschlichen Kultur unterliegt auch Moellers Gedanken eines deutsch oder besser: durch Deutschheit geordneten und also dominierten Europa. Dies nennt er „das Endreich" (DR, 244), das das einzige und alleinige, „Das Reich" (DR, 245), ist. Nach der Zählung in der deutschen Geschichte ist es das dritte, und von ihm heißt es: „Der Gedanke des ewigen Friedens ist freilich der Gedanke des dritten Reiches." (DR, 241).

Auf welche konkreten Werte, die den anderen europäischen Völkern gewiss zunächst missfallen werden, dies nun gebaut werden soll, bleibt unklar. Moeller räumt das ein:

„Und wir selbst kennen unsere Werte nicht. Unsere Geschichte hat mit sich gebracht, daß wir überall Werte abbrachen, um überall andere anzusetzen. Dies machte die deutsche Kultur so reich und mannigfaltig, wie sie wirr und unübersichtlich ist. Nationalismus wird sein, hier zusammenzufassen und herauszustellen, um der Nation deutlich zu machen, was ihr gehört, weil es deutsch ist und weil es Wert ist: die deutsche Menschengeschichte." (DR, 243)

Freilich lässt sich all dies trocken zusammenfassen: Wir sind entschlossen, wissen aber nicht wozu, und Hauptsache, das deutsche Volk befindet sich in einer Bewegung, die gemeinschaftlich ist und durch einen Führer geführt wird. Dass für die richtungsweisenden Werte insbesondere Fichtes Thesen aus den *Reden* – und ihnen Verwandtes – zumindest in die allerengste Wahl kommen werden, duldet kaum Zweifel.

Falls solche bestehen sollten, werden sie durch die akademische Fortführung des nationalidealistischen Deutsch-Denkens im ausdrücklichen Anschluss an Fichte beseitigt. Im Nationalsozialismus gehörte es sowieso zum guten Ton, und die Berufung auf den philosophischen Klassiker Fichte konnte als Waffe im akademischen Konkurrenzkampf taugen. In der Bundesrepublik Deutschland vor der Wiedervereinigung schlüpfte sein profiliertester Vertreter in die beliebte Rolle des einsamen Märtyrers einer Wahrheit, die niemand mehr wahrhaben will. Dies werden wir nun verfolgen.

4

Fortsetzung folgt: Populär-akademischer Nationalismus in Diktatur und Demokratie

Dass Fichtes politisches Denken im Nationalsozialismus eine seiner diversen akademischen Renaissancen erlebte, wird nicht überraschen. Ebenso wenig, dass neben bereits etablierten Professoren, die schlicht bei ihren langgehegten Auffassungen blieben und ihre Arbeit fortsetzten wie Ernst Bergmann (1881–1945), Hans Freyer (1887–1969) und Herrmann Schwarz (1864–1951), auch etliche aufstrebende Jungakademiker in der Beschäftigung mit Fichtes nationalistischem Idealismus, seinem (und Hegels) totalitärem Staatsverständnis und verwandten Themen vortreffliche Karrierechancen sahen. Die meisten dieser Autoren sind zu Recht in Vergessenheit geraten und verzehrten später still ihre Pensionen im ehedem von ihnen bis aufs Blut verachteten liberal-demokratischen Rechtsstaat. Manche fanden immerhin noch so viele Reste von Anstand in sich, um mit dem Untergang des Dritten Reichs Selbstmord zu begehen wie Bergmann und August Faust (1895–1945).[1] Weder das eine noch das andere gilt für Arnold Gehlen (1904–1976), der, zuletzt als Ordinarius an der RWTH Aachen, im Gegenteil aus seiner dezidiert konservativen Gegnerschaft zur Frankfurter Schule eine erstaunliche Nachkriegskarriere machte.

Allerdings ist eine derartige professionelle Vorgeschichte keineswegs nötig, um teils nationalistische, teils irrationalistische Auffassungen aus dem Umkreis eines entsprechend verstandenen Idealismus zu vertreten. Derartige

---

[1] Vgl. Aichele, Bergmann, und Konrad Cramer, Um einen nationalsozialistischen Fichte von Innen bittend. August Faust über Fichte im Jahr 1938, in: J. Stolzenberg/O.-P. Rudolph (Hg.), Wissen, Freiheit, Geschichte: Die Philosophie Fichtes im 19. und 20. Jahrhundert, Bd. 1, Leiden/Amsterdam 2010, 285–309.

Positionen spielten in der Bundesrepublik Deutschland wie im wiedervereinigten Deutschland zwar bis vor nicht allzulanger Zeit nur eine äußerst randständige Rolle. Dennoch gab und gibt es sie. Das wirkmächtigste Beispiel dafür ist Bernard Willms (1931–1991). Seine „Theorie der Nation" erfreut sich trotz ihrer, gelinde gesagt, geringen Übersichtlichkeit, offensichtlichen Begründungslosigkeit und generellen Logikverweigerung außerordentlicher Beliebtheit bei deutschen Nationalisten, die Wert auf ihre philosophische Bildung legen. So sehr, dass Willms gewiss als der wichtigste „philosophische" Vordenker der gegenwärtigen Neuen Rechten und ihrer geistigen Führer gelten darf, die sich oft und gerne auf ihn beziehen und zur Lektüre seiner Werke anregen.

4.1 Der erste Nationalsozialist: Arnold Gehlens Fichte

Im Jahre 1935 veröffentlicht Arnold Gehlen eine kleine Arbeit mit dem Titel *Deutschtum und Christentum bei Fichte*. Wie Fichtes eigene populäre Schriften ist sie ausdrücklich nicht für das fachwissenschaftliche, akademische Publikum konzipiert, sondern für all „diejenigen, denen es ein Bedürfnis ist, sich von Zeit zu Zeit durch die Betrachtung unserer großen Ahnen zu erheben und zu stärken" (DC, 217). Mit Ausnahme seiner „Auffassung der letzten religiösen Phase Fichtes" (DC, 217) erhebt Gehlen keinen Anspruch auf Originalität seiner Interpretation. In der Tat bieten die einschlägigen Kapitel getreuliche Referate insbesondere des *Geschloßnen Handelsstaats* und der *Reden*. Sie brauchen deshalb bis auf die Akzente, die Gehlen setzt, nicht wiederholt werden.

Ebenso bedarf Fichtes *Staatslehre von 1813* und ihre Auslegung des Christentums, deren Darstellung gut die Hälfte von Gehlens Text einnimmt, keiner eigenen ausführlichen Wiedergabe. Denn zum einen hält sich Gehlen auch hier sehr eng an die Vorlage, die die bereits vorgestellten populären Schriften zusammenfasst und fortsetzt, und zum anderen interessieren hier nur zwei Details, nämlich die politische Lehre vom „Zwingherrn zur Deutschheit" und die kulturphilosophische Gleichsetzung der welthistorischen Mission der Deutschen mit der Verbreitung und Durchsetzung des wahren Christentums, das den Kulturimperialismus der *Reden* mit heilsgeschichtlichem Inhalt adelt.

a) Fichtes Aktualität für den Nationalsozialismus

Von Anfang an lässt Gehlen keinen Zweifel an der Aktualität Fichtes. Er „fand [...] eine eindeutige Richtung, die ihn dem Standpunkt näherte, auf dem wir heute stehen" (DC, 219). Sie wird bestimmt durch „die Entwicklung Fichtes vom Individualisten und Aufklärungspropheten zum nationalen Volks- und Staatsphilosophen, zum Sozialisten und konkreten Politiker, der aus dem abstrakten Weltverbesserer entstand" (DC, 220). Zu den „rein philosophisch[en]" (DC, 220) Voraussetzungen auf diesem Weg, die Gehlen ausdrücklich nicht diskutieren will, da die *Wissenschaftslehre* „einer gemeinverständlichen Darstellung schlechterdings widerstreitet und nicht einmal in abgehobenen Resultaten unmißverständlich mitteilbar ist" (DC, 255), gehört vor allen anderen „die Unterwerfung der vernunftlosen Natur in und außer uns unter den Geist oder die ‚Ideen'. Dem Menschen muß die völlige und widerstandslose Herrschaft über die Natur erkämpft werden, bis zu jener idealen Gottähnlichkeit hin, wo ‚in meiner ganzen Sinnenwelt geschieht, was ich will, schlechthin und bloß dadurch, daß ich es will, gleichwie es in meinem Leibe geschieht'." (DC, 221) Dieser unbedingte Machbarkeitsglaube bei ausreichend starkem Willen präge „in einem tiefsten Wesenszug" immer noch die „Gegenwart selbst, unsere Gegenwart" (DC, 221), d. h. die Zeit nach Hitlers Machtergreifung und die zunehmende Totalisierung der nationalsozialistischen Herrschaft.

Genau diesen Zugriff des Staats auf alle Lebensbereiche begrüßt Gehlen und findet ihn bei Fichte in dessen „Staatssozialismus", seiner „organischen Staatstheorie" unter Ablehnung jedes vorstaatlichen Naturrechts und seiner Ersetzung „der individuellen Gesellschaftspartner" durch den „Begriff des *Volkes*" (DC, 223 f.). Damit wird nicht nur die in nationalistischen Kreisen verhasste Vertragstheorie verabschiedet, sondern auch die Bürgerschaft und ihre Existenz mit dem Staat und seiner Existenz gleichgesetzt: Es gibt kein Leben außerhalb von Volk und Staat, und deswegen hat „der Staat die Summe seiner Bürger als die gesamte menschliche Gattung zu betrachten das Recht, d. h. der Staat handelt, als ob die ihm anvertraute Bevölkerung die *ganze* Menschheit wäre." (DC, 224) In dieser Identifikation von Staatsvolk bzw. exklusiv bestimmter Nation und Menschheit sieht Gehlen die Pointe von Fichtes Volksbegriff. Wird das Volk als solches – und nicht mehr das Individuum oder der einzelne Bürger – zum Objekt des Staats, erfordert die Totalität dieses Objekts auch die Totalität seines Subjekts, d. h. des Staats:

„Für ihn (sc. den Staat) gibt es keine andere Menschheit als sein Volk. Dieser Staat ist so total wie möglich: es soll durchaus keiner irgendwelche Zwecke verfolgen, die bloß seine eigenen und nicht zugleich aller ohne Ausnahme sind." (DC, 224 f.)

Der einzelne Mensch kommt also in einem derart totalen Staat nicht mehr als Individuum mit bestimmten individuellen und nicht austauschbaren Vorlieben, Interessen und Eigenheiten in Betracht, sondern allein als funktionstragender und daher ersetzbarer Teil des Staats. In ihm wird er zum Objekt – oder, um es schmeichelhafter auszudrücken, zum Volksgenossen –, während der Staat selbst entscheidendes und handelndes Subjekt wird. Oder das Individualitätsbewusstsein verschwindet im buchstäblich idealen Fall, den Fichte denkt, völlig, indem es sich im National- bzw. Volksbewusstsein auflöst, und dann verschwindet auch die Unterscheidung von Objekt und Subjekt zugunsten der Totalität des nationalen Volksstaats. Beidenthalben ist aber – bald womöglich unter Einsatz von Zwang, bald aufgrund tiefer Ideeneinsicht und freien Willensentschlusses – im und durch den Staat die Einheit von Denken und Handeln hergestellt, die Fichtes Idealismus absoluter Willensherrschaft anstrebt.

Naturgemäß lässt sich Gehlen diese Gelegenheit nicht entgehen, um in den beiden ebenfalls 1935 in der NS-Zeitschrift *Völkische Kultur* erschienen Texten *Der Idealismus und die Gegenwart* auf die Verwandtschaft des deutschen Idealismus mit dem nationalsozialistischen Totalitätsanspruch hinzuweisen:

„Ich bin überzeugt, daß es eine Einheit von Denken und Handeln gibt und daß diese Einheit vollzogen werden muß, aber auch begreifbar und durchsichtig gemacht werden kann. Sie zu vollziehen, ist die Aufgabe jedes Nationalsozialisten; sie zu begreifen, das Bedürfnis des nachdenkenden Verstandes, dem der Philosoph dient. […] Die nationalsozialistische Weltanschauung ist total, das heißt sie beansprucht, ein jedes Lebensgebiet zu durchdringen und in Übereinstimmung mit ihrer Grundanschauung zu bringen. Diese Durchdringung und Übereinstimmung wird zunächst gelebt und vollzogen, der nachdenkende und philosophierende Mensch will sie auch begreifen und aussagen, wie sich jetzt die großen ewigen Lebensfragen der Existenz – Gemeinschaft, Geschichte, Freiheit, Sittlichkeit – von neuem und in neuer Form stellen müssen. […] Ich bin überzeugt, daß diese Aufgabe (an der vielleicht die Zukunft der Philosophie, die immer wesentlich deutsch war, hängt) nur lösbar ist, wenn die Tradition des deutschen Philosophierens ernsthaft durchgearbeitet wird […]. Die Energie der Fragestellungen des deutschen Idealismus, die Fülle der darin lebenden Motive, seine Entschlossenheit in neuen Anfängen muß erreicht werden, wenn wir über die klassischen Probleme nicht nur tätig, sondern auch philosophierend hinauskommen wollen." (IG 2, 360)

Die philosophische, in erster Linie staatsphilosophische Aufgabe – „[d]a nun die entscheidende Form des Handelns die politische ist" (IG 2, 360) – ist nun jene durch den Nationalsozialismus geforderte und gelebte und also bereits verwirklichte oder zumindest in Verwirklichung begriffene Totalität auf den Begriff zu bringen. Fichtes Überlegungen zur idealen Identität von Volk und Staat, von nationalem Objekt und nationalem Subjekt, ja die ganze Identitätsphilosophie des deutschen Idealismus sind nach Gehlens Auffassung – und nicht nur nach ihr – systematisch prädestiniert zur Lösung dieser Aufgabe. Kurz: Eine Philosophie des Nationalsozialismus verlangt nach dem Fundament des deutschen Idealismus.

Gehlen sieht dies durch Hitler selbst bestätigt, wie seine Interpretation eines Satzes aus *Mein Kampf* zeigt. Er lautet: „Reinster Idealismus deckt sich unbewußt mit tiefster Erkenntnis." (IG 1, 357) Was immer dieser Satz in seinem Kontext auch bedeuten mag – sofern er überhaupt etwas bedeutet –, für Gehlen jedenfalls gilt: „Dieser Satz ist von vollkommener Wahrheit, und er behält sie auch noch, wenn man ihn so erweitert:" (IG 1, 357) Nämlich durch eine Interpretation, die Realismus und Idealismus des Denkens und Wollens einander gegenüberstellt. Sie geht so:

„Man kann überhaupt sagen: es gibt eine menschliche Haltung, die hinzunehmen, sich einzurichten und sich zu bescheiden versteht, und gerade diese Haltung hat sich immer damit entschuldigt, dem ‚Gegebenen' unterworfen zu sein, und sich damit gerechtfertigt, sie halte es mit den Dingen, wie sie wirklich seien, und die ‚Realitäten' stünden hinter ihr. Aber idealistisch zuletzt würde ich eine Gesinnung nennen, die auch das Dasein noch als Aufgabe faßt, und diese Aufgabe besteht gerade darin, das ‚Gegebene' zu *verändern*, nämlich eine *Idee*, die man vom Dasein und seinen Ordnungen hat, in die Wirklichkeit zu ‚verflößen' (wie Fichte sagte) und sie umzuschaffen, wenn sie den *vorgegebenen* Ansprüchen der Idee nicht genügt. [...] Nicht das Gegebene, sondern das Aufgegebene ist das Element des Geistes, und der einfachste Ansatz zur idealistischen Philosophie besteht in der Überzeugung, daß diese notwendigen Aufgaben des Geistes und Handelns in uns schon schlummern und nur zu erwecken sind." (IG 1, 357)

Realismus und Idealismus beschreiben in Gehlens Darstellung also praktische Einstellungen zum Dasein, die keine Angelegenheit beweisbarer Erkenntnis, des Wissens oder Nicht-Wissens oder der Unterscheidung von wahr und falsch unterworfen sind, sondern Gesinnungen bezeichnen. Derartige Haltungen setzen nicht notwendigerweise einen langwierigen Erkenntnisprozess oder kritische Reflexion voraus, sondern werden eher anerzogen oder anderweitig sozial tradiert. Häufig sind sie auch dann, wenn ihre Gründe nicht transparent gemacht werden können, nicht korrigierbar, weil sie, wenn sie zum Gegenstand des Bewusstseins werden, auf einem nicht notwendigerweise rechtfertigbaren Entschluss beruhen. Eine Gesinnung kann man haben, indem man sie will, eine Erkenntnis nicht. Eine idealistische Gesinnung besteht im Willen, eine Idee in der Welt zu verwirklichen und also das Dasein entsprechen zu verändern – dass auch ein sogenannter Realist schon, indem er überhaupt handelt, ebenfalls die Welt willentlich verändert, fällt nach Gehlen anscheinend nicht weiter ins Gewicht. Eine solche wollens- und handlungsleitende Idee denkt sich der Idealist aber nicht einfach aus, sie ist kein Produkt willkürlicher Phantasie, sondern sie ist vorgegeben und umfasst „das *Ganze*" und erschließt „die *Zusammenhänge*" (IG 1, 357) – was das Ganze ist und welche Zusammenhänge das sind, spart Gehlen aus. Eine Idee muss jedenfalls irgendwie eingesehen werden, aber nicht durch die Betrachtung der Welt, wie sie ist, weil der Idealist ja die Welt erfasst, wie sie sein soll – und sogar notwendigerweise! Dies kann deswegen nicht bei der Betrachtung der Welt geschehen, weil etwas, das sein soll, jetzt gerade nicht ist; sonst bräuchte es das Sollen nicht mehr. Wie diese Einsicht geschieht, lässt Gehlen im Dunkeln, vermutlich weil dies Sache der dem gemeinen Volk ohnehin unverständlichen *Wissenschaftslehre* ist; Hauptsache der Idealist hat seine Idee und handelt nach dieser ‚unbewussten Erkenntnis'.

Damit schließt sich der Kreis,

> „denn dieses Verfahren des wahrhaft idealistischen Denkens hat eine sehr bedeutende Parallele in dem Verfahren des nationalsozialistischen Handelns: wie viele haben es für utopisch und schwärmerisch gehalten, und wie viel ‚realistischer' war es, als die Aktionen der ‚Realpolitiker', die immer mit dem ‚Gegebenen' rechneten. Und warum? Weil dieses Handeln nur seinen eigenen Gesetzen als politisches Handeln folgte, und in alle Dimensionen nach den Gesetzen und der Idee eines politischen Handelns durchdacht war, gerade deshalb traf es die Wirklichkeit, und gerade deshalb hat diese Bewegung die großen ‚Realisten' überrannt, weil sie auf dem Satz stand: Reinster Idealismus deckt sich unbewusst mit tiefster Erkenntnis." (IG 1, 358)

Nun mag man diese Spiegelung von Fichtes Denken in Hitlers Handeln, ja diese Vereinigung beider, die Gehlen schwärmerisch behauptet, für eine arge

Banalisierung des von der Position der *Wissenschaftslehre* betrachtet doch wesentlich komplexeren Idealismus halten. Vergessen darf man aber keinesfalls, dass zum einen Fichtes populäre Schriften durchaus zu einer solchen Banalisierung einladen und zum anderen Fichte permanent auf ihre geistige Deckungsgleichheit mit der, auch seiner eigenen Einsicht nach, ziemlich esoterischen *Wissenschaftslehre* pocht. Und es darf – etwa die eigentliche Fichte-Forschung – gefragt werden, ob vielleicht etwas mit den Prinzipien und dem ganzen System nicht stimmt, wenn die Konsequenzen so banal und zugleich so entsetzlich sind.

Wie dem auch sei: Gehlen beschäftigt sich in *Deutschtum und Christentum* jedenfalls, wenngleich nur in einigen Aspekten mit der Fundierung einer Philosophie des Nationalsozialismus auf dem Idealismus Fichtes.

b) Der „deutsche Sozialismus" des *Geschloßnen Handelsstaats*

Die nationalsozialistische Organisation des Staats entspricht nach Gehlen Fichtes geschloßnem Handelsstaat oder befindet sich zumindest auf dem Weg dorthin. Dabei betont Gehlen ganz zu Recht die Originalität von Fichtes „Begründung eines nationalen Sozialismus" vor dem in der Tradition schon vielfach ausgestalteten „Autarkiegedanken" (DC, 227). Indes sind auch Fichtes Argumente für den Staatssozialismus keineswegs originell. Vielmehr bedient er sich des im Wesentlichen seit John Locke bekannten „ganze[n] Arsenal[s] der Einwände gegen die liberale Wirtschaftsordnung, die immer zu planwirtschaftlichen Gedanken geführt haben" (DC, 227).

Was also ist deutsch an diesem „deutschen Sozialismus", mit dem Gehlen sein einschlägiges Kapitel überschreibt? Man braucht nach diesem spezifischen Element nicht lange zu suchen: Gehlen listet die „Grundgedanken" auf, die den „Nationalsozialismus (das ist hier das einzig treffende Wort) dieser Schrift" ausmachen (DC, 233). Seine Liste enthält vier Punkte. Drei davon sind nicht exklusiv deutsch, sondern könnten auf jede sozialistische Diktatur angewendet werden. Sie liegen 1.) in der politischen und juridischen Abgeschlossenheit der Nationalstaaten zum Zwecke der Selbstbehauptung, um nicht „die Beute der anderen" zu werden; 2.) im gegen Freihandelsprinzip und „Produktionsanarchie" gerichteten Antiliberalismus; und 3.) in der politischen Totalität, die auch die Untrennbarkeit von Staat und Wirtschaft einschließt.

Die eigentümliche Deutschheit von Fichtes Sozialismus liegt indes nach Gehlen in dessen Begründung:

> „Sein Sozialismus folgt in erster Linie aus seinem Eigentumsbegriff, der deutschrechtlich nicht zunächst an Sachen, sondern am Verhältnis der Menschen gegeneinander orientiert ist, und aus der Gleichsetzung von Arbeit und Eigentum. Recht auf Arbeit und Arbeitspflicht, der Verteilungsgedanke, das Bedarfsprinzip, die staatliche Überwachung und Leitung der gesamten Wirtschaft und der Produktion und endlich die Ständeordnung (,alle arbeiten für alle'), das sind die sozialistischen Grundforderungen." (DC, 233)

Wir erinnern uns: Jeder Mensch hat nach Fichte das Recht auf Existenz. Um dies wahrzunehmen, muss sich jeder Mensch selbst erhalten können. Dies ist „von der Natur geknüpft an Tätigkeit, so hat jeder Mensch das fundamentale Recht auf eine sein Leben erhaltende Tätigkeit" (DC, 228). Das Eigentum, das jedem Menschen zusteht, ist daher genau diese Tätigkeit und ihre ungehinderte Ausübung. Der ganze Zweck des Staats besteht darin, jeden Menschen, der zu ihm gehört, „in sein Eigentum ein[zu]setzen, und damit eine Existenz [zu] sichern, die in freier Wirtschaft unsicher bleibt" (DC, 228). Dass der Staat, um die bedarfsgemäße Versorgung seiner Angehörigen und gerechte Preise zu gewährleisten, dem Einzelnen die Auswahl seiner Lebenstätigkeit abnimmt und demnach zugleich über dessen Arbeitskraft im Interesse der Existenz des Staats, also der Existenz seines gesamten Volkes, verfügt, ist der Preis, der von einem jeden für die vollständige wirtschaftliche und soziale Sicherheit eines jeden zu zahlen ist. Wiewohl es zumindest in Fichtes – und Gehlens – Sinne gewiss irreführend wäre, hier von einem zu zahlenden Preis zu reden, da die vollständige Identifikation des eigenen Interesses eines jeden einzelnen mit dem Staat, also die Totalität des nationalen Volksstaats, leicht einzusehen ist.

Fichtes ,deutschrechtlicher' Eigentumsbegriff – darauf legt Gehlen wert – betrifft nicht Sachen, sondern das Verhältnis von Menschen zueinander. Denn verteilt werden nicht materielle Güter, sondern bestimmte Tätigkeiten, d. h. „Arbeitschancen" (DC, 229), also die Möglichkeit, sich durch Ausübung einer bestimmten Tätigkeit selbst zu erhalten, und zwar derjenigen, für die sich der jeweilige Arbeiter nach Beurteilung im und durch das staatliche Erziehungs- und Bildungssystem am besten eignet, deren Ausübung nötig und für die eine Stelle vakant ist. Es besteht daher ein Recht auf Arbeit, und sogar auf die jeweils bestmögliche, nämlich diejenige, die den Fähigkeiten des Einzelnen im Rahmen des Bedarfs des Ganzen am ehesten entspricht. Jeder dieser Berufe genügt in gleicher Weise und im Rahmen des durch die jeweilige Tätigkeit bestimmten Bedarfs zur Selbsterhaltung. „Es gibt also rechtlich so wenig Arbeit ohne Lohn, wie ,unverdientes' Eigentum." (DC, 228) Ebenso wenig gibt es aber auch ,unnütze

Esser' – zu denen Rentner, die nach einem langen Arbeitsleben ihren verdienten und staatlich, d. h. durch die Volksgemeinschaft, finanzierten Lebensabend verbringen, oder Arbeitsinvaliden naturgemäß nicht zählen. Denn dem Recht auf Arbeit entspricht eine Pflicht zur Arbeit:

> „[S]obald jemand von seiner Arbeit nicht mehr leben kann, ist sein Recht verletzt, der Staat als Rechtsvollzugsorgan hat einzuspringen und hat ‚eine Verbindlichkeit, den Darbenden zu ernähren'. Diese Verbindlichkeit des Staates ist natürlich nur sinnvoll, wenn ihr die Verbindlichkeit jedes Menschen gegenübersteht, nach allen Kräften sich selbst zu erhalten. Recht auf Arbeit und Pflicht zur Arbeit gehören zusammen: ‚keiner hat eher rechtlichen Anspruch auf die Hilfe des Staates, als bis er nachgewiesen, daß er in seiner Sphäre alles mögliche getan, um sich zu halten, und daß es ihm dennoch nicht möglich gewesen' ([sc. *Rechtslehre*] 1812 [532 f.]). Es gibt im Staate weder Müßiggänger noch Darbende." (DC, 228 f.)[2]

Besteht Arbeitspflicht, hat der Staat das Recht, jeden Einzelnen zur Ausübung einer Tätigkeit zu zwingen, nach der staatlicher Bedarf besteht und die zur Existenzsicherung ausreicht. ‚Müßiggänger' sind demnach solche Leute, die aus völlig beliebigen Gründen ihr Recht auf Arbeit nicht nutzen wollen. Wäre dies zulässig, müssten sie versuchen, ihren Lebensunterhalt anderweitig, d. h. ohne zu arbeiten, zu sichern. Ein Privatiersdasein kommt dabei von vornherein nicht in Frage, da der Staat allein Recht auf Grundeigentum hat, über die Produktionsmittel verfügt und seinen Bürgern jegliche Art von Kapitalanhäufung verbietet bzw. unmöglich macht. Egal, wie eine arbeitsfreie Existenz auch sonst geschähe, sie geschähe immer auf Kosten derjenigen, die brav die ihnen zugemessene Arbeit leisten. Dies kann der Staat nicht zulassen. Denn ein solches müßiggängerisches Verhalten – mag es womöglich sogar durch das arbeitende Volk aufgrund seiner Vergnüglichkeit, seines Charmes o. ä. geduldet werden – würde bedeuten, die Auflösung der Identität von Einzelinteresse und Staatsinteresse zuzulassen. Auf ihr aber beruht die ganze Idee des Staats. Weil indes die Erhaltung der Nation bzw. des Volks von der Erhaltung des Staats abhängt, besteht eine absolute Pflicht, den Bestand eines solchen Staats zu sichern. Träger dieser Pflicht ist der Staat selbst. Also ist er aus Gründen der Selbsterhaltung gezwungen, streng auf die Einhaltung der Arbeitspflicht zu achten. Was ein Recht wert ist, dessen Wahrnehmung, wenn sie nicht freiwillig erfolgt,

---
[2] Die Fichte-Zitate finden sich in: Das System der Rechtslehre, in: Werke (I. H. Fichte), Bd. 10, 493–652, hier: 532 f.

staatlich erzwungen wird, kann man füglich fragen; dies steht aber hier nicht zu Debatte.

Der ‚deutsche Sozialismus' bzw. der Nationalsozialismus Fichtes besteht also nach Gehlen darin, dass kein einziger Bürger persönlich für einen anderen Bürger in Notlagen, die stets durch seine Arbeitsunfähigkeit bestimmt sind, mit Hilfe zur Existenzsicherung einzustehen hat. Solche individuellen Aktivitäten sind in einem derart totalen Staatssozialismus nicht nur überflüssig, sondern sogar unerwünscht und illegal, weil sie staatsauflösende Tendenzen beinhalten müssen, ob das der spontane oder private Helfer nun will oder nicht. Der einzige, der Existenzsicherheit gewährt und gewähren darf, ist der Staat, also ist auch jedes Unterstützungs- oder Hilfsbegehren an ihn zu richten und nicht an irgendwelche einzelnen Personen. Das Verhältnis zwischen Menschen, das Fichtes ‚deutschrechtlicher' Eigentumsbegriff bestimmt, ist demnach rein funktional. Da jeder allein durch seine Arbeitstätigkeit definiert ist und deren Art nach staatlichem Bedarf durch den Staat vorgeschrieben wird, ist auch jeder Einzelne jederzeit rückstandslos auswechsel- und ersetzbar. Im Volk der Arbeiter spielt Individualität keine Rolle, sondern birgt eher die Gefahr der Störung. Sie ist daher auszuschalten. In der idealen Identifikation des Individuums mit Volk und Staat verschwindet sie gänzlich. Das ‚deutschrechtliche' Verhältnis der Menschen zueinander zeichnet sich dadurch aus, dass es kein Verhältnis von Individuen zueinander ist. Genau in dieser völligen Auslöschung von Individualität liegt nach Gehlen das Deutsche an Fichtes deutschem Sozialismus.

c) Erziehungsdiktatur: Der „Zwingherr zur Deutschheit"

Diese ans germanische Genossenschaftsrecht,[3] das im Konservatismus geradezu legendären Ruf genoss, angelehnte ‚ganz neue Ordnung der Dinge' ohne jede Rücksicht auf personale Individualität widerspricht naturgemäß jeder liberalen Tradition, die spätestens seit der Aufklärung den politischen Diskurs dominierte. Um deren Herrschaft zu brechen, bedarf es einer „neue[n] Gesinnung und Gesittung […] Und der Weg dazu ist die Schaffung eines ganz neuen Typus Mensch" (DC, 234).

Eine solche Umschaffung mit Erfolgsgarantie zu leisten, ist der Zweck von Fichtes Konzept der Nationalerziehung. Sie wirkt nach Gehlen als

---

[3] Vgl. nach wie vor Otto von Gierke, Das deutsche Genossenschaftsrecht, 2 Bde., Berlin 1868 u. 1873.

Volkserziehung im doppelten und buchstäblichen Sinne: Nicht allein soll sie jeden ohne Ausnahme erfassen, sondern sie soll ihn auch zum wahrhaften Teil des deutschen Volkes machen. Die „höchste Idee", die die Erziehung leitet, die „Volkwerdung der Deutschen" (DC, 237), die wiederum nichts anderes als die Aufgabe der je eigenen Individualität vermittels der vollständigen Identifikation mit Volk und Staat erfordert.

Erst dann können die Deutschen ihre „politische Mission" (DC, 237) erfüllen. Sie besteht darin, die „Mitte Europas" zu bilden, um mit einem „Reich, das sich in seiner eigentümlichen und unvergleichlichen Wesensart in Ruhe erhält, [...] allem das Gleichgewicht [zu] geben" und so die verwerfliche, auf „allseitiger Raubsucht" beruhende „aufklärerische Konstruktionsidee [...] vom ‚Gleichgewicht der Mächte'" abzulösen (DC, 237 f.); Gehlen schließt hier wie Moeller an Fichtes *13. Rede an die deutsche Nation* an.

> „Diese Einsicht in die Bestimmung Deutschlands zum mitteleuropäischen Friedensreich ist einer der tiefsten und fruchtbarsten Gedanken des politischen Denkers Fichte; sie gründet sich weiter auf die durchaus richtige Erkenntnis des folgenden Wesensunterschiedes zwischen Deutschen und Nichtdeutschen: die letzteren denken immer imperialistisch, d. h. sie haben jenen missionierenden Dünkel der eigenen Lebens- und Denkformen über alle anderen Völker hin, der zuletzt im Weltkriege die Liberaldemokratie mit Feuer und Schwert verbreitete." (DC, 238)

Diese stereotype Ablehnung eines Imperialismus mit Waffengewalt aufgrund des friedlichen, rein auf ideale Einsicht bedachten Wesens der Deutschen schließt weder einen kulturimperialistischen Anspruch aus noch den Aufbau größtmöglicher militärischer Stärke und politischer Einheit, um die Selbsterhaltung des deutschen Volkes, naturgemäß zum Besten Europas und der Welt, gegen die Aggressionen anderer und deren Liberalismus zu sichern. Dies geschieht durch den „Gedanken der allgemeinen Volksbewaffnung im Kriegsfalle, des ‚Volks in Waffen'" (DC, 246), die zur Nationalerziehung einerseits gehört und sie andererseits konsequent fortsetzt. Denn die „wahre Volkserziehung" (DC, 253) erfolgt „*direkt* [...] durch den Staat" (DC, 254), und das heißt, dass zu ihr die Entnahme der Kinder aus der Familie und somit die Auflösung des klassischen Familienverbundes im Interesse des Staats gehört: „Und so wie der Staat das Recht hat, den Eltern ihre Kinder zum Kriegsdienst wegzunehmen, hat er auch das, sie zur Erziehung an sich zu nehmen, die aus ihnen ein neues und besseres Geschlecht machen soll." (DC, 253).

Was Natur war, soll Freiheit werden. Sie beginnt für Fichte mit der Möglichkeit zur Erziehung, und auch die Kindererzeugung noch privaten Aktivitäten zu überlassen, empfindet er als suboptimal, jedoch: „Eine andere *Kinderfabrik* kann der Staat nicht anlegen – hier bleibt Natur, – wohl aber eine andere *Bildungsfabrik*." (Frg., 589) Solange sich diese Maßnahmen noch nicht an Volksangehörige richten, die selber schon die staatliche Erziehung durchlaufen oder Einsicht in die Ideen der *Wissenschaftslehre* gewonnen haben, werden sie ohne Zweifel auf wenig Gegenliebe bei den betroffenen Eltern stoßen und dementsprechend unpopulär sein. Solange kann aber die Nationalerziehung nicht warten. Sie muss also zum Besten des Volks, folglich zugleich zum Besten der betroffenen Kinder und Eltern, und der politischen Zukunft zunächst, bis zu dessen besserer Einsicht auch gegen das Volk durchgesetzt werden: „so radikale Reformen, wie er sie dachte, können sich keine Hoffnung auf Durchführung machen, wenn nicht außerordentliche Maßnahmen ergriffen werden; und hier dachte Fichte an das alte Mittel, das immer sich aufdrängt, wenn gegen die nötigsten Fortschritte einer neuen Zeit sich der Widerstand versteift: an die Diktatur." (DC, 248).

Zunächst ist darauf hinzuweisen, dass Gehlens Interpretation von Fichtes Lehre vom „Zwingherrn" als Lehre von der nötigen Diktatur durchaus zutrifft. Denn Fichte spricht hier weder von der Zwangsanstalt, die der Staat ist, noch von einer wie immer gearteten Bestenherrschaft, die auch in einem Gremium ausgeübt oder durch Wahl den „Gerechtesten seiner Zeit und Nation" zum Herrscher machen kann (DC, 245). Fichte spricht vielmehr von einem Zwingherrn, und das ist ohne Zweifel eine einzelne Person. Auf diese Figur kommt Fichte in der *Staatslehre von 1813* und den in ihrem Umkreis entstandenen Fragmenten, und zwar anlässlich der Frage, wer oder was als höchste Instanz der Rechtssetzung fungieren soll. Denn eine solche ist nötig, wenn keine überzeitlichen Rechtsprinzipien wie die des Naturrechts oder Ewigkeitsgarantien wie im *Grundgesetz* mehr zugegeben werden können und zugleich „das Rechtsgefühl einer Zeit den Rechtsüberlieferungen widersprechen kann" (DC, 249). Im Rahmen einer scheinbar rein historischen Rechtsentwicklung, die für die wenigen oder den alleinigen Eingeweihten auch auf die vollkommene Verwirklichung der, allerdings keineswegs natürlichen Idee des Rechts zulaufen mag, gilt, „daß die Formulierung des jedesmaligen Rechtszustandes eine Entscheidung sei: *‚Entscheidung muß sein, damit gewisses Recht sei.'"* (DC, 249 [Sl, 441]) Entscheidung ist aber „eine personale Kategorie, und entscheiden kann immer nur einer" (DC, 249). Damit erweist sich die Aufgabe der historischen Rechtssetzung als Aufgabe einer persönlichen Entscheidung, und weil das

4 Fortsetzung folgt: Populär-akademischer Nationalismus ...

Recht Zwangsgewalt besitzt und von einer einzelnen Person gesetzt werden muss, muss es auch den Zwingherrn geben. Zu dessen Einsetzung gibt es kein geordnetes Verfahren, sondern er setzt sich selbst ein und übernimmt – getragen von der Ratlosigkeit und Verzweiflung des Volks – die Macht im Staate, und zwar zuvörderst die zur Rechtssetzung ohne kontrollierende Instanz, d. h. unbedingte, mithin absolute politische Macht.

Wie dies geschieht und wer Zwingherr sein kann, beschreibt Gehlen wie folgt:

„Der ‚Zwingherr' soll nun sein der höchste menschliche Verstand seiner Zeit und seines Volkes, der auf der Spitze der Einsicht desselben steht, oder, wie auch gesagt wird, der seine Zeit und sein Volk am besten versteht; Zwingherr kann jeder sein, der diese Einsichten hat und der es überhaupt vermag: es gibt kein Recht, nach dem er möglich oder unmöglich ist, sondern er ist selbst die Rechtsquelle, gerade weil er seine Zeit und sein Volk am besten versteht. Sein Rechtstitel ist bloß der Glaube, den er findet, und die Tatsache seiner Leistung: daß er der Zwingherr geworden ist. Es handelt sich in dieser Lehre von der Diktatur, wie man sieht, nicht darum, den schon aufgetretenen Diktator hinterher zu legitimieren, sondern seine Notwendigkeit und sein höheres moralisches Recht für die großen Zeiten historischer Wandlung zu einem neuen Staats- und Rechtszustand abzuleiten. Dann entsteht, weil die Menschen in dunklem Drange nach neuen Lebensformen ratlos sind, die moralische und politische *Forderung*, daß einer auftrete und *Glauben* finde, sich durchsetze und den neuen Rechtszustand ausspreche, ihn den Widerstrebenden aufzwingend. Denn [...] neue Einsichten werden überhaupt nur durch *Zwang* freigelegt, der Mensch ist nicht so beschaffen, daß er von selbst sich zu vernünftigen Ansichten erheben kann, sondern ‚Zwang ist die Bedingung zur Hervorbringung der Einsicht'. Dieser Satz gilt nicht nur für den Unmündigen und begründet nicht nur den Schulzwang, sondern er gilt allgemein und begründet jegliches Recht, das Volk zu seinem Heil und zu neuen Ordnungen sogar zu zwingen, wenn es einsichtslos widerstrebt." (DC, 249 f.)

Nun ist nach Fichtes später *Staatslehre* der „höchste Verstand aber derjenige, der das ewige Gesetz der Freiheit in Anwendung auf seine Zeit und sein Volk am richtigsten versteht, – beides in seinem Verhältnisse am bestimmtesten und reinsten durchdringt." (Sl, 444) Beide Einsichten stehen zu Fichtes und umso mehr Gehlens Zeiten unter der Bedingung der *Wissenschaftslehre*. Demnach lässt sich die Einsicht, die der Zwingherr besitzen muss, auf den Satz zusammendrängen, dass er wissen muss, wie viel reine *Wissenschaftslehre* er dem Volk schon zumuten kann und auf wie viel Gefühl bzw. grundlosen Glauben er noch setzen muss. Dabei geht es nicht um den Glauben an die durchzusetzenden Reformmaßnahmen. Wäre dies der Fall, wäre ja kein Zwang mehr nötig. Es geht vielmehr um den „*Glauben an einen entscheidenden Menschen*" (DC, 250), und genau und nur in diesem Glauben des Volks und seiner politischen Erlösungsbedürftigkeit besteht das Recht des Zwingherrn. Seine Diktatur zwingt das Volk, das sich seiner Freiheit nicht bewusst ist, sondern nur den Drang zur wahren Freiheit fühlt, letztlich zum Bewusstsein seiner Freiheit, die in der Auflösung aller Individualität – „Zu verschmelzen, unterzugehen in die Deutschheit" (Frg, 565) – in Volk und Staat besteht. Weil dies genau für ein Volk gilt, nämlich das Urvolk, das allein die *Wissenschaftslehre* hervorbringen konnte, muss Fichtes Forderung lauten: „also her einen Zwingherrn zur Deutschheit!" (Frg., 565).

d) Die deutsche Mission

Dass dieser Volksglaube an den entscheidenden Menschen ihm erlöserhafte Züge verleiht, ist überdeutlich. Und ebenso überdeutlich ist es, dass ein solcher Glaube auf kaum absehbare Zeit nötig bleibt, denn um die Volkstümlichkeit der *Wissenschaftslehre* machen sich weder Fichte noch Gehlen Illusionen. Jedoch ist auch der Zustand einer immerwährenden Dauerdiktatur nicht vorgesehen: „es sollen alle zur Einsicht in die Rechtmäßigkeit des Zwanges und so zur Entbehrlichkeit desselben gebracht werden." (DC, 250) Ebenso kommt der Zwingherr stets nur in nationalen Krisen zum Einsatz. Glücklicherweise gibt es aber eine Glaubenslehre bzw. eine Religion, die genau der *Wissenschaftslehre* entspricht und bereits äußerst populär ist, nämlich das Christentum:

> „die Philosophie kann vom Bewußtsein her das ganze Existenzgefühl und den fast physischen Seinsglauben des Menschen verändern, und der so erreichte Zustand schien Fichte mit demjenigen einerlei zu sein, von dem das Christentum redet, wenn es so oft das Leben der anderen Menschen mit einem wachen Tode vergleicht, dem es das wahre Leben gegenübersetzt." (DC, 255)

Wieder schließt sich ein Kreis. Denn ohne im Einzelnen auf Fichtes Umdeutung oder besser Umarbeitung des tradierten paulinischen, im Judentum verwurzelten Christentums in ein strikt johanneisches, von jüdischen Elementen befreites einzugehen (DC, 281 ff.), fällt die damit verknüpfte Gegenüberstellung von untotem Scheinleben und wahrem Leben,

4 Fortsetzung folgt: Populär-akademischer Nationalismus ...

in der auch die halbmythische Sprachtheorie aus den *Reden* gipfelte, sofort ins Auge. Und tatsächlich geht es auch bei der Umarbeitung des Christentums in der *Staatslehre von 1813,* die Gehlen ausführlich darstellt, um ein und dieselbe Sache mit denselben Konsequenzen, nämlich der Verbreitung der einzig wahren, allein dem Deutschtum zugänglichen Einsicht – der Wissenschaftslehre jetzt in Gestalt des Christentums – über die ganze Welt zu deren Bestem, ob gewünscht oder nicht.

Gelangt also die Volks- und Nationalerziehung an ihr Ziel, „[s]o wird dieses Volk zu dem werden, was es seiner Anlage nach ist, und sich an die Spitze der Völker, als Mitte Europas, erheben" (DC, 258). Geradeso wie bei Fichte erschöpft sich bei Gehlen die politische, geistige und völkische Umschaffung der Deutschen nicht im Zweck der bloßen Selbsterhaltung Deutschlands. Denn nicht nur die politische Weltgeschichte, sogar die Heilsgeschichte verlangt nach deutscher Dominanz:

„An diesem Orte spricht sich wieder der besondere missionierende Patriotismus Fichtes aus, der nicht exklusiv nur das eigene Volk sieht, sondern dessen unendlichen Wert gerade darein setzt, daß allein dieses unser Volk sich an die Spitze jener neuen Weltbewegung stellen kann. Am Aufstieg des deutschen Volkes zu seiner tiefsten und gottgewollten Bestimmung hängt die Existenz der gesamten christlichen Weltkultur: ‚übernimmt nicht der Deutsche durch Wissenschaft die Regierung der Welt, so werden zum Beschlusse von allerhand Plackereien die Tartaren, die Neger, die nordamerikanischen Stämme sie übernehmen und mit dem dermaligen Wesen ein Ende machen.'" (DC, 259)[4]

Fichte und mit ihm noch mehr Gehlen sehen also eine welthistorische Krise heraufdämmern, die über das Schicksal und die Existenz des Abendlandes und seiner Kultur entscheiden wird. In ihr bieten sich genau zwei Alternativen: Entweder wird „eine neue Weltepoche des freien Sichgestaltens der Völker, unter Führung der Deutschen," (DC, 259) anheben und das Abendland reformiert und für immer fortbestehen oder das Abendland wird untergehen und barbarische Völker werden die Welt beherrschen. Zumindest diese sind offenkundig wegen ihrer Fremdheit und Rückständigkeit mit pädagogischen Mitteln nicht oder wenigstens nicht schnell genug zu erreichen. Anderes gilt für die europäischen Völker, die aufgrund ihrer christlichen Prägung scheinbar doch genug mit den Deutschen gemein

---

[4] Das Fichte-Zitat findet sich in: Der Patriotismus und sein Gegenteil, in: Werke (I. H. Fichte), Bd. 11, 221–274, hier: 243.

haben, um ihre historische Pflicht anzuerkennen und sich unter ihre Führung zu stellen.

Erinnern jene Warnungen vor dem Untergang des Abendlandes und die Mittel seiner Remedur an die nationalsozialistische Propaganda von der „Festung Europa" und Deutschland als letztem Bollwerk gegen den Ansturm asiatischer und anderer Horden, trifft dies durchaus zu. Doch ist dies nichts weiter als eine besonders unappetitliche Nebensache. Vor allem fällt an der Begründung der Notwendigkeit deutscher Dominanz in Europa und sodann einer neuen Welt eines auf: Sie spiegelt exakt die Umschaffung der liberal abgeschlafften Deutschen zu einer idealistisch gestählten Volkseinheit wider. Um sie anzugehen und durchzusetzen, bedarf es einer tiefgreifenden existentiellen Krise. Ihre Erreichung ist prinzipiell eine Sache der Einsicht und der Erziehung. Ist jedoch Gefahr im Verzug oder erzeigen sich ihre Adressaten verstockt, muss diese Umschaffung auch gegen ihren verirrten Willen durchgesetzt werden, so dass es eines Zwingherrn bedarf. Wenngleich von einem idealistischen Christentum als gemeinverständlicher Gestalt der Wissenschaftslehre mit Matthäus 11,30 gesagt werden mag: „Mein Joch ist sanft, und meine Last ist leicht.", bleibt es Joch und Last, also etwas, das dem Uneinsichtigen zunächst eher unangenehm zu tragen sein wird. Betrachtet man nun, was auf dem Spiel steht, nämlich der Fortbestand des christlichen Abendlandes und das Heil der ganzen Welt, hat derjenige, der die Rettungsmittel erkannt hat und über es verfügt, das Recht und die Pflicht alle anderen zu dessen Annahme zu zwingen, solange bis sich die gewünschte Erkenntnis eingestellt hat.

Das bringt Deutschland, wenn es darauf ankommt, ob es nun will oder nicht, von selbst in die Rolle eines Zwingherrn zur Deutschheit Europas. Denn die Deutschen

> „sind das auserwählte Volk, das Urvolk, von ihnen allein kann das Gottesreich ausgehen, sie sind ‚*das völkische Element zu den im Christentum gefundenen Prinzipien*; nur durch sie ist der Staat des Christentums möglich, und ihn hervorzubringen ihre Aufgabe in der Geschichte'. Nur von den Deutschen ist dies zu erwarten, ‚die seit Jahrtausenden für diesen großen Zweck da sind, und langsam demselben entgegenreifen; ein anderes Element ist für diese Entwicklung in der Menschheit nicht da'." (DC, 262 [Frg., 600/Sl, 423 f.])

4.2 Bernard Willms (1931–1991): Ein „neuer Nationalismus"?

Dass Bernard Willms, bis zu seinem Selbstmord Professor für Politikwissenschaft an der Ruhr-Universität Bochum und einer der Vordenker des „Instituts für Staatspolitik" und der Neuen Rechten insgesamt, Nationalist ist, steht außer Frage. Die Frage ist, ob sein Nationalismus so neu ist, wie er behauptet. Willms schließt mit seinem „nationalen Idealismus" ganz ausdrücklich an den Deutschen Idealismus an – methodisch und terminologisch an Hegel, inhaltlich jedoch vor allem an Fichte, dessen *Reden* Willms das „wichtigste Stück nationaler Erneuerungsliteratur [...], das die Deutschen haben" (DN, 269), nennt. Ersteres und die damit naturgemäß verbundenen, mit herkömmlicher Logik – oder auch dem normalen Hausverstand – kaum zu fassenden Begriffskegeleien steigern keineswegs die Verständlichkeit von Willms' Begründungen der Idee der Nation als notwendiger theoretischer Wahrheit und zugleich kategorischem praktischen Imperativ. Auch die erhebliche Redundanz seiner Arbeiten ändert daran nichts: Wiederholung macht weder Unverständliches verständlicher noch Falsches wahr. Allerdings mag gerade diese scheinbar philosophische Esoterik und ihre Aufladung mit Bedeutsamkeit in ehernem, selbstverständliche Stringenz suggerierendem Sprachduktus den Zug zu intellektuellem Elitarismus in national oder nationalistisch denkenden Kreisen durchaus ansprechen. Denn auch hier will die allzumenschliche Freude daran, etwas Besonderes zu sein und mehr und besseres zu wissen als die schnöde Allgemeinheit oder der oberflächliche liberale Pöbel, bedient werden. Aufgrund der Konstanz von Willms' Erwägungen und Thesen beschränkt sich die folgende Darstellung weitgehend auf das 1982 erschienene Buch *Die Deutsche Nation. Theorie – Lage – Zukunft*, das gewiss als sein Hauptwerk anzusehen ist.

a) Nationaler und banaler Idealismus: Deutsch Denken

Gerade wegen Willms' ebenso selbstbewusster wie selbstverständlicher Berufung auf den Deutschen Idealismus im Allgemeinen und Fichte und Hegel im Besonderen, ja seiner peremptorischen Vereinnahmung dieser Tradition, sei an dieser Stelle noch einmal daran erinnert, dass es bei unserer Darstellung hier nicht um die Abwegigkeit, Vertretbarkeit oder Korrektheit seiner Interpretation bzw. Ingebrauchnahme idealistischer Thesen und Denkfiguren geht. Wenngleich Willms das politische Denken Fichtes und Hegels durchaus in seinen zentralen Punkten treffen mag, bleibt doch der eigentliche Komplex ihrer Bewusstseinsphilosophie, der auch heutzutage immer noch die Philosophie des Geistes interessiert, völlig ausgeblendet; und nur von hier aus wäre eine fundierte Kritik der willms'schen Aneignungen zulässig, sofern denn beide Autoren den Gedanken des in sich geschlossenen Systems zur Erklärung von Allem nicht nur als Schlachtruf gebrauchen und fordern – wie man durchaus befürchten kann –, sondern auch ein solches zustandebekommen hätten. All dies dahingestellt, geht es hier nur darum, was Willms aus seiner Berufung auf den Deutschen Idealismus macht und wie er dies tut – abgesehen von dem ebenso schlichten wie evidenten Befund, dass er damit gerade für die Augen des gebildeten und sich besonders seiner deutschen Kultur bewussten Laien himmelhohe Autorität einkauft und sich nebenbei selbst noch deren intellektuellen Adel verleiht, gleichsam auf dem klassischen Wege einer geistigen Selbstnobilitierung durch Ahnenforschung.

Was Willms jedenfalls mit seinen Vorbildern, namentlich Hegel, teilt, ist die Verachtung logischer Analyse samt der klassischen Logik, die seit Aristoteles und ihrer Formalisierung im 19. und 20. Jahrhundert bis heute dem Rest der Welt ausgezeichnete Dienste geleistet hat und leistet (und das gewiss auch weiter tun wird); so sehr, dass die Einhaltung ihrer Regeln immer noch als Bedingung der Möglichkeit von wahr und falsch gilt und ihr Bruch oder ihre Ignoranz den Gebrauch des Fachausdrucks „Unsinn" rechtfertigt. Was die Ersetzung ebenso trivialer wie transparenter Logik durch sog. Dialektik anrichtet, werden wir bei passender Gelegenheit sehen. Zugleich simplifiziert Willms sie – und die Philosophie insgesamt – allerdings in einem Maße, dass man für ihre Ergebnisse nicht einmal mehr Hegel verantwortlich machen kann, obgleich sowohl die Absolutsetzung dieser Methode als auch ihre Resultate durchaus mit ihm übereinstimmen. Willms erreicht damit eine Banalisierung des philosophischen Denkens, die es erst zu einem bequemen Instrument im politischen Meinungskampf macht und sich diesem zugleich entzieht, weil es in der Verkleidung unbedingter und daher unveränderlicher Wahrheit so tut, als stelle es schlicht – um ein verdächtig inflationär gebrauchtes Attribut zu verwenden – „notwendige" Realitäten fest und sei allein der Sache verpflichtet. Aus dem propagierten nationalen Idealismus wird so ein banaler Idealismus.

Dieser Prozess der Banalisierung und verfälschenden Vereinfachung setzt bereits im Urschleim an, nämlich bei der Bestimmung dessen, was der Deutsche Idealismus und die Philosophie selbst ist. Willms sieht sich zunächst zum Rückgriff auf die Philosophie gezwungen, weil seine eigene Disziplin, die Politikwissenschaft, „in Deutschland von jenem westlichen

4 Fortsetzung folgt: Populär-akademischer Nationalismus ...

Liberalismus" abhängt und auf ihn so unverrückbar festgelegt ist (DN, 25), dass sie sich von jeder Wahrheitssuche oder gar -erkenntnis längst verabschiedet hat. Denn die verwestlichte Politikwissenschaft bewegt sich gar nicht mehr im Reiche der Wirklichkeit und ihrer unbestreitbaren, ja „notwendigen" Wahrheit – dass die Wirklichkeit aus sich verändernden Dingen besteht, die zunächst einmal einfach da sind und ggf. vorgefunden werden, und die Wahrheit aus unveränderlichen Sätzen, die erst einmal gedacht und ausgesagt werden müssen, und schon deshalb Wirklichkeit und Wahrheit nicht dasselbe sein können, kommt Willms entweder nicht in den Sinn oder er unterschlägt diese Einsicht aufgrund ihrer Banausenhaftigkeit. Interessiert sich also die Politikwissenschaft – nebenbei Willms' eigene akademische Lehrdisziplin – gar nicht mehr für die Wahrheit, ist sie gar keine Wissenschaft, sondern betätigt sich, naturgemäß auf Seiten des westlichen Liberalismus, im ideologischen Meinungsstreit. Denn „Freiheit, Grundwerte, Demokratie – all dies liegt auf der Ebene der Meinungen, der Gesinnungen, des Bestreitbaren." (DN, 25).

Dem bloßen Meinen ist nun seit jeher das Wissen entgegengesetzt, und dessen Gegenstand ist die Wahrheit, mithin zuallererst ein mit logischen und womöglich ebenso metaphysischen Mitteln beweisbarer und sodann aber auch mit empirischen Mitteln irgendwie belegbarer und daher, solange keine neuen Daten vorliegen, nicht mehr sinnvoll bestreitbarer Satz. Zumindest die logische Möglichkeit also ist der Anfang aller Wahrheit und nicht die physische oder metaphysische Wirklichkeit, von der man vor ihrer logischen Erfassung in der Form eines Satzes bzw. Urteils buchstäblich noch gar nichts wissen kann. Um dies zu leisten, braucht man Begriffe, und deren Bildung geschieht durch irgendeine Form von Abstraktion und ist weitgehend zufällig, weil sie davon abhängt, welche Dinge in der Welt man so bemerkt. Nur ganz wenige formale Begriffe wie Widerspruch und Identität usw., bedürfen der Abstraktion nicht und sind notwendig (oder auch Kant zufolge „transzendental", d. h. Bedingung der Möglichkeit wahrer empirischer Urteile). Sie tragen die Logik und alles weitere empirische Erkennen und können gar nicht anders gebildet werden, ohne Unsinn zu fabrizieren.

Dass nun Wissen und Wahrheit dem bloßen Meinen entgegengesetzt ist, würde Willms gewiss zugeben; alles weitere jedoch eher nicht. Damit behauptet er, das Erbe des Deutschen Idealismus anzutreten:

> „Diese Ebene (sc. der Meinungen etc.) muß, als der Bereich der Abstraktionen, verlassen werden, wir müssen auf ein anderes Element umsteigen, und das ist die Wirklichkeit der Lage: diese Wirklichkeit ist als

politische auch für Deutsche nationale Wirklichkeit. Wirklichkeit kann freilich nur Orientierung hergeben, insofern sie begriffen ist: es muß begriffen werden, was wirklich ist, dann weiß man auch, worauf es ankommt. Zu begreifen was ist, ist Aufgabe der Philosophie. Philosophie ist gründliches Denken. In der deutschen Tradition, die mit Namen wie Kant, Fichte, Hegel im Idealismus einen der Höhepunkte menschlichen Denkens überhaupt verwirklicht hat, ging es stets um genau dies: begreifendes Erfassen der Wirklichkeit. Es ging um Begründung menschlicher Existenz in Freiheit, und diese erschöpfte sich nicht in liberalen Gesinnungen, sondern gründete sich praktisch in Recht, Staat und Nation." (DN, 25)

Das geht alles sehr schnell und wird auch später nicht arg viel deutlicher. Trotzdem zeigen sich die Umrisse des Bildes, das Willms sich von Philosophie und Deutschem Idealismus gemalt hat, recht schön. Unproblematisch scheint zunächst, dass die Philosophie zu begreifen sucht, was ist. Willms nennt das, was ist, ‚die Wirklichkeit', erläutert das aber nicht weiter, gebraucht jedoch gerne den militärischen Ausdruck „Lage" synonym und bleibt gelegentlich bei den schlichteren Bezeichnungen „Situation" oder „Zustand". Man wird daher auf der sicheren Seite sein, wenn man auch die willms'sche Wirklichkeit als die gerade bestehende Beschaffenheit eines jeweils betrachteten größeren oder kleineren Ausschnitts der Welt versteht, also jedenfalls als einen Komplex sich verändernder Dinge in Raum und Zeit, der als Einheit angesprochen wird. Es gibt also nicht einfach „die Wirklichkeit", sondern es geht Willms um die Wirklichkeit von etwas, das zuerst bestimmt worden sein muss, um sich in so etwas wie einer Lage oder einem Zustand zu befinden. Diese Wirklichkeit ist also doppelt zufällig: Von sich aus, weil sie sich verändert und daher auch in einem anderen Zustand sein könnte als in dem, in dem sie sich gerade befindet, und vom Betrachter aus, weil er selbst den Weltausschnitt, den er betrachtet, und die Perspektive, von der aus er ihn betrachtet, wählt und festlegt und jederzeit andere Ausschnitte aus anderen Perspektiven betrachtet werden könnten. Die begriffliche Erfassung der Wirklichkeit setzt also schon einen doppelten Gebrauch von Begriffen voraus, nämlich sowohl zur Ausschnitts- als auch zur Perspektivbestimmung, um sodann mit weiterem Begriffsgebrauch zu einer Zustandsbestimmung zu kommen. All dies schließt bereits Abstraktion ein, da von einer unbestimmten Anzahl von Dingen abgesehen werden muss, die in der Betrachtung nicht thematisiert werden bzw. nicht interessieren. Das Sein, d. h. was es alles geben kann und wie man es erkennt, auf allgemeiner Ebene zu durchdringen – Es gibt Dinge. Was sind Dinge? Woher weiß ich das? usw. –, ist in der Tat die klassische Aufgabe der, wohlgemerkt!, theoretischen Philosophie, während sich die Einzelwissenschaften jeweils mit bestimmten Gattungen von Dingen – Das ist ein Wombat. Das ist eine Krickente. Das Ding ist gelb, flauschig und 800 kg schwer. – beschäftigen.

Offenbar genügt Willms dieser hergebrachte Begriff von Philosophie nicht. Jedenfalls weicht er in mehrfacher Weise von ihm ab. Denn zum einen soll zwar die Wirklichkeit begriffen werden, aber ohne Begriffe, die von der wahrgenommenen Wirklichkeit durch Abstraktion gewonnen worden sind. Zum anderen scheint es keinen Unterschied zwischen einer Wirklichkeit zu geben, die irgendwie durch menschliches Handeln gemacht worden ist wie die behauptete politische Wirklichkeit der Nation, und natürlichen Dingen wie Wombats und Krickenten, wenn denn beide gleichermaßen und in gleicher Weise Gegenstand der (theoretischen) Philosophie sein sollen. Und schließlich bestreitet Willms nicht nur, sondern ignoriert schlicht die fundamentale Unterscheidung von theoretischer Philosophie, der es um das Sein geht, und praktischer Philosophie, der es um das Sollen – also darum, was freie und vernünftige Wesen jeweils in Zukunft tun sollen, um gut zu handeln – geht, wenn er auch die politischen Verhältnisse und ihre nach seiner Auffassung „notwendigen" und notgedrungen zukünftigen Veränderungen zum Bereich des Seins rechnet. Das hätte zur Folge, dass es Unsinn ist, zur Herbeiführung solcher Veränderungen aufzufordern, weil man niemanden eigens zu einer Veränderung aufzufordern braucht, die sowieso in Zukunft notwendigerweise eintreten wird. Willms' Buch ist aber nichts anderes als eine einzige Aufforderung, politische Veränderungen im Sinne seines neuen Nationalismus herbeizuführen, und wäre damit nach herkömmlicher Einordnung ein sehr spezieller Traktat zur praktischen Philosophie. Willms jedoch ordnet seine Thesen nicht dem zu, was in Zukunft sein soll, sondern durchweg dem Sein, ohne freilich daraus den einzig möglichen Schluss zu ziehen, dass die Deutschen dann genau deswegen gar nichts mehr an ihrer politischen Lage machen müssten; ganz im Gegenteil. Das Vehikel, um permanent Theorie und Praxis zu verwechseln oder in eins zu setzen bzw. eine derart ungewöhnliche Auffassung von Philosophie zu rechtfertigen, ist der sogenannte Idealismus.

Willms bestimmt ihn bemerkenswert einfach als ‚gründliches Denken' und möchte damit die ‚deutsche Tradition' von Kant, Fichte und Hegel erfassen. Naturgemäß ruft diese Redeweise sofort das Klischee von der „deutschen Gründlichkeit" auf, und in der Tat hat es eine hochrespektable Quelle; allerdings klingt sie ein wenig anders, als man nach Willms' Erklärung meinen sollte. Denn vom „Geist der Gründlichkeit" spricht Kant in der 2. Auflage seiner *Kritik der reinen Vernunft* im Blick auf Christian Wolff. Er wurde durch seine „strenge Methode", jede Behauptung durch gültigen logischen Schluss aus den ersten Prinzipien zu beweisen, zum „Urheber des bisher noch nicht erloschenen Geistes der Gründlichkeit in Deutschland".[5] Zum einen erhebt Kant hier keineswegs einen deutschen Exklusivitätsanspruch auf Gründlichkeit – jene „geometrische Methode" (mos geometricus) trägt den gesamten Rationalismus des 17. und 18. Jahrhunderts seit Descartes, und insbesondere Spinozas *Ethik* verfährt methodisch mindestens genauso streng wie Wolff. Und zum anderen respektierte zwar Kant immerhin noch die methodischen Überzeugungen „des größten unter allen dogmatischen Philosophen",[6] jedoch seine idealistischen Nachfolger und mit ihnen fast die ganze deutsche Philosophie des 19. und 20. Jahrhunderts verabscheuten geradezu Wolffs stets sehr langatmige (und womöglich gerade damit ganz besonders deutsche) Gründlichkeit oder ignorierten sie zuallermindest. Ohnehin ist die kommentarlose Einordnung des Transzendentalphilosophen Kant in den Deutschen Idealismus, zu dem üblicherweise Fichte, Hegel und Schelling gerechnet werden, durchaus kühn. Aber vielleicht gehört es zu den Mindestanforderungen an die eigene Ernsthaftigkeit, Bedeutsamkeit und Geistesgröße eines deutschen Intellektuellen, sich auf jeden Fall mit der Autorität Kants zu schmücken.

Wenn nun also Idealismus in gründlichem Denken besteht, worin besteht dann gründliches Denken? Dass es stets zur Einsicht in eine Idee führt und gleichzeitig von derselben ausgeht, versucht Willms an der Idee der Nation klarzumachen. Von ihr wird sich noch zeigen, dass sie die höchste, nicht mehr übersteigbare und demzufolge strenggenommen einzige Idee überhaupt sein soll, die zudem aus einer „strenge[n] und nüchterne[n] Analyse menschlich-gesellschaftlicher Wirklichkeit" (DN, 59) hervorgehen und diese in ihrer Konkretheit erfassen, also wirklich sein soll. Gerade dies gilt von den transzendentalen Ideen Kants, nämlich Seele, Welt und Gott, nicht. Von ihnen nämlich wäre keinerlei Erfahrung und also auch keine wahrhafte Erkenntnis möglich, wenngleich sie von endlichen Vernunftwesen angenommen werden müssen, um ihnen überhaupt einheitliche Erkenntnis zu erlauben. Damit ist zumindest schon einmal klar, dass Willms trotz gegenteiliger Bekundungen keineswegs an Kant anschließt. Denn daran, dass gründliches Denken zur Einsicht in Notwendigkeit *und* Wirklichkeit von Nation führt, lässt Willms keinerlei Zweifel aufkommen:

---

[5] Immanuel Kant, Kritik der reinen Vernunft, in: Werke, Bd. III, 36 (B XXXVI).
[6] Ebd.

> „Nationalbewußtsein ist das Bewußtsein einer wirklich erfahrenen, prägenden Gemeinsamkeit, zusammengeschlossen mit der theoretischen Einsicht in deren allgemeine absolute Notwendigkeit. In diesem Zusammenschluß von allgemeinem Begriff und bestimmter Wirklichkeit ist Nation Idee. Insofern alle menschliche Wirklichkeit mehr oder weniger bewußte Verwirklichung ist, ist Nation auch Ideal: Streben nach jener Idee als der Einheit von allgemeiner Wirklichkeit und individuellem Bewußtsein. [...] Nur begriffene Wirklichkeit ist Wirklichkeit: Idealismus in diesem Sinne ist gründliches Denken. Wer diese Art von Idealismus aber freilich ‚typisch deutsch' nennen will, mag recht behalten. Dieses Denken versteht sich in der Tradition deutscher Philosophie." (DN, 59)

Eine Idee besteht nach Willms also in einer bewussten Erfahrung, deren unbedingte Notwendigkeit erkannt wird. Folglich ist eine Idee ein unbedingter notwendiger Bewusstseinszustand. Wenn und weil dieser unbedingt notwendig ist, kann er nie nicht, sondern muss immer gegeben sein: Aus einem zufälligen Ereignis kann nicht dessen unbedingte Notwendigkeit folgen; zwischen Erfahrung und Erkenntnis besteht weder ein kausaler Zusammenhang noch ein zeitliches Nacheinander. Die Idee ist im Gegenteil immer da, nur mehr oder weniger bewusst, kann aber nie gänzlich unbewusst bleiben. Dasselbe gilt für das Streben nach ihr. Weil das so ist, kann es sich nur auf einen immer höheren Grad an Bewusstheit richten.

Freilich wäre zu fragen, ob es so etwas wie unbedingt notwendige Bewusstseinszustände, die als solche durch einen bestimmten, stets identischen Inhalt definiert sein müssen, überhaupt geben kann; ob es also überhaupt sinnvoll wäre zu behaupten, dass alle Bewusstseinsbesitzer bzw. alle Subjekte notwendigerweise und ohne jede weitere Voraussetzung genau einen und desselben, inhaltlich so und so bestimmten Gegenstand, nur mehr oder weniger deutlich denken müssen, und zwar immer, sofern und solange sie überhaupt existieren und über ein Bewusstsein verfügen. Weder stellt Willms diese Frage noch beantwortet er sie ausdrücklich. Das wäre seiner Meinung nach auch unphilosophisch, denn die

> „Philosophie ist nicht die Suche nach durchdachten, wahren, allgemeinen Antworten auf bestimmte Fragen. Sie ist vielmehr die Bestimmung der Wahrheit von erfahrener und erfahrbarer Wirklichkeit im Sinne des Aufweises und der Erklärung jener allgemeinen Zusammenhänge, die Wirklichkeit überhaupt begründen." (DN, 28)

Die Frage nach Sinn oder Unsinn der Annahme eines unbedingt notwendigen Bewusstseinszustands aller Subjekte stellt sich also deswegen gar nicht, weil echte Philosophie so etwas nicht nur der Möglichkeit, sondern sogar der Wirklichkeit nach immer schon voraussetzt. Darin besteht zwar nach herkömmlichen logischen Regeln eine petitio principii, d. h. die Verwendung der Wahrheit dessen, was bewiesen werden soll, als Voraussetzung des Beweises. Willms folgt Hegel jedoch immerhin insofern getreulich, als auch seine Dialektik nicht den herkömmlichen Gesetzen der Logik gehorchen mag, sondern schlicht die „wirkliche Wirklichkeit" (DN, 29) immer schon begriffen zu haben behauptet: „Sie braucht keine Diskussion um ‚Wahrheitsbegriffe': Wahrheit ist Wirklichkeit in Übereinstimmung mit sich selbst und der Begriff davon." (DN, 251) Und der ist einem eben bewusst genug oder nicht (und dann ist man entweder zu doof oder – viel schlimmer – verstockt, undiszipliniert und widerwillig).

Kurz: Die in Willms' Manier begriffene Wirklichkeit ist selbst schon die Idee, weil Wirklichkeit überhaupt nur durch eine Idee begriffen werden und es keine unbegriffene Wirklichkeit geben kann, weil weiterhin Wirklichkeit immer begriffene Wirklichkeit ist. Wo man eine solche Idee herbekommt, ist ebenfalls keine Frage, weil sie ja mit unbedingter Notwendigkeit Gegenstand des Bewusstseins ist, also sowieso irgendwie gedacht werden muss, und weil sie bei allen Subjekten dieselbe ist. Warum es sich dabei ausgerechnet um die Idee der Nation handeln soll, wird uns später noch beschäftigen. Zuvor ist noch die exklusive Deutschheit jenes gründlichen Denkens aufzuzeigen, die Willms trotz aller anderslautenden Bekundungen zumindest zu einem philosophischen Chauvinisten macht, und der Elitarismus herauszuarbeiten, der seiner nationalen Bewusstseinsphilosophie innewohnt.

Unter plakativer Ablehnung von so etwas wie „Nationalcharakter" (DN, 60) oder einem bereits inhärenten Nationalismus beginnt Willms' „Versuch einer positiven Bestimmung dessen, was hier unter ‚deutscher Philosophie' zu verstehen ist", mit dem Hinweis auf die Schicksalhaftigkeit des Nationalen: „Philosophie eines Deutschen kann überall nur als eben dies aufgefaßt werden, als Denken eines Deutschen." (DN, 61) Das ist nicht nur so dahingesagt. Vielmehr lässt Willms' kurze Erläuterung einen abgründigen Blick in seine Verachtung menschlicher Willensfreiheit und demzufolge zugleich der Freiheit des Individuums zu. Am Beispiel des Philosophierens zeigt sich nämlich die nationale, also politische, also allumfassende Determiniertheit, d. h. eine schicksalhafte Vorbestimmung, der niemand entgehen kann:

> „Was unausweichlich bleibt, ist, um in dem Bereich der Philosophie zu bleiben, daß wir sowohl für die anderen wie für uns selbst als die Erben oder Nachkommen Kants, Fichtes und Hegels angesehen werden und uns ebenso

4 Fortsetzung folgt: Populär-akademischer Nationalismus ...

verstehen müssen und daß unsere Philosophie in dieser Tradition steht, ob wir wollen oder nicht." (DN, 61)

Da sich nun wahrhafte und gründliche Philosophie nicht mit philosophischen Fragen, sondern mit der – wie sich jetzt, tatsächlich in der Folge Fichte oder Hegels, zeigt – gar nicht zufälligen historischen Wirklichkeit zu befassen hat und diese ausschließlich politisch ist und weil also alle „Philosophie durch Politik" (DN, 60) begründet ist und also ihrer Tradition nicht entfliehen kann und darf, kann deutsche Philosophie gar nicht anders, als mit „faktische[r] Unentrinnbarkeit" die politische Lage ihres eigenen Grundes zu begreifen, „um der eigenen Philosophie willen, um der eigenen Identität und der Identität der Nation willen" (DN, 62). Weil das Willms aus Gründen, die er nie recht klar machen kann, sondern jederzeit schlicht als selbstverständlich voraussetzt, für ungeheuer wichtig hält, muss man auch wissen was „deutsche Philosophie" ist. Dass die gegebene allgemeine Antwort, nämlich: „die Gesamtheit deutscher Philosophen, von Meister Eckehart bis Heidegger – verstanden je von ihnen selbst her" (DN, 62), ebenso banal wie kryptisch ist, bemerkt Willms selbst. Er versucht deshalb eine Art Typologie „immer wiederkehrende[r] Züge deutschen Denkens" in „Andeutungen" (DN, 63). Originellerweise bestimmt er damit die Deutschheit deutscher Denker eher unabhängig von den zu deren Lebzeiten herrschenden, sehr diversen und kaum national zu nennenden politischen Lagen, sondern unterstellt schlicht so etwas wie Deutschheit als bereits bestehende, weil ewigwährende Idee, die sich in verschiedenen Gestalten, aber mit identischem Gehalt über die Zeiten hinweg ausprägt – obwohl man gerne wüsste, wo sie sich vor dem 13. Jahrhundert, als Eckhart geboren wurde, herumgetrieben hat.

Willms Leitstern ist erstaunlicherweise negativ und in eine verschlungene Formulierung verpackt:

> „Als zentralen Begriff, der in individueller wie allgemeiner, in psychologischer wie vor allem in historischer und politischer Hinsicht für deutsches Denken auszuschließen wäre, könnte man ‚Nichtübereinstimmun' ansetzen oder ‚Nichtidentität'." (DN, 63)

Nur am Rande ist anzumerken, dass es mit derartigen negativen Bestimmungen nicht weit her ist: Wer nur sagt, was etwas nicht ist oder was er nicht möchte, sagt nicht, was etwas ist oder was er möchte. Der positive zentrale Begriff, der die Deutschheit in ihrer Wiederkehr einigt, könnte also auch Flauschigkeit oder beliebiges anderes – eben außer „Nichtidentität" – sein.

Naturgemäß will Willms aber auf den Begriff der Identität hinaus. Er soll deutsches Denken beherrschen. Dessen Deutsch-Sein bedeutete demnach, alle Differenzen zu bloßem Schein und die schlussendliche Selbigkeit von allem, was ist und sein kann, zu erklären und in die Einheit eines Systems mit genau einem einzigen Prinzip zu bringen und die totale Identität des „Alles ist eins." zu erzeugen – so wie dies etwa niederländische sephardisch-portugiesische Migrantensohn Baruch de Spinoza (1632–1677) beispielhaft vorgeführt hat. Dieses riesenhafte Programm absolviert Willms in einer knappen halben Seite voller Andeutungen, die dieses oder jenes bedeuten mögen, aber – weil es sich ja bloß um Andeutungen handelt – weder erklärt noch gar belegt werden. Sie bleiben deswegen in ganz beliebiger Weise verständlich. Daraus folgt nicht, dass sie von irgendwelche „Eingeweihten" schon richtig verstanden werden, sondern nur, dass sie unverständlich sind. Jedenfalls soll daraus vermutlich zuallermindest hervorgehen, dass die deutsche Art zu philosophieren etwas ganz Großartiges, geradezu Heroisches und von überragender Wichtigkeit ist. In Willms Schnelldurchlauf ist sie vor allem von tiefer Dunkelheit:

> „Aus Unzufriedenheit mit dem Gegebenen, mit dem Gepredigten und mit dem Gebotenen und immer wieder auch mit dem Selbstgefundenen ergibt sich Gründlichkeit bis zur Rücksichtslosigkeit gegen sich selbst und andere, auch Rücksichtslosigkeit im Umgang mit Autoritäten und dem Bedürfnis danach. Deutsche sind Ketzer, sie stören sich selbst und anderen den dogmatischen Schlummer. Die deutsche Philosophie ging immer ‚auf's Ganze'; als sie christlich- theologisch bestimmt war, wollte sie das absolute Denken, wollte nie bloß auf einer Seite stehen, dachte die Einheit von Gegensätzen. Erkenntnis des Selbst dynamisierte ihr Denken: alles Sein konnte als Verwirklichung und Vollzug begriffen werden. Wirklichkeit war Werk und Wille, Sein war Imperativ und Aufgabe. Das Selbst wurde zu sich selbst aufgeschlossen, um so zum Ganzen, zum Absoluten zu gelangen. Eine dynamische Identität des Besonderen und des Allgemeinen wurde gedacht, auch das Selbst wurde begriffen als das Besondere des Allgemeinen oder, praktisch, die Freiheit als Pflicht und als Dienst am Allgemeinen. Im Besonderen wurde also das Allgemeine erkannt, in der Geschichte das Schicksal und in seinem Vollzug die Freiheit – all dies in zunehmender diesseitiger und historischer Konkretion natürlich aber auch immer wieder in deren Verlust und – in ‚Seinsvergessenheit'." (DN, 63)

4 Fortsetzung folgt: Populär-akademischer Nationalismus ...

Was soll man dazu sagen? Dass sich echt deutsches Denken dadurch auszeichnet, Metaphysik und Logik, Theorie und Praxis, unentrinnbares Schicksal und Freiheit durcheinanderzuwerfen und ein riesiges Kuddelmuddel anzurichten? Und das aus einer besonderen Gründlichkeit, die keine Unterschiede anerkennen mag? Sehen wir uns – allerdings ohne seine zwar massive, aber einfallslose rhetorische Gestaltung und grammatische Mehrdeutigkeit zu beachten – kurz an, was dieser Text, der seinem Autor zufolge eine „Aufzählung" (DN, 63) sein soll, aufzählt:

Zunächst erwähnt er den Grund der Gründlichkeit. Er besteht nicht in irgendwelchen allgemeinen methodischen und systematischen Erwägungen etwa mit dem Ziel, das menschliche Erkenntnisvermögen so weit wie möglich auszuschöpfen und zugleich seine Grenzen zu bestimmen, wie es die traditionelle Aufgabe der Erkenntnistheorie wäre. Vielmehr bildet nach Willms diesen Grund ein Gefühl, das selber auf einen historischen Zustand reagiert, nämlich Unzufriedenheit. Sie bezieht sich zuallererst auf die bestehenden Verhältnisse, soweit sie von anderen gemacht worden sind und vorgefunden werden, und erst in zweiter Linie auf die eigenen Leistungen. Getreu der Behauptung, dass der Grund für Philosophie Politik sei, ist der Grund für philosophische Gründlichkeit also Unzufriedenheit. Ob es irgendwelche legitime Gründe für Unzufriedenheit gibt oder jede Form von indifferenter Unzufriedenheit mit der Gesamtsituation Gründlichkeit hervorbringt, wird nicht gesagt. Gründliches Denken ist folglich zuerst negativ und gegen etwas gerichtet, das andere gemacht haben. Eine eigene Leistung, mit der ein gründlicher Denker dann wieder unzufrieden sein kann, ist dazu zwar möglich, aber keineswegs erforderlich. So wie Willms es hier vorstellt, ist gründliches Denken demzufolge in seinem Wesen destruktiv. Denn die Unzufriedenheit mit dem Gegebenen ist notwendig, eigenes schöpferisches Tun bloß möglich. Neben dem traurigen Nebeneffekt, dass es jedenfalls keine gutgelaunten deutschen Philosophen geben kann, findet hier vor allem die Auffassung Rechtfertigung, dass schiere Ablehnung ohne das Angebot von Alternativen schon für ein philosophisches bzw. politisches Argument ausreiche.

Da ist es dann vielleicht auch nicht so arg schwer, rücksichtslos gegen andere und sich selbst zu sein. Darauf, dass Willms hier der zwischen preußischem Militarismus und Nationalsozialismus beliebten Heroisierung der Rücksichtslosigkeit aus unbedingter Pflicht folgt, reicht ein Hinweis. Sie wurzelt freilich ebenso in der Politisierung der Philosophie von ihrem Ursprung aus. Wo der Philosophie ansonsten Konsequenz im Denken und im Handeln gereicht hat, muss es jetzt eben Rücksichtslosigkeit gegen sich und andere sein, die jede Toleranz anderer Auffassungen ausschließen muss.

Allerdings ist es mit derselben Rücksichtslosigkeit im Verhältnis zur Autorität, jedenfalls der jeweils maßgeblichen politischen, so weit nicht her, wie Willms behauptet. Schaut man sich die Figuren an, auf die er anzuspielen scheint, bemerkt man eher eine gewisse Schmiegsamkeit und ein Streben nach der Nähe zur Macht. Am ehesten passt das Ketzertum noch zu Eckhart, der immerhin am Ende seines Lebens einen entsprechenden Prozess am Hals hatte, in dem er jedoch – anders als etliche seiner Lehren – selbst gewiss nicht als Häretiker verurteilt worden wäre, weil er sich sofort der unbedingten Autorität des Papstes unterworfen hatte. Nikolaus von Kues (1401–1464) wurde immerhin von Eugen IV. zum Kardinal erhoben, nachdem Nikolaus beim Konzil von Basel von der papstkritischen konziliaristischen zur päpstlichen Partei gewechselt war und sich dann große Verdienste als Legat in der kirchlichen Diplomatie erworben hatte. Kant huldigte der preußichen Monarchie und ist gewiss jeder revolutionären und auch nur widerständigen politischen Umtriebe unverdächtig. Über Fichtes nachgerade verzweifelte Suche nach der Nähe der politischen Macht, braucht nichts mehr gesagt zu werden, und Hegel gilt völlig zu Recht als der Philosoph des absoluten preußischen Staats schlechthin, während Heideggers wenigstens vorübergehender Kinderglauben, denkerisch den Führer führen zu können, notorisch ist. Autoritätskritische Freiheit vor Fürstenthronen mag man sich anders vorstellen.

Sehr gut zu dieser Suggestion von Heldenverehrung, für die kaum äußere Gründe zu finden sind, passt auch die Weckerfunktion deutschen Denkens. Denn der ‚dogmatische Schlummer', dessen Vertreibung Willms den Deutschen generell zuschreibt, war ausgerechnet derjenige Kantens, aus dem ihn nach eigener Auskunft ebenfalls ausgerechnet der Brite David Hume mit seiner Kritik am Kausalitätsbegriff erweckt hatte.

Schwieriger wird es mit einer Bestandsaufnahme der Aufzählungsposten bei Willms', nun erstmals inhaltlichen und nicht bloß haltungsmäßigen Auskünften, die allesamt aber irgendwie Varianten von Einheit und Identität andeuten. Dabei ist die berühmte ‚Einheit der Gegensätze' in der Tat so etwas wie eine Spezialität des deutschen Idealismus, genauer gesagt: Hegels. Allerdings bildet dieser den Schluss- und Höhepunkt in Willms' kleiner Einheitsrevue, die selber wieder eine Aufzählung in der Aufzählung ist, die vom absoluten Denken zum Denken des Absoluten führen soll – dahingestellt, was das immer sein mag. Anfangen tut sie mit Meister Eckhart und Nikolaus von Kues.

Und ohne auf irgendwelche Details zu achten, die ohnehin bei Willms' philosophiegeschichtlichen Andeutungen keine Rolle spielen, ist doch darauf hinzuweisen, was es mit dieser ‚Einheit der Gegensätze' auf sich hat.

4 Fortsetzung folgt: Populär-akademischer Nationalismus ...

Es geht dabei nämlich nicht um Feld-, Wald- und Wiesengegensätze, die zur Einheit zu bringen banal ist: Krickente und Mandarinente sind verschieden, also nicht dasselbe, also gegensätzlich bestimmt – eine Krickente ist nicht eine Mandarinente und umgekehrt –, aber sie gehören beide zur Gattung der Enten, in der sie begrifflich überein-, also zur Einheit kommen. Hier geht es also nur darum, den jeweils nächsthöheren Klassenbegriff zu finden oder zu bilden, notfalls den des Seienden, unter den alles fällt, und schon sind die Gegensätze verschwunden. Naturgemäß geht es um derartiges hier nicht. Es geht im Gegenteil um ausgewachsene Widersprüche. Das ist eigentlich eine logische Angelegenheit und daher auch logisch unmöglich, weil logische Unmöglichkeit gerade dadurch definiert ist, dass zwei einander wechselseitig ausschließende Gegensätze A und Nicht-A nicht zugleich wahr sein können. Da hier von Wahrheit die Rede ist, geht es also zuerst einmal um Sätze. Dinge, Ereignisse oder Handlungen und dergleichen mehr können nicht wahr oder falsch sein, sondern nur existieren und so und so beschaffen sein oder nicht existieren und – im Falle von Handlungen – gut oder böse sein. Der gerade angeführte Satz vom ausgeschlossenen Widerspruch ist das Prinzip aller Rationalität, d. h. die oberste Bedingung für ein Denken und Aussagen, das überhaupt verstanden werden kann. Wird sie nicht beachtet, entsteht mit Notwendigkeit Unsinn, der zwar nicht verstanden, aber aus dem dafür alles Beliebige abgeleitet werden kann. Nun ist aber „absolut" nur das Fremdwort, das „unbedingt" besagt. Absolutes Denken wäre daher eines, das keine Bedingungen hat oder jedenfalls akzeptiert, also auch nicht den Satz vom Widerspruch. Ein solches Denken folgt daher nicht den Gesetzen der Logik und richtete sich gar nicht an Verstand oder Vernunft, könnte also weder von diesen gedacht noch verstanden werden. Es müsste folglich irgendwie anderweitig, arational produziert und verstanden werden, etwa durch das Gefühl, den Leib, irgendwelche mysteriösen Fähigkeiten o. a. Es wäre also ein Denken ohne Verstand oder Vernunft, das sich auch nicht durch Sätze mitteilen ließe, über deren Wahrheit oder Falschheit mit rationalen Mitteln entschieden werden könnte. Fern davon, solche Rationalitätsverachtung etwa Nikolaus von Kues unterstellen zu wollen, ist das doch die Richtung, in die Willms will und in die er die behauptete genuin deutsche Tradition der Philosophie drückt.

Behält man dies im Sinn, erschließt sich der Rest der Andeutungen zumindest einigermaßen. Kants, indes durchaus immer noch mit recht guten Gründen bestreitbare, „kopernikanische Wende" zur Subjektivität wird so zu einem mystischen Akt, der höher als alle Vernunft sein soll und aus sich selbst die Wirklichkeit schafft, also jede gegebene Wirklichkeit, die von irgendwelchem Denken unabhängig existierte, verneint, das Sein also zu nichts erklärt. Weil die wirkliche Welt eine der Einzeldinge ist, können Individua auch nicht mehr als Träger des Denkens fungieren und sich schon gar nicht mehr über irgendwelche Regeln oder Gesetze der Wirklichkeitsbildung abstimmen. Das Selbst oder das Ich oder das Subjekt, das diese Aufgabe übernehmen soll, kann daher auch kein individuelles mehr sein. Nicht der Einzelne denkt, sondern etwas irgendwie über ihm stehendes Allgemeines, das nicht Gegenstand rationaler Erkenntnis sein kann, kurz: die Idee, denkt vielmehr durch das Subjekt, das infolgedessen jede Selbständigkeit und jeden Eigenwert verliert. Es ist nur noch ein Besonderes des Allgemeinen, das Vehikel seiner Verwirklichung als eine Welt und nichts außerdem. Der Einzelne ist Funktion der Idee, die sein Schicksal und das der Welt bestimmt, und die einzige sogenannte Freiheit, die bleibt, ist dies anzuerkennen und nach Kräften dazuzuhelfen, das geschieht, was soundso geschehen muss. Freilich ist auch das ein Widerspruch, weil es Unsinn ist, durch ein Sollen zu fordern, was notwendigerweise geschehen wird oder schon besteht, aber dass solche Über- oder besser: Widervernünftigkeit nach Willms das Alleinstellungsmerkmal deutschen, gründlichen Denkens sein soll, haben wir schon gesehen. Ohnehin folgt für Willms gegen alle „abstrakt-formalen, sogenannten ‚logischen' Gesichtspunkte" als „einer der wesentlichen Traditionsbestände deutschen Philosophierens" (DN, 65) ohne Weiteres aus einem Sein ein Sollen, dergestalt dass jeder Einzelne seine eigene Bedingtheit durch das Allgemeine der Nation erkennen und gerade aufgrund ihrer Notwendigkeit auch wollen soll. Das ist zwar aus der soeben geschilderten logischen (und praktischen!) Sicht evidenter Unfug, macht aber die geforderte Rückkehr „zur Idee und als Ideal" (DN, 64) aus.

Willms Aufzählung enthält daher, ihrer rhetorischen Verbrämung entkleidet, folgende Posten: Auf Seiten der denkerischen Haltung: Unzufriedenheit, primär rein negative Kritik und Machtwillen; auf methodischer Seite: Logik- und Rationalitätsverachtung; auf inhaltlicher Seite: Totalitarismus, Fatalismus, Individualitäts- und Freiheitsverachtung, die den Einzelnen durchstreicht und zu einer bloßen Funktion der Verwirklichung einer weder aussagbaren noch rational erkennbaren allgemeinen, offenkundig irgendwie mystischen Idee erklärt.

Solches Denken besitzt deshalb auch die für seine Vertreter äußerst bequeme Eigenschaft der Unkorrigierbarkeit, die sich am plakativsten in der fichteschen Haltung des „Und fühlst Du's nicht, so wirst Du's nie verstehen." ausdrückt. Genau dies ist und so verfährt nach Willms' Darstellung deutsches Denken. Besieht man sich das – um nur das Wenigste zu sagen – ziemlich hermetische und unsympathische Bild, das er von echt deutscher Philosophie zeichnet, kann es eigentlich nicht verwundern, dass

4 Fortsetzung folgt: Populär-akademischer Nationalismus ...

auch unter deutschen Philosophen ein gewisses Interesse an analytischem und pragmatischem Denken bestand und fortbesteht. Dies Interesse kommt auch keineswegs erst nach dem Zweiten Weltkrieg auf, sondern lange bevor die vornehmlich angelsächsischen Analytik- und Pragmatismusimporteure die „Sieger" waren, wenn man etwa nur an Gottlob Frege (1848–1925) denkt, der gern als Urvater der Analytischen Philosophie angesehen wird. Es geht daher auch ohne fremde, „westliche" Okkupation nun auch des Denkens in Deutschland nach 1945, die Willms in gebetsmühlenhafter Wiederholung zu beklagen nicht müde wird (DN, 62 pass.).

Umgekehrt freilich lässt die feindliche Übernahme des deutschen Denkens durch die westlichen Siegermächte, an die Willms glauben möchte, Raum für einen Elitarismus der Eingeweihten, die gleichsam in einem Akt notwendigen, weil idealistischen Widerstands sich weiterhin um echt deutsches Denken und seine allgemeine Wiedergeburt bemühen. Die Intensität solcher Bemühung entspricht der Einsicht des Einzelnen in seine existentielle Abhängigkeit vom Ganzen der Nation: „Es gehört zur Grundbedingung menschlicher Existenz, daß das Verhalten des einzelnen zu seiner Nation vom Grade seines Bewußtseins abhängig ist" (DN, 65). Das ist so trivial, dass man es kaum bestreiten kann: Jedes Verhalten zu irgendetwas hängt davon ab, dass und in welcher Weise man sich ebendessen bewusst ist – ohne X zu bemerken, kann man sich kaum zu X verhalten. Nun ist aber nach Willms die Nation nicht irgendetwas, sondern eine notwendige Idee, also eine Wirklichkeit, und deswegen – weil es bei ihm ja erlaubt ist, vom Sein auf ein Sollen zu schließen – auch ein ebensolches Ideal, also etwas, das es erst zu verwirklichen gilt. Gegenstand dieser bewusstseinsbestimmenden Einsicht ist das folgende:

> „Die Bedingtheit der individuellen Existenz durch die allgemeine oder die Abhängigkeit des einzelnen von seiner Nation ist eine durchaus unbestreitbare Tatsache, aber zu dieser verhält sich der einzelne, fühlend, denkend oder unbewußt." (DN, 65)

Willms unterscheidet damit drei Grundformen der „nationale[n] Einstellung", die „dumpf oder intelligent, trivial-sentimental oder hochbewußt sein" kann (DN, 66). Zweifellos – denn davon handelt das Buch – ist die denkende, intelligente, hochbewusste „die einzige Art [...], sich richtig oder in lebendiger – praktischer – Verwirklichung der bewußt anerkannten Realität [sc. jenes Abhängigkeitsverhältnisses] zu verhalten" (DN, 65). Sie besteht in der Identifikation des Denkenden mit der Nation, also der vollständigen Anheimstellung und Auflösung aller persönlicher oder privater, kurz: individueller Interessen zugunsten der stets notwendigen Interessen der Nation, also der Auslöschung der eigenen Individualität im Allgemeinen der Nation. Alles andere ist defizitäre Schrumpfform. Willms erfasst sie nicht eben schmeichelhaft.

> „Das naheliegendste ist stets das unbewußte: Die nationale Bedingtheit der individuellen Existenz kann unbewußt bleiben, nur hingenommen werden. Sprache, Recht und Geschichte müssen nicht von jedem einzelnen reflektiert werden: Die Sprache wird dann einfach, das Identitätsbewußtsein dumpf sein. Der Mangel an Bewußtsein in bezug auf das gemeinsame Recht muß, wie schon angedeutet, durch einfachen Gehorsam oder durch unreflektierte Loyalität ausgeglichen werden. Im Falle dieses unbewußten Verhältnisses wird Nation dann doch quasi-naturwüchsig oder es wird wie das Schicksal erlebt, das sie objektiv ist. Eine lebendige Wirkung auf das Verhältnis ist dann vom Einzelnen her nicht möglich." (DN, 65)

Ohne auf der Seltsamkeit herumzureiten, dass sogar Unbewusstheit ein Bewusstsein, wenn auch nur ein dumpfes, ergeben soll, liegt auf der Hand, dass es hier um etwas geht, das man früher „die blöde Masse" oder „Pöbel" genannt hat. Nicht nur von deutschem, sondern eigentlich von jedem Denken unbeleckte Leute, die sich nur schlicht auszudrücken wissen, sich für Höheres – was immer das auch sein und wodurch es sich auch auszeichnen mag – nicht interessieren, politisch inaktiv sind und sonst am besten einfach parieren und ansonsten den Mund halten. Naturgemäß wird dazu keiner der Leser gehören mögen und sich gewiss dieser nationalen Herdenklasse sowieso nicht zugehörig fühlen, aber für diese ist das Buch mit all seinen hochtrabenden Ausdrücken, seinen nationalmystischen, idealistisch inspirierten Spekulationen und seinem Pathos gewiss nicht geschrieben. Die Masse ist, mit anderen Worten, vernachlässigbar, denn sie folgt ohnehin. Allerdings besitzt auch sie durch den genannten Zaubertrick eine nationale Einstellung.

Besser, aber bei weitem noch nicht auch nur befriedigend, sondern nur knapp über herdenhafter Passivität erzeigt sich die fühlende, trivial-sentimentale nationale Einstellung: „Eine entwickeltere Art des Verhaltens zu dem Tatbestand ist eben jene Vorform des Bewußtseins, die man das ‚Nationalgefühl' genannt hat, es oft mit dem Nationalbewußtsein verwechselnd. Dies Nationalgefühl, d. h. ein wesentlich emotional, an sinnlichen Erlebnissen festgemachtes Verhältnis zur Nation als einem allgemeinen ‚Wir', ist eine Dimension des Verhaltens, die den einzelnen durchaus über die Trivialität seiner unbewußten Existenz erheben kann." (DN,

65 f.) Sofort fällt auf, dass das Gefühl anders als die vorherige Unbewusstheit nun wieder kein Bewusstsein geben soll. Bedeutender ist aber, dass nun die gesamte Existenz eines Individuums ohne Nationalbewusstsein unbewusst sein soll und daher trivial. Wenn, wie Willms ausdrücklich befindet, Bewusstsein reflexives Bewusstsein und dessen einzig richtiger Gegenstand das Verhältnis zur Nation sein soll und reflexives Bewusstsein zudem nach althergebrachter Auffassung zumindest notwendige Bedingung dafür ist, Menschen von Tieren zu unterscheiden, macht das das Ausmaß der Verachtung „trivialer" und demzufolge ebenso „dumpfer" Existenzen mehr als hinreichend deutlich. Das einzig politisch Gute daran ist, dass sich Gehorsam und Gefühl immerhin unter anderem auch zur Verfolgung anderweitig vorgegebener, höherer Ziele manipulieren und gebrauchen lassen, und zwar „bis zur Hingabe des Lebens für das Vaterland oder die Nation" (DN, 66). Und dies ist, egal aus welchem noch so verdrehten oder verächtlichen Grund, „stets als höchste Tugend angesehen und verehrt worden. Diese Tugend muß auch dann zugesprochen werden, wenn der Grad an Manipulation hoch war oder wenn das Bewußtsein, es sei keine gute Sache, der man diente, zu tiefer Irritation und individueller Erschütterung oder Verzweiflung geführt hat." (DN, 66) Es geht also allein um die Opferbereitschaft selbst, und diese bleibt nach Willms immer ‚höchste Tugend', egal auf welches Ziel sie hingesteuert wird. Dafür, dass es sich dabei um ‚eine gute Sache' handelt, bürgt allein der, der es vorgibt. Diejenigen, die ihm folgen, sind von jeder Verantwortung oder womöglich gar Schuld befreit. Besitzen deren Führer eine denkende, intelligente, hochbewusste Einstellung zur Nation folgt daraus mit Notwendigkeit, dass das Opfer für eine gute Sache gebracht wird.

Dass die auf solch ‚richtige Art' nationalbewussten Leute nur sehr wenige sein können, geht aus Willms' Darlegungen unzweideutig hervor. Sein Nationalismus ist in hohem Maße elitär: Die Nation sind alle, aber sie ist nichts für alle.

Nicht übersehen darf dabei werden, dass jener elende Zustand trivialer, unbewusster Existenz nicht allein für Deutsche ohne Nationalbewusstsein gilt. Dieses und damit bewusste Existenz zu erlangen, ist auch allen anderen Menschen versagt aufgrund ihrer Herkunft aus einer anderen Sprache, einem anderen Recht, einer anderen Geschichte, also schlicht deswegen, weil sie keine Deutschen sind. Denn bewusste Existenz zu ermöglichen oder hervorzubringen ist die exklusive ‚Berufung' deutschen Denkens (DN, 64). Trotz aller rhetorischen Distanzierung von Gedanken nationaler Überlegenheit, erweist sich hieran Willms' systematischer, wenn man so will: geistiger Chauvinismus, der sich ganz wie Fichtes Idealismus allem westlichen

Denken – anderes kommt erst gar nicht in Betracht – überlegen dünkt. Wahrhafte Philosophie ist immer schon deutsches Denken.

b) Inflationäre Notwendigkeit und falsche Identität: Willms' Idee der Nation

Nachdem wir gesehen haben, wie man zur Idee der Nation kommen soll, nämlich durch gründliches, deutsches Denken, ist zu fragen, was sich Willms eigentlich darunter vorstellt. Er beginnt den zweiten, „historischen" Abschnitt („Kampf um die Nation") des Theorieteils seines Buches mit einer Zusammenfassung seiner diesbezüglichen Resultate. Sie lässt sich dazu nutzen, den ersten, „systematischen" Teil einigermaßen zu sortieren. Jene Zusammenfassung lautet wie folgt:

> „Die Idee überhaupt ist gedachte Übereinstimmung von Begriff und Begriffenem; ihre Wahrheit hat sie in dieser Übereinstimmung, ihre Würde in ihrem Notwendigkeitscharakter. Die Idee der Nation hat im Begriff des Staates ihre Notwendigkeit – wer überhaupt denkt, muß diesen Begriff denken. Ihre besondere Wahrheit liegt innerhalb dieses Denkens oder innerhalb des Bewußtseins. Dieses, das Bewußtsein, existiert nur als Individuell-Besonderes, der Begriff des Staates ist die notwendige Allgemeinheit dieses Besonderen in gedachter Verwirklichung. Die Idee der Nation ist die Übereinstimmung aller Besonderen mit ihrem notwendigen Begriff, also der Inbegriff substantieller Wahrheit. Unter der Voraussetzung des individualisierten Charakters des Bewußtseins, also unter der Voraussetzung der Individualität des Besonderen als Subjekt, kann die Wirklichkeit nur Annäherung an die Idee sein, eine Annäherung, deren Rangordnung sich aus der Notwendigkeit der allgemeinen Existenzverwirklichung ergibt. Diese Notwendigkeit, eine Übereinstimmung zu erreichen, die sich faktisch nur als Grad der Annäherung – also als eine Identität, die gleichzeitig Nicht-Identität ist – verwirklichen kann, macht die Arbeit an der Identität zum Imperativ: Die Nation ist wirklich nur als Arbeit an der Nation, oder, wenn man will, als ‚Kampf um die Nation'; der nationale Imperativ ist kategorisch." (DN, 68).

Auf den ersten Blick klingt das alles völlig unverständlich. Nun könnte man sagen, es sei ja auch nur eine Zusammenfassung und werde schon klar werden, wenn man den ersten Teil liest. Allein, die Passage repräsentiert Willms' Stil völlig angemessen, so dass schon der Versuch, ihn zu verstehen, erhebliche Mühe bereitet. Deswegen empfiehlt er vermutlich in der Einleitung „dem Leser, der in bezug auf die Notwendigkeit eines neuen

Nationalismus mit dem Verfasser übereinstimmt [...], Teil I, Theorie der Nation, zu überschlagen, desgleichen auch einzelne Abschnitte, die einen zu philosophischen Eindruck machen" (DN, 17). Das ist nicht ohne Witz: Einerseits scheint es offensichtlich egal, womit der Leser genau übereinstimmt, solange es Nationalismus, und irgendwie ein neuer, ist und er überhaupt übereinstimmt; andererseits erklärt Willms immerhin, was für eine Schreibweise seiner Meinung nach wenigstens einen philosophischen Eindruck macht. Unumgängliche Komplexität und hochtrabende Unverständlichkeit liegen ja oft sehr nah beieinander. Naturgemäß nimmt Willms ersteres für sich in Anspruch. Es bleibt daher nichts übrig, als seiner zweiten Aufforderung – vielleicht an den nicht nur nach Nationalismus, sondern auch nach dem einzig wahren Nationalbewusstsein strebenden Leser – zu folgen: „Demjenigen freilich, der die Konsequenzen der Teile II und III von Grund auf begreifen will – etwa auch, um sie politisch zu bekämpfen –, kann die Lektüre der theoretischen Grundlegung nicht erspart werden." (DN, 17).

Politische Bekämpfung, so nötig sie jederzeit ist, überschreitet das erklärende, analytische Anliegen dieses Buches. Allerdings setzt sie – anders etwas als Übereinstimmung (nach Willms jedenfalls) – zumindest voraus, dass man weiß, was man da bekämpft. Ebenso kann es sein, dass sich zeigt, dass man genau dies aufgrund galoppierender Unverständlichkeit gar nicht wissen kann. Funktionierte Willms' neuer Nationalismus etwa wie ein Kult, bei dem sich Eingeweihte untereinander arkane Formeln zumurmeln, sich dadurch wechselseitig in ihrem Glauben bestätigen und Ungläubige ausschließen, wäre er scheinbar von Kritik isoliert. Solche Hermetik kann eine starke Waffe und ein probates Mittel zu Bildung und Aufrechterhaltung einer Gruppenidentität sein. Andererseits kostet es wiederum einige Mühe und intellektuelle Selbstverleugnung zu glauben, was man gar nicht verstehen kann, weil es Unsinn ist. Es führt also kein Weg daran vorbei, sich philosophisch, doch auf verständliche Weise und ohne Ausschluss des gesunden Hausverstands mit den Hauptpunkten von Willms' philosophischen Eindruck machender „Theorie der Nation" auseinanderzusetzen.

Sie beginnt mit einer Definition des Begriffs der Idee. Laut Zusammenfassung besteht sie in der ‚gedachten Übereinstimmung von Begriff und Begriffenem'. Diese Definition ließe sich reichlich unspektakulär und wenig idealistisch als Fassung des seit Aristoteles und Thomas von Aquin althergebrachten Wahrheitsbegriffs verstehen, wie er uns trotz all seiner Schwierigkeiten im Alltag ausgezeichnete Dienste leistet. Ihm zufolge ist ein Satz dann wahr, wenn er dem außersprachlichen Sachverhalt entspricht, den er aussagen soll. Demnach stimmt das, was wir denken und aussagen, um eine Sache zu bestimmen, mit der wirklichen Beschaffenheit genau dieser und keiner anderen Art von Sachen überein, und dann ist die Aussage, die diese begriffliche Bestimmung einer Sache enthält, wahr. Man sieht sofort, dass es um eine derartige Trivialität nicht gehen kann; zumal die Philosophie nach Willms sowieso „keine Diskussion um ‚Wahrheitsbegriffe' [braucht]: Wahrheit ist Wirklichkeit in Übereinstimmung mit sich selbst und der Begriff davon" (DN, 251). Das klingt zwar etwas anders und noch weniger verständlich, aber das soll uns jetzt nicht kümmern. Denn Willms' Ideendefinition hat schon deswegen nicht viel mit dem klassischen Wahrheitsbegriff zu tun, weil diesem die ‚Würde' fehlt. Zwar ist dort die Übereinstimmung notwendig, damit man von Wahrheit reden kann, aber, weil und solange man sich täuschen kann, ist ihr Bestehen und, weil und solange sich die auszusagenden Sachen ändern können, ihr Gegenstand zufällig. Bei der Idee ist das anders. Trotz Willms' wie so oft mehrdeutiger Grammatik lässt sich nicht daran zweifeln, dass das Bestehen der Übereinstimmung, welche die Idee selbst ist, notwendig ist und daher ebenso die Existenz der Idee. Man kann sich folglich über die Idee nicht täuschen, man kann sie nur nicht bemerken oder ignorieren. Wenn man also überhaupt denkt – und das heißt nach Willms immer: gründlich, d. h. deutsch –, denkt man also notwendigerweise die Idee. Die Frage ist: Woher bezieht sie ihre Notwendigkeit?

Dies zu fragen ist deswegen wichtig, weil der Begriff der Notwendigkeit in Willms' Theorie offensichtlich eine zentrale Rolle spielt: Er verwendet ihn geradezu inflationär, allein in der zitierten Zusammenfassung sechs Mal, wenn man das Hilfsverb „müssen", das ebenfalls Notwendigkeit indiziert, dazunimmt, sogar sieben Mal. Wenn man nicht unterstellen will, dass er dabei auch den profanen, unangemessen vulgären Fehler macht, „notwendig" und „nötig" zu verwechseln, wie dies ständig in der Umgangssprache und der öffentlichen, v. a. politischen, Rede passiert, wird er auch „notwendig" meinen, also dass etwas unmöglich anders sein kann, wenn er „notwendig" schreibt.

Allerdings beschäftigt sich Willms leider sonst nicht weiter mit ‚Ideen überhaupt'. Vielmehr kümmert er sich allein um die Idee der Nation, ‚die im Begriff der Staates ihre Notwendigkeit hat'. Die Idee der Nation gewinnt ihre Notwendigkeit also aus dem Begriff des Staats, der notwendiger Gegenstand allen Denkens ist und, um Willms Behauptung zu rechtfertigen, dann notwendigerweise zum Begriff der Nation fortbestimmt werden muss. Warum also ist der Begriff des Staats notwendig zu denken, um überhaupt zu denken, d. h. notwendige Bedingung allen und nicht etwa nur des

4 Fortsetzung folgt: Populär-akademischer Nationalismus ...

politischen Denkens? Weswegen bilden Staat und Nation die offenbar einzige Idee überhaupt?

Willms' Antwort klingt zunächst ganz einfach: Weil Menschen nicht ohne Gesellschaft leben können, welche wiederum mit dem Staat gleichgesetzt werden muss, um das gewünschte Ergebnis zu erhalten. Diese Gleichsetzung zu begründen, müht sich Willms durchaus, nicht aber die Notwendigkeit von Vergesellschaftung. Das ist deswegen schade, weil er behauptet, mit der „Wirklichkeit" zu beginnen, und diese ist stets „individuelle Wirklichkeit" und als solche „im Prinzip erfolgreiche Selbstbehauptung" (DN, 35): „Die konkrete Beziehung auf sich selbst und nichts anderes muß der Ausgangspunkt aller Überlegungen sein. [...] Die Beziehung des einzelnen auf sich selbst – oder die Freiheit – ist der notwendige Ausgangspunkt aller politischen Philosophie; denn Bewußtsein ist nur als individuelles Bewußtsein wirklich, und eben diese Wirklichkeit als allgemeine zu begreifen, ist politische Philosophie." (DN, 36).

Wie dieses Selbstverhältnis strukturiert ist, worin es näherhin besteht und, vor allem, warum allein und genau in ihm die Freiheit liegen soll, wird nicht erklärt. Zwar beginnt alle Philosophie – denn alle Philosophie ist ja nach Willms' Auffassung immer politische – mit dem Individuum, doch interessiert sie sich dafür offenbar gar nicht. Es ist über seine Negativität hinaus, d. h. seiner ‚Absetzung' und seiner bewussten Unterscheidung von ‚den anderen' (DN, 41) schlicht irrelevant. Wirkliche bzw. natürliche Individualität kommt nur als störendes Element in den Blick: „Motor abweichender Möglichkeiten ist immer der einzelne und seine Freiheit." (DN, 39).

Denn weil Freiheit bei Willms nicht nur dasselbe ist wie Reflexionsvermögen, sondern auch Selbstbehauptung (DN, 38) und diese gar nicht anders kann, als ihre konkreten, d. h. zufälligen, Interessen zu verfolgen, kann „die selbstbehauptende Interessenwahrnehmung stets zu einem Chaos von Entgegensetzungen werden" (DN, 41). Uneingeschränkte individuelle Freiheit also führt ins Chaos. Das ist weder originell noch neu. Die Freiheit des Einzelnen muss also irgendwie beschränkt werden. Das geschieht durch moralische, d. h. ethische und rechtliche, Regeln bzw. Gesetze. Diese aber kann sich nach Willms' Auffassung das Individuum nicht selber geben – weder für sich allein noch aus der Reflexion auf seine Vernunft oder sein Menschentum noch aus deren gemeinschaftlicher Reflexion: „Es gibt keine ‚natürliche' Moral" (DN, 39), kein Naturrecht, kein moralisches Reservoir, das dem Menschen irgendwie von Geburt an mitgegeben wäre, schlicht gar keine Regeln, die zum universalen Bestand der Menschheit gehörten und durch philosophische Analyse oder Reflexion entdeckt, verbreitet und aus schlichter Einsicht in ihre Wahrheit allgemein anerkannt werden könnten. Es gibt zunächst nur die schrankenlose Freiheit interessegebundener Selbstbehauptung in Konkurrenz zu den Widerständen der Natur und den Interessen anderer, die diese ebenso zu behaupten suchen. Willms hält dies im Anschluss an Thomas Hobbes fest:

> „Definiert man den einzelnen nur durch seine Freiheit, so kann dies kollektiv nur ein Chaos von Negativität sein, in dem unausweichlich ständig mit den schlimmsten Möglichkeiten gerechnet werden muß." (DN, 42)

Nun ist originell zu sehen, dass der einzige, der dies hier tut, Willms selber ist. Denn gewiss keiner der von ihm teils vehement angegegriffenen (Rousseau) oder gepriesenen Autoren (Hobbes, Kant) oder sonst ein klassischer Autor hätte neben der Freiheit den Verstand oder die Vernunft vergessen, deren Gewicht etwa im Falle Kants (und vieler Aufklärer) nicht nur zum Gedanken der moralischen Autonomie des Einzelnen führte, sondern auch zur Überzeugung, dass es moralische, d. h. ethische und rechtliche, Regeln gäbe, die jederzeit und überall in Geltung wären – oder zuallermindest sein sollten und daher auch könnten.

Dennoch schlägt Willms hier nicht nur auf einen Popanz ein, über den er schließlich gewaltig triumphiert. Das tut er schon auch. Doch passt ihm ganz offensichtlich die ganze Richtung nicht, in die der Begriff der Autonomie führt. Er diskutiert ihn gar nicht, sondern liefert einen bloßen Machtspruch: „Wesentlich bleibt, daß alle Verhaltensregeln als diese auf gesellschaftliche Regelungen und bewußte Satzungen zurückgehen – weswegen sie auch individuell so gerne in Frage gestellt werden." (DN, 38).

Dass völlig außer acht bleibt, dass Kritik an sozialen Normen im weitesten Sinne durchaus gerechtfertigt sein kann – zumal Willms selbst über weite Strecken seines Buches nichts anderes treibt –, mag man bemerken. Er selbst würde vermutlich im Stile Fichtes antworten, dass hier gar keine individuelle Kritik durch ihn selbst, sondern eine universale durch die Idee erfolgt. Aber das sind Kleinigkeiten. Keine Kleinigkeit ist seine Bestimmung der regelsetzenden Instanz:

> „Am Anfang jeder Gesellschaft steht die Arbeit der Politik. Jede Arbeit ist Überwindung von Widerständen. Die gesellschaftliche Selbstbehauptung oder die Arbeit der Politik muß stets mit einem zweifachen Widerstand rechnen: erstens mit dem Widerstand der Natur, der die Menschen ihre Existenz abarbeiten müssen, und zweitens mit dem Widerstand, der in der Selbstbehauptung oder der abstrakten Freiheit des einzelnen liegt. Denn da die

konkrete Ausgestaltung der gesellschaftlichen Selbstbehauptung nicht irgendwie von Natur gegeben ist, bleibt immer die Möglichkeit der abweichenden Auffassung des einzelnen." (DN, 38)

Soziale Normen setzt allein ‚die Politik'. Ihr Geschäft ist die Überwindung von Widerständen, nämlich einerseits der Natur gegen ihre Bearbeitung und Vernutzung und andererseits von Individuen, deren Auffassungen über die zu setzenden oder gesetzten Regeln von denen der Politik abweichen. Ihr Ziel ist die gesellschaftliche Selbstbehauptung, d. h. die Stärkung des eigenen Kollektivs gegenüber kritischen Einzelnen und die Durchsetzung seiner Interessen gegen diese und konkurrierende Kollektive. Dabei ist die Politik allein durch die Regeln gebunden, die sie sich selbst gibt und zur möglichst effizienten Durchsetzung jener kollektiven Interessen dienen. Wie sie von diesen Kenntnis erhält, bleibt noch ungesagt – jedenfalls scheint eine Befragung jedes Einzelnen zu diesem Behufe weder nötig noch wünschenswert. Die Politik ist anonym. Ihre Arbeit muss daher scheinbar von Wesen geleistet werden, die entweder bei ihrem Tun radikal von ihren individuellen Interessen absehen oder – radikaler und noch besser – keine solchen mehr haben, also von Leuten, die nicht als Individuen agieren oder – radikaler und noch besser – keine mehr sind. Das klingt zwar verrückt, kann aber gar nicht anders sein: Denn „[v]om ursprünglichen Selbstbezug her liegt eine Praxis der Unterwerfung und Ausbeutung immer näher als eine der Anerkennung." (DN, 42) Auf welche Weise die Politik in ihr Geschäft kommt oder wie sie entsteht und wer ‚die Politik' ist, bleibt ebenfalls noch ungesagt.

Besteht die Arbeit der Politik in der Überwindung individueller Freiheit, benötigt sie Zwangsmittel. Denn ohne einschlägige Abrichtung und korrigierende Maßnahmen wird keiner seine naturwüchsige Identität aufgeben. Dies geschieht durch Institutionalisierung, der „grundlegende[n] Arbeit der Politik" (DN, 39). Sie begreift aufgrund der Abwesenheit aller naturgegebenen Normen das Individuum als bloßes Material:

> „Dieses Zusammenwirken von gelernten Verhaltensweisen, vorhersehbaren Handlungsabläufen und Situationsorientierungen auch in die Zukunft hinein, das die einzelnen je für sich lernen, internalisieren, zu ‚ihrer Natur' machen oder eben wissen müssen, wenn die kollektive Selbstbehauptung erfolgreich sein soll, nennen wir Institution." (DN, 39)

Die Gesellschaft wird also im Interesse ihrer Selbstbehauptung gegen Einzelne oder fremde Kollektive durch die Arbeit der Politik zur

Zwangsanstalt, mithin selbst zu einer Institution. Und nun bestätigt Willms selbst die Anonymität und Nicht-Individualität der Politik. Dabei wählt er die oben angedeutete radikale Lösung: „Wie alle Arbeit, fordert auch diese [sc. die Politik] ein Subjekt, d. h. jemanden, der sie tut. *Das Subjekt der politischen Arbeit oder das politische Subjekt ist der Staat.*" (DN, 43).

Der Staat verfolgt keine besonderen Interessen derjenigen Individuen, die seiner Institution unterworfen sind. Vielmehr verfolgt er ausschließlich die seiner selbst, die er gerade ohne Rücksichtnahme auf die Interessen der Individuen als Interessen aller bestimmt: „Der Staat als politisches Subjekt ist es, der dem Denken über Freiheit, das Wesen oder die Bestimmung des Menschen erst den Charakter eines bestimmten Begriffs gibt." (DN, 44) Das heißt nichts anderes, als dass der Staat bestimmt, was die Interessen der Einzelnen, die ihn bewohnen und die Gesellschaft ausmachen, sind bzw. zu sein haben. Folglich sind die Interessen des Einzelnen für diese Staatspolitik schlicht irrelevant. Sie geraten lediglich in seinen Blick, wenn sie seine institutionalisierten Abläufe stören. Der Staat ist nicht für das Individuum da, sondern das Individuum für den Staat. Er ist folglich total, da es keine verfolgbaren Interessen außerhalb seiner gibt. Willms dreht so das in der Aufklärung mühevoll entwickelte Verständnis des Verhältnisses von Individuum und Staat schlicht um. Aus der Unmöglichkeit individueller oder isolierter menschlicher Existenz in beliebiger Freiheit, die er als Reflexion auf sich selbst und Selbstbehauptung begreift, schließt Willms auf die Priorität des Staats vor dem Individuum, weil dieser jenem erst wahrhaft menschliche, d. h. gesellschaftliche, Existenz ermöglicht. Und aus ebendieser Funktion erklärt er die Notwendigkeit des Staats: „Staat im gegenwärtigen Sinne ist zweifellos eine Entwicklung der Neuzeit. Was etwa die ‚Polis' bei den Griechen war oder das ‚Reich' im Mittelalter, wird von den Historikern ebenso von dem Begriff des ‚Staates' unterschieden wie die Einrichtung des Nomadenfürsten oder des Stammeshäuptlings in Entwicklungsländern. Es ist aber keine Frage, daß allen diesen Erscheinungen die gleiche Notwendigkeit zugrunde liegt, nämlich die Notwendigkeit der Institutionalisierung der politischen Grundvoraussetzung für die Verwirklichung menschlichen Daseins. Staat ist also, obgleich eine historische Entwicklung, ein *notwendiger Begriff.*" (DN, 43).

Kurz: Weil ohne Staat keine menschliche Existenz, deswegen Staat dem Begriffe nach notwendig. Und deswegen muss der Begriff des Staats gedacht werden, wenn überhaupt gedacht werden soll, also nicht nur menschliche Existenz gedacht werden soll, sondern überhaupt. Und weil im notwendigen Begriff des Staats die Einheit von Begriff und Begriffenem gedacht wird, von der alles Denken abhängt, ist der Staat eine Idee. Das klingt dunkel, fast zusammenhanglos und ein wenig seltsam. Jedenfalls ist keineswegs klar, ob hier irgendeine Art von Notwendigkeit vorliegt und, wenn ja, welche. Zur Erinnerung: Alles, was unterhalb absoluter Notwendigkeit liegt, kann Willms' eigenem und ausdrücklich erhobenem Anspruch, seinem nationalen Idealismus, schlechterdings nicht genügen. Ohne dieses Kriterium zu erfüllen, haben wir es nicht mit einem irgendwie bewiesenen System politischer Philosophie oder einer beweisbaren und bewiesenen Theorie zu tun, sondern mit einer Kette von Behauptungen, über deren Wahrheit nichts ausgemacht ist und die also auch durch eine andere Kette von Behauptungen ersetzt werden könnte.

Was Willms zur Begründung der Notwendigkeit des Staatsbegriffs anführt ist dies: Staatlichkeit ist notwendig für menschliches Dasein, d. h. dessen notwendige Bedingung – kein menschliches Dasein ohne Staat. Auf den ersten Blick ist schon klar, dass damit keine absolute Notwendigkeit ausgesagt sein kann. Denn so steht der Begriff des Staats selber unter einer Bedingung, genaugenommen sogar zwei. Wenn es, erstens, keine Menschen gäbe und diese, zweitens, kein menschengerechtes Dasein führen müssen, bleibt der Begriff des Staats schlicht leer und funktionslos. Beides lässt sich widerspruchsfrei denken; Letzteres macht Willms sogar selbst, wenn er darauf hinweist, dass wahrhaft menschliches Dasein jederzeit verfehlt werden kann. Kurz: Ohne Menschen kein Staat. Folglich hängt schon Willms Bestimmung des Staatsbegriffs von etwas ab, das selber nicht unbedingt notwendig ist. Er ist daher bestenfalls relativ bzw. hypothetisch notwendig. Zu behaupten, er sei aufgrund seiner Notwendigkeit Bedingung des Denkens überhaupt, ist folglich schlicht verkehrt.

Ebenso wenig kann eine absolut notwendige Idee in ihrem Gedacht- oder Eingesehenwerden auf eine bestimmte Art von Bewusstsein angewiesen sein, die nur einer ganz bestimmten Art von Wesen, nämlich Menschen, zur Verfügung stünde. Eingesehen zu haben, dass – wenn denn schon von derartigen Ideen gesprochen werden soll – auch von allen möglichen reflexiven Bewusstseinen gesprochen werden muss, ist ja gerade der Witz des deutschen Idealismus – ganz egal, ob man die entsprechenden Theorien für wahr oder falsch oder Unsinn hält. Diesen Witz verdirbt sich Willms aber mit seinem Beharren auf einem angeblich metaphysikfreien Realismus (DN, 44/49). In Wahrheit bildet Willms, wie auch seine unhistorische Eintütung aller möglichen gesellschaftlichen Formationen in den Staatsbegriff zeigt, schlicht einen empirischen Begriff, indem er von allem außer zwangsbewehrten Institutionen abstrahiert. Das ist das Gegenteil von notwendig, weil jeder solche Begriff aus schlicht pragmatischen und funktionalen Gründen definiert werden muss, und zwar nach Belieben. Das schließt ebenso die Möglichkeit von Korrekturen oder auch der gänzlichen Aufgabe ein, und schon dies schließt Notwendigkeit aus. Ein Begriff mag eine notwendige Funktion haben, indem er etwa für eine Theorie notwendig ist. Daraus folgt aber weder die Wahrheit noch die Notwendigkeit der Theorie oder auch nur des Begriffs.

Die Grundlage für Willms empirische Begriffsbildung ist nun offenkundig die historische Erfahrung menschlichen Verhaltens, das er im Großen und Ganzen von Thomas Hobbes übernimmt. Dafür mag es gute Gründe geben. Es handelt sich dabei aber keineswegs um die einzig mögliche Interpretation. Vielmehr gibt es viele andere, für die es ebenfalls gute Gründe gibt und die ebenso widerspruchsfrei möglich sind und also genausogut gedacht werden können. Welche davon man am ehesten für wahr hält, ist Sache der Diskussion und der Analyse von Argumenten. Gegen diese will sich Willms offenbar mit seiner inflationären Rede von Notwendigkeit und ihrer Einkleidung in den Ideenbegriff schützen. Weil das so ist, kommt man nicht darumherum, seinen Gebrauch von „Notwendigkeit" ernsthaft zu verfolgen; nebenbei zeigt dessen Analyse auch noch gleich, dass Willms' Überlegungen schon in formaler Hinsicht Unsinn sind.

Sogar wenn man Willms theoretische Behauptungen teilen und glauben sollte, wird man doch nicht umhinkönnen zuzugeben, dass aus der Feststellung, dass etwas so und so sei, keineswegs folgt, dass dies notwendigerweise so sei, also gar nicht anders sein könne. Zumal jene Feststellung durchaus falsch sein kann, so wie die durchaus der alltäglichen Beobachtung entsprechende, dass sich die Sonne um die Erde dreht. Von einer scheinbaren oder wahrhaften Wirklichkeit führt kein Schluss auf Notwendigkeit. Allenfalls mag man festhalten, dass der Begriff des Staats in Willms' Theorie eine notwendige Funktion erfüllt. Daraus folgt aber keineswegs, dass dieser Begriff und die auf ihn gebaute Theorie wahr ist oder auch nur die Wirklichkeit zutreffend beschreibt, wenngleich Willms einen völlig anderen Eindruck erwecken möchte.

Noch viel weniger folgt, was Willms über Theorie und Praxis behauptet:

„Die politische Philosophie kommt heute zu nüchterneren Bestimmungen. Der Staat erhält kein anderes Gesicht als das einer theoretisch unausweichlichen Notwendigkeit. Theoretische Notwendigkeiten sind aber praktische Imperative: Die Menschen können sich auch zu Notwendigkeiten nicht nur abweichend, sondern auch ablehnend verhalten. Deshalb wird die Notwendigkeit Staat in der Vielfalt des Verhaltens zum praktischen Imperativ." (DN, 45)

4 Fortsetzung folgt: Populär-akademischer Nationalismus ...

Theoretisch notwendig ist eine Aussage, die entweder unbedingt („A ist A.") oder unter einer Bedingung wahr ist („Wenn A, so B. Nun A. Also B."). Sie bejaht also, dass bei Gefahr eines Selbstwiderspruchs entweder etwas schlechthin unmöglich anders gedacht werden kann oder unter Gegebenheit einer bestimmten Bedingung nicht anders gedacht werden kann. Überträgt man dies auf Sachverhalte oder Zustände, folgt, dass diese entweder mit unbedingter oder bedingter Notwendigkeit bestehen. Ist der Staat eine unbedingte oder bedingte Notwendigkeit, besteht er. Ein Imperativ ist ein Befehlssatz, der ein Sollen aussagt. Ein Imperativ ist daher immer praktisch. Der Gegenstand dieses Sollens muss in der Zukunft liegen, darf also jetzt gerade noch nicht bestehen. Denn es wäre Unsinn zu befehlen, dass etwas sein soll, das, weil es notwendig ist, bereits besteht, ja sogar nie nicht sein kann. Theoretische Notwendigkeiten können deshalb keine Imperative sein.

Man kann durchaus sagen, dass aus diesen und jenen Gründen ein Staat sein soll. Man formuliert dann einen Imperativ, den man aber selbst mit praktischen Gründen, also solchen die ihre Quellen im guten Wollen oder Handeln haben, rechtfertigen muss, etwa indem gezeigt wird, dass Menschen nur unter der Bedingung von Staatlichkeit angemessen bzw. gut – was immer das heißen mag – existieren können. Das behauptet Willms aber scheinbar nicht. Vielmehr klingt es so, als setze er den Bestand des Staats bereits voraus und fordere nur dazu auf, nicht mit seinen Institutionen in Konflikt zu geraten oder deren Funktion oder Legitimität geradewegs abzulehnen. Und so ist es auch. Denn Abweichung und Ablehnung ist nur von etwas möglich, das irgendwie schon besteht. Wollte Willms hingegen einen anderen Staat fordern, müsste er geradewegs zur Veränderung seiner Institutionen, mithin zu Abweichung und Ablehnung, auffordern. Das tut er aber nicht. Es geht auch gar nicht: Denn wenn der Staat selbst die Arbeit der Politik tut, kann die Politik schlecht den Staat ablehnen, weil sich der Staat dann selber ablehnen müsste. Der Staat muss also eigentlich immer schon bestehen, und man schuldet ihm unbedingten Gehorsam. Mit irgendwelchen theoretischen Notwendigkeiten oder notwendigen Ideen haben diese unzulässigen Verallgemeinerungen nichts zu schaffen. Und falsch ist es obendrein.

Zwar ist damit Willms' idealistischer Anspruch, der zugleich mit seiner Behauptung absoluter Notwendigkeit einer auf Letztbegründung ist, eigentlich bereits erledigt. Trotzdem ist es wichtig zu sehen, warum und wie Willms nun die Nation mit dem Staat identifiziert und ebenfalls zur Notwendigkeit erklärt, um ihr zur Würde der Idee und des einzig möglichen Resultats gründlichen bzw. deutschen, aber leider eben ziemlich verkehrten Denkens zu verhelfen.

Ausgangspunkte sind dabei seine Lehren von der Selbstbehauptung und von der ‚eigenständigen Existenz', d. h. dem Substanzcharakter, des Staats. Willms überträgt nämlich schlicht seine von Hobbes übernommene Anthropologie, d. h. dessen Wesensbestimmung des Menschen, auf den Staat:

> „Gehen wir von der ursprünglichen Selbstbehauptung aus, so wird deutlich, daß der Staat aus zwei Gründen ein Subjekt im eigentlichen Sinne, also eine selbständige Existenz sein muß. Die allgemeine Selbstbehauptung der Menschen in der Natur oder der Welt macht deren Existenz nur als gesellschaftliche möglich. Der unausweichliche Konkurrenzcharakter der Selbstbehauptung hat für deren Verwirklichung zwei Folgen. Einmal muß die allgemeine oder gesellschaftliche Selbstbehauptung gegenüber dem Egoismus der Einzelnen gewahrt und geltend gemacht werden. Zum anderen ist kollektive Selbstbehauptung nur als bestimmte möglich. Jede Gesellschaft verwirklicht sich als diese in einem bestimmten Territorium und in Unterscheidung von allen anderen. Für den Staat als allgemeine Verwirklichung gibt es zwei Fronten der Selbstbehauptung oder zwei Seiten der Negativität oder zwei Dimensionen der politischen Arbeit. Die eine ist die Wahrnehmung des Allgemeinen gegenüber dem einzelnen und gegenüber den gesellschaftlich organisierten Interessen. Die zweite ist die Wahrung dieser bestimmten Verwirklichung gegenüber den Interessen anderer Staaten. Für beides braucht der Staat Selbständigkeit, also Subjektcharakter. Staat ist aber nicht nur die konkrete Verwirklichung kollektiver Selbstbehauptung im Raum, d. h. für bestimmte Menschen innerhalb bestimmter Grenzen, sondern auch in der Zeit. Neben der Geographie ist also auch die historische Entwicklung des Naturverhältnisses und des Freiheitsverhältnisses bestimmend für die konkrete Gestalt des politischen Subjekts." (DN, 44 f.)

Der Staat muss also deswegen ein eigenständiges, selbständig bestehendes Subjekt sein, weil er sonst zur Selbstbehauptung unfähig wäre. Er ist daher selbst ein Individuum mit entsprechenden Interessen. Diese wahrt er nach Innen, indem er den Bestand seiner Institutionen gegen abweichende oder ablehnende Interessen einzelner Angehöriger verteidigt und ausbaut. Dies muss, wenn irgend möglich, bis zur totalen Institutionalisierung geschehen, da nur dann der Bestand des Staats als Gegenstand seiner Selbstbehauptung bzw. -verwirklichung vollständig gesichert ist. Dasselbe Interesse bestimmt auch seine Handlungen nach Außen, da er seinen Bestand aufgrund der naturhaften und daher unvermeidlichen Konkurrenz mit anderen Staatsindividuen jederzeit gefährdet oder bedroht sehen muss. Der Staat findet sich also in der gleichen Situation wie das menschliche Individuum in Hobbes' Naturzustand, und er verhält sich auch in gleicher Weise. Allerdings mit einem gewichtigen Unterschied: Anders als der einzelne Mensch kann der einzelne Staat aus Gründen, die Willms jedoch nie ausführt, seine unbeschränkte Freiheit nicht an eine höhere Instanz, einen Super- oder Weltstaat etwa, delegieren. Jeder Staat existiert daher im Verhältnis zu jedem anderen Staat in jenem prekären Naturzustand: Jeder Staat bleibt daher jedem anderen Staat auf immer und ewig ein Wolf.

Für die Individualität des Staats, ohne die er kein eigenständiges Subjekt sein kann, das sich allen anderen von seiner Art entgegensetzt und selbst behaupten muss, sorgt nun der Begriff bzw. wiederum die Idee der Nation:

> „'Staat' verhält sich zur ‚Nation' wie der Entwurf zur Ausführung, wie die Form zur gestalteten Materie, philosophisch gesehen, wie der Begriff zur Wirklichkeit. Und das heißt immer auch wie ein Teil zum Ganzen oder ein Moment zur Totalität. Die Nation ist die lebendige Verwirklichung des Staatsbegriffs, sie ist dessen eigentlich konkreter Inhalt, ins Werk gesetzt von wirklichen Menschen in Raum und Zeit. Die Nation setzt also den Begriff des Staates voraus und wird von diesem definiert: Auch in der Nation geht es um das Verhältnis des Besonderen zum Allgemeinen, das Verhältnis des einzelnen zum Ganzen." (DN, 46)

Nur zur Erinnerung sei vorab bemerkt: Ganz offenkundig kann die Nation – sei sie nun Begriff oder Idee – nicht von unbedingter Notwendigkeit sein. Denn sie hat zur Bedingung den Begriff des Staats. Und da dieser wiederum selber allein die schwache bedingte Notwendigkeit besitzt, Willms' Theorie tragen zu sollen, besitzt der Staatsbegriff außerhalb dieser, wenn man so will: in der Wirklichkeit oder der Welt, gar keine Notwendigkeit und also ebenso wenig die Nation.

Wenn weiterhin die Nation die Wirklichkeit des Staatsbegriffs sein soll, dann muss es etwas geben, das durch den Staatsbegriff erfasst wird. Sonst wäre er leer und funktionslos. Das heißt aber, da Willms seinen Staatsbegriff ganz offensichtlich empirisch und durch Abstraktion bildet – wenngleich er dies stets leugnet –, dass es Staaten als Nationen geben muss, bevor sie durch den Staatsbegriff erfasst werden. Außer freilich der Staatsbegriff existiert unabhängig von aller Wirklichkeit und also mit absoluter Notwendigkeit in Gestalt einer Idee. Dass das aber nicht sein kann, haben wir gesehen. Folglich bestimmt Willms das Verhältnis von Staat und Nation zirkulär: Der Begriff des Staats setzt den Bestand der Nation voraus, und der Begriff der Nation setzt den Bestand des Staats voraus. Damit ist weder irgendetwas erklärt noch lassen sich daraus irgendwelche bestimmten Folgerungen ableiten. Willms politische Philosophie erfüllt daher nicht einmal die Grundvoraussetzungen einer Theorie.

Wenn Willms seinen Begriff der Nation – und letztlich ebenso des Staats – zwar nicht mit einer verständlichen, widerspruchsfreien Theorie begründen und erklären kann, so ist doch auch ohne dies von brennendem Interesse, wie er denn nun die Dinge in der Welt beschreibt und bestimmt, die durch den Begriff der Nation erfasst werden sollen. Denn mag er auch nicht analysiert worden und theoretisch geklärt sein, so kann er doch trotzdem im politischen Kampf gebraucht werden. Schließlich – um die schöne Stelle noch einmal zu zitieren – empfiehlt Willms ja selbst „dem Leser, der in bezug auf die Notwendigkeit eines neuen Nationalismus mit dem Verfasser übereinstimmt, [...] Teil I, Theorie der Nation, zu überschlagen" (DN, 17). Kurz: Wer etwas eh' schon glaubt, braucht auch keine Theorie mehr dazu, braucht also gar nicht so genau zu wissen, was er da eigentlich glaubt und – wenn es darauf ankommt – redet.

Es langt also schon, nicht eigentlich den Begriff der Nation in seiner Formalität, sondern nur in seiner Wirklichkeit zu verstehen, insbesondere naturgemäß in der Wirklichkeit der deutschen Nation, um die es Willms fraglos einzig geht. Die nationale Wirklichkeit des Staats enthält und erfordert drei Konkretionen: „Konkretion in Zeit und Raum; Konkretion in den realen Beziehungen zu anderen Nationen; Konkretion im lebendigen Bewußtein der Bürger oder ‚des Volkes'." (DN, 49).

Die Konkretion in Raum und Zeit bedeutet nur, dass ein wirklicher Staat, der nach Willms nur eine Nation sein kann, eine Geschichte besitzt und ein geographisches Gebiet abdeckt. Das klingt ganz banal, und wenn es dies bliebe, könnte man kaum daran zweifeln. Jedoch lässt Willms diese gesunde Banalität nicht zu. Vielmehr führt er auch sie auf den „Subjektcharakter des Staates" als einer „Realisierung allgemeinen Selbstbewußtseins" zurück (DN, 48). Es ist sonach das subjektive Bewusstsein des Staats, das erst eine Abfolge irgendwelcher Ereignisse in der Zeit und ein irgendwie begrenztes geographisches Gebiet zu einer Geschichte und zu einem Territorium macht. Ohne den Staat und seine individuelle bzw. subjektive Aktivität kann es also weder Geschichte noch Grenzen geben. Das ist nur deswegen für Willms kein Problem, weil er, wie gesehen, gegen alle historische Erkenntnis den Staatsbegriff auf alle irgendwie gesellschaftlichen Gebilde ausweitet, so dass es immer schon Staat gegeben hat. Dass der Begriff dann nichts mehr begreift, weil er alles begreift von der einsamen Siedlerfamilie über den isolierten Indiostamm im Regenwald und von Weideland zu Weideland ziehende Nomaden bis zum liberalen Rechtsstaat oder zur totalitären Diktatur, ficht Willms nicht an. Für ihn gilt schlicht:

4 Fortsetzung folgt: Populär-akademischer Nationalismus …

„Alle Wirklichkeitsbestimmungen sind Bewußtseinsbestimmungen, also dynamisch und auf Identität gehend: Die bestimmte Geschichte als gewußte, bewußt zu machende oder auch bloß zu erforschende setzt ein Bewußtsein voraus, das diese Geschichte als ‚seine' Wirklichkeit erkennt, und die allgemeine Bestimmung ‚Territorialität' konkretisiert sich in diesen bestimmten Territorium, mit diesen angebbaren Grenzen." (DN, 49)

Was als Geschichte und als Grenze gilt, hängt also von bewusst gefällten Urteilen ab, mit denen ein Subjekt ein Ereignis bzw. eine Reihe von Ereignissen als geschichtlich bzw. ein Gebiet als Territorium und beides als das seine identifiziert. Der Träger dieses Bewusstseins, mithin der Herr über die Identifikationsurteile ist der Staat. Folglich muss der Staat schon existieren, um all diese Urteile fällen zu können. Und er muss dies schon als individueller tun, weil er nicht alle vergangenen Ereignisse als seine Geschichte und nicht alle Gebiete als sein Territorium beanspruchen kann, da sonst keinerlei Bedarf nach Selbstbehauptung bestünde. Individuelle bzw. wirkliche Staaten sind aber Nationen. Also kann jenes Abhängigkeitsverhältnis nicht bestehen, wenn und weil es immer schon Nationen gibt, und diese brauchen demzufolge auch nicht immer schon Staaten zu sein. Unabhängig davon, dass es immer zweifelhafter wird, dass es ein solches anonymes, aber seiner selbst bewusstes Subjekt-Ding, das die Arbeit der Politik tut, indem es unentwegt Identifikationsurteile fällt, in irgendeiner einigermaßen verständlichen Weise geben kann, bewegt sich auch die Begründung jener ersten Konkretion im Kreise. Willms verfährt insofern durchaus konsequent. Er erreicht damit nicht nur, dass dann alle „Geschichte im konkreten Sinne deshalb stets nationale Geschichte als Geschichte eines Ganzen sein [muß]" (DN, 50), sondern dass überhaupt jede Wirklichkeitsbestimmung national sein muss. Denn ein anderes Bewusstsein als das des Staats oder der Nation steht ja gar nicht zur Verfügung, wenn schon die Wirklichkeit eines jeden Einzelnen von vornherein und von Anfang an staatlich bzw. national bestimmt sein muss. Einzelne Bewusstseinsregungen, die davon unterschieden werden könnten, können dann nur noch als Abweichung oder Ablehnung begriffen werden. Staat und Nation müssen also nach Willms immer total sein. So etwas wie ein individuelles Bewusstsein eines einzelnen Menschen, das sich selbst nach Belieben und in Freiheit bestimmt, existiert nicht – und hat auch nie existiert. Es kann gar nicht existieren, und deswegen müssen Staat und Nation vor dem Individuum da sein und unbedingte Priorität vor ihm besitzen. Die Nation ist dann ein Schicksal, dem sich niemand entziehen oder gar erwehren oder es verändern kann. Wie die Stoiker gesagt hätten, bleibt allein die Entscheidung eines an einen

Pferdewagen gebundenen Hundes offen, entweder mehr oder weniger enthusiastisch mitzulaufen oder sich gewaltsam nachschleifen zu lassen.

Da nach Willms alle Subjekte nur existieren können, indem sie sich selbst behaupten, und es aus der Warte seines ‚realistischen Idealismus' strenggenommen nur nationale Subjekte geben kann, ist das „nationale Dasein […] geschichtliche Selbstbehauptung" (DN, 51). Selbstbehauptung ist immer negativ, d. h. gegen alle anderen gerichtet. Dagegen gibt es kein rationales Mittel: Der Vorgang ist notwendig und kann durch sein Subjekt offensichtlich nicht selbst kontrolliert werden. Das bedeutet nichts anderes, als dass Willms der Überzeugung sein muss, dass kein Staat – und ohnehin kein Mensch – dazu imstande ist, durch den Gebrauch seiner eigenen Vernunft, den Drang, seine eigene Freiheit unbegrenzt zu verwirklichen – also: ausschließlich zu machen, worauf er gerade Lust hat –, von vorneherein selbst durch Regeln einzuschränken. Denn:

> „Alle Bestimmtheit ist Negativität, d. h. jedes Subjekt, das sich real verwirklicht, kann dies nur in Auseinandersetzung mit jenen anderen Subjekten. Für die territoriale Bestimmtheit, also für das notwendige Bestehen auf festgelegten und anerkannten Grenzen, kann es keine ‚vernünftigen' Vorgaben geben. Es gibt ebensowenig ‚natürliche Grenzen' wie ‚natürliche Gesetze'." (DN, 51)

Weil es nach Willms keinen übergeordneten Superstaat geben kann, herrscht im Vorgang nationaler Selbstbehauptung allein das Recht des Stärkeren. Folglich spiegelt die schiere Existenz eines Nationalstaats und die Größe seines Territoriums dessen Kraft zur Selbstbehauptung wider. Reicht diese nicht aus, verschwindet er, d. h. er wird von anderen, tauglicheren Staatssubjekten geschluckt. Diese latente Gefährdung kann aufgrund der aus dem Begriff der Selbstbehauptung fließenden permanenten Konkurrenz niemals beendet werden. Solche je nach Nachbarschaft existentielle, stabile oder eben auch eliminative nationale Selbstbehauptung muss nicht immer mit den Mitteln militärischer Gewalt erfolgen. Jedoch „[mußte] Nationalismus – in dem allgemeinen Sinne einer bewußten Selbstbezogenheit der Politik – also unausweichlich eine von Fall zu Fall verschiedene kriegerische Phase durchlaufen" (DN, 52).

Dies gilt insbesondere für die deutsche Nation:

> „Eine Nation wie die deutsche, deren Lage lange und zahlreiche Fronten der Selbstbehauptung mit sich brachte, muß in ihrer Konstituierungsphase um so

kriegerischer und aggressiver sein und werden, je länger sich diese Phase hinzieht." (DN, 51)

Damit rechtfertigt Willms ganz nebenbei nicht nur die historisch durchaus einzigartige Verschwisterung von Nationalismus und Militarismus, die in Deutschland im 19. und 20. Jahrhundert bis zum Ende des Zweiten Weltkriegs aus der vernunftfreien Notwendigkeit subjektiver Selbstbehauptung erwächst. Er gibt auch ebenso nebenbei die naturhafte Existenz eines Dings zu, das die Nation ist, die sich zum Staat ‚konstituiert' oder eben vor dieser, ihrer Bewusstwerdung sang- und klanglos verschwindet. Warum dies schlimm sein und auf jeden Fall zu verhindern sein soll, bleibt dunkel. Denn wenn jenes Ding von sich aus noch keine eigene Identität besitzt, weil ihm eine solche erst durch den nationalen Staat gegeben werden muss, dann ist es bloßes Material oder Objekt einer Identifikation oder besser: einer Identitätsgebung und es ist ebenso gleichgültig wie beliebig und zufällig, welche es erhält – oder ob es überhaupt eine erhält. Trotzdem muss es aber bei der Selbstbehauptung erst einmal ein Selbst geben, das sich behaupten kann. Die Individuen, sofern sie bloß einzelne Dinge sind, die ebenfalls erst später, nach vollzogener Identitätsgebung, als Menschen identifiziert werden können, können es nicht sein. Es bleibt also wieder nur der Staat in Gestalt der Nation übrig, um dies zu leisten. Folglich muss er – obzwar Willms dies leugnet – unabhängig und vor den Menschen und als Nation existieren, weil er diesen erst ihre Identität – zu der zweifellos auch ihr Menschsein gehört – zuweist. Das klingt und ist zwar absurd, lässt sich aber in dem Zusammenhang, den Willms konstruiert, nicht vermeiden.

Der kleinere oder größere Haufen von Leuten, der ein wechselseitigen Kontakt erzwingendes Gebiet zufällig zusammen bewohnt, das ‚Volk', fungiert also nur als Materie oder ‚Substrat' der Nation, die von vornherein und immer schon auf unerklärt bleibende und unerklärbare Weise das Bewusstsein der Einzelnen wenigstens in Form eines ‚dumpfen Gefühls' bestimmt und ihnen dadurch allererst eine Identität verschafft. Das Individuum ist nach Willms derart schwach und irrelevant, dass es nicht einmal eine eigene Identität aus sich heraus besitzt, sondern nur aufgrund der erborgten, besser: aufgezwungenen der Nation überhaupt existieren kann; jedoch niemals für sich, sondern immer nur als Teil des Kollektivs, von dem es aufgrund seiner mit allen identischen Identität nicht mehr unterschieden werden kann – jedenfalls dann, wenn das individuelle Scheinsubjekt das richtige Bewusstsein von sich selbst entwickelt hat und nicht in ein falsches Individualbewusstsein abweicht, mithin die Kollektividentität ablehnt. Ein solch falsches Bewusstsein zu verhüten oder zu korrigieren, ist der erzieherische Auftrag ‚gründlichen Denkens', der durch sinnliche Anreize – wie sie die blöde Masse in dumpfem Gefühl oder trivialem Sensationalismus nötig haben mag – erleichtert wird:

> „Die Idee der Nation ist das Ganze eines als Staat organisierten Volkes. Sie umfaßt also ein reales Substrat Volk in real erlebter und erfahrener Gemeinsamkeit, die von den Menschen dieses Volkes selbst her erfolgte Zusammenfassung zu einem Subjekt politischen Willens und einen abgestuften Grad von Bewußtsein dieses Ganzen. Ihre Wahrheit hat Nation durch ihren Charakter als begriffene Notwendigkeit kollektiver Selbstbehauptung; ihre Würde hat Nation durch ihre Unausweichlichkeit: Nation ist Schicksal. Im Moment des Bewußtseins kommt jedoch zum Ausdruck, daß diese notwendige und unausweichliche Wirklichkeit als menschliche stets nur Verwirklichung sein kann, und zwar im Sinne eines auch individuellen Auftrags. Die Nation verwirklicht sich im Bewußtsein der Menschen – und Bewußtsein vereinzelt. Aber auf Wirklichkeit gerichtetes Bewußtsein oder ‚gründliches Denken' begreift die Notwendigkeit und schließt die Individuen wieder zur Nation zusammen. Voraussetzung für diese Richtung eines Bewußtseins, das seine Stärke und Intensität vom Allgemeinen her erhält, ist, daß die Wirklichkeit, auf die es sich richtet, als allgemeine auch für den einzelnen konkret erfahrbar ist." (DN, 54 f.)

Man sieht auch hier wieder: Warum die Nation Idee ist, wird nicht eigens erklärt. Ihre Wahrheit hängt allein davon ab, dass der Staat selbst sowohl Individuum als auch selbstbewusstes Subjekt ist. Ihre Würde soll in der Notwendigkeit ebendieser Wahrheit bestehen. Dass die Nation nicht von einzelnen Individuen gegründet wird oder sonstwie abhängt, zeigt sich daran, dass diese schon ein Volk bilden müssen, dessen Identität, wie gezeigt, nur von der Nation herkommen kann, der es als materielle Grundlage, d. h. als Substrat, dient. Die Nation wird nicht von irgendetwas von ihr Verschiedenem verwirklicht, sondern sie ‚verwirklicht sich' selbst. Dies so zu denken ist gründliches, daher deutsches Denken. Sein reales Fundament ist allgemeine, von jedermann erfahrbare Wirklichkeit, die Resultat und Objekt des einzig wahrhaften Subjekts ist, nämlich der Nation. Diese sinnliche Seite besteht nach Willms in Sprache, Recht und Geschichte (DN, 56).

Den biologischen Begriff der Rasse klammert er – jedenfalls vorerst und für die noch gegebene Forschungslage – aus. Denn zum einen passt er aufgrund seiner Positivität nicht recht zur idealistischen Methode, und zum anderen ist er aufgrund seiner politischen Aufgeladenheit nicht mehr und derzeit noch nicht wieder neutral verwendbar. Dennoch gilt auch bei Willms immer noch die geradezu klassisch falsche Unterstellung sowohl

4 Fortsetzung folgt: Populär-akademischer Nationalismus ...

seiner prinzipiellen Verwendbarkeit als auch der Erblichkeit erworbener Eigenschaften:

> „Es dürfte in der vorurteilslosen Wissenschaft durchaus unentschieden sein, ob in signifikanter Häufung auftretende Genkombinationen als solche oder deren Überformung durch gemeinsame typische Erfahrungen und durch gemeinsames situationsadäquates Reagieren ‚letztlich' eine wissenschaftlich traktierbare Grundgegebenheit in der Existenz der Nationen darstellen. Ihre Plausibilität erhält ‚Rasse' als erfahrbare Gemeinsamkeit natürlich immer da, wo es um sinnfällige äußere Unterscheidung geht, also etwa um Schwarz-Weiß [...]." (DN, 55 f.)

Sprache, Recht und Geschichte hingegen „bilden einen Kern von Erfahrungen, der die Nation als Wirklichkeitsbereich auch für den einzelnen begründet." (DN, 56) Sprache, Recht und Geschichte müssen also immer national sein. Darüber hinaus sagt Willms indes erstaunlich wenig dazu. Dass mehr kaum zuträglich wäre, zeigt die Redundanz seiner Bemerkungen, die dennoch ihre idealistischen Vorbilder durchblicken lassen. Wenngleich Willms ihn nicht ausdrücklich erwähnt, erinnern seine Thesen in erster Linie an Fichte; insbesondere, wenn von der Lebendigkeit des Denkens innerhalb der eigenen und nur so wirklichen Sprache die Rede ist:

> „Alles menschliche Denken ist konkretisiert in Sprache, d. h. in je bestimmter Sprache. Denken ist wirklich als Sprache, und Sprache ist Besonderes: meine Sprache, unsere Sprache (Polyglotte und Esperantisten sind die Ausnahme). In der konkreten Sprache wird Denken unausweichlich auf seine politische Konstituierung verwiesen. ‚Sprache nationalisiert die Erkenntnis' (so Benno von Wiese über Herder). In diesem Verhältnis ist für die Philosophie die Beziehung vielleicht am unmittelbarsten fassbar, die im Mythos von Antaios und seiner Mutter, der Erde, ausgedrückt ist: Das Denken kann sich nur am Leben halten durch ständige Berührung mit der wirklichen Sprache, und diese ist als je meine, als Muttersprache bestimmt – eine nationale Beziehung." (DN, 56)

Die Muttersprache ist demnach die Wirklichkeit des Denkens. Folglich ist Denken, gründliches zumal, allein in der Muttersprache möglich, ohne die es die Wirklichkeit verliert. Das passt ausgezeichnet zur bereits vielfach dokumentierten Verachtung der Logik, die Willms ebenfalls mit seinen idealistischen Vorgängern verbindet. Denn Logik kann jederzeit verlustfrei in universale, formale Sprachen wechseln, die niemandes Muttersprache, sondern künstlich sind. Folglich hat die Logik und das mit ihr verbundene formale Denken, das für die allgemeine Verständlichkeit sprachlicher Äußerungen und die Entscheidbarkeit ihrer Wahrheit sorgt, für Willms gar keine Wirklichkeit und ist deswegen tot und überflüssig. Deshalb kann das Denken gar nicht rational bzw. logisch konstituiert sein, sondern muss national bzw. politisch bestimmt und begründet sein. Wenn aber das Erkennen trotzdem nach wie vor dem Denken zugeordnet wird, heißt das eben, dass es keine universal verbindlichen Regeln für Erkenntnis, d. h. etwa wie sie erworben und über ihre Wahrheit entschieden wird, geben kann. Erkenntnis und Wahrheit müssen deswegen partikulär sein, wie Willms mit seinem nachweislosen Zitat des Germanisten Wiese belegt (das sich angemessener- und lustigerweise in dessen Beitrag zu Herder in dem 1941 erstmals erschienenen Sammelband *Das Deutsche in der deutschen Philosophie* findet[7]). Aufgrund des politischen Fundaments des Denkens und der Funktion von Sprache für das Denken kann es keine allgemeinen Wahrheiten geben, sondern immer nur nationale, die weder von einer universalen Basis aus mit den Mitteln der Logik noch von einer externen Perspektive aus durch fremdsprachige Denker kritisiert oder in Frage gestellt werden können. Willms' ‚gründliches Denken' führt also notwendig in intellektuellen Isolationismus, der sich jeden Rat und jede Kritik von fremder, nicht-nationaler Seite als unangemessen, sinnlos und unwahr verbittet, ja verbeten muss.

Dass die bewusste Unterwerfung unter ein bestimmtes, staatliches Recht die Nation bestimmt, erinnert ebenfalls an Fichte und ist genausowenig harmlos, wie sie auch am Anfang des *Geschloßnen Handelsstaats* klingt:

„Recht ist in der Wirklichkeit der gemeinsamen Existenz die institutionelle, d. h. auf Dauer gestellte, Vermittlung zwischen dem Individuum mit seinen bestimmten Bedürfnissen und Interessen und der Allgemeinheit. Aber das Recht muß selbst konkret-allgemein sein, d. h. staatlich, d. h. politisch bestimmt sein, wenn es als ‚mein Recht' überhaupt erfahrbar sein soll. Rechtsbewußtsein setzt eine politische Organisation voraus, die als die meine erkennbar und anerkennbar ist – so wie Sokrates die Gesetze seiner ‚Polis' anerkannte, obwohl er ihnen gemäß zum Tode verurteilt worden war. Der Staat, als Rechtsstaat so von den einzelnen insgesamt als der ihre erkannt und anerkannt, ist die Nation. Dem nationalen Bewußtsein wird Gehorsam zur bewußten Pflicht-Grundlage des ‚preußischen' kategorischen Imperativs und des nationalen Widerstands von Ernst Moritz Arndt bis Stauffenberg.

---

[7] Benno von Wiese, Herder, in: Theodor Haering (Hg.), Das Deutsche in der deutschen Philosophie, Stuttgart/Berlin 1942², 273–294, hier: 280.

4 Fortsetzung folgt: Populär-akademischer Nationalismus ...

Im Recht wird, wie man sieht, das Verhältnis Staat-Nation am deutlichsten faßbar." (DN, 56 f.)

Auch das Recht kann nach Willms allein national sein, und da es seiner Meinung nach kein natürliches Recht gibt, müssen die Normen, die es bilden, ebenso partikulär und zufällig sein wie die Individualität der Nation, der es von der anonymen Instanz des Staats, der die Arbeit der Politik tut, gegeben wird. Das sogenannte Volk gibt sich das Recht nicht selbst, sondern findet es immer schon vor als durch das nationale Staatsindividuum gesetztes. Daraus folgt zuallererst, dass es so etwas wie Rechte, die immer und überall, also universal gelten oder beansprucht werden können, gar nicht geben kann. Wenn das Recht prinzipiell immer allein national sein muss, um überhaupt Recht zu sein, besteht keinerlei Notwendigkeit, universale Rechte – mag man sie natürliche Rechte, Menschenrechte, subjektive Freiheitsrechte oder sonstwie nennen – anzuerkennen. Willms' ‚Rechtsstaat' kann beliebige Normen enthalten, solange sie nur irgendwie aus der Nation fließen bzw. zu ihr passen, mögen sie auch aus universalistischer, nach Willms also wirklichkeitsloser, toter Perspektive Unrecht sein. Deutsches Recht ist nach seiner Bestimmung schlicht diejenige Institution, der man unbedingten Gehorsam schuldet, weil sie die Nation repräsentiert – wobei Willms ganz nebenbei und in verschämten Anführungszeichen Preußen- und Deutschtum gleichsetzt. Daraus folgt umgekehrt, dass legitimer Widerstand nur gegen ein Recht möglich ist, das nicht national ist. Sieht man sich seine Beispiele an, unterstellen sie stillschweigend, dass das Recht des Dritten Reichs, das Stauffenberg brach, gerade kein nationales gewesen sein kann, sondern ein ebenso fremdes wie das Recht der französischen Besatzung, gegen das Ernst Moritz Arndt (1769–1860) Widerstand zu leisten versuchte. Diese exkulpatorische Tendenz in der Beurteilung des deutschen Volks in seinem Verhältnis zum Nationalsozialismus wird uns später noch kurz beschäftigen.

Identitätspolitisch bzw. -theoretisch am bedeutsamsten ist freilich die Geschichte:

„Geschichte ist der Begriff jener Erfahrung, daß alles Besondere als menschliches nicht einfach *ist*, sondern stets nur in Verwirklichung existiert. Damit ist für ein konkret Politisches, eine konkrete Allgemeinheit menschlicher Existenzverwirklichung der Begriff des Geschichtlichen als Sich-Durchhalten, als Selbstbehauptung zu fassen. Die sich als Selbst verwirklichende Individualität, also jeder einzelne, kann sich nur im Allgemeinen, d. h. in einem bestimmten, also politischen Allgemeinen, verwirklichen. Dessen konkret sich vollziehende, durchgehaltene Selbstbehauptung ist also der Erfahrungsgrund für die eigene Verwirklichung. Hier besonders wird deutlich, daß individuelle Identität nur möglich ist aufgrund von nationaler Identität." (DN, 57)

Geschichte besteht nach Willms also zunächst schlicht in der Erfahrung von Veränderung, jedoch nicht in jeder beliebigen, aber ebenso wenig in jeder Veränderung, die durch menschliche Freiheit vollzogen wird. Vielmehr bestimmt, was Geschichte sein soll, bereits das staatliche Individuum der Nation, nämlich durch den Prozess ihrer Selbstbehauptung, der zugleich dem Einzelnen seine Identität erst verschafft. Ohne Nation also keine Geschichte, und ohne Geschichte keine Identität des Individuums. Das Selbst, das sich behauptet und dadurch Geschichte erzeugt, ist folglich eines, das ohne einzelne Menschen gegeben oder in die Existenz getreten sein muss. Wiederum erweist sich die Nation als immaterielles, geisterhaftes Ding, das Wirklichkeit setzt, ohne selbst in irgendeinem erklärbaren Sinne wirklich zu sein. Wenn Willms daher eine Art von Idealismus vertritt, ist es ein metaphysischer, genauer: transzendenter Idealismus, den man sich auch anders ausdenken könnte. Denn die Existenzweise der Nation lässt sich kaum von der unterscheiden, die eine unaufgeklärte Theologie den lieben Engelein oder pferdebehuften Dämonen oder gar Gott zuschreibt. Denn die Nation existiert und wirkt als immaterielle Präsenz in der Welt, ohne notwendigerweise Gegenstand der individuellen Bewusstseine sein zu müssen, deren Identität sie trotzdem und jedenfalls bestimmt.

Das Resultat dieser Bestimmung individueller Identität durch Geschichte ist etwas, das man ehedem „Nationalcharakter" genannt hätte, wenngleich sich Willms ungleich verquaster ausdrückt – vermutlich, um jenen politisch sehr belasteten Begriff zu vermeiden:

„Die ursprüngliche Lage und Beschaffenheit seines Territoriums, das Verhältnis zu den benachbarten Völkern, die Art und Weise, wie man sich dort eingenistet hat, wo man jetzt sitzt, die historischen Überlagerungs- und Selbstbehauptungskämpfe rufen typische Reaktionsweisen hervor, die als Erfahrungsbestände den Horizont des Volkes bestimmen. Im Zuge der vertikalen Mobilisierung oder des sozialen Aufstiegs, der Elitenzirkulation werden aus lebensnotwendigen typischen Reaktionen angelernte typische Merkmale auch im individuellen Sinne. Typische, gesellschaftlich verstärkte Merkmale, die natürlich immer wieder durch das Individuum widerlegt werden können, sich im ganzen aber – vor allem, wenn man die Reaktion der anderen Völker und deren Rückwirkung je veranschlägt (sic!) – als relativ konstant und nur langfristig veränderbar erweisen." (DN, 57)

4 Fortsetzung folgt: Populär-akademischer Nationalismus ...

Geschichte schafft Identität, und diese äußert sich in gemeinsamen, ‚typischen' Eigenschaften, welche die Angehörigen einer Nation normalerweise auszeichnen. Man könnte dies als die Herausbildung landestypischer Sitten und Gebräuche verstehen, wie zum Beispiel „Gesundheit!" zu sagen, wenn jemand niest. Eine solche Interpretation wäre vielleicht plausibel, aber für Willms' Selbstverständnis und seinen theoretischen Anspruch naturgemäß viel zu banal. Es handelt sich vielmehr um tiefgreifende Charakterzüge, die jedes und auch das deutsche Volk prägen. Einen davon bildet gewiss die bereits ausführlich analysierte Gründlichkeit, einen anderen die preußische Disziplin im Gehorsam. Welche es sonst sein mögen, bleibt noch im Dunklen.

Klar dürfte jedoch geworden sein, dass nach Willms' Meinung die Nation die Achse ist, um die sich die Welt im Ganzen wie für den Einzelnen dreht. Das ist zwar keineswegs notwendig. Dennoch beruhen auf dieser untergeschobenen Notwendigkeit alle weiteren Behauptungen, die Willms aus seiner „Theorie" ableiten zu können meint (aber nicht kann).

c) Das „nationale Argument" mit Anwendungsbeispielen, oder: Es war nicht alles schlecht...

Es gibt also eigentlich keinen Grund für eine notwendige Priorität der Nation, weil nicht jede Gesellschaft ein Staat und nicht jeder Staat eine Nation sein muss und weil etwas, das jetzt gerade zufälligerweise so ist, wie es ist, nicht in Ewigkeit so sein muss. Freilich hindert dies Willms nicht daran, aus seinen falschen Notwendigkeiten die scheinbaren Konsequenzen zu ziehen. Er bündelt sie im sogenannten „nationalen Argument". Es geht so: „Trägt diese Politik zur inneren und/oder äußeren Selbsterhaltung der Nation bei oder nicht, stärkt sie die Nation im Sinne der Identität in dieser bestimmten Welt oder nicht?" (DN, 106).

Dass das kein Argument ist, sondern eine Frage, weiß Willms selber. Er unterfüttert daher diesen ‚letzten Maßstab' politischer Beurteilung mit dem Grund, der die Frage rechtfertigen soll, die ein, und zwar das einzige Bewertungskriterium politischen Handelns bilden soll. Damit ist jedoch kein isolierter oder auch nur vom Rest separierbarer Lebensbereich bezeichnet. Denn nach Willms' Meinung ist ja alles Denken und Handeln von vorneherein und immer schon politisch. Folglich muss das im nationalen Argument gegebene Kriterium über alles entscheiden, d. h. sowohl über die theoretische Wahrheit und Falschheit von Sätzen, die ein

Sein aussagen, als auch über die praktische Wahrheit und Falschheit von Sätzen, die ein Sollen aussagen, also über Gut und Böse. Der „nationale Standpunkt [ist], strenggenommen, die Voraussetzung für die Entfaltung jeder wissenschaftlichen Position überhaupt und kann als solcher nicht aufgegeben oder übersprungen werden" (DN, 139). Es gibt daher für Deutsche nur deutsche Ethik, deutsche Geschichtswissenschaft, deutsche Soziologe, aber auch nur deutsche Physik, deutsche Mathematik usw. Der Grund dafür, also das eigentliche Argument, besteht in nichts anderem als in der angeblichen Notwendigkeit der Idee der Nation:

> „Mit dieser deutlichen Bestimmung des letzten Maßstabs, dessen Dignität, wie die Theorie der Nation zeigt, nicht aus der ‚Hochwertigkeit' einer gedachten Norm, sondern aus der Notwendigkeit realer Existenzwirklichkeit resultiert, läßt sich auch das Chaos nationaler Reaktionen, Gefühle und Aktivitäten beurteilen. […] Wenn der letzte Maßstab die Nation als Idee ist, dann muß eine Politik, ganz gleich welcher Vokabeln sie sich bedient, insbesondere aber, wenn sie mit nationalem Anspruch auftritt, wie weit sie ‚der Nation' als solcher nützt oder schadet: Diese Nation als solche aber ist als Identität des Besonderen und des Allgemeinen und das Bewußtsein davon." (DN, 106)

Die bisherige Analyse jener ‚Theorie der Nation' hat schon gezeigt, dass sie nur unter Ausschaltung jeder herkömmlichen Logik und damit auch unter Abgabe allen gesunden Menschenverstands an der Garderobe für wahr gehalten bzw. „eingesehen" werden kann. Naturgemäß sieht das Willms völlig anders. Deswegen ist es nicht ohne Ironie, dass er der Motivation durch bloße – und freie! – Einsicht selbst durchaus misstraut und keineswegs für ausreichend hält:

> „Daraus (sc. aus der Notwendigkeit einer jederzeit abrufbaren Bereitschaft zum Selbstopfer) ergibt sich die Notwendigkeit, die Verwirklichung der Idee der Nation nicht nur an die stets notwendigerweise rare ‚Einsicht in die Notwendigkeit' zu binden. Verleugnung des individuellen Interesses aus Pflichtbewußtsein oder Freiheit als Einsicht in die Notwendigkeit ist Ideal im Sinne von Identität, die Wirklichkeit der Freiheit realisiert sich in dem breiten Spektrum der Möglichkeiten von der bewußten Identität über den dominierenden Bereich der Freiheit als Interessenwahrnehmung vom einzelnen her bis hinab zur latenten Möglichkeit, die eigene Freiheit nur durch Abweichung und Widerspruch zum Allgemeinen zu bestimmen." (DN, 104)

Wiederum erweist sich Individualität als rein störendes Element. Ganz in der idealistischen Tradition Fichtes oder Hegels soll wahrhafte Freiheit gerade in der Eliminierung individueller Freiheit zugunsten eines dadurch totalen Staats liegen. Da die wenigsten Leute – und dies zu Recht – von selbst ihre eigene Identität aufgeben, weil man ihnen sagt, dass sie die falsche sei, und sich eine ebenso universal-partikuläre wie uniforme durch einen anonymen Staat, der sich Nation nennt, verpassen lassen, sind hier Zwangsmaßnahmen angeraten. Allerdings vermisst Willms hier notgedrungen die Begeisterung idealistischen Bewusstseins:

> „Die Bereitschaft zum Einsatz der individuellen Fähigkeiten im Sinne der Pflicht zum Allgemeinen ist nur im äußeren Sinne erzwingbar, wie das Recht." (DN, 104)

Dies genügt nicht zur Verwirklichung der Idee der Nation. Daher ist staatlicherseits auf die noch uneinsichtigen Bewusstseine einzuwirken. Dies geschieht in unverhüllt manipulativer Absicht, wenngleich Willms verständlicherweise lieber von „Versuche[n] der Pädagogisierung" (DN, 98) als von Propaganda, Gehirnwäsche oder Sozialzwang und gezielter Ausgrenzung Andersdenkender spricht:

> „Deshalb erfordert die Wirklichkeit der nationalen Idee in bedeutend höherem Maße eine bewußte Anstrengung zur Mobilisierung jener Zustimmung. Die Einsicht in die Notwendigkeit der Idee bringt den Einsichtigen zur Pflichterfüllung, dem im Kreis seiner Partikularität Befangenen muß die Nation versuchen, die Trivialität seines Daseins durch nationales Bewußtsein oder Nationalgefühl zu erhöhen, dem Widerstrebenden versucht sie Begeisterung zu vermitteln, dem dumpfen Unbewußtsein vermittelt sie emotionale Bewegung und den sich bewußt Verweigernden gibt sie der öffentlichen Verachtung preis." (DN, 104)

Willms' nationales Argument bildet in seiner umfassenden Anwendbarkeit das Zentrum eines totalitären Denkschemas, das – wie es sich für einen ordentlichen Totalitarismus gehört – alle Lebensbereiche und Gegenstände beherrscht:

> „Das Urteil, dem alle Politik, alle Systeme, alle Mittel, aber auch die Personen oder Parteien unterworfen sind, ist eben die Frage nach ihrer Bedeutung für die Selbstbehauptungskapazität der Nation. Dieser Frage müssen alle anderen systematisch untergeordnet werden […]." (DN, 120)

Was oder wer also die ‚Selbstbehauptungskapazität der Nation' schmälert, ist falsch, schädlich, unnütz, schlimm, böse oder feindlich gesonnen, und was oder wer sie steigert, ist wahr, nützlich, gut oder freundlich gesonnen. Mehr zu wissen ist nicht nur nicht nötig, sondern nicht einmal möglich, da die sogenannte Idee der Nation den Grund für alles mögliche Denken, d. h. alles Wissen, Wollen und Handeln, bildet und nichts außerdem. Carl Schmitts (1888–1985) ursprünglich dem Bereich der Politik zugeordnete und auf ihn beschränkte fundamentale Unterscheidung zwischen Freund und Feind erfährt hier unendliche Ausdehnung. Die systematische Fundierung aller menschlichen Existenz auf nationale Politik schluckt alle anderen Bereiche – etwa Landwirtschaft, Handwerk, Technik, Medizin, Jurisprudenz, Ökonomie, Kunst, Wissenschaft usw., aber auch ein in Wahrheit gar nicht mehr mögliches Privatleben – und erklärt sie bestenfalls zu tauglichen Mitteln zur Erreichung des einzig relevanten und erlaubten, politischen Zwecks.

Die vorgegaukelte absolute Notwendigkeit dieses Zwecks degradiert alles andere zum bloßen Mittel oder zur beliebigen Meinung. Folglich duldet seine Verfolgung keinerlei moralische oder rechtliche Beschränkung, sofern sie ihren Grund außerhalb des nationalen Denkens hat oder dessen Kreis überschreitet. Eine Anerkennung von universalen Menschenrechten oder ähnlichen subjektiven Rechten, aber auch einer Moral aus reiner, universaler Vernunft oder etwa eine religiös fundierten Ethik wie der christlichen ist damit ausgeschlossen, weil sie dem nationalen Interesse zuwiderlaufen oder Grenzen setzen könnten. In Willms' „nationale[m] Idealismus" (DN, 140) heiligt der Zweck buchstäblich die Mittel.

Er tut dies im festen, aber falschen Glauben an seine eigene unbedingte Wahrheit, die aufgrund ihrer vehement behaupteten und ebenso falschen Notwendigkeit unmöglich angezweifelt werden können soll:

> „Vertrag, Spielregeln oder Grundwerte: Gemeinsames Kennzeichen ihrer jeweiligen normativen Substanz ist deren Bestreitbarkeit. Wertpositionen sind potentielle Bürgerkriegspositionen. Wertüberzeugungen sind lediglich ein anderer Ausdruck für Gesinnungen, geht man auf sie zurück, dann kommt es in der Tat nur darauf an, die ‚richtige' Gesinnung zu haben, die demokratische etwa, womit sich ein Zirkel schließt, der von sich selbst her geradezu zum Ausbruch ermuntert und Frontstellungen hervorruft, die sich um so militanter verwirklichen können, je erhabener im moralischen oder erbaulichen Sinne die zugrundeliegenden Gesinnungen sich geben oder sich verstehen." (DN, 121)

4 Fortsetzung folgt: Populär-akademischer Nationalismus ...

Dass Willms nicht verrät, was eigentlich ein „Wert", gar ein „Grundwert" sein soll, teilt er mit den meisten Autoren, auch wenn sie dem Ausdruck gegenüber positiver eingestellt sind. Was er jedenfalls ausschließt, ist, dass es solche moralischen Grundbegriffe geben könnte, die unbedingte und universale Geltung beanspruchen, d. h. die von einer Person nicht, ohne sich selbst zu widersprechen, verneint werden können. Einen solchen Selbstwiderspruch stellte es etwa dar, wenn man ein Mensch ist und die universale Gültigkeit der fundamentalen Menschenrechte verneint, weil man damit die eigene, bloße – wenn man so will artgerechte – Existenz als Mensch zur Disposition stellt. Denn auch über deren Inhalt zu streiten, setzt immerhin voraus, dass man lebt und frei handeln kann. Das heißt nicht, dass man persönlich womöglich sein eigenes Menschenrecht aufgeben und sich als etwas anderes, eine Sache, behandeln lassen kann, wenn man dies unbedingt möchte. Jeder kann und darf mit sich selbst so widervernünftig umgehen, wie er möchte. Einem oder vielen oder allen anderen gegen deren Willen diese Grundrechte abzusprechen oder sie zu zwingen, diese aufzugeben, ist jedoch moralisch unmöglich, wenngleich dies unter erheblicher Gewaltanwendung geschehen kann. Der schlichte Bruch eines fundamentalen Rechts annulliert dieses aber nicht, genau so wenig, wie ein Diebstahl das positive Gesetz, das dies verbietet, außer Kraft setzt.

Willms jedoch verschiebt all dies in den Bereich der ‚Gesinnungen', also innerer Einstellungen oder Haltungen, die jemand erwirbt und zu deren Rechtfertigung durch Gründe er gegebenenfalls verpflichtet ist. Stellt sich bei deren Analyse heraus, dass man sie nicht, ohne einen Widerspruch zu begehen, verneinen kann, lassen sie sich nicht sinnvoll anzweifeln. Ist dies nicht der Fall, durchaus. Freilich wird es sehr wenige solche ‚Gesinnungen' geben, die jenes Kriterium erfüllen – wenn es überhaupt solche gibt; die Achtung fundamentaler Menschenrechte oder subjektiver Rechte, die einem jeden nur aufgrund seiner Existenz zustehen, wäre vermutlich ein guter Kandidat, wollte man sie denn überhaupt, wie Willms dies gegen allen Begriffsgebrauch und ohne weitere Begründung tut, als Gesinnung qualifizieren.

Willms jedoch unterstellt allen solchen Haltungen ihre prinzipielle Bestreitbarkeit. Vermutlich greift er sogar deswegen eigens auf Max Webers (1864–1920) unselig simple und erstaunlich überschätzte Gegenüberstellung von Gesinnungs- und Verantwortungsethik zurück, um genau dies tun zu können. Jedenfalls soll Willms' nationales Argument naturgemäß jeder Bestreitbarkeit entzogen sein. Denn es beruht ja nicht auf einer Gesinnung, sondern auf einer notwendig zu denkenden und wahren Idee und dünkt sich daher allen möglichen Gesinnungen von Vertrag über Regel bis zum Grundwert systematisch übergeordnet und überlegen. Alle Rechte, Regeln und Werte sind daher von der absoluten Warte des nationalen Arguments aus zu beurteilen und gegebenenfalls entweder als taugliches Mittel zur Selbstbehauptung der Nation anzuerkennen und zu gebrauchen oder zu verwerfen und zu eliminieren.

Besonders reibt sich Willms an der Demokratie bzw. einer dieser irgendwie zugrundeliegenden ‚demokratischen Gesinnung'. Dabei geht es ihm um die Zufälligkeit und die Wahrheitslosigkeit der „Demokratie als Systemform oder gar als ‚Gesinnung'" (DN, 124). Denn sie muss immer der Nation untergeordnet bleiben. Demokratie ist eben keine absolut notwendige Idee und steht daher jederzeit zur Disposition, falls sie nicht den Interessen der Nation dient. In Willms' angestrengt philosophische Tiefe vortäuschender, in Wahrheit eher ebenso bombastischer wie dunkler Ausdrucksweise klingt das so:

> „Wenn es im Begriff Demokratie um Freiheit als Bedingung menschlicher Existenz, um ‚conditio humana' geht, so geht es in der Idee der Nation um die Substanz von deren konkreter Wahrheit." (DN, 124)

Die Nation ist, weil sie Substanz sein soll, ein Ding, das selbständig und unabhängig von anderen Dingen, z. B. Leuten, für sich genommen existiert, und zwar notwendigerweise, weil sie eine Idee ist. Welche Wahrheit sie substanziiert bleibt aufgrund der Mehrdeutigkeit des grammatischen Bezugs – „deren" kann sich zwischen „Freiheit" und „Nation" auf jedes Substantiv davor beziehen – unausgemacht, aber es passt ja alles irgendwie. Entscheidend scheint jedenfalls, dass die Demokratie weder für die Freiheit noch für die menschliche Existenz noch die gesamte conditio humana eine notwendige Bedingung bildet. Dies gilt nämlich nur für die Nation, die deswegen die wahre Substanz menschlicher Existenz oder Freiheit oder der conditio humana schlechthin sein soll. Es gilt also nicht nur: Ohne Nation keine menschliche Existenz, Freiheit, Menschheit. Es gilt auch: Wenn Nation, dann menschliche Existenz, Freiheit, Menschheit. Die Nation wird so zur hinreichenden Bedingung all dieser schönen Sachen, das heißt: Wird die Idee der Nation bewusst und als solche in Raum, Zeit und Bewusstsein verwirklicht, existiert auch Freiheit und Menschheit, sonst nicht – egal, welche politische ‚Systemform' bzw. welche Regierungsform unter welcher Verfassung gerade herrscht. Und da die Nation immer nur eine individuelle, allen anderen entgegengesetzte Substanz sein und also allein in ihrem eigenen Interesse handeln kann, stellt sie ihre eigene Existenz schon in Frage, wenn sie – etwa aus scheinbar dem nationalen Interesse übergeordneten, moralischen Gründen – auch die Interessen anderer Nationalsubstanzen berücksichtigt, die gerade keine Bedrohung ihrer eigenen Existenz darstellen.

Eine solche geht eher von der Demokratie aus, die nach Willms gerade von der allgemeinen Bestreitbarkeit von allem lebt und deswegen gar keine Absolutheiten anerkennen darf:

> „Wer die Demokratie für einen ‚absoluten Wert' hält, zeigt nicht nur oberflächliches Denken, sondern auch Bürgerkriegsdisposition. Jede Verabsolutierung – und das weiß ja auch jeder Demokrat – widerspricht der Demokratie, eine neuerliche Verabsolutierung dieser Nichtverabsolutierung ist nicht nur theoretisch eine Torheit, sondern kann faktisch nur die Verabsolutierung einer bestimmten demokratischen Wahrheit bedeuten. Aber Wahrheit ist keine Kategorie der Demokratie, was bei der Behauptung einer demokratischen Wahrheit in Wirklichkeit geschieht, ist Vorbereitung des Bürgerkriegs. Dessen Überwindung aber war der Begriff des Staates, und dessen Konkretion ist die Nation als Idee konkreter Identität. Wer Demokratie verabsolutiert, ist ein Reaktionär. Wer seine Auffassung von Demokratie oder vom Sozialismus nicht als Gesinnung zur Disposition stellen kann, wenn es um die Nation geht, kann nicht erwarten, daß man einer solchermaßen substanzlosen Gesinnung politisches Gewicht beilegt." (DN, 124 f.)

Man sieht hier, welche Verheerungen die Einführung der Rede von Wahrheit und Notwendigkeit, um die Willms unablässig kreist, in die Politik anrichtet, der es doch immer um ein Sollen, d. h. um etwas Zukünftiges, gehen muss – über dessen Wahrheit noch nichts ausgemacht ist und das nicht notwendig sein kann, wenn es von freien Entscheidungen abhängt. Wahrheit nämlich ist in Wahrheit gar kein Gegenstand der Politik, weil sie nicht zu ihrer Disposition steht: Zwar sollte Politik dringend von – soweit dies nur möglich ist – wahren Beschreibungen der Welt bzw. dessen, was ist, ausgehen, aber die Maßnahmen zu deren Verbesserung, um die sie streitet, können nicht wahr oder falsch, sondern nur angemessen oder unangemessen, gut oder schlecht bzw. böse sein. Und politisches ebenso wie individuelles Handeln kann allenfalls moralisch notwendig oder unmöglich sein, aber nicht schlechthin, absolut notwendig, sonst wäre es nicht frei. Dass diese elementaren Einsichten Willms gleichgültig sind, hat schon sein permanentes und unsinniges Schließen vom Sein auf das Sollen gezeigt.

Vor diesem Hintergrund konstruiert seine Polemik im Gewande der Argumentation wiederum einen Popanz: Dass eine liberale, rechtsstaatliche Demokratie die Bedingungen, von denen ihr Bestand abhängt, nicht selber garantieren kann, ist durchaus allgemein bekannt. Die Abschaffung einer demokratischen Verfassung mit den Mitteln der Demokratie ist eine Möglichkeit, die sich schlechterdings nicht ausschließen lässt. Wenn es eine ‚demokratische Wahrheit' gibt, wird es womöglich genau diese sein, die erweist, dass Demokratie gerade nicht als so etwas wie eine absolute Wahrheit angesehen wird. Die Erkenntnis, dass der Mensch so und so beschaffen ist und ihm deswegen bestimmte unveräußerliche bzw. nicht aberkennbare Rechte zugestanden werden sollen, ist keine irgendwie exklusiv ‚demokratische Wahrheit', sondern das Fundament staatlicher Gemeinschaft, das nach weitverbreiteter Überzeugung am besten in einer Demokratie gewahrt, gepflegt und gefördert werden kann. Darin liegt ebenfalls keine Verabsolutierung, sondern nur die Einsicht, dass sich die demokratische Verfassungsform nach langen, quälenden Experimenten als die beste oder auch die am wenigsten schlechte unter allen anderen, noch schlechteren vernünftigerweise vorzuziehende herausgestellt hat. Welche Gruppe von Leuten sich in wechselseitiger freier Anerkennung ihrer subjektiven Rechte zusammenschließt und sich auf dieser Basis selbst Gesetze gibt, scheint vielmehr gänzlich irrelevant: Es kann sich dabei um ein Volk oder eine sonstwie verbundene Menge von Leuten handeln, die darüber hinaus noch meinen, eine nationale oder sonstige Identität zu haben oder ausbilden zu wollen; das muss aber nicht sein. Staatlichkeit muss sich nicht notwendigerweise in Gestalt der Nation formieren, sondern nur in der Gestalt eines durch ein bestimmtes Recht positiv zu identifizierenden Staats.

Dessen Gründung beendet, ganz anders als Willms dies behauptet, auch keinen Bürgerkrieg. Denn wo noch kein Staat und kein Rechtssystem ist, dort sind auch keine Bürger, und wo keine Bürger sind, kann kein Bürgerkrieg stattfinden, sondern allenfalls rechtlose und ungebremste wechselseitige Aggression. Und auch ob diese notwendigerweise herrschen muss, wenn in den vorstaatlichen Gemeinschaften sich keine Partei findet, die ihre eigene Haltung, wie ein Zusammenleben aussehen soll, für die einzige mögliche und wahre hält, d. h. absolut setzt, wird man bezweifeln können. In der Tat ist der einzige, der im Rahmen seiner politischen Auffassungen irgendetwas verabsolutiert, Willms selbst. Freilich tut er dies in der Meinung, dass er hier gar nichts verabsolutiert, weil ihm die Einsicht in eine Idee von absoluter Wahrheit und Notwendigkeit gelungen sei. Aber das oder Ähnliches macht jeder, der etwas verabsolutieren möchte. Man ist daher durchaus geneigt, Willms in seiner Diagnose zuzustimmen, dass die Verabsolutierung einer politischen Position einer ideologischen Bürgerkriegsvorbereitung gleichkommt. Unter den Positionen, die Willms behandeln will, trifft dies aber nur auf seine eigene zu. Denn eigentlich niemand behauptet

4 Fortsetzung folgt: Populär-akademischer Nationalismus ...

einen derart unverständlichen Satz wie den, dass Demokratie „so etwas wie eine absolute Wahrheit ist" (DN, 125).

Willms' ‚idealistischer Nationalismus' hingegen ist gewiss eine politische Position. Sie legt sich zwar nachdrücklich gerade nicht auf eine bestimmte Staatsform fest, behauptet aber ebenso gewiss ihre absolute Wahrheit. Dass Demokratie dabei im Grunde genommen genauso stört wie der Einzelne und seine individuelle Freiheit in der Nation, lässt sich nach Willms' Einlassungen kaum bezweifeln. Er hält Demokratie demnach für eine Veranstaltung, bei der mögliche Bürgerkriegsparteien zivilisiert aufeinanderprallen und eingehegt werden sollen. Sie ist deswegen am besten abzuschaffen, was von selber geschieht, wenn sie im Angesicht der ‚Unbestreitbarkeit' der Idee der Nation überflüssig geworden ist. Dann sind sich nämlich alle über die Gültigkeit des nationalen Arguments einig – sei es durch Einsicht, sei es durch Begeisterung, sei es im dumpfen Gefühl – und alle, die davon abweichen oder es ablehnen, sind mit welchen Mitteln auch immer bekehrt, ausgeschlossen oder sonstwie eliminiert worden. Nun teilt schon die Staffelung nach Graden des nationalen Bewusstseins das Volk unübersehbar in Führer und Geführte ein. Zusammen mit dem Eingeständnis, dass die Einsicht in die Notwendigkeit ‚rar' ist, spricht das eher weniger für eine demokratische Verfassung als für eine pyramidale, autoritäre Ordnung, an deren Spitze die einsichtigsten Nationalbewusstseinsbesitzer stehen würden – wenn es denn überhaupt mehrere sind.

Für eine solche politische Ordnung, die das nationale Argument angemessen beachtet und also an die Stelle eines absoluten Entscheidungskriteriums setzt, führt Willms ruhmreiche Beispiele aus der deutschen Geschichte an. Insbesondere auf ein Ereignis kommt er dabei immer wieder zurück, zunächst als Beispiel für etwas, das man nicht mehr sagen darf:

> „Man darf nicht nur nicht den Anschluß Österreichs als das bezeichnen, was er in Wahrheit war, nämlich eine nationale Großtat, man darf auch nicht die Neue Reichskanzlei Albert Speers für großartige Architektur halten, ohne daß einem Auschwitz entgegengehalten werden kann." (DN, 195)

Dasselbe Ereignis markiert den Gipfelpunkt der Herrschaft der Nationalsozialisten, deren

> „eigentlicher Erfolg die Jahre von 1933–1938 [wurden], in denen sie in einem beispiellosen Tempo wichtige nationale Probleme lösten. Es hat keinen Sinn, zu leugnen, daß die territoriale Nationalisierung bis zum Anschluß Österreichs

eine großartige Errungenschaft in der nationalen Geschichte Deutschlands war oder daß sie jedenfalls den Deutschen so erscheinen mußte." (DN, 198)

Nun geht es hier nicht um eine erneute und längst überflüssige, weil erledigte Bewertung einer aggressiven Expansionspolitik, in deren Rahmen vermittels einer Reihe völkerrechtswidriger Annexionen diverseste deutsche Volksstämme bzw. in anderen Ländern angesiedelte sogenannte „Volksdeutsche" zusamt den betreffenden Ländern „heim ins Reich" geholt, mithin ins Ganze der Nation eingegliedert wurden. Es geht allein darum, dass es diese politischen Handlungen bis einschließlich des Anschlusses Österreichs sind, die vor dem Kriterium des nationalen Arguments bestehen können. Folglich steigerten diese und derartige politischen Handlungen das Selbstbehauptungspotential der Nation. Zwar stellt es eine historische Absurdität dar, die Geschichte Österreichs und das Bewusstsein der Österreicher schlankweg für deutsch-national zu erklären. Trotzdem unterstellt der Erfolg des Anschlusses Österreichs ans Deutsche Reich durch Hitler nach Willms' Kriterien die wahrhafte und eigentliche Homogenität von Sprache, Recht und Geschichte in dieser territorialen Ausdehnung der deutschen Nation. Die wahre deutsche Nation kann daher nur im sogenannten „Großdeutschland" bestehen. „Mit der Erreichung der großdeutschen Lösung des alten nationalen Problems hatte Adolf Hitler […] die Einigung der Nation erreicht". (DN, 202) Sie verspielt zu haben, muss demnach auch – bringt man wieder das nationale Argument in Anschlag – der schlimmste Fehler der Nationalsozialisten nach 1938 gewesen sein:

> „Deutschland hat die Übersteigerung eines europäischen Hegemonieanspruchs zu einer rassistischen Weltherrschaft mit dem Verlust eines Drittels seiner Länder bezahlt. Nicht nur ist die großdeutsche Lösung – anscheinend für immer – rückgängig gemacht worden: Pommern, Schlesien, die beiden Preußen und das Sudetenland – der Stolz und die Kraft Deutschlands sind mit ihnen verloren." (DN, 226)

Mit anderen Worten: Das Streben nach Hegemonie auf dem europäischen Kontinent war noch in Ordnung, das mit der „Zerschlagung der Resttschechei" (DN, 202) beginnende Streben nach Weltherrschaft, das nach Willms im Bewegungscharakter des Nationalsozialismus begründet war, nicht mehr. Sein Rassismus war nicht schon für sich genommen falsch, schlecht und verwerflich, sondern wegen seiner Internationalität. Denn zu jenen Gebietsverlusten, d. h. zum Ende Großdeutschlands, führte „die unpolitische, die Idee der Nation und ihre Notwendigkeit mißachtende

4 Fortsetzung folgt: Populär-akademischer Nationalismus ...

Intention eines rassistischen Internationalismus" (DN, 226). Nicht also der Rassismus war der Fehler, sondern seine Ausweitung über die erstaunlich großzügig bemessenen nationalen Territorien hinaus, deren Identität durch Sprache, Recht und Geschichte trotz Willms' Unterstellungen so fraglich ist, dass sie kaum ernsthaft behauptet werden kann. Denn dass auch in Zukunft biologische Kriterien zur Bestimmung der Nation gehören müssen, räumt er ausdrücklich ein:

> „Daß deren (sc. der Nation) Ethik, d. h. eine vom Denken und ihrer Substanz angeleitete Praxis nicht mehr nur dem Kampf um die ‚Seele der Nation' im Sinne einer Erneuerung des Nationalbewußtseins, sondern als Folge auch den Kampf um ihren ‚Körper', d. h. die biologischen Bedingungen ihrer Selbstbehauptung als dieser, also Probleme des Umgangs mit den Fremden und mit der eigenen Fortpflanzung, umfassen muß, kann hier nur angedeutet werden." (DN, 279)

Zieht man also nach Willms den ‚unpolitischen' Bewegungscharakter der Nationalsozialismus und den daraus fließenden Internationalismus ab, der „die Problematik der nationalsozialistischen Erfolgspolitik von ihrer Struktur her" bildet, zeigt sich, „daß und warum der nationalsozialistische Standpunkt und seine Praxis zu einem wesentlichen Teil inhaltlich mit dem nationalen Standpunkt schlechthin identisch war:" (DN, 197) Dass etwa die sozial- und wirtschaftspolitischen Maßnahmen zu dessen Durchsetzung den Beifall des nationalen Arguments finden, zeigt Willms' ausdrückliche, indes wenig konkrete Erwähnung der Praxis nationalsozialistischer Herrschaft, deren Vorteile im Sinne des nationalen Arguments aufgrund ihrer zu kurzen Dauer sich nicht mehr entfalten konnten:

> „Die ‚Volksgemeinschaft' hat sich selbst nicht die Zeit verschaffen können, wirklich erprobt zu werden, aber schon die Wirklichkeit dieser Politik in der kurzen Zeit von 1933–1939 sah anders aus als jene Diffamierungen (sc. aus der Nachkriegszeit). Es ist richtig, daß diese Politik durchaus unternehmerfreundlich war – dies entsprach der nationalsozialistischen Auffassung von Persönlichkeit und Führerprinzip und von der Kreativität des Einzelnen. […] [A]ber es ist deutlich, daß diese Instrumentalisierung der ‚Volksgemeinschaft' (sc. zur totalen Beherrschung des Volks) kein Argument gegen ihre relative Vernünftigkeit als diese sein kann" (DN, 202 f.).

Deren Grund muss in wiederum in der Konformität des Konzepts der ‚Volksgemeinschaft' mit dem nationalen Argument liegen, weil woandersher nach Willms keine Vernunft zu gewinnen ist.

Da es keine Vernunft über der Idee der Nation und dem nationalen Argument – und demzufolge dort auch keine Moral und kein Recht – gibt, ist jedes Handeln, das diesem sogenannten Argument entspricht, in absoluter Weise gerechtfertigt, gleichsam letztbegründet. Denn es gibt schlicht keine höhere Instanz, an die man appellieren könnte. Dies gilt nach Willms genauso für den Nationalsozialismus, welcher der deutschen Geschichte immerhin „die hinreißende Großartigkeit der großdeutschen Lösung" (DN, 203) geschenkt und wieder verspielt hat.

d) Die Verderbnis, die aus dem Westen kommt: Was wirklich schlimm ist…

Aus der Perspektive des nationalen Arguments war es keineswegs die bedingungslose Kapitulation am 8. Mai 1945, die der Nation den schlimmsten Schaden zugefügt hat. Denn Niederlagen in Kriegen können passieren. Deswegen können „weder das nationale Selbstbewußtsein noch die nationale Loyalität der Individuen sinnvollerweise davon ausgehen, immer nur erfolgreich im äußeren Sinne sein zu müssen; die nationale Pflichterfüllung kann nicht an den Erfolg gebunden sein" (DN, 108). Im Gegenteil ist ein Krieg schon dann geboten und gerechtfertigt – Willms' verdrehte Variante einer Theorie des gerechten Krieges –, wenn er nur im Interesse der nationalen Selbstbehauptung geführt wird. Dies kommt aber nicht erst in Ausnahmesituationen wie fremden Angriffen zum Tragen, sondern bildet die raison d'être aller staatlichen Organisation. Mögliche, auch innenpolitische Kriegsgründe sind daher bei Bedarf leicht zu finden und erst dann irrelevant, wenn ein Krieg „von der Nation her nicht mehr als Mittel kalkulierbar wäre" (DN, 109). Willms entdeckt so trotz aller ständig propagierten ‚Nüchternheit' ausgerechnet in militärischen Angelegenheiten den Sieger der Herzen: „Ein nationaler Selbstbehauptungskampf kann in der Art und Weise, wie er geführt wurde oder wird, nicht nur danach beurteilt werden, ob er erfolgreich war oder ob er mit einer Niederlage geendet hat – oder gar mit einer ‚Katastrophe'." (DN, 108) Man bemerke, dass Willms hier schon gar nicht mehr über Kriegsgründe spricht, sondern über die Art der Kriegführung selbst. Ob streng regulierter, eigentlich vornationaler Kabinettskrieg oder Vernichtungskrieg oder totaler Krieg – da es nichts Höheres als das nationale Argument gibt, kann all dies gerechtfertigt sein. Denn es findet sich schlicht kein übernationaler Grund, keine übernationale Norm mehr, die den Einsatz beliebiger Mittel im Krieg noch verbieten könnte. Demzufolge haben Begriffe wie Schuld oder Strafe, sofern sie auf eine unterlegene Nation bei einer Beurteilung oder Aufarbeitung des vergangenen Kriegsgeschehens oder überhaupt auf Nationen angewendet werden sollten, weder Platz noch Bedeutung. Aus Willms' Perspektive des nationalen Arguments hat ein Krieg mit der Niederlage einer Partei nicht aufzuhören. Alle Maßnahmen, die der unterlegenen Nation von den Siegern danach noch auferlegt werden, setzen den Krieg nur mit anderen Mitteln fort. Es gilt ihn daher aus der Sicht des Verlierers ebenfalls mit anderen Mitteln weiterzuführen und auf der Vorläufigkeit der Niederlage zu beharren: „Die Reaktion auf eine Niederlage ist Wiederaufbau der Nation, und erst durch eine vollkommene Selbstpreisgabe wäre die Niederlage besiegelt." (DN, 108).

Letzteres, die Angst vor einer endgültigen Niederlage der deutschen Nation und das Beharren auf der Vorläufigkeit des Ausgangs des Zweiten Weltkriegs und seiner Resultate, vor allem des damit einhergehenden Zustands des nationalen Bewusstseins, treibt Willms nachgerade in monomaner Manier an. Seine zusammenfassende Bewertung des Zweiten Weltkriegs zeigt dies wie in einem Brennglas:

> „Ein ‚nationaler' Krieg wie der Zweite Weltkrieg könnte, insoweit er dies war, im Sinne des nationalen Kriteriums – und ein anderes gibt es nicht – jedenfalls nicht wegen der Zahl der Opfer als ‚sinnlos' angesehen werden, sondern höchstens aus zwei anderen Gründen. Erstens, weil und soweit er in anderer als in der Intention nationaler Selbstbehauptung geführt wurde, und zweitens, wenn er in seinen Folgen die Nation dazu bringt, sich selbst aufzugeben." (DN, 108)

Wenden wir uns nun also dem willms'schen Albtraum zu. Er besteht näherhin darin, dass genau dies, die Selbstaufgabe der deutschen Nation, das bewusste Ziel der Siegermächte nach dem Krieg war und noch ist. Wir werden später noch sehen, dass diese Behauptung auch im gegenwärtigen Nationalismus fortbesteht. Es ist auch kein Zufall, dass sich dieser wie Willms vor allem gegen den ‚Westen' richtet. Willms begründet dies mit dem klassischen Zaubertrick ‚konkreter Dialektik', der von einem angeblichen Standpunkt tieferen – oder ganz nach Geschmack auch: höheren – Wissens oder ‚gründlicheren Denkens' den Hausverstand des Normaldenkers auf den Kopf stellt. Das Argument besteht schlicht in der Behauptung, dass in der seinerzeitigen DDR aufgrund seiner größeren und offensichtlicheren, spürbaren Unterdrückung das nationale Bewusstsein stärker sein muss. Für Willms wird deswegen das Licht nationaler Wiedergeburt aus dem Osten kommen:

„Darauf ruht eine der Hoffnungen der Nation, und es ist durchaus denkbar, daß die Summe einer solchen nationalen Gesinnung, zusammengefaßt in einer eindeutigen Situation der Selbstbehauptung gegenüber der Sowjetunion, das weit wirksamere Potential zur allgemeinen nationalen Erneuerung Deutschlands werden könnte als die Korruption allgemeinen Denkens und Handelns bei uns im Westen." (DN, 234)

Damit ist das entscheidende Wort gefallen: „Korruption". Nach Willms' Meinung herrscht sie im Westen, d. h. der damaligen BRD, und sie kommt auch aus dem Westen, d. h. von den Siegermächten Frankreich, Großbritannien und vor allen anderen den Vereinigten Staaten. Freilich hat dieser verderbliche Einfluss Tradition. Er beginnt – nach all dem bislang Gesagten: wenig überraschend – wie für alle seine nationalistischen Vorgänger auch für Willms mit der Aufklärung:

„Das deutsche Denken von Herder bis Arnold Gehlen läßt sich in der Tat auch als permanente Auseinandersetzung mit der westlichen Aufklärung erfassen, und es ist nachweisbar, in wie hohem Maße sich in dieser Auseinandersetzung deutsches Denken als Gegenaufklärung begriff und begreifen läßt. ‚Gegenaufklärung' jedoch *eo ipso* mit ‚Irrationalismus' gleichzusetzen, bedeutet, eine durchaus nicht begründbare Voraussetzung zu machen: die nämlich, daß die Aufklärung das Monopol der Rationalität schlechthin gepachtet hätte. Dies zeigt aber zunächst nichts anderes als ein bloß irrationales, gesinnungsmäßiges Verhältnis zum Begriff ‚Aufklärung' selbst." (DN, 88)

Dass das Denken der Aufklärung bzw. der deutschen Aufklärer von Leibniz über Wolff bis Kant kein deutsches Denken war, kennen wir schon von Fichte. Und es ist unbestritten, dass der deutsche Idealismus Fichtes und Hegels, auf den sich Willms beruft, beansprucht, eine neue, höhere, eigentlichere Vernunft über der bloß menschlichen der Aufklärung zu finden. Das Problem daran war allerdings, dass, um diese totale, alles – also auch die denkunabhängige Wirklichkeit – beherrschende Vernunft zu begreifen, die strengen Gesetze der Logik, die alles Denken regieren, – insbesondere das des ausgeschlossenen Widerspruchs – aufgegeben werden müssen, ohne eine gleichermaßen einleuchtende und fassliche Alternative anbieten zu können. Das führt zu Theorien, denen man, je nach Temperament, mit den besten Gründen wenigstens extreme Komplexität oder auch schlechthinnige Unverständlichkeit aufgrund von Absurdität zuschreiben kann. Davon zeugen etwa die zeitlebens immer wieder wiederholten, jedoch trotz aller Bemühungen erfolglosen Anläufe Fichtes, eine

‚sonnenklare', d. h. allgemein verständliche, endgültige Fassung der *Wissenschaftslehre* zustandezubringen. Die Gewaltstreiche, die Vernunft zu einer Idee zu erklären, nach der das menschliche Denken zwar streben müsse, ohne sie doch je richtig bzw. definitorisch fassen zu können, oder an die Stelle der herkömmlichen Logik eine Dialektik des Geistes zu setzen, die zwar zu funktionieren scheint, wenn man das unbedingt will, aber außerhalb ihres scheinbaren Funktionierens nicht mehr recht erklärt werden kann, bilden zuallermindest außerordentlich schwierige Probleme der philosophischen Forschung, mit deren Bearbeitung man sich beschäftigen kann oder nicht. Selbstverständlichkeiten, wie sie Willms im Gestus des Eingeweihten verkauft, sind sie jedenfalls nicht. Vielmehr hat man es hier mit Denkmodellen zu tun, deren Begründung, Funktion und Folgen man mit guten Gründen bestreiten kann, wenn man sich der Mühe ihrer Analyse unterzieht. Ob man sie dann als Hyperrationalismus, Irrationalismus oder Arationalismus bezeichnet, bleibt weitgehend gleichgültig. Denn ihre Erklärbarkeit bleibt stets problematisch, und ihre schlichte Erklärung zur eigentlichen, wahrhaften Wirklichkeit trägt dazu bzw. zu ihrem Verständnis wenig bis nichts bei. Man darf allerdings an sie glauben und wie jeder Gläubige ihre Infragestellung oder kritische Diskussion verweigern. Damit schließt man sich zwar samt dem Gegenstand jenes Glaubens von jeder ernsthaften theoretischen Auseinandersetzung aus, hat aber den Vorteil, eine höhere, elitäre, nur wenigen Eingeweihten zugängliche Einsicht zu propagieren, die den Anspruch erhebt, alles erklären zu können, ohne selbst jedoch jedermann erklärt werden zu können. Das mutet sehr nach einer Art von Sektenbildung an, und in der Tat ist diese Art von hermetischem Elitarismus zutiefst anti-aufklärerisch. Ob etwa Fichte oder Hegel sich dieser kultischen Form von ‚Gegenaufklärung' angeschlossen hätten, darf dahingestellt bleiben. Willms, der leider nie verrät, was er genau unter dem „Begriff der ‚Aufklärung'" verstanden wissen will, neigt ihr unzweideutig zu. Denn die glaubensbegründende Einsicht in die Idee, die wiederum im Gegensatz zur schlichten Vernunft der Aufklärung das Zufällige zum Notwendigen und das Gedachte, Allgemeine zum Wirklichen, ‚Konkreten' erklärt, ist ‚rar', und doch muss stets „nationale Mobilisierung bewußt vorangetrieben werden, ob auf dem Umweg über Furcht, über Eigennutz oder auf direktem Wege als Appell an die Einsicht" (DN, 53).

Jedenfalls bleibt eine derartige nationale Bewegung von Oben in der BRD genauso dringlich wie am Ende der Aufklärung, da – nach Willms' sehr speziellem Vernunftbegriff selbstredend wider alle Vernunft – solches seit dem Ende des Zweiten Weltkriegs gründlich diskreditiert wurde; ganz so, als sei die Aufklärung nach einer Hochphase deutschen Denkens, die in den Erfolgen des Nationalsozialismus gipfelte, erneut ausgebrochen:

> „Nationalbewußtsein ist im Kern das gründlichere Denken, aber Gründlichkeit des Denkens im Sinne des Nachdenkens der Deutschen über sich selbst und ihre Geschichte war im Sinne der ‚Sieger von 1945' durchaus unbrauchbar: Sie führten im Westen jene Oberflächlichkeit ein, in deren Vollzug Politik zu der puren Irrationalität von moralisierter Gesinnungspolitik wurde." (DN, 90)

Willms' Geschichte der Nachkriegszeit im Westen und damit der Bundesrepublik Deutschland und ihrer Entstehung geht also so: Die Westmächte befanden das gründliche deutsche Denken für ihre eigenen Interessen für unbrauchbar, ja diesen wesentlich zuwider und unterdrückten es, um es durch die Oberflächlichkeit aus eigener Produktion zu ersetzen. Dies führte zu einer Politik, die moralische Grundsätze anerkannte und zum Fundament ihres Handelns machte. Weil aber nach Willms übergeordnete moralische Prinzipien in der Politik, die in Wahrheit einzig und allein der Selbstbehauptung der Nation – egal mit welchen Mitteln – dienen muss, nichts verloren haben, muss diese Politik schon deswegen völlig irrational sein, weil sie übernationale, universale moralische – also sowohl ethische wie rechtliche – Prinzipien anerkennt. Das Ergebnis dieser aufgezwungenen, dem deutschen Denken fremden Moralisierung ist die ‚Korruption des Westens'.

Der erste und entscheidende Schritt in diese moralische Infektion der Politik, die deswegen schon keine deutsche mehr sein kann, bestand in der Schuld, die der deutschen Nation für ihre – nach Willms' Meinung ja durchaus rationale – Selbstidentifikation mit dem Nationalsozialismus zugeschrieben wurde. Dieser Schuldspruch und noch mehr seine Annahme durch den Verurteilten bilden in Willms' Augen nichts anderes als den letzten Schritt in einem Vernichtungskrieg gegen die deutsche Nation:

> „Die Politik der Vermoralisierung in diesem Sinne ist eine Fortsetzung des Krieges mit anderen Mitteln und deshalb von der psychologischen Kriegsführung der Gegner her durchaus verständlich. Sie waren daran interessiert, weil die akzeptierte Vermoralisierung im Sinne eines Schuldigsprechens der Deutschen als Deutsche diese erst endgültig besiegen, intentional als Deutsche ‚unmöglich' machen, also ihre Identität und damit sie selbst endgültig zerbrechen sollte. Sich darüber zu entrüsten ist müßig, nicht freilich, sich dagegen zu wehren. Dieser Angriff auf die Identität der Deutschen als Deutsche ist eine Kriegshandlung gewesen wie die Teilung des Territoriums: Hier geht es nicht um Recht und schon gar nicht um Moral, sondern um

4 Fortsetzung folgt: Populär-akademischer Nationalismus ...

nationale Selbstbehauptung, Kampf um sich selbst, um jene nationale Identität, ohne die kein Volk existiert." (DN, 131)

Neben dem wenig erstaunlichen Befund, dass ein deutscher Staatsbürger, der diese oder irgendeine andere Schuld seiner Nation und also auch irgendwie für sich anerkennt, schon kein wahrer Deutscher mehr sein kann, zeigt sich hier sehr schön die primitive Gewaltsamkeit, die Willms zufolge das Verhältnis unter verschiedenen Nationen prägen muss. Anders als dies etwa die Aufklärer oder die Befürworter enger Staatenbündnisse wie der Europäischen Union sahen oder sehen, kann die Erkenntnis dieser archaischen und wenig vernünftig anmutenden Realität eines auf Dauer gestellten Kriegszustands nicht einmal als Motivation oder gar Verpflichtung dienen, ihn zu überwinden oder dies auch nur zu wollen oder gar danach zu streben. Denn zwischen Nationalstaaten kann auf ewig allein das Recht des Stärkeren herrschen, und Nationalstaaten existieren notwendigerweise, so dass es gar keine anderen geben kann. Wie sich jede Nation ihr eigenes Recht gibt, gibt sich jede Nation auch ihre eigene Moral, und beide sind sakrosankt, erlauben keine Kritik oder gar Änderungsversuche oder irgendwelche Eingriffe von Außen, weil dies „der Sinn der Begriffe von Souveränität und Identität" (DN, 130) sei. Einmal mehr regiert in Willms' Welt die erfundene Notwendigkeit der nationalen Idee:

„Da Menschen existieren, müssen sie auch als Menschen existieren, d. h. sie müssen sich politisch organisieren, und die historische Gestalt dieser Notwendigkeit ist der Nationalstaat. Hier ist überall noch Notwendigkeit, der gegenüber eine Moralisierung nicht denkbar ist: Konkrete Ganzheiten sind als Gemeinschaften der Grund jeder Möglichkeit der Entwicklung von Moral überhaupt." (DN, 130)

Nach Willms kann sich also eine souveräne und mit sich selbst identische Nation auf ihrem eigenen Territorium benehmen, wie sie mag. Dies bleibt unter allen Umständen so lange vernünftig, wie es der Erhöhung ihres Selbstbehauptungspotentials dient, und dies schließt jedes auch nur denkbare Mittel ein, weil Moral und Recht ebenfalls diesem Ziel untergeordnet sind. Räumt deswegen eine Nation die Geltung einer universalen Moral oder eines universalen Rechts ein, gibt sie sich selber auf. Warum das so schlimm sein soll, sagt Willms zwar eigentlich nie so genau, aber umso vehementer beharrt er auf seinem Punkt:

> „Eine Nation kann sich nicht einer moralischen Verurteilung unterwerfen, weil es auf der Welt nur Nationen gibt: Unterwirft sie sich einer moralischen Verurteilung, so unterwirft sie sich anderen Nationen. Oder sie war schon von ihnen unterworfen, was das Schicksal der deutschen Nation ist." (DN, 131)

Man sieht, wie sich Willms im Kreis dreht: Weil es nur die Idee der Nation geben kann, die alle Wirklichkeit bestimmt, kann es in der Wirklichkeit nur Nationen geben. Und weil es in der Wirklichkeit nur Nationen gibt, muss die Idee der Nation alle Wirklichkeit bestimmen. Nur hängt die Idee der Nation argumentativ völlig in der Luft: Weil sie aus keineswegs notwendigen Beurteilungen der Geschichte gewonnen worden ist, kann sie nicht notwendig, muss also – um eines von Willms' Lieblingswörtern zu gebrauchen – ‚bestreitbar' sein. Man darf hier also durchaus anderer Auffassung sein, wenngleich Willms' nicht müde wird, dies zu bestreiten und die Nation als notwendiges Faktum zu verkaufen, d. h. als eigenständig existierendes, also substantielles Ding, das unmöglich nicht oder anders sein kann.

Diese notwendige Substanz „Nation" soll nun – wir erinnern uns – Subjekt aller Politik sein. Darin steckt Willms' Argument gegen die moralische Schuld von Nationen: „Es gibt keine Denkmöglichkeit der Moralisierung von historischen Prozessen, in denen die politischen Subjekte, also die Nationen, agieren, weil es keine Denkmöglichkeit gibt, irgendeiner Nation ihr Dasein zu bestreiten." (DN, 130).

Einerseits also lässt sich die Eliminierung einer Nation nicht einmal denken, andererseits aber ist der Ansatz der Westalliierten, die Identität der Deutschen zu zerbrechen und auf diese Weise die deutsche Nation samt Volk zu eliminieren, nicht nur verständlich, sondern offensichtlich auch derart erfolgversprechend, dass es nötig ist, sich dagegen zu wehren. Einer Nation ihr Dasein zu bestreiten, kann daher nicht nur sehr wohl gedacht, sondern auch gemacht werden. Es kann also kaum unmöglich sein.

Ebenso verteidigt Willms getreu der herrschenden juristischen Lehrmeinung den Begriff strikt individueller Schuld, um nebenbei gleich noch die Kriegsverbrecherprozesse als Siegerjustiz zu denunzieren:

> „Die Nürnberger Prozesse waren Kriegshandlungen von Siegern über Besiegte, sie kommen weder unter dem Gesichtspunkt von ‚Schuld' noch unter dem von ‚Recht' in Betracht. Aber wo Verbrechen begangen wurden, ist individuelle Zurechnung sinnvoll, daß mit diesem einfachen, justizförmigen Schuldbegriff angefangen werden kann, zeigen die langwierigen Prozesse, die in Deutschland gegen individuelle Verbrecher geführt worden sind." (DN, 206)

4 Fortsetzung folgt: Populär-akademischer Nationalismus ...

Dass es allein individuelle Schuld geben oder nur sinnvoll mit diesem Begriff juristisch operiert werden kann, mag so sein oder auch nicht. Das braucht hier nicht zu interessieren. Denn Willms hat sich über lange Strecken seines „Theorieteils" bemüht, die individuelle Identität der Subjekt-Substanz „Nation" zu erweisen. Wenn also seine Überlegungen zuträfen und er mit dem ‚realen' bzw. ‚konkreten' bzw. ‚wirklichen' Subjektcharakter der Nation tatsächlich recht hätte, würde daraus gerade die Zurechenbarkeit von Schuld an die Nation folgen müssen, weil es sich dann um die Schuld eines staatlichen und seiner selbst bewussten, einzig freien Individuums, vulgo: der Nation handeln müsste.

Ganz unabhängig davon hat die Nation bzw. ihre Politik mit Ausnahme weniger ‚gründlicher Denker' als Willms und vermutlich auch etlicher gefühlsmäßig von der Idee angegangenen Trivialnationalisten ihre von Willms für unmöglich gehaltene Schuld sowieso anerkannt. Damit ist sie auch der kriegerischen Nachkriegsstrategie des Westens erlegen und wankt, allein gestützt von jenen bewusst oder unbewusst Einsichtigen, auf ihre eigene nationale Selbstaufgabe zu. Sie beginnt mit der Übernahme eines fremden Urteils über den Nationalsozialismus und der dabei angewandten Kriterien, die ebensowohl den Nationalsozialisten wie – folgt man Fichte, wie dies Willms offensichtlich tut – den Deutschen selbst fremd sind:

> „Die Beurteilung des Nationalsozialismus durch die Sieger und das Dominantsetzen ihrer Sichtweise in der Folgezeit ist nichts anderes als die Fortsetzung des Krieges mit anderen Mitteln, ein Instrument, um den Sieg über Deutschland nachhaltiger zu machen. Die Beurteilung nach scheinbar übergeordneten Kategorien wie Humanität, Freiheit, Liberalität und Demokratie ist lediglich eine Verschleierung der Politik der Sieger: Weder Humanität noch Freiheit noch Liberalität oder Demokratie sind – bei allem Respekt – unbefragbare Bestände, sie alle unterliegen einer politischen Definition, wenn anders sie konkret sein wollen. Dieser politischen Definition ist die Wirklichkeit der Idee der Nation je übergeordnet. Den Nationalsozialismus moralisch zu verurteilen, liegt im Interesse der nationalen Räson der Sieger, und dies Interesse ist ihnen nicht bestreitbar. Aber in der Übernahme dieses Gesichtspunktes wird unser eigenes Urteil disqualifiziert im genauen Sinne: Es kann kein eigenes Urteil sein, d. h. ein Urteil, das einen Subjektcharakter voraussetzt. Eigenes Urteil bedeutet hier, von sich selbst her zu urteilen, in eigener Annäherung an Bestände und Kategorien. Kurz, das Urteil über den Nationalsozialismus kann für uns – für Deutsche – nur von uns her, d. h. vom Standpunkt der Nation her, gefunden werden. Nur ein solches Urteil kann politisch sinnvoll sein."
> (DN, 193)

Der Trick der Sieger besteht also darin, die Universalität von Begriffen vorzutäuschen, die in Wahrheit partikulär sind und von jeder Nation souverän und ihrer Identität entsprechend für sich definiert werden können und müssen. Weil diese Begriffe – Willms nennt ähnlich wie Fichte, Humanität, Freiheit, Liberalität und Demokratie – von den Siegern gemäß ihrer Identität und ihren Interessen definiert worden sind, müssen sie den Unterlegenen fremd und ohne sinnvolle Bedeutung bleiben. Denn es gibt nach Willms etwa eine amerikanische, französische, englische, schottische, irische usw. Humanität, wie es auch eine deutsche gibt, und all diese müssen, wenn sie wahrhaft souverän und identitätsgemäß bestimmt worden sind, jeweils exklusiv sein. Deswegen obliegt das Urteil über diese Bestimmungen allein dem, der die Bestimmung vollzieht. Aufgrund dieser Hermetik, die wie stets bei Willms nicht sinnvoll von einem nicht-nationalen Standpunkt aus kritisiert werden darf, ist alles recht und gerechtfertigt, von dem die Nation befindet, dass es gut für ihre Selbstbehauptung sei. So ist es etwa durchaus möglich, dass der spezifisch deutsche Begriff von Humanität die Vernichtung lebensunwerten Lebens einschließt und dass der spezifisch deutsche Begriff von Freiheit die Aufgabe jedes persönlichen, individuellen Interesses zugunsten der Volksgemeinschaft einschließt, während vielleicht ein spezifisch deutscher Begriff von Liberalität oder Demokratie erst gar nicht bestimmt werden kann, so wie die Nationalsozialisten womöglich zu Recht

> „nicht liberal und demokratisch im parlamentarischen und parteistaatlichen Sinne sein [wollten], weil sie mit Gründen davon ausgingen, daß die nationalen Aufgaben […] mit diesen Mitteln nicht gelöst werden konnten und weil schließlich eine Mehrheit von Deutschen ihnen darin mit Gründen zustimmte" (DN, 197).

Souveränität und Identität können nicht nur, sondern sollen nach Willms unbedingt als carte blanche zur beliebigen, aber vom nationalen Interesse geleiteten Bestimmung sämtlicher politischen Begriffe und demzufolge, ebenso nach Willms, aller Begriffe überhaupt genutzt werden. Äußere Kritik daran ist Unsinn, und wird sie dennoch zugelassen, entspricht dies sogleich der Selbstaufgabe bzw. der Selbstzerstörung der eigenen Identität. In diese Selbstaufgabe wurden nun die Deutschen durch die Sieger des Zweiten Weltkriegs, mithin durch die Besiegung der nationalsozialistischen Herrschaft hineingezwungen. Daraus schließt Willms:

„Statt der Beschwörung des Unheils des Nationalsozialismus müßte das Augenmerk auf jenes Unheil gerichtet werden, das die Übernahme des moralisierten Urteils über den Nationalsozialismus in seiner scheinbaren Absolutheit bis heute für die Nachkriegsgeneration bedeutet." (DN, 193)

Genau dies tut Willms. Aus seiner Beurteilung resultiert besagte ‚Korruption'. Näherhin besteht sie in Internationalismus, Pazifismus, Pluralismus, Materialismus und Egoismus, die zusammengefasst einen Liberalismus bilden, den Willms verabscheut. Freilich keineswegs aus moralischen Gründen – Das wäre unpolitisch! –, sondern wegen allgemeiner Nichtachtung der Idee der deutschen Nation. Das klingt bei Willms im Einzelnen folgendermaßen:

„Internationalismus" bezeichnet bei Willms eine ideologische Illusion durch einen leeren Begriff, dem nichts in der Wirklichkeit entsprechen kann – und zwar ausschließlich aufgrund Willms' eigener Definition von Nation:

„Es gibt keinen politischen Begriff, der dem des Nationalstaats theoretisch oder praktisch übergeordnet sein könnte. ‚Menschheit', ‚Weltstaat', ‚Menschheitsgesellschaft' sind abstrakte Konstruktionen mit geringem Denkanteil; sie liegen auf der Ebene politischer ‚Worte zum Sonntag', ‚Supranationalität' ist ein politisches Monstrum [...]." (DN, 109)

Teilt man Willms' Befund nicht, glaubt man auch nicht an seine Idee der Nation, und dann ist man halt dumm. Bildet man sich aus welchen Gründen auch immer ein, die Wahrheit und Notwendigkeit von Willms' Idee der Nation einzusehen, ist man schlau bzw. des gründlichen Denkens fähig. Ein solches hält jede Form von Internationalismus für Unfug. Willms erwähnt deren drei, nämlich den marxistischen bzw. sozialistischen Internationalismus, den Pazifismus und den nationalen Imperialismus.

Ersterer tritt in zwei historischen Formen auf, die beide noch vertreten werden, allerdings im uneigentlichen Sinne. Dabei ist die erste inzwischen seit dem Zusammenbruch der Sowjetunion tatsächlich überholt. Willms beschreibt sie wie folgt:

„Seit der Realisierung von Sozialismus in der Sowjetunion und seit Stalins famoser Formel ‚Ein Internationalist ist, wer vorbehaltlos, ohne zu schwanken, ohne Bedingungen zu stellen, bereit ist, die UdSSR zu schützen' hat sozialistischer Internationalismus nunmehr den Charakter der Schwärmerei, der internationalen Geselligkeit oder des nützlichen Idiotentums angenommen." (DN, 109 f.)

Mit anderen Worten: Es handelt sich bei dieser Sowjet-Variante um keinen echten Internationalismus, sondern eher um das Bestreben von Leuten, die noch nicht dazugehören dürfen, nach Eingliederung in ein letztlich doch national, aber zugleich ideologisch bestimmtes Imperium.

Das marxistische Original hingegen betont seinen „Internationalismus und die Perspektive auf Weltrevolution". (DN, 110) Seine Arroganz verursachte nach Willms die indezenten, aber entschuldbaren Auswüchse des Nationalismus im deutschen Kaiserreich zumindest mit. Anders als Fichtes oder Hegels politischer Idealismus ist Marxens klassentheoretische bzw. sozialistische Fassung, trotzdem sie entschieden dialektisch vorgeht und ohne Hegel buchstäblich undenkbar wäre, naturgemäß widerverünftig:

„Dieser eindeutige Irrationalismus wurde aber mit dem besten Gewissen einer aufgeklärten Überlegenheit [...] so penetrant demonstriert, daß man eine Reihe von schrillen Tönen im Wilhelminischen Nationalismus auch aus der Abwehrreaktion der Bürger gegen die irrationalen und als, als internationalistische, chaotischen Zumutungen des marxistischen Sozialismus verstehen muß." (DN, 110)

Der wilhelminische Bürger wehrte sich also eigentlich nicht gegen die totale Vergesellschaftung bzw. Verstaatlichung der Produktionsmittel usw., sondern in Wahrheit gegen den Internationalismus. Folgt man Willms, liegt dieses erstaunliche Ergebnis auf der Hand: Denn die bestmögliche Verwirklichung der Idee der Nation hienieden ist – ebenso wie bei Fichte und Hegel – ja selbst ein totaler Staat. Nur der chaotisierende Internationalismus kann dem Bürger nicht passen, weil er Deutscher ist, d. h. sich entweder bewusst mit der deutschen Nation identifiziert – sich also als Deutscher weiß – oder unbewusst – sich also als Deutscher fühlt. Und da jenes Wissen ‚rar' ist, wird es meistenteils sein gesundes Volksempfinden sein, das den Bürger zum Wohlgefallen des seinerseits nach Totalität strebenden Staats die marxistischen Chaoten bekämpfen lässt, die keinen totalitären Nationalstaat, sondern einen totalitären Weltstaat wünschen.

Warum nun gerade dieser Wunsch außerhalb einer Selbstzuschreibung ‚aufgeklärt' sein soll, bleibt dunkel. Trotzdem verwendet Willms das Attribut bereitwillig als Invektive:

„Die politische Torheit dieses ‚aufgeklärten' Internationalismus ist längst von der Geschichte entlarvt, aber die von ihr provozierten Übertreibungen der nationalisierten Reaktion sind immer noch hochwillkommen, um Munition gegen das Nationalbewußtsein als solches zu liefern [...]". (DN, 110)

4 Fortsetzung folgt: Populär-akademischer Nationalismus ...

Willms unterstellt also zweierlei: Zum einen hat der Marxismus seinen Sinn verloren, weil er vom Lauf der Wirklichkeit widerlegt worden ist bzw. sich jedenfalls als undurchführbar gezeigt hat. Zum anderen behält er aber seine Funktion im politischen Kampf, die der eines agent provocateur in einer Verschwörungstheorie entspricht: Öffentlich vehement vorgetragener Internationalismus fordert absichtlich extreme nationalistische Reaktionen heraus, um den Nationalismus als Ganzen zu denunzieren und schlecht zu machen. So wie der wilhelminische Bürger eigentlich nichts für seine heftige, aber durchaus rationale Reaktion konnte, so schlüpft der vernünftige und ‚als solcher' unschuldige Nationalismus hier in die Rolle des Opfers einer Verschwörung.

Für die aktuell – sein Buch erschien 1982, d. h. auf der Höhe der Proteste gegen den NATO-Doppelbeschluss – „verbreitetste" Variante des Internationalismus hält Willms den Pazifismus, „der heute vor allem in der Bundesrepublik Deutschland und kleineren europäischen Ländern die politischen ‚Aussteiger' motiviert" (DN, 110 f.). Da er das Selbstbehauptungspotential der Nation schwächt, sieht Willms auch hier allein irrationale Beweggründe am Werk, die sich in einer traumtänzerischen „Proklamation von Menschheitssehnsüchten" (DN, 111) äußern und, wie gehabt, ebenfalls nur von schierer Dummheit, ja Schwachsinn zeugen:

> „Wer um des Menschheitsfriedens willen die Nationen abschaffen will bzw. ihre Selbstbehauptung systematisch abzubauen vorschlägt, zeigt eine erschreckende Denkschwäche, die mit Gefühlsstärke ebensowenig kompensierbar ist wie der bloß emotionale Nationalismus. Und im Falle des Pazifisten kann es höchstens gelingen, die eigene Nation insofern abzuschaffen, als sie schließlich unterworfen werden wird." (DN, 112)

Dass nach Willms' Meinung zwischen ‚politischen Subjekten', d. h. Nationen, in alle Ewigkeit letztlich allein das Recht des Stärkeren herrschen kann, wurde bereits oft genug erläutert. Ebenso wiederholt sich seine Bewertungsfigur, die vorher beim nationalistischen Bürger und dem marxistischen Chaoten zum Einsatz kam: Der dumpfe Gefühlsnationalist ist zwar geradeso ‚denkschwach' wie der pazifistische Träumer. Jener aber liegt immerhin schon im Grundsatz richtig und kann von den ‚raren' einsichtigen Nationalisten unschwer im Sinne des einzig rechten Zwecks nationaler Selbstbehauptung geführt werden, während das beim Pazifisten nicht funktionieren kann, weil er nicht einmal jene vielbeschworene, ominöse unbewusste Einsicht in die Idee der Nation besitzt.

Allerdings ist seine „Internationale unpolitischer Menschheitsfreunde" (DN, 268) keineswegs harmlos:

„Die Feinde Deutschlands und seiner Freiheit gründen keine neue NSDAP, sie forcieren etwa eine ‚weltweite Friedensbewegung' und sorgen für ein weites Umfeld der Sympathie für Rechtsbrecher, die ihren Angriff auf das Recht – der immer ein Angriff auf die Freiheit ist – mit gesellschaftlichen ‚Mißständen' begründen. Da Dummheit immer verbreitet ist und da dies vor allem auf die wohlmeinende Dummheit unserer national verunsicherten Neodemokraten zutrifft, hat das Argument der ‚Mißstände' eine verbreitete Plausibilität – obgleich es im genauen Sinne absurd ist. Logik hätte es nur, wenn dargetan werden könnte, daß es überhaupt keine Mißstände geben dürfe – wie soll dann aber überhaupt von Zuständen die Rede sein?" (DN, 267)

Willms' Abscheu verliert sich hier in Albernheit. Denn freilich sollte es in einem wohlgeordneten Staat am besten keine öffentlichen Missstände geben. Um diese zu vermeiden, gibt es das Recht, und treten sie doch auf, werden seine Gesetze angewandt. Tritt eine neue Art von Missständen auf oder wird ihr Auftreten absehbar, wird das Recht entsprechend modifiziert. Von Zuständen hingegen kann man immer sprechen, solange es Veränderung gibt – egal ob man manche davon als gut und wünschenswert beurteilt und andere als schlecht und vermeidenswert. Die Rede von „Missständen" erfordert zunächst einmal ein entsprechendes Unterscheidungskriterium. Ohne dies ergibt jede Veränderung der Welt einfach einen neutralen Zustand, gleichviel ob er dann von irgendjemandem als Miss- oder Wohlstand beurteilt werden mag. Willms' „Logik" liefert hier einen handgreiflichen Beweis, wie konsequent er jede verständliche Logik missachtet und stets Sein (Zustand) und Sollen (Missstand) gleichsetzt bzw. verwechselt.

Sein erstaunlich maßloser Vergleich zwischen NSDAP und Friedensbewegung entspricht schlicht Willms' Verständnis von „nationalem Pathos" und seiner dialektischen Begründung. Wird nämlich aus womöglich tatsächlich unguten Erfahrungen mit nationalen Parteien auf den ‚Irrationalismus' „der Idee der Nation [...] als solche[r]" verwiesen, zeigt dies „einen außerordentlichen Mangel an kritischem Urteilsvermögen, und des Weiteren etwa zu schließen, die Bemühungen um Mobilisierung des Nationalen seien zu unterlassen, ist nichts anderes als in einem sehr genauen Sinne die Aufforderung, nicht mehr an der eigenen Verwirklichung im Sinne der Selbstbehauptung zu arbeiten, eine Selbstaufgabe, die das nationale Pathos schließlich mit objektivem Recht ‚Verrat an der Nation' nennt" (DN, 105). Da in Willms' Augen die Friedensbewegung – zumindest unter anderem wohl mit ihren Protesten gegen den NATO-Doppelbeschluss – genau nach dieser Selbstaufgabe strebte, ist ihre Denunziation als ‚Feinde Deutschlands' für ihn nicht weit. Wiederum ist hier daran zu erinnern, dass nach Willms' Urteil die Nationalsozialisten immerhin zu einem Gutteil und wenigstens bis zum Kriegsbeginn ganz ausgezeichnete nationale Politik machten, während die dezidiert internationale Friedensbewegung eine solche gar nicht im Sinn gehabt hätte. Man kann sich leicht vorstellen, wer für Willms in seinem Vergleich die schlimmeren Feinde der Nation waren bzw. sind.

Die gefährlichste Gestalt des Internationalismus ist nach Willms jedoch der „nationale Imperialismus, der zwar von der konkreten Nation ausgeht, sie aber in ihrem konkreten Charakter, der immer bestimmte Grenzen voraussetzt, aufheben will, um sie zum ‚Imperium', zum ‚Reich', zur ‚Weltnation' – eine besonders perverse Wortzusammenfügung – zu machen." (DN, 112) Erfunden hat den nationalen Imperialismus Frankreich, das „in den missionarischen Revolutionskriegen der ‚*grande nation*' die Aufklärung" (DN, 113) exportieren wollte so wie der Nationalsozialismus später den Rassismus. Dass die Sache mit dem Aufklärungsexport vermutlich schon sechs Jahre nach der Revolution mit Napoleons Kaiserkrönung am 2. Dezember 1804 endete und erst danach sein Versuch zur Unterjochung Europas begann, erwähnt Willms nicht. Ebenso wenig erblickt er in der höchst aggressiv betriebenen ‚großdeutschen Lösung' und der Heimholung von immer entlegeneren Gruppen sogenannter „Volksdeutscher" „ins Reich" einen Ausdruck des nationalen Imperialismus, sondern nur in deren rassistischen Aspekten. Die Frage, ob der Rassismus womöglich integraler Bestandteil dieser ‚großartigen' politischen Aktionen war, stellt Willms nicht bzw. verneint sie im Rahmen seines ‚nationalen Arguments'.

Auch zu Gegenwart und Zukunft erteilt Willms Auskunft: „Die bedrohlichste Übersteigerung des nationalen Prinzips in der Welt von morgen ist wahrscheinlich ein neuer Rassismus der Farbigen, aber die in der Welt von heute ist zweifellos der neue Imperialismus der Sowjetunion." (DN, 113) Diese Feststellung bleibt teils kryptisch, teils widersprüchlich und in ihrem ersten Teil völlig unerklärt. Dass die Sowjetunion zeit ihres Bestehens imperialistische Bestrebungen an den Tag legte, steht dabei außer Zweifel. Allerdings könnten diese nach Willms eigener Bestimmung nur dann als nationaler Imperialismus bezeichnet werden, wenn die Sowjetunion eine Nation mit homogenem Volk gewesen, also beispielsweise mit Russland gleichzusetzen gewesen wäre. Dies ist aber nicht der Fall. Was den ‚neuen Rassismus der Farbigen' angeht, findet man keine Hinweise, was das sein und worin er bestehen soll. Immerhin mag Willms' unvermittelte Bemerkung alarmistisch genug klingen, um sich in Spekulationen und

Phantasien zu ergehen, dass sich irgendwann ein Haufen Leute von nichtweißer Hautfarbe aufmachen wird, Länder bzw. Nationen, die von Leuten weißer Hautfarbe bewohnt werden, zu erobern und zu unterjochen. Dass, um dies zu verhindern, Verteidigungsbereitschaft und eine restriktive Migrationspolitik gegenüber Nicht-Weißen nötig ist, liegt auf der Hand. Gleichfalls mag einem Joseph Goebbels' Schlagwort von der „Festung Europa" in den Sinn kommen. Willms mag all dies für die kleine Gruppe der national Eingeweihten andeuten wollen, jedoch hält er sich hier bedeckt und führt dazu nichts weiter aus.

Nationalimperialistisch agieren freilich auch die USA, die „unter völliger Verdrängung ihrer völkermordenden eigenen Landnahme stets jenes Bewußtsein zivilisatorischer Überlegenheit gepflegt hatten" und, aufgehetzt von „Engländern", „in der Tradition imperialistischen Auserwähltheitsbewußtseins" schon in den Ersten Weltkrieg eintraten, um „‚die Zivilisation', ‚die Freiheit' und ‚die Humanität' gegen die Barbaren aus dem Osten, die Hunnen" zu verteidigen (DN, 224). Neben der üblichen Taktik, durch Verweis auf die Vergehen – hier: Völkermord an den Ureinwohnern – anderer die eigenen – insbesondere nationalsozialistischen – Verbrechen zu relativieren, spricht aus Willms' Bemerkungen in erster Linie eine Art zähneknirschender Anerkennung für die im Sinne seines nationalen Arguments beispiellos erfolgreiche Interessenpolitik der USA: Aufgrund von dessen „Fixierung auf das Zweite und dann wieder auf das Dritte Reich" konnten sie das britische Empire „in bezug auf Weltmacht, Seeherrschaft und imperialen Anspruch" überflügeln: „Die Amerikaner haben sozusagen auf kaltem Wege Europas *Weltgeltung* liquidiert." (DN, 225) Während die „Sowjetunion die *Existenz* Europas als eines Europa der freien Nationen" bedroht (DN, 225), ist dies und insbesondere Deutschland als „europäische Grenzmark" (DN, 239) auf das Bündnis mit den USA und ihren Schutz angewiesen, aber nicht umgekehrt. Denn es hat „für die Nationalstaatsräson der USA nicht den unbedingten Charakter der Notwendigkeit" (DN, 256), kann also bei wechselndem nationalen Interesse aufgegeben werden. Diese Abhängigkeit, die wiederum den nationalen Interessen aller europäischen Staaten zuwiderlaufen muss, könnte nur durch die Schaffung „einer integrierten europäischen Verteidigungsmacht" (DN, 256), inklusive einer „europäisierte[n] Atommacht" beendet werden (DN, 257). Jedoch stehen einer „solchen notwendigen Entwicklung weniger ‚der nationale Egoismus' als vielmehr dessen Unaufgeklärtheit und die strukturellen Schwächen liberaler Systeme im Wege" (DN, 257). Unabhängig von der bekannten und sinnfreien Notwendigkeitsinflation bedürfte es gewiss einiger dialektischer Anstrengungen von Willms, um die Tatsache zu erklären, dass derartige

4 Fortsetzung folgt: Populär-akademischer Nationalismus ...

Bemühungen derzeit ausgerechnet im Zuge einer weiteren europäischen Integration erfolgen, die erstaunlicherweise von Staaten ausgehen, deren politische Systeme ausgesprochen liberal sind.

Sie zeichnen sich demnach durch Pluralismus, Materialismus und Egoismus aus. Schon aufgrund dieser Zutaten übertrifft der Liberalismus jedes andere politische ‚System' – was das sein soll, wird nie geklärt – an Korruptheit. Er stammt wie alles Üble nicht aus Deutschland, sondern aus dem „Westen" und resultiert wie das meiste Üble in Deutschland aus dem verlorenen Krieg und dessen ziviler Fortsetzung: „Nichts leuchtete den Deutschen im Westen nach 1945 mehr ein als dies, daß ein Liberalismus im westlichen Sinne und in den Formen dort entwickelter parlamentarischer Demokratie die eigentliche Möglichkeit sei, ihre gesellschaftliche Existenz in Sicherheit zu bringen. Aber natürlich war die allgemeine Plausibilität dieser Art von Demokratie im Westen vor allem Ergebnis einer totalen Niederlage, herbeigeführt von den Siegern, die genau dies, nämlich liberale Demokratie, den Deutschen mit um so besserem Gewissen verordneten, als sie offenbar soeben ihre absolute Überlegenheit bewiesen hatte." (DN, 19 f.)

Da jener aufgezwungene politische Liberalismus eine angelsächsische Erfindung ist, kann er naturgemäß „mit ‚gründlich' überhaupt nicht in Verbindung gebracht werden" (DN, 20). Mit größter Selbstverständlichkeit trägt Willms hier das Klischee von englischer Oberflächlichkeit und deutscher Tiefe bzw. Gründlichkeit des Denkens weiter, wenn er dem Liberalismus als „allgemeinste Vorstellung" das utilitaristische Prinzip des „größtmöglichen Glücks der größtmöglichen Zahl'" (DN, 21) unterschiebt, das originellerweise vor Jeremy Bentham (1748–1832), den Willms anführt, und John Stuart Mill (1806–1873), den er nicht anführt, zuerst schon von Leibniz erprobt wurde, der allerdings vor Willms' gestrengem Blick sowieso weder als deutscher noch als gründlicher Denker Gnade finden dürfte. Dass sich Benthams radikale quantitative Variante für Willms' rein polemischen und keineswegs ernsthaft analytischen Zwecke besser eignet als Mills subtilere, qualitative Theorie, sei nur am Rande bemerkt. Allerdings hat er tatsächlich recht, wenn er darauf hinweist, dass das größte Glück der größten Zahl „auch durch eine wohlwollende patriarchalische Diktatur erreicht oder angestrebt werden" könnte (DN, 21) – so sehr, dass gelegentlich sogar die Vereinbarkeit von Utilitarismus und Liberalismus generell angezweifelt wird. Folgt aber nun ganz offenkundig aus dem Utilitarismus kein Liberalismus, dann kann jener kaum als dessen Prinzip fungieren. Auch Kants politische Philosophie, die gewiss nichts mit dem Utilitarismus zu tun hat, kann etwa liberalistisch interpretiert werden. Aber das nur am Rande. Jedenfalls erweist sich eine doppelt quantitative Glücksvorstellung als „Ziel menschlicher Politik" (DN, 21) als der liberalistische Popanz, als den ihn Willms aufbaut.

Denn freilich besteht, wie der Name schon sagt, das Prinzip des Liberalismus in der Herstellung politischer und größtmöglicher persönlicher, individueller Freiheit. Dass Willms, dessen Freiheitsbegriff allein die Abwesenheit aller persönlichen Freiheit bis auf die bewusste Aufopferung der eigenen Individualität für das Interesse der Allgemeinheit der Nation enthält, dieses Prinzip missfällt, liegt auf der Hand:

> „Der Liberalismus aktiviert also mehr als diese quantitative Glücksvorstellung, er beruft sich auf die Freiheit als höchsten Wert und als Forderung an jede Art von Politik. In Verbindung mit jener Maxime heißt dies für den Liberalismus, daß mehr Freiheit für immer mehr einzelne gefordert und angestrebt werden soll." (DN, 21)

Warum hier auf das utilitaristische Prinzip zurückgegriffen werden muss, bleibt freilich dunkel. Denn die Vermehrung und Gleichverteilung von Freiheit für und auf jeden Einzelnen lässt sich ohne Weiteres und besser durch den Begriff der Gerechtigkeit rechtfertigen. Dies aber würde schlicht nicht in Willms' Konzept und die damit verbundene Diagnose passen:

> „Das zentrale Problem für das emanzipative Programm […] ist jedenfalls jene Forderung nach immer mehr Emanzipationsglück für immer mehr Menschen. Dies kann praktisch nur hinauslaufen auf eine Forderung nach mehr Möglichkeiten für mehr Individuen, nach mehr Möglichkeiten ihrer ‚Entfaltung', also nach mehr Verhaltens- und mehr Handlungsmöglichkeiten." (DN, 21 f.)

Das Problem, das Willms hier sehen will, zeugt ein weiteres Mal vom kaum verhohlenen Elitarismus und Paternalismus seiner Erwägungen. Denn er traut den Adressaten dieser Bemühungen um Mehrung der Freiheit nicht einmal die elementarsten Einsichten in das zu, was sie mit dieser Freiheit besitzen:

> „Die Emanzipationsforderung – als Forderung nach mehr Möglichkeiten – wird gegenwärtig etwa als Forderung nach ‚Selbstverwirklichung' erhoben. Damit ergibt sich schon eine bestimmte Heillosigkeit: Eine Verwirklichung durch die erlebte Eröffnung von immer mehr Möglichkeiten ist im strengen Sinne nicht denkbar; Selbstverwirklichung ist nur durch Festlegung erreichbar. Jede Festlegung aber schließt Möglichkeiten aus." (DN, 22)

Das lässt sich auch einfacher ausdrücken: Freiheit erfordert Wahl und Entscheidung, d. h. man kann nicht alle Möglichkeiten verwirklichen, die sich einem bieten. Die Anforderungen an die Verantwortung jedes Einzelnen für sich selbst werden größer, je größer seine Freiheit wird. Genau dies, d. h. einen verantwortlichen und erfolgreichen Umgang mit der eigenen Freiheit, traut Willms den allermeisten Individuen, vulgo: der dummen Masse, schlicht nicht zu. Je weniger Möglichkeiten es gibt, desto einfacher wird die Auswahl, und am einfachsten ist sie, wenn es nur eine Möglichkeit gibt. Willms behauptet also, dass eine umfangreiche Speisekarte von Übel ist, weil sie den Gast, der eine Auswahl zwischen den Gerichten treffen muss – obwohl und weil er womöglich gerade ebenso Lust auf Täubchen, gebackenen Karpfen und Kalbsnierenbraten hat –, überfordert. Dies führt bei der zugleich unterstellten mangelnden Einsicht zu einer um sich greifenden psychischen Erkrankung: „Die naiv-liberale Forderung nach ‚Selbstverwirklichung' im Sinne von mehr Emanzipation muß die Individuen neurotisieren – und genau dies ist in unserer Gesellschaft der Fall." (DN, 22).

Nach Willms Meinung ist die Gesellschaft, genauer: die Individuen, die sie bilden und denen durch den liberalen Staat die Möglichkeit eröffnet wird, ihre Individualität auszuleben, solange sie andere damit nicht beeinträchtigen oder schädigen – dieses Detail verschweigt Willms –, mit Ausnahme derjenigen, die Einsicht in die Idee der Nation besitzen, schlicht krank. Daraus folgt die Therapie, nämlich die mehr oder weniger radikale Beschneidung jener ‚neurotisierenden' Freiheitsmöglichkeiten, also die möglichste Entindividualisierung der Einzelnen durch ihre Reduktion auf bloße Teile der Totalität der Nation. Erst das anonyme Kollektiv der deutschen Nation macht daher die Leute glücklich, weil dann die Nation selbst glücklich ist, und die Einzelnen müssen deswegen glücklich sein, weil sie Deutsche sind und deswegen kein Problem mehr mit ihrer individuellen ‚Emanzipation' haben können, weil es die Ursache dieses Problems, individuelle Freiheit nämlich, im Rahmen des totalitären Staats, der nach Willms' Lehre die einzig mögliche Verwirklichung der Idee der Nation ist, nicht gibt. Das Volk also braucht Führung, geschehe dies durch eine einsichtsvolle nationale Elite oder durch einen nationalen Führer. Geschieht dies nicht, wird oder ist das Volk krank.

Die Konsequenz der Abwesenheit solcher Führung und des Bestandes einer liberalen Demokratie, die größtenteils von national Einsichtslosen bzw. Dummen bevölkert wird, ist eine weitere psychische Störung, nämlich der „Puerilismus der sozial-staatlichen Gesellschaftspolitik" (DN, 275) samt unendlicher materieller Forderungen bzw. gedankenloser

Bedürfnisbefriedigung durch Konsum. Jener ‚Puerilismus', d. h. krankhaftes kindliches Verhalten im Erwachsenenalter – eine psychiatrische Diagnose –, liegt darin, ohne Rücksicht auf andere alles haben zu wollen, was man sieht oder wünscht, und immer mehr davon. Seine politische Förderung bedeutet daher nichts anderes als die Förderung von Egoismus: „Niemand lernt mehr, daß man etwas für das Ganze tun muß, wenn man sich selbst im Sinne höherer Allgemeinheit verwirklichen will." (DN, 274) Die puerile Gesellschaft will das naturgemäß nicht, weil ihr nicht beigebracht worden ist, dass jenes ‚Selbst' eigentlich eine Allgemeinheit, nämlich die Idee der Nation, ist. Denn die national einsichtigen Erwachsenen haben in einer solchen Gesellschaft (noch) nichts zu sagen. Dies wird sich nicht ändern, solange der Liberalismus herrscht:

> „Es ist ganz unbegründet anzunehmen, daß die Forderung nach ‚mehr Mitbestimmung' oder ‚mehr Gleichheit' oder ‚mehr Freiheit' als solche etwas grundsätzlich anderes wäre als die nach ‚mehr Sozialhilfe', ‚mehr Konsum' oder ‚mehr PS unter der Haube'. Dies ändert sich auch nicht, wenn man die Forderungen noch vager und erhabener formuliert, z. B. ‚mehr Gerechtigkeit'. Jede am einzelnen und seinen Interessen festgemachte Forderung unterliegt dem Gesetz des Interesses und seiner Quantifizierung; sie ist grundsätzlich auf mehr, also auf Steigerung angewiesen, sie hat von sich her keine Möglichkeit der Begrenzung, und sie realisiert sich gesellschaftlich nur durch die Einrichtung von entsprechenden Mechanismen, deren Aufgabe es ist, im Sinne eben jener quantitativen Unendlichkeit der Interessen repetitiv zu fordern." (DN, 275)

Einfacher ausgedrückt: Keine jener offenkundig völlig beliebigen Forderungen kann jemals erfüllt werden. Im Gegenteil werden eigens Organisationen geschaffen, die im Namen der Vertretung der Interessen einzelner Bevölkerungsgruppen, diese Forderungen wiederholen und vermehren, so „wie in den Gewerkschaften ein weiteres bürokratisches Teilsystem etabliert wird, das sich selbst unter keinem anderen Gesichtspunkt mehr als dem der Quantifizierung sehen kann und auch um so wichtiger und bedeutender dargestellt werden muß, je weniger die ursprüngliche Forderung einbringt" (DN, 275). Der Liberalismus erlaubt und befördert also ihrem Wesen nach maßlose Forderungen einzelner, die sich, um diese Forderungen besser durchzusetzen, in Interessengruppen organisieren. Diese entwickeln sodann ein Eigenleben und ahmen die staatlichen Verwaltungsformen nach, um die Politik so effizient wie möglich in ihrem Sinne zu beeinflussen. Keine dieser Interessengruppen und daher auch

4 Fortsetzung folgt: Populär-akademischer Nationalismus ...

nicht der liberale Staat, der sie ermöglicht und schützt, dient dem Wohl des Allgemeinen, d. h. der Nation, sondern immer nur beschränkten Interessen, d. h. niemals ‚dem Volk', sondern immer nur besonderen Gruppen, die durch ihre Organisation und die „Scheinplausibilität" ihrer „einem modischen Auf und Ab" unterworfenen Forderungen – z. B. „mehr Lebensqualität", „mehr Umweltschutz", „mehr Sicherheit" – das wahre Interesse der Nation übertönen (DN, 275 f.). Das Zeichen dieses „Systems" von Interessengruppen, zu denen nach Willms selbstverständlich auch die politischen Parteien gehören, ist „Bürokratisierung, Ideologisierung, Radikalisierung" (DN, 275). Dabei gilt als Ideologie jede politische Auffassung, die von der ausschließlichen Fokussierung auf die Selbstbehauptung der Nation auch nur abweicht: Ihr ideologischer Gehalt entspricht dem Grad dieser Abweichung, während sich die Radikalisierung aus der unendlichen Steigerbarkeit jener Forderungen ergibt.

Die adäquate Regierungsform für den Liberalismus ist die Demokratie. Denn sie gibt nach Willms nur Verfahren und Prozeduren, aber keine Inhalte vor. Deswegen gerät sie unter den Bedingungen des Liberalismus aufgrund seines eingebauten Meinungsrelativismus und der Verweigerung der „Bestimmung ihres Feindes" (DN, 266) durch liberale Demokraten schnell in Verfall: „Die Demokratie hat in diesem Prozeß nur noch die Chance notdürftigster Spielregeln und schließlich nicht einmal mehr diese, wie sich in den bedenkenlos vorgetragenen und von soviel ‚Sympathie' begleiteten Angriffen auf diese Regeln zeigt." (DN, 276).

Diese Angriffe folgen, wie Willms nicht ohne Larmoyanz behauptet, immer demselben Schema, und sie richten sich immer gegen nationale Positionen. Denn da durch „jene Totalisierung der Zerstörung einer Nation, die man ‚*reeducation*' nannte," (DN, 270) nach dem Krieg „wegen des Abschneidens der Idee der Nation" kein gründliches Denken mehr möglich war – naturgemäß außer den national Einsichtigen, den Eingeweihten und in Sonderheit Willms selbst – „blieb alle Reflexion im Bereich des Selbstbezugs, d. h. praktisch im Bereich der Interessen" (DN, 273). Weil die liberale Demokratie die Freiheit, die sie erstrebt, mit der Formulierung interessengeleiteter und daher beliebiger Forderungen und ihrer Verwandlung in scheinbar legitime Ansprüche gleichsetzt, wird zu ihrer einzigen Tugend die Fähigkeit zum „Diskurs', dessen Grundfigur nicht die Suche nach Freiheit, sondern das Geltendmachen von Interessen ist" (DN, 273).

Dieser substanzlose, weil nicht nationalem, sondern individuellem oder fraktionellem bzw. parteilichem Interesse folgende Diskurs orientiert sich am „Prinzip der größtmöglichen Selbstdarstellung vor dem größtmöglichen

Publikum" und führt – warum auch immer – „folgerichtig in den diskursiven Diskussionsdarwinismus, der die Erfahrung verarbeitete, daß ja das stärkere Argument die Oberhand behielt und daß man seinem ‚erkenntnisgeleiteten Interesse' durch verschiedene Hilfsmittel zu jener Oberhand verhelfen konnte: also etwa durch einen Überfluß an Sitzfleisch, durch Lautstärke, durch ‚Masse', durch Aktionismus, durch Organisation, durch Maschinenpistolen" (DN, 273 f.). Der Verstoß gegen die demokratischen Spielregeln, den Willms trotz aller Antipathie gegen die liberale Demokratie beklagt, liegt also darin, dass andere Meinungen als in der Öffentlichkeit von modischen Autoritäten – Willms erwähnt Walter Jens und spielt offenkundig auf Jürgen Habermas an – abgesegnete unterdrückt werden. Richten sich abweichende Positionen gegen die Interessen der jeweils modischsten oder lautesten oder hartnäckigsten oder stärksten oder auffälligsten oder effizientesten oder aggressivsten artikulierenden Meinungen, werden sie nicht gehört oder ernstgenommen oder erwogen, sondern ausgegrenzt oder totgeschwiegen, obwohl sie, wie das bei Willms nach eigener Einschätzung der Fall ist, die einzig mögliche Wahrheit besitzen.

Man kann auch sagen: Weil in einer liberalen Demokratie jeder seine Meinung äußern darf – und das auch ziemlich laut und mit allerlei Versuchen, Aufmerksamkeit dafür zu erregen –, kann es passieren, dass diejenigen, welche die Wahrheit haben, nicht gehört werden. Dies aber dem öffentlich geführten Diskurs, einer Verschwörung oder gleich unmittelbar einer angeblichen Schwäche der Demokratie, nicht für die Einhaltung ihrer Regeln sorgen zu können oder zu wollen, anzulasten, zeugt eher von einem gewissen Unwillen, diese selber anzuerkennen. Denn zunächst haben in der öffentlichen Diskussion alle Meinungen die gleichen Rechte, d. h. sie werden zuallererst für Meinungen gehalten, die vielleicht – wenn sie verständlich sind – wahr sein können, aber keineswegs sein müssen. Dies gilt umso mehr, als praktische Sätze, also Sollensaussagen, die sich auf die Zukunft beziehen, eigentlich gar nicht wahr sein können, gerade weil das Gesollte um eines Guts willen, das in der Zukunft liegt, getan werden soll. Es geht also eher um die Begründung des Gesollten als Mittel zum Zweck eines Guts oder als Gut selbst und eventuell auch um die Wahrheit der Prinzipien, die jenes Gut zu einem Gut machen. Aber der Politik generell eine Beschäftigung mit der Wahrheit – außerhalb von den stets überprüfbaren Sätzen über die Welt, welche die Grundlage irgendwelcher staatlicher Maßnahmen bzw. der möglichen Anwendung von Gesetzen bilden – zuzuschieben, geht an deren Aufgabe vorbei; es sei denn, die eherne Unterscheidung zwischen Sein und Sollen wird nicht anerkannt wie bei Willms

4 Fortsetzung folgt: Populär-akademischer Nationalismus ...

und womöglich – das ist eine knifflige Angelegenheit – seinen idealistischen Vorbildern.

Wie immer dem auch sei: Auch selbst- oder fremdernannte oder scheinbare oder tatsächliche Wahrheitsbesitzer genießen im öffentlichen Diskurs wie in einer offenen rationalen, auch wissenschaftlichen Diskussion keine privilegierte Position. Sie müssen wie alle anderen auch – die sich normalerweise im Besitze der Wahrheit wähnen werden, weil sie sonst kaum darüber streiten würden – sowohl die Rationalität als auch Plausibilität – und vielleicht auch die Wahrheit, wenn sich die vertretene Position dafür überhaupt formal eignet – beweisen, d. h. Gründe dafür angeben, die jedermann, also jedem vernunftbegabten Wesen, einsichtig sein müssen. Die Beanspruchung einer Sondervernunft, die über dem gemeinen Hausverstand der Mitmenschen steht, ist dafür nicht zweckmäßig. Sie schließt denjenigen, der diesen Anspruch erhebt, sogar aus der Diskussionsgemeinschaft aus. Denn die Wahrheit oder die Gutheit von etwas müssen zumindest der Möglichkeit nach von jedem bemerkt oder eingesehen werden können, weil ansonsten nicht einmal der Unterschied zwischen wahr und falsch oder gut und böse von allen eingesehen werden könnte. Ob hierzu die einfache ‚Dummheit', die Willms gern allen Leuten anderer Auffassung unterstellt, zureicht, oder ob es hier darum geht, ob sie überhaupt Vernunft besitzen, also ob sie überhaupt richtige Menschen sind, sei dahingestellt. Der ‚Diskussionsdarwinismus', dessen Unfairness Willms beklagt, und insbesondere seine Überwindung, auf die Willms eigentlich den Staat verpflichten will, würde jedenfalls erst einmal den Versuch einer Beteiligung am öffentlichen Diskurs bei gleichzeitiger Aufgabe des eigenen Anspruchs auf eine privilegierte Position erfordern. Dass sich beim Verlassen der eigenen Komfortzone zeigen kann, dass sich die eigenen Argumente als schwächer erweisen oder nicht einmal allgemeinverständlich artikuliert werden können, ist kein zureichender Grund, um nach dem Schutz des Staats zu rufen und diesen, wenn er ihn zu Recht verweigert, sodann der Schwäche oder der Voreingenommenheit zu zeihen und sich selbst als diskussionsdarwinistischen Dodo, mithin als Opfer unbeeinflussbarer Machenschaften zu bemitleiden.

Wie sich Willms Sinn und Verankerung von Regeln vorstellt, zeigt sein kleines Beispiel zum „Stellenwert der emanzipativen Möglichkeiten des Liberalismus" (DN, 22) aus der *Einleitung*:

> „In der Schule alten Stils war ‚Stillsitzen' eine besondere Disziplin, die auch als diese eingeübt wurde. Dieses ‚Stillsitzen' bedeutete bekanntlich nicht nur, daß nicht beziehungsweise nur nach Aufforderung gesprochen werden durfte. Es bedeutete auch, daß eine bestimmte Haltung eingenommen werden mußte:

also aufgerichtet, Arme in bestimmter Weise gefaltet, Knie in bestimmter, also festgelegter, also trainierbarer Weise geschlossen. Es gibt Dutzende von Möglichkeiten, in einer Bank zu sitzen, aber alle außer dieser einen waren als Abweichungen definiert. Jedermann weiß, daß dieses schmale Band der Festlegung immer nach allen Seiten ausfranste, selbstverständlich gab es nie oder selten die Verwirklichung exakt dieses einen Musters durch alle Beteiligten. Schüler redeten, lehnten sich an, hatten ihre Hände überall – jeder kennt das. Jedes allgemeine Muster verwirklicht sich in mehr oder weniger großen Abweichungen. Das Festhalten an diesem einen Muster war auch nicht generell durch dies Muster als dieses motiviert, diese Disziplin als bestimmte war kein Selbstzweck – auch wenn es in Ausnahmefällen so gehandhabt wurde, so erschien oder so erlebt wurde. Realisiert wurde eine präzise vorgestellte Festlegung in einem breiteren Bereich von Möglichkeiten – ganz unvorstellbar, weil in der Regel unmöglich, waren alle Verhaltensmöglichkeiten, die außerhalb dieser Bandbreite und der tolerierten Abweichungen lagen. Wenn aufgrund veränderter Vorstellungen, etwa solchen von Emanzipation, Disziplin in diesem Sinne nicht mehr eingeübt wird, wenn die Breite aller möglichen Haltungen freigegeben wird, dann wird sich, und das ist die Logik der Emanzipation als Logik von Möglichkeiten, faktisches Verhalten unausweichlich eben undiszipliniert realisieren. Man muß dann nicht mehr nur mit der Möglichkeit rechnen, daß jemand nicht ‚vorschriftsmäßig' sitzt, sondern man muß damit rechnen, daß jeder die Haltung einnimmt, die er will. Dann aber, und das ist die unvermeidliche Folge der emanzipativen Erweiterung tolerierter Verhaltensweisen, muß auch damit gerechnet werden, daß sich alltägliches Schülerverhalten zum Beispiel als Vandalismus, also extrem, realisiert. Jedermann kann aus seinem eigenen Erfahrungsbereich andere Beispiele finden – wem aber aus Mangel an Erfahrungsbereich die Beispiele nicht einleuchten, der ist erst recht auf gründliches Denken angewiesen." (DN, 22 f.)

Vor allem anderen wird hier, an dieser einzigen Stelle, deutlich, was Willms unter einer Regel versteht, nämlich eine präzise bestimmte Vorstellung, also wohl eine Definition, die ein bestimmtes Verhalten festlegt und damit zugleich jedes andere Verhalten der gleichen logischen Klasse – im Beispiel: Sitzen in einer Schulbank – als Abweichung, mithin als sanktions- bzw. strafwürdig definiert. Weil dieses Verhalten positiv bestimmt ist, die Regel also explizit ein Gebot formuliert und implizit jedes abweichende Verhalten verbietet, kann das geforderte Verhalten ‚trainiert' werden, so dass die Norm idealerweise irgendwann ohne Weiteres Überlegen erfüllt wird und keine Strafe mehr zur erfolgen braucht. Die Abweichung von der Regel ist dann ‚unvorstellbar' geworden, und zwar nicht nur beim Normengeber oder -exekutor, sondern auch beim Normadressaten. Dass die Möglichkeit zur Abweichung dadurch ‚unmöglich' würde, ist freilich Unsinn. Sie sollen nur nicht mehr realisiert werden können, weil keiner mehr auch nur an sie denkt, wenn er hinreichend lange und hinreichend oft für jede Abweichung sofort empfindlich – in der ‚Schule alten Stils' normalerweise gern durch körperliche Strafen, also Prügel in allen Varianten – sanktioniert wird. Das Training von dem Willms spricht, erweist sich so also eher als Dressur oder Drill, vermittels dessen in bestimmten Situationen ein bestimmtes Verhalten ohne nachzudenken, gleichsam instinktiv erfolgen soll.

Ein Grund oder gar eine Erklärung, warum genau diese und keine andere Verhaltensweise gefordert wird, braucht nicht angegeben zu werden. An eine freiwillige, auf eigener Einsicht beruhende Übernahme der gebotenen Verhaltensweise wird nicht einmal gedacht. Ein solcher Versuch wäre nach Willms' Meinung auch ganz offenkundig hoffnungslos. Denn aus der Freigabe des Verhaltens – also der Art zu sitzen – folgt ‚unausweichlich', ‚unvermeidlich', also mit Notwendigkeit Anarchie, Chaos oder – im Falle beliebig sitzender Schüler – ‚Vandalismus'; genauer: es muss jedenfalls ‚damit gerechnet werden'. Daraus folgt aber wiederum umgekehrt, dass Willms davon ausgehen muss, dass bei hinreichendem Drill genau dies nicht der Fall ist, dass also nicht mit ‚extrem' abweichendem Verhalten gerechnet zu werden braucht, weil die Normadressaten solches sich nicht einmal mehr vorstellen können sollen. Dies setzt zweifellos erhebliche Indoktrinierung voraus, die man gewiss als Gehirnwäsche begreifen kann. Denn es geht ja um die Ausschaltung von bloßen Denkmöglichkeiten, die von Natur aus jedem Individuum zur Verfügung stehen. Es soll also nicht nur individuelles Verhalten zugunsten von Uniformität, sondern auch individuelles Denken zugunsten von extern festgelegten, uniformen Denkmöglichkeiten eliminiert werden.

Ebenso könnte man fragen, ob denn die Kleinigkeit einer begründungslos, also willkürlich vorgegebenen, besonderen Art des Sitzens den ganzen Aufwand wert ist. Dass manches Verhalten uniform geregelt werden muss, und zwar auch durchaus willkürlich, um Schaden für jeden Einzelnen abzuwenden, zeigt etwa schon das Rechtsfahrgebot auf den Straßen. Es könnten genausogut auch alle links fahren, solange es alle tun. Ein Recht auf freie Fahrspurwahl hingegen würde alle Verkehrsteilnehmer und jeden einzelnen davon zuhöchst gefährden – und wäre zudem äußerst unpraktisch. Jedermann kann und wird das einsehen und sich trotz der vorgesehenen Sanktionen der Straßenverkehrsordnung durchaus freiwillig ans Rechtsfahrgebot halten.

Genau diese Variante ist aber beim willmsschen ‚Stillsitzen' nicht vorgesehen. Denn es geht bei diesem Gebot keineswegs um das Wohl des

Individuums, hier: des einzelnen Schülers. Vielmehr geht es allein um den Schutz des Allgemeinen – bei Willms automatisch stets die Nation –, das hier in Gestalt des öffentlichen Guts, d. h. der Schuleinrichtung, auftritt, das vor ‚Vandalismus' geschützt werden muss. Um dies zu tun und naturgemäß ebenso zur Steigerung des nationalen Selbstbehauptungspotentials, ist die ‚Disziplin' nötig, die bereits durch das ‚Stillsitzen' geübt wird. Dabei verwandelt sich die ‚besondere Disziplin' des Stillsitzens, also eines bestimmten Lehrfachs, in aller Stille zur ‚Disziplin' überhaupt, die selbst bestimmt ist durch den fraglosen und reflexionsfreien Vollzug der jeweils gebotenen und in besonderen Disziplinen antrainierten Handlungsweisen. Größtmögliche Reglementierung des Verhaltens führt folglich zu größtmöglicher Disziplin, zu größtmöglicher Uniformität und schließlich also zum größtmöglichen nationalen Selbstbehauptungspotential.

In der Tat ist dies das gerade Gegenteil von Emanzipation und Liberalität, die auf das Recht und die Fähigkeit des Individuums setzen, sein Verhalten selbst festzulegen, ohne dabei anderen zu schaden. Aufgrund dieses individuellen Gestaltungsraums ist der Freiheitsbegriff des Liberalismus auch positiv, weil er das Individuum freisetzt, um irgendetwas zu tun, das ihm nicht von anderen oder dem Staat vorgegeben wird. Für Willms hingegen ist er stets negativ, weil der Liberalismus immer „gegen bestimmte Festlegungen Front macht. Eben dies ist parasitär: der emanzipative Liberalismus ist angewiesen auf Verwirklichungen, die er selbst nicht politisch begründen kann." (DN, 24) So etwas wie die freie Setzung von Normen durch eine Gesellschaft, die diese in vernünftiger Diskussion findet und einsetzt, ist für Willms schlicht nicht denkbar. Denn bereits diese ursprüngliche, positive Freiheit widerspricht der notwendig vorgegebenen Idee der Nation und ihrem eingebauten Streben nach Selbstbehauptung, aus der unter wechselnden Umständen stets der Rest alternativlos folgen muss. Um diesen elitaristischen Hokuspokus mitzumachen, bräuchte es tatsächlich ein hohes Maß an Disziplin und Selbstverleugnung.

Dass Liberalismus, insbesondere westlicher, ganz schlimm ist, haben wir bei Moeller van den Bruck und Gehlen schon öfter gehört, und auch Willms passt aus den gleichen Gründen die ganze Richtung nicht. Anders jedoch als alle seine Vorläufer hat Willms sein ganzes Erwachsenenleben in der Bundesrepublik Deutschland, also in Kenntnis und unter dem Schutz des Grundgesetzes verbracht. Dies hindert ihn allerdings nicht daran, die Gemeinschaft eines Volks in Form der Nation unbedingt und in allen Belangen vor den Schutz des Individuums zu stellen. Diese Priorisierung läuft dem dezidiert demokratischen und freiheitlichen Staatsbegriff und Menschenbild des *Grundgesetzes* entschieden zuwider, in dessen Zentrum gerade der Einzelne und nicht das Kollektiv – sei es national, sei es sozialistisch, sei es sonstwie – steht. Dementsprechend häufig betont Willms denn auch dessen Vorläufigkeit und generelle Relativität („Disponibilität") im Verhältnis zu seinem eigenen absoluten Begriff der Nation. Irgendwelche Ewigkeitsgarantien des *Grundgesetzes* oder irgendeines anderen Rechts oder auch nur die unbedingte Anerkennung subjektiver Rechte bzw. Menschenrechte sind damit hinfällig.

e) Nationaler Egoismus: Was der Einzelne nicht darf, soll die Nation

Nun hat Willms immerhin versucht, im Rahmen einer ziemlich verqueren und logisch missratenen, daher unverständlichen Theorie im Anschluss an seine idealistischen Vorgänger Fichte und Hegel seinen Begriff des Staats und die aus ihm hervorgehende, aber trotzdem als absolut behauptete Idee der Nation deutlich zu machen. Ebenso informiert er den Leser sehr ausführlich darüber, was aus seiner stets und ‚notwendig' ‚objektiven' Perspektive des nationalen Arguments abzulehnen und zu bekämpfen ist, nämlich ‚westlicher Liberalismus' inklusive der seit Kriegsende etablierten Parteiendemokratie und dem daraus folgenden Chaos. Was Willms stattdessen will bzw. seiner politischen Wahrheit nach für angemessen und daher – wie so vieles von dem, was er so sagt – für ‚notwendig' hält, blieb allerdings bislang ziemlich wolkig oder – um sein Lieblingsschimpfwort gegenüber wissenschaftlichen Theorien, vor allem irgendwie an die Aufklärung anschließenden, zu verwenden – trotz steter Versicherung besonderer Konkretheit äußerst abstrakt. An seinem grundsätzlichen Rezept für das Heil der Nation können indes kaum Zweifel bestehen: Die Nation soll schlicht das tun, was jedem einzelnen Individuum verboten sein soll oder weswegen es, solange die totalitären politischen Voraussetzungen für gesetzliche Verbote noch nicht gegeben sind, zumindest moralisch durch die Gesellschaft, mithin durch das ‚gesunde Volksempfinden', geächtet werden sollte, nämlich ausschließlich und strikt mit allen Mitteln den eigenen Interessen folgen.

Aus Willms' „nationalem Argument", wonach gut ist, was das nationale Selbstbehauptungspotential stärkt, und verräterisch bzw. böse ist, was es schwächt, folgt, gepaart mit seinem isolationistischen Begriff von Souveränität und seinem exklusiv-hermetischen Begriff von nationaler Identität, schlicht genau die Art von Egoismus der kollektiven, aber individuellen Subjekt-Substanz „Nation", den er den wirklichen Individuen, die sie bevölkern, abspricht oder sie dafür verdammt. Das funktioniert deswegen, weil er über der Nation nichts anerkennt: keine beurteilende Instanz, keine Moral, kein Recht; die Nation existiert jenseits von Gut und Böse und legt jeweils gemäß ihrer historischen Umstände von Fall zu Fall fest, was Gut und Böse sein soll.

Wenn Willms also das Völkerrecht „eine der wesentlichsten Errungenschaften der Pluralität nationaler Entwicklungen" (DN, 130) nennt, bedeutet das keineswegs die bindende Unterwerfung der Nation unter eine übernationale Instanz. Sein Verhältnis zum Recht – sei es national oder transnational – ist im Sinne der obersten Instanz des nationalen Arguments rein instrumentell: Ist die Nation stark genug, um auf die Interessen anderer Staaten keine Rücksicht mehr nehmen zu müssen, braucht sie sich auch nicht mehr um völkerrechtliche Regelungen zu scheren. Internationale Verträge oder Bündnisse besitzen daher nur Legitimität und Geltung, solange sie den eigenen, nationalen Interessen dienen. Deswegen muss es auch ein bloß vorläufiger Befund bleiben, wenn Willms angesichts der imperialistischen Bedrohung durch die Sowjetunion feststellt: „Zum erstenmal in der Geschichte ist das nationale Interesse Deutschlands mit Europas Interesse identisch" (DN, 321). Dass er damit auch so etwas wie genuin übernationale Interessen unterstellt, wenn er nicht von den jeweiligen Einzelinteressen der europäischen Staaten, sondern vom Interesse Europas spricht, bleibt ohne Kommentar. Vielleicht aber ist dieser Widerspruch nur konsequent. Denn genaugenommen verfügt ja kein anderes Volk als das deutsche mangels gründlichen Denkens über die Einsicht in die Idee der Nation und demzufolge über das nationale Argument, das die Interessen der deutschen Nation ‚über alles in der Welt' stellt. Dass Willms dies Resultat nationalen Bewusstseins trotzdem auch anderen Staaten, namentlich Frankreich, „England" und den USA zuschreibt, bleibt ebenfalls unerklärt.

Nun widmet Willms immerhin den ganzen dritten Teil seines Buches der „Zukunft der Nation". Sehr viel konkretere Gestalt als die des gerade beschriebenen, generellen nationalen Egoismus nehmen seine Erwägungen allerdings auch hier nicht an. Sie werden nur mit größerem Aplomb und der Bedeutungsschwangerschaft dräuenden Unheils und vor allem ziemlich länglich vorgetragen. Willms beginnt dabei mit den „Prinzipien einer nationalen Praxis" (DN, 249), die eigentlich nur ein einziges sind – und sein dürfen, da eine Mehrzahl oberster Prinzipien ihre Absolutheit gefährdeten, wenngleich sich Willms mit solchen logischen Bedenken freilich nicht abgibt.

4 Fortsetzung folgt: Populär-akademischer Nationalismus ...

Jenes ‚Prinzip nationaler Praxis' verwandelt das ‚nationale Argument' in einen bzw. *den* ‚nationalen kategorischen Imperativ', d. h. einen Sollenssatz, der schlechthin gebietet und zur Überprüfung genereller, aber subjektiver moralischer Handlungsprinzipien geeignet sein müsste, wenn es sich denn um einen solchen kategorischen Imperativ im Sinne seines Erfinders Kant handeln würde. Dies ist aber trotz Willms' ausdrücklichem Anschlussversuch nicht der Fall. Denn Willms möchte dem ausdrücklich formalen Originalverfahren Kants – das, wie gesagt, allein zur Prüfung allgemeiner Maximen entwickelt wurde – einen bestimmten Inhalt vorgeben. Dann aber kann der Imperativ schon nicht mehr kategorisch sein, weil alle Inhalte nach Kant zufällig sind und bestenfalls praktische Maximen ergeben. Deswegen gibt es ja den kategorischen Imperativ, nämlich um zu überprüfen, ob irgendein beliebiger Inhalt, also eine Art zu handeln, moralisch zulässig bzw. geboten ist. Freilich glaubt Willms, dass diese Überprüfungspflicht für die Idee der Nation nicht gilt, weil sie ja notwendig sein soll. Aber das ändert einerseits nichts daran, dass ihre behauptete Notwendigkeit keiner Überprüfung standhält, und andererseits, dass eine inhaltliche Bestimmung eines obersten Handlungsziels, etwa des nationalen Selbstbehauptungspotentials, nur ein höchstes Gut ergäbe, dessen superlativische Position immer angezweifelt und ersetzt werden kann – etwa durch Glückseligkeit, Lust usw. –, jedenfalls nach Kant.

Wenigstens zwei, eigentlich drei weitere Schwierigkeiten kommen hinzu. Zum einen bietet Willms gar keine Formulierung seines nationalen Imperativs an. Er nennt allein das „bekannte Schillerzitat ‚Ans Vaterland, ans teure, schließ dich an!'" als Beispiel für eine Formulierung, die „uns eher überholt-erbaulich klingt" (DN, 250). Das ist fatal, weil man dann gar nicht recht und schon gar nicht genau wissen kann, was denn nun kategorisch geboten sein soll und „unbedingt gewollt werden [muß]" (DN, 250). Ein Sollenssatz aber, der einem nicht genau sagt, was er von einem verlangt, was man also tun oder lassen soll, ist überflüssiger Firlefanz.

Man könnte deswegen, zum anderen, vielleicht sagen, dass sich diese – nun tatsächlich: notwendige – Präzisierung aus der Einsicht in die Idee der Nation ergäbe, also aus irgendeiner Form sprachfreien oder jedenfalls nicht klar aussagbaren idealistischen Empfindens. Nur ist auch das schwierig, weil es ebenso wenig klar ist, an wen sich Willms' Imperativ eigentlich richtet. Klingt das Schillerzitat so, als sei jeder Einzelne angesprochen und aufgefordert seine individuelle Scheinidentität zugunsten seiner wahren nationalen Kollektividentität aufzugeben, lässt dagegen Willms' Definition der Nation als einziges politisches Subjekt vermuten, dass sie auch der Adressat des nationalen Imperativs sein dürfte. Zumal Willms noch ein

„allererste[s] und grundlegende[s] Prinzip" (DN, 250) auf Lager hat, dessen Verhältnis zum nationalen Imperativ unbekannt bleibt: „Die Nation muß ein Staat sein bzw. werden wollen." (DN, 250) Dass die Nation eine Idee ist, die den Begriff des Staats konkretisieren soll, wie Willms kurz vorher noch einmal wiederholt, führt nur wieder in denselben Zirkel, den wir schon beobachtet haben.

Schließlich schaut es so aus, als gäbe es gar keinen Unterschied zwischen ‚nationalem Imperativ' und ‚nationalem Argument' mehr oder als solle dieses aus jenem folgen:

> „Daß der nationale Imperativ kategorisch ist, bedeutet, daß er als solcher nicht zur Disposition steht. Was in einer konkreten Situation jeweils das Beste für die Nation ist, kann diskutiert und muß entschieden werden." (DN, 250)

Also, der nationale Imperativ, dessen Inhalt unbekannt ist, fungiert als notwendiges und letztes Urteilskriterium bei jeder Diskussion über konkretes politisches Handeln und Entscheiden. Wenn das so ist, ist der nationale Imperativ das nationale Argument und erweist sich als überflüssig. Gäbe er ein Verfahren an die Hand, wie man denn das nationale Argument ‚in einer konkreten Situation' anwenden soll, wäre das vermutlich anders. Aber es wird ja nicht einmal klar, wer es anwenden soll. Der Einzelne jedenfalls nicht, denn er handelt nicht politisch, und wie eine Anwendung durch die Nation, d. h. durch das einzige politisch handlungsfähige Subjekt, aussehen soll, ohne dass es in Wahrheit einzelne Individuen sind, die irgendetwas tun, verrät Willms schlicht nicht.

Das ist ein echter Mangel, weil seine ‚Prinzipien der nationalen Praxis' den für jede Besserung des aktuellen Zustands der „Nationvergessenheit" (DN, 251) nötigen „Kampf um das nationale Bewußtsein" (DN, 252) bzw. „konkret de[n] *Kampf um die Nation*" (DN, 251) leiten und begründen sollen. Es überrascht daher kaum, dass aus dunkel raunenden Scheinbegründungen, leeren Wiederholungen von Behauptungen und in sich widersprüchlichen und deswegen unverständlichen Prinzipien keine klareren Anwendungen für die Gegenwart folgen, jedenfalls keine, die genau aussagen, warum zu tun wäre, was getan werden soll, oder was das eigentlich genau ist, was getan werden soll, und wie es geht.

Willms' nationale Praxis erschöpft sich eher in abstrakten – wie sollten sie auch sonst sein? – Zielvorgaben ohne Angabe konkreter Mittel und immer wieder Gleiches wiederholender, indes zunehmend beleidigt wirkender Kritik an der bundesdeutschen Gegenwart Ende der 70er, Anfang der

4 Fortsetzung folgt: Populär-akademischer Nationalismus ...

80er Jahre des vergangenen Jahrhunderts, die teils unbewusst, teils bewusst gründliches Denken zu verhindern sucht:

„Nur in diesem extrem wirklichkeitsfremden, ‚neurotisierenden' Zustand kann man auf Theorien verfallen, wie die des ‚permanenten Diskurses' oder auf eine so ausgedehnte nationfeindliche Praxis, wie wir sie in Westdeutschland finden." (DN, 252)

Bessere Aussichten auf die Bewahrung deutscher, d. h. aufs Kollektiv gerichteter, „Tugenden wie Pflicht, Sachbezogenheit, Fleiß, Ordnungsliebe, Rechtlichkeit und Altruismus", die den Westdeutschen seit Kriegsende ausgetrieben bzw. allzugerne von ihnen zugunsten ihrer individuellen Selbstverwirklichung aufgegeben wurden, vermutet Willms in Ostdeutschland, also der DDR, „aufgrund der geringeren Korruption durch liberalistische Wohlstandsgesinnung" (DN, 294).

Die nur sehr ungefähren Vorgaben für ‚nationale Praxis' bzw. die ‚Zukunft der Nation', die Willms macht und in drei „Fronten" – die „äußere", die „innere" und die „dritte" der Deutschlandpolitik – und den „Revisionismus" seines „neuen Nationalismus" aufteilt, bestätigen die bereits gefolgerten Grundzüge eines nationalen Egoismus und einer pädagogischen Ertüchtigung nationalen Identitätsbewusstseins. Sie sollen zu einem Pluralismus der verschiedenen Völker führen, der von größtmöglichem Isolationismus nicht mehr zu unterscheiden ist. Ökonomische Fragen spielen dabei keine Rolle.

Aufgrund der ermüdenden Redundanz des sehr ausführlichen zeitbedingten Tadels der BRD und gelegentlichen Lobs der DDR lassen sich die wenigen Sachpunkte, um die es Willms zu gehen scheint, wesentlich kürzer zusammenfassen, als dies die 75 Seiten zur ‚Zukunft der Nation' nahelegen.

In der Außenpolitik, also an der von Willms sogenannten „äußeren Front" (DN, 252), konzentriert sich die nationale Einsicht auf Aufrüstung und Erhöhung der generellen Wehrfähigkeit. Dies hat im Einklang und mit Unterstützung durch „Europa" zu geschehen, da Deutschland nunmehr den „Ostrand eines durch das Gegenüber der Supermacht Sowjetunion zusammengezwungenen Europa" (DN, 255) bildet. Diesem Zwang durch die Bedrohung aus dem Osten nachzugeben, soll den alten Nationalismus von Willms' neuem unterscheiden: „Die Solidarität der Europäer leidet natürlich unter einem nationalen Denken, das sich an alten Nationalismen festmacht. Aber wenn diese Solidarität als objektive Forderung der Wirklichkeit nicht anerkannt und bewußt vollzogen wird, werden die westeuropäischen Nationen als freie aufhören zu existieren." (DN, 255 f.) Die

Solidargemeinschaft Europa ist daher in Wahrheit eine Notgemeinschaft zu Schutz und Trutz gegen die Sowjetunion, die eingegangen werden muss, um die eigene Existenz und die jeweilige Identität zu sichern. Verschwindet die „langfristige Bedrohung durch die Sowjetunion" (DN, 257), verschwindet daher ebenso der eigentliche Grund für jene intereuropäische Solidarität. Denn auch die Forderung nach verteidigungspolitischer bzw. militärischer, insbesondere atomarer Unabhängigkeit von den USA war durch das Bedrohungsszenario des Kalten Kriegs begründet. Es bestünde daher nach einem, von Willms nicht bedachten, möglichen Ende der Sowjetunion samt Zerfall des Ostblocks bzw. des Warschauer Paktes kein Grund mehr für so etwas wie eine europäische Verteidigungsgemeinschaft oder gar eine fortschreitende Integration der europäischen Staaten zu einer immer enger werdenden Europäischen Union oder gar einer europäischen Föderation. Wie gesagt: Ökonomische Fragen spielen für Willms keine Rolle.

In der Innenpolitik, an der „inneren Front" (DN, 258), geht es vor allem um die Beseitigung *„unserer intellektuellen Bürgerkriegsfronten"* (DN, 261), die durch die ausschließlich partikulare Gruppeninteressen vertretenden Parteien repräsentiert werden. Dies schadet der Nation und ihrem totalen Interesse, das zugleich eine „Partei, die die Sache der Nation zu ihrer eigenen macht, ohne Furcht und mit Entschlossenheit", über die „bloßen Parteien" ohne „substantielle Identitätsgrundlage" hinaushebt (DN, 266). Denn die „freiheitlich-demokratische Grundordnung" (DN, 258) macht die „Bestreitbarkeit" einer jeden Position zum „Kern jenes Liberalismus, auf den sich diese Demokratie soviel zugute hält" (DN, 259) – die gegenlautenden Festlegungen des *Grundgesetzes* etwa zu den subjektiven Rechten eines jeden einzelnen Menschen oder Bürgers ignoriert Willms geflissentlich. Hier dräut Chaos: Die behauptete Bestreitbarkeit jeder Position „bedeutet eine regulativ grundsätzlich nicht mehr entscheidbare Wert-, Normativitäts- und Weltanschauungskonkurrenz, die aus Pluralismus eine Tugend macht." (DN, 259) Da aus dem Pluralismus erst eine Tugend gemacht werden muss, und zwar durch ein liberales Interessenvertretungssystem bloßen, einsichtslosen Geredes, ist Pluralismus nichts Gutes, sondern das Gegenteil davon. Er ist deswegen zu eliminieren.

Dies muss nach Willms durch die Schaffung eines identischen Bewusstseins vermittels einer „nationale[n] Erziehung" (DN, 269) geschehen. Willms schließt in seinem eigenen „Bemühen um nationale Erneuerung" (DN, 269) hier ausdrücklich an Fichtes *Reden* an: „Der Gedanke eines erneuerten Kampfes um das nationale Bewußtsein, der auch die Motivation dieses Buches ist, legt sich notwendig in eine Vorstellung von Erziehung aus – dies ist ebenso unausweichlich wie die Fichtesche Einsicht aktuell ist, das

Feld das Bewußtseins sei dasjenige, auf dem hier und jetzt jedenfalls der Versuch einer Erneuerung der Nation ansetzen könne und müsse." (DN, 270) Dazu, wie dies aber geschehen oder eine nationale Erziehung näherhin aussehen sollte, sagt Willms nichts. Zwar schließt er eine „nationale Erziehungslehre" für das vorliegende Buch aus, weil eine solche erst „die Ausarbeitung einer systematischen politischen Ethik deutscher Nation voraussetzen" würde(DN, 270) – was immer das auch sein mag. Indessen fehlt auch die angekündigte Erörterung des „Problem[s] einer nationalen Erziehung [...] in einigen Grundproblemen" (DN, 270). Anstelledessen findet man nur die bekannte und wiederholte Kritik des Liberalismus, der Korruption und der Dekadenz der gegenwärtigen deutschen Gesellschaft. Am konkretesten wird Willms noch in dieser kurzen Passage: „Die Ideale von Identität, Wahrheit, Würde und Sinn wie die Tugenden des Fleißes und der auf Tüchtigkeit angelegten Sachbezogenheit und des Opfers sind altmodisch, lassen sich nur schlecht als pädagogischer Reformismus verkaufen und eignen sich möglicherweise nicht für die Massendemokratie; aber dies spricht weder für die Überholtheit der Ideale noch für die Unbrauchbarkeit der Tugenden. Es spricht nur gegen die Massendemokratie [...]" (DN, 278). Weitere positive Auskunft erteilt Willms nicht. Dass die nationale Erziehung zu einem Neuen Nationalismus die ‚Schule alten Stils' samt ‚Stillsitzen' und manch anderen individualitätseliminierenden und kollektividentitätsschaffenden Maßnahmen alten Stils fordert, liegt auf der Hand.

In der auf der seinerzeitigen Teilung beruhenden ‚Deutschlandpolitik', an der „dritten Front" (DN, 279), geht es zunächst um eine „Theorie der Wiederherstellung Deutschlands im Sinne gründlichen Denkens", d. h. den *„Versuch einer allgemein zustimmungsfähigen Rekonstruktion der politischen Identität der Deutschen unter den Bedingungen ihrer gegenwärtigen Lage"* (DN, 283). Der entscheidende Punkt ist hier Willms' Rede von der ‚allgemeinen Zustimmungsfähigkeit'. Er will sie durchaus ungewöhnlich verstanden wissen, nämlich weder im Sinne irgendeines Konsenses noch universal „im Sinne der formalen Rationalität einer aufgeklärten Wissenschaftlichkeit" (DN, 283), d. h. es wird weder um etwas Logisches gehen noch erachtet Willms herkömmliche Logik für relevant für die gewünschte Theorie. Denn „[a]llgemein zustimmungsfähig heißt hier zunächst: Zustimmungsfähig für alle, die Deutschland denken wollen" (DN, 283). Das aber sind wieder nicht alle, nicht einmal ‚alle, die Deutschland denken wollen'. Die Allgemeinheit bezieht sich nämlich nur auf Deutsche: „Aber es wäre töricht, eine Theorie Deutschlands so zu formulieren, daß auch Sowjetrussen oder z. B. Niederländer ihr zustimmen könnten." (DN, 283) Damit nicht genug der Exklusivität jener sonderbaren Allgemeinheit.

Denn zustimmungsfähig braucht Willms' Theorie nur für diejenigen zu sein, die gründlich, mithin deutsch denken: „Sie muß abstrahieren von jenen, die sich selbst nur abstrakt-partikular definieren, also von jenen, die, in Ost und West, zuerst Parteigänger sein wollen und dann erst Deutsche." (DN, 283 f.) Die von „alle[n] gründlich Denkenden unausweichlich anzuerkennende gemeinsame Realität" (DN, 283) besteht zuallererst in der „politische[n] Differenzierung" – also nach Willms: einem Gegensatz – „zwischen Volk und Regierung" (DN, 284). Dieser Gegensatz setzt zum einen „die Berufung auf die Nation als ein Notwendig-Allgemeines gegen die bloße Zufälligkeit der jeweils Herrschenden" und definiert zum anderen den sogenannten „nationalen Widerstand" (DN, 284).

Aus Willms' Perspektive ist dieser Gegensatz tatsächlich unumgänglich. Denn er lehnt Vertretung, Durchsetzung und Ausgleich von partikulären Interessen als legitimes Ziel von Politik rundweg ab. Vielmehr zeugt schon die bloße Habe individueller Interessen von Verstocktheit gegenüber der Idee der Nation oder „erbarmungswürdige[r] Unwissenheit" (DN, 284) oder schierer Dummheit. Die von ihm permanent beklagte Korruption besteht selbst in nichts anderem als in der Verfolgung von Interessen unterhalb der nationalen Ebene: Allein die Nation besitzt wahre Interessen, und diese sind zugleich die wahrhaften Interessen eines jeden Einzelnen bzw. des Volks. Infolgedessen ist das Interesse der Nation mit dem Interesse des Volks identisch: Das Volk hat ein totales Interesse an der Selbstbehauptung der Nation, also seiner selbst. Es kann daher kein wahres und folglich auch kein politisch irgendwie relevantes Interesse an der Selbstbehauptung des Einzelnen in der Nation bestehen. Eine bloß durch Mehrheit gewählte oder sonstwie an die Macht gelangte Regierung, die nicht mit dem sich seines wahren Interesses bewussten Volk identisch ist, muss deswegen immer partikuläre Interessen vertreten, die sie in besagten Gegensatz zum Volk bringen. Die von Willms gewünschte nationale Identität von Regierung und Volk kann also nur darin bestehen, dass eine nationale Elite, deren einzige Qualifikation die Einsicht in die Idee der Nation ist, die politische Führung übernimmt und gelegentlich national euphorisierbare Trivialdeutsche und unbewusst national fühlende Dumpfdeutsche im Interesse der Nation anleitet, um das nur jene Elite weiß und den einsichtslosen, nichtidealistischen Zeitgenossen keinerlei Rechtfertigung schuldet. Die nationale Erneuerung vollendet sich so in einem totalitär organisierten, totalen Staat. Deswegen billigt Willms auch jeder Regierungsform, vor allem naturgemäß der Demokratie, bloße „Nützlichkeitsinstrumentalität" (DN, 271) zu. Denn jede Regierungsform ist gut genug, solange sie gebraucht werden kann, um jenen totalitären Anspruch zu verwirklichen.

Es kann deswegen nicht überraschen, dass Willms bei jeder sich bietenden Gelegenheit darauf hinweist, dass die freiheitlich-demokratische Regierungsform, wie sie das *Grundgesetz* vorschreibt, stets zur Disposition steht. Was er zur DDR bemerkt, gilt allgemein:

> „Die Frage der freien Wahlen im liberalen Sinne unserer westlichen Demokratieauffassung ist völlig sekundär: Wäre die DDR wirklich souverän im nationalen Sinne, so würde das Volk vielleicht freie Wahlen durchsetzen, vielleicht auch nicht. Die nationale Substanz hängt nicht an freien Wahlen." (DN, 297)

Daher böte eine mögliche Wiedervereinigung beider deutscher Staaten eine ausgezeichnete Gelegenheit nicht nur zur Schaffung einer neuen Verfassung, sondern vor allem zu einem grundsätzlichen Wechsel der Regierungsform zur gesetzlichen Festschreibung der unbedingten Priorität des nationalen Arguments mit allen seinen dargestellten Folgen:

> „Zur Disposition stehen muß jede Art von Regierung in Ost und West, insofern sie nicht strikt national ist – d. h. insofern sie nicht jederzeit bereit ist, sich selbst um der Nation willen zur Disposition zu stellen – wie dies bei uns durch den Artikel 146 GG eigentlich festgelegt ist." (DN, 316)

Dass Willms die grundgesetzliche Beschränkung des Spielraums einer möglichen neuen Verfassung durch die Aufrechterhaltung der Menschen- und Bürgerrechte und einer freiheitlichen Demokratie ignoriert bzw. verschweigt, erübrigt sich fast zu erwähnen: Willms erklärt auch alles, was im *Grundgesetz* steht, jeden moralischen, also jeden ethischen oder rechtlichen Inhalt für „disponibel".

Disponibel, also nach Belieben verfügbar oder entsorgbar, ist nämlich alles, bis auf die Idee der Nation:

> „Wenn Nation in diesem strengen Sinne als Idee gedacht wird, dann ergibt sich daraus nicht nur die Konkretheit von Selbstbehauptung und Anerkennung, d. h. die strenge Selbstbeschränkung der eigenen und die an keine Vorbedingung knüpfende Anerkennung der anderen Nationen, sondern auch die eigentliche Wahrheit einer politischen Ordnung, in bezug auf die alle anderen Ordnungsvorstellungen – innen- wie außenpolitische – disponibel sind." (DN, 314 f.)

Auch dieser Abschied vom vergangenen „Konkurrenznationalismus" (DN, 288), an dem Deutschland mehrfach gescheitert ist, und die Absage an den Gedanken der „Auserwähltheit" (DN, 315) irgendeiner Nation aufgrund der Unübersteigbarkeit der nationalen Idee ändert nichts am intellektuellen Chauvinismus des Neuen Nationalismus. Mag auch die „Idee der Nation […] im strengen Sinne allgemein" (DN, 314) sein, so dass jeder Staat, sofern er denn einer ist und ein eigenes Volk besitzt, ihr folgt und ein Nationalstaat sein muss; so bleibt doch die Einsicht in ihre Idee und ihre theoretische Erfassung einem gründlichen Denken vorbehalten, zu dem ganz offensichtlich nur Deutsche fähig sind. Ein bisschen auserwählt bleiben sie also doch noch. Jede andere, fremde bzw. ausländische politische Philosophie – also alle solche Philosophie überhaupt – gelangt, weil sie immer exklusiv national sein muss, dann immer nur zu einem trivialen oder dumpfen Nationalismus, wenn sie denn überhaupt dorthin gelangt. Daraus würde folgen, dass Staaten, die noch nicht zum Bewusstsein ihrer nationalen Identität vorgedrungen sind, auch nicht als Staaten anerkannt zu werden brauchen, weil sie gar nicht als politische Subjekte existieren. Allerdings thematisiert Willms dies nicht.

Dies würde auch nicht zu seiner Vorstellung eines Nebeneinanders von prinzipiell voneinander isolierten Nationalstaaten passen, die allenfalls befristete Zweckbündnisse miteinander schließen, wenn dies eine Bedrohungslage gebietet. Die mögliche Pluralität von Nationen – die freilich unter dem Vorbehalt eines jeweils ausreichend entwickelten und korrekten Bewusstseins nationaler Identität steht – führt zu einem selbstzufriedenen und ebenso elitären wie eitlen Idealismus, der eigentlich eine Art nationaler Autismus ist. Die – in der Tat durch die Tradition nahegelegte – Verbindung von „Idealismus und Nationalismus" (DN, 322), die Willms zu schaffen zumindest glaubt, setzt jedem Streben über das nationale Eigene hinaus in allen Belangen unüberwindliche Grenzen: Gemeinsame inter-, supra- oder transnationale Ziele, die womöglich zum Besten aller Menschen verfolgt werden könnten – etwa „Demokratie, Liberalismus, Freiheit, Frieden, Sozialismus" –, gelten Willms als Positionen in der „Bürgerkriegsfront" (DN, 317) und sind daher abzulehnen. Gemeinsam kann den Nationen in Willms' wahrer politischer Weltordnung allein noch der gemeinsame Feind sein. Nationaler Idealismus heißt nach Willms möglichst vollständige Selbstbezogenheit: „Die Konzentration auf die Nation macht den Idealismus streng, nüchtern, selbstbezogen und verleiht ihm jene Selbstbeschränkung, innerhalb der sich der Meister zeigt. Dies bedeutet eine Konzentration der Nation auf sich selbst, die sie erst zur Arbeit an ihrer gelungenen Existenz bringen kann. Mit der Nation aber auch jeden einzelnen, denn die gelungene Existenz ist die Existenz, die als ihr eigener Sinn zu Bewußtsein kommt. Bewußtsein ist individuell: Selbstbewußtsein." (DN, 322).

So wie es früher hieß: „Nulla salus extra ecclesiam.", heißt es jetzt: „Kein Heil außerhalb der Nation." Ideale und Ziele über die Nation und ihr immer weiter zu steigerndes Selbstbehauptungspotential hinaus oder gar individuelle Interessen, die unabhängig vom Wohl der eigenen Nation verfolgt werden könnten, gibt es in Wahrheit gar nicht; und sie braucht und soll es auch nicht mehr geben. Denn allein sein vollständiges Aufgeben in der Nation verleiht der Existenz des Einzelnen Sinn – was immer darunter Willms auch verstehen mag: „Man halte der Theorie des nationalen Idealismus nicht die Begriffe von Wohlstands-, Konsum-, Freizeitgesellschaft oder den der strukturellen Arbeitslosigkeit entgegen. Daß und wie es in einer Gesellschaft etwa genug zu tun gibt, ist eine Frage der Sinngebungsmuster." (DN, 322).

Diese Sinngebung leistet nach Willms allein die notwendige Allgemeinheit der Idee der Nation, wenngleich sie sich noch – abgesehen von ihren stets raren Verfechtern – in Lauerstellung befindet. Denn um sie zu schätzen geht es den Leuten in ihrer gegenwärtigen Korruption noch schlicht zu gut. Das aber wird sich nach Willms' Meinung bald ändern:

> „Nur wenn das Elend der Nation, ihre Not, als allgemeine erfahrbar wird, wird sich ein neuer Sinn für Notwendigkeit ergeben können. Niemand kann seiner eigenen Nation das Elend wünschen; aber wenn die individuell sich steigernde Erfahrung von Not – der der Sinnlosigkeit, der der Arbeitslosigkeit, der der Ausweglosigkeit, auch der Armut – nicht mehr so einfach durch Fortschritte im Konsum oder durch anderes kompensiert werden kann, dann muß das Bedürfnis nach allgemeinen Lösungen steigen." (DN, 324)

Umgekehrt lässt es sich kürzer sagen: Der Erz- und Todfeind des notwendigerweise totalitären nationalen Idealismus ist das Wohlergehen aller und jedes einzelnen und die Chance, der eigenen, individuellen Existenz in freier, eigener Entscheidung, genau den Sinn zu verleihen, den man selbst und nicht das nationale Kollektiv will. Oder noch kürzer: Die Durchsetzung des nationalen Idealismus setzt voraus, dass es den Leuten schlecht geht oder dass sie sich zumindest irgendwie schlecht, am besten als Opfer von etwas Fremden, fühlen. Letzteres ist freilich einfacher zu erreichen als ersteres.

5

Gnome auf den Schultern von Zwergen: Die Bewahrung nationalistischer Substanz und das Herbeiraunen ihrer Wiederauferstehung

Widmet man sich der Lektüre von repräsentativen Publikationen der gegenwärtigen sogenannten und gern selbsternannten „Rechtsintellektuellen", und versucht man, dies mit Fairness zu tun und also in den öden Weiten des Internets aufblitzende und verschwindende Äußerungen *in the heat of the moment* beiseitezulassen und sich auf altmodische und dauerhaftere Veröffentlichungen in Buchform zu konzentrieren, wird man sehr schnell zu einer eigentlich nur mittelmäßig überraschenden Feststellung gelangen: Es steht dort wenig bis nichts drin, und schon gar nichts Neues.

Denn die sogenannte „Neue Rechte" gibt es eigentlich gar nicht – jedenfalls nicht, insofern irgendwie neu sein soll, was sie behauptet. Allenfalls ist sie weniger direkt oder vielleicht in ihrem Chauvinismus oder Rassismus ein bisschen verdruckster als der alte Nationalismus, dessen philosophische Gestalten seit Fichte bislang besehen wurden. Das mag aus der Sorge um die eigene Anschlussfähigkeit herrühren und der Einsicht geschuldet sein, dass allzugroße Schärfe und Wahrhaftigkeit politischer oder „metapolitischer" Forderungen der bei allem elitären Getue doch sehr erwünschten Popularität abträglich sind und die Leute verschrecken, die im bundesrepublikanischen, dekadenten Wohlstandsliberalismus einfach nicht passend erzogen worden sind, um einen unverblümten, stramm nationalen Ton schon wieder zu schätzen. Oder man hat die eigene Rolle des von der öffentlichen Aufmerksamkeit (die keinesfalls mit der des sogenannten „Volks" und der „einfachen Leute" identisch sein darf) verfolgten Opfers so liebgewonnen, dass man schon als Märtyrer einer verschwiegenen, gar unterdrückten Wahrheit auftreten kann, ohne dieselbe überhaupt noch ausdrücklich sagen zu müssen.

Denn den Eingeweihten reicht vielleicht ein verständnissinniges, verschwiegenes Zwinkern zwischen den Zeilen und möglichen Novizen darf die Sache der Nation nicht gleich durch Brutalität vergällt werden. Dass ebenso mangelnde denkhandwerkliche Ausbildung und nicht eingeübte methodische bzw. darstellerische Fähigkeiten zur eigentümlichen Verquastheit einschlägiger Schriften beitragen mögen, kann, muss aber nicht sein. Denn Unklarheit kann durchaus ihre Reize haben, insofern jeder Leser die hinterm Wortgewölk verborgenen Leerstellen nach eigenem Gusto füllen mag und dann den betreffenden Autor ganz toll findet. Solchem nachzugehen ist ermüdend und bringt im Allgemeinen auch recht wenig an Einsicht, wie man, wenn man möchte, an dem seit einiger Zeit anhaltenden Versuch sehen könnte, sich kritisch mit dem sogenannten Populismus und seinen Matadoren, den sogenannten Populisten, auseinanderzusetzen und beides mit einem (naturgemäß auf gar keinen Fall selbst populistischen) Wunderrezept zum Verschwinden zu bringen. Naturgemäß ist das aussichtslos, und alles, was man wirklich daraus lernen kann und dazu wissen muss, haben schon Michiko Kakutani,[1] aber auch Madeleine Albright[2] und Timothy Snyder[3] gesagt.

Deswegen konzentrieren wir uns im Folgenden auf einige, wenige Autoren, die keineswegs minder wolkig und begründungsfrei formulieren mögen, denen aber doch gelegentlich eine Äußerung entschlüpft, der man entnehmen kann, was sie wollen, und gelegentlich sogar, warum sie wollen, was sie wollen. Zudem handelt es sich dabei um repräsentative Vertreter der sogenannten Neuen Rechten, und zwar solche, die nicht bloß von einer feindseligen, quasi offiziellen Öffentlichkeit dazu erklärt worden sein wollen, sondern sich durch ihre herausgehobene Tätigkeit – Verleger, Autoren, Politiker – selber dazu bewusst qualifiziert haben. Freilich hat man es hier nicht mit akademischen oder gelehrten Abhandlungen zu tun, die ihr Thema systematisch unter präziser Klärung der gebrauchten Begriffe bearbeiten. Die bisherige Ausnahme ist zur Regel geworden: Die theoretische oder philosophische Darstellung des propagierten Nationalismus übernimmt nun nicht mehr der akademische Gelehrte, sondern der sogenannte Publizist, für den trotz aller vor sich hergetragener Gebildet- und Belesenheit auch die oberflächlichsten Prinzipien des wissenschaftlichen Arbeitens – Beleg von Tatsachenbehauptungen, Nachweis von Zitaten

---

[1] The Death of Truth, London 2018.
[2] Fascism. A Warning, London 2018.
[3] The Road to Unfreedom. Russia, Europe, America, New York 2018.

usw. – scheinbar keine Geltung zu besitzen brauchen. Man bewegt sich hier in einer literarischen Grauzone zwischen Journalismus, Essayismus und schlichter, manifestförmiger Propaganda, in der es weniger – oder jedenfalls nicht mehr oder gar allein – um Wahrheit geht, sondern vor allem um öffentliche, politische Wirkung. Schon deswegen konzentrieren wir uns bei der Lektüre auf grundsätzliche Überlegungen und Behauptungen, ohne uns groß mit der Überprüfung des Wirklichkeitsgehalts von Berichten über Ereignisse oder Erlebnisse zu beschäftigen, die den Anlass für eine schriftliche Äußerung bieten mögen. Zumeist sind sie ohnehin so gestaltet, dass Überprüfungen schwierig bis unmöglich sind. Schließlich richtet sich das Handeln und also auch die Politik aber nicht auf das, was jetzt ist, sondern auf das, was zukünftig sein soll. Deswegen sollte auch eher ein Blick auf politische Prinzipien als der auf einzelne Maßnahmen oder tagesaktuelle Konvulsionen das eigene Urteil bestimmen. Der Gang durch die Entwicklung des deutsch-nationalistischen Panoptikums seit Fichte endet also mit der Analyse einiger Schriften von Götz Kubitschek (*1970), Björn Höcke (*1972) und Markus Willinger (*1992).

5.1 Götz Kubitschek: Der Wahlpreuße im Schweinestall

Im Zentrum des gegenwärtigen deutschen Nationalismus, der seiner Theorie nach, wie schon öfter betont, keineswegs neu ist und seit seiner Erfindung durch Fichte auch nie ganz weg war, steht gewiss Götz Kubitschek. Sein Anwesen im sachsen-anhaltinischen Schnellroda beherbergt nicht nur das sogenannte „Institut für Staatspolitik" (IfS), das regelmäßig Vortrags-, Diskussions- und Schulungsveranstaltungen zu Geschichte, Theorie und Praxis des deutschen Nationalismus organisiert, Kubitschek selbst fungiert schon seit 2003 auch als verantwortlicher Redakteur des institutseigenen „Theoriemagazins" *Sezession,* das in zweimonatlicher Erscheinungsweise bei einer Auflage von 3000 Exemplaren nicht im offenen Verkauf im Zeitschriftenhandel, sondern „ausschließlich über Abonnements, Direktbestellungen und zielgenauen Werbeversand" immerhin 2400 Leser erreicht (Stand Anzeigen- und Beilagenpreisliste 10/2012).[4] Den zur Zeitschrift gehörigen Internet-Blog betreibt Kubitschek ebenfalls. Darüber hinaus ist

---

[4] Sezession: Media-Informationen (https://sezession.de/wp-content/uploads/2009/01/sezession-mediadaten.pdf, zuletzt aufgerufen am 22.04.20, 12:30).

er Geschäftsführer des „Antaios-Verlages", der sich den gleichen Themen widmet.

Schon der Name seines Verlags weist auf Kubitscheks enge Bindung an die Lehren von Bernard Willms hin. Denn es wird kaum ein Zufall sein, dass dieser in seinem Buch über *Die deutsche Nation* ausgerechnet den Mythos vom Riesen Antaios benutzt, um das vorhin bereits analysierte Verhältnis von Philosophie und Sprache zu erklären: „In diesem Verhältnis (sc. der Angewiesenheit des Denkens auf eine ganz bestimmte Sprache, um sich zu konkretisieren) ist für die Philosophie die Beziehung vielleicht am unmittelbarsten faßbar, die im Mythos von Antaios und seiner Mutter, der Erde, ausgedrückt ist: Das Denken kann sich nur am Leben halten durch ständige Berührung mit der wirklichen Sprache, und diese ist je als meine, als Muttersprache bestimmt – eine nationale Beziehung." (DN, 56)

Freilich hinkt diese nationale Deutung des Mythos gewaltig. Denn dass Antaios irgendwie auf eine bestimmte Erde, Heimaterde, angewiesen gewesen wäre, geht aus keiner Quelle hervor. Seine Mutter Gaia bezeichnet vielmehr die Erde überhaupt, d. h. solange Antaios überhaupt den Boden berührt, – das ist seine göttliche Sonderkraft – stehen ihm unendliche Kraftreserven zur Verfügung. Er hält sich deshalb für unbesiegbar und fordert jeden zum Kampf heraus, der an seiner Wohnhöhle vorbeikommt, und bringt ihn um, um aus den Schädeln der Verlierer seinem Vater Poseidon einen Tempel zu bauen. Er tut dies solange und terrorisiert nebenbei noch seine Heimatregion in Libyen, bis es der reisende Herakles ist, den er zum Kampf fordert. Dieser trennt ihn von seiner Kraftquelle, hebt ihn hoch und tötet ihn ohne Bodenkontakt – vermutlich zur Erleichterung der übrigen Bewohner des Landes und des Rests der Welt. Dieser ganze letzte Teil, d. h. das eigentliche Geschehen des Mythos, fällt bei Willms naturgemäß unter den Tisch. Schließlich soll vermutlich denn doch niemand froh darüber sein, wenn die schurkische Philosophie endlich zur Strecke gebracht worden ist. Anders als die rührselige „Mutter Erde = Muttersprache, also Nationalphilosophie"-Deutung möchte, geht es auch beim Antaios-Mythos ganz offensichtlich um die Selbstüberschätzung der Sterblichen – denn auch sonderbegabte Riesen göttlicher Herkunft bleiben sterblich – angesichts des göttlichen und natürlichen Rechts. Solche Hybris wird stets mit Strenge geahndet.[5] Speziell bei Antaios ist daran überdies nicht einmal irgendetwas Heroisches oder gar Tragisches zu finden. Im Gegenteil benimmt er sich wie der klassische bully, ein Schulhofschläger und Klassentyrann, der sich

---

[5] Vgl. Alexander Aichele, Rechtsgeschichte, München 2017, 7 ff.

stets Schwächere vornimmt, bis er zuletzt an den Falschen gerät. Allerdings wird diese Bedeutung bei der Verlagstaufe wohl nicht im Vordergrund gestanden haben. Für einen Verlag – einen, der sich auf nationalistische Texte konzentriert, zumal – passt gewiss die willms'sche Deutung besser, so verquer sie auch sein mag.

Die zentrale Funktion, die Willms für Kubitschek spielt, wird sich unter anderem noch anhand eines kurzen Nachworts erweisen, das er für ein Bändchen mit Auszügen aus *Die deutsche Nation* verfasst hat. Auch andere Schriften von Willms gelang(t)en bei *Antaios* zu Wiederauflagen. Die folgenden Analysen konzentrieren sich indes mit der genannten Ausnahme auf die Texte Kubitscheks, die er für den ebenfalls bei *Antaios* erschienenen Sammelband *Die Spurweite des schmalen Grats* zusammengestellt hat. Diese Auswahl bietet sich schon deswegen an, weil der Klappentext – dessen Stil vermuten lässt, dass er vom Autor selber stammt – nahelegt, dass die darin enthaltenen, größtenteils in der *Sezession* veröffentlichten Texte den Gipfel der bisherigen schriftstellerischen Tätigkeit des Verfassers, Herausgebers und Verlegers bilden: „Deshalb passen 16 Jahre Nachdenken in dieses eine Buch." (SsG, 2)

a) Realitätssetzung durch Behaupten und eine gefühlte Wahrheit, die sich von selbst versteht

Dieses ‚Nachdenken' dreht sich ganz und gar um die Frage, ob sich ein „Wir", das sich als das der Deutsch-Denkenden herausstellen wird, auch in der radikal individualistischen Gegenwart der sich nach Belieben selbst konstruierenden Iche noch mit seinem Ideal des Dienstes an der politischen Gemeinschaft behaupten, ja diese, insofern sie völkisch-national bestimmt werden muss, womöglich von ihrem Untergang retten kann. Die *Spurweite* ist neben ihrer vernichtenden Kritik an der posthistorischen deutschen Gegenwart deswegen in erster Linie ein Trost-, Erbauungs- und Motivationsbüchlein für Nationalisten, die den Weg der in ihren Augen beliebigen und gleichmacherischen Ziele der Aufklärung und der daraus hervorgegangenen liberalen Demokratie, kurz: der zentralen Stellung des Individuums und seiner Rechte im Rechtsstaat des *Grundgesetzes*.

Kubitscheks Gegenwartsdiagnose fällt genretypisch niederschmetternd aus – ohne fatale Lage wäre die nationale Erweckungsliteratur seit Fichte vermutlich sogar in den Augen ihrer Verfasser sinnlos. Und naturgemäß ist die Lage immer fatal, solange die Nation als solche gefährdet ist, weil sie nicht oder noch nicht in der Gestalt eines nationalistischen, am besten gleich totalitären Obrigkeitsstaats existiert, der jederzeit sein eigenes Interesse über die Freiheit des Individuums und die Entfaltung seiner Persönlichkeit im Rahmen eines liberalen Rechtsstaats setzt; oder – so könnte man nunmehr anachronismusfrei sagen – solange das *Grundgesetz* in Kraft ist, in dessen Zentrum gerade das Individuum und seine Freiheit steht, dem der Staat zu dienen hat. Aus dem anti-individualistischen, anti-liberalen, generell anti-aufklärerischen und autoritären Standpunkt des deutschen Nationalismus, den auch Kubitschek einnimmt und „gottfroh [ist], den Westen auch geistig hinter sich gelassen zu haben" (SsG, 2), lassen sich Stereotype in der Gegenwartsbeschreibung kaum umgehen. Sie werden den leserseitigen Erwartungen gemäß bedient. Denn freilich verfasst Kubitschek weder Einführungen in den Nationalismus der Gegenwart noch Anwerbschriften für Nachwuchsnationalisten. Vielmehr sind es – wie es kaum anders sein kann, bedenkt man die im Anhang aufgeführten Orte der Erstveröffentlichungen – Texte für Gleichgesinnte und Eingeweihte.

Solche zu schreiben, hat neben der im Adressatenkreis zu erwartenden Zustimmung unbestreitbare Vorteile und Bequemlichkeiten: Zum einen erspart man sich ausführliche Erklärungen von Schlagwörtern wie beispielsweise dem „Großen Austausch" oder „Identität" samt Derivaten wie dem seltsamen Modewort „identitär" und den damit verbundenen Lehren, weil sie als bekannt und anerkannt vorausgesetzt werden dürfen. Zum andern kann man sich, da sich die schriftstellerische Tätigkeit eher in essayistischen oder erzählerischen Ebenen und dazwischen bewegt, des umständlichen Belegens von Tatsachenbehauptungen, des präzisen, begrifflich klaren Begründens von theoretischen Thesen und auch des peniblen Nachweisens von Zitaten überheben. Weil man sich zugleich aller jener behauptenden Elemente bedienen kann, lässt sich mit einiger Übung und Geschick eine Anmutung von Wissenschaftlichkeit, Objektivität oder wenigstens solider journalistischer Berichterstattung herstellen. Nachfragen, gar zweifelnde, wird der Autor kaum zu erwarten haben, wenn er davon ausgehen darf, dass seine Texte die Auffassungen seiner Leser eher bestätigen als in Frage stellen. Die von Kubitschek zum authentischen Zitat erklärte, ebenso berühmte wie apokryphe Hegel-Anekdote, wonach es „um so schlimmer für die Wirklichkeit" sei, wenn sie „mit der Idee nicht übereinstimm[e]" (SsG, 199), lässt sich insofern durchaus programmatisch als Lizenz zum freien Behaupten verstehen.

Die Fairness Hegel gegenüber gebietet hier allerdings den Hinweis darauf, dass er zu dieser berühmten Bemerkung gar keinen Anlass gehabt hätte, zumindest nicht den, der stets anekdotisch angeführt wird: Sie soll nämlich gefallen sein bei Gelegenheit der Entdeckung eines achten Planeten – heute als der Asteroid Ceres bekannt –, just nachdem Hegel in seiner *Dissertatio de orbitis planetarum* (1801) bewiesen habe, dass es unmöglich mehr als sieben Planeten geben könne. Nun ist das heute immer noch falsch. Nur hat Hegel niemals behauptet, dies mit dem Anspruch auf Notwendigkeit bewiesen zu haben und also auch nicht auf notwendige Wahrheit, wie es seinem späterem Idealismus gebühren würde.[6] Oft sind auch die erwünschtesten Anekdoten verkehrt – oder vielleicht auch nur witzig gemeint. An der erwähnten Lizenz ändert das naturgemäß nichts; eigentlich passt es sogar noch besser zu ihr –so wenig, wie Humor oder gar Selbstironie in nationale Erweckungs- und Erbauungsschriften passt.

Die erwähnte verständnissinnige Hermetik zeigt sich bereits im ersten Text. Kubitschek führt dort mit großer Selbstverständlichkeit den „Großen Austausch" an und erläutert ihn halbwegs neutral als „das Verschieben von Menschenmassen durch halbe Kontinente" (SsG, 9). Der Laie mag mit den Schultern zucken oder an erzwungene Migration bzw. Flüchtlingsbewegungen aus Krisengebieten oder an deutsche oder britische Spanienurlaube denken oder einfach weiterlesen, auf weitere Klärung hoffen und schließlich die seltsame Großschreibung in der Wendung vergessen. Der eingeweihte Leser hingegen erkennt sie sogleich. Denn sie bezeichnet die Auffassung, wonach aus ebenso dunklen wie diffusen Gründen, aber jedenfalls zu ihrem Vorteil, irgendwelche weltbeherrschenden Eliten – wahlweise das Kapital, die Juden, Internationalisten bzw. Globalisten, die EU, die UN und viele andere mehr – planmäßig und im Geheimen am sukzessiven Austausch mehrheitlich weißer Bevölkerungen, insbesondere in Europa, gegen Nicht-Weiße oder wenigstens Muslime arbeiten und so einen schleichenden Genozid an der weißen Rasse samt Eliminierung der abendländischen Kultur herbeiführen. Diese offenkundig abstruse, weder belegte noch begründete Verschwörungstheorie[7] ist eine Erfindung des französischen Schriftstellers Renaud Camus (*1946), der sie in seinem Büchlein *Le grand remplacement* (2011) propagiert, dessen deutsche Übersetzung 2016 unter dem Titel *Revolte gegen den Großen Austausch* in Kubitscheks Antaios-Verlag erschienen ist. Kubitschek macht sie sich offensichtlich zu eigen und setzt stillschweigend sowohl deren Kenntnis als auch ihre Annahme bei seinem geneigten Leser voraus, indem er sie zwanglos und nebenbei in seine Kritik

---

[6] Vgl. Edward Craig/Michael Hoskin, Hegel and the Seven Planets, in: Journal for the History of Astronomy 23 (1992), 208–210.
[7] Vgl. ausführlich dazu Eirikur Bergmann, Conspiracy and Populism. The Politics of Misinformation, Basingstoke 2018, insb. Ch. 6, 123 ff.

an der postmodernen „Ersetzbarkeit und Konstruierbarkeit von allem" einbaut (SsG, 9).

Dieses auf seiten des Lesers vorausgesetzte Verständnis und Einverständnis, das am Beispiel des „Großen Austauschs" deutlich wird, prägt Kubitscheks Gegenwartsbeschreibungen und -diagnosen und ebenso ihren apodiktischen Stil: Was von Verfasser wie Leser für selbstverständlich gehalten wird und werden soll, braucht nicht extra belegt oder begründet werden. Der Anspruch auf Realität oder Wahrheit der vorgebrachten Beschreibungen und Diagnosen beruht daher allein auf der Bestätigung bereits bestehender Meinungen. Welche Zustände nach Kubitscheks Resümee seines sechzehnjährigen Nachdenkens sich derart von selbst verstehen sollen, wiederholt er immer wieder. Er fasst sie in einem Text von 2012 bündig zusammen:

> „Wer in den letzten fünf Jahren die für Volk und Nation entscheidenden Parameter im Auge behalten hat, weiß, daß die Lage hoffnungslos ist: Geburtenschwund, Überfremdung und Bildungsverlust haben unser Land todkrank gemacht. […] Diese Entwicklungen haben die Identität unseres Volkes und vor allem seine Regenerationsfähigkeit schon so sehr verändert, daß es nicht mehr zu agieren, sondern nur noch zu reagieren vermag. Seltsam ist, daß es nicht viele Deutsche gibt, die das mögliche Ende einer tausend Jahre alten Kontinuität so quält, daß sie Fragen stellen. Wie wollen wir leben? Welche Spielräume bleiben uns noch? Was darf keinesfalls verlorengehen?" (SsG, 46)

Auch die besagten fünf Jahre vorher, in einem Text von 2007, war „unsere Nation" schon „todkrank" (SsG, 64). Denn in ihr herrscht die „multikulturelle Gesellschaft", vor der die staatliche Gewalt selbst zurückweicht: „Sie ist entgegen aller Behauptungen und Schreibtischentwürfe keineswegs friedfertig oder ein buntes Fest, sondern aggressiv bis zur offenen Gewalt, vor allem dort, wo sich eine starke ausländische Unterschicht in zweiter oder schon dritter Generation eingerichtet hat, ohne assimiliert zu sein, und ständig aufwachsend durch den Zuzug hungriger dritter, vierter Söhne. Die deutschen Jugendlichen, die mancherorts längst in der Unterzahl sind, haben der offenen Gewalttätigkeit türkischer, arabischer, kurdischer Jugendbanden nichts entgegenzusetzen. Sie werden beleidigt, gedemütigt, verfolgt, bedroht, erpreßt, mißhandelt, verprügelt, krankenhausreif geschlagen, mitunter lebensgefährlich verletzt, und ab und an wird auch einer totgeschlagen. Der Staat ist nicht willens, dieser massenhaften Kriminalität einen Riegel vorzuschieben, obwohl er die Machtmittel dazu hätte und das Gewaltmonopol im Innern ohne Abstriche für sich reklamiert.

Weil der deutsche Staat das, was er müßte, nicht tut, obwohl er es könnte, weil er sich nicht in der Lage sieht, seine (jungen) Staatsbürger vor Übergriffen durch Ausländer (teils ebenfalls Staatsbürger) zu schützen, hätten die Betroffenen alles Recht, ihren Schutz selbst zu organisieren." (SsG, 65 f.)

Offenkundig tritt der „schlechtere Fall" des „multikulturellen Arbeits- und Konsum-Staat[s]" regelmäßig ein (SsG, 70). Hier nämlich „versucht eine der demographischen Minderheiten (die in vielen westdeutschen Städten bald Mehrheiten bilden), unseren Staat anders zu organisieren oder zumindest so etwas wie Räume anderen Rechts zu bilden. Deutsche, die in oder in der Nähe solcher Zonen leben, müssen in ihrem eigenen, dem deutschen Staat, erleben: Binnenvertreibung, Kriminalität, Zivilisationsrückschritte, Gewalt, Senkung des Bildungsniveaus, mannigfache Ausnutzung der Sozialsysteme, eine andere Rechts-, eine fremde Lebensordnung undsoweiter." (SsG, 70)

„Überfremdung" bildet also den Keim für die Todkrankheit der deutschen Nation. Sie besteht darin, dass „Ausländer", die in Deutschland Wohnung nehmen, die angestammte Bevölkerung belästigen, ihr ihre fremden Gewohnheiten aufzwingen, sie majorisieren und schließlich verdrängen. Dabei bleibt der Unterschied zwischen Deutschem und Ausländer auch dann noch bestehen, wenn Letzterer die deutsche Staatsbürgerschaft besitzt. Demzufolge kann Deutscher zu sein nicht durch die Staatsangehörigkeit definiert sein, sondern durch nicht- und außerrechtliche Kriterien, auf die noch einzugehen sein wird. Allerdings nutzen die Ausländer nur Gelegenheiten, die ihnen der deutsche Staat und mit ihm die Deutschen selbst bieten:

> „Es sind die Deutschen selbst, die gegen ihr Land und gegen ihr Volk arbeiten. Es sind die Deutschen selbst, die das Experiment einer neuen Gesellschaft nicht und auch nach der zwanzigsten Lektion noch immer nicht beenden wollen. Es sind die Deutschen selbst, die ihre Zukunft abtreiben oder gar nicht erst zeugen und sie so in fremde Hände geben." (SsG, 71)

Der Zuzug von Ausländern, der zur Überfremdung führt, füllt also nur ein Vakuum, das durch die Geburtenschwäche entstanden ist, die ebenfalls – als Ursache der Ursache – zur Todkrankheit der deutschen Nation gehört. Sie verursacht diese aber nicht eigentlich. Denn es besteht ja kein Zwang, jene Leere durch Ansiedlung von Ausländern zu füllen. Diese muss vielmehr erst durch Politik und Staat gewünscht, gewollt und organisiert werden. Folglich ist es der deutsche Staat selbst, der an der Abschaffung seiner ursprünglichen, autochthonen Bevölkerung, dem sogenannten „deutschen Volk" und mit ihm zusammen der deutschen Nation arbeitet und sich so als Agent des „Großen Austauschs" zu erkennen gibt.

Dass dies so ist, liegt – das wird inzwischen nicht mehr überraschen – am Liberalismus, einer ‚westlichen' und daher mit dem deutschen Wesen prinzipiell unverträglichen politischen und ethischen Einstellung, die zugleich das politische System der – sowohl aufgrund ihres Gleichheitspostulats als auch wegen der interessenzentrierten Parteien – ungeliebten Demokratie prägt. Da sich die Vorwürfe seit Fichte weitgehend wiederholen, brauchen sie hier nicht auch noch wiederholt zu werden. Knappe Skizzen reichen zum Beleg. So stellt Kubitschek mit „jedem Blick, den man auf die nichtgeführte, nicht in Form gebrachte Masse werfen muß", fest:

„Wo der Kommunismus zur Implosion und der Nationalsozialismus zur Explosion führten, führt der Liberalismus zur Verrottung. Nur ein Ignorant oder ein Vertuscher kann das anders nennen." (SsG, 238)

Neben der bemerkenswerten und kommentarlosen Einordnung des „Liberalismus", den Kubitschek nie genauer definiert, in eine Reihe mit Kommunismus und Nationalsozialismus ist die Begründung der verheerenden Wirkung des Liberalismus nicht minder bemerkenswert: Die ‚Verrottung' entsteht durch Mangel an Führung, die gewiss im Kommunismus und Nationalsozialismus kein Problem war. Mangel an Führung bedeutet nun schlicht, dass im Liberalismus jeder machen kann, was er will, solange er andere nicht daran hindert, das gleiche zu tun. Damit wird nach Kubitschek der Liberalismus zur politischen Ideologie der Postmoderne, deren Wesen es ist,

„alles zu relativieren, nichts ganz ernstzunehmen, oder es ernstzunehmen nur als vernutzbaren Bestand. Jedenfalls: nichts Verbindliches mehr vorzuhaben, sich nicht in den Dienst stellen zu lassen, sondern mit allem zu spielen und im pseudoindividualisierten Angebot-Nachfrage-Raum zu funktionieren. Alles ist nichts mehr wert, sobald es mich langweilt, alles ist ersetzbar, denn es ist nicht verbindlich, zumindest nicht für mich, alles paßt zusammen, denn ich entwerfe das Puzzle ständig neu." (SsG, 9)

Nun mag es dahingestellt bleiben, ob hier „die" Postmoderne zutreffend beschrieben wird. Klar wird zumindest, dass Kubitschek das freie Verfügen über Verbindlichkeiten und deren freie Auswahl und Revision, die er der Postmoderne zum Vorwurf macht, für etwas sehr Schlimmes hält, weil diese Freiheit der eigenen Existenz jede historische Bedeutung nimmt.

Denn „unser Dasein als vom Sein ‚gebraucht', in den notwendigen Dienst genommen beschreiben" können wir nur unter der Vorgabe des „Notwendige[n]", an welches „das Sinnvolle [...] geknüpft" ist (SsG, 9). Das Notwendige aber ist die „Geschichte", und das Sinnvolle besteht darin, von „ihrem Fluss [...] mitgerissen und (im guten wie im dramatischen Sinne) verbraucht" zu werden (SsG, 9). Die Freiheit des Liberalismus und sein Anspruch, dass die Menschen ihre Geschichte selbst und wenn irgend möglich vernünftig bestimmen können und sollen, ist also eine Gaukelei. In Wahrheit ‚verbraucht' die Geschichte Menschen nach ihrer Notwendigkeit und läuft dementsprechend ab, ohne die Menschen eigens zu fragen. Dies zu erkennen und sich selbst als notwendiges Element der einen und eindeutig bestimmten Geschichte zu sehen, ohne auf sie Einfluss nehmen zu können, gibt dem menschlichen Dasein erst Sinn. Der Liberalismus muss also schon deswegen falsch sein, weil der Determinismus wahr ist – das ewige Paradox, das alle Determinismen plagt, nämlich dies, dass genau das, was gerade geschieht und besteht, also hier: der Liberalismus, ebenso notwendig ist und daher auch nicht aktiv und nach freiem Entschluss beseitigt werden kann, wird wie ebenfalls in allen Determinismen nicht eigens erwähnt.

Die dem Liberalismus angemessene Lebenseinstellung ist also die des Individualismus, der nach Kubitscheks Auffassung in der Postmoderne nur radikal ausfallen kann:

> „Diejenigen, die gegen einen Eintritt in ein Post-Histoire nichts einzuwenden haben, begrüßen die gänzliche Verlagerung der Sinnstiftung in den individuellen Lebensvollzug hinein, in die Beschäftigung mit dem Ich und seiner Spanne bis zum Tod – wobei es zu diesen Egos gehört, den Tod auszuklammern und hinauszuschieben, das heißt: Quantität zu gewinnen, weil es etwas, das über diese Ich-Spanne hinausreichte, wesentlich nicht gebe." (SsG, 8 f.)

Dass das Individuum im Zentrum von Ethik, Recht und Politik steht, wohin es die Aufklärung und auch eine moderne Verfassung wie das *Grundgesetz* gestellt hat, ist also demnach deswegen falsch, weil es in der individuellen Existenz, auch wenn sie bewusst als eine solche geführt wird, keinen Sinn geben kann, sondern nur in der Geschichte, deren Subjekte – oder wohl besser: Objekte – nicht Individuen, sondern politische Gemeinschaften sind.

Nun wird man versucht sein zu sagen, dass Kubitschek dafür, dass es eigentlich um Politik, den Staat, die Nation, das Volk gehen soll, den Leuten ganz schön in ihr Privatleben hineinredet, indem er die eine Lebensweise als sinnvoll und jede andere, die offenkundig nicht die seine ist, als unsinnig beurteilt. Wird eine solche Okkupation des Privaten oder der Versuch seiner Assimilation so selbstverständlich in die Befugnis der Politik aufgenommen, hat man es zumindest mit Paternalismus oder im Falle weitgehender Ausnahmslosigkeit mit Totalitarismus zu tun. Dabei wären Kubitscheks Überlegungen, wenn sie als ethische verstanden würden, durchaus legitim. Das Problem liegt nur darin, dass in seinem Modell von Sinnstiftung gar nicht mehr zwischen Ethik und Politik unterschieden werden kann. Es ist deshalb wenigstens latent totalitär, indem behauptet wird, das Leben habe niemals Sinn in seiner Individualität, sondern immer nur im Dienst vorgegebener Geschichte, mithin als Element eines historischen bzw. politischen Verbandes. Jede Abweichung in der persönlichen Lebensführung, d. h. jede Wahl eines anderen ethischen Modells, disqualifiziert die betreffende Person daher schon als echten Staatsbürger. Dies gilt insbesondere für solche Modelle, die schon seit dem 19. Jahrhundert von Deutschland aus als typisch „westlich", also anti-idealistisch, rationalistisch oder materialistisch, und damit wesensfremd etikettiert wurden, wie der Utilitarismus, der auch noch dazu im Kern den Hedonismus bejaht, dem es also um das generelle Übergewicht lustvoller über schmerzhafte Erfahrungen geht. Gemäß der handelsüblichen Kritik beruht der Liberalismus auf einer utilitaristisch-hedonistischen Ethik oder befördert sie zumindest. Kubitschek teilt naturgemäß diese Liberalismuskritik unter Integration der Ablehnung der Konsumgesellschaft:

> „Die Absorptionskraft des konsumgesteuerten, dekadenten Lebens, des emanzipatorischen Individualismus – das sind Verlockungen, mit denen man zumindest einen Teil der global aufgebrochenen Wirtschaftsnomaden davon abbringen könnte, im eigenen Leben neben dem Streben nach materiellem und körperlichem Glück noch etwas mehr zu wollen." (SsG, 18 f.)

Der liberale Staat, jenes namenlose Abstraktum, das von ebenso namenlosen Systemeliten gesteuert wird, fördert genau solche individualistische Beliebigkeit. Denn es geht ihm wie dem Kommunismus allein um die ökonomische und kommerzielle Vernutzung und Funktionalisierung der Bürger, die ihm nicht mehr in eigentlichem Sinne angehören, sondern jederzeit austauschbar sind:

> „Denn der Kommunismus folgt notwendigerweise auf jedem seiner Verwirklichungswege der Einebnungstendenz, der Entortungstendenz und überhaupt der Auflösungstendenz, und er ist damit ja eine Schwester (sic!)

der radikalliberalen Ideologie, deren emanzipatorischer, vordergründig antihierarchischer, nivellierender Impuls sich ebenfalls gegen all jene Faktoren wendet, die der materialistischen Ausrichtung des Menschen und seiner Verfügbarkeit als Konsum- und Arbeitsnomade im Wege stehen: Glaube, Ort, Herkunft, Geschichte, Familie, geistige Freiheit." (SsG, 14)

Alles also, was man sich nicht aussuchen kann, ist unverfügbar. So weit, so banal. Die Postmoderne aber behauptet nach Kubitschek, dass es Unverfügbares, schlechthin Gegebenes gar nicht gäbe, sondern all jenes auf bewusster oder unbewusster Konstruktion beruhe und demzufolge prinzipiell wählbar sei. Diese Suggestion, an die er im Übrigen gar nicht selber glauben kann, mache sich der Liberalismus zunutze:

„Der Liberalismus formt nicht ganz und gar einen neuen Menschen, sondern reduziert ihn, schleift ihm seine nichtverfügbaren Teile ab, leugnet Gott (oder belächelt ihn), leugnet jedenfalls das gnadenvoll Gegebene und findet so zu einer vermeintlich freien, natürlich aber umso süßer vergifteten Massenformierung." (SsG, 19)

Offensichtlich verfügt der Liberalismus nun doch ebenso wie Kommunismus und Nationalsozialismus über massenformende Führerschaft. Er formt allerdings keine klassenlose oder völkisch bestimmte, sondern eine funktionale, nämlich arbeitende und konsumierende Masse, deren individuelle Teile darüber hinaus sich selbst nach Belieben formen, wenn sie das möchten. Des Weiteren besitzt der Liberalismus erstaunliche Machtfülle. Denn er verfügt auch noch über das Nicht- bzw. Unverfügbare, wenn er es an den Objekten seiner Tätigkeit, d. h. den Menschen, die er formt, ‚abschleift', d. h. eliminiert. Folglich kann das sogenannte Unverfügbare nicht ganz und gar unverfügbar sein. Und so ist es auch: Es ist etwas Geistiges, Innerliches, das nach Kubitschek paradoxer- oder besser: widersprüchlicherweise notwendigerweise da sein und also gedacht werden muss und gleichzeitig aber auch nicht gedacht werden kann. Das Unverfügbare ist also bestenfalls bedingt notwendig und demnach bestenfalls nur bedingt unverfügbar. Wenn das so ist, müsste es im Ermessen eines jeden denkenden Subjekts liegen, es zu denken oder nicht zu denken.

Weil das so ist, muss der Liberalismus den Geist selbst angreifen und hinlänglich schwächen, so dass er gar nicht mehr auf den Gedanken kommt, überhaupt ein Unverfügbares zu denken – obwohl er dies freilich jederzeit könnte. Kubitschek tut es ja auch. Er vermag dies aufgrund seiner konservativen Ablehnung der liberalen Moderne,[8] zwar mit schwindender „Widerstandskraft", aber doch unterwegs, „den alten, gültigen Kerngedanken einer Konservativen Revolution zu verwirklichen: das erst zu schaffen oder wieder freizulegen, was zu verteidigen sich lohnte" (SsG, 19) – was immer das auch sein mag. Der ganze Rest, der sich in Arbeit, Konsum und grundgesetzlich garantierter Selbstverwirklichung ergeht, fällt der durch den Liberalismus induzierten und geförderten geistigen Verrottung anheim:

> „Denn wenn die Abwehrkräfte des Geistes, die Stabilität im Innern ausgehöhlt, verschüttet, gänzlich abgeräumt sind, gibt es kein verteidigenswertes ‚Wozu' mehr. Der physischen Überfremdung geht die geistige Überfremdung voraus, und deshalb darf es nicht wundern, wenn viele Deutsche kein Problem darin erkennen können, daß das deutsche Volk an sein Ende kommen könnte. Etwas, das es so oder so nur als Konstrukt gab, als etwas Aufgesetztes, Zufälliges, kann nicht verschwinden: Es war nie da. Dies ist dann die Stufe, die noch weit über die Verachtung des Eigenen hinausführt: Die völlige Unkenntnis des Eigenen, das fehlende Organ für irgendeinen Unterschied." (SsG, 19)

Das klingt nicht nur nach Fichtes Entgegensetzung von Deutschtum und Ausländerei und einem in der Idee notwendigen, aber trotzdem vom westlichen Ausland aus gefährdeten Deutschtum, es ist der Sache nach dasselbe; nur dass die Aufklärung durch die Postmoderne ersetzt worden ist.

„Aber nicht alle Deutschen sind so." (SsG, 71) Und es sind diese noch deutsch Denkenden, die „Bürgerlichen", die berechtigt wären, das Recht in ihre eigenen Hände zu nehmen, um sich gegen die letztlich durch die Passivität oder vielleicht Nachsichtigkeit des Staats zu verantwortende Massenkriminalität der Ausländer zu verteidigen. Allerdings geschieht das nur selten. Denn, wie Kubitschek bei seiner Charakterisierung der PEGIDA-Bewegung und ebenso der AfD verdeutlicht, bleibt trotz der Erkenntnis jener Missstände der Protest gegen sie normalerweise bürgerlich, d. h. geprägt von der „Dialogbereitschaft des Bürgers, seiner Verständigungsfähigkeit (mithin seine Demokratiefähigkeit)" (SsG, 127). Jedoch wird diese Gesprächsbereitschaft von der „Systemelite" aus machtpolitischen Gründen nicht genutzt (SsG, 127). Deswegen bleiben auch eventuelle, private Gewaltmaßnahmen einerseits bürgerlich und müssen andererseits dem Staat zugerechnet werden. Demzufolge besteht nach Kubitschek zumindest das

---

[8] Vgl. Fritz Stern, The Politics of Cultural Despair. A Study in the Rise of the Germanic Ideology, Berkeley/Los Angeles/London, 1989, XVIII ff.

Recht zum „Widerstand" (SsG, pass.) gegen diesen Staat, wenn nicht gar zur Revolution (SsG, 238), wenn der Staat wissentlich und willentlich seinen Schutz- und sonstigen wahrhaften Pflichten nicht mehr nachkommt und seine treuen Bürger im Stich lässt. Der liberale Staat macht sich so doppelt schuldig. Denn er schafft zugleich die Gelegenheit zur Massenkriminalität der Ausländer und, indem er gegen diese nicht vorgeht, provoziert und legitimiert er bürgerliche Selbstjustiz. Damit verwirkt der liberale Staat sein Existenzrecht vor den deutsch Denkenden und gehört abgeschafft. Allerdings ist dies auf dem revolutionärem Wege zu erledigen freilich kein bürgerlicher Weg zur Veränderung der politischen Verhältnisse.

Nun bleibt es freilich völlig unklar, worin genau jenes „Bürgerliche" eigentlich besteht.[9] Denn auch hier kann die einfache Staatsangehörigkeit ja kaum reichen. Eine begriffliche Klärung wird aber weder angegangen noch angeboten, so dass allein die Behauptung übrigbleibt, dass der Glaube an Überfremdung und den „Großen Austausch", der Protest gegen sie und die dagegen zu ergreifenden Maßnahmen etwas sind, das zum Konzept der Bürgerlichkeit passt. Wenngleich auch dies für die begriffliche Analyse nichts bringt, deutet Kubitschek doch an einigen Stellen an, was er sich unter deutscher Bürgerlichkeit vorstellt und der dazugehörigen Bildung, deren Verfall auch zur deutschen Todkrankheit gehört.

So stellt er in Auseinandersetzung mit Botho Strauss fest:

„Natürlich gibt es noch Deutsche und Deutsches, das weit in die Tiefe reicht und dort wurzelt. Und natürlich gibt es Leser, Autoren, Maler, Komponisten, Produzenten, Verleger, Dirigenten, Mäzene, die das ganze, wunderbare deutsche Erbe nicht nur verwalten und in Erinnerung behalten, sondern in seinem existentiellen Anspruch zu einer oft nicht nur randständigen Geltung bringen: Warum ist denn stets im November die Kreuzkirche in Dresden bis auf den letzten Platz gefüllt, wenn das *Deutsche Requiem* von Brahms gegeben wird, und zwar fast ausschließlich von Deutschen, obwohl die Karten nicht teuer sind und für jedermann verfügbar? Kein Mensch applaudiert übrigens, wenn der Kreuzchor dann geendet hat, derlei gibt es noch in Deutschland." (SsG, 45)

---

[9] Geradezu rührend hilflos sind die Versuche Justus Benders, Alexander Gauland eine Erklärung des „Bürgerlichen" zu entlocken, ohne ihn auch nur einziges Mal darauf hinzuweisen, dass die angebrachten Beispiele vom Aufwachsen in einer bürgerlichen Familie bis zum Erlernen eines bürgerlichen Berufs, die Antwort auf die Frage und das Wissen um das, was bürgerlich ist, also den Begriff des Bürgerlichen, bereits voraussetzen. Entweder also müsste der Befragte eine Definition des Bürgerlichen besitzen und aussagen können, was das Bürgerliche ist, oder er wüsste es selber auch nicht und redete einfach so im Kreise vor sich hin. Vgl. „Ich kann nichts dafür wenn einige Leute spinnen", FAZ vom 09.09.19, 2.

Naturgemäß kann es nicht die schlichte Aufführung von Kompositionen deutscher Komponisten mit deutschsprachigen Texten sein, welche die Tiefwurzler deutscher Kultur ausmacht. Denn dies geschieht auch mit Brahmsens *Deutschem Requiem* weltweit – und nicht nur an jedem Totensonntag in Dresden und anderswo. Der ‚existentielle Anspruch' des Stücks aber scheint sich nur Deutschen zu erschließen, was sich offenbar am unterbleibenden Applaus zeigt. Nun ist es weltweit durchaus üblich, nach manchen – sakralen oder sakral anmutenden – Musikstücken und an manchen Orten nicht zu klatschen, und es ist genauso üblich, dass darüber – also über informelle Applausverbote – unter Musikern und Zuhörern erstaunlich heftig gestritten wird. Das entsprechende comme-il-faut hängt aber nicht davon ab, dass der Aufführungsort in Deutschland liegt und die Aufführung ‚fast ausschließlich' von Deutschen besucht wird. So wurde etwa bis vor einigen Jahren bei Aufführungen des *Parsifal* in der Metropolitan Opera New York ausdrücklich in den Programmheften dazu aufgefordert, von Beifallsbekundungen nach dem ersten Akt abzusehen,[10] wie es auch in Bayreuth – ganz gegen den Wunsch des Komponisten im Übrigen[11] – Tradition ist. Woher Kubitschek weiß, dass in der alljährlichen Totensonntags-Aufführung des *Deutschen Requiems* in der Kreuzkirche fast nur Deutsche sitzen – und wie man dies überhaupt feststellen könnte, ohne jeden Konzertbesucher nach seinem Ausweis zu fragen –, bleibt rätselhaft; wenngleich – dies ist zuzugeben – der November vielleicht nicht zu den von Dresden-Touristen besonders bevorzugten Besuchsmonaten gehören mag.

Auch wenn nicht gesagt wird, worin jener erwähnte ‚existentielle Anspruch' deutscher Musik mit deutschsprachigen Texten nun genau besteht, scheint das applausfreie Schweigen nach der Darbietung ein sicheres Zeichen dafür zu sein, dass er vom Publikum verstanden worden ist, wenn es denn ein deutsches ist. Davon kann Kubitschek scheinbar noch leichter als im spätherbstlichen Dresden „in der Provinz, in einer kleinen, ausgelaugten, totalzerstörten und häßlich wiederaufgebauten Stadt wie Brandenburg" ausgehen (SsG, 45). Dort nämlich

> „kann man an einem Sonntagnachmittag Hunderte Deutsche in ein Konzert pilgern sehen, mit Werken von Wagner und Bruckner, und es war just dort, daß der Dirigent sich den Applaus ebenfalls verbat, weil diese immer

---

[10] Fred Plotkin, Pondering the Mysteries of *Parsifal*, https://www.wqxr.org/story/273134-pondering-mysteries-parsifal/ (zuletzt abgerufen am 27.12.19).
[11] Vgl. Martin Gregor-Dellin, Richard Wagner. Sein Leben. Sein Werk. Sein Jahrhundert, München 1983, 821 f.

zur Hälfte eitle Bekundung weder in die Kirche noch zu den sakralen Kompositionen und eigentlich gar nicht zum Ausklingen und Nachhallen der Musik gehöre." (SsG, 45)

Welches Konzert hier gemeint ist, sagt Kubitscheks Bericht, der wie andere eher erzählende Texte im Band (insb. *Negoi*) im Stile eines magischen Realismus gehaltener Bericht ist, leider nicht. Von der Zeit her – Kubitscheks Text stammt aus dem Dezember 2015 – böte sich am ehesten das 8. Symphoniekonzert der Brandenburger Symphoniker an, bei dem in der Katharinenkirche zu Brandenburg an der Havel Wagners *Siegfried-Idyll* und Bruckners 7. Symphonie, deren Adagio die berühmte Trauermusik auf den Tod Wagners enthält, zur Aufführung kamen. Allerdings fand das Konzert nicht am Sonntagnachmittag statt, sondern am Freitag- bzw. Samstagabend (29./30.05.15). Ebenso wenig handelt es sich bei den Stücken um sakrale, sondern durchaus weltliche Musik; ohnehin gibt es von Wagner mit der extrem selten gespielten Ausnahme *Das Liebesmahl der Apostel* gar keine Kirchenmusik. Und der Dirigent jener Konzerte, der seinerzeitige Orchesterchef Michael Helmrath, hatte sonst auch nichts gegen Applaus, gar „Begeisterungsstürme" in der Katharinenkirche.[12] Aber vielleicht gab es ja zur relevanten Zeit in Brandenburg an der Havel noch andere Konzerte mit einem Wagner/Bruckner-Programm, die am Sonntagnachmittag stattfanden und bei denen tatsächlich auf Befehl des Dirigenten nicht geklatscht werden durfte, so dass dann die Anerkennung des ‚existentiellen Anspruchs' jener Werke deutlich werden konnte. Immerhin mag die Wahrscheinlichkeit dafür sprechen, dass sich vielleicht wirklich nicht viele ausländische Gäste in die, zumindest nach Kubitscheks Auffassung nicht nur in der Provinz gelegene, sondern auch ausgesprochen hässliche Stadt Brandenburg an der Havel bei jener Gelegenheit verirrt haben mögen.

Aus welchem Grund auch immer sie fernbleiben – entscheidend ist, dass die den existentiellen Anspruch gewichtiger Kunst fühlenden, wahrhaften Deutschen unter sich sind und bleiben. Dies bekennt Kubitschek angelegentlich seiner Hoffnung auf einen speziellen Opernbesuch: „Vielleicht reicht es dieses Jahr (sc. 2013) wieder nach Mannheim zur Parzival-Inszenierung, die seit 1953 stets an Karfreitag und Fronleichnam gegeben wird und jenes Mysterium hervorzubringen vermag, das auch in den endlosen Liturgien orthodoxer Gottesdienste aufscheinen kann. Lanze, Opfer und Kelch – dort sind wir noch unter uns." (SsG, 28) Wäre man

---

[12] Vgl. Ann Brünink, Helmraths Fest in der Katharinenkirche, Märkische Allgemeine vom 24.06.18.

bösartig, so dürfte man fragen, was das für ein Stück wohl sein mag, auf das Kubitschek sich so freut. Denn die bekannte Oper von Wagner kommt kaum in Frage, weil sie und ihr Titelheld nicht „Parzival", sondern *Parsifal* heißen. Und eben dieses Stück wird nicht seit 1953, sondern seit Palmsonntag, den 14. April, 1957 in derselben Inszenierung am Nationaltheater Mannheim in der Tat alljährlich wenigstens am Karfreitag und an Fronleichnam bis heute wiederaufgenommen. Aber da nicht davon ausgegangen werden soll, dass der beklagte Bildungsverfall der Deutschen nicht einmal vor Kubitschek selbst Halt gemacht haben könnte, wird er den Namen schon ganz bewusst falsch bzw. anders als Wagner schreiben. Ein naheliegender Grund dafür wäre, dass er jede ausländische, in diesem Falle gar orientalische Assonanz vermeiden wollen könnte. Denn Wagner glaubte nach einer durchaus zweifelhaften Etymologie aus dem Persischen, dass „fal parsi" nichts anderes als der „reine Tor" heiße, und änderte deswegen den Namen „Parzival", wie Wolfram von Eschenbach den „Perceval" des Chrétien de Troyes wiedergegeben hatte, in „Parsifal" um. Und weil das eben nach einer schon beinahe muslimischen Überfremdung der Sprache riecht, verwendet Kubitschek vielleicht ganz bewusst lieber Wolframs mittelhochdeutsche Wiedergabe des altfranzösischen Originals. Oder vielleicht weiß er es auch wirklich nicht besser.

Obschon man leicht daran zweifeln kann, ob Kubitscheks Konzertberichte auch nur im für ihn selbst wesentlichen Teil, der deutschen Exklusivität oder ihrem exklusiven Deutschtum, zutreffen, gewinnt man doch eine ungefähre Vorstellung, was er unter deutscher oder bürgerlicher Bildung und Kultur verstehen mag. Es ist erstaunlich äußerlich und besteht, so weit man lesen kann, im Besuch von Konzerten mit Kompositionen deutscher Komponisten mit deutschen Texten, nach denen nicht geklatscht werden darf, um das existentielle Angefasstsein durch das Gehörte zu dokumentieren. Letzteres hat jedenfalls irgendwie mit Tod, Blut, Opfer, Erlösung und ewigem Heil oder einer Lanze zu tun oder mindestens pathetisch, weihevoll und am besten ein Mysterium zu sein und lang zu dauern. Kunst ist also dann deutsch, wenn sie das irdische Dasein hienieden und seine Plagen transzendiert, und sie gefällt den Deutschen, weil sie dabei unter sich sein können. Die Unzufriedenheit mit der hiesigen Welt und ihrer und der eigenen Bedeutungslosigkeit löst sich auf in den Mysterien des Klangerlebens. Die Kunst ist dieser Auffassung nach ganz klassisch – oder besser und präziser: ganz romantisch – dazu da, von der Bürde des eigenen Ich zu entlasten. Und genau diese Flucht vor der eigenen Individualität, der einen Erdenrest noch zu tragen immer peinlich ist, macht das tiefwurzelnde Deutsche aus, dessen Restbestände Kubitschek so liebevoll beschreibt.

Das ist freilich ein bisschen langweilig und macht die Kunst zu einem Instrument, das – womöglich weniger bildungsbürgerlich, aber mindestens so effizient – durch berauschende Mittel aller Art oder vielleicht auch nur das Mitmachen bei geeigneten Massenveranstaltungen – etwa beim Fussball in der Südkurve oder beim gemeinschaftlichen Absingen von Schlagern im Bierzelt – substituiert werden könnte. Die Auslöschung des eigenen Individualitätsbewusstseins zugunsten eines diffusen ozeanischen Gefühls – nach Romain Rolland ein Gefühl der Entgrenzung und Vereinigung mit dem Ewigen – lässt sich jedenfalls auf vielerlei Weisen bewerkstelligen; etwa durch die Religion, wie Sigmund Freud in *Das Unbehagen an der Kultur* unter Einbeziehung Rollands zeigt, dessen ozeanisches Gefühl nun einen ursprünglichen Narzissmus bezeichnet, der wie beim Kleinkind noch nicht fähig ist, zwischen sich und der Welt zu unterscheiden. Die herauspräparierte (vulgär)romantische Kunstauffassung erweist so ihre regressive Ausrichtung, denn gerade die Unterscheidung zwischen dem Ich und dem Rest soll ja aufgehoben werden: Ohne Heraustritt aus dem individuellen Selbst, dessen eingebildete oder reale Bedeutungslosigkeit frustriert, in ein Höheres gibt es keine wahrhafte, deutsche Kunst.

Was von Kubitscheks Beschreibungen zu halten ist, sei dahingestellt. Ihre Ungenauigkeit und ihre Fehlerhaftigkeit im Detail spricht jedenfalls eher dafür, dass auch an andere Erlebnisbeschreibungen aus seiner Feder mit einer gewissen Zurückhaltung, was ihren Realitätsgehalt angeht, heranzutreten ist, gerade weil sie stets erstaunlich passende, sprechende Details enthalten. Wenige Beispiele genügen, um hier eher magischen Realismus als sachliche Berichterstattung am Werke zu vermuten: Der Unteroffizier aus Kubitscheks Heeres-Kompanie, der zum zufällig gemeinsam absolvierten Weihnachtswachdienst 1990 „neben Büchern von Céline und D'Annunzio auch einen schmalen Band Mohler mitgebracht und in der Wachstube bereitgelegt" hatte (SsG, 92); der zufällig auf einer einsamen Wanderung in den entlegensten Südkarpaten getroffene, alte und „akzentfrei" (SsG, 267) Deutsch sprechende Schafhirte, der einst „ein ganzes Jahr in Heidelberg verbracht[e], bloß um an dem Versuch zu scheitern, auch nur ein einziges Gedicht von Hölderlin [...] nach Klang und Sinn und Rhythmus ins Rumänische zu übersetzen" (SsG, 269), und der dann eben deswegen „Schäfer geworden" ist, weil es ihm „nicht gelang, ein Hölderlin-Gedicht zu übersetzen" (SsG, 279); dass in Chemnitz alle Polizisten, die mit Kubitschek bei einer Gelegenheit irgendwann vor April 2009 zu tun hatten, „(bis auf zwei jüngere) alle eine Wampe haben" und „manche" davon auch noch „kreischen [...] (wirklich!)", wenn sie „durch den Regen unters Dach" rennen (SsG, 36 f.). Der Autor hat das Glück, dass ihm derart in der passenden Weise Sprechendes, ja Allegorisches offenbar ständig widerfährt. So bestärkt die erlebte bzw. erzählte Welt Kubitscheks Auffassungen auf das schönste.

b) Deutsch-sein: Einst Wildsau, jetzt Hausschwein

Kubitscheks Beschreibung der Chemnitzer Polizeibeamten spiegelt seine generelle Sicht auf den gegenwärtigen Zustand des Deutsch-Seins wider. Er kleidet sie in die einprägsame Metapher der „Verhausschweinung" der Deutschen, die er oft und gern verwendet (SsG, 147, 232 pass.). Denkt man sie nur ein wenig weiter, wirkt sie ziemlich erhellend. Denn das Hausschwein *(Sus scrofa domesticus)* ist ja nichts anderes als die domestizierte Form des Wildschweins *(Sus scrofa)*, mit dem es als Subspezies „keine Evolutionseinheit", sondern eine und dieselbe Art bildet, d. h. die Unterscheidung zwischen Haus- und Wildschwein geschieht konventionell,[13] also nicht nach evolutionsbiologischen oder genetischen, sondern äußerlichen Kriterien wie Aussehen, Verhalten, geographischem Verbreitungsgebiet usw. Was Kubitschek also mit Verhausschweinung meinen muss, ist, dass der „deutsche Mensch" (SsG, 232) in einem Domestizierungsprozess begriffen ist, der ihn vom Urzustand der Wildsau zum Hausschwein führt, obwohl gleichzeitig in ihm noch eine Wildsau steckt, er sogar wegen der biologischen Artgleichheit in seiner Substanz noch eine ist. Dabei bleibt noch offen, ob seine Zähmung dem deutschen Menschen lieb ist, er gar einen bewussten Prozess der Selbstdomestizierung aktiv durchmacht oder ob ihm dies schlicht widerfährt, vielleicht gar politisch befördert und gesteuert von Mächten, die ihn in seiner domestizierten Form für schmiegsamer und leichter zu beherrschen wie zu vernutzen halten. Denn bei allem Pochen auf artgerechte Haltung darf doch nicht vergessen werden, dass der einzige Grund für die Existenz von Hausschweinen im Interesse ihrer Halter besteht, aus ihnen Nutzen zu gewinnen, d. h. vor allem sie zu allerlei Nahrungsmitteln zu verarbeiten und damit Geld zu verdienen. Zwar ist auch das Wildschwein außerordentlich wohlschmeckend, aber in seiner frei durch die Wälder, Felder und Vorstädte schweifenden Lebensform viel schwieriger zu erlegen, und überdies kann es seinem Jäger durchaus gefähr-

---

[13] Vgl. Ernst Mayr, Grundlagen der zoologischen Systematik, Berlin 1975, 45.

lich werden; „namentlich der Keiler liebt es nicht, scharfe Wendungen auszuführen".[14]

Der „Durchschnittsdeutsche von heute" (SsG, 206) hingegen ist extrem flexibel, wie Kubitschek wiederum unter Anführung eines berühmten Exemplars der Subspezies Hausschwein aus den Disney-Studios erläutert:

> „Der Deutsche ist heute nicht selten ein Schweinchen Schlau, unmäßig in seinem Anspruch, um keine Ausrede verlegen, ein ganz großer, dekadenter Ich-Sager, ein Ausbeuter, ein Sozialschmarotzer, ein Blender, ungebildet, desinteressiert, weinerlich und längst schon sehr erfolgreich darin, seinen Ruf im Ausland zu ruinieren. Er übernimmt wahllos alles Fremde und freut sich wie verrückt, wenn ihm während der Fußballweltmeisterschaft bescheinigt wird, er sei in der Lage, brasilianisch oder schwedisch oder spanisch zu feiern und seine spießige, steife Art nicht nur für den Moment des Karnevals, sondern fürs ganze Leben abzulegen." (SsG, 206)

Abgesehen davon, dass das Schweinchen Schlau – im englischen Original „The Practical Pig" – aus Walt Disneys Original-Zeichentrickfilm *Die drei kleinen Schweinchen* (*Three Little Pigs,* 1933; dt. Cartoon/Buchfassung: *Drei kleine Schweine,* Berlin 1934) keine dieser üblen Eigenschaften besitzt, sondern arbeitsam, fleißig und vorausschauend ein wolfssicheres Backsteinhaus baut, während seine Freunde Pfeifer und Fiedler auf wahrhaft undeutsche Art dem Müßiggang huldigen, könnte doch Kubitscheks Charakteristik des Durchschnittsdeutschen kaum eindeutiger sein. Kubitscheks Durchschnittsdeutscher, der dem „Juden" des „Rembrandtdeutschen" Julius Langbehn erstaunlich ähnlich sieht,[15] handelt ausschließlich im eigenen Interesse und strebt ebenso ausschließlich nach eigenem Genuss und wünscht dafür fremde Anerkennung, so oberflächlich und verlogen sie auch sein mag, weil er gerade nicht anders sein will als die anderen; der Durchschnittsdeutsche ist nach Kubitscheks Auffassung also ein – in Fichtes Worten „der Ausländerei verfallener" – charakterloser Egoist, der deswegen von seichter Vergnügung zu seichter Vergnügung hetzt, weil er mit dem unzufrieden ist, was er selbst von Natur aus ist, nämlich deutsch:

---

[14] Brehms Tierleben in Farbe. Große Volksausgabe (ausgew. u. neu bearb. v. W. Bardorff u. H.W. Brehm), Berlin 1969, 123; gerade diese Quelle schien in unserem Zusammenhang besonders angemessen.

[15] Vgl. Stern, 140 ff.

> „Denn der Deutsche empfindet ein seltsames Unbehagen an sich selbst und wäre gerne ein anderer. Ungemütlich wird er eigentlich nur noch dann, wenn ihm einer dieses Behagen im Untergang nehmen will. Er will keinen deutschen Sonderweg und keine deutsche Zukunft mehr, und dabei gehört doch beides ganz selbstverständlich zu jedem großen Volk. Auch wir Deutschen werden weiterhin einen eigenen Weg gehen müssen." (SsG, 206)

Dass jenes Unbehagen am eigenen Deutsch-Sein eventuell damit zu tun haben könnte, dass sich der Durchschnittsdeutsche für den Nationalsozialismus und die aus ihm folgenden Menschheitsverbrechen immer noch schämt, und also durchaus berechtigt sein könnte, thematisiert Kubitschek nicht. Der Nationalsozialismus kommt hauptsächlich allein im Sinne des „denkbar radikalsten, völkisch-nationalistischen Gegenentwurf[s] zur denkbar radikalsten, entortend-internationalistischen Infragestellung der alten Welt, mithin zur Herausforderung, dem Welterklärungs- und Welteroberungsanspruch und der reellen Bedrohung durch den Bolschewismus sowjetrussischer Prägung" in Betracht, d. h. in erster Linie als Partei „einer weltanschaulichen Auseinandersetzung" (SsG, 13). Die spezifische Tragik dieser „deutsche[n] Tragödie" liegt darin,

> „daß der Nationalsozialismus von sich zwar behauptete, gegen die Auflösungs- und Entortungswucht seiner bolschewistischen und liberalistischen Todfeinde anzutreten und durch einen Sieg in diesem Weltanschauungskrieg das Deutsche zu bewahren – letztlich aber selbst so gründlich das Gewachsene und Hergebrachte, das Abendländische, Christliche und Maßvolle zerstörte, daß auch er nichts weiter war als eine Vergewaltigung: der Versuch nämlich, den Menschen neu zu konstruieren, hochmodern, biologistisch, rational, dabei den Idealismus und die Grundgläubigkeit gerade junger Menschen einberechnend und pervertierend. Für Deutschland zu kämpfen, bedeutete nämlich stets und ausweglos zugleich für Hitler zu kämpfen, also etwas zusammenzuschnüren, was aus rückgebundener Warte schlechterdings unvereinbar war." (SsG, 15)

Der Nationalsozialismus Hitlers war also nach Kubitschek, genauso wie der Kommunismus und der Liberalismus – es zeigt sich nun, warum er sie in eine Reihe stellt –, schlicht zu progressiv für einen echten Konservativen. Er vernichtet nämlich dasselbe wie seine beiden ‚Geschwister', ist also gleich gefährlich wie der Liberalismus. Mit der Hochmodernität und Rationalität des Nationalsozialismus, besonders seiner biologischen Theorien zu Rasse und Abstammung, war es jedoch nicht weit her: Wie weiter oben angesprochen und in vielen Studien belegt, führten seine Thesen und seine

5 Gnome auf den Schultern von Zwergen: Die Bewahrung ...

Wissenschaftsauffassung häufig genug in Mystik und magische Bereiche[16] – das nationalsozialistische Denken war also keineswegs besonders modern, sondern in Gegenteil ausgesprochen regressiv und irrational bis hinein in seinen technizistischen Machbarkeitsglauben. Von dieser beklagten, aber nur scheinbaren Progressivität aber einmal abgesehen, hatte der Nationalsozialismus ganz offensichtlich mit Kommunismus und Liberalismus sowohl die richtigen Gegner als auch die richtige Einstellung zur politischen Formung der Masse „durch eine Verbindung von modernstem technischen Geist, ideologischer Aufladung und vor allem dem Grundgefühl, daß der Weltenlauf nichts Festgelegtes sei, sondern etwas, das man zwingen konnte" (SsG, 12). Und nach Kubitschek nun ist es nur tragisch, dass man diesen richtigen Kampf gar nicht richtig kämpfen konnte, weil man mit dem Nationalsozialismus selber ebenfalls auf der progressiven, jedenfalls antikonservativen Seite stehen musste. Seither aber ist durch Verwestlichung bzw. -hausschweinung der Deutschen der eigene, deutsche Sonderweg in die Zukunft jenseits liberaler Progressivität so verbaut, dass nicht einmal mehr die schiere Erhaltung dieses Staats zu lohnen scheint, weil er jene Zukunftslosigkeit sogar befördert:

> „Dies alles zusammengenommen ergibt eine verheerende Bestandsaufnahme. Wenn wir nun den sozialtherapeutischen Parteienstaat und den durchschnittlichen deutschen Jammerlappen einmal zusammendenken; wenn wir vor unserem geistigen Auge unsere politische Führung vorbeidefilieren lassen und uns vergegenwärtigen, wie groß der Haufen an Steuergeldern ist, der für die Frist meines Vortrags von dieser Führung im In- und Ausland für die fortdauernde Zersetzung der deutschen Substanz verpulvert wird; wenn wir uns weiterhin vor Augen halten, daß unser Staat nicht mehr erzieht, sondern ruhigstellt, nicht mehr an seiner Zukunft baut, sondern den hunderttausendfachen Mord im Mutterleib subventioniert und einen Ersatz für die so vernichteten Konsumenten auf der ganzen Welt zusammenkratzt; wenn wir also der Ruinierung selbst der Substanz, der von Machiavelli hochgelobten, von den preußischen Regenten durchgeformten Substanz des deutschen Volks zusehen müssen: Ist es dann überhaupt noch sinnvoll, als preußischer Typus, als Etatist und staatstragender Bürger stabilisierend zu wirken? Ist es dann nicht sogar abträglich, ein guter Preuße zu sein und einen Staat zu

---

[16] Vgl. Nicholas Goodrick-Clarke, The Occult Roots of Nazism. Secret Aryan Cults and Their Influence on Nazi Ideology: The Ariosophists of Austria and Germany, 1890–1935. With a foreword by R. Butler, New York 1992, und ders., Black Sun. Aryan Cults, Esoteric Nazism and the Politics of Identity, New York/London 2002.

stabilisieren, der seinen Untergang, seine Entwürdigung längst selbst will und täglich alles dafür tut, um zugrundezugehen?" (SsG, 206 f.)

Worin die ‚Zersetzung der deutschen Substanz' besteht, nämlich in der zunehmenden Liberalisierung von Staat und Gesellschaft samt der dazugehörigen „Totalemanzipation" des Einzelnen, die auch schon „Konservative" erfasst hat, die weder sich selbst und „schon gar nicht" ihren Kindern noch etwas verbieten (SsG, 228), dürfte bereits hinlänglich deutlich geworden sein. Was jene ‚deutsche Substanz' aber sein soll – um im Bild zu bleiben: das Wesen der Wildsau –, jedoch keineswegs. Da Kubitschek „das, was gesagt werden müßte, fast immer in alten Büchern gültig formuliert auffindet" (SsG, 2), kann er sich die Mühe eines eigenen Bestimmungsversuchs sparen. Vielmehr greift er auf Niccolò Machiavellis kleine Schrift über den *Politischen Zustand Deutschlands im Anfang des sechzehnten Jahrhunderts (Ritratti delle cose della Magna)* zurück, in dem er offensichtlich die gültige Formulierung zur deutschen Substanz gefunden hat. Kubitschek fasst sie wie folgt zusammen: Es waren

> „die Deutschen als Volk, denen Machiavelli die besten Voraussetzungen für die Gründung eines Staats zuschrieb. Sie seien diszipliniert, fleißig, ehrlich, könnten mit Geld umgehen, hielten die militärische Übung in Ehren, zögen ein rauhes, freies Leben dem verderblichen Luxus vor, hielten die Willkür des Adels kurz, hätten Gemeinsinn, Gerechtigkeitsgefühl, Gesetzestreue." (SsG, 201)[17]

Wie stets gibt Kubitschek keinen Literaturnachweis und lässt darüber hinaus offen, ob er das Original oder eine Übersetzung für sein Referat benutzt, das, wie die indirekte Rede nahelegt, ein enges sein sollte. Jedenfalls fällt es – vorsichtig formuliert – ziemlich wohlwollend aus. Ohne nun die ersten beiden Seiten von Machiavellis Text, auf die sich Kubitschek hier bezieht, vollständig wiederzugeben und ausführlich zu analysieren, sind doch einige Hinweise angebracht. Denn etwa die Ausdrücke „diszipliniert, fleißig, ehrlich" finden sich bei Machiavelli nicht. Sie stellen bestenfalls Interpretationen der Lebensweise dar, welche die Leute in Deutschland pflegen.

---

[17] Vgl. Niccolò Machiavelli, Ritratto delle cose della Magna, in: Tutte le opere. Secondo l'edizione di Mario Martelli 1971 (introduzione di M. Ciliberto, coordinamento di P. D. Accendere), Firenze/Milano 2018, 261–267, insb. 261 f. Die hier benutzte Übersetzung ist: Politischer Zustand Deutschlands im Anfang des sechzehnten Jahrhunderts, in: Niccolo Machiavelli, Gesammelte Schriften in fünf Bänden (Übs. v. J. Ziegler u. F. N. Baur, hg. v. H. Floerke), München 1925, Bd. 2, 208–216, hier: 208 f.

Vor allem fasziniert Machiavelli aber etwas anderes: Alle in Deutschland sind reich, und zwar aufgrund völliger Anspruchslosigkeit. Folgende Passage repräsentiert Machiavellis Gesamtbeschreibung durchaus:

> „Der Grund, warum die einzelnen des Volkes reich sind (li populi in privato sieno ricchi), liegt darin, daß sie ärmlich (come poveri: eigentlich „wie Arme") leben. Sie bauen nicht, sie machen keinen Aufwand für Kleider. Sie verwenden nichts auf Hausgeräte. Es genügt ihnen, Ueberfluß an Brot und Fleisch und eine geheizte Stube zu haben, wo sie sich vor der Kälte schützen können. Wer weiter nichts hat, lebt ohne die anderen Dinge und strebt nicht danach. Auf ihren Leib verwenden sie zwei Gulden in zehn Jahren. Jeder lebt nach seinem Rang in diesem Verhältnis, und keiner veranschlagt, was er entbehrt, sondern nur, was er notwendig bedarf, und ihre Bedürfnisse sind viel geringer als die unsrigen."[18]

Ob diese Kärglichkeit des Daseins bei gleichzeitiger Aufhäufung von Reichtum Machiavelli, den hohen Diplomaten, Kanzler für die Außen- und Verteidigungspolitik im Florenz der Borgia und in dieser Funktion Kollegen Leonardo da Vincis mit Neid erfüllte, mag bezweifelt werden. Und ebenso, ob er diese Anspruchslosigkeit, die von selbst dazu führt, „daß kein Geld aus ihrem Lande geht, da sie mit dem zufrieden sind, was es erzeugt", sondern „[i]n ihr Land immer Geld kommt", nicht einfach für unkultiviert und nicht für eine besonders beispielhafte Weise, ‚mit Geld umzugehen' hält. Jedenfalls betrachtet er auch die regelmäßig an „Festtagen" für „die ganze männliche Bevölkerung" stattfindenden militärischen Übungswettkämpfe allein unter jenem pekuniären Aspekt: „Die Soldaten kosten nichts, weil die Bürger bewaffnet und in Übung erhalten werden."[19] Als hauptsächlicher Charakterzug der Deutschen erweist sich daher eine starke Abneigung, Geld auszugeben, ob bewusst aus Sparsamkeit oder Geiz oder aus unzivilisierter Einfalt und Unkenntnis, bleibt dahingestellt. Von der eigenen, florentiner Lebensweise oder einer anderen, etwas üppigeren als der deutschen als ‚verderblichem Luxus' zu sprechen, fällt Machiavelli jedenfalls nicht ein. Er bleibt hier vielmehr neutral: „So erfreuen sie sich ihres rauhen Lebens und ihrer Freiheit (loro rozza vita e libertà), und wollen aus dieser Ursache nicht in den Krieg ziehen, wenn sie nicht überbezahlt werden."[20] Da sie nicht auf

---

[18] Machiavelli, Zustand Deutschlands, 209 (Ritratto, 261 f.).
[19] Machiavelli, Zustand Deutschlands, 208 (Ritratto, 261).
[20] Machiavelli, Zustand Deutschlands, 209 (Ritratto, 262).

ein Einkommen als Söldner angewiesen und deswegen zu teuer sind, bieten sie dem Verteidigungspolitiker Machiavelli keinen Anreiz, sie anzuwerben.

Es ist dieses nachgerade isolationistische Beharren auf ihrer städtischen Freiheit – denn es sind allein die Städte, und vor allem Straßburg, von denen Machiavelli spricht –, das sie lustigerweise in des Politikers Augen nahezu unfähig zur Gründung eines Staats macht, der das Maß einer Reichsstadt überschreitet. Denn den Stadtbewohnern geht es weniger um ‚Gemeinsinn, Gerechtigkeitsgefühl, Gesetzestreue', von denen Machiavelli schweigt, sondern zuallererst um ihre eigene Freiheit, die sie erhalten und gegen die Fürsten schützen wollen, so wie die Fürsten wiederum ihre eigene Freiheit gegen den Kaiser und die anderen Fürsten schützen wollen, während der Kaiser sehen muss, wie er zurandekommt. Daher sind sich in dem Deutschland, das Machiavelli besucht und beschreibt, alle eher in herzlicher Feindschaft verbunden, als darauf bedacht, gemeinsam einen Staat zu gründen, in dem es gewiss äußerst sparsam zugehen würde.

Kubitscheks Liste der Eigenschaften, welche die deutsche Substanz ausmachen sollen, zeigt nun unzweifelhaft, dass jene deutschen Tugenden gerade und ausschließlich solche sind, die primär einer möglichst straff organisierten Gemeinschaft zugutekommen. Typisch individualistische Eigenschaften wie Erfindungsreichtum oder künstlerische Begabung und Schaffenskraft, die den Einzelnen vom Rest absetzen könnten, aber auch Eigenschaften wie Geschmack, Leichtigkeit und Genussfähigkeit oder gar Humor oder Anmut, die nicht auf schiere Effizienz im Erledigen von Sachen gerichtet sind, fehlen – vielleicht weil sie alle zu teuer sind. Entscheidend aber ist ein Vermögen, das nach Kubitschek – Machiavelli sagt davon nichts, sondern deutet, wie gezeigt, eher das Gegenteil an – den Inbegriff der deutschen Substanz bildet: Dieses Vermögen erfüllt sich konkurrenzlos in der Bildung eines Staats. Die Deutschen sind daher nach Kubitschek ihrem Wesen nach – und das heißt: nach den Eigenschaften, die sie von allen anderen Menschen unterscheiden – geborene Staatsdiener und -träger. Und nicht nur dies: Sie müssen, weil sie „Staat" von Natur aus am besten könnten, auch geborene ‚Etatisten' sein; solche Leute also, die der Auffassung sind, dass alle sich ergebenden sozialen, ökonomischen, kulturellen usw. Schwierigkeiten vom Staat am besten gelöst werden können und deswegen auch durch ihn gelöst werden sollen. Man sieht leicht, dass totalitäre Formen staatlicher Organisation wie etwa Kommunismus oder Nationalsozialismus etatistisch verfasst sind, während dies der Liberalismus mit seiner Betonung und Stärkung von Freiheit und Verantwortung des Einzelnen und der Bewahrung seiner Privatheit und seiner subjektiven Rechte gerade nicht sein kann. Kubitscheks Ablehnung des Totalitarismus als der „eine[n]

Möglichkeit, Masse zu formieren" (SsG, 99), wirkt gegen seine Vehemenz der Betonung seines eigenen Etatismus und seiner stetig wiederholten Abscheu vor dem Liberalismus ziemlich sacht. Welches ist nun der passende Staat für die deutsche Substanz?

c) Die verwirklichte Idee der deutschen Nation: Preußen

Kubitschek wird sich und seine Leser naturgemäß eher zu den Deutschen zählen, die ‚nicht so sind', also nicht schon zu ebenso liberalen wie dekadenten Hausschweinen geworden sind, mit denen kein Staat mehr zu machen ist. Er ist Etatist und findet in sich wie auch im „Wir" seiner Leser noch genügend deutsche Substanz, die es wert ist, gegen den zeitgemäßen Verfall bewahrt zu werden. Dazu zählt auch die Idee desjenigen Staats, der vollkommen der deutschen Substanz entspricht: Preußen – so wie es Kubitschek sieht und – wie Moeller van den Bruck vor ihm[21] – mit dem wahren Deutschland identifiziert. Dies zu tun, ist zwar in allen irgendwie empirisch belegbaren historischen, kulturellen und sonstigen Belangen zumindest äußerst zweifelhaft, um nicht zu sagen: abstrus – schon weil so etwas wie nationale Substanzen keine Gegenstände möglicher Beobachtung und Erfahrung wie Wombats oder Wildschweine sind, sondern nur aufgefunden werden können, nachdem man sie sich ausgedacht oder erfühlt hat. Aber bei mangelnder empirischer Belegbarkeit – man denke an die angebliche Hegel-Anekdote – hilft und überzeugt den, der unbedingt möchte, dass etwas so ist, wie er es möchte, weil er tief in seinem Innersten weiß, dass es so ist und nicht anders sein kann, auch der Griff zur Idee bzw. der Sprung in einen, zumindest behaupteten Idealismus. Pate stehen bei Kubitscheks Staatsverständnis ein klein wenig Hegel, vor allem aber Willms und in seinem Schatten übergroß Fichte.

Dies bezeugt das Nachwort, das Kubitschek zu einem Bändchen mit einem Text von Willms verfasst hat, das den Titel „Philosophie der Selbstbehauptung" trägt und 2014 in zweiter Auflage (EA 2007) bei *Antaios* erschienen ist. Es handelt sich dabei, anders als man glauben könnte, nicht um eine eigenständige Arbeit von Willms. Vielmehr stellt das – inklusive Nachwort – achtzigseitige Büchlein eine Single-Auskopplung des ersten Teils, d. h. der bereits ausführlich besprochenen „Systematischen Überlegungen" zur „Theorie der Nation" aus Willms' *Die Deutsche Nation* dar.

---

[21] Vgl. Stern, 213.

Die Seiten 7 bis 74 der „Philosophie der Selbstbehauptung" reproduzieren mit Ausnahme von zwei Sätzen exakt den Text der Seiten 35 bis 67 von Willms' Buch. Indes weist – aus welchen Gründen auch immer – weder das Nachwort noch sonst irgendetwas in der *Antaios*-Ausgabe auf diesen Sachverhalt hin. Gestrichen aus dem Original wurden vom Herausgeber, der als solcher freilich ebenfalls weder erwähnt wird noch auch existieren darf, soweit ich sehe, nur zwei Sätze: Der eine – „Darüber wird weiter unten ausführlich gesprochen." (DN, 55; vgl. PhS, 49) – verweist auf die spätere Behandlung des Problems der Politisierung der Rassenfrage und fordert seine Streichung schon deswegen, weil es diese spätere Stelle in der *Antaios*-Ausgabe nicht gibt. Der andere spricht indirekt „dem Osten", also zu Zeiten der Abfassung von Willms' Buch am Anfang der Achtziger Jahre noch der DDR, im Gegensatz zum „Westen" die Freiheit des Denkens ab – „Wieviel mehr da, wo, wie bei uns Deutschen im Westen, Freiheit des Denkens zu den Grundsätzen der Situation gehört." (DN, 64; vgl. PhS, 68) Zum einen gibt es freilich „den Osten" und „den Westen" in dieser doppelten staatlichen Gestalt nicht mehr: In einem Buch, das im Jahre 2007 aktuell sein soll, hat die Aktualität der Teilung Deutschlands nichts mehr verloren. Zum anderen bieten sich hier Missverständnisse zwischen den ‚Deutschen im Westen' und denen im Osten an, die zu ermöglichen sich Kubitschek schlicht verbietet. Denn er hat ja im Sinne der anti-aufklärerischen und deutsch-nationalen „Ostideologie"[22] „den Westen auch geistig hinter sich gelassen" (SsG, 2) und sieht das Potential für einen „Nationale[n] Sozialismus" (SsG, 247) in den „Zusammenrottungen" (SsG, 246) „junge[r] deutsche[r] Männer in einer verfahrenen Situation" (SsG, 247) „in den kleinen Städten und Dörfern zwischen Halle und Weimar" (SsG, 245 f.), welche „Kameradschaften […] die Überzeugung [eint], daß Deutschland den Deutschen gehört, und daß den ehrlichen, fleißigen Deutschen […] übel mitgespielt wird im Zeitalter der Globalisierung" (SsG, 247). An diesen jungen Deutschen schätzt Kubitschek gerade, dass sie „ganz einfach ihre zivilgesellschaftliche Lektion nicht gelernt [haben], auf die sich der Westen so viel einbildet", weil sie „auf ganz anderen Lernstoff aus" sind, der „sich aus Heimatbewußtsein, Lebensperspektive und Vertrauensbildung zusammensetzen" müsste (SsG, 246). Eine auch nur indirekte Kritik am „Osten" wäre daher anders als für Willms an der entsprechenden Stelle für Kubitschek verkehrt.

---

[22] Stern, 249.

Sein *Nachwort* referiert zwar vereinfacht, aber getreulich und durchweg zustimmend Willms' Lehren von der negativen Basis der Selbstbehauptung bis zu seinem nationalen Idealismus und seiner Staatsauffassung: Bernard Willms, „der Philosoph der deutschen Selbstbehauptung", „hat die Philosophie des deutschen Idealismus (mit ihren Hauptvertretern Kant, Fichte und Hegel) als unverkennbar deutsche, politische Philosophie beschrieben" (PhSN, 75). Dabei besteht Selbstbehauptung in der „stete[n] Arbeit daran, Herr im Eigenen zu bleiben" bzw. „souverän zu bleiben" (PhSN, 75). Selbstbehauptung setzt folglich bereits etwas, das dem Subjekt wesentlich eigen ist, seine „Identität" (PhSN, 75), notwendig voraus, und ebendiese gilt es zu erhalten. Die durch Selbstbehauptung zu erhaltende Identität ist aber keine individuelle, sondern eine kollektive. Denn es geht ja um ‚nationale Selbstbehauptung', so dass „[w]er eine deutsche Zukunft für die deutsche Nation möchte, […] sich in seinem politischen Leben der Selbstbehauptung seiner Nation zu widmen" hat (PhSN, 76), d. h. andere, individuelle Selbstzuschreibungen von Eigenschaften sind hinter der seiner Deutschheit und dem daraus folgenden Handeln nach dem „nationale[n] Imperativ" (PhSN, 77) zurückzustellen. Schließlich ist nach der „Lehre von Bernard Willms" (PhSN, 76) der Träger des deutschen Selbstbewusstseins der Nationalstaat: Die „deutsche Nation ist der mit dem Selbstbewußtsein der Deutschen als Deutsche aufgeladene, zu eigentümlichem, nämlich deutschem Selbstbewußtsein gelangte Staat." (PhSN, 77) Das seiner selbst bewusste Subjekt ist der Staat und der Gegenstand seines Bewusstseins, d. h. seine Identität, die notwendig sein muss, um ihn von anderen möglichen Subjekten zu unterscheiden, ist das Deutsche, d. h. die von Willms bereits zur Notwendigkeit erklärte Trias von Sprache, Recht und Geschichte (PhS, 50). Das zufällig existierende Individuum, das nach dem nationalen Imperativ handeln und sich also entindividuieren soll, ist also nicht eigentlich Subjekt, sondern bildet bestenfalls das Material des Staatssubjekts:

> „Bernard Willms aber wäre nicht der Lehrmeister des deutschen Idealismus, wenn er der individuellen Willensentscheidung zur Nation nicht die Nation als notwendiges, dem Individuum übergeordnetes ‚Wesen' an die Seite stellte und daraus mit Hegel eine Synthese bildete: Wir sind als Einzelne nach-aufklärerisch je individuell frei, aber dennoch unentrinnbar eingegliedert in eine ganz konkrete, so und nicht anders entstandene politische Gemeinschaft. Wenn wir dies begreifen, sind wir reife Angehörige unserer Nation, sind wir zurechnungsfähig." (PhSN, 77 f.)

Es ist das übliche und immergleiche: Wirkliche Freiheit soll es allein durch die Aufgabe individueller Freiheit zugunsten des Übersubjektes Staat geben, der nur als nationaler wirklich und souverän sein kann, weil er sich sonst gar nicht von anderen unterscheiden könnte. Seine Identität ist dabei vorgegeben und kann also, ohne vernichtet zu werden, weder geändert noch zum Gegenstand freier Wahl werden. Diese Einsicht in die Idealität des Nationalstaats und sein wahres Subjektsein – gegenüber dem nur scheinbaren des Individuums – macht „uns", d. h. die sich naturhaft zuerst als Individuen verstehenden Menschen, erst zu wahren ‚Angehörigen der Nation', d. h. Elementen des Staats ohne individuellen Willen. Dass Kubitschek diese „Reife" mit „Zurechnungsfähigkeit" verknüpft, ist seine eigene Zugabe und auffällig. Denn dass einem Menschen seine Handlungen durch Tun und Unterlassen zu Schuld oder Verdienst zugerechnet werden können, fungiert spätestens seit Kant, aber auch schon im Naturrecht der deutschen Aufklärung als Kriterium für Personalität.[23] Demzufolge muss nach Kubitscheks Ergänzung jedem Individuum, das nicht seine Individualität zugunsten des Staats aufgibt, sein Person-Sein abgesprochen werden. Daraus folgt, dass ein solches Individuum – Mensch hin oder her – rechtlich als Sache zu gelten hat, also insbesondere keine subjektiven Rechte mehr hat und dementsprechend behandelt werden darf. Dass „der nationale Imperativ […] kein Verfassungspatriotismus" sein kann (PhSN, 78), versteht sich danach von selbst, besteht der eigentliche Schutzzweck des *Grundgesetzes* doch gerade in der Individualität eines jeden Menschen. Dies aber ist für deutsches Denken freilich kein unveränderbarer Grundsatz, „denn die Verfassung hat dem Bestand der Nation zu dienen und bezieht nur von dort her ihre Daseinsberechtigung" (PhSN, 78). Es liegt folglich auf der Hand, dass das *Grundgesetz* besser früher als später ersetzt gehörte, da es mit dem Individuum als selbständigen Träger seines eigenen Selbstbewusstseins gerade dasjenige unbedingt schützt, das dem Bestand der Nation in ihrer staatlichen Verwirklichung am meisten im Wege steht.

Dafür bleibt aber nach Kubitschek nicht mehr viel Zeit. Denn „an diesem Punkt", an dem „eine in sich selbst schwach gewordene Nation" aus der Welt verschwindet, „steht die deutsche Nation, sie steht dort trotz Wiedervereinigung und obwohl die totale Niederlage sechzig Jahre zurück-

---

[23] Vgl. Alexander Aichele, Zurechnung, in: E. Hilgendorf/J. C. Joerden (Hg.), Handbuch Rechtsphilosophie, Stuttgart 2017, 401–409, insb. 401–403, und ders., Grüße von Sam. Zum Verhältnis von Zurechenbarkeit und Menschheit am Paradigma der Rechtsphilosophie Kants, in: M. Kaufmann/J. Renzikowski (Hg.), Zurechnung als Operationalisierung von Verantwortung, Frankfurt a. M. u. a. 2004, 247–262.

liegt" (PhSN, 79). In dieser, von Kubitschek behaupteten Notsituation, in der es um die schiere Existenz der Nation bzw. nationalen Identität geht, stellt er zwei scheinbar unbeantwortet gelassene, aber suggestive Fragen: „Wer nimmt den Kampf um die Selbstbehauptung der deutschen Nation auf? Welche Mittel zur Selbstbehauptung dürfen ergriffen werden und wo findet der nationale Imperativ seine Grenzen?" (PhSN, 79 f.) Die Antwort auf die zweite Frage ist einfach: Weil der nationale Imperativ nach Willms – und gewiss auch nach Kubitschek, sonst hätte er Willms an diesem entscheidenden Punkt gewiss korrigiert – kategorisch gebietet, kann er gar keine Grenzen haben: Weil er unbedingt gebietet, muss auch alles erlaubt sein, was er gebietet. Die erste Frage beantwortet Kubitschek immerhin mit einem doppelten Beispiel, das den Typ des Kämpfers für die nationale Selbstbehauptung, den er sich vorstellt, recht schön vor Augen führt – insbesondere wenn man dabei an die berühmte Karikatur von *Fichte als Landsturmmann* – behängt mit ca. vier Pistolen und einen für die Infanterie viel zu großen Säbel präsentierend – denkt: Bernard Willms „war und wäre auch heute einer vom Schlage Fichtes, der das Katheder verließ und nach dem Gewehr griff, um es nicht bei klugen Andeutungen zu belassen, sondern den politischen Kampf um die Nation aufzunehmen – notfalls auch einsam." (PhSN, 80)

Wie wir wissen, haben sich die zuständigen Beamten und Offiziere im preußischen Königreich geradezu überschlagen, um Fichtes Einsatz als eine Art Feldprediger oder in irgendeiner sonstigen militärischen Funktion zu verhindern. Es graute ihnen gewiss vor dem Durcheinander, das der ebenso empfindliche wie streitlustige Philosophieprofessor wohl unweigerlich angerichtet hätte. Den Krieg gegen das napoleonische Frankreich haben sie zusammen mit ihren britischen, österreichischen, russischen und anderen Kollegen trotzdem gewonnen – so wie sie ihn trotz aller nationaler Begeisterung für die eigene, solitäre (und den anderen auch irgendwie überlegene) Identität entgegen Fichtes Lehren allein ohne jeden Zweifel verloren hätten. Von solcher Angewiesenheit auf andere – und das heißt im Falle der Nation ja immer: Ausländer – ist freilich in des „Wahlpreußen", so der Titel eines einschlägigen Vortrags von 2006, Kubitscheks Darstellung ‚seines' bzw. ‚unseres' Staats, d. h. Preußens als Inbegriff deutscher Substanz nichts mehr zu merken.

Der Text beginnt als Eloge auf die „kleine Schrift" *Preußen – die Polis der Neuzeit. Eine staatsphilosophische These* (Göttingen 1986) von Hans-Dietrich Sander (1928–2017), eines antisemitischen und rechtsextremen Publizisten von einigem Renommée,[24] und entwickelt im weiteren Verlauf so etwas wie ein Staatsverständnis, das sowohl zu Kubitschek selbst als auch – selbstverständlich – zur deutschen Substanz passt. Von vornherein gilt dabei Preußen als zwar nicht wiederholbarer und unerreichbarer, aber dennoch vorbildhafter Sehnsuchtsort, wo „die Dinge gedeihlich geordnet waren und man nicht bloß eine geistige Heimat, sondern auch einen Staat hatte, für den zu kämpfen sich lohnte" (SsG, 198). Gemeint damit ist freilich nur das alte Preußen vor „der Erniedrigung nach 1806" zwischen Großem Kurfürsten, Soldatenkönig und Friedrich dem Großen (SsG, 200). Hier findet Kubitschek seine entscheidenden Punkte, nämlich „zum einen ‚Preußen als verwirklichte Idee und damit als Willensakt' und zum andern ‚Preußen als Verortung des Einzelnen im Dienste'" (SsG, 199).

Wie nicht nur bei Kubitschek üblich ist jene Idee in ihrer Verwirklichung inhaltlich recht undeutlich bestimmt. Sie enthält ein geschlossenes Territorium und Souveränität (Kurfürst Friedrich-Wilhelm), administrative, ökonomische und militärische Exzellenz, „getragen von dem unverwechselbaren Typus des preußischen Offiziers und des preußischen Beamten" (Friedrich-Wilhelm I.) und schließlich Rechtsstaatlichkeit und „den eigentlichen ‚Mythos Preußen', das große Schlachtengemälde also" (Friedrich II.) (SsG, 200).

Das, was klar klingt, ist nicht besonders typisch, und das, was typisch sein soll, ist nicht besonders klar. So wird man sich jene ‚unverwechselbaren' Preußen-Typen in den unterschiedlichsten Weisen vorstellen: Von monokelbewehrten, arroganten, zutiefst inhumanen, ihre Untergebenen als Material betrachtenden Herrenreitern über initiativlose, kadavergehorsame, scheinheilige Pedanten bis zu bescheidenen, zurückhaltenden, pflichterfüllten, verantwortungsvollen, toleranten und tapferen Höchstleistungsträgern steht die gesamte Palette offen, wenngleich der von Kubitschek so verachtete Durchschnittsdeutsche wohl eher an die ersten beiden und weniger an den letzten Preußen denkt, während es bei Kubitschek naturgemäß genau andersherum sein wird. Dass er seine Vorstellung, dass nämlich im alten Preußen der Begriff des Offizier- und Beamtentums in seinen einzelnen Offizieren und Beamten seine ideale Verwirklichung fand, als die wahre behaupten wird, steht ebenfalls außer Zweifel (SsG, 200) – einen Beleg des in dieser Allgemeinheit sowieso Unbelegbaren gibt es aber wiederum nicht; besieht man sich die Nachweise zu den vormaligen Publikationsorten des Textes (SsG,

---

[24] Vgl. unter zahlreichen anderen z. B. nur die Verfassungsschutzberichte von 2000 bis 2003.

287) – *Junge Freiheit* und eine Festschrift zum Achtzigsten Sanders[25] – versteht sich das wiederum fast von selbst: Wo keine Nachfragen zu erwarten sind, weil das Gesagte die Auffassung der Adressaten aufs schönste bestätigt, kann man sich Belege sparen.

Ganz und gar unklar ist es, was man sich unter dem ‚großen Schlachtengemälde' des ‚Mythos Preußen' genau vorzustellen hat, was bei einem Mythos sowieso schlecht geht. Auch hier ist wieder vieles denkbar von der postmortalen Rebellion gegen einen Vater, der seinen Sohn bis aufs Blut gequält hat – der Schliff „der sensible[n] Empfindsamkeit […] zu diamantener Härte" (SsG, 200) – und welchem nun durch Kriege, die jener nie geführt hatte, posthum gezeigt werden soll,[26] was historische Bedeutung und Größe ist, über Ehrgeiz und schieren Machthunger, der zu drei verlustreichen Kriegen führte, deren letzter und entscheidender am Ende durch reinen Dusel, dem sogenannten „Mirakel des Hauses Brandenburg" wider Erwarten doch noch gewonnen wurde, bishin zur Geschichte vom guten, großen König und der Selbstaufopferung seines Lebensglücks im Dienst an seinem Volk und dem durchgängigen Heroismus eben jenes, durch Zucht vorbereiteten und durchs königliche Beispiel inspirierten Volkes beim letztendlich verdienten Sieg gegen eine Welt von Feinden. Es ist das gleiche wie vorhin: Man wird je nach Temperament oder politischem bzw. taktischem Interesse die glänzende oder die dreckige Version wählen oder etwas dazwischen und zum ‚wahren Preußen' erklären, das es als den historischen Gegenstand,[27] der es zuallererst ist, ohnehin nicht gibt.

Aber eben um diese Wahrheit, deren Erkenntnis penible historische Forschung braucht und die einem steten Prozess der Revision unterworfen ist, geht es ja auch gar nicht. Es geht im Gegenteil um die Wahrheit der „Idee" des wahrhaft deutschen Staats, der sich in Preußen verwirklicht, und daher geht es zunächst einmal allein um Gedachtes – und, wie sehr wohl möglich ist, um Ausgedachtes, so wie die diversen Filme über Friedrich den Großen mit Otto Gebühr keine historische Wahrheit liefern, sondern zunächst einmal ausgedacht sind und am Ende vor allem Propaganda bieten. Vermutlich sollte man, wenn Kubitschek hier vom ‚Mythos Preußen', den Friedrich II. geschaffen habe, spricht, tatsächlich an diese Filme denken – immerhin ein ganzes Dutzend, wobei die Tetralogie *Fridericus Rex* (1921–

---

[25] *Junge Freiheit* 09/07 v. 23.02.2007, u. H. Luge (Hg.), *Grenzgänge. Liber amicorum für den nationalen Dissidenten Hans-Dietrich Sander*, Graz 2008, 242–249.
[26] Vgl. Tim Blanning, Frederick the Great. King of Prussia, London 2016.
[27] Vgl. Christopher Clark, Iron Kingdom. The Rise and Downfall of Prussia 1600–1947, London 2007.

23, Arzén v. Cserépy) nur als ein Film gezählt wurde –; die zahlreichen Bilder Adolph Menzels (1815–1905) zu friderizianischen Themen eignen sich hier aufgrund ihres Realismus und ihrer Verweigerung von Pathos und Heroismus jedenfalls kaum.[28]

Man darf also davon ausgehen, dass es im Idealstaat deutscher Substanz, den Friedrich der Große als „perfekten Staat und einen Mythos des Willens hinterließ" (SsG, 201), irgendwie heroisch, wenn möglich siegreich, aber zuallermindest pathetisch oder tragisch zugehen wird und alle sich selbst rückhaltlos in den Dienst ihres Staats stellen, mithin ihre ganze Individualität mit nationaler Begeisterung aufgeben und in dieser Willensidentität alles erreichen, was dem Staat, also ihnen, nutzt und also alle zugleich ganz nebenher und selbstverständlich dem ‚nationalen Imperativ' Folge leisten. Denn alle anderen Eigenschaften – territoriale Integrität, Souveränität, Rechtsstaatlichkeit und administrative, ökonomische, militärische Exzellenz – sind ganz offensichtlich nicht notwendigerweise auf Preußen-Deutschland festgelegt, wenngleich ihre außerordentliche Vortrefflichkeit bei angemessener Organisation notwendig folgt. Denn die deutsche Substanz in ihrer seit Kubitscheks Machiavelli-Lektüre gültigen Form verlangt nach der Idee „Preußen" ebensosehr wie die Idee „Preußen" nach diesem und keinem anderen Material: „Die ‚Idee Preußen' war maßgeschneidert für dieses Volk, und das einzige, was fehlte, war die Erziehung, war die Durchformung, war der Hebammendienst, um aus den Deutschen das zu machen, was in ihnen steckte und wonach das Volk amorph verlangte, ohne daß es selbst es hätte entwickeln können." (SsG, 201)

Die drei angeführten preußischen Staatenbildner „ordneten die chaotische Wirklichkeit nach ihrem Entwurf, dem Ergebnis ihres Denkens" (SsG, 200). Freilich kann es nicht um ein zufälliges Ausdenken gehen, sondern um dasjenige Denken, das zur Einsicht in eine überzeitliche, transzendente Idee führt, hier: die Idee, wie der Staat überhaupt sein muss, wenn er ‚perfekt' sein soll, d. h. in die Idee des Staats. Und ebendiese wurde durch den gemeinschaftlichen „Willensakt" (SsG, 199) jener „drei überragende[n] Regenten" (SsG, 200) am besten aller Materialien, dem deutschen Volk, das sich dafür wie kein anderes eignete, verwirklicht. Im alten Preußen wurde also die Idee des Staats selbst wirklich, und zwar auf die einzige Weise in der das in der historischen, mithin wirklichen Welt möglich war, nämlich als der eigentliche deutsche Nationalstaat.

---

[28] Vgl. Werner Busch, Adolph Menzel: Auf der Suche nach der Wirklichkeit, München 2015.

Dessen reale Idealität zeigt sich in der umfassenden „Verortung des Einzelnen durch den Dienst am Staat" (SsG, 202), d. h. der Zuweisung eines jeden einzelnen Preußen-Deutschen an eine staatliche Funktionsstelle, die seinen Fähigkeiten am angemessensten ist. Alle Leute im idealen Staat sind also Staatsdiener; selbständige oder freiberufliche Tätigkeiten können daher nicht vorgesehen sein, jedenfalls nicht in dem Sinne, dass irgendjemand eine auf eigene Rechnung und eigenes Risiko unternommene Tätigkeit für sich selbst auswählen und vollziehen dürfte. Dies bedeutet freilich eine nicht unerhebliche, ja geradezu vollständige Beschränkung der persönlichen Freiheit eines jeden Einzelnen. Allerdings scheint das nach Kubitschek und dem bewährten Prinzip, dass die wahre Freiheit des Einzelnen in ihrer möglichst vollständigen Aufgabe liegt, nur so. Dass nämlich eine solche Zuweisung nicht nur obrigkeitsseitig vollzogen, sondern auch untertanenseitig gutgeheißen wird, zeugt letztendlich von einem Erkenntnisprozess, der unter anderem einschließt, dass es immer andere sind, die am besten wissen, was für einen selbst am besten ist: „Diese Verortung ist im Falle Preußens nichts anderes als eine Erziehung zur Idee Preußen, und weil diese Idee im *suum cuique,* im ‚Jedem das Seine' ihre Formel gefunden hat, ist die Erziehung zur Idee Preußen vor allem Selbsterkenntnis. Wo ist mein Platz, was darf mein Land von mir fordern und erwarten, ohne daß ich mich dabei verleugnen muß?" (SsG, 202)

Die Formel der Idee Preußen, also ihre möglichst allgemeine und inhaltsleere Fassung, soll die hergebrachte antike Formel für das Prinzip der zuteilenden Gerechtigkeit sein, nach dem locus classicus in den *Institutiones Iustiniani* zu Anfang des *Corpus Iuris Civilis* (I.1,3): „Iuris praecepta sunt haec: honeste vive, alterum non laedere, suum cuique tribuere." – „Die Gebote des Rechts sind diese: Ehrenhaft leben, den anderen nicht beleidigen, jedem das Seine gewähren." *Suum cuique* ist also ein allgemeiner Rechtsgrundsatz, dem in jeder möglichen Rechtsordnung Rechnung getragen werden muss. Als solcher ist er daher politischer Disposition entzogen, sofern in einem Staat überhaupt Recht sein soll. Nun kommt es aber darauf an, was das jeweils Seine eines jeden überhaupt ist, d. h. nach welchen Prinzipien es ihm zugeteilt werden soll. Es gibt hier die verschiedensten Möglichkeiten von Gleichheit über Leistung bzw. Verdienst oder Bedarf bis hin zu willkürlichen Kriterien wie Rasse, Hautfarbe, Geschlecht, Kaste, Stand usw.

In Preußen fungierte *Suum cuique* am prominentesten als Motto des Schwarzen Adlerordens. Und schon hier zeigt sich die Ambivalenz der Zuteilungsprinzipien. Zwar lässt sich das Motto, versteht man den Orden als höchste königliche bzw. staatliche Auszeichnung für außerordentliche Verdienste um den Staat, kaum anders lesen als „Einem jeden nach seinem Verdienst!" Allerdings stand er auch unter der Voraussetzung solcher Leistungen nicht jedermann offen, sondern allein Angehörigen des Geburtsadels, die zugleich Offiziere waren. Freilich wurde auf das Leistungsprinzip im Falle aller preußischen Prinzen ganz verzichtet, die den Orden schon zu ihrer Geburt, also allein aufgrund ihrer Abstammung, bekamen. Zwar wären solche ebenso hierarchischen wie exklusiven Zuteilungsprinzipien wohl kaum mehr mit heutigen, eher egalitären Gerechtigkeitsvorstellungen vereinbar, aber sie sind immerhin ohne Zweifel klar und leicht anwendbar.

Obwohl er wie Langbehn, der in der Gleichheit den Tod, in der Hierarchie aber das Leben sah,[29] der Überzeugung ist, „daß es Hierarchien gibt" und sie dem Leben zuträglich sind, weil sie es ordnen und das „Gefühl der Unstimmigkeit" unterbinden, das sich ohne sie einstellt (SsG, 203), sind die entsprechenden Zuteilungsprinzipien in Kubitscheks Variante des *Suum cuique* weder leicht durchsichtig noch anwendbar. Dabei überschreitet sie nicht einmal den Bereich eines formalen Rechtsgrundsatzes, insofern sie das Recht eines jeden aussagt, genau den ihm angemessenen Dienst im Staat zu tun. Dass dies Recht zugleich auch eine Pflicht darstellt, eben dies dann auch tatsächlich zu tun, ein Verweigerungsrecht also ausschließt, fällt hierbei nicht ins Gewicht. Die Schwierigkeit von Kubitscheks *Suum cuique* besteht vielmehr darin, dass sie die durch jeden Einzelnen zu beanspruchende und auszufüllende staatliche Funktion nicht gemäß einer bereits erbrachten Leistung zumisst, sondern nach Leistungsvermögen, also nach in der Zukunft nicht nur möglichen, sondern zu erwartenden Leistungen. Naturgemäß verlässt sich der Staat dabei nicht auf die ‚Selbsterkenntnis' des Einzelnen, der seinen Rechtsanspruch erst erheben müsste. Im Gegenteil weist er ihm seine Stelle zu, so dass die Selbsterkenntnis allein noch insoweit eine Rolle spielt, als sie die Triftigkeit und Angemessenheit ebendieser Zuteilung, d. h. die Wahrheit der obrigkeitlichen Erkenntnis des eigenen Leistungsvermögens, einzusehen, anzuerkennen und gutzuheißen hat. Denn nur unter der Bedingung jener Wahrheit und dieser Einsicht bleibt die nach Kubitschek besser auszuschließende Selbstverleugnung tatsächlich ausgeschlossen. Woher die zuständigen Stellen jenes Wissen beziehen, das zur Funktionszuweisung – ob Kanalreiniger, Gymnasiallehrer, Metzger oder Kavallerieoffizier – führt, verrät Kubitschek leider nicht.

---

[29] Vgl. Stern, 148.

Dafür verrät er aber einiges über den einstweilen nötigen Zwang zur Idee und die Totalität der Anforderungen und der Inanspruchnahme des Einzelnen durch den Staat und dessen Anonymität:

„‚Ohne, daß ich mich dabei verleugnen muß': In diesem Halbsatz steckt die Weisheit, mit der Preußen geführt wurde. Man holt alles aus dem Einzelnen heraus, man zwingt ihn dazu, alles zu tun, um zu erreichen, was erreichbar ist. Man weist dem Einzelnen seinen Platz zu, es ist dies aber nicht irgendein beliebiger Platz: Man hat dabei stets die Natur des Menschen insgesamt und des einzelnen Menschen insbesondere im Blick, man überfordert ihn nicht […]. Preußen fordert alles, aber nichts darüber hinaus, und ehrfürchtig stehen wir vor dem entscheidenden Wendepunkt, wo aus dem Zwang zur ‚Idee Preußen' – der unvermeidlich am Anfang steht – die Neigung wird, und der Einzelne sich den Staatsrock gerne und voller Pflichtbewußtsein überstreift, das *suum cuique* begreift, sich seinen Platz sucht und den Staat zu tragen beginnt." (SsG, 202)

Zunächst ist schwierig zu sehen, wo in diesem Konstrukt überhaupt Raum für die zu vermeidende Selbstverleugnung sein soll: Das Individuum wird ja gar nicht gefragt, ob ihm seine zugewiesene Stelle passt. Ebenso wenig kann eine moralische Selbstverleugnung dergestalt vorkommen, dass man schlicht – sei es pflichtgemäß oder aus Pflicht – die zugewiesene Stelle ausfüllt, obwohl sie einem zuwider ist. Der ausbleibende Zwang zur Selbstverleugnung bei der Fristung der eigenen Existenz kann allein auf der angeführten Selbsterkenntnis ruhen. Diese aber kann allein im Nachvollzug bzw. der Wiederholung der vorgegebenen Zuweisung bestehen, deren Wahrheit aus welchen Gründen auch immer keinem vernünftigen Zweifel ausgesetzt sein kann. Denn sonst könnte die Zuweisung durch Selbsterkenntnis widerlegt und revidiert werden. Damit geriete aber der ganze Gerechtigkeitsanspruch des staatlichen Grundprinzips des *Suum cuique* ins Wanken, so dass sich Preußen nicht als die Verwirklichung der Idee des Staats überhaupt erwiese, sondern als Obrigkeitsstaat, in dem die Obrigkeit, ohne irgendeinen vernünftigen Grund sich das Recht herausnimmt, über das Schicksal jedes einzelnen ihrer Untertanen zu bestimmen. Zur Idee Preußens als perfektem Staat gehört folglich ein Monopol auf Erkenntnis und Einsicht in die Wahrheit, das individuelle bzw. private Erkenntnis jederzeit als falsch erweist, solange sie nicht mit der staatlich vorgegebenen Wahrheit übereinstimmt, die sich in der Stellenzuweisung ausdrückt. Es bleibt dem Individuum also nur noch, jene staatliche Zuweisung bewusst anzuerkennen und als Wahrheit anzunehmen, um sich nicht selbst zu verleugnen. Der Staat weiß also über den Einzelnen immer besser Bescheid als dieser über sich selbst.

Wenn nun schon nicht erklärt wird, wie der Staat zu seinen Erkenntnissen gelangt, die ihn dazu berechtigen, allen seinen Untertanen verbindlich ihre Positionen in ihm zuzuweisen, ohne dazu verpflichtet zu sein, sie zu fragen, so ließe sich vielleicht wenigstens aufklären, wer oder welches Gremium oder welche Institution denn diese entscheidende Untersuchung und die daraus folgende Zuteilung vornimmt. Allein, die Hoffnung ist auch hier vergebens: Der Staat, Preußen selbst tritt ausschließlich als anonymes „Man" auf, also in der Gestalt namenloser Funktionsträger, die ebenfalls ihre Stellen zugewiesen bekommen haben werden, am Anfang sicherlich von den Staatsbildnern selbst, auf die also alle Einsicht in die Wahrheit zurückgehen muss. Denn ihre eigene bleibt – wie eingangs bereits erwähnt – ursprünglich und ideengebunden, entsteht also durch ihr eigenes Denken, gleichsam in einer Art erkenntnistheoretischer Rechtfertigung des Gottesgnadentums des preußischen Herrschergeschlechts.

Der preußisch-deutsche Staat als Verwirklichung der Staatsidee überhaupt macht also aus einem Individuum, das nicht durch eine Funktion, sondern durch einen Namen bezeichnet wird, ein anonymes Man, das keinen Namen mehr hat, sondern nur eine Funktion ausfüllt. Und dies tut der Staat selbst als Man. Über dieses Man hinaus bleibt nun nichts mehr von den Individuen übrig. Denn ‚man holt alles aus dem Einzelnen heraus' und ‚Preußen fordert alles'. Der Einzelne ist folglich als Ganzes, restlos, total in den Staat eingebunden, in dem er den Platz einnimmt, der ihm zugewiesen wird und die entsprechende Funktion ausübt. Das Individuum ist damit verschwunden, und zwar genau dann, wenn es seine Einordnung bewusst und willentlich bejaht und sich somit vom Staat und der ihm zugewiesenen Funktion nicht mehr unterscheiden lässt. Wenn es aufgrund dieser mit staatlicher Gewalt hergestellten Identität von Individuum und Staat keine Individuen mehr gibt, sondern allein Staatsdiener, die Funktionen bedienen und also austauschbar sind, darf man füglich von einem totalen Staat und einer totalitären Staatsverfassung sprechen. Die Idee ‚Preußen' enthält also eine Gestalt des Totalitarismus, die wir schon von Fichte her kennen und die durchaus als Charakteristikum des deutschen Nationalismus gelten kann.

Denn der Wandel von Zwang zur Neigung, der Kubitschek mit Ehrfurcht erfüllt, kann selbst nur unter Zwang stattfinden, da, solange noch keine allgemeine Neigung zum Staatsdienst unter Aufgabe der eigenen Individualität besteht, Zwang nötig bleibt. Staatliche Zuweisungspraxis und eine Erziehung zur Idee, die dazu führt, diese Praxis als etwas Gutes zu begreifen und ihr Resultat als wahre Erkenntnis des eigenen Selbst anzuerkennen, bilden genau diesen Zwang. Denn sind alle Erziehungsziele staatlich vorgegeben und lassen sie schon deshalb keinerlei Abweichung zu, weil sie im erzieherischen Abweichens- bzw. Versagensfall sowieso mit staatlichem Zwang durchgesetzt werden, lassen sich die strikt zielkonformen und abweichungsfreien Erziehungsmaßnahmen nicht mehr von Zwang unterscheiden. Wird derartigen Erziehungsvorgaben gefolgt, gleicht ihre Methode verdächtig der einer Gehirnwäsche und ihr Resultat dem des Stockholm-Syndroms, oder weniger poetisch formuliert: Das ideale Preußen verlangt von elterlicher wie staatlicher Erziehung schlicht Dressur. Verläuft sie erfolgreich, schließt sie jede Selbstverleugnung von vornherein aus und lässt überhaupt nur die Selbsterkenntnis nach staatlicher Vorgabe zu: Die „eigene Leistungsfähigkeit, den eigenen Rang, die Grenzen der eigenen Persönlichkeit zu erfassen, anzunehmen und nach diesem Gesetz zu leben" (SsG, 203), ist folglich bei geeigneter Erziehung in einem geeigneten Staat, d. h. Preußen, keine Kunst, da es allein um die Anerkennung staatlicher Weisungen zu gehen braucht.

Diese umfassenden, ja totalen Weisungen fehlen nun im gegenwärtigen deutschen Staat mit seiner liberalen und demokratischen Rechtsordnung, die das Individuum und seine Unverletztheit in ihr Zentrum stellt. Genau diese Abwesenheit versetzt den „preußisch gestimmten Typ" (SsG, 203) in Unbehagen, Unruhe und Frustration. Kubitschek erklärt dieses Gefühl am Beispiel seiner selbst, und weist sogleich darauf hin, dass sein Verständnis – ‚und fühlst Du's nicht selbst, so wirst Du's nie versteh'n' – voraussetzt, „daß das, was ich nun zu beschreiben versuche, nur für denjenigen unmittelbar verständlich und einleuchtend sein wird, dessen Leben ähnlich gestimmt verläuft wie meines." (SsG, 202) Da es sich hierbei um die preußische Stimmung handelt, richtet sich Kubitscheks Erläuterung allein an die Elite, für die er schreibt; der Rest ist bereits aufgegeben und würde ohnehin nur skeptische Fragen stellen und die ganze Preußenidee kritisieren. Der ‚preußisch gestimmte Typ' leidet nun an einem Gefühl des Zurückgewiesenseins durch genau denjenigen, den er in der Verantwortung für die Gestaltung und Erfüllung des eigenen Lebens sieht, den Staat:

> „Ich kann unserem Staat nicht verzeihen, daß er meine Neigung zum Dienst, meine Neigung zur Pflichterfüllung, meine Neigung zum Respekt vor der politischen Führung gering achtet. Ich kann unserem Staat nicht verzeihen, daß er mich und große Teile meiner Generation in dem Bewußtsein oder auch bloß dumpfem Gefühl aufwachsen läßt, daß wir nicht gebraucht werden. Daß unser Staat die Dienstbereitschaft des preußisch gestimmten Typs zurückstößt, ist eine Tragödie –für den Staat selbst ebenso wie denjenigen, der dienen

möchte, und ich meine das ganz allgemein und ganz konkret zugleich." (SsG, 202 f.)

Der Grund dieser Diskrepanz zwischen eifriger und natürlicher Dienstbereitschaft und frustrierender Zurückweisung liegt allerdings nicht etwa darin, dass er mit der ihm gewährten Freiheit schlicht nicht zurechtkommt und vor der Verantwortung versagt, sich sein eigenes Leben nach Belieben einzurichten, sondern vor allem darin, dass der preußisch gestimmte Typ ziemlich hohe oder eher: besondere Ansprüche an seinen erhofften Dienstherrn stellt. Denn er möchte nicht irgendeinem, womöglich laschen und liberalen Staat dienen, der, gegeben die passende fachliche Qualifikation, soweit irgend möglich seinem Funktionsträger in spe die Wahl lässt, in welcher Funktion er ihm dienen möchte und ihm auch nicht die Aufgabe der eigenen Individualität in vollständiger Identifikation seiner Staatsdienerfunktion mit sich selbst abverlangt. Dienen möchte der preußisch gestimmte Typ denn doch nur einem Staat, der zwar nicht mehr Preußen selbst sein kann, aber doch wie Preußen funktionieren soll, also gerade nicht den Schutz des Individuums und seiner freien Entfaltung nach eigener Wahl und Willkür in die Mitte der Rechtsordnung stellt. Kurz gesagt: Dem preußisch gestimmten Typ fehlt der passende Staat, in dem er Dienst tun könnte, und dies, nämlich dass er ihm und allen anderen zu viel Freiheit lässt und nicht die Last übernimmt, für ihn und alle anderen den Lebensweg je nach erkannter ‚Gestimmtheit' zu bestimmen und so für dessen Erfolg zu sorgen, macht er dem Staat, wie es ihn gibt, zum Vorwurf. Dass der preußisch gestimmte Typ den Fehler – etwa Unselbständigkeit, Selbstverantwortungsverweigerung oder gar mangelndes Selbstbewusstsein oder Ähnliches und Anderes – nicht wie wohl jeder andere bei sich selbst sucht, zeigt zuallererst einmal nur, dass er sich im Besitz der wahren Erkenntnis dessen weiß, was ein Staat ist und wie er zu sein hat, während jede andere und also auch diejenige Gestalt, die er gegenwärtig besitzt, verkehrt sein muss. Denn der Staat ist nicht so deutsch, wie er es sein müsste, um das Dienstangebot des preußisch gestimmten Typs annehmen zu können. Dann nämlich hätte er die Gestalt des preußischen Staats, der aber vom Durchschnittsdeutschen nicht mehr geschätzt und auch nicht mehr gewünscht wird: „unpreußischer kann kein Staatsgebilde sein" (SsG, 205). Der aktuelle deutsche Staat verfehlt folglich seine eigene Idee und setzt sich damit zusammen mit allen seinen Durchschnittsdeutschen, die ihre Individualität im Rahmen der Gesetze nach besten Kräften auszuleben und zu genießen versuchen, in die Unwahrheit und ins Unrecht. Der preußisch gestimmte Typ dagegen steht in der Wahrheit der Idee und im Recht, woraus sich sein Anspruch auf wenigstens geistigen, aber auch politischen oder aktiv(istisch)en Widerstand ableitet, der sich gegen einen Staat richtet, der schlicht falsch ist und zumindest nicht für Deutsche taugt. Und zwar von Anfang an: „Die Staatserziehung ist heute gegen den preußischen Geist und damit gegen den Staat an sich gewendet." (SsG, 208)

Anders als im idealen Preußen gibt es hier nichts, woran der preußisch gestimmte Typ sich anzupassen, was er zu akzeptieren und einzusehen hätte. Denn er hat schon die Wahrheit der Idee des Politischen und darf erwarten, dass sich diejenigen, die sie (noch) nicht haben, wie im idealen Preußen nach ihm richten. Da dies nicht der Fall ist, reagiert er einerseits mit Ablehnung und Frustration und andererseits mit einem „bewahrende[n] ‚Trotzdem!'", um einem „Personalverband", den er dominieren kann, „ein preußisches Gesicht" zu geben, was dann geschehen ist, „wenn er auf der Überzeugung gegründet ist, daß es etwas spezifisch Deutsches gebe, und daß dieses Deutsche bewahrt werden müsse" (SsG, 210).

Jene Personalverbände müssen freilich durch den preußisch gestimmten Typ selbst geschaffen werden, um mit den Produkten der dort vollzogenen erzieherischen Anstrengungen „ein Korrektiv, ein Gleichgewicht zum Durchschnittsdeutschen von heute" zu bilden (SsG, 206). Kubitscheks Fassung von Fichtes Nationalerziehung im Dienste des Widerstands gegen den Durchschnittsdeutschen und seinen (Nicht-)Staat setzt notgedrungen zuerst auf den Kernpunkt der Familie, um den ‚preußischen Typus' zu vervielfachen, um nicht zu sagen: zu züchten:

„Wenn also Preußen als Ganzes, Preußen als Staatsidee nicht mehr der Zielpunkt unserer politischen Anstrengungen sein kann, dann könnte doch zumindest der preußische Typus, den ich vorhin kurz beschrieb, der Zielpunkt der Selbstausbildung und der Erziehung im begrenzten Kreis der Familie und des politischen Milieus sein. Wir könnten unserem Staat Hunderte und Tausende Preußen zur Verfügung stellen, wir könnten zu Hunderten und Tausenden den Staat in seiner Dürftigkeit, in seiner grotesken Verzerrung tragen helfen und zurechtrücken, was in unserer Macht steht." (SsG, 206)

Der Gedanke ist einfach: ‚Hunderte und Tausende' und immer noch mehr Preußen-Deutsche können irgendwann nicht mehr ignoriert und zurückgewiesen werden. Sie werden daher mit der Abfolge der Generationen sukzessive in administrative, ökonomische, militärische und politische Verantwortung kommen und auf diese Art und Weise den allzuschwachen, liberalen Staat schleichend prussifizieren und ihn so stärken und ‚tragen helfen'. Bis es ‚in unserer Macht steht', ohne Revolution und gewaltsamen

Umsturz den Staat ‚zurechtzurücken', d. h. das *Grundgesetz* durch eine neue Verfassung zu ersetzen. Diese wird dann der deutschen Substanz wieder adäquat sein dürfen, weil das Deutsche selbst durch Fortpflanzung des preußisch gestimmten Typs und die Mittel der Erziehung bereits bewahrt worden ist. Die deutsche Zukunft ist dann freilich nicht das alte Preußen, aber preußisch. Dem toleranten Preußen der Aufklärung, das es auch gab, in dem jeder nach seiner Fasson selig werden sollte und seinem König, der lieber Französisch als Deutsch sprach, weil er es für die Sprache der Philosophen und des *esprit* hielt und der keinerlei idealistischen, sondern eher pragmatische und ästhetische Interessen hatte und deswegen seinen migrantischen Neubürgern auch Moscheen gebaut hätte, wenn sie nur kompetente Handwerker wären, tut diese Vereinnahmung zwar bitteres Unrecht. Aber wie bereits gesagt: „Wenn die Wirklichkeit mit der Idee nicht übereinstimmt, um so schlimmer für die Wirklichkeit." (SsG, 199)

5.2 Björn Höcke: „Patriot in einem anti-nationalem (sic!) Regime" (Nz, 63)

Dass der Landessprecher der AfD Thüringen Björn Höcke (*1972) besonderen Wert auf philosophische Gebildet- und Belesenheit legt, lässt sein Interviewband *Nie zweimal in denselben Fluss* (2018) kaum bezweifeln: Ausdrücklich betont Höcke „[s]eine frühe Beschäftigung mit philosophischen Fragen" (Nz, 46). Dabei erwähnt er insbesondere seine „Lektüre eines gelben, zerlesenen Reclam-Büchleins, das ich als Siebzehnjähriger zufällig aus dem Bücherschrank meiner älteren Schwester gezogen hatte" (Nz, 56) und das sich als Nietzsches *Genealogie der Moral* entpuppte, und den „abenteuerliche[n]" Entschluss „während meines Studiums, als ich die Zwanzig schon überschritten hatte", Heideggers *„Sein und Zeit* zu lesen – ohne jede Sekundärliteratur und ohne jede Anleitung durch einen Lehrer", welches „schwirige Unterfangen sich gelohnt" habe, „auch wenn es mir schwerfällt konkrete Früchte vorzuweisen" (Nz, 77). Auch sonst findet alles, was gut und teuer in der Philosophiegeschichte ist, solange sie antik oder deutsch ist und nicht aus der Aufklärung stammt, zumindest Erwähnung: Platon und Aristoteles (Nz, 225); der deutsche Idealismus, zu dem wieder ohne Weiteres Kant gezählt wird und in dessen Zentrum die „Erkenntnis des Seins als Werden" stünde (Nz, 75); Meister Eckhart, Schopenhauer und Jakob Böhme (Nz, 73); und offenkundig Bernard Willms (Nz, 65). Freilich ergibt sich aus diesen verstreuten Bemerkungen eines philosophisch interessierten Laien noch lange kein konsistentes System, und es wäre nicht fair, sie zu analysieren und ihrem Urheber ihren womöglich auftretenden Dilettantismus zum Vorwurf zu machen. Ihre schiere Vorhandenheit allerdings legt zumindest nahe, dass es hier um einen Politiker geht, der wenigstens den Eindruck erwecken möchte, dass er seine Gegenstände auch intellektuell durchdringen will oder wenigstens ihre philosophische Aufklärung schätzt oder für wichtig hält. Gelangt er nicht selbst zu triftigen Urteilen und wohlbegründeten Positionen, sondern vertraut er sich der Anleitung Fortgeschrittener an, mag das sogar von einer sympathischen Demut vor dem komplexen Fache zeugen.

Tatsächlich besitzt Höcke einen solchen geistigen Führer: Er empfängt sein „geistiges Manna"[30] aus den Händen von Götz Kubitschek und dessen Institut für Staatsphilosophie in Schnellroda, wo er sich im Denken anleiten und inspirieren lässt. Wir dürfen also auch bei Höcke trotz aller vulgärmetaphysischen Mystifikationen von einem extrem, nämlich auf Politik totalreduziertem Philosophieverständnis ausgehen und brauchen alle weiteren nationalistischen Versatzstücke, die bereits im vorhergehenden Kapitel analysiert wurden, nicht en detail zu wiederholen. Eine einfache Aufzählung der typischsten davon genügt: Der ‚Große Austausch' ist selbstverständliches Faktum und definiert zugleich den politischen Feind als „diejenigen Autorassisten, die jedem Volk außer dem Deutschen ein Lebensrecht zugestehen" und „regelrecht über unseren bevorstehenden Volkstod durch den Bevölkerungsaustausch [jubeln]" (Nz, 215 f.); dieser ‚Große Austausch' geschieht im Gewande des „heute vom polit-medialen Establishment unisono propagierte[n] Konzept[s] einer multikulturellen Gesellschaft" (Nz, 187); Vorbild eines reformierten deutschen Nationalstaats bleibt das alte Preußen (Nz, 288 ff. pass.) samt seinem entindividualisierenden Verständnis von Dienst und Freiheit und der steten Voransetzung der Gemeinschaft vor dem Einzelnen; Ablehnung „des westlich-dekadenten Liberalismus" (Nz, 285); und nicht einmal – besonders sprechend – das (in Kubitscheks Geiste falsch verstandene) Schweinchen Schlau darf fehlen, da sich aus solchen Figuren das Personal „der heutigen Parteiendemokratie" (Nz, 81) rekrutiert.

Freilich verdammt diese Art von Adeptenschaft nicht zu schlichter Nachahmung und Wiederholung. Höcke setzt im engen Rahmen des von Willms wieder aufgewärmten und von Kubitschek gleichzeitig popularisierten und

---

[30] Justus Bender/Reinhard Bingener, Geistiges Manna. Wie sich das Rittergut des Rechtsintellektuellen Götz Kubitschek zu einem ideologischen Zentrum der AfD entwickelt – ein Ortsbesuch, in: FAZ vom 16.04.16, 3.

elitarisierten Nationalismus durchaus eigene Akzente. Ihnen wenden wir uns nun zu.

a) Neue Männlichkeit: Die Abschaffung von Macho- und Weicheitum

Liest man die ausführlichen, erzählenden und deutenden Ausführungen zu Kinder- und Jugendzeit gewinnt man den Eindruck, Höcke sei ausschließlich unter Männern, vornehmlich dem Vater und dem Großvater, aufgewachsen, und zwar in einer Rollenverteilung, die auch für die siebziger und achtziger Jahre des letzten Jahrhunderts noch erstaunlich archaisch anmutet: „Großmutter war die Herrin des Hauses und Großvater der Herr des Feldes. […] Die Frauen standen oft in der Küche. Ohne seine Bratkartoffeln ging Opa nicht ins Bett". (Nz, 35) Dies galt offensichtlich nicht nur für die Gärtnerei der Großeltern, sondern auch zuhause. Höckes Mutter nämlich taucht erst auf Seite 41/42 auf und auch nur dieses eine Mal. Sie bringt ihren Sohn in den Kindergarten und muss sich von der „Kindergartentante, sie hieß ‚Tante Gerti'", ob der Ungebärdigkeit des „Bandenführers" der sich im Spiel „mit Plastikschippen" bekriegenden „männlichen ‚Draufgänger'" „oft Gelassenheit vermitteln" lassen, „wenn sie betonte, daß der Björn seinen Weg machen werde" (Nz, 41 f.). Darüber hinaus spielt die Mutter keine Rolle mehr – durchaus in Analogie zur Rolle von Frauen in der Öffentlichkeit und besonders der Politik.

Denn es werden Männer sein, welche die „Machthaber" der „politisch-medialen Klasse" aus ihren „Festungen" im Zuge einer „Entladung des aufgestauten Drucks" vertreiben, bei der „die geballten Fäuste" von „der Hosentasche" „in die Luft gerissen" werden (Nz, 111). Höckes Hoffnung auf politischen Wandel ist maskulin: „Ich bin fest davon überzeugt: Vor allem die Männer werden aufwachen und sich ihrer besonderen Verantwortung für das Ganze bewußt werden. Unsere Zukunft hängt auch an der Frage männlicher Ehre und Würde." (Nz, 111 f.) Deren Mangel, also die offensichtlich aktuell bestehende männliche Ehr- und Würdelosigkeit, bildet „eine wesentliche Ursache für die heutige politische Misere: Wir haben nicht mehr genug zupackende Männer, die sich jenseits von Beruf, Familie und Urlaub für ihr Land einsetzen" (Nz, 112). Ehre und Würde des Mannes liegen also in seinem Einsatz für sein Land, und dessen Verweigerung entehrt und entwürdigt ihn. Derart existentielle Bedeutung besitzt jener Einsatz für die Frau nicht, wenngleich sich „in allen politischen Parteien eine ganze Reihe von patenten Frauen [findet], die sich für ihr Land einsetzen" (Nz, 113). Allerdings gehört dies zu tun eben nicht zu ihrem Wesenskern. Denn „wesensmäßige Unterschiede zwischen Mann und Frau, die wir nicht überwinden, sondern kultivieren sollten," sind „Wehrhaftigkeit, Weisheit und Führung beim Mann – Intuition, Sanftmut und Hingabe bei der Frau" (Nz, 115).

Aus biologischen Differenzen folgen nach Höcke also auch unterschiedliche Gemüts- oder Charaktereigenschaften, und zwar in Form notwendiger Anlagen, die „den Mann" und „die Frau" definieren, d. h. ihre natürliche Identität festlegen. Diese kann allerdings unterdrückt werden, und diese Widernatürlichkeit führt zu krankhaften Störungen, welche „die Männer" an ihrer naturgegebenen politischen Aufgabe verzagen lassen: „[…] damit fühlen sich viele Männer heute überfordert, und zwar nicht nur ‚lebenstechnisch', sondern auch aufgrund ihres verkümmerten männlichen Selbstbewußtseins." (Nz, 113) Folgt man Höcke, scheint diese pathologische Schrumpfung indes wiederum gesellschaftlich erwünscht oder gar erzwungen zu sein, da das Treiben „der Feministen" (Nz, 116) durch die veröffentlichte Meinung gutgeheißen und gefördert wird. Daraus resultiert eine Umstellung von männlichem Helden- auf Memmentum, deren Ursachen Höcke wie folgt zusammenfasst:

> „Das (sc. der Memmenvorwurf) trifft den identitätsgestörten Mann mitten ins Herz. Daß die deutschen Männer heute zu zehn Prozent aus verkrampften Machos und zu achtzig Prozent aus Weicheiern bestehen, hat verschiedene Ursachen, die seit einiger Zeit auch lebhaft diskutiert werden: fehlende Vaterprägung, kaum männliche Vorbilder, weiblich dominierte Kitas und Schulen, generell eine Antigewalt- und Antikörperlichkeitserziehung, Verzicht auf männliche Initiation usw. – in der Summe also das, was Akif Pirinçci einmal in seiner schnoddrig-polemischen Art *Die große Verschwulung* genannt hat. Er trifft mit dieser Bezeichnung allerdings nicht das eigentliche Problem, denn es gibt eine ganze Zahl von schwulen Männern, die in ihrer Männlichkeit mehr gefestigt sind als so manche ‚Heteros' – auch in der Politik." (Nz, 114 f.)

Die übrigen zehn Prozent, zu denen sich Höcke vermutlich selber zählen wird, sind dann sogenannte ‚authentische Männer', aus denen „einmal wieder achtzig Prozent werden [sollten]" (Nz, 118). Zwar wird dieser Zuwachs, der „beiden Geschlechtern und auch unserem Land gut[täte]" (Nz, 118), noch einige Zeit dauern, doch erblickt Höcke bereits im „prole drift", dem „Kultivieren von Unterschichtenästhetik durch junge Männer aus bürgerlichen Kreisen" die ersten Anzeichen einer Besserung:

> „Tätowierungen, Dreitagebart, Unterhemd, schwellende Muskeln. Diese Äußerlichkeiten reichen natürlich nicht aus, um wieder zu einer natürlichen Männlichkeit zu gelangen. Es wird vielmehr ein mühseliger, aber lohnenswerter Weg über mindestens ein, zwei Generationen werden. Die Erneuerung einer Männerkultur braucht seine (sic!) Zeit. Die vielen Männer-Initiativen und eine umfangreiche pro-männliche Literatur sind erste wichtige Schritte. Die Barber-Shops sind dabei ein naives Signal für ein ernsthaftes Bedürfnis." (Nz, 118)

Leider führt Höcke weder Beispiele für ‚Männer-Initiativen' noch ‚pro-männliche Literatur' an, so bleiben fürs erste nur Kriegsspiele mit Plastikschäufelchen, Unterschichtenästhetik und Barbierläden, die – dies findet keine Erwähnung – zumeist von Unternehmern mit Migrationshintergrund betrieben werden. Die hier gepflegte äußerliche Repräsentation authentischer Männlichkeit soll – geht es nach Höcke – gleichsam ins Mannesinnere diffundieren und dessen verschüttete Wesenseigenschaften wiedererwecken, die ihn von Natur aus zum politischen Kampf prädestinieren. Da ihre Verschüttung pathologisches Symptom einer Störung ist, entspricht ihre Freilegung und Aktivierung einem Heilungsprozess. Diesem stehen ‚die Feministen' und die offizielle polit-mediale Kultur entgegen, versuchen ihn gar aktiv zu behindern. Sie sind damit als widernatürlich und krankhaft enttarnt.

Dies gilt umso mehr, als der

> „Hauptstoß der Feministen ohnehin weniger gegen die Männer, sondern gegen die Familie [geht]. Wir haben heute leider grundfalsche Vorstellungen vom Patriarchat und dem ritterlichen Umgang zwischen Frauen und Männern. Das durchaus legitime Infragestellen der männlichen Superiorität wird in der idealtypischen Ehe von einer großen Loyalität der Frauen aufgewogen. Die läßt eine Familie zu einer uneinnehmbaren Macht werden." (Nz, 116)

Auf dieser Basis ergibt sich folgendes Bild: Die Stärke der traditionellen Familie beruht darauf, dass die Frau das möglicherweise ungerechtfertigte Überlegenheitsgefühl des Mannes trotz gelegentlicher sanfter Infragestellung durch Loyalität bestätigt und dessen männliches Selbstbewusstsein ungestört fortbestehen lässt. Dies dankt der Mann durch Realisierung und Ausprägung seiner natürlichen Eigenschaften, die dann zugleich der familiären wie der staatlichen Gemeinschaft zugutekommen. Kurz: Die Frau dient ihrem Land am besten, indem sie ihrem Manne dient.

b) Die Wirklichkeit des Volks

Dieser Dienst muss zuallererst in der Rettung des Landes selbst bestehen, das – wie bereits erwähnt – im Zuge des Großen Austauschs vom ‚Volkstod' bedroht ist. Der Dienst am Land ist also eigentlich Dienst am Volk. Und gerade weil Höcke die Ausdrücke „Volk", „Land", „Nation" und „Staat" ziemlich undifferenziert gebraucht – um nicht zu sagen: bunt durcheinanderwirft –, zeigt sich ihre – bedenkt man seinen philosophischen Anspruch: gewiss beabsichtigte – enge begriffliche Verschränkung, ja ihr Changieren bis zur Ununterscheidbarkeit. Im Zentrum seiner Äußerungen steht jedoch die Rede vom „Volk".

Dabei verfügt Höcke nicht einmal über einen Begriff davon. Er gibt dies auch offen zu, behauptet zugleich die Unmöglichkeit eines solchen Begriffs aufgrund der definitorischen Unfassbarkeit des Phänomens und beansprucht damit ebenso die Sachgerechtheit seiner Enthaltung wie er sein Unwissen darüber rechtfertigt, was ein Volk ist. So antwortet er auf die Frage, „was überhaupt ein Volk" sei, folgendermaßen:

> „Das läßt sich nicht mit mathematischer Exaktheit sagen. Man kann das Phänomen des Volkes nur umschreiben, um es faßbarer zu machen. Das heißt nicht, daß es nicht existiert. An einer genauen Definition der Liebe knobeln wir Menschen auch seit ewigen Zeiten erfolglos herum, aber keiner wird deshalb deren Existenz bestreiten." (Nz, 127)

Höcke weiß also nicht, was ein Volk ist, insofern er nicht vermittels einer Definition aussagen kann, was es ist; er weiß aber, dass das Phänomen, das Volk genannt wird, existiert, und zwar unabhängig davon, dass irgendjemand weiß, was es ist, dass es jemand definiert oder auch denkt. Das Volk ist, so wie es Höcke auffasst, demnach formal betrachtet zunächst einmal ein Ding, das es unabhängig von seinem Erkannt- oder Gedachtwerden gibt, das also selbständig im Sinne einer Substanz existiert. Nur dann ist der Mangel seiner Definition, der nach Höcke notwendig ist, irrelevant für die Frage seiner Existenz. Wenn aber so etwas wie ein Volk in der Welt existiert, fragt sich erst recht, warum man es nicht definieren können soll. Denn man tut dies mit erstaunlichem Erfolg mit allen anderen Dingen – Wombats, Kieselsteinen, Petersilienwurzeln –, die unabhängig von ihrem Gedacht- oder Erkanntwerden existieren, oder obskureren Sachen wie Quarks, Schwarzen Löchern oder Higgs-Teilchen, bei denen man sich über ihre theorieunabhängige Existenz streiten kann. Gerade deswegen und weil es Höcke vor allem anderen darauf ankommt, dass das Volk ein Ding ist, das auf jeden Fall theorie- oder erkenntnisunabhängig existieren soll, scheint seine Definitionsverweigerung unbegreiflich.

Das liegt daran, dass er – ob bewusst oder nicht – Wahrheit und Genauigkeit vertauscht. Denn in der Tat benötigt jede Definition eines Begriffs so etwas wie „mathematische Exaktheit" – schlicht deswegen, weil sie nicht nur widerspruchsfrei zu sein hat und Definition und definierter Begriff jederzeit äquivalent sein müssen, sondern auch von allen anderen möglichen Begriffsdefinitionen muss unterschieden werden können. Sind aber all diese logischen Anforderungen erfüllt, folgt daraus noch nichts für die Wahrheit einer Definition und ebenso wenig irgendetwas für die Wirklichkeit des Definierten. Denn darüber, ob eine Definition in dem Sinne zutrifft, dass sie das durch sie definierte Ding vollständig und angemessen erfasst, lässt sich trefflich streiten, und ein guter Teil der Wissenschaft beschäftigt sich genau damit. Dabei ist sogleich einschränkend zu bedenken, dass es sowieso keine einzelnen Dinge sind, die Gegenstand von Definitionen werden können, sondern immer nur Arten von Dingen. Denn eine Definition soll sich ja nicht nur auf ein einziges Individuum anwenden lassen – also etwa auf den Wombat Harald –, sondern in gleicher Weise auf alle möglichen Wombats überhaupt – also ebenso auf die Wombatdame Hertha. Leistet eine Definition genau dies und erfüllt sie zuverlässig ihre unterscheidende Aufgabe, kann sie solange gebraucht werden, bis neue Erkenntnisse oder weitere Differenzierungserfordernisse ihre Funktion erschweren oder verunmöglichen. Dann muss sie einer Revision unterzogen oder auch ein neuer Begriff gebildet werden, was unschwer möglich ist, da diese logische Tätigkeit inhaltlich nach pragmatischen Kriterien funktioniert und daher die Auswahl der Definitionsteile durchaus willkürlich verläuft.

Höcke aber unterstellt, dass eine Definition das wahre Wesen eines Dings aussagen soll, wie man an seinem Beispiel der Liebe sieht. Abgesehen davon, dass es allein in der Philosophiegeschichte – von anderen Disziplinen ganz zu schweigen – seit der griechischen Antike unzählige durchaus genaue Definitionen von „Liebe" – etwa als Streben nach und Freude über das Glück des Anderen bei Leibniz – gibt, deren Adäquatheit man freilich stets anzweifeln kann, bleibt deren sachliche Angemessenheit bzw. ihre Wahrheit immer der Gegenstand wissenschaftlicher Diskussion, die nicht irgendwann durch eine letzt- und endgültige Erkenntnis oder einen entsprechenden erkenntnistheoretischen Machtspruch beendet werden kann; außer freilich, es handelt sich um die Definitionen von theoretischen Gegenständen, die keine Entsprechung außerhalb eines Bewusstseins, einer Theorie oder ähnlichem verlangen. Höckes Behauptung der Unmöglichkeit einer exakten Definition von „Volk" ist also schlicht so falsch, wie die Behauptung einer theorieunabhängigen, wahren Definition von „Volk" korrekt wäre. Weil er aber durchaus den Anspruch erhebt, wahre Sachen darüber zu sagen, was das Volk ist, ohne wiederum behaupten zu dürfen zu wissen, was es ist, erklärt er es zum mystischen Phänomen, dass sich jeder logisch korrekten Definition entzieht, bloß ‚umschreiben' lässt und ihn der Bemühung um die ja eigentlich durchaus mögliche ‚mathematische Exaktheit' enthebt. Das hat den Vorteil, allerlei mit Anspruch auf Wahrheit behaupten zu dürfen, ohne sich auf genau und nur einen Begriff festlegen zu müssen.

Dass es Höcke tatsächlich nicht um eine auch nur annähernd präzise Bestimmung des Volksbegriffs geht, sondern allein um die außerlogische bzw. außertheoretische Existenz eines Dings oder einer „Erscheinung" („Phänomen") namens Volk, zeigt sein nächstes Beispiel, das dessen „empirische Wirklichkeit", also wohl wieder: denk- und erkenntnisunabhängige Existenz, belegen soll: „Fragen Sie einmal spaßeshalber einen Polen, Dänen oder Türken, ob es ihn überhaupt gibt oder ob seine Volkszugehörigkeit nicht nur ein Hirngespinst ist. Man wird verwunderte Blicke erhalten." (Nz, 127).

Es gibt also nicht einfach lebende Menschen, die zu fragen, ob es sie gibt, vielleicht seltsam (aber leicht beantwortbar) wäre, sondern von vorneherein Polen, Dänen, Türken. Diese versteht Höcke aber nicht als Angehörige eines Staats oder als Vertreter irgendeiner Nationalität, die nicht einmal in ihrem eigenen Staat zu wohnen brauchen – man denke an die dänische Minderheit in Schleswig–Holstein –, sondern als Subjekte einer „Volkszugehörigkeit". Sie bestimmt die Existenz der jeweiligen Individuen, denn ohne sie gibt es diese bedauernswerten Leute ja nicht. Es gibt also nicht einfach Polen, Dänen, Türken bzw. Leute, die solche sind, sondern es gibt DAS polnische, dänische, türkische Volk, das die Existenz dieser Leute ermöglicht und ausmacht. Folglich hat das Volk systematisch, d. h. in seinem Bestand oder von seiner Existenz her, Vorrang vor den Individuen, die eben nicht einfach von sich aus unverwechselbare Individuen der Spezies Mensch sind, sondern von vornherein dem jeweiligen Volk zugehören müssen. Wenn es das Volk also in dieser, metaphysischen Form ‚gibt', dann gehört es notwendigerweise zur Identität eines Menschen, die ihn von allen anderen unterscheidet, jedoch nicht als Einzelnen, sondern der Art nach. Volkszugehörigkeit definiert daher nach Höcke Menschenarten. Nur dann ist die Verwunderung unseres Polen, Dänen, Türken erklärlich, wenn man ihn früge, ob es ihn gäbe. Denn andernfalls gäbe es ihn auch dann, wenn er kein Pole, Däne, Türke wäre, sondern einfach irgendein menschliches Individuum irgendeiner Staatsangehörigkeit. Bestimmt ihn aber seine Volkszugehörigkeit von vornherein, könnte er ohne diese gar nicht existieren. Er kann sie daher auch weder aufgeben noch wechseln. Sie ist also etwas, das es unabhängig von aller Theorie, aller Erkenntnis und insbesondere allem Recht schlicht gibt, d. h. anders als Staatsangehörigkeit oder Nationalität eine reale, natürliche Eigenschaft, die jedem Menschen notwendigerweise zukommen muss und die Art von Mensch definiert, der er zugehört.

Sein schlichtes Menschentum, das er allein durch die Zugehörigkeit zur Menschheit bzw. zur menschlichen Spezies schon besitzen würde, ist demgegenüber nach Höcke ein Abstraktum, d. h. eine Eigenschaft, deren Bestand davon abhängt, dass sie gedacht wird, also keine wirkliche. Schon das schließt ganz nebenbei eine naturrechtliche Begründung universaler subjektiver Rechte aus, die einem jeden Menschen schon allein aufgrund seiner Menschseins zukommen. Das Recht muss im Gegenteil nach Höcke volksspezifisch und durch die entsprechende Menschenart bestimmt, mithin völkisch sein. Das Volk beschreibt er dementsprechend als die größtmögliche Einheit, die einer Gemeinschaft noch das Gefühl echter Zusammengehörigkeit gibt:

„Ein Volk kann als eine dynamische Einheit aus Abstammung, Sprache, Kultur und gemeinsam erlebter Geschichte beschrieben werden. Es ist eine menschliche Gemeinschaftsform, die nicht so ‚eng-verschwitzt' wie eine Sippe oder ein lokaler Stamm ist, wie Günther Zehm einmal geschrieben hat, aber auch nicht so entfernt-abstrakt wie die Menschheit. Eine gute Größenordnung, die zwischen dem Einzelnen und der Gattung Mensch vermitteln kann." (Nz, 127)

Dass es sich hierbei nicht um eine ebenso quantitative wie funktionale Bestimmung von Volk handelt, die aus pragmatischen Gründen und daher willkürlich gewählt und bei Bedarf geändert werden kann, liegt auf der Hand. Denn die Beschreibung der Wirklichkeit „Volk" enthält Bestandteile, die nicht in der Gewalt des einzelnen Menschen, nicht einmal der Gemeinschaft, deren Form das Volk sein soll, liegen und daher auch nicht nach Belieben geändert werden können. Das ist schon deshalb der Fall, weil das erste Element von Höckes Beschreibung biologischer Natur ist und deswegen weder notwendiger- noch zufälligerweise an ein reflexives Bewusstsein oder geistige Tätigkeit gebunden ist. Die völkische Bestimmung von Menschenarten unterscheidet, kurz gesagt, zwischen verschiedenen Rassen.

Zur Einheit der Volksgemeinschaft gehört nämlich die Einheit der Abstammung. Sie folgt aus der „Fortpflanzung […] überwiegend in der eigenen Gruppe" (Nz, 128). Höcke gebraucht hier den ethnosoziologischen Begriff der „relativen Endogamie", d. h. die Beschränkung der Schließungen von Ehen auf bestimmte ethnische, religiöse oder soziale Gruppen. Diese Heiratsordnung, die nichts anderes als ein kulturelles Phänomen sein kann – es handelt sich bei der Ehe ja stets um irgendeine Art von Rechtsinstitut – und sich entweder durch tradierte, ausdrückliche Vorschriften oder zufällig durch mangelnde andere Angebote entwickelt haben muss, hält Höcke für ein natürliches Phänomen oder zumindest für eine Beschränkung der „Fortpflanzungsgemeinschaften", die aus dem natürlichen Verhalten und der natürlichen Einstellung von Leuten hervorgeht. „Man bleibt also im großen und ganzen unter sich." (Nz, 128)

„Man" tut das eigentlich nicht unbedingt und nicht einmal unbedingt im großen und ganzen. Ersetzt man Höckes „man" aber durch „biologische Spezies" erhält man einen wesentlich präziseren Sinn. Vornehmen darf man diese Ersetzung nämlich ohne Weiteres, wie man in Ernst Mayrs Klassiker zur Evolutionslehre am Begriff der biologischen Art *(biological species concept, BSC)* lernen kann: „*Species are groups of interbreeding natural populations that are reproductively isolated from other such groups.*' In other words, a species is a reproductive community."[31] Da der Begriff der Fortpflanzungsgemeinschaft nichts anderes als den Begriff der biologischen Art definiert und Höcke ein Volk eben dadurch bestimmt, dass es eine Fortpflanzungsgemeinschaft bildet, bedeutet seine ständige Rede von der Volkszugehörigkeit nichts anderes als die Zugehörigkeit zu einer bestimmten Menschenart. Bei ausreichend langer, ziemlich langer Isolation, d. h. bei strikter Vermeidung der Fortpflanzung mit Angehörigen fremder Fortpflanzungsgemeinschaften, bestünde sogar die evolutionäre Möglichkeit der Entwicklung einer echten biologischen Art.[32] Ein anderer Schluss, als dass genau dies Höckes wenigstens ideales, erträumtes Ziel sein müsste oder dass es ihm wenigstens um die Erhaltung der in seinen Augen scheinbar bereits bestehenden Artdifferenzen geht, verbietet sich. Höckes beiläufige Selbstverständlichkeit, dass „man" aufgrund freiwilliger oder tradierter relativer Endogamie gerne ‚im großen und ganzen unter sich bleibt', hat damit jede Unschuld verloren.

Die „Auflösung der bisherigen Fortpflanzungsgemeinschaften" gegen die natürliche Spezies- bzw. Volkszugehörigkeit kann dann nach Höcke nur gewaltsam, erzwungen und daher widernatürlich wirken. Schließlich „betrifft [sie] vor allem Regionen, in die früher Sklaven verschleppt

---

[31] Mayr, Evolution, 183.
[32] Vgl. Mayr, Evolution, 183.

wurden, wie zum Beispiel Brasilien, und die Bevölkerungen in den riesigen Metropolen" (Nz, 128) – wie zum Beispiel vermutlich Berlin.

Der natürliche Fall von Abstammung führt nach Höcke daher zu einer weitgehenden ethnischen Homogenität. Die Dynamik, die in diese Einheit kommt, ist allerdings minimal, beruht auf „Tropfeneinwanderung" (Nz, 130) und hat am ehesten ästhetische Gründe. Dies geht aus einem weiteren Beispiel hervor:

> „Es gibt zumindest bestimmte Erwartungsbilder auf die Gesamtheit bezogen: eine japanische Fußballmannschaft, die zu einhundert Prozent aus hochgewachsenen rotblonden Lockenköpfen bestehen würde, würden wir nicht mehr als ‚japanisch' empfinden. Analog zur christlichen Auffassung des Menschen sind auch Völker leib-seelische Einheiten. Wir können den Körper nicht einfach von der Seele trennen und Körper haben nun einmal bestimmte Erscheinungsformen. Aber eine ‚phänotypische Einheitlichkeit' anzunehmen oder gar anzustreben ist Unsinn – es gibt im Einzelnen zahlreiche Abweichungen und die Bandbreiten sind in Deutschland bekanntlich sehr groß. Exotische Farbtupfer sind Teil des Gesamtbildes." (Nz, 131)

Ein wenig Exotik in der äußerlichen Erscheinung ist also auch innerhalb einer ansonsten homogenen ethnischen Gruppe zulässig. Sie darf nur nicht so überhandnehmen, dass die tradierten Vorstellungen von der äußeren Erscheinung eines Volks nicht mehr erfüllt werden. Es handelt sich deswegen bei diesen Vorstellungen nicht um beliebige und veränderliche Bewusstseinsinhalte, sondern um berechtigte Erwartungen, die durch die natürliche Abstammung eines Volks und ihre Stabilität begründet sind. Für die gelegentlichen ‚exotischen Farbtupfer' bedarf es wegen der genetischen Dynamik auch der reinsten Population genaugenommen nicht einmal mehr der Tropfeneinwanderung und „Vermischung": ‚Phänotypische Einheitlichkeit' ist deswegen sowieso ausgeschlossen.[33] Was Höcke die „Seele" eines Volkes nennt, ist deswegen offenbar überhaupt nichts Geistiges, sondern schlicht der mehr oder weniger genau durch die natürliche Endogamie einer ethnischen Fortpflanzungsgemeinschaft umrissene Genpool bzw. die damit üblicherweise verbundene körperliche Erscheinung. Diese genetische Bestimmung von Seele hat allerdings nicht das Geringste mit der christlichen oder sonst irgendeiner Tradition der Leib-Seele-Theorie zu

---

[33] Vgl. Mayr, Evolution, 117 pass.

tun, sondern allein mit Biologie, was Höcke aber naturgemäß bestreitet (Nz, 128).

Nun macht die biologische Seele nicht die ganze Beschreibung dessen, was ein Volk ist, aus. Dazu zählen vielmehr ebenso Elemente, die vom Bewusstsein abhängen, nämlich ‚Sprache, Kultur und gemeinsam erlebte Geschichte'. Sie erklärt Höcke ausdrücklich zu Gegenständen willentlicher Einstellung:

> „Ein Volk ist nicht nur Verwandtschaft, sondern auch Verbandschaft und zu dessen Grundlage gehört auch der Wunsch oder zumindest die Bereitschaft, dazu zu gehören. Wenn sich niemand mehr dem eigenen Volk innerlich-willentlich verbunden fühlt, dann hat es sich auch bei Vorliegen aller anderen Faktoren einfach in Luft aufgelöst. Darin besteht heute das größte Problem. Die Pflege eines gesunden Nationalbewußtseins, ohne Überhöhung oder narzißtische Verklärung, bleibt eine stetige Aufgabe." (Nz, 132)

Zwar erklärt Höcke leider nicht weiter, was er im Einzelnen unter den von ihm genannten Faktoren Sprache, Kultur und gemeinsam erlebter Geschichte versteht, doch ist zumindest klar, dass all diese vorgegeben und keineswegs frei wählbar sind. Allerdings verlangen sie nach einer positiven Stellungnahme. Man muss seine Volkszugehörigkeit bejahen, um zum Volk zu gehören, oder spezifiziert: Man muss deutsch sein wollen, um deutsch zu sein. Dies setzt jedoch die Gegebenheit der genannten biologischen und mentalen Bedingungen voraus, die bereits die Existenz ihres Trägers bestimmen. Bejaht er sie, bejaht er zugleich seine eigene, natürliche Existenz. Tut er das nicht, führt er eine widernatürliche, falsche Existenz, die gegen seine Volkszugehörigkeit gerichtet ist. Denn die bloße Zugehörigkeit zur Menschheit bildet in Höckes Augen ja nur den trügerischen Schein der Selbstidentifikation mit einem Abstraktum, dem im Gegensatz zum Volk nichts in der Wirklichkeit entspricht. Umgekehrt aber soll genau diese Wirklichkeit verschwinden, wenn sie nicht mehr von den Subjekten bejaht wird, die durch sie von Natur aus definiert sind – allerdings nur dann, wenn dies kein einziges dieser Subjekte mehr tut. Das Volk und die Volkszugehörigkeit ist folglich sowohl eine metaphysische Gegebenheit, deren Existenz nicht von ihrer bewussten und willentlichen Bejahung durch einzelne Subjekte abhängt, als auch eine weltliche Wirklichkeit in Gestalt einer Gemeinschaft, der jene Subjekte zugehören wollen müssen.

Das sieht in sich ziemlich widersprüchlich aus, und das ist es auch. Dies gilt allerdings nur solange, wie man auf einem bewussten und rationalen Willensakt beharren möchte. Davon ist aber nicht die Rede. Denn Höcke geht es allein um das Gefühl der Zugehörigkeit zum jeweils eigenen Volk, das in keiner Weise ein irgendwie analytisches Bewusstsein der eigenen Volkszugehörigkeit – also was es etwa heißt, durch Abstammung, Sprache, Kultur und gemeinsam erlebte Geschichte deutsch zu sein – bedingt. Damit schließt er offenkundig an Kubitscheks Graduierung zwischen gefühligdumpfem und bewusst-intentionalem Deutschheitsbewusstsein an. Weil aber ersteres zumindest die Regel bzw. der natürliche Fall sein wird und eine bewusste Verneinung der eigenen Volkszugehörigkeit zumindest einige Reflexion voraussetzt, also überhaupt nur in einem bewussten Akt geschehen kann, braucht es zuerst das Bewusstsein der eigenen, naturhaften Volkszugehörigkeit bzw. Deutschheit, um diese zugunsten der Illusion einer reinen Menschheitszugehörigkeit verneinen zu können.

Dies zu tun entpuppt sich nach Höcke als nicht allein widernatürliches, sondern auch moralisch verwerfliches Verhalten:

„Einen regelrechten Reinheitsfimmel haben eher die Menschheitsuniversalisten, indem sie gegen jegliche ‚völkische Verschmutzung' wettern und ein ‚reines Menschentum' propagieren. Viel stärker als jeder ‚völkische Rassist' stellen sie ein inhaltsloses abstraktes Ideal über die konkrete Wirklichkeit." (Nz, 129)

Wirklich also ist allein die Volkszugehörigkeit bzw. der Mensch als Volkszugehöriger; illusionär und verkehrt ist die Menschheitszugehörigkeit bzw. der Mensch als Mensch. In der völkischen Identität eines Menschen besteht seine humane Bestimmung, in seiner Betrachtung als Teil der Menschheit liegt der eigentliche Rassismus.

Damit erweist sich Höckes Warnung vor dem Verschwinden des Volks durch allgemeine Verneinung als Popanz. Denn wie sollte eine konkrete Wirklichkeit allein durch ihre Verneinung zugunsten einer inhaltlich völlig unbestimmten, mithin leeren Nicht-Wirklichkeit, die deswegen also nicht einmal gewollt werden kann, zum Verschwinden gebracht werden? Handelt es sich beim Volk tatsächlich um eine, ja DIE Wirklichkeit, wird es sein Verneinen, Hinwegdenken, Ignorieren usw. ohne Weiteres überstehen können. Es ist daher nicht ihre bewusste und allgemeine Verneinung, welche die Volkszugehörigkeit gefährdet. Dafür kommt allein die Erosion oder Eliminierung derjenigen ‚Faktoren' in Frage, die ihre bewusste Bejahung erst ermöglichen, nämlich Abstammung, Sprache, Kultur, gemeinsam erlebte Geschichte. Und damit schließt sich der Kreis zum Großen Austausch und dem dadurch herbeigeführten, durchaus physischen ‚Volkstod'. Umgekehrt zeigt sich daran, dass die Volkszugehörigkeit eben keine pure

Sache des Bewusstseins und das Volk selbst eben keine davon abhängige Sache, sondern ein Ding ist, das für sich existiert. Weil man dieses Ding nicht definieren, sondern nur fühlen kann, dass man durch es bestimmt wird und ihm angehört, läge es nahe, das Volk selbst als Idee zu bezeichnen. Höcke tut das zwar nicht, aber man darf durchaus an Bernard Willms' ständig wiederholte Betonung der Abhängigkeit der konkreten Wirklichkeit der Nation von der Existenz ihrer Idee denken. Höcke denkt daran gewiss, wenn er in einem Rutsch an Platon, die deutsche Romantik und den deutschen Idealismus erinnert:

> „Es geht um einen besonderen, tieferen Blick auf die Erscheinungen der Welt. Peter von Matt sprach einmal von einem ‚zweiten Augenpaar', das man dafür benötige und das in unserem Volk anscheinend mehr vorhanden ist als in anderen. Die Romantik fußt auf der alten platonischen Erkenntnis, daß jenseits der vordergründigen, sichtbaren Welt eine hintergründige, unsichtbare existiert, in der das eigentliche Wesen der Dinge zu finden ist. Der deutsche Idealismus hat diesen Faden aufgegriffen und sich um die Transzendierung des bloß Immanenten bemüht. Goethe faßte das in die schönen Worte: ‚Alles Vergängliche ist nur ein Gleichnis.'" (Nz, 158)

Dass hier genau wie bei Willms trotz aller betonten Ferne von der Überhöhung des Eigenen der übliche Geisteschauvinismus auch bei Höcke mehr als nur sacht sich spüren lässt, ist evident. In allen Belangen erweist sich das deutsche Denken aufgrund seiner Romantik und seines Idealismus „dem verordneten westlichen Rationalismus" (Nz, 156) als überlegen:

> „Und dennoch haben wir als doch so ‚gedankenvolles und tatenarmes' Volk die erfolgreichste und stärkste Wirtschaftsordnung der Welt geschaffen – übrigens *bevor* wir uns der angelsächsischen Doktrin mit ihrer Gewinnmaximierungs- und Rentabilitätsideologie unterwarfen. Die Deutschen scheinen mit ihrer seltsamen Romantik eine ganz eigene Kraftquelle zu besitzen, selbst in so profanen Bereichen wie der Ökonomie." (Nz, 157)

Leider führt Höcke wiederum nicht aus, worin diese fulminante Wirtschaftsordnung bestehen soll. Da sie aber jedenfalls vor ihrer ideologischen, angelsächsischen Okkupation geherrscht haben muss und diese mit dem Ende des Zweiten Weltkrieges begonnen hat, wird sie vorher bestanden haben müssen und gewiss ebenso nationalen wie sozialen Charakters gewesen sein.

c) Der Volksfreund: Volksopposition und völkische Politik

Laut Höcke ist nun das Volk „das politische Subjekt der Neuzeit" (Nz, 134), also nicht die Nation, die bereits irgendwie staatlich-rechtlich geformt wäre. Demnach ist der ursprüngliche politische Agent das Volk, das sich weniger nach Belieben als vielmehr seiner ihm eigentümlichen Natur gemäß selbst eine staatlich-rechtliche Form gibt. Politisch wie rechtlich beginnt also alles mit dem Volk. Die Bezeichnung „völkisch" für eine solche Haltung hält Höcke zwar „[r]ein etymologisch betrachtet" für korrekt, aber „politisch-inhaltlich nicht für glücklich", weil sie „für eine bestimmte politische Richtung Ende des 19./ Anfang des 20. Jahrhunderts [steht], deren Inhalte und Forderungen ich nicht teile" (Nz, 133). Um welche Richtung, Inhalte und Forderungen es hier genauerhin geht, bleibt abermals unerklärt. Dass Höcke selbst die Ausdrücke „,volksverbunden' oder ‚volksfreundlich' für besser" hält (Nz, 133), bedeutet indes keine Distanzierung von „völkisch", sondern besitzt allein polemische Funktion: „Sie entlarvt nämlich die Gegner als eben nicht volksverbunden, ja volksfeindlich". (Nz, 133)

Was mit alldem gemeint ist und dass es hier tatsächlich um eine exklusiv politische Bedeutung geht, zeigt Höckes Erklärung:

> „Wir sollten ganz selbstbewußt darauf hinweisen, daß die Kategorie ‚Volk' der zentrale Orientierungspunkt in unserem politischen Denken und Handeln ist. Und daß das Eigene an erster Stelle kommt. Was soll auch daran verwerflich sein, sich seinem eigenen Volk mehr verbunden und verpflichtet zu fühlen als einem anderen? Eltern tun das ebenso mit ihren Kindern, ohne deswegen gleich zu Menschheitsfeinden zu mutieren." (Nz, 133 f.)

Dass Höcke von einer vor-rationalen, naturhaften Bindung eines Volkszugehörigen an sein Volk ausgeht, kennen wir schon; es wird durch seinen Elternvergleich nur unterstrichen. Der springende Punkt in der Erläuterung ist die Betonung des Eigenen. Es genießt Priorität, schlicht weil es das Eigene ist. Dabei ist dieses Konzept exklusiv: Das Eigene schließt Fremdes aus, um das sich irgendwie zu kümmern oder zu scheren, sich ihm gar irgendwie ‚verbunden und verpflichtet zu fühlen', weder natürlich noch erstrebenswert noch verlangbar ist. Der bemerkenswerte Elternvergleich lässt deswegen in anderer Richtung tief blicken: Denn freilich braucht man die Kinder anderer Leute nicht zu hassen oder gleich der ganzen Menschheit gegenüber feindlich gesonnen zu sein, wenn man die eigenen Kinder lieber hat als die anderer Leute. Sie gehen einen nur insoweit nichts an, weil man für sie keine Verantwortung trägt, solange man nicht eine anderweitige, von der Elternschaft unabhängige Garantenstellung einnimmt oder in eine Situation gerät, die zu Hilfeleistung und Verantwortungsübernahme verpflichtet. Ist dies aber nicht der Fall, ist die zulässige und nach Höcke natürliche Haltung die der Gleichgültigkeit, da man „den Einheimischen nicht aufzwingen [kann], sich mit völlig fernliegenden Befindlichkeiten zu beschäftigen, als hätten sie selbst nicht genügend Probleme" (Nz, 198). Vor der Sorge um das Eigene und seiner Förderung sinkt das Fremde zu Recht in die Gleichgültigkeit hinab. Es braucht einen schon deswegen nichts anzugehen, weil das Fremde das Eigene eines anderen ist, der selbst dazu ‚verbunden und verpflichtet' ist, sich darum zu kümmern und der deswegen unserem Eigenen ebenso gleichgültig gegenüberstehen darf wie wir dem seinen.

Und für diese politische Haltung der erlaubten Gleichgültigkeit gegenüber dem Fremden unter der gebotenen, exklusiven Bewahrung und Beförderung des Eigenen darf man laut Höcke nun doch tatsächlich den Ausdruck „völkisch" gebrauchen, weil er eben aussagt, dass etwas einem Volk exklusiv zu eigen ist. Dafür beruft er sich gegen „das anti-nationale Meinungskartell" auf das *Grundgesetz:* „Unser Grundgesetz ist im Prinzip ‚völkisch', da das Volk als konstituierende Gemeinschaft der Verfassung vorangestellt ist." (Nz, 134) Zwar erläutert Höcke wieder nicht genauer, was damit gemeint ist, aber er kann sich eigentlich nur auf den ersten Satz der Präambel des *Grundgesetzes* beziehen, die dessen Urheberschaft klärt:

> „Im Bewußtsein seiner Verantwortung vor Gott und den Menschen, von dem Willen beseelt, als gleichberechtigtes Glied in einem vereinten Europa dem Frieden der Welt zu dienen, hat sich das Deutsche Volk kraft seiner verfassungsgebenden Gewalt dieses Grundgesetz gegeben."

„Völkisch" wäre also dann schon, wenn ein Volk in seinem Interesse etwas für sich selbst macht, das es für gut hält, hier: sich eine Verfassung gibt, so dass es etwas Eigenes hat, um darüber weiterhin nach Belieben verfügen zu können. Freilich passt schon die Präambel kaum zu der von Höcke unterstellten Erlaubnis der Gleichgültigkeit gegen andere, da sie das deutsche Volk einerseits unter die europäischen Nachbarn einordnet und andererseits seine Verantwortung nicht nur vor Gott, sondern vor allen Menschen, der Menschheit also, und gerade nicht bloß den Deutschen, betont. Dass schon der Artikel 1 die Menschenwürde und die Menschenrechte jeder völkischen Eigenheit und entsprechenden Veränderungen, Einschränkungen oder Streichungen entzieht, bedarf kaum der Erwähnung. Nicht nur sprachlich kryptisch ist Höckes weitere Erläuterung, für die er auf Paragraph 6 (1) des Bundesvertriebenengesetzes zurückgreift, der die „Volkszugehörigkeit" regelt: „Laut §6 BVFG zählt zu einem Deutschen, ‚wer sich zum deutschen Volkstum bekennt und dieses Bekenntnis durch bestimmte Merkmale wie Abstammung, Sprache, Erziehung, Kultur bestätigt wird'." (Nz, 134)

Nun geht es Höcke hier wie bei seinem Verweis aufs *Grundgesetz* vermutlich darum, dass die Existenz eines deutschen Volks, die Realität der Zugehörigkeit zu ihm und so etwas wie Volkstum auch durch das Recht anerkannt, ja allem anderen Recht vorausgesetzt wird. Weil auf diese Weise das Eigene des deutschen Volkes bestätigt wird, ist das Recht aufgrund seiner Gründung im *Grundgesetz* völkisch und die deutsche Volkszugehörigkeit aufgrund ihrer Eigenheit von allen anderen, fremden unterschieden. Dass dies im Falle des *Grundgesetzes* in die Irre führt, ja ihm geradewegs widerspricht, da es sich ohne Zweifel aus dem von Höcke so sehr verabscheuten Menschheitsuniversalismus speist, liegt auf der Hand. Dass es mit dem Bundesvertriebenengesetz ähnlich geht, zeigt ein Blick in den angeführten Paragraphen, der bei Höcke zwar in Anführungszeichen gesetzt ist, aber keineswegs ein Zitat darstellt. Der Gesetzestext lautet nämlich in Wahrheit: „(1) Deutscher Volkszugehöriger im Sinne dieses Gesetzes ist, wer sich in seiner Heimat zum deutschen Volkstum bekannt hat, sofern dieses Bekenntnis durch bestimmte Merkmale wie Abstammung, Sprache, Erziehung, Kultur bestätigt wird." Wie schon der Gesetzestitel sagt, geht es hier nicht um alle beliebigen Deutschen, sondern nur um solche, für die das Bundesvertriebenengesetz gilt. Sie müssen außerhalb des jetzigen Staatsgebietes bzw. des Geltungsbereichs des *Grundgesetzes* geboren worden sein, dort gewohnt und sich dort, also in der durch Geburt bestimmten Heimat, zum deutschen Volkstum bekannt haben. Ist dies sachlich begründet – das Gesetz führt hier eine offene Liste möglicher Gründe an –, besteht das gleiche Recht auf deutsche Staatsbürgerschaft, das auch für auf dem jetzigen Staatsgebiet geborene Deutsche besteht. Staatsangehörigkeit und Volkszugehörigkeit sind also verschiedene Dinge, wenngleich Letztere Erstere begründen kann, „wenn jemand als Flüchtling oder Vertriebener deutscher Volkszugehörigkeit oder als dessen Ehegatte oder Abkömmling in dem Gebiete des Deutschen Reiches nach dem Stande vom 31. Dezember 1937 Aufnahme gefunden hat." (Art. 116, GG) Abgesehen von diesen aus historischen Gründen immer seltener werdenden Ausnahmen gilt schlicht: „Deutscher im Sinne dieses Grundgesetzes ist vorbehaltlich anderweitiger gesetzlicher Regelung, wer die deutsche Staatsbürgerschaft besitzt" (Art. 116, GG). Dies ist auch ohne Volkszugehörigkeit möglich.

Dass also jemand Deutscher ist, basiert auf einem Rechtsakt und – anders als von Höcke suggeriert – nicht auf der biologischen und irgendwie gefühlten Zugehörigkeit zu einer undefinierbaren Gemeinschaft, „Volk" genannt. Diese allerdings und das damit einhergehende Bewusstsein der eigenen Eigenheit, die zu jeder Indifferenz gegenüber allem anderen berechtigt, ist „völkisch", und Höcke zählt dazu eben das Grundgesetz, weil es sich das deutsche Volk selbst gegeben hat und für das deutsche Volk gilt, also jene exklusive Eigenheit unter Ausschluß alles Fremden (mit Ausnahme ‚exotischer Farbtupfer') repräsentieren soll, die das „Völkische" oder „Volksverbundene" oder „Volksfreundliche" ausmacht. Völlig unabhängig davon, welches Wort für diese Position verwendet wird oder nicht, liegt auf der Hand, dass sie dem Grundgesetz offen zuwiderläuft, das nur in seiner Geltung exklusiv, in seinem Anspruch allerdings durchaus universal in diesem Sinne ist, dass jedenfalls seinen grundrechtlichen Regelungen jedes seiner selbst bewusste und freie Wesen bzw. jeder Mensch müsste zustimmen können. Es steht in der aufklärerischen Tradition des Modells eines Gesellschaftsvertrags und ist daher alles andere als völkisch.

Im Zentrum aller politischen Bemühungen steht für Höcke also das eigene Volk, nichts außerdem und schon gar nicht die Menschheit. Gleichwohl kümmert sich die etablierte Politik um alles andere als um das eigene Volk bzw. behandelt es mit anderen Völkern oder der Menschheit bloß gleichberechtigt, ohne es nach dem Vorbild des Brexit oder von Donald Trumps (bzw. William Randolph Hearsts und amerikanischer Nazi-Sympathisanten in den 30er Jahren)[34] „America First!" zu bevorzugen und auf diese Weise endlich „zur politischen Normalität" zurückzukehren (Nz, 276). Die Vertreter der etablierten Politik, d. h. der Parteien in Regierung wie Opposition, aber auch der diese stützenden Medien haben daher nach Höckes Terminologie als ‚Volksfeinde' zu gelten. Er nennt sie in gelehrter Anspielung auf den Bruder des Arminius, der sich nicht an dessen Aufstand gegen die Römer beteiligte, sondern deren Lebensart annahm und als Offizier in der römischen Armee diente, „[u]nsere ‚Flavus-Deutschen' in Politik und Medien" (Nz, 276), also gerade solche Deutsche nach Abstammung und Anlage, die ihr Deutschtum bewusst verneinen und daher nicht mehr zum deutschen Volk gehören, es sogar bekämpfen. Daraus folgt, dass das deutsche Volk von Fremden beherrscht wird, sich also trotz seiner,

---

[34] Vgl. Eric Rauchway, Donald Trump's new favorite slogan was invented for Nazi sympathizers, in: Washington Post vom 14.06.16: https://www.washingtonpost.com/posteverything/wp/2016/06/14/donald-trumps-new-favorite-slogan-has-a-nazi-friendly-history/ (zuletzt aufgerufen am 28.03.20, 17:17).

deswegen nur scheinbar demokratischen Institutionen gar nicht selber regiert.

Das Volk muss sich also, sofern es noch seine Volkszugehörigkeit bejaht, automatisch in Opposition zu diesen Institutionen befinden, sofern sie durch solche undeutschen ‚Flavus-Deutschen' okkupiert werden. Diese „Volksopposition", wie Höcke sie nennt, vertritt daher das authentische Deutschtum gegen dessen Verleugnung, besitzt ihren Ursprung und bezieht ihre Stärke von außerhalb der Parlamente und verliert auch in diesen nicht ihren völkischen Charakter, der sie von allen etablierten Parteien unterscheidet. Das unterstellte wachsende Misstrauen gegen „die alten globalistischen Eliten" bzw. das „Establishment – Manager, Politiker, Nichtregierungsorganisationen und Medien", die alle schon aufgrund ihres Globalismus so etwas wie Volkszugehörigkeiten und natürliche Präferenzen für das Eigene ablehnen müssen, „zeigt auf jeden Fall, daß wir als Volksopposition, zu der ich auch die AfD zähle, alles andere als eine randständige, quasi exotische politische Minderheit von Querulanten sind, wie es das Altparteienkartell stets weismachen will, sondern Teil einer großen Bürgerbewegung, die sich in vielen Ländern Europas und der Welt gegen die global-kapitalistischen Verwüstungen und das neoliberale Migrationsdogma stemmt" (Nz, 209).

Die angestrebte Welt, die das Volk wieder in sein absolutes politisches Recht setzt, erfordert nicht weniger als eine umfassende Rückabwicklung der Moderne. Höcke umreißt sie, ohne deren Ziele inhaltlich genauer zu bestimmen oder die Mittel und Wege dazu offenzulegen:

> „Wenn die Moderne zu einer Entwurzelung der Menschen geführt hat, so ist eine neue Bodenständigkeit zu fördern. Wenn sie uns zu Konsumtrotteln und Jobnomaden degeneriert hat, müssen wir den idealistischen Wert sinnstiftender Arbeit beleben. […] Wenn die Moderne die Heimatbindungen gekappt hat, gilt es, die Heimat als Raum der Geborgenheit und Lebensentfaltung wiederzuentdecken. Wenn sie die Identitäten – geschlechtlicher, kultureller oder sonstwelcher Art – beschädigt hat, geht es um eine Wiederherstellung von Identitäten. […] Wenn die Moderne die Verhäßlichung und Verschandelung unserer Städte, Dörfer und Landschaften zugelassen hat, müssen wir die Schönheit und den Sinn für Form und Maß zum neuen Maßstab machen. Wenn sie die Gemeinschaften zerstört und die Menschen vermasst hat, haben wir das fruchtbare Wechselspiel aus Gemeinschaft und Individuum wieder herzustellen. Wenn im Zuge der Moderne die religiösen Bezüge verlorengegangen sind, müssen wir uns um eine metaphysische Wiederverankerung bemühen." (Nz, 265 ff.)

All dies in die Wege zu leiten und zu vollziehen, ist Aufgabe des Staats; allerdings eines Staats, der anders aussehen wird als der gewohnte:

„Wenn wir die völlig aus dem Ruder gelaufene Moderne wieder in den Griff kriegen möchten, kommen wir um eine Rekonstitution des Staates in seiner neuzeitlich-klassischen Form nicht herum." (Nz, 269)

Weder wodurch diese sich auszeichnet noch zu welcher Gestalt ihre ‚Rekonstitution' führen soll, wird erklärt. Betrachtet man jedoch Höckes to-do-list, sieht man sogleich, dass dieser zukünftige Staat wesentlich mehr und größere Durchgriffsrechte auf das Leben des Einzelnen haben wird als der bisherige. Denn eigentlich alle von Höcke beklagten Makel, Gefahren und Katastrophen der offenkundig schon an sich volksfeindlichen Moderne beruhen, wenn man sich's recht überlegt, auf freien Entscheidungen und Präferenzen der Einzelnen. Die Moderne ‚in den Griff zu kriegen' bedeutet eigentlich die freien Entscheidungen und Präferenzen Einzelner, mithin das Individuum selbst ‚in den Griff zu kriegen'. Dies gelingt – wenn man sich an die bisher durchmessene Geschichte erinnern möchte – traditionell am besten durch die durchgängige Herbeiführung eines einheitlichen Bewusstseins der Volkszugehörigkeit und der damit verbundenen Eigenschaften, d. h. durch die Aufgabe der eigenen Individualität zugunsten derjenigen Eigenschaft, die diese ohnehin in ihrem Wesen bestimmen soll, mithin zugunsten der Deutschheit. Erst eine derart homogene Gemeinschaft von Deutschen verdient den Namen eines Volks, und erst ein solches Volk wird die Moderne ‚in den Griff kriegen' – so lange, bis von ihr bis auf komfortablere Errungenschaften wie professionelle Zahnbehandlungen (Nz, 264) u. dgl. m. nichts mehr übrig ist. Insbesondere gilt dies für Migranten, die (außer als exotische Farbtupfer) in einer nach-modernen, völkischen Gemeinschaft nichts mehr verloren haben können. Jedoch „allein das gesamteuropäische Remigrationsprojekt, also die geordnete Rückführung der hier nicht integrierbaren Migranten in ihre ursprünglichen Heimatländer, wird eine große Herausforderung sein und viele Jahre in Anspruch nehmen" (Nz, 284).

d) Widerstand: Der Nationale Imperativ gegen den Menschheitsrassismus

Vor das Erreichen jener sonnendurchfluteten Hochebenen, die nach der Moderne und trotzdem vor jedem „technischen Rückschritt" (Nz, 264) liegen, haben jedoch auch in Höckes Vision die Götter der „beseelten Natur" der neuen, sowohl „idealistisch-romantischen" als auch urchristlich-spirituellen „Volkskirche" (Nz, 268) den Widerstand gesetzt. Christlich jedenfalls wird deren Religion gewiss nicht sein. Denn: „Im Reich Jesu Christi gibt es keinen Unterschied der Rassen und der Herkünfte. Die Menschheit ist in ihm und durch ihn vereint, ohne den Reichtum der Verschiedenheit zu verlieren."[35]

Der versprochene Sieg der Volksopposition muss in einer kollektiven Bejahung homogener Volkszugehörigkeit und der Ablösung?, Bekehrung?, Vertreibung?, Eliminierung? der sogenannten herrschenden Eliten bzw. des Establishments bestehen, die allesamt – das darf man nicht vergessen – ja schon lange nicht mehr zum Volk gehören. Wenn Höcke also „für den Fall, daß sich das Blatt in unserem Lande einmal politisch wenden sollte", davon spricht, dass dann das „christliche Vergebens- und Gnadengebot vielleicht einmal viel von uns abverlangen [wird]", können jene Eliten schon nicht mehr gemeint sein, sondern allenfalls ihre verblendeten Anhänger können auf Gnade und Vergebung im Interesse der „Einheit unserer Volkes" hoffen (Nz, 223). Ein Recht oder ein ähnlicher Anspruch darauf besteht freilich nicht, da schon der Begriff der Gnade so etwas ausschließt: Gnade wird willkürlich und nicht nach Verdienst gewährt. Gerecht wäre demzufolge eigentlich die Vergeltung „der Hetze und de[r] Diffamierungen der gegnerischen Seite", die „wir heute als geschmähte patriotische Opposition ertragen müssen" (Nz, 223). Der Widerstand gegen die herrschenden Eliten, der den Weg zur politischen Wende ausmacht, beginnt nach Höcke sowohl mit der Enttarnung ihrer volksfeindlichen Absichten als auch ihrer pervertierten und naturgemäß liberalen, von der Aufklärung abhängigen Denkungsart.

Als deren Paradigma dient die „Merkelsche Migrations- und Multikulti-Politik" (Nz, 187). Ihren eigentlichen Zweck und ihren wahren Grund analysiert Höcke folgendermaßen:

„Das heute vom polit-medialen Establishment unisono propagierte Konzept einer multikulturellen Gesellschaft ist übrigens auch eine Lüge: denn nicht allen Volksgruppen wird das Recht auf eigene Entfaltung und Interessenwahrnehmung zugestanden: den einheimischen Deutschen wird es sogar bestritten! Dasselbe gilt auch in den anderen europäischen Ländern. Multikulturalis-

---

[35] Benedikt XVI. (Josef Ratzinger), Jesus von Nazareth. Prolog: Die Kindheitsgeschichten, Freiburg i. Brg. 2012, 105.

mus in der westlichen Welt hat nicht das Nebeneinander gleichberechtigter Kulturen in einem Land zum Ziel, wie der australische Verhaltensforscher Frank Salter, der viele Jahre am Max-Planck-Institut in Andechs wirkte, festgestellt hat, sondern die Minorisierung und Marginalisierung der autochthonen Völker." (Nz, 187)

Freilich braucht hier nicht näher auf Höckes Hinweis auf den Politologen und Ethnologen Salter eingegangen zu werden. Wissen sollte man trotzdem,[36] dass jenes Max-Planck-Institut (MPI) für Verhaltensphysiologie, an dem Salter unter der Anleitung von Irenäus Eibl-Eibesfeldt in den neunziger Jahren seinen Postdoc-Forschungen nachging, bereits 1999 geschlossen bzw. in ein MPI für Vogelkunde umgewandelt wurde, das seinerseits 2014 geschlossen wurde. Salters ebenso in der Wissenschaft weithin rezipierte wie umstrittene Trilogie (*Welfare, Ethnicity and Altruism,* 2002; *On Genetic Interests: Family, Ethnicity and Humanity in an Age of Mass Migration,* 2003; *Risky Transactions: Trust, Kinship and Ethicity,* 2004) über biologische Begründungsmöglichkeiten gesellschaftlicher und politischer Phänomene wie Hierarchien, Sozialkontrolle, Ethnizität und Nationalismus erschien Jahre nach seiner Tätigkeit am MPI und qualifizierte ihn zum Berater der strikt gegen Immigration gerichteten australischen *One Nation Party.* Allein dies spricht zwar nicht gegen die Korrektheit von Salters Resultaten, jedoch sind, wie gesagt, seine Methode und seine Schlüsse, die generell erworbenes und veränderbares soziales Verhalten als biologisch determiniert ansehen bzw. von einer natürlichen politischen wie ethischen Angemessenheit biologisch begründeten Sozialverhaltens ausgehen, in der Wissenschaft heftig umstritten und besetzen dort trotz aller Popularität in immigrationsfeindlichen Kreisen nur eine äußerst randständige Position. Wenngleich im Übrigen Höckes Hinweis auf die Schädlichkeit jeglicher Migration für die autochthone Bevölkerung Salters Auffassungen getreulich wiedergibt, darf doch sehr daran gezweifelt werden, dass dies das nun gleichsam wissenschaftlich erwiesene, geheime ‚Ziel' jeder (über exotische Farbtupfer hinaus) immigrationsfreundlichen Politik sein soll. Da Höcke sich aber mit Genauigkeit generell nicht aufhält, kann dies dahingestellt bleiben.

Nicht kann dies aber gelten für die Begründung der nach Höcke offenkundig absichtlichen, obzwar nicht konkret belegten Volksfeindschaft des ‚polit-medialen Establishments', die sich am auffälligsten in

---

[36] Vgl. zum folgenden: https://peoplepill.com/people/frank-salter/ (zuletzt abgerufen: 26.02.20, 18:23).

der Immigrationspolitik zeigen soll. Dass diese weiß, was sie tut, also mit Absicht handelt, zeigt sich an ihrer Taktik:

„Im Grunde weiß natürlich auch die herrschende politische Klasse, wie unpopulär ihre Einwanderungspolitik im Volk ist. Daher hat man von Beginn der Ausländeransiedlung in Deutschland mit den Mitteln der Verbrämung und Verschleierung gearbeitet, um nicht zu starke Widerstände hervorzurufen. Erst wurde den Deutschen versprochen, die Gastarbeiter würden hier nur auf Zeit bleiben, nach dem Familiennachzug und der Verfestigung ihres Aufenthaltsstatus wurde deren Integration in unsere Kultur angekündigt, als das dann nicht eingehalten wurde, versicherte man den Bürgern zumindest, daß wir kein Einwanderungsland seien und nun sind wir genau dort gelandet." (Nz, 186)

Zu dieser ‚Verbrämung und Verschleierung', um den wachsenden Volkszorn zu beruhigen, gehören auch humane oder moralische Gründe für die jüngste Flüchtlings- bzw. Asylpolitik, die hier nicht von Immigrationspolitik unterschieden wird:

„[D]iesem zunehmenden Widerstand setzt die politische Klasse nun ihre moralischen Overkill-Kapazitäten entgegen, indem sie alle mit der aktuellen ‚Flüchtlingskrise' zusammenhängenden Vorgänge auf menschliche Einzelschicksale reduziert. Damit soll die ganze Problematik entpolitisiert und auf eine rein humanitäre Dimension beschränkt werden. Folglich darf es dann nur noch rein gesinnungsethische Lösungen geben, also ohne Fernwirkungsabschätzung und ohne Rücksicht auf die Schutz- und Existenzbelange der eigenen Bevölkerung. Tatsächlich gibt es aber keine moralische Pflicht zur Selbstauflösung." (Nz, 187 f.)

Höckes Argumentation beruht zwar auf unbewiesenen, bloß behaupteten Behauptungen, ist aber durchaus klar: Hinter der behaupteten Moralität der Begründung der massenhaften Aufnahme von Flüchtlingen steckt in Wahrheit der Plan des ‚Großen Austauschs'. Der falsche Eindruck moralischer Verpflichtung wird erzeugt durch die Anwendung des Asylrechts, das stets eine Einzelfallprüfung vorsieht und die Kollektivverweigerung seines Schutzes nicht erlaubt. Aus der so mit Mitteln des Rechts etablierten moralischen Pflicht zur Humanität geht am Ende eine unbedingte Pflicht zur Selbstschädigung des deutschen Volks bis zu seiner ‚Selbstauflösung' hervor. Diese ethische Verpflichtung bestreitet Höcke, weil zum einen politisches Handeln nicht notwendigerweise auf Moral verpflichtet ist und zum anderen die in Anschlag gebrachte Moral sowieso die verkehrte ist.

Nun hat Höcke gewiss recht, wenn er eine unbedingte Moralbindung politischen Handelns bestreitet. Denn es ist öffentlich, und welchen moralischen Grundsätzen jemand folgt, ist seine private Angelegenheit. Gebunden ist politisches Handeln allerdings, gerade weil es öffentlich ist, an das Recht, und dies muss nicht einmal ausschließlich ein relatives, auf ein bestimmtes Staatsgebiet beschränktes sein – besonders dann, wenn die Menschenrechte als subjektiver Anspruch eines jeden Menschen auf bestimmte Rechte die obersten Prinzipien eines solchen staatlich bestimmten Gebiets der Rechtsgeltung bilden wie etwa im deutschen Grundgesetz. Die Frage aber, ob die universale Geltung der Menschenrechte mit dem Wohl des deutschen Volks vereinbar ist, stellt Höcke zumindest hier nicht ausdrücklich. Es geht ihm an dieser Stelle noch um die seiner Auffassung nach perverse Denkungsart der ‚herrschenden politischen Klasse'.

Für diese steht das Schlagwort „Gesinnungsethik", d. h. das Handeln nach moralischen Prinzipien von unbedingter Geltung ohne Rücksicht auf die Handlungsfolgen, so wie es etwa paradigmatisch Kants Pflichtenethik lehrt. Ihr wird üblicherweise die „Verantwortungsethik" gegenübergestellt, welche die Moralität des Handelns von der Nützlichkeit oder Schädlichkeit seiner Folgen abhängig macht, wie dies paradigmatisch der Utilitarismus Jeremy Benthams oder John Stuart Mills tut. Die etwas grobschlächtige Unterscheidung selbst stammt, wie schon erwähnt, von Max Weber. Ohne dem Erfinder der deutschen Soziologie zunahetreten zu wollen, darf man doch sagen, dass vermutlich keine Klassifikation derartige Verheerungen im Denken angerichtet hat wie diese. Denn gerade in ihrer Griffigkeit provoziert sie ihre Daueranwendung in der politischen Auseinandersetzung, die schlicht aus dem Gegensatz von Gesinnung und Verantwortung – was beides auch immer näherhin bedeuten mag – Kampfbegriffe konstruiert, und zwar in der Regel auf Kosten der mittlerweile gegenüber der beliebten Verantwortung in Verruf geratenen Gesinnung.

Auch Höcke schwimmt in diesem mainstream mit, wenn er die gesinnungsethische Moralisierung der Asylpolitik beklagt, die in Wahrheit das „Perfide an dem Migrationsprojekt" ist (Nz, 189). Denn bei allen Maßnahmen „gegen einen möglichen Betrug" am Asylrecht

> „grätschen die Gesinnungsethiker rein: Durch immer neue Sonder- und Ausnahmeregelungen – Beispiel Winterabschiebestopp in Thüringen, obwohl im Orient die Sonne scheint oder auch die Weigerung der Bundesrepublik, die Familienzusammenführung der syrischen Flüchtlinge in ihrer weitgehend befriedeten Heimat vorzunehmen – finden sie auf dem ‚slippery slope' ihrer naiven Forderungen keinen Halt mehr, wie es der Moralphilosoph Konrad Ott

formuliert hat, und weichen alle rechtmäßigen Beschränkungen des Zuzugs und Aufenthalts von Fremden auf. [...] Die Gesinnungsethiker entpuppen sich am Ende als umgedrehte mephistophelische Kraft, die stets das Gute will und doch das Böse schafft." (Nz, 189 f.)

Unbeachtlich der vagen Berufung auf Konrad Ott, dem gewiss niemand auch nur einen Hauch von Fremden- oder Asylrechtsfeindlichkeit unterstellen kann, und seinem, naturgemäß durchaus bestreitbaren Argument der schiefen Ebene, demzufolge wenigstens manche gesinnungsethische Positionen zu einer immer weiteren Ausweitung möglicher Asylgründe bis zu durchgängig offenen Grenzen führen sollen,[37] geht es Höcke zuallererst um eine buchstäbliche Verteufelung von Gesinnungsethik überhaupt. Das mag erstaunen, da eine derartige kantische Position seit jeher zum Stolz nach unbedingten Kriterien urteilender, „typisch" deutscher Philosophie gegen die angelsächsische Prinzipienlosigkeit ausgespielt worden ist. Dabei handelt es sich zwar nur um ein sachlich völlig irrelevantes, aber im Gerede um solche Sachen wie Nationalcharaktere nicht totzukriegendes Klischee aus dem an solchen reichen 19. Jahrhundert; trotzdem würde es sehr gut zu Höckes sonstigen Behauptungen passen, insbesondere zu „einem weiteren besonderen Charakterzug von uns: dem unbedingten ‚Bis-ans-Ende-gehen-wollen'" (Nz, 215), vom bereits ausführlich gerühmten deutschen romantischen Idealismus oder der deutschen idealistischen Romantik ganz zu schweigen.

Höcke jedoch kann hier diese ebenso naheliegende wie wohlfeile Variante nicht nutzen, da sie sein denunziatorisches Ziel gefährden würde. Es greift weit über die übliche politische Polemik von den klugen Verantwortungsethikern, die versuchen müssen, die naiven Gesinnungsethiker einzuhegen, hinaus. Zumal die Positionen so einfach nicht sind, wie Höckes Suggestionen nahelegen. Denn auch die Gesinnungsethik verbietet weder auf die Folgen einer Handlung zu achten noch gebietet sie, diese zu ignorieren; vielmehr beharrt sie aus guten Gründen, die man unter anderem in Kants *Grundlegung zur Metaphysik der Sitten* nachlesen könnte, wenn man sich dafür interessierte, darauf, dass ein moralisches Urteil über eine Handlung allein auf den subjektiven Prinzipien beruhen darf, die der willentlichen Entscheidung für sie zugrunde lagen und für deren Beurteilung es ein unbedingtes Kriterium, den Kategorischen Imperativ,

---

[37] Vgl. Konrad Ott, Zuwanderung und Moral, Stuttgart 2016, und sein Interview mit Christiane Florin: https://www.deutschlandfunk.de/fluechtlingspolitik-der-innere-frieden-steht-auf-dem-spiel.886.de.html?dram:article_id=346991 (zuletzt abgerufen am 27.02.20, 19:14).

gibt. Demgegenüber gerät jede Verantwortungsethik gerade aufgrund ihrer strikten Folgenorientierung notorisch in Probleme, wenn sie – was sie muss – die Rechte des Einzelnen gegen das Wohl der Gemeinschaft, der Gesellschaft, des Staats abwägt; ihr Mangel an einem unbedingten Prinzip muss dann dazu führen, jederzeit das Wohl des Einzelnen dem der Gemeinschaft zu opfern, also – um das klassische Beispiel anzuführen – ab und an einmal einen Unschuldigen zu bestrafen, wenn es allen nützt.[38] Außerdem verlangt eine Entscheidung nach möglichen Handlungsfolgen eine Beurteilung zukünftiger Ereignisse, die prinzipiell schwierig und extrem irrtumsanfällig ist, während unbedingte Prinzipien jederzeit zu Verfügung stehen und auch verteidigt werden können, wenn sie einmal erkannt worden sind. Zudem handelt es sich beidenthalben um moralphilosophische Modelle und nicht um Anweisungen zum politischen Handeln. Selbst wenn man dies verständlicherweise und mit Recht auf moralische Fundamente stellen möchte, wird man doch nicht so leicht die jeweils reine Lehre vertreten können, wie man dies privatim tun mag, sondern beide Positionen vielleicht theoretisch unsauber, aber praktisch anwendbar als wechselseitige Korrektive gebrauchen wollen.

Weit entfernt von solcher, immer noch sehr elementarer Differenziertheit geht es Höcke um mehr, nämlich um die vollständige Eliminierung moralischer Prinzipien aus dem politischen Handeln. „Dieser aufgeblasene Werteschaum soll doch nur das tiefe Loch verlorener Identität zudecken." (Nz, 199) Diese äußert sich in der eingebildeten Pflicht zur ‚Selbstauflösung' zugunsten der einwandernden Fremden, da sich „der alte europäische Universalismus und Kosmopolitismus mit einem tiefsitzenden Schuldkomplex verbunden und zu einer Ideologie der Selbstaufgabe extremisiert [hat]" (Nz, 200 f.). Der Gedanke der Menschenrechte, die universal sind, und deswegen jedem Menschen überall auf der Welt zukommen, so dass er sich derentwegen zumindest als Bürger der Welt verstehen darf, und das „schlechte Gewissen der wohlhabenden Europäer gegenüber den Armen Afrikas, an deren Schicksal sie schuld sein sollen" (Nz, 190), führt nach Höcke aus moralischen, gesinnungsethischen Gründen zur Aufgabe der eigenen Identität. Dabei „fungiert" das schlechte Gewissen der europäischen Nachbarn an ihrem Kolonialismus „als Pendant zur deutschen Nazi-Keule" (Nz, 190), obwohl zumindest die deutsche Kolonialisierung nur segensreich genannt werden kann:

---

[38] Vgl. Joachim Hruschka, Utilitarismus in der Variante von Peter Singer, in: Juristenzeitung 2001, 261–271, und Julian Nida-Rümelin, Kritik des Konsequentialismus, München ²1995.

„Das Ansehen, welches die Deutschen bei unzähligen Erdenbürgern in Afrika, Amerika und Asien genießen, die nicht durch die Narrative der westlichen Soziologen und Politologen erreicht werden, beruht auf einem Wohlstandsaufbau, der in der Zeit von 1850 bis 1918 aus dem Geist und der praktischen Tüchtigkeit der Deutschen erwuchs. Das bleibt den Menschen von Bagdad bis Zanzibar unvergessen." (Nz, 191 f.)

Die moralischen Forderungen zumindest der deutschen Gesinnungsethiker besitzen also gar keine sachliche bzw. historische Rechtfertigung. Sie sind nur vorgeschoben, um ein noch radikaleres gesinnungsethisches Ziel zu erreichen:

„Unabhängig davon bin ich überzeugt, daß sich hinter der weichen humanitären Phraseologie unserer herrschenden Klassen ein hartes politisches Programm verbirgt, das den latenten Masochismus der Europäer für üble Zwecke instrumentalisiert: Die Entnationalisierung der europäischen Völker und die Umwandlung der bisherigen Nationalstaaten in multi-ethnische Gebilde. Wir müssen daher den lügenhaften Schleier lüften, der sich mit dem Beschwören der humanitären Katastrophe im Rahmen der Flüchtlingswelle über die ganze Diskussion gelegt hat. Es geht nur vordergründig um Schutz und Hilfe. Im Prinzip sollen nach den Vorstellungen unserer Machthaber, die zu einer geschlossenen transatlantischen Politelite gehören, alle Menschen, die es geschafft haben, nach Europa und Deutschland zu kommen, hierbleiben und möglichst noch viele mehr dazu kommen – am besten aus nichteuropäischen Ländern." (Nz, 201)

Klar, das ist der ‚Große Austausch'. Und unklar bislang, was jene geheimnisvolle, hermetische Elite, deren „Dienstklassen" „unsere politische Klasse und ihre medialen Claqueure" bilden (Nz, 206), damit bezwecken mag, ausgerechnet genau diejenigen gemeinschaftlichen Identitäten aufzulösen, welche ausgerechnet die europäischen Völker bestimmen und voneinander unterscheiden.

Diese Unklarheit löst Höcke nun auf. Da der Nationalstaat, dessen politisches Subjekt das Volk ist, ein genuin europäisches Konzept darstellt, das sich aus dem Zerfall „der ethnopluralen Gemeinschaften des Reiches" in ethnisch homogene Gruppen herausbildet (Nz, 259), bedeutet die ‚Entvolkung' der europäischen Völker zugleich das Ende nationaler Staatlichkeit. Daraus soll aber keine Rückkehr zu den dysfunktionalen Strukturen des Heiligen Römischen Reiches Deutscher Nation folgen. Es geht um mehr, nämlich um einen wahrhaft universalistischen Plan, der den Gedanken der gesinnungsethischen Moralisierung von Politik auf die äußerste Spitze treibt. Es soll nämlich das nach Höckes Meinung naturhaft durch Volkszugehörigkeit definierte Sein der Menschen aufgebrochen und im Sinne einer universalen Moral verändert werden:

> „Und dieses Sein wird jetzt von den Globalisten neu definiert: Wir sollen abstrakte, reine Menschen werden, ausgestattet mit universalen Menschenrechten – möglichst ohne Verschmutzung durch irgendeine Volkszugehörigkeit und nationale Traditionen. Wenn man so will, eine ‚ethnische Säuberung' der ganz besonderen Art! Ich hatte vorhin schon erwähnt, wo ein wirklicher ‚Reinheitswahn' anzutreffen ist, der immer den volksverbundenen Kräften unterstellt wird. Menschheit klingt so schön und edel und verpflichtet eigentlich zu nichts, denn die Verantwortung würde sich ja vor allem auf den lästigen Nächsten aus meiner konkreten Gemeinschaft beziehen." (Nz, 203)

Nun erübrigt sich die naheliegende Frage, was denn so schlimm daran wäre, einfach nur ein mit universalen bzw. überall anerkannten subjektiven Rechten versehener Mensch zu sein oder sich selbst als solchen zu wissen, vor dem Hintergrund der bisherigen Analysen von Höckes Gedankenwelt. Denn anders als das Volk oder die Sippe oder der lokale Stamm gibt es die Menschheit in Wirklichkeit gar nicht. Sie stellt ein bloßes Abstraktum dar, das genau deswegen, also aufgrund seiner mangelnden Konkretheit, nicht zur Bestimmung und Selbstidentifikation einer Gemeinschaft taugt. Dies leisten im Gegensatz dazu Volk, Sippe und Stamm. Die letzteren beiden entfallen, weil Höcke ihre ‚eng-verschwitzte' Nähe nicht zusagt. Also bleibt nur noch das Volk. Und das Volk ist, wie wir uns erinnern, ein naturhaft gewachsenes reales Phänomen, eine ‚empirische Wirklichkeit', die handgreiflich und völlig konkret in der Welt existiert, obwohl man nicht genau sagen kann, was das ist, was „Volk" genannt wird. Anders als die Volkszugehörigkeit, der eigentlich niemand außer Höcke den Status einer Beschmutzung unterstellt, ist die einfache Zugehörigkeit zur Menschheit und die damit verbundenen Rechte daher etwas Widernatürliches, das deswegen allerdings nicht unmöglich sein muss. Denn sonst bräuchte sich Höcke ja nicht so sehr vor dem Abstraktum Menschheitszugehörigkeit in Kombination mit universalen subjektiven Rechten zu ängstigen. Zwar soll es von Natur aus und in Wirklichkeit keine Menschen als Menschen geben, sondern nur Menschen als Volkszugehörige, doch ist die Natur schon lange nicht mehr die Grenze der Wirklichkeit oder dessen, was wirklich sein kann.

Die von Höcke befürchtete Herstellung bloßer Menschheitszugehöriger verlangt aufgrund ihrer Widernatürlichkeit erhebliche Eingriffe in das natürliche Bewusstsein und offenkundig auch in die natürliche Physiologie bisheriger schlichter Volkszugehöriger:

„Die Merkelsche Grenzöffnung und die ‚No-Border-No-Nation-Ideologie' ist nur ein Moment in diesem geschichtlichen Auflösungsvorgang. Am Ende steht der Mensch an sich zur Disposition. Es ist kein Zufall, daß gerade von den globalen Geldeliten der sogenannte Transhumanismus als Projekt stark gefördert und vorangetrieben wird. Ziel ist die Schaffung eines neuen Übermenschen in Gestalt eines Mensch-Maschine-Hybrids – eine befremdliche, ja gruselige Vorstellung! Das Beste für die normale Menschheit wäre wahrscheinlich, wenn diese Posthumanoiden irgendwann ihren Lieblingsplan verwirklichen und auf den Mars auswandern würden." (Nz, 262)

Völlig unabhängig vom Wahrheitsgehalt der höckeschen Behauptungen und den science-fiction-haften Untergangsvisionen lässt sich nun sagen, was Höcke eigentlich gegen Menschheit, Menschenrechtsuniversalismus und Gesinnungsethik hat. Es ist ihr Ursprung in der reinen Vernunft, die ihrem Wesen nach – wie sich schon an ihrem ureigenen Instrument, der Logik, zeigt – universal ist und, übertragen auf das Entscheiden und Handeln, universale Forderungen erhebt. Demgegenüber beharrt er auf der begrenzten Erfahrung des bestimmten Gruppen von Menschen Eigentümlichen, die sich jeder Übertragung und Universalisierung entzieht, weil sie eine naturhafte Wirklichkeit sein soll, die – wie die Undefinierbarkeit des Volksbegriffs zeigt – letztlich nicht vernünftig, sondern nur durch fühlende Teilnahme in einem quasi-mystischen Erleben erfasst werden kann. Damit soll die Exklusivität der konkreten Volkszugehörigkeit und die Widernatürlichkeit, ja Inhumanität des Strebens nach integraler Menschheitszugehörigkeit erwiesen sein. Dass dabei völlig unklar und unbegründet bleibt, warum das Volk, genauer: die völkische Identität einer Gruppe, auf wundersame Weise nicht Resultat einer Abstraktion sein soll, wird fraglos hingenommen. Logisch gesprochen entspringt die Bezeichnung eines Volks als „deutsch" genauso der Anwendung eines Universals auf Einzelne wie die Bezeichnung einer bestimmten Spezies von Lebewesen als „Menschheit" oder jede andere Bestimmung einer Gruppenzugehörigkeit. Und universale Terme, die auf wirkliche Dinge wie etwa Menschen angewendet werden können sollen, werden eben durch Abstraktion gebildet.

Gleichviel, Höcke ist in all diesen Dingen offenbar anderer Auffassung, wenngleich er dies nicht begründen mag – was vielleicht auch dem populären Format des Interviews geschuldet ist, das keine längeren gelehrten, gar philosophischen Ausführungen duldet. Dass dies auch einer ganz erstaunlichen Naivität oder gar Ignoranz geschuldet sein könnte, ist ja durch die philosophische Bildung und allgemeine wissenschaftliche Belesenheit, die Höcke auf Schritt und Tritt durch gelehrte Lektüreverweise (leider ohne Literaturnachweise) dokumentiert, völlig ausgeschlossen. Wie er nun jener „finalen Auflösung aller Dinge: von den Identitäten der Geschlechter und Ethnien, den Familien, den religiösen Bindungen über die kulturellen Traditionen, den Sinn für Form und Maß […] bis hin zu den schützenden und formenden Grenzen der Staaten und Kulturen" (Nz, 261 f.) begegnen will, wird jedoch immerhin einigermaßen deutlich.

Seine Lösung besteht im völligen Verzicht auf jede moralische Fesselung von Politik und deren Unterordnung unter einen seinerseits absoluten Grundsatz, den wir schon als Nationalen Imperativ kennengelernt haben, wenngleich Höcke auf diese Bezeichnung verzichtet – vielleicht so, wie er lieber „volksverbunden" oder „volksfreundlich" als „völkisch" sagt. Was auf den ersten Blick als eine radikale Form von Pragmatismus daherkommt, wird so unter der Hand zu einem Vehikel eines radikalen Nationalismus, dem zur Erreichung seiner Ziele jedes Mittel recht sein darf, weil sein Handeln keiner unbedingten Einschränkung unterliegt, sondern nur noch relative Beschränkungen, etwa durch gerade vorhandene oder nicht vorhandene Machtmittel, kennen kann. Der Ausgangspunkt dieses Nationalismus klingt zunächst nach vollständiger, ideologiefreier Offenheit: „Wir müssen fallweise gemäß der inhaltlichen Substanz entscheiden, ob eine bestimmte Position oder Maßnahme uns weiterbringt und Probleme lösen hilft oder nicht – egal, aus welcher politischen Ecke sie kommt." (Nz, 139) – Generell ausgenommen freilich die Antifa-Bewegung, denn: „Der heutige Antifaschismus macht häßlich, böse und dumm." (Nz, 140)

Mit dieser Ausnahme also ist jeder Diskussions- und Problemlösungsvorschlag willkommen. Parteilichkeit macht daher keine gute Sachpolitik. Gefragt ist deswegen „Staatspolitik", d. h. laut Grimmschen Wörterbuch die „kunst, den staat zu regieren und ihre anwendung", und man darf gewiss an das gleichnamige Institut in Schnellroda denken, wenn Höcke diesen seit Bismarcks Zeiten recht ungebräuchlich gewordenen Ausdruck benutzt: „Für eine staatspolitische Haltung sind die besonderen linken und rechten Gedanken, die ja beide eine Wahrheit enthalten, nur Momente eines übergeordneten Allgemeinen. Erst von diesem höheren Standpunkt aus, der in der Lage ist, die eigene politische Herkunft und die damit verbundene Begrenztheit zu transzendieren, erhalten linke und rechte Positionen ihren eigentlichen Wert und können sich zum Wohle des Ganzen entfalten." (Nz, 137)

Man wird kaum fehlgehen, dass diese Auffassung von Staatspolitik an Hegels Wahres, das das Ganze sein soll – Höcke zitiert das ebenso bekannte wie schwer verständliche Diktum sogar (Nz, 149) –, gemahnen soll. Freilich wird es, um aus dem Durcheinander von rechten und linken Wahrheitsmomenten diejenigen auszuwählen, die den Rest zum Ganzen ordnen und dabei auch noch dem Gemeinwohl „und nicht irgendwelche[n] Partikular- bzw. Eigeninteressen oder gar eine[r] diffusen ‚Weltgemeinschaft'" dienen (Nz, 150), einen Geist von hegelscher Kraft, wenn vielleicht nicht auch noch von hegelscher Unklarheit brauchen. Einen solchen schreibt Höcke dem „guten Politiker" jedenfalls durchaus zu, und aufgrund seiner weiteren Erörterungen darf man davon ausgehen, dass er sich selbst ebenfalls einen solchen Geist zutraut. Bezogen darauf, was das Gemeinwohl ist und was ihm dient, erweist er sich sogar der mühsamen Dialektik Hegels, der berühmten Arbeit am Begriff, überlegen und erinnert eher an Fichtes Erfassung der Idee:

> „Ein guter Politiker und Staatsmann kann das intuitiv erfassen und braucht dazu keine mühselig hergeleiteten Definitionen von Politikwissenschaftlern. Da schwirren in den Seminaren Surrogate wie ‚public value' oder ‚citizen value' herum, die alle darauf hinauslaufen, daß die Parteien und die gesellschaftlichen Verbände das Gemeinwohl unter sich ausklüngeln – was dann aufgeblasen als ‚prozeduraler Kompromiß' bezeichnet wird." (Nz, 151)

Zwar erfährt man hier ganz nebenbei, dass begriffsanalytische Bemühungen (zumindest wenn sie von Politikwissenschaftlern kommen) für die politische Praxis überflüssig sind, aber das ist hier tatsächlich Nebensache. Unauffälliger, aber ungleich bedeutsamer ist Höckes Einschätzung prozeduraler Verfahren, wie sie etwa die Struktur der derzeit in Deutschland bestehenden Demokratie ausmachen. Die in ihren Verfahren vorgeschriebene und kontrollierte Vermittlung verschiedener Interessen gilt ihm generell als Geklüngel und dient demzufolge mit nichten dem Gemeinwohl, sondern allenfalls Partikularinteressen von Parteien oder Verbänden. „Das normale Volk und das Gemeinwohl fallen dabei unter den Tisch." (Nz, 150)

Bei dieser, wiederum: Volksfeindlichkeit der Verfahren der liberalen und parlamentarischen Demokratie braucht man sich nicht wundern über „die Sehnsucht der Deutschen nach einer geschichtlichen Figur, welche einst die Wunden im Volk wieder heilt, die Zerrissenheit überwindet und die Dinge in Ordnung bringt" (Nz, 161). Vielleicht ist nicht gleich Höckes ‚guter Staatsmann' diese Heilsgestalt und Führerfigur, doch über die Verfahrensgebundenheit politischen Handelns, wie sie die Demokratie auszeichnet, hinwegsetzen muss er sich schon. Das liegt durchaus nahe: Jemand, der das Gemeinwohl und was dafür zu tun ist, intuitiv erkennt, wird umgehend entsprechend handeln wollen und sich nicht mit Leuten herumschlagen müssen, die dieser Fähigkeit nicht teilhaftig sind. Der ‚gute Politiker' muss daher autoritär sein, und er bezieht seine Autorität aus seiner überlegenen Einsicht. Trifft dies zu und gibt es das tatsächlich, haben die parlamentarische Demokratie und alle wechselseitigen Interessenvermittlungsverfahren ausgedient, weil sie dann schlicht nicht mehr gebraucht werden.

Freilich ist auch der ‚gute Politiker' und wohl ebenso derjenige, der einen solchen erkennt und – wie es sich gehört – in seiner Überlegenheit anerkennt, nicht ganz allein gelassen im Raum der schweifenden Wahrheitsmomente, die erst der gute Politikergeist zum Ganzen transzendiert, das sie eigentlich schon sind, um es im althergebrachten Stil bedeutungsvoller hegelscher Unklarheit zu sagen. Er braucht nicht im Dunklen zu tappen, wenn er die eine Bedingung erfüllt, die ihm die richtige Perspektive verleiht: Er muss ein Patriot sein, denn „dieser Bezugspunkt kann aber für einen Patrioten nur das Wohl und Wehe des eigenen Landes sein" (Nz, 149).

Das Wahre also ist das Wohl des eigenen Landes, und aus ihm fügen sich alle seine Momente zu einem Ganzen. Das ist schon bei Hegel eine totalitäre – wenngleich vielleicht noch keine totalitaristische – Position, die alles Einzelne als Teil eines Ganzen auffasst und deswegen zu deren Integration verpflichtet ist, und zwar an genau und nur die eine Stelle, die im Ganzen für sie vorgesehen ist und deren Nichtbesetzung das Ganze zerstören würde. Kurzum: Der Einzelne muss im Staat die Stelle einnehmen, an die ihn – ob er will oder nicht, und wenn er frei und vernünftig ist, will er ja – der Staat setzt, um selbst zur Totalität des wahren Staats zu werden. Das ist im Grunde genommen der Kern der ganzen Preußenverehrung, die wir schon kennen. Naturgemäß ist auch Höckes Staatsverständnis totalitär. Schon wegen seines Beharrens auf Ganz- und Wahrheit lässt sich dieser Schluss schwerlich abweisen, aber auch seine kleine Verfallsgeschichte der Staatlichkeit mit zunehmender Moderne, die schon in der Bewertung der Grundworte der Französischen Revolution ziemlich nach Fichte klingt, zeigt an der rühmlichen, wenngleich nur hinhaltenden Ausnahme Deutschlands das gleiche:

> „[V]or allem gab es Gegenbewegungen: die spezifisch deutsche Form der Aufklärung, die im Gegensatz zur französischen Erbaulichkeit von Liberté, Egalité und Fraternité die Freiheit in ihrer janusköpfigen Abgründigkeit ernst nahm und sie zum Zwecke ihrer Erhaltung einer strengen Einhegung unter-

warf, die Romantik auf geistig-kulturellem Gebiet, die Entwicklung einer politisch gesteuerten Nationalökonomie im Bereich der Wirtschaft, überhaupt die Betonung eines starken Staates, um die partikulären Kräfte in das Gesamtgefüge des Gemeinwesens sinnvoll einzubinden. Auch die Strömungen der sogenannten Konservativen Revolution in der Weimarer Republik hatten verschiedene Lösungsansätze entwickelt, bedenkenswerte wie ungeeignete. So konnten die Niedergangsprozesse eine Weile aufgehalten und gebremst werden. Die Staatlichkeit, die den produktiven Ordnungs- und Gestaltungsrahmen garantierte, verfiel aber mit der zunehmenden Dominanz der Parteien und ihrer Okkupation öffentlicher Institutionen." (Nz, 261)

Wiederum ist es der Staat, der das Gemeinwesen herstellt und darüber entscheidet, was für seine Struktur sinnvoll und nicht sinnvoll ist. Das Gemeinwesen selbst und ebenso das Individuum, das in ihm lebt, entscheidet nichts. Es ist schlicht inkompetent, um selbst sog. ‚staatspolitische' Entscheidungen zu treffen. Deswegen ist seine Freiheit strikt einzuhegen, so strikt, dass es, unterstellt man ihm Vernunft, seine Freiheit ausschließlich dafür gebrauchen wird, sie nicht zu gebrauchen und also frei allen staatlichen Weisungen zu folgen. Diese ganz offenkundig totalitäre, aber ebenso offenkundig nach Höckes Meinung segensreiche Gestalt von Staatlichkeit wird von der repräsentativen, parlamentarischen Demokratie zerstört. Es liegt auf der Hand, dass der Patriot und gute Politiker demzufolge seinerseits alles dafür tun muss, diese demokratische Staatsform zu zerstören und wieder zu totalitärer Staatlichkeit zurückzukehren.

Dafür genügt ihm ein einziges Kriterium, das bei Willms Nationaler Imperativ heißt. Höcke beschreibt es so:

„Wir brauchen weder Hippies noch Kleinkinder an der Spitze unseres Staates, sondern verantwortungsbewußte Politiker, die sich wieder auf die wesentlichen Fragen der Politik besinnen: Was ist das politische Subjekt? Das Volk und sein Nationalstaat. Was ist das übergreifende Ziel einer deutschen Regierung? Schaden von unsrem Volk abzuwenden und dessen Nutzen zu mehren. Wer ist Freund, wer ist Feind? Freund ist, wer den Interessen der Nation dient, Feind ist, wer diesen entgegensteht – festgemacht ganz im Sinne des politischen Begriffs von Carl Schmitt, also ohne jeden Haß und Ressentiments." (Nz, 273 f.)

Der springende Punkt bzw. das Sprungbrett zum Nationalen Imperativ ist die Freund-Feind-Unterscheidung. Sie wäre das auch ohne Berufung auf Schmitt, obwohl diese sie tatsächlich in zweifacher Hinsicht viel klarer macht. Zu einen spielen sich nach Schmitts durchaus anzweifelbarer Idee die zentralen „Sachgebiete menschlichen Denkens und Handelns" zwischen je einer fundamentalen Unterscheidung ab: In der Moral gut – böse; in der Ästhetik schön – hässlich; in der Ökonomie nützlich – schädlich, und, um Schmitts Bespielreihe fortzusetzen, im Recht recht – unrecht und in der Logik wahr – falsch; in der Politik aber lautet „die letzte Unterscheidung" Freund – Feind.[39] Und zum anderen ist der „politische Feind" leicht erkannt und ‚ohne jedes Ressentiment', gleichsam objektiv, bestimmt: „Er ist eben der andere, der Fremde, und es genügt zu seinem Wesen, daß er in einem besonders intensiven Sinne existenziell etwas anderes und Fremdes ist."[40]

Alles politische Handeln basiert also auf der Grundunterscheidung zwischen Freund und Feind, aber ganz offensichtlich ebenso zwischen Eigenem und Fremdem. Deren Definition bestimmt daher alles politische Handeln. Sie folgt aber dem Nationalen Imperativ, der besagt, dass jedes Handeln daraufhin zu überprüfen ist, ob es den Interessen der Nation dient. Ist dies der Fall, besteht eine Pflicht, die entsprechende Handlung zu vollziehen, die deswegen „gut" genannt wird; ist dies nicht der Fall, besteht eine Pflicht jene Handlung zu unterlassen, die deswegen „böse" genannt wird. Der Freund (oder Volksgenosse) ist deswegen in der Politik der Gute und der Feind (oder der Fremde, der Ausländer) der Böse. Damit schluckt bei Höcke die Politik die Moral und den ganzen Rest gleich mit. Denn es gibt ja keine einzelnen Menschen, die nur Menschen bzw. allein mit sich selbst identische freie und vernünftige Individua sind. Es gibt überall nur Volkszugehörige. Es gibt folglich nur Teile des politischen Subjekts, dessen Existenz von einer geheimnisvollen, naturhaften Kollektividentität begründet und aufrechterhalten wird. Daher ist das Volk das erste, der Einzelne das zweite. Die Selbstbehauptung des Volks erfordert aber die staatliche Form der Nation, weil es sonst nur den verschwitzten Stamm und die Menschheit gar nicht gibt. Der Nationalstaat ist daher das erste, der Einzelne das zweite. Demzufolge genießt die Politik und ihre Grundunterscheidung von Freund und Feind Priorität vor allen anderen Tätigkeiten und bestimmt sie daher auch oder kann dies zumindest tun, wenn sie feststellt, dass dies im nationalen Interesse läge; was nichts weiter besagt, als dass politische Verfügungsgewalt über die weiteren Grundunterscheidungen, also etwa wahr – falsch, gut – böse, recht – unrecht, schön – hässlich besteht. Alle anderen möglichen theoretischen Prinzipien oder moralische Imperative treten so

---

[39] Vgl. Carl Schmitt, Der Begriff des Politischen. Text von 1932 mit einem Vorwort und drei Corollarien, Berlin [8]2009, 25.
[40] Ebd., 26.

in Höckes Staat hinter der Politik und ihrem Grundsatz, dem Nationalen Imperativ, zurück.

Freilich, man kann es kaum anders sagen, bestünde für jemanden, der seine Existenz nicht in seiner Volkszugehörigkeit aufgehen sieht, immer noch die Hoffnung darauf, dass die Auflösung der von Höcke bevorzugten Staatlichkeit und das globalistische Migrationsprojekt schon so weit fortgeschritten sind, dass der totale Staat nicht mehr wiederbelebt werden kann. Jedoch weiß Höcke auch hierauf eine keiner weiteren Erläuterung bedürftige Antwort, für die er sogar den Schweißgeruch lokaler Stämme zu akzeptieren bereit scheint:

> „Dann haben wir immer noch die strategische Option der ‚gallischen Dörfer'. Wenn alle Stricke reißen, ziehen wir uns wie einst die tapfer-fröhlichen Gallier in unsere ländlichen Refugien zurück und die neuen Römer, die in den verwahrlosten Städten residieren, können sich an den teutonischen Asterixen und Obelixen die Zähne ausbeißen! Wir Deutschen – zumindest die, die es noch sein wollen – sind dann zwar nur noch ein Volksstamm unter anderen. Die Re-Tribalisierung im Zuge des multikulturellen Umbaus wird aber so zu einer Auffangstellung und neuen Keimzelle des Volkes werden. Und eines Tages kann diese Auffangstellung eine Ausfallstellung werden, von der eine Rückeroberung ihren Ausgang nimmt." (Nz, 253)

5.3 Markus Willinger (*1992): Hast Du keine Identität, werde identitär!

Markus Willingers *Die identitäre Generation* von 2013 stellt in gewisser Weise eine Ausnahme unter den bisher diskutierten Texten dar. Dies nicht deshalb, weil sein Autor zur Zeit der Abfassung erst 21 war und Geschichte und Politikwissenschaft (Stuttgart) studiert hat, und auch nicht deshalb, weil er aus Österreich stammt, und schon gar nicht aufgrund der literarischen Form des Textes und seinem schwer erträglichen, pompösen Stil. Willingers Text ist in seiner Einteilung, seiner Struktur bis ins Druckbild und seinem Oberflächenstil unzweideutig Nietzsches *Also sprach Zarathustra* nachempfunden, ohne allerdings – verständlicherweise – auch nur annähernd dessen sprachliche Qualität zu erreichen oder gar Nietzsches parodistischen Humor und spielerischen Sinn für Absurdität aufzunehmen. Ebenso wenig zur Ausnahme macht die *Identitäre Generation,* dass ihr Autor trotz seiner entsprechenden Betätigung „[s]eit seinem 15. Lebensjahr […] für die neue Rechte" (Klappentext, IG) inzwischen sein Aktivistendasein aufgegeben zu haben scheint und sich zum äußerst produktiven (und nach dem Foto auf seiner Amazon-Autorenseite zu schließen: gern ein Schwert dabeihabenden) Verfertiger historischer Romane – allerdings unverkennbar deutsch-nationalen Inhalts – unter dem zusammenfassenden Slogan „Die Erfolgsmischung aus Liebe, Politik und Intrigen" gemausert hat.[41] Diese Romane – zur Zeit der Abfassung des vorliegenden Textes immerhin schon sieben Stück und zwei weitere in Arbeit – erscheinen in Willingers eigenem Verlag Zaptos-Media[42] und werden neben allen möglichen Allerweltsbuchhändlern auch von Antaios vertrieben[43] (Obwohl Willingers Verlag wie auch der einschlägige Arktos-Verlag, bei dem die *Identitäre Generation,* aber auch Bücher von Alain de Benoist, Alexander Dugin und Julius Evola erschienen sind, offensichtlich nach Pokémons heißen – oder der eine vielleicht doch nach dem altgriechischen Wort für Bär (árktos).) Anders als der schwedisch-englische Arktos-Verlag mit Sitz in London, der sich auf Autoren und sogenannte Klassiker der Neuen Rechten konzentriert, hat Willinger seinen Zaptos-Verlag mit Adresse in Sofia (Bulgarien)[44] schwerpunktmäßig „(aber nicht nur) auf Fantasybücher"[45] ausgerichtet und, wenn das Programm nicht täuscht,[46] auf Liebesromane.

Zur Ausnahme macht Willingers Text vielmehr dies, dass es in ihm nicht spezifisch um Deutschland geht, ja, wie es auf den ersten Blick den Anschein haben mag, gar nicht um Nationalismus. Gesprochen wird im Gegenteil immer nur von Europa, und es geht um nichts geringeres als um dessen Rettung vor dem Untergang. Wir werden jedoch noch sehen, dass einerseits Willingers Europa immer einen jeweiligen Nationalismus der verschiedenen Völker beinhalten muss und diese andererseits trotz aller Konkurrenz und ethnischer Vielfalt aufgrund ihrer weitgehenden biologischen Homogenität im Notfall gegen die drohende Vereinnahmung durch Fremde – zumeist werden angeführt Muslime und Afrikaner (IG, 84 f.), aber auch Chinesen (IG, 72) – vereint sich zu wehren im Stande sind. Das Wort „Rasse" wird dabei vermieden. Der Sache und dem Begriffe nach wäre es, obwohl ihm

---

[41] https://www.amazon.de/1919-Historischer-Historische-Romane-Neuerscheinungen/dp/3950438122/ref=tmm_pap_swatch_0?_encoding=UTF8&qid=&sr=_(zuletzt aufgerufen am 02.03.20, 19:02).

[42] Vgl. https://portal.dnb.de/opac.htm?query=markus+willinger&method=simpleSearch (zuletzt aufgerufen am 02.03.20, 19:12).

[43] https://antaios.de/search?sSearch=willinger (zuletzt aufgerufen am 03.03.20, 13:40).

[44] https://www.zaptosverlag.de/data/ (zuletzt aufgerufen am 02.03.20, 19:30).

[45] https://www.zaptosverlag.de/ueber-uns/ (zuletzt aufgerufen am 02.03.20, 19:38).

[46] https://www.zaptosverlag.de/buecher/ (zuletzt aufgerufen am 02.03.20, 19:37).

nichts in der Wirklichkeit entspricht, jedoch völlig angebracht, da es genau die von Willinger gemeinte biologische Homogenität verschieden typisierbarer Ethnien erfasst. Seine Vermeidung der Rede von „Rassen" wird daher eher taktischer Natur sein.

Nun ist – mit Ausnahme des ‚Wahlpreußentums', das bei Willinger allerdings durch einen unbedingten Vorrang der Gemeinschaft vor dem Individuum mehr als substituiert wird – alles übliche, bislang vorgestellte Zubehör vorhanden, vom basalen Standard des ‚Großen Austauschs' über die Wirklichkeit völkischer Identität über die generelle Ablehnung von Liberalismus und Aufklärung bis hin zur Rückkehr zu „männliche[n] Männer[n] und weibliche[n] Frauen" (IG, 21):

> „Und Männer *wollen* eine Frau für sich gewinnen, die die Anstrengungen und die Strapazen wert ist, für die sich der Sprung durch das Feuer und der Kampf mit dem Drachen lohnen. Doch statt der wunderschönen Prinzessin wartet auf den Helden am Ende nur eine grimmige Emanze oder ein hässliches Mannweib." (IG, 22)

Es genügt daher, die Punkte auszuzeichnen, die Willinger im Sinne der sogenannten Identitären Bewegung besonders betont oder vertieft. Er hat ihrem deutschen bzw. österreichischen Zweig mit der *Identitären Generation* durchaus eine Art Gründungsdokument geliefert, wenngleich er ausdrücklich bestreitet, dass es „repräsentativ für einige oder alle identitären Gruppierungen Europas" (IG, 6) sei.

a) Der Feind: Wer sind „die 68er", und was haben sie eigentlich verbrochen?

Willingers Text sieht zwar so aus wie ein im weitesten Sinne politisches Manifest, es ist aber keines. Etwaige Missverständnisse stellt der Autor ganz am Ende und schon im Untertitel klar: „Denkt nicht, dieses Buch sei ein Manifest. Es ist eine Kriegserklärung. Unsere Kriegserklärung an euch." (IG, 103)

Bei aller zu vermutenden Symbolik ist doch die Verwendung des Begriffs der Kriegserklärung keineswegs selbstverständlich. Unabhängig davon, dass eine solche normalerweise nur von staatlichen Gebilden gegen andere staatliche Gebilde, jedoch nicht gegen Einzelpersonen oder Gruppen nichtstaatlichen Charakters im eigenen Staat oder außerhalb dessen abgegeben wird und schon deswegen Willinger eigentlich zum Bürgerkrieg – nebenbei ein bevorzugtes Thema seiner späteren historischen Romane – aufrufen müsste, sollte man doch die Titulatur ernstnehmen. Aus ihr erhellt nämlich die Tragweite dessen, was die angesprochene und in ihren Bedürfnissen ausgesprochene ‚identitäre Generation' zu tun hat, wenn es nach Willinger geht. Denn es kann ihm nicht um ein einfaches „Wir gegen die bzw. euch" wie in Höckes Sandkasten oder bei einer vorverabredeten Hooligan-Prügelei gehen. Dazu sind die Pläne oder besser: die erklärten, aber nicht konkretisierten Absichten zu einer identitären Revolution viel zu weitreichend.

Eine Kriegserklärung besteht nun zunächst genau darin, was das Wort sagt: Ein staatliches Gebilde erklärt einem anderen, dass es sich mit ihm im Krieg befindet, also zur Durchsetzung seiner Interessen gegen ihn Gewaltmaßnahmen gebraucht, bis diese Zwecke erreicht sind. Eine solche Erklärung wird einseitig abgegeben und braucht nicht eigens vom Adressaten akzeptiert zu werden. Auch ohne dies gilt er nun als Feind, der anders als der Mitbürger oder der Fremde in Friedenszeiten unter Wahrung bestimmter völkerrechtlicher Regelungen, wie sie gegenwärtig im Genfer Abkommen von 1949 und seinen Zusatzprotokollen niedergelegt sind, angegriffen und getötet werden darf und soll. Mit der Kriegserklärung endet der bislang bestehende Friedenszustand offiziell, obwohl sie nicht mit dem Beginn der tatsächlichen Feindseligkeiten zusammenfallen muss. Eine Kriegserklärung ist folglich zuallererst ein (völker)rechtlicher Akt, der einen neuen Rechtszustand, nämlich den des Krieges, begründet.

Des weiteren enthält eine Kriegserklärung, die ansonsten keine festgelegte Form haben muss, üblicherweise noch die Angabe des Kriegsgrundes bzw. der unmittelbaren Kriegsursache, des casus belli. Handelt es sich dabei um eine, womöglich unprovozierte Angriffshandlung des späteren Feindes, ist der daraufhin erklärte Krieg legitim bzw. erfüllt den klassischen Begriff des gerechten Krieges. Naturgemäß strebt jede Kriegspartei stets danach, dass der von ihr geführte Krieg im Inneren wie im Äußeren als ein gerechter anerkannt wird, da sie sich sonst über den bloßen Imageverlust durch die Herbeiführung eines allgemein anerkannten Übels, sogar des größten von allen, hinaus negativen moralischen, politischen und – insbesondere im Verlustfall – rechtlichen und wirtschaftlichen Konsequenzen aussetzen würde. Dieses Bedürfnis nach Rechtfertigung durchzieht nicht nur den größten Teil aller Kriegspropaganda, sondern auch Willingers Schrift. Man übertreibt gewiss nicht, wenn man die für eine Kriegserklärung erstaunliche Manifestlänge genau darauf zurückführt, dass ihr Verfasser eine ausführliche Darstellung der Kriegsgründe anstrebt, die den erklärten Krieg als gerechten erscheinen lassen soll. Das heißt naturgemäß nichts anderes, als dass an diesem Krieg nicht eigentlich der Schuld ist, der ihn erklärt, sondern die anderen, der Feind. Auch Willinger und seine identitäre Generation sind also beleidigt, fühlen sich angegriffen und zum Widerstand berechtigt, und wie stets sind die anderen schuld an allem, was in der Folge passieren mag.

Die Anderen, das sind in Willingers Fall die ‚68er'; das Wir, das er beschwört und in dessen Namen er spricht – für wenigstens ein bisschen repräsentativ wird er das trotz allem schon halten –, ist die ‚identitäre Generation', also die seine. Allerdings sagt ihr Attribut, „identitär" eigentlich nichts bzw. nichts aus, das von dem Wortteil „Identitäts-" unterschieden werden könnte. Es ist also genau wie im Französischen, dessen „(Bloc) identitaire" es ganz offensichtlich eindeutscht. Beide Worte bzw. möglichen Wortteile sind im Deutschen demzufolge identisch, und das Wort „identitär" ist überflüssig. Es findet sich daher auch nicht im Duden oder in anderen maßgeblichen Wörterbüchern.[47] Freilich klingt ein neues Wort, von dem niemand weiß, was es genau heißen soll, schlicht intellektueller als von der „Identitätsgeneration" oder der „Identitätsbewegung" zu sprechen. Und vermutlich klingt „identitär" auch körniger als die ebenso seltsamen Neubildungsmöglichkeiten „identitent" oder „identi(ti)stisch", die vielleicht eher auf das Streben nach Identität verwiesen. Vielleicht ist hier die Sprache auch einfach schlauer als ihr Verwender. Denn eigentlich ist das Streben nach der eigenen Identität sowieso ein ziemlich überflüssiges, gar unsinniges Unterfangen, weil es, dem ebenso uralten wie wahren Grundsatz (in W.V.O. Quines Formel) „No entity, without identity." nach, schon eine – und zwar einzigartige und folglich bereits gänzlich eigene – Identität voraussetzt, einfach nur zu sein. Das Nötigste dazu wurde in der Einleitung schon gesagt.

Geht es also im Krieg zwischen der Identitätsgeneration und den „68ern" um einen schlichten Generationenkonflikt, wie er ständig und regulär in der Pubertät vorkommt? So nahe dies Willingers tiefe Ernsthaftigkeit, sein Bewusstsein eigener und ungerechter Benachteiligung bei eigener überlegener Intellektualität auch legen mag, die alle durchaus an pubertäre Selbstreflexion erinnern, es geht um mehr, und eigentlich hat die Generationenfrage damit wenig bis nichts zu schaffen. Um dies zu sehen, muss man nur danach fragen, wer oder was „die 68er" eigentlich sind bzw. welche Rolle sie in Willingers Bürgerkriegsaufruf spielen und was sie zu einem Feind macht, der in einem gerechten Krieg um des eigenen Überlebens willen bekämpft werden muss.

---

[47] Vgl. https://gfds.de/identitaet-identisch-identitaer/ (zuletzt aufgerufen am 03.03.20, 19:40).

Nun spricht Willinger permanent von der – also auch seiner – Elterngeneration, wenn er die 68er meint, die „nach dem Krieg geboren [,...] noch die Trümmer der Zerstörung gesehen, noch die Berichte aus erster Hand gehört" haben (IG, 40) und deren „Kinder" die Identitätsgeneration bildeten. Man sieht leicht, dass hier nicht der hergebrachte klassische und quantitativ gefasste Begriff einer Generation, die ungefähr 30 Jahre umfassen soll, in Anschlag gebracht werden kann. Denn davon ausgehend, dass die 68er Ende der 40er bis Anfang der 50er Jahre geboren worden sein müssten, läge Willingers Geburtsjahr 1992 zehn bis zwanzig Jahre zu spät für die Kindergeneration. Ohne hier näher darauf eingehen zu müssen, bedient sich jedoch die Soziologie seit Karl Mannheim (1893–1947) eines eher qualitativen, durch prägende Gemeinschaftserlebnisse bestimmten Generationsbegriffs,[48] der wesentlich flexibler ist und einmal mehr, einmal weniger Geburtsjahrgänge umfassen kann und vor allem überhaupt eher eine Angelegenheit des Bewusstseins als des Geburtsjahrs ist. Darauf kommt es nämlich hier sehr an: Willinger bietet ein ganzes Bündel an durchweg traumatischen Schlüsselerlebnissen, die seine Generation, die identitäre Generation, durch die Elterngeneration erlitten hat und die dadurch umgekehrt zugleich die der „68er" definieren sollen.

Welche Traumatisierungen die Elterngeneration in der Hauptsache neben ungezählten weiteren Verfehlungen an ihren Kindern begangen hat, fasst Willinger gleich im ersten Kapitel seines Texts zusammen:

„Entwurzelt und orientierungslos habt ihr uns in diese Welt geworfen, ohne uns zu sagen, wohin wir gehen sollen, wo unser Weg liegt. Und alles, was uns Orientierung hätte geben können, habt ihr zerstört./ Die Kirche habt ihr zertrümmert, und so finden nur wenige von uns in den Trümmern dieser Gesellschaft noch Zuflucht./ Den Staat habt ihr entwertet, und so will niemand von uns mehr dem Staat dienen./ Die Familien habt ihr entzweit, und so sind Scheidung, Streit und Gewalt unsere heimische Idylle geworden./ Die Liebe habe ihr reduziert, und so bleibt uns statt tiefer Verbundenheit nur der animalische Trieb./ Die Wirtschaft habt ihr ruiniert, und so erben wir euren Berg von Schulden./ Ihr habt alles und jeden hinterfragt und kritisiert, und somit glauben wir an nichts und niemanden mehr./ Ihr habt uns keine Werte gelassen, und doch werft ihr uns heute vor, amoralisch zu sein./ Aber das sind wir nicht." (IG, 10)

---

[48] Vgl. Karl Mannheim, Das Problem der Generationen, in: Kölner Vierteljahreszeitschrift für Soziologie 7 (1928), 157–185.

Zu all diesen Institutionen, Gefühlen, Betätigungen o. ä., die Willinger ‚Werte' nennt, gibt es auch jeweils ein eigenes Kapitel. Dort wird man allerdings kaum über diese Gegenstände oder Mittel und Zweck des Zerstörungswerks der „68er" aufgeklärt, sondern vor allem über die daraus resultierenden Befindlichkeiten der Identitätsgeneration, die erst im nächsten Schritt zu analysieren sind. Die Ergebnisse der Machtübernahme und Herrschaft der „68er" von der im Gegensatz zu dieser zuhöchst respektierten Kriegs- und Wiederaufbaugeneration – eigentlich werden alle vergangenen Generationen mit hohem Respekt, ja Verehrung ob ihres Lebens in den tradierten Bahnen behandelt – beklagt Willinger trotz der erwähnten Unklarheit umso deutlicher.

Religion und Kirche fielen dem allgemeinen „Atheismus" der „68er", ihrem „Glauben", dass kein Gott sei, zum Opfer, der mit der christlichen Religion allenfalls noch „Intoleranz und Rückständigkeit" assoziiert, so dass für die Identitätsgeneration „der Schoß der Kirche […] für alle Zeiten verschlossen" bleibt (IG, 15).

Der Staat wurde durch die „68er" „verteufelt als ein Instrument der Unterdrückung. Mit Steinen und Stöcken wolltet ihr den Staat entfernen, ihn abschaffen und zerstören" (IG, 17). Jedoch scheiterte dieser Anarchismus, der Staat hat überlebt, seine Gegner haben sich mit ihm arrangiert und um das eigene Fortkommen und den eigenen Wohlstand gekümmert, also dem Egoismus und dem Individualismus gehuldigt – die wie im antiliberalen und -aufklärerischen Zusammenhang üblich nicht weiter unterschieden werden. Aus diesem Rückzug auf sich selbst folgt die Bildung des im weitesten Sinne politischen Establishments und damit die gegenwärtige Korruptheit von Staat und Politik und die Verrottung bzw. Geringschätzung des Staatsdiensts. Dass Willinger bei seinen Feststellungen nicht zwischen Politik, Regierung und Beamtenschaft, also nicht zwischen Parteien, Legislativer und Exekutiver, von der Judikativen ganz zu schweigen, unterscheiden mag, hat, wie wir später sehen werden, durchaus System:

> „Und da ihr alle den Staat bekämpft habt, rissen die Niedrigsten und Gierigsten unter euch den Staat an sich und wurden das, was wir heute Politiker nennen./ Ihr habt euch vom Staatsdienst abgewandt und die Politik damit den widerwärtigsten Gestalten eurer Generation überlassen. Und so wurde die Regierung nur noch eine Möglichkeit, um sich selbst und die eigene Klientel zu bereichern." (IG, 17)

Der engstmögliche Sozialverband, die klassische Familie aus „Vater-Mutter-Kind", hielten die „68er" „in eurer beispiellosen Arroganz" für überflüssig,

„ein überholtes Auslaufmodell. Also machtet ihr euch munter und fröhlich daran, die Familien auszumerzen." (IG, 19) Aus der Ausmerzung der Familien folgte der Zusammenbruch häuslicher Autorität und Ordnung: „Und so wurde das, was für uns ein Zufluchtsort und ein Hort der Kraft hätte sein sollen, zu einem Schauplatz unzähliger Kämpfe und Streitigkeiten." (IG, 19) Die Elterngeneration stellte ihre eigenen Interessen – „den Erfolg und das schöne Leben zu genießen" – über das Wohl ihrer Kinder und ließ sich „tausendfach scheiden", sobald die ehelich-familiäre Bindung dem individuellen Hedonismus und Karrierismus im Wege stand (IG, 19).

Überhaupt war schon die Zweigeschlechtlichkeit, die der hergebrachten Familie zugrunde lag, den „68ern" zu viel des Unterschieds. Ihr radikaler Egalitarismus hat an dessen Stelle „die Allianz der Zwitter gesetzt, das Bündnis der Halben, die Vereinigung des Nichts" (IG, 21). Die Gegnerschaft der Elterngeneration macht also vor im weitesten Sinne sozialen Gemeinschaften nicht halt, sondern richtet sich ebenso gegen biologisch begründete Kollektividentitäten wie die der Geschlechter. Man sieht hier deutlich, wie Willingers Ablehnung eines Individualismus des einzelnen Individuums und seine Umarmung eines Individualismus kollektiver Identitäten zusammengehen: Die Individualisierung der geschlechtlichen Bestimmung samt der Anerkennung der Vermischtheit femininer und maskuliner Eigenschaften im demgemäß sich selbst bestimmenden Individuum gehört zu den vielen „dümmlichen Theorien" der Elterngeneration (IG, 21), während die Hinnahme einer durch die Klassen „Mann" und „Frau" vorgegebenen und von anderen Klassenmitgliedern ununterscheidbaren Identität der Wirklichkeit entsprechen soll. Diese Wirklichkeit muss demzufolge kollektive Identitäten kennen, die von Natur aus und nicht nur aufgrund taxonomischer und praktischer Unterscheidungsbedürfnisse zur Handlungsorganisation existieren. Mit anderen Worten: Die Art ist wirklich, das Individuum nichts. Oder ins Politische gewendet: Dein Volk ist alles, Du bist nichts. Jede andere oder gar entgegengesetzte Auffassung führt zu Schwächung, Degeneration und Widernatürlichkeit, ist mithin krankhaft:

> „Ihr habt den Männern die Männlichkeit genommen. Sie zu schwächlichen Kuschelbären erzogen, denen jede Tatkraft, jedweder Mut zum Starken, mit einem Satz: der Wille zur Macht, fehlt./ Ihr habt den Frauen eingeredet, dass Weiblichkeit überholt und anerzogen sei. Habt ihnen erzählt, dass es nicht nötig sei, schön und gesund auszusehen, Kinder und Familie zu haben, sondern einzig die Karriere Bedeutung habe." (IG, 21)

Mit Nietzsches Willen zur Macht – darauf sei ausdrücklich hingewiesen – hat solcher Biedersinn freilich nichts weiter zu tun. Um dies zu sehen, braucht man nicht einmal an die enormen Schwierigkeiten zu erinnern, die Nietzsche mit dem Begriff der Identität, insbesondere kollektiver, d. h. universaler, Identitäten hatte, die er allesamt – und durchaus zu Recht – als erfunden, nicht wirklich, überlebenssichernden Lug und Trug in einer Welt radikal differenter, chaotisch sich verändernder Singuläridentitäten zu qualifizieren beliebte.[49] Entscheidend scheint für Willinger vielmehr die bloße Verwendung der Signalphrase „Wille zur Macht" zur Dokumentation der eigenen Reflexionstiefe und Belesenheit samt der Einladung an den Leser, sich im Wiedererkennen wiederum an seiner eigenen Gebildetheit zu erfreuen. Sachlich oder argumentativ bringen tut solches Vorgehen – wir haben das schon in den vorigen Kapiteln gesehen – naturgemäß nichts – außer freilich, man begreift die Benebelung des Lesers durch überflüssige Hinweise als Argumentationsziel.

Die Zersetzung – oder um Willingers einschlägig vorbelasteten Term zu verwenden: die ‚Ausmerzung' – der Familie und der sie ins Leben rufenden Teile geht indes noch weiter. Denn der elterliche Hedonismus, Egoismus und Größenwahn verhindert Großfamilien mit gemeinschaftsfördernder Kinder- bzw. Geschwisterzahl:

„Ihr begingt tausendfachen Mord und beschönigt euer Verbrechen mit Begriffen wie ‚sexuelle Befreiung' und ‚Abtreibung'. Doch was ihr Abtreibung nanntet, nennen wir Totschlag./ Ihr wart grenzenlos egoistisch, egoistisch und anmaßend. Denn ihr glaubtet tatsächlich, euch zu Richtern über das Leben selbst aufspielen zu können./ Und so spracht ihr ‚Recht', und schien euch ein Kind gerade nicht ins Konzept zu passen, dann tötetet ihr es." (IG, 23)

Die gegen die männliche, familiäre, gesellschaftliche Bevormundung schwangerer Frauen eingerichtete Möglichkeit der Abtreibung qualifiziert die Identitätsgeneration sowohl als Zeichen des Größenwahns als auch des dazu passenden Rechtsnihilismus. Größenwahn deswegen, weil die Elterngeneration die individuellen Rechte der werdenden Mutter zur Verfügung über ihren eigenen Leib über die der potentiell, aber nicht aktuell

---

[49] Vgl. Friedrich Nietzsche, Ueber Wahrheit und Lüge im aussermoralischem Sinne, in: Sämtliche Werke. Kritische Studienausgabe in 15 Bd. (hg. von G. Colli und M. Montinari), München/Berlin/New York ²1988, Bd. 1, 873–890. Zur Annäherung an die extreme Komplexität von Nietzsches metaphysischem Entwurf vgl. Günter Abel, Nietzsche. Die Dynamik der Willen zur Macht und die ewige Wiederkehr, Berlin/New York ²1998.

personalen Leibesfrucht einordnet und damit in den Lauf der Natur eingreift. Das tun Menschen freilich ständig, nur soll offensichtlich ‚das Leben selbst' solchen Eingriffen entzogen bleiben. Folglich soll der Mensch nicht über sein eigenes und das Leben anderer verfügen dürfen. Warum das so sein soll, deutet Willinger nur ganz sacht an. Dabei liegt jene Verfügungsgewalt aber nicht bei der Natur oder Gott, an den die Identitätsgeneration ja nicht mehr glaubt, sondern bei ganz anderen Instanzen, nämlich ihr selbst und der Gemeinschaft: „Wir sind die Generation der zu Wenigen, der Einzelkinder. Und auch darin liegt unsere Einsamkeit begründet." (IG, 23) Der erste Verbotsgrund ist einfach und ein bisschen peinlich, denn er besteht im Wunsch des Einzelkindes nach Gesellschaft und Unterhaltung durch familieninterne Spielkameraden. Der zweite Verbotsgrund liegt nicht an der Oberfläche, sondern erschließt sich in der Beantwortung der Frage: Zu wenige – wozu zu wenig? Sie kann erst später angegangen werden. Die globale Anklage des Rechtsnihilismus, d. h. dass jedes beliebige vorrechtliche Unrecht zu Recht erklärt werden kann, geht offensichtlich davon aus, dass es seitens der „68er" verbrecherisch war, das Individuum und seine subjektiven Rechte ins Zentrum des Rechts zu stellen und nicht die Gemeinschaft, die nach Spielkameraden oder Volksgenossen verlangt. Dass etwa in Deutschland das Strafgesetzbuch den Schwangerschaftsabbruch regelt, dieser also prinzipiell verboten und strafbar ist, aber innerhalb einer bestimmten Frist straffrei gestellt wird (§ 218 StGb) und etliche europäische Staaten, insbesondere Willingers Heimat Österreich (§§ 96/97 StGb), ganz ähnliche Regelungen haben, bleibt völlig außer acht.

Damit nicht genug: Durch ihren ökonomischen Egoismus, der sich den eigenen Wohlstand durch rücksichtslose Verschuldung auf Kosten der Folgegeneration sichert zerstört die Elterngeneration auch die Möglichkeiten der Identitätsgeneration zu befriedigender Lebensführung:

> „Gierig und maßlos wart ihr in allen Dingen. Und so bestimmten auch Gier und Maßlosigkeit eure ‚wirtschaftliche Vernunft'./ Niedrige Arbeitslosigkeit, wenig Steuern und massive soziale Absicherung; ihr genosst wahrlich ein Leben im Überfluss. Zur Häfte hattet ihr euch dieses Leben verdient, zur Hälfte erschwindelt./ Denn mit eurem Lebensstandard stiegen auch eure Schulden von Jahr zu Jahr an./ [...] Denn im Grunde waren euch eure Schulden herzlichst egal. Ihr wusstest, dass andere sie begleichen würden. Dass wir sie begleichen würden." (IG, 25) Da es unklar bleibt, welche Volkswirtschaften Willinger hier genau im Auge hat, ist auch die Überprüfung seiner Behauptungen schwierig – ein Niedrigsteuerland war etwa Deutschland indes gewiss nie. Allerdings erübrigt sich eine detaillierte Analyse hier weitgehend,

da sich zum einen die Vorwürfe wiederholen und sich vor allem um einen gnadenlosen Egoismus der „68er" zentrieren und es zum anderen – auch das zeigt sich immer deutlicher – Willinger auch gar nicht um Überprüfbarkeit geht, sondern eher um die Feststellung und Begründung eines die Identitätsgeneration verbindenden, wenn nicht gar konstituierenden Gefühls des Abscheus, des Zurückgesetztseins, des unverdienten Unrechts.

Er weitet deswegen seine Vorwürfe ins Grundsätzliche aus. Das vereinfacht die Sache ungemein und ermöglicht einen gewissen Überblick, der vielleicht geeignet sein könnte, die Vielzahl von Vergehen, die Willinger namens seiner Generation den „68ern" ankreidet, auf einige wenige Gründe oder gar nur einen fundamentalen zurückzuführen. Jene Vergehen bestehen bislang in alphabetischer Reihenfolge ungefähr in: Anarchismus, Anti-Autoritarismus, Arroganz, Atheismus, Degeneration, Egalitarismus, Egoismus, Emanzipation, Familienfeindlichkeit, Feminismus, Gedankenlosigkeit, Geld- und Habgier, Gleichmacherei, Größenwahn, Hedonismus, Individualismus, Karrierismus, Korruption, Krankmacherei, Maßlosigkeit, Nachlässigkeit, Rechtsnihilismus, Verantwortungslosigkeit, Willkür. Man übertreibt kaum, wenn man dieser Liste, die keineswegs Anspruch auf Vollständigkeit erhebt, entnimmt, dass Willinger die Generation, die er die „68er" nennt, als Wurzel allen gegenwärtigen Übels begreift. Naturgemäß klingt schon die Ausschließlichkeit dieser Schuldzuweisung zu einfach und nach grobem Unrecht – um nicht zu sagen: Unfug –, aber das soll jetzt nicht weiter kümmern. Es geht ja um das Verständnis von Willingers Gedankengängen.

Sie klären sich im Rahmen ihrer Möglichkeiten im neunten Kapitel der *Identitären Generation,* das den Titel „Vom kritischen Denken" trägt. Die Absätze, die sich mit der Elterngeneration beschäftigen, lauten wie folgt:

„Wenn ihr uns eines gelehrt habt, dann, dass man nichts glauben soll, nichts glauben darf. Und wir verinnerlichten eure Lehre tiefer, als ihr ahnt./ Alles hinterfragen, kritisieren und anzweifeln, das waren eure Lektionen an uns. Und wenn ihr ‚alles' sagtet, dann meintet ihr vor allem die alten Werte: Familie, Tradition und Heimat./ Und wir folgen euren Anweisungen, und hinterfragen und kritisieren und bezweifeln alles. Doch wenn wir ‚alles' sagen, dann meinen wir auch alles. Und vor allem euch./ Dachtet ihr wirklich, ihr könntet eine Generation des generellen Zweifels erziehen und diese Generation würde trotzdem in eure Fußstapfen treten? Glaubtet ihr ernsthaft, wir würden eure Kritik an allen Werten kritiklos akzeptieren? Meintet ihr tatsächlich, wir würden euer Werk der Zerstörung fortsetzen, nur, weil ihr uns die Anweisung dazu gabt? Oh, wie schlecht kennt ihr doch eure eigenen

Kinder!/ Es waren die kritischsten Geister unter uns, die euren Wahn als erste durchschauten. Skeptisch hörten wir euren hohlen Phrasen von Toleranz und befreiter Gesellschaft zu, und doch ließen wir uns dabei nicht von eurem Wunschdenken blenden. Unser Blick durchbohrte die Nebelschwaden eurer geistigen Verwirrung und erkannte die Dinge, wie sie sind./ Wir sehen zu, wie eure toten Ideen und lächerlichen Wahnvorstellungen nach Luft ringend am Boden liegen und nur noch auf den warten, der ihnen den Gnadenstoß versetzt." (IG 27 f.)

Was hier wie eine philosophische Position klingt, ist keine, sondern eher eine antiphilosophische, wie das beim erklärten Verzicht auf Vernunft auch kaum anders sein kann. Die von den „68ern" anerzogene und übernommenen Skepsis läuft weder auf einen radikalen Skeptizismus hinaus, der gar nichts mehr für wahr halten kann und demzufolge sich nun von allem Urteilen und Handeln enthalten muss, noch auf einen methodischen Zweifel, der – wie Descartes es vorgemacht hat – erst bei einem Satz haltmacht, den zu bezweifeln aufgrund eines dabei auftretenden Selbstwiderspruchs unmöglich ist und der deswegen wahr sein muss, noch auf einen Kritizismus nach der Art Kants, der im Subjekt notwendige Strukturen aller möglichen Erkenntnis aufdeckt. Überhaupt geht es nicht um erkenntnistheoretische Überlegungen, sondern um moralische und politische Vorwürfe, die vermutlich an die Adresse der Kritischen Theorie der Frankfurter Schule um Theodor W. Adorno (1903–1969) und Max Horkheimer (1895–1973) – und später Jürgen Habermas (*1929) – gerichtet sein sollen, die der Studentenbewegung der 68er tatsächlich ihr gesellschafts-, besser: herrschafts- und autoritätskritisches Fundament gab.

Dass diese Adresse stimmt, zeigt sich einige Kapitel später, wenn Willinger „eure wahnsinnigen Thesen von der multikulturellen, befreiten und gegenderten Gesellschaft" auf die negative Fixierung der „68er" auf den Nationalsozialismus zurückführt (IG, 40). Dessen Schreckensherrschaft bildete in der Tat für die Gesellschaftstheorie der Frankfurter Schule quasi den absoluten Nullpunkt, von dem fürderhin immer auszugehen war. Das bedeutete zuallererst Kritik, nämlich im Sinne einer Untersuchung aller hergebrachten sozialen Institutionen, um die diese tragenden autoritären Strukturen aufzudecken. Wie leicht zu sehen ist – denn es wird ja stets in dieser oder jener Weise der Mangel an autoritativer Führung beklagt –, ist es genau dieses an die Aufklärung anschließende, wesentlich emanzipatorische Streben, das der Identitätsgeneration an der Kritischen Theorie und den „68ern" nicht passt. Mit deren Ablehnung ahmen sie sogar witzigerweise die Bewegung einer „Dialektik der Aufklärung" nach, wie sie Horkheimer und Adorno in ihrer gleichnamigen Essaysammlung von 1944 bzw. 1969 beschrieben hatten. Sie geht nun mit der Identitätsgeneration, die von sich selbst „mit Fug und Recht behaupten [kann], den Nationalsozialismus überwunden zu haben" (IG, 41), gleichsam in eine zweite Runde. Möglicherweise haben deren ‚kritischste Geister' – welche immer dies auch sein mögen, da Willinger ja allein für sich selbst schreibt – sogar von der durchaus typischen Studentenlektüre der *Dialektik der Aufklärung* profitiert, um daraus den gegenteiligen Schluss zu ziehen, dass durchgängige Autoritätsverhältnisse im Interesse größtmöglicher Bequemlichkeit bei der Lebensregelung eigentlich doch ganz schön seien.

Das Wesen der „68er", das sie zum Todfeind der Identitätsgeneration macht, ist damit aufgedeckt – weswegen sie jetzt auch keine Anführungszeichen mehr brauchen. Es besteht genau in ihrem Streben nach der Befreiung von tradierter und institutionalisierter, d. h. rational nicht eigens gerechtfertigter, Autorität und der Etablierung herrschaftsfreier bzw. allein vernunftbasierter Strukturen. Dieses Streben schlägt sich in drei grundsätzlichen Positionen nieder, die Willinger naturgemäß allesamt verabscheut, nämlich Multikulturalismus, Universalismus und dem Bekenntnis zur repräsentativen, parlamentarischen Demokratie, hinter der sich für Willinger eigentlich Elitarismus verbirgt.

Was unter dem Multikulturalismus der 68er bzw. einer multikulturellen Gesellschaft – in Willingers Diktion stets: „Multikulti" – genauer zu verstehen sein soll, bleibt wie üblich, wenn es um kritisierte (aber genauso um vertretene) Konzepte geht, weitestgehend unklar und bemerkenswert schlicht: „Vor Jahrzehnten habt ihr euch Multikulti auf die Fahnen geschrieben und wollt es um jeden Preis durchsetzen. Doch was bedeutet Multikulti für euch? Nicht mehr, als dass ihr beim Türken Döner und Pizza essen könnt." (IG, 31) Multikulturalismus dient somit nur dem Hedonismus der Elterngeneration, die niemals mit der Realität in Berührung kommt: „Wir gehen in Klassen mit 80 % Migrantenanteil und mehr. Messerstechende Türken, drogenverkaufende Afrikaner, fanatische Muslime. Was für euch billige Klischees sind, ist unsere Realität." (IG, 32)

Der Multikulturalismus will nicht direkt Unmögliches, aber etwas, das nach Willingers Meinung der Natur des Menschen und „dem Wesen von Identität und Kultur" zuwiderläuft:

> „Ihr habt nie begriffen, dass Menschen Raum benötigen, um ihre Identität ausleben zu können. Und, dass sie diesen Raum unbedingt haben wollen, und ihn sich notfalls beschaffen werden!/ Und so prallt der Wunsch unzähliger

Völker nach eigenem Gebiet in Europa aufeinander und wird dereinst wohl noch zu harten Konflikten führen." (IG, 68)

Die Identitätsgeneration gewinnt geradezu ihren Namen aus der Auffassung, dass Messerstecherei, Drogenhandel und Islamismus zum Wesen jeweils verschiedener fremder Völker, mithin ihrer Identität gehören: Sie können schlicht nicht anders, als gelegentlich mit Messern auf unschuldige Leute einzustechen, an ebensolche Drogen zu verkaufen oder Muslime zu sein. Da solches sich mit der hiesigen Identität nicht verträgt, bleibt der Fremde unabänderlich fremd: „Und erzählt uns nicht, die Fremden seien genauso wie wir, wo wir doch jeden Tag sehen, dass sie es nicht sind." (IG, 32) Da ihre kulturelle Identität ‚auszuleben', hier – wo immer in ‚Europa' – kriminelles oder wenigstens asoziales Verhalten bedeutet, wird das natürliche Streben bzw. das Recht sowohl der Heimatvölker als auch der fremden Migranten auf ihre eigene kulturelle Identität durch den Multikulturalismus verneint. Die Möglichkeit einer wechselseitigen Anpassung ohne Aufgabe der jeweils eigenen Kultur oder wenigsten einer friedlichen und freundschaftlichen Koexistenz unter dem Dach derselben Gesetze besteht nicht: „Denn zu viel Nähe von Gegensätzlichem führt immer zu Konflikt." (IG, 68) Der Multikulturalismus ist also deswegen widersinnig, weil nach Willinger alle Menschen von Natur aus durch ihre völkischen Identitäten zu bestimmten Verhaltensweisen determiniert sind, die notwendigerweise mit denen anderer Völker kollidieren müssen. Folglich passiert genau dies immer und überall, wo die Bevölkerung ethnisch nicht homogen ist. Weil die Menschen in dieser Hinsicht offenbar unfähig zu jeder vernünftigen Verständigung sind, da sie stets dem Gefühl ihres Eigenen folgen müssen, wenn sie sich nicht selbst verlieren wollen, bleibt nur die isolierte Existenz in ethnisch homogenen Gruppen. Das Zusammenleben in einer, gemeinschaftlich gemäß vernünftiger Prinzipien und Überlegung organisierten Gesellschaft ist deswegen ausgeschlossen. Was jedoch so schlimm daran sein soll, sich selbst bzw. das ‚Eigene' bzw. die jeweilige Kollektividentität zu verlieren, wird bislang immer noch nicht recht deutlich. Denn auch die größte und empörteste Geste macht noch keine verständliche Bestimmung des gefährdeten Gegenstands oder der erlittenen Verletzung – mögen sie eingebildet sein oder nicht.

Was der Multikulturalismus zuhause ist, ist der Universalismus für die ganze Welt. Er bedeutet nichts anderes als die weltweite Verbreitung der Denkungsart der europäischen Aufklärung und der mit ihr verbundenen gesellschaftlichen Praxis, d. h. ihr Beharren auf der Allgemeingültigkeit vernünftigen Denkens und Handelns und der Einheit der Wahrheit, die von jedem Menschen eingesehen werden kann, und die Konzentration von Moral, Recht und Politik um und auf das Individuum mit seinen unverletzlichen subjektiven Rechten. Demgegenüber vertritt Willinger einen vollständigen Relativismus, als dessen Zweck er die Rettung der verschiedenen kulturellen Identitäten behauptet. Deren Existenz nämlich wird durch den Export der „Errungenschaften der westlichen Zivilisation" (IG, 33), wie ihn die 68er im Namen der Aufklärung und Befreiung unterdrückter Völker betreiben, gefährdet und schließlich vernichtet. Ziel ist dabei, „mit Kapitalismus, Demokratie und Menschenrechten im Gepäck" den „Menschen anderer Völker" klarzumachen, „wie sie ihre Kultur verbessern können, wie sie euch ähnlicher werden können" (IG, 33 f.). Das Ziel des Vernunft- und Aufklärungsexports, der den Universalismus der 68er ausmacht, ist also die Assimilation anderer Kulturen an die westliche und die Schaffung einer einheitlichen Weltkultur, die keine andere als die globalisierte westliche sein soll. Interesse und Toleranz der 68er für andere, nicht-westliche Kulturen sind demnach nur geheuchelt. In Wahrheit „wollt ihr diese Kulturen ermorden" (IG, 34). Dies ist der Grund, „warum euch der Rest der Welt so feindselig gegenübersteht", also nicht ökonomische Ausbeutung und militärische Dominanz: „Das alles gehört nur zum großen, ewigen Spiel der Völker, in dem jeder seinen Vorteil sucht. Nein, die Welt hasst euch für eure Verlogenheit." (IG, 34)

Sie soll in einer subtilen Form der Eroberung und Unterwerfung der Welt bestehen, die derjenigen der „großen Imperialisten" des Kolonialzeitalters gleichkommt, die allerdings „zumindest niemals so [taten], als seien sie die Guten und brächten Frieden und Freiheit" (IG, 34). Die hinterlistige Kulturvernichtung durch die 68er geschieht daher mit dem besten Gewissen:

> „Ihr aber versucht, die Welt zu verbessern. Der Welt Menschenrechte, Demokratie und Kapitalismus zu bringen. Ihr versucht, die Welt zu modernisieren und ihr eure falsche Modernität und euren eingebildeten Fortschritt aufzuzwingen. Nichts aber kränkt und beleidigt die stolzen und alten Kulturen Indiens, Chinas, Russlands, Persiens und so vieler anderer Länder mehr, als wenn ihr kommt und sie belehren und ‚verbessern' wollt." (IG, 34)

Diese sehr umfassenden Anwürfe können nur dann Sinn haben oder gar wahr sein, wenn man von der Wahrheit der Verneinung des Weltverbesserungsziels der global wirken wollenden 68er ausgeht. Das bedeutet kurz gesagt, dass sie in allem falsch liegen müssen, was sie denken, für wahr und gut halten und wollen. Dabei geht es insbesondere um drei Punkte, die Willingers eigene Überzeugungen klar legen:

Zum ersten, lässt sich die Welt nicht durch vernünftige Überlegung und dementsprechendes Handeln besser machen. Vielmehr ist sie so, wie sie ist, und folgt in ihren verschiedenen Teilen den naturhaften und zufälligen Konvulsionen der sie bewohnenden Völker, die scheinbar durch ihre verschiedenen Identitäten zu ihren jeweiligen Entwicklungen unabweislich determiniert sind. Mit anderen Worten: Die Lehre von der durch Freiheit und Vernunft steuerbaren Entwicklung des Weltlaufs bzw. der Offenheit der Geschichte ist falsch, und der Determinismus bzw. Fatalismus, nach dem die Geschichte vorbestimmt ist und schicksalhaft verläuft, ist wahr.

Zum zweiten, sind die Menschen nicht alle von Geburt an gleich und bilden strenggenommen auch keine einheitliche biologische Spezies, sondern verteilen sich gemäß ihrer Identitäten in so etwas wie Unterarten, um nicht zu sagen: Rassen. Denn die Identität der Völker bildet eine Einheit mit ihrer ethnischen Homogenität. Deren Diversifikation bedeutet nämlich zugleich das Ende ihrer Identität und damit zugleich ihrer Kultur. Diese Einheiten bestehen naturhaft, sind mithin biologisch begründet, denn sonst könnten sie durch freie Willensakte überwunden und dabei womöglich trotzdem die jeweilige Kultur erhalten werden. Dies aber ist nach Willinger ausgeschlossen. Folglich muss es ebenso ausgeschlossen, mithin unmöglich sein, dass nicht-westliche Kulturen westliche Konzepte oder Einrichtungen übernehmen oder sich gar aneignen können; sie können dies nicht einmal wollen oder diese auch nur verstehen. Solche fremden Kulturen sind also schlechterdings unfähig und ungeeignet für die liberale Wirtschaftsordnung, die Willinger „Kapitalismus" nennt, unfähig und ungeeignet für die Regierungsform der repräsentativen, parlamentarischen Demokratie – obwohl etwa das als abschreckendes Beispiel angeführte Indien ohne Zweifel, aber offenkundig fälschlicherweise eine solche besitzt – und unfähig und ungeeignet, um so etwas wie Rechte, die einem jeden nur deswegen zukommen, weil er Mensch ist, Menschenrechte also, anzuerkennen. Es ist schwierig, dann noch irgendetwas zu sehen, das Vertreter verschiedener ethno-kultureller Identitäten überhaupt gemein haben sollen. Aus der ästhetischen Perspektive des leidenschaftlichen Urlaubers Willinger, der bereits „alle sechs (sic!) Kontinente und über siebzig Länder bereist" hat,[50] wird diese radikale Verschiedenheit gewiss den gesuchten, exotischen Reiz haben:

> „Wir wollen in andere Länder reisen und dort eine ganz andere Kultur kennenlernen, nicht eine weitere globalisierte Metropole./ Wir wollen heimkehren und zu Hause unsere eigene Kultur wieder um uns spüren, nicht eine gleichgeschaltete Multikultiwelt." (IG, 38 f.)

Zum dritten, kann es für Willinger keine universale Geltung oder Anerkennung von irgendetwas geben, auch nicht der Menschenrechte. Welche Rechte bzw. welches Recht irgendein Individuum hat, hängt folglich schlicht davon ab, wo es geboren ist und welche ethno-kulturelle Identität die Gruppe bestimmt, deren unabtrennbarer Teil es ist. Als Individuum kommt es mangels subjektiver Rechte, wie sie die Menschenrechte ausdrücken, nicht einmal in Betracht. Solche Individualität ist eine westliche, europäische Spezialität, deren Übertragung auf andere Völker schlechthin ausgeschlossen ist. Daher kann die Achtung der Menschenrechte auch von keinem Angehörigen einer anderen Kultur oder gar einem ganzen Volk verlangt werden. Der Einzelne ist aufgrund seiner ethno-kulturellen Identität, die seine Individualität bestimmt, unfähig einzusehen, was da von ihm verlangt werden mag, und das Volk besitzt bereits eine eigene Kultur, die schon als solche sich nicht mit universalistischen Forderungen verträgt. Kurz: Der Universalismus ist falsch, der Relativismus ist wahr.

Die Attitüde des Weltverbesserertums macht die 68er nicht nur der „restliche[n] Welt" verhasst (IG, 34), sie ist auch dem eigenen Volk verdächtig und zuwider. Die 68er nämlich „fürchte[n] [...] das Volk" (IG, 37):

> „Denn ihr weigert euch, das Volk in den wirklich relevanten Dingen abstimmen zu lassen. Zu sehr fürchtet ihr Populismus (denn so nennt ihr alle Ansichten, die nicht die euren sind) und die ‚Dummheit' des Volkes. Das Volk verstünde ja von den wesentlichen Fragen gar nichts." (IG, 36)

In Wahrheit ist es naturgemäß umgekehrt: Das Volk ist schlicht anderer Meinung als die regierenden 68er und wird deswegen nicht befragt, weil es sonst „eure ganze Politik abschmettern und zunichte machen" würde

---

[50] https://www.amazon.de/Feuersturm-Deutschlands-B%C3%BCrgerkriegs-Saga-Band/dp/395043819X/ref=sr_1_1?__mk_de_DE=%C3%85M%C3%85%C5%BD%C3%95%C3%91&crid=QJU3Z48HTZGY&keywords=markus+willinger&qid=1583864926&s=books&sprefix=markus+%2Caps%2C337&sr=1-1 (zuletzt aufgerufen am 10.03.20, 19:30).

(IG, 37). Deshalb müssen die 68er zusammen mit einer Elite gegen das Volk regieren: „Ihr habt euch immer nur auf die Universitäten und die geistige Elite des Landes konzentriert. Und mit dieser Elite wollt ihr eure Wahnvorstellungen durchsetzen, das Volk ist euch dabei nur im Wege." (IG, 37) Wieder muss man sich daran erinnern, dass die 68er samt ihrer akademischen Prätorianergarde aufgrund ihres Multikulturalismus nach innen und ihres Universalismus nach außen, aus denen bereits die Aufgabe der eigenen ursprünglichen völkischen Identität folgt, selbst nicht mehr zum Volk gehören. Die repräsentative parlamentarische Demokratie, aus der jeweils eine Regierung gestellt wird, und die Elite, die in deren Interesse das Funktionieren des Staatsapparats gewährleistet, ist also alles andere als eine „Volksherrschaft" (IG, 36). Das Volk ist wie für Willms, Kubitschek und Höcke auch für Willinger einer Fremdherrschaft unterworfen, die eigene Interessen verfolgt und – Multikulturalismus! Universalismus! – sogar aktiv an der Auflösung des von ihr regierten Volks arbeitet. Für die Identitätsgeneration gilt demgegenüber wenig überraschend: „Wir kommen aus dem Volk, und wir kämpfen für das Volk und sein Recht, selbst die Politik bestimmen zu dürfen." (IG, 37)

Die Frontlinie im erklärten Bürgerkrieg verläuft daher nicht einfach zwischen 68er- und Identitätsgeneration, sondern zwischen 68ern und ihren akademischen Eliten und der Identitätsgeneration und dem Volk. Daran, wer in diesem Konflikt letztendlich die Oberhand behalten wird, scheint schon aufgrund der Zahlenverhältnisse kaum Zweifel bestehen zu können – jedenfalls sofern das Volk tatsächlich der gleichen Meinung sein sollte wie die Identitätsgeneration oder dazu gebracht werden könnte. Dies aber zu erreichen, ja überhaupt zum Volk durchzudringen ist schwer. Denn die 68er und ihre akademisch gebildeten Schergen versorgen es mit gezielter Desinformation, um es wie Höckes ‚polit-mediales Establishment' (oder Trumps „fake news") in ihrem Sinne ruhig zu halten und zu beeinflussen. Die Identitätsgeneration muss daher ohne Waffengleichheit in ihren gerechten (Bürger)Krieg ziehen und kann deswegen in dem von ihr selbst deklarierten Kampf von David gegen Goliath den sympathischeren Part beanspruchen:

> „Wir befinden uns im Krieg, und unsere Feinde sind uns weit überlegen. Sie kontrollieren ein Waffenarsenal, das wir uns nicht einmal erträumen können. Zeitungen, Fernsehsender, Parlamente und Parteien. Sie beherrschen den öffentlichen Diskurs, und diskutieren doch vor allem mit sich selbst." (IG, 101)

Der Kampfplatz, auf dem der Krieg der Identitäts- gegen die 68er-Generation ausgefochten wird, ist also die politische Öffentlichkeit und der Preis ist die Herrschaft über die öffentliche Meinung, genauer: die Meinung des Volks. Hier nämlich besteht derselbe Unterschied wie zwischen bestehender Demokratie und Volksherrschaft: Die öffentliche Meinung ist die veröffentlichte Meinung der herrschenden Elite, welche die Öffentlichkeit vollständig kontrolliert und so dem Volk vorgaukelt, dass es keine Alternativen zu seiner – selbstredend: prekären – Lage und ihrer weiteren Verschlimmerung durch Immigration und Überfremdung im Sinne der universalen Prinzipien der herrschenden Elite – Menschenrechte, Demokratie, Kapitalismus – gibt. Im Grunde genommen behandelt diese Elite das Volk, das sie regiert und beherrscht, wie eine Kolonialmacht ihre überseeischen Eroberungen, indem sie das Volk zur Übernahme einer universalistischen Vernunft- oder Menschheitskultur bzw. -identität zwingt und erzieht, die ihm – wie jedem anderen Volk auch! – fremd sein muss. Gegen diese Gleichmacherei erhebt sich nun nach eigenem Verständnis die Identitätsgeneration mit ihrem Relativismus. Er hat freilich das gleiche Problem wie alle Relativismen: Seine universale Wahrheit lässt sich weder begründen noch auch nur behaupten, ohne sich selbst zu widersprechen. Naturgemäß gibt sich Willinger mit solchen Petitessen nicht ab.

b) Helden allein zuhaus: Greinen um Gemeinschaft

Er hat anderes zu tun. Vordringlich müssen nämlich die mit der zerstörerischen Aktivität der 68er assoziierten Verlustgefühle artikuliert werden. Eigentlich geht es allein um diese. Denn die Identitätsgeneration bekennt sich emphatisch zu ihrem Irrationalismus, der gegen die universale Vernunft das kollektive, aber eben keineswegs universale, sondern „identitäre", d. h. auf eine bestimmte Gruppe bezogene, Gefühl stellt:

> „Und so werft ihr uns oftmals vor, irrational zu handeln. Ein berechtigter Vorwurf, denn wir handeln nicht rational, nicht überlegt oder logisch./ Denn wir sind die Generation des Herzens, des Gefühls, und unser Handeln bestimmt einzig und allein die tiefe Sehnsucht nach der Geborgenheit, die ihr uns hättet geben sollen." (IG, 20)

Wie eine solche vernunftfreie Moral und das dazu passende alogische Denken aussieht, die sich um „die alten Werte: Familie, Tradition und Heimat" (IG, 27) zentriert, werden wir noch genauer sehen. Zunächst gilt es, wie gesagt, den Blick auf die bekundeten Verlustgefühle zu richten. Sie motivieren die Frage nach der Bedeutung der von der stets destruktiven Aktivität der gefühlten Elterngeneration betroffenen Gegenstände für die Identitätsgeneration. Deren Antwort allerdings kann selbst kaum in Frage gestellt oder gar korrigiert werden. Denn es handelt sich um eine erlebte Bedeutung, um ein gegebenes Gefühl, das mit den Mitteln rationaler Diskussion – allein schon aufgrund des erklärten Verzichts auf die Ratio – nicht mehr erreicht wird. Es herrscht daher vollständiger Subjektivismus und Relativismus:

> „Alle irdischen Dinge scheinen den verschiedensten Beobachtern gänzlich verschieden zu sein. Was der jeweilige Beobachter erwartet und sich wünscht, trübt und verändert seine Wahrnehmung. Auch unsere bisherigen Erfahrungen verändern unsere Sicht der Welt und, um von euch zu sprechen: Auch Ideologien, Wahnvorstellungen und ähnliches trüben den Blick auf das wahre Wesen der Dinge." (IG, 31)

Subjektivität und Relativität der Weltsicht sind nach Willinger jedoch nicht individuell. Er denkt stets im Kollektiv bzw. vom Kollektiv, dem „Wir", aus. Deswegen sollen die Auffassungen der Generationen aufgrund ihres – warum auch immer – einheitlichen, um nicht zu sagen: stereotypen und aus irgendwelchen Gründen offensichtlich determinierten Welterlebens homogen sein, d. h. relativ zur jeweiligen Generation universal. Trotzdem und gleichzeitig erfasst die Identitätsgeneration die Welt, wie sie tatsächlich, mithin in Wahrheit ist: „Unser Blick durchbohrte die Nebelschwaden eurer geistigen Verwirrung und erkannte die Dinge, wie sie sind." (IG, 27) Der Vorwurf, dass spätestens hier ein flagranter Selbstwiderspruch begangen würde, geht in's Leere, da es sich beim Widerspruch um ein logisches Konzept handelt, Anspruch und Geltung der Logik jedoch abgelehnt werden. Vielmehr beansprucht Willinger für seine Generation einen unmittelbaren, intuitiven Zugang zur Welt, der wiederum relativ zu seiner Generation exklusiv besteht und sie in den Besitz der Wahrheit bringt, ohne diese argumentativ begründen oder sonstwie rational rechtfertigen zu müssen oder auch nur zu können. Willinger immunisiert seine generationsbedingten Auffassungen so einerseits gegen jede Kritik und erhebt andererseits Anspruch auf eine unbedingte Wahrheit, die nur dem Kollektiv seiner Generation zugänglich ist und die anderen mitzuteilen oder diese gar davon zu überzeugen zu versuchen unsinnig ist. Die Weisheit der Identitätsgeneration ist sowohl hermetisch als auch wahr als auch, weil nur fühlbar, unbeweisbar. Warum sie etwa das so umworbene und hochgeschätzte Volk übernehmen oder auch nur verstehen soll, erschließt sich nicht.

Dies sollte man nicht nur im Gedächtnis behalten, wenn es nun in einem zweiten Durchgang darum geht, was die Identitätsgeneration von den durch die 68er zerstörten Institutionen erwartet, zuerst von Religion und Kirche. Trotz ihres halben Unglaubens – die Identitätsgeneration glaubt „[e]in bisschen an Gott, ein bisschen an die Biologie, ein bisschen an alles und ein bisschen an nichts" – und ihrer von den Eltern anerzogenen Kirchenferne „faszinieren uns streng religiöse Menschen und Kulturen" (IG, 15). Der Grund dafür hat nicht das geringste mit Philosophie oder Theologie zu tun und ist ebenso banal wie subjektiv: „Denn wir ahnen, dass sie etwas besitzen, was uns fehlt. Ein tiefes, inneres Gefühl, geborgen und behütet zu sein. Eine klare Gewissheit, was richtig und falsch ist." (IG, 15)

Die Identitätsgeneration ist zwar lang den Kinderschuhen entwachsen und im Studium – vermutlich eher weniger im Beruf – erwachsen geworden, sucht aber offenbar immer noch nach der Befriedigung kindlicher Bedürfnisse, nämlich einem unhintergeh- und -fragbaren Gefühl von Geborgenheit und Behütetsein, von kindlicher Unverletzbarkeit. Es mangelt ihr also an Sicherheit, und zwar an innerer Sicherheit, mit anderen Worten, da es sich ja in Wahrheit um erwachsene Leute handelt: an Selbstbewusstsein. Dies aber soll nicht aus dem jeweiligen Selbst selbst kommen, keine Errungenschaft des Individuums selbst sein, sondern von anderswoher gegeben oder geschenkt werden oder besser: immer schon worden sein. Religiöser Glaube genügt sich daher nicht selbst und entsteht nicht aus einer wie immer durch Reflexion oder Offenbarung oder sonstwie vom Gläubigen selbst gewonnenen Einsicht, sondern er soll Mittel zum Zweck der Existenzerleichterung für die Identitätsgeneration sein, die entweder unfähig oder schlicht zu bequem ist, von sich aus die entsprechenden geistigen Interessen zu entwickeln und zu vertiefen. Denn zweifelsohne ist eine äußerlich vorgegebene, schlicht fraglos übernommene Gewissheit, was richtig und falsch ist, für die man überdies keine rationale Rechtfertigung braucht, weil sie ein Gefühl ist, ungleich bequemer, als diese Aufgabe bei jeder Handlung und Entscheidung selbst lösen und aufs Neue rechtfertigen zu müssen. Die Unterwerfung unter Autoritäten, besonders wenn diese nur gefühlt werden, ist stets einfacher als selbst zu denken.

Das begehrte Beschütztheitsgefühl – man darf durchaus an Höckes Festung Familie denken – will sich aber auch beim Versuch der Familiengründung nicht einstellen. Denn was eine solche ist, kennt die Identitätsgeneration allein aus dem Fernsehen:

„In unzähligen Fernsehserien zwingt ihr uns, immer wieder das Leben scheinbar perfekter Familien anzusehen. Und wir sind gierig nach diesen Bildern, ist die Realität, die ihr geschaffen habt, doch das genaue Gegenteil davon." (IG, 19)

Wie dieser Zwang zum unentwegten Schauen von Familienserien im Tages- oder Nachmittags- oder Frühabendprogramm, der den unbedarften Leser an Folter denken lässt, bei einer ganzen Generation von Kindern, Jugendlichen, Heranwachsenden und jungen Erwachsenen ausgesehen haben mag, bleibt dahingestellt. Jedenfalls wurde aufgrund der

„tiefen Sehnsucht nach der Geborgenheit, die ihr uns hättet geben sollen […] [d]as Ideal aus den Fernsehbildern *unser* Ideal. Wir haben es uns zu eigen gemacht und träumen *alle* von einer wundervollen Familie. Das, was ihr als altmodisch und überflüssig verworfen habt; wir wollen nichts mehr." (IG, 20)

Nun wird man wohl nicht zu viel sagen, wenn man behauptet, dass die Perfektion von Fernsehfamilien – leider nennt Willinger keine Beispiele – mit Realität der klassischen Familien auch in der Großelterngeneration und davor wohl wenig bis nichts zu tun hat. Und es zeugt wiederum vom durchaus kindlichen Gemüt der Identitätsgeneration, wenn eine als solche durchaus erkennbare Fiktion zum Ideal einer möglichen Realität erhoben, also eigentlich Fernsehfiktion und Lebensrealität verwechselt wird. Die gleiche Unreife – oder nobel formuliert: Naivität – zeigt sich ebenso, wenn der eigenen Elterngeneration, also den 68ern, zum Vorwurf gemacht wird, dieses Ideal nicht erreichen und verwirklichen zu können: „Doch niemand hat uns jemals gezeigt, wie man eine Familie aufbaut, uns gesagt, wie man Zusammenhalt schafft oder Streite schlichtet. Und so scheitern wir tausendfach bei dem Versuch, dieses Ideal umzusetzen." (IG, 20) Wieder qualifiziert die Identitätsgeneration die Familie als Mittel zum Zweck der Erreichung des vermissten Geborgenheitsgefühls. Und wieder schiebt sie die Schuld, dies nicht zu besitzen, auf andere, nämlich die Elterngeneration, die an allem Übel der Welt schuld ist. Eine eigene Einsicht, etwa zuallererst die sehr elementare, dass das, was in einer Familienserie gezeigt wird, und das wirkliche Leben zwei verschiedene Sachen sind, sucht man vergebens. Und gerade deswegen, mangels dieser Einsicht fühlt sich die Identitätsgeneration berechtigt, den Anspruch zu erheben, eine perfekte Familie zu haben. Dass dieser kaum befriedigt werden kann, dürfte nicht überraschen oder gar mit Zorn erfüllen, außer freilich man erkennt den Unterschied zwischen Fiktion und Realität nicht an. Dies nicht zu tun, zeugt von einer

Bequemlichkeit, die man bei kleineren Kindern goldig finden kann, die aber bei Erwachsenen, die „in echt" eine Familie gründen wollen, dieses Unternehmen von vornherein zum Scheitern verurteilen wird. Denn Perfektion unter Menschen, die alle unvollkommene Individuen und nicht nach Schablonen geformte Idealtypen sind, ist hienieden schlicht nicht möglich. Mit dem permanent behaupteten Realismus der Identitätsgeneration wird es deswegen nicht weit her sein können. Ganz offensichtlich erkennt sie gerade nicht ‚die Dinge, wie sie sind', sondern hält das, was sie sich wünscht, für die Dinge, wie sie zu sein haben, nämlich unverrückbar sicher und in höchstem Maße angenehm.

Dies zeigt auch Willingers Bewertung der wirtschaftlichen Aussichten der Identitätsgeneration:

> „Ihr konntet eine Lehre abschließen und euch darauf verlassen, dass ihr eine feste Stelle fürs Leben haben würdet. Wir schließen zwei Studien ab und freuen uns danach über einen Job als Hilfsarbeiter./ Und so büßen wir erneut für eure Fehler." (IG, 26)

Ungesagt bleibt wiederum, wer sich denn anstelle einer Lehre für ein – vermutlich geisteswissenschaftliches – Studium mit minderen Berufsaussichten entschieden hat. Dass ein solches jungen Leuten gegen ihren Willen aufgezwungen wird, dürfte trotz der steigenden Studienquote immer noch nicht die Regel sein. Die Hauptsache ist aber wiederum der Wunsch nach Sicherheit, der die Identitätsgeneration umtreibt. Diese Sicherheit soll allerdings durch eine beliebige Ausbildung nach Wahl gewährleistet werden, sich also nicht nach der Nachfrage auf dem Arbeitsmarkt, sondern nach den Wünschen des Absolventen richten. Dass eine, ja jede eigene Entscheidung stets mit irgendeinem Risiko behaftet ist, gehört aber zum Leben in einer freien Gesellschaft. Genau dies wird nun als unsicher bzw. unbequem empfunden. Gemindert oder vielleicht sogar weitgehend eliminiert werden könnte dieses allgemeine Lebensrisiko allerdings durch entsprechende autoritäre Vorgaben wenn nicht der Eltern, so doch durch einen starken Staat, der die jeweils jüngere Generation auf die zu besetzenden Ausbildungs- und schließlich Lebensstellen verteilt. Je stärker dieser Staat ist, desto geringer wird das Risiko werden. In dieser Hinsicht würde ein totalitärer Staat jedes wirtschaftliche Lebensrisiko vermeiden können. Da es nun der Identitätsgeneration tatsächlich weniger um freie Entfaltung der individuellen Interessen geht als um Sicherheit und die damit verbundene Bequemlichkeit samt Geborgenheitsgefühl, bietet ihr der möglichst totalitäre Staat sowohl die Lösung ihrer von den 68ern verursachten

Probleme als auch die Erfüllung ihrer von den 68ern vernachlässigten Wünsche.

Auf ihren allgemeinen Punkt bringt diese bereits das zweite Kapitel von Willingers Schrift, das „Von der Einsamkeit" heißt. Es fasst noch einmal Verlust, emotionale Reaktion und Schuldzuweisung der Identitätsgeneration zusammen:

> „Wir leben in der Welt, die ihr euch erträumt habt, und doch widert uns diese Welt an./ Dank euch konnten wir uns frei von allen sozialen Zwängen und Normen entwickeln, dank euch gehen wir verloren und einsam durchs Leben./ Ihr habt alles zerstört, was uns Identität und Halt hätte geben können, und doch wundert ihr euch, daß wir unzufrieden sind./ Denn in uns liegt ein ständiges, immerwährendes Gefühl des Alleinseins, der Verlorenheit. Und wir tun alles, um dieses Gefühl zu betäuben." (IG, 13)

Die nach den Universalismen der Aufklärung eingerichtete, globalisierte und in ihren ökonomischen, politischen, rechtlichen und moralischen Einrichtungen und Strukturen langsam einheitlich werdende Welt verursacht in den Angehörigen der Identitätsgeneration eine heftige, körperlich-emotive Reaktion. Sie entspringt dem Gefühl der Einsamkeit, das durch ebendiese Weltgestaltung bewirkt wird. Dieses Gefühl selbst speist sich aus der Abwesenheit von sozialer Autorität und dem damit verbundenen Zwang zur Eigenverantwortung. Genau diese Eigenverantwortung wird zugunsten des Wunsches nach autoritärer Anleitung abgelehnt. Sie äußert sich aber nicht durch rationale Kritik, sondern im erwähnten Einsamkeitsgefühl. Es soll durch ein Gefühl der Gruppenzugehörigkeit bekämpft und ersetzt werden. Dies schließt die Verneinung der eigenen Individualität ein, die als lügenhafte Einbildung begriffen wird: „Manchmal reden wir uns verzweifelt ein, dass wir absolut einzigartig und besonders seien, und dass wir nirgendwo dazugehören müssen." (IG, 14)

Neben der Leugnung realer, metaphysischer Identität behauptet die Identitätsgeneration eine Notwendigkeit der Gruppenzugehörigkeit. Ihr nicht zu folgen, führt zu den genannten Gefühlszuständen. Jedoch genügt es zu deren Unterbindung und Ersetzung durch Wohlgefühl nicht, willkürlich eine beliebige Gruppe zu wählen und sich dieser etwa „mit Marken, Labels und Kleidungsstilen" zu assoziieren (IG, 13): „Schließen wir uns irgendwann doch einer Gruppe an, weil unser innerstes Sehnen sich Identität und Zugehörigkeit wünscht, so können wir es trotzdem nicht genießen. Denn ständig hören wir eure nagenden Stimmen in unserem Kopf, die uns vor Gruppenzwang und dem Verlust unserer Individualität warnen." (IG, 14)

Identität wird durch Gruppenzugehörigkeit gestiftet, bestimmt und verwirklicht. Individuelle Identität ist Einbildung. Aber auch künstlich erzeugte und willkürlich gewählte Kollektividentitäten verfehlen das notwendige und deswegen vermutlich naturhafte bzw. der menschlichen Natur entsprechende Bedürfnis nach Gruppenzugehörigkeit. Es muss daher auch eine naturhafte, mithin jeweils wahre Gruppenzugehörigkeit geben. Sie zu finden und zu verwirklichen beseitigt das Gefühl der Einsamkeit und ersetzt es durch das Gefühl von Sicherheit, Geborgenheit und Beschütztheit, dem nebenbei auch ein durch staatliche Autorität organisiertes und geführtes Leben entspricht, das der Einzelne allein und nur als Teil seiner identitätsstiftenden Gruppe führt und führen kann. Die Gruppe ist alles, das Individuum nichts. Jedoch erfordert die Auffindung der rechten Gruppe und der Anschluss an sie keinen Akt der Reflexion oder sonst irgendeine Art rationaler Erkenntnis. Vielmehr kann dies nur ein Gefühl und die damit verbundene Intuition leisten. Beides wird durch die eigene Herkunft aktiviert. Sie spricht den Suchenden auf geheimnisvolle, ja mystische Weise an und lässt ihn die Zugehörigkeit zu seiner, ihm vom Schicksal zugewiesenen Gruppe spüren. Es wird nicht überraschen, dass es sich dabei stets um die eigene Ethnie, das eigene Volk handelt. Denn nur zu dieser besteht durch Geburt und Abstammung eine naturhafte Bindung, die zwar durch die Elterngeneration der 68er geleugnet oder schlechtgemacht werden kann, aber dennoch weiterbesteht.

Wie stets findet sich unterhalb der beschworenen einheitlichen und partikulären Kultur, die notfalls noch erlernt und in vollständiger Assimilation angenommen werden könnte, eine tiefere, naturhafte, kurz: biologische Schicht, nämlich die genetische Herkunft. Sie definiert Gruppenzugehörigkeit und damit gleichzeitig Identität final, wortlos und unabhängig von jeder begrifflichen Differenzierung. Die Identitätsgeneration strebt nach ihrem naturhaften Wohlbefinden und findet dies in ihrer rassischen und völkischen Zugehörigkeit, die sie unter Aussparung aller bösen Wörter ‚ethnische Homogenität' nennt. Eine dieser ethnischen Homogenität womöglich entsprechende Kultur mag schön sein und zu allerlei artigen Betrachtungen Anlass geben, hat aber im Verhältnis zur Tiefengefühlslage der Identitätsgeneration eher ornamentale, um nicht zu sagen: bildungsspießbürgerliche, Funktion. Denn eigentlich verstehen sich ihre Angehörigen, wenn sie in der rechten Gemeinschaft sind, ganz kulturfrei auch ohne Worte.

c) Identität ohne Individualität: Der Ethnopluralismus

Warum die Identitätsgeneration den von ihr selbst erfundenen und sogenannten „Ethnopluralismus" predigt, versteht sich vor diesem Hintergrund fast von selbst. Sein Konzept klingt harmlos, nachgerade idyllisch. Es beruht auf dem Gedanken der Vielfalt und ihrer Erhaltung, und man darf dabei ruhig die Parallele zum biologischen Konzept der Artenvielfalt und der ökologischen Bemühungen um ihren Schutz mitdenken. Nur bezieht sich dies hier auf Menschen, genauer: auf Gruppen von Menschen mit unterschiedlichen Identitäten, mithin Völker, die auf diese Weise wieder als verschiedene Menschenarten auftreten. Man hat es daher schon bei der Vielfalt und ihrer Bewahrung mit einem rassistischen Konzept zu tun, wenngleich die – gegen die Perversionen des Universalismus der 68er entworfene Welt der Identitätsgeneration – ein bisschen nach Sesamstraße klingt.

So wirft Willinger den 68ern zunächst vor, echte Vielfalt mit umfassender Perversionstoleranz zu verwechseln: „Bunt, vielfältig, heterogen, ja, ihr gebt euch gerne als Vertreter der Vielfalt aus. Jede Perversion toleriert ihr und glaubt dabei, der Vielfalt einen Dienst zu erweisen." (IG, 38) Nicht jeder Unterschied gehört also zur Vielfalt. Dies gilt nur für solche, die nicht einer Perversion entspringen. Was damit gemeint ist, klären sogleich die nächsten Absätze: „Denn ein Bild wird nicht bunt, indem man alle Farben zusammenmischt, sondern, indem man jeder Farbe ihren eigenen Platz zuweist./ Vielfalt im Großen erfordert Homogenität im Kleinen." (IG, 38)

Um im Bild zu bleiben: Pervers also ist die Mischung von Farben, wahre Vielfalt besteht in ihrer Reinhaltung und – vielleicht noch durch schwarze Konturlinien – getrennten Setzung, und zwar genau an dem Platz, der ihnen gemäß der Zuweisung des Malers gebührt. Für farbliche Übergänge und Changieren ist hier kein Platz, genaugenommen ist überhaupt nur wenig Platz für viele verschiedene Farben, weil es eigentlich nur drei reine, bunte Farben gibt. Dies aber geschenkt. Überträgt man das Bild des Bildes auf den intendierten Gegenstand, die Gesellschaft, den Staat, die Welt, erfährt man, dass die Vermischung von Kulturen und ihren Trägern, die durch diese in ihrer Identität definiert werden, mithin in der Vermischung von Angehörigen verschiedener Völker eine Perversion darstellen soll. Nicht pervers, also naturgemäß, d. h. so wie es die Natur vorgegeben und vorgesehen hat, ist dagegen die Reinhaltung der Kulturen bzw. Völker von jeder Vermischung mit anderen, folglich ihre möglichste Isolation voneinander, die allenfalls gelegentliche und möglichst vergnügliche Besuche in einer „ganz andere[n] Kultur" vorsieht (IG, 38). Diese Isolation bedeutet die gewünschte Vielfalt im Großen und die ihr entsprechende Einfalt im Kleinen: ‚Vielfalt im Großen erfordert Homogenität im Kleinen.' Dass darüber, über die Einhaltung der strikten Völkertrennung ohne kulturelle und sexuelle Kontakte niemand anders wachen kann und muss als der Staat, dessen Durchgriffsrecht auf die privatesten und intimsten Lebensbereiche seiner Untertanen totalitäre Vollkommenheit erreicht, liegt auf der Hand. Dass es hier immer um einzelne Menschen geht, da Kulturen und völkische Identitäten nicht einfach so und als solche herumlaufen und sich mischen, bleibt im immer währenden „Wir", „Ihr" und „Sie" der Identitätsgeneration völlig unbeachtet; es ist auch für den Ethnopluralismus irrelevant, läuft ihm sogar zuwider.

Mit universalen Menschenrechten oder den durch das deutsche *Grundgesetz* absolut geschützten subjektiven Rechten des Einzelnen hat das alles nichts zu tun. Willinger ist sich dessen bewusst, da sich sein Entwurf gegen die 68er richtet, die offensichtlich auf magische Weise bereits das *Grundgesetz* mit ihren Ideen infiziert haben müssen:

> „*Einen* Markt müsse es geben. *Eine* Staatsform sei die richtige. *eine* (sic!) Satzung, der ‚für alle gültigen' Menschenrechte, wollt ihr durchsetzen. Wir lebten alle in *einer* Welt. Dies sind eure Parolen. Wie aber wagt ihr es, zu behaupten, dass ihr für die Vielfalt stündet? Wo die Vielfalt euch doch im tiefsten Inneren verhasst ist?" (IG, 38)

Die Vielfalt, die sich die Identitätsgeneration wünscht, beruht also wiederum auf einem Relativismus, der die universale Geltung vernünftiger Prinzipien und die allgemeine Gleichheit aller Menschen verneint und ablehnt. Genau dies versteht die Identitätsgeneration unter den stereotypen Vorwürfen von Globalismus, Kosmopolitismus, Universalismus und – am liebsten – Multikulturalismus. Ihm wird völkischer Isolationismus entgegengesetzt, der in Wahrheit ohne einen wie immer verblasenen oder verdrucksten oder verhohlenen Begriff der biologischen Rasse nicht auskommen kann und ihn schlicht enthält. Freilich klingt der Ausdruck „Ethnopluralismus" dagegen schöner, jedenfalls weniger verfänglich. In der Sache ändert das nichts, zumal auch hier der vehement geleugnete Rassismus (IG, 53 f.) ganz nah an der Oberfläche liegt. Wenn nämlich der Erhalt eines Volks durch die Unterbindung seiner Vermischung mit anderen und der Isolation von anderen (ausgenommen Bildungs- bzw. Urlaubsreisen) allein erreicht werden kann und erreicht werden muss, kann dies nur in der Beschränkung des fortpflanzungsrelevanten und -geeigneten Genpools auf Partner derselben völkischen Identität resultieren, mithin in Rassereinheit:

„Eurem Credo des Multikulturalismus stellen wir das ethnopluralistische Prinzip entgenen. Statt der Mischung und Vereinheitlichung wollen wir den Erhalt der Unterschiede./ Den Erhalt der verschiedenen Völker, Kulturen und Identitäten. Auch unserer eigenen!" (IG, 39)

Dieses Prinzip im Bemühen, „alle Kulturen in multikulturellen Gesellschaften [zu] vereinigen", zu leugnen und ihm zuwiderzuhandeln, wie dies schon seit langem und gegenwärtig immer noch unter der Herrschaft der 68er und ihrer elitären Schergen geschieht, „leistet [...] keinen Dienst für den Frieden, sondern ist ein Wegbereiter für Krieg und Hass" (IG, 67). Denn, wie schon wiederholt betont, verstoßen alle universalen Grundsätze und deren praktische Inanspruchnahme gegen die strikt in Arten geschiedene Natur und demzufolge ebenso gegen das Wesen der Völker: „Denn so, wie jeder Mensch seine Privatsphäre braucht, so benötigt auch jede Kultur ihren Raum, in dem sie sich in Ruhe entwickeln und den Alltag auf ihre Weise gestalten kann." (IG, 68)

Dieser Raum wird aggressiv beansprucht, erobert und verteidigt. Das Territorium eines Volks erinnert insofern an das Revier eines Tieres und unterscheidet sich davon vor allem dadurch, dass ein Tier versucht, Konkurrenten der eigenen Art fernzuhalten, während ein Volk andere Völker bzw. Arten bekämpft, da es die gemeinsame Art „Mensch" bzw. die Menschheit der Identitätsgeneration zufolge ja nicht als gleiche gibt, sondern immer nur quasi Unterarten, die sich zwar miteinander fortpflanzen können, aber um ihrer Reinheit willen nicht dürfen, mithin also Rassen. Auf die Aufrechterhaltung dieser Reinheit, auf den Kampf um die Erhaltung der eigenen Unterart richtet sich das natürliche Streben eines jeden ihrer Angehörigen. Aus der notwendigerweise erzwungenen Koexistenz verschiedener Völker folgt, weil die natürliche Neigung auf Separation geht, Streit, Hass, Gewalt und Krieg. Vermeidbar sind diese Folgen nicht, denn sie liegen in der wahren Natur eines jeden noch lebensfähigen und -willigen Volks und stellen sich daher früher oder später mit Notwendigkeit ein:

„Wer verschiedene Kulturen und Völker in ein Land wirft, der wird auf die Dauer die blutigsten Kriege auslösen. Nur so sind das Morden im Balkankrieg oder der Dauerkrieg im Nahen Osten zu erklären./ Denn zu viel Nähe von Gegensätzlichem führt immer zu Konflikt./ Und diese Regel gilt auch für Europa und die muslimische Massenimmigration. Und die Geschichte wird noch zeigen, dass es dem Frieden weitaus dienlicher gewesen wäre, die Einwanderer abzuweisen, als sie aufzunehmen und so eine Arena für künftige Dauerkriege zu schaffen." (IG, 68)

Verschiedenheit als Form von Gegensätzlichkeit zu begreifen, ist logisch korrekt. Denn A und B sind ja nicht identisch. Also ist B auch Nicht-A. Nur besagt der bloße Gegensatz von A und Nicht-A noch überhaupt nichts über Nicht-A, sondern eben allein dies, dass es nicht A ist. So kann beispielsweise die Verneinung von Deutschheit bzw. des deutschen Volkes bzw. eines Deutschen, d. h. Nicht-Deutscher usw., sich ohne Weiteres auf etwas beziehen, das gelb, flauschig und vier Zentner schwer ist, „Nödlnödlnödl" macht und durch die Luft fliegt. Dass deswegen, aufgrund ihrer bloßen Verschiedenheit, zwischen diesem Wesen – oder auch einem Stein, einer Zitterpappel, einem Plattwurm oder einem Wombat, die alle ebenfalls der negativen Bestimmung „Nicht-Deutsch" entsprechen – und unserem Deutschen eine natürliche Todfeindschaft besteht, die notwendigerweise ausbrechen muss, wenn sich beide im selben Gebiet aufhalten, ist keinesfalls ausgemacht. Das kann der Fall sein, muss aber nicht. Aus Verschiedenheit folgt zwar im erklärten logischen Sinne Gegensätzlichkeit, aber keineswegs Gegner- bzw. Feindschaft im politischen Sinne. Es gibt daher keine Begründung für diese Behauptung.

Dessen ungeachtet geht Willinger davon aus, dass es sich hier schlicht um eine Tatsache, die nicht anders sein kann, also um naturnotwendiges Verhalten handelt. Denn von Natur aus sitzen die Völker fein in ihren angestammten Räumen, bis sie zusammen in ein und dasselbe Territorium ‚geworfen' werden. Dies müssen stets fremde Mächte besorgen, da die Völker sich von selbst voneinander fernhalten. Auslöser von Willingers Beispieldauerkriegen sind also das Britische Empire einerseits und Österreich-Ungarn und viele mehr andererseits. Die sich bekriegenden Völker tragen keinerlei Schuld an ihrem Zustand, weil sie nur ihrem natürlichen Streben folgen. Für die zukünftigen Kriege in Europa sind dementsprechend sowohl die einzelnen Landesregierungen als auch die Europäische Union ursächlich verantwortlich. Vermeiden lassen sie sich nur durch die freiwillige Ausreise der Fremden aus Europa oder ihre gewaltsame Vertreibung, mithin Höckes Projekt der großen Remigration:

> „Muslime und Afrikaner! Brecht eure Zelte ab und verlasst diesen Kontinent. Ihr habt ganze Erdteile, die euch gehören. Und wir wollen euch gerne helfen, euere Heimaten zu besseren Orten zu machen, sie aufzubauen und sie zu gestalten. Doch mehr noch als europäische Hilfe, benötigen Afrika und das Morgenland euch und eure Tatkraft./ Kehrt zurück in eure Heimat, denn sie gehört euch./ Europa aber wird euch niemals gehören. Denn Europa gehört uns." (IG, 84).

5 Gnome auf den Schultern von Zwergen: Die Bewahrung ...

Man sieht: Der Ethnopluralismus geht von Natur aus verschiedenen, von Natur aus miteinander unverträglichen Menschen(unter)arten aus. Sie gedeihen ausschließlich in möglichster Isolation voneinander, die allenfalls wechselseitige Urlaubsreisen, aber nicht Ansiedlung auf fremdem Territorium zulässt. Die Vermischung dieser Völker ist auszuschließen, da sie eine Perversion darstellt, also widernatürlich ist. Der Ethnopluralismus ist daher ein rassistisches Konzept.

Der Ethnopluralismus ist aber ebenso ein totalitäres Konzept. Denn das Individuum, der einzelne Mensch kommt nicht in ihm vor, sondern ausschließlich die kulturell, völkisch, genetisch homogene Gemeinschaft des Volks. Allein von dieser her gewinnt der Einzelne Identität. Seine Identität ist also exklusiv durch seine Volkszugehörigkeit definiert. Sie ist um jeden Preis zu erhalten, da in ihrer auch nur teilweisen Aufgabe schon die Wendung in den vielfalts- und völkerfeindlichen Menschenrechtsuniversalismus liegt. Die Menschheit, auf die er sich beziehen soll, gibt es gar nicht. Es gibt nur Völker. Sie sind die wahren Individuen. Echte Identität ist folglich immer Kollektividentität. Sie zu wahren und zu schützen ist die alleinige Aufgabe des Staats, der deswegen dazu verpflichtet sein muss, auf die ohnehin nur eingebildeten Identitäten Einzelner keinerlei Rücksicht zu nehmen, sondern die gleichsam als Volksgenossen entindividuierten Einzelnen im besten Interesse der Volksgemeinschaft einzusetzen und zu gebrauchen. Seine Durchgriffsrechte dürfen deswegen keine Begrenzung haben. Der Ethnopluralismus strebt folglich nach einem totalitären, völkischen Staat.

6

Ein Ende, ohne dass es aufhört

Die Untersuchung hat ihr Ende erreicht. Der Kreis der Exponate des Deutsch-Denkens, der manchem wie ein Panoptikum vorgekommen sein mag, ist ausgeschritten. Mehr oder andere Gestalten hätten vorgestellt und ihre einander stark ähnelnden Positionen diskutiert werden können. Viele davon sind durchaus austauschbar, da der Kern dieses Denkens, wie deutlich geworden sein dürfte, stabil bleibt. Eine dieser Gestalten aber ist nicht verzichtbar, nämlich die erste, die einem nationalistischen, chauvinistischen, totalitären und am Ende rassistischen Denken die höheren Weihen der ernsthaften Philosophie des Deutschen Idealismus verliehen hat. Fichte – und auch Hegel – überragt an denkerischem Potential alles, was danach vom fruchtbaren – allerdings notorisch undurchsichtigen, man möchte sagen: schlammigen – Boden des Deutschen Idealismus aus an staatsphilosophischen und politischen Entwürfen entwickelt worden ist. Die noble Herkunft macht allerdings ihren Inhalt weder genießbarer noch besser, praktischer oder wahrer oder gar humaner oder menschenfreundlicher – jedenfalls dann, wenn man ins Zentrum jeden Staats und damit allen Rechts und aller Politik den mit nichts aufzuwiegenden moralischen Wert des Individuums stellt, seine Selbstzweckhaftigkeit, die es absolut verbietet, einen einzelnen Menschen jemals nur als Mittel zu irgendeinem Zweck anzusehen und zu gebrauchen, wie Kant es gesagt hätte. Von dieser Einsicht, die tief in der Aufklärung und davor wurzelt, ist es bis zur Entdeckung unveräußerlicher und universal geltender Menschenrechte nicht weit. Dieser Gedanke verschwindet jedoch mit dem Begriff des totalen Staats, wie ihn Fichte und Hegel vertreten. Sie widersetzen sich ganz bewusst dem aufklärerischen Denken, das – um die liebsten Attribute zu verwenden – als flach und oberflächlich empfunden wird, im Gegensatz zur typisch germanischen „Tiefe" des Idealismus. Ihr, vor allem aber Fichtes Idealismus ist schon deshalb ein „deutscher", weil anderen Leuten bzw. Völkern schlicht die intellektuelle Kompetenz, vulgo: der „Geist", abgesprochen wird, um auch so denken zu können. Die damit verbundene Herablassung gegenüber allem anderen, nicht-deutschen – vor allem angelsächsischen und französischen – Denken, welche die deutsche akademische Philosophie erstaunlich lange geplagt hat und gelegentlich hinter vorgehaltener Hand immer noch belästigt, ist den Idealisten, vor allem Fichte, jedenfalls anzulasten.

Ohne nun die außerordentlich subtilen Beiträge zum Begriff der Identität und des Selbstbewusstseins im Deutschen Idealismus und insbesondere auch Fichtes in seinen *Wissenschaftslehren* auch nur annähernd würdigen zu können – und zu brauchen –, lässt sich doch immerhin festhalten, dass es keine zwei Fichtes gibt, also dass der Fichte der populären Schriften nicht ständig dem Fichte der akademischen Schriften in schizophrener Manier widerspricht. Denn bei allem Hin und Her ist Fichtes „Ich" aus der *Wissenschaftslehre,* das, indem es sich selbst in einem freien Akt setzt, auch ein „Nicht-Ich" setzt, kein Individuum, sondern ein Begriff – nämlich der, mit dem sich alle denkenden Wesen selbst bezeichnen –, und er bezeichnet deswegen nicht exklusiv genau und nur ein Individuum, sondern alle möglichen einer Art, also unendlich viele; „Ich" ist ein Universal. Dieses Verschwinden des Einzelnen im universalen Ich widerspricht keineswegs, sondern passt vielmehr gut zur Bedeutungslosigkeit des Individuums in den gesellschafts- und staatsphilosophischen Modellen, die wir uns angesehen haben. Dort ist das Individuum, der einzelne Mensch, eigentlich immer nur Mittel zum Zweck des Staats bzw. der Nation und später des Volks. Schon diese, durchaus ‚oberflächliche' Beobachtung widerlegt die sehr beliebte Inanspruchnahme Kants für nationalistische, völkische und totalitäre Gedankengänge durch die einschlägigen Autoren: Kants Nobilität widerspricht hier aufs schönste den Selbstnobilitierungsversuchen dieser Gedankengänge vermittels falscher Ahnenerklärung.

Was bleibt, ist der Kern eines besonderen, Deutschen Denkens, wie es seine Vertreter – und nur diese – pflegen. Er liegt zuallererst darin, dass schon die Möglichkeit von Individualität, also ein seiner selbst bewusstes, sich von allem Anderen unterscheidendes Wesen zu sein, nicht von der Realität der – wie wir sie anfangs genannt hatten – metaphysischen Identität abhängt, sondern von einer prinzipiell willkürlich zu setzenden logischen Identität, nämlich der ethnischen Gemeinschaft. Damit gewinnt der

Einzelne seine individuelle Existenz, mithin das Bewusstsein seiner selbst erst durch eine nationale, völkische, genetisch-ethnische Kollektividentität, besitzt folglich von selbst und für sich keine: Er ist systematisch und nicht nur irgendwie aus Versehen aus der Existenz ausgeschlossen. Buchstäblicher kann man die Parole „Du bist nichts, Dein Volk ist alles!" kaum begründen, erklären oder verstehen. Dass solches Denken jeder Rechtsordnung widerspricht, die von universalen subjektiven Rechten bzw. universal gültigen Menschenrechten ausgeht und demzufolge das Individuum, den einzelnen Menschen in ihren Mittelpunkt stellt, wie dies etwa das *Grundgesetz* tut, liegt auf der Hand.

Freilich bedeutet auch eine derartig existentielle Kollektividentität noch lange nicht, dass sich die einzelnen Volksgenossen nicht mehr voneinander unterscheiden und miteinander verwechseln müssen. Ihre einfache, metaphysische Identität besteht ja weiter. Sie wird ja nur geleugnet oder für ungenügend befunden, irgendjemandem eine sinnvolle Existenz zu verleihen. Erst seine schwächere, logische Identität, d. h. keine individuelle, sondern immer die einer Gruppe, macht ihn zum wahrhaften Menschen, zum Träger von national gebundenen Rechten und Pflichten und einer exklusiven, vor allen anderen Nationen ausgezeichneten Kultur. Das Bewusstsein dieser Kollektividentität aber ist keine Sache vernünftiger Erkenntnis. Sie kann es gar nicht sein, weil dann ihr schwächerer, logischer, man könnte sagen: ihr Verabredungs-, Einbildungs-, Wunsch- oder Traditionscharakter durchsichtig würde. Deswegen braucht jenes Bewusstsein das Gefühl. Der völkische Standpunkt, der deutsch-völkische zumal, existiert entweder auf emotionaler Basis, ist im Grunde genommen selbst Gefühl, oder er existiert aufgrund seiner tiefen Irrationalität, seiner auch hinter willms'schen Begriffsschwurbeleien kaum zu verbergenden Selbstwidersprüchlichkeit gar nicht.

Als Gefühl aber von fichtescher ‚Vaterlandsliebe' bis zu nationaler Begeisterung oder Erhebung, das ihren Träger überkommt und dann einfach da ist, um am Ende als Vehikel zur Identifikation mit etwas Höherem, nämlich dem völkischen Kollektiv, diesen selbst zu tragen, erwärmt solche Volksegozentrik das Herz. Denn dies Gefühl bestätigt sein Subjekt und verleiht ihm schlechtestensfalls historische, bestenfalls sogar welt- und heilsgeschichtliche Bedeutung. Seine nationale Erhebung erhebt vor allem sein Selbstbewusstsein, indem es im Nationalbewusstsein aufgeht und mit ihm eine buchstäbliche persona mystica bildet, der anders als der originalen, hauptsächlich zu Rechtszwecken gebildeten Kollektivperson handgreifliche Realität zugeschrieben wird. Damit enthebt sich das Subjekt zugleich jeder rationalen Kritik. Weil es seine Identität nunmehr völkisch oder rassisch definiert, weiß es sein Kollektiv, seine ‚Volkszugehörigkeit' – zu der eben schlichte Staatsangehörigkeit nicht genügt – und die mit ihm verbundenen Einsichten exklusiv, nachgerade hermetisch. Deutsch denken können nur Volksdeutsche, die der Idee des Deutschtums deswegen geistig adäquat sind, weil sie ihr rassisch adäquat sind.

Es ist das Gefühlsbewusstsein dieser, den anderen, fremden Völkern verschlossenen tieferen oder – je nach Geschmack – höheren Einsicht, dass dem spezifisch deutschen Gefühl der Auserwähltheit zugrunde liegt. Es darf mit bestem Grund von überaus angenehmen Selbstverständlichkeiten ausgehen, die deswegen selbstverständlich sein müssen, weil man gefühlte Wahrheiten nicht erklären, sondern nur im mystischen Akt der Vereinigung mit der Idee des Deutschtums, dem Volksgeist u. dgl. m. erlangen kann. Weil dafür schon die deutsche Geburt oder zuallermindest der rein deutsche, von anderen Zungen unbeleckte Muttersprachsgeist vorausgesetzt ist, muss jeder Erklärungs- oder Übersetzungsversuch scheitern. Die Selbstverständlichkeiten müssen auf ewig Selbstverständlichkeiten und daher genaugenommen Unverständlichkeiten bleiben. Es mag sein, dass sich der beanspruchte Konservatismus der national bewegten, selbsternannten Bürgerlichkeit genau auf die Erhaltung jener unerklärlichen Selbstverständlichkeiten bezieht; das würde zumindest seine notorischen Schwierigkeiten erklären, präzise die Gegenstände seines konservatorischen Bemühens zu bestimmen. Selbstverständlich aber sind aus diesem Grunde, also der geistigen Überlegenheit und der damit verbundenen Einsicht in die Ideen von Staat, Nation, Politik, Geschichte usw., ebenso die Mittel und Maßnahmen zur Durchsetzung sowohl völkisch-rassischer als auch nationaler Interessen in der Welt und insbesondere gegen die Restwelt. Gefühlsbasierter Volksegozentrismus befreit von jedem Bedarf nach rationaler Begründung, Rechtfertigung oder Entschuldigung. Das Volk sagt allein „Ich bin halt so." und tut, was es glaubt, tun zu müssen, und handelt in der Einheit seiner Nation wie ein Mann – allein nach seinen eigenen Interessen und ohne Rückicht auf diejenigen anderer oder Verluste. Niemand, der noch anders als einfach „deutsch" bezeichnet werden kann, wird dann noch Verantwortung für solche genuin politischen Handlungen tragen müssen. Es gibt dann überhaupt nur noch politische Handlungen, weil es keinen Einzelnen mehr gibt, nur noch unterschiedslose Träger eines Gefühls der vollständigen Aufgehobenheit. Sage keiner, dass Nationalismus nichts fürs Herz wäre.

Die Frage ist: Was ist damit gewonnen, Vernunft und Freiheit an der nationalistischen Garderobe abzugeben? Denn es liegt auf der Hand, dass die völlige Auslieferung des Einzelnen an Volk und Nationalstaat ihm zugleich auch alle persönliche Freiheit nimmt oder jedenfalls nehmen kann – ganz nach Gutdünken des Staats oder der beliebigen Verkündung realer oder eingebildeter Notlagen. Dafür, dass der Einzelne in einem solchen totalitären Staat, wenn er ihn nicht verlassen kann oder mag, um die Aufgabe seiner Freiheit nicht herumkommt, ist in all den besprochenen Konzepten gesorgt: Entweder er erreicht die höchste Vernunft, sieht ein, dass seine persönliche, individuelle Freiheit in Wahrheit gar keine Freiheit ist und verzichtet auf sie freudig zugunsten der Gemeinschaft oder er wird eben gezwungen. Warum kann man so etwas wollen?

Die Antwort ist vermutlich banal und lässt sich anhand von zwei Worten geben: Angst und Bequemlichkeit. Denn individuelle Freiheit ist anstrengend und – weil man ja die Zukunft nicht kennt – prinzipiell riskant. Jede Entscheidung, die man trifft, kann falsch sein, von Kleinigkeiten wie der Marke des zu erwerben Tomatenmarks bis zu Lebensentscheidungen wie dem zu erlernenden Beruf. Weil sich Angst auf Ungewisses bezieht und Ungewisses immer in der Zukunft liegt, hat jeder Mensch immer Grund, Angst zu haben – wenn er das denn möchte und seine Freiheit und die Verantwortung für die eigene Existenz und Lebensführung als Belastung begreift. Ein Mittel, diese Angst zum Verschwinden zu bringen, ist, all diese Entscheidungen einem anderen zu überlassen: Dem Kollektiv, dem Volk, der Nation, dem Staat. Sogar deren Anonymität hat zumindest einen nicht zu unterschätzenden Vorteil: Man kann unzufrieden sein, sich ungerecht behandelt fühlen und beleidigt sein, und es haben immer die anderen schuld. Nachdem aber die volksfeindlichen und daher artfremden liberal-demokratischen Eliten bereits von der Macht entfernt und abgestoßen worden sind, lässt sich die Regierung bzw. der Staat nicht mehr vom Volk unterscheiden. Jene anderen, die schuld sind, können also gar nicht mehr „die da oben" in der Regierung sein. Deshalb müssen sie nun stets die Fremden, die Ausländer oder das Ausland, sein.

So wandelt sich Angst in Bequemlichkeit und das wärmende Gefühl, im völkisch-nationalen Kollektiv aufgehoben und vor aller fremder Unbill geschützt zu sein. Weil aber die Deutschen Denker genau jene Bequemlichkeit versprechen, die letztlich darin besteht, dass nur noch sie allein, das Volk aber gar nicht mehr zu denken braucht, wenn es bei ihnen nur seine Freiheit und seine Vernunft abgibt, haben sie ihren Erfolg und werden ihn weiterhin haben – wenn trotz der Verachtung, mit dem jene Denker das Volk in Wahrheit ansehen, ebendieses Volk genau dies selbst will.

Nachwort

Es gibt Bücher, die schreiben sich ausgesprochen ungern. Zumeist weil all das, was sonst beim Unternehmen des Schreibens – Lektüre, Gliederung, Niederschrift, Überarbeitung usw. – Vergnügen bereitet, kein Vergnügen bereitet. Dies Buch ist ein solches.

Ich habe es offensichtlich trotzdem geschrieben. Das hat einen einfachen Grund: Als ich mich vor mehr als zehn Jahren eher zufällig und gleichsam im Vorübergehen zum ersten Mal mit dem unappetitlichen Thema, von dem das vorliegende Buch handelt, befasst habe, war ich überzeugt, dass der ganze Unfug, der im 19. bis zur ersten Hälfte des 20. Jahrhundert über das sogenannte deutsche Volk bzw. die deutsche Nation verzapft worden ist, nunmehr schon lange in seine verdiente Irrelevanz hinabgesunken wäre und allenfalls aus historischen Gründen oder als abschreckendes Beispiel für einen verfehlten politischen Idealismus von einigem Interesse sei. Diese Überzeugung hat sich mittlerweile geändert. Deswegen gibt es dieses Buch.

Und wiederum deswegen habe ich Anlass, denen zu danken, die genau dafür gesorgt haben, zuvordest dem Metzler-Verlag und meinem Lektor Frank Schindler. Ebenso von Herzen danke ich Tino Kleinert fürs Zuhören und denjenigen, die sich gänzlich freiwillig mit der Lektüre des Manuskripts gequält und mit ihren Hinweisen seine Lesbarkeit verbessert haben, nämlich Irina Stengele und Theresa Weiß. Ohne Irmela wäre nicht nur dieses Buch nicht geschrieben worden, sondern ohne Irmela würde ich vermutlich gar nichts mehr schreiben.

Alexander Aichele
Halle, am Jahrestag 2020 der Erlassung des Reinheitsgebots in Bayern

Abkürzungen

Fichte:	GH – Der geschloßne Handelsstaat
	GZ – Die Gründzüge des gegenwärtigen Zeitalters
	RdN – Reden an die deutsche Nation
	ÜM – Ueber Machiavell
	Sl – Staatslehre 1813
	Frg. – Politische Fragmente aus den 1807 und 1813
	WL 01/02 – Darstellung der Wissenschaftslehre 1801/02
	GA – Gesamtausgabe der Bayer. Akad. d. Wiss.
Gehlen:	DC – Deutschtum und Christentum bei Fichte
	IG 1 – Der Idealismus und die Gegenwart
	IG 2 – Noch einmal: Der Idealismus und die Gegenwart
Haeckel:	NS – Natürliche Schöpfungsgeschichte
	Wr – Die Welträtsel
	Lw – Die Lebenswunder
	MaB – Der Monismus als Band zwischen Religion und Wissenschaft
Höcke:	Nz – Nie zweimal in denselben Fluß
Kubitschek:	SsG – Die Spurweite des schmalen Grats
	PhSN – Philosophie der Selbstbehauptung, Nachwort

Moeller:	ER – Das ewige Reich
	DR – Das dritte Reich
Willinger:	IG – Die identitäre Generation
Willms:	DN – Die deutsche Nation
	PhS – Philosophie der Selbstbehauptung
Wirth:	AM – Der Aufgang der Menschheit
	Whd – Was heißt deutsch?

Literatur

Günter Abel: Nietzsche. Die Dynamik der Willen zur Macht und die ewige Wiederkehr, Berlin/New York ²1998.

Alexander Aichele: Grüße von Sam. Zum Verhältnis von Zurechenbarkeit und Menschheit am Paradigma der Rechtsphilosophie Kants, in: M. Kaufmann/J. Renzikowski (Hg.), Zurechnung als Operationalisierung von Verantwortung, Frankfurt a.M. u.a. 2004, 247–262.

Alexander Aichele: Was heißt „Gattung"? Zu einem unaufgeklärten Begriff in Jürgen Habermas' Versuch zur Bioethik, in: M. Kaufmann/L. K. Sosoe (Hg.), Gattungsethik – Schutz für das Menschengeschlecht?, Frankfurt a. M. u. a. 2005, 193–210.

Alexander Aichele: Singend sterben – mit Fichte nach Langemarck: Authentischer Fichteanismus im Ersten Weltkrieg, in: DVjs 81 (2007), 618–637.

Alexander Aichele: Einleitung, in: Johann Gottlieb Fichte, Reden an die deutsche Nation, VII-LXXXIX.

Alexander Aichele: Zurechnung, in: E. Hilgendorf/J. C. Joerden (Hg.), Handbuch Rechtsphilosophie, Stuttgart 2017, 401–409.

Alexander Aichele: Rechtsgeschichte, München 2017.

Alexander Aichele: Ernst Bergmann: Religiöser Nationalsozialismus, erscheint in: K. Herrmann (Hg.), Sächsische Lebensbilder: Reformation und Luthertum, Wiesbaden 2020.

Madeleine Albright: Fascism. A Warning, London 2018.

Augustinus: Confessiones. Lat./Dt. (Eingel., übs. und erl. von J. Bernhart), München 1980.

Ursula Baumann: Frühnationalismus und Freiheit. Fichtes Perspektiven einer deutschen Republik, in: Dies. (Hg.), Fichte in Berlin. Spekulative Ansätze einer Philosophie der Praxis, Berlin 2006, 177–197.

Peter Baumanns: J. G. Fichte. Kritische Gesamtdarstellung seiner Philosophie, Freiburg/München 1990.

Alexander Gottlieb Baumgarten: Metaphysica, Halle 1779[7].

Justus Bender: „Ich kann ja nichts dafür, wenn einige Leute spinnen". Interview mit Alexander Gauland, in: FAZ v. 09.09.19, 2.

Justus Bender/Reinhard Bingener: Marc Jongen. Der Parteiphilosoph der AfD, FAZ vom 15.01.16 (https://www.faz.net/aktuell/politik/inland/marc-jongen-ist-afd-politiker-und-philosoph-14005731.html?printPagedArticle=true#pageIndex_3, zuletzt aufgerufen am 16.03.20, 18:25).

Justus Bender/Reinhard Bingener: Geistiges Manna. Wie sich das Rittergut des Rechtsintellektuellen Götz Kubitschek zu einem ideologischen Zentrum der AfD entwickelt – ein Ortsbesuch, in: FAZ vom 16.04.16.

Benedikt XVI. (Josef Ratzinger): Jesus von Nazareth. Prolog: Die Kindheitsgeschichten, Freiburg i. Brg. 2012.

Eirikur Bergmann: Conspiracy and Populism. The Politics of Misinformation, Basingstoke 2018.

Ernst Bergmann: Fichte, der Erzieher zum Deutschtum, Leipzig 1915.

Ernst Bergmann: Die deutsche Nationalkirche, Breslau 1933.

Ernst Bergmann: Die natürliche Geistlehre. System einer deutsch-nordischen Weltsinndeutung, Leipzig/Stuttgart 1937.

Isaiah Berlin: Freedom and Its Betrayal. Six Enemies of Human Liberty (ed.h. Hardy), Princeton/Oxford 2002.

Edwin Black: War against the Weak. Eugenics and America's Campaign to Create a Master Race. Expanded Ed., Washington DC 2012.

David Blackbourn/Geoff Eley: The Peculiarities of German History. Bourgeois Society and Politics in Nineteenth-Century Germany, Oxford 2003.

Tim Blanning: Frederick the Great. King of Prussia, London 2016.

Brehms Tierleben in Farbe. Große Volksausgabe (ausgew. u. neu bearb. v. W. Bardorff u. H.W. Brehm), Berlin 1969.

Ann Brünink: Helmraths Fest in der Katharinenkirche, Märkische Allgemeine vom 24.06.18.

Werner Busch: Adolph Menzel: Auf der Suche nach der Wirklichkeit, München 2015.

Renaud Camus: Le Grand Remplacement, Paris 2011.

Houston Stewart Chamberlain: Die Grundlagen des neunzehnten Jahrhunderts. Ungekürzte Volksausgabe, München 1932[16].

Jai-jeong Choi: Fichtes *Wissenschaftslehre 1801/02* und das Nationalismusproblem in: J Stolzenberg/O.-P. Rudolph (Hg.), Wissen, Freiheit, Geschichte. Die Philosophie Fichtes im 19. und 20. Jahrhundert, Bd. 2, Leiden/Amsterdam 2012, 451–465.

Christopher Clark: Iron Kingdom. The Rise and Downfall of Prussia 1600–1947, London 2007.

Werner Conze: Die deutsche Nation. Ergebnis der Geschichte, Göttingen 1963.

Edward Craig/Michael Hoskin: Hegel and the Seven Planets, in: Journal for the History of Astronomy 23 (1992), 208–210.

Konrad Cramer: Um einen nationalsozialistischen Fichte von Innen bittend. August Faust über Fichte im Jahr 1938, in: J. Stolzenberg/O.-P. Rudolph (Hg.), Wissen, Freiheit, Geschichte: Die Philosophie Fichtes im 19. und 20. Jahrhundert, Bd. 1, Leiden/Amsterdam 2010, 285–309.

Charles Darwin: The Origin of Species. With an Introduction by Sir Julian Huxley. 150th Anniversary Edition, London 2003.

Charles Darwin: The Descent of Man, and Selection in Relation to Sex, London 2013.

Digitales Wörterbuch der deutschen Sprache (hg. von der Berlin-Brandenburgischen Akademie der Wissenschaften), https://www.dwds.de/wb/

Walt Disney: Drei kleine Schweine, Berlin 1934.

Johann Gottlieb Fichte: Der geschloßne Handelsstaat, in: Werke. Auswahl in sechs Bänden (hg. von F. Medicus), Leipzig 1908–25, Bd. III, 417–543.

Johann Gottlieb Fichte: Erste Einleitung zur Wissenschaftslehre, in: ebd., 1–33.

Johann Gottlieb Fichte: Sonnenklarer Bericht an das größere Publikum, über das eigentliche Wesen der neuesten Philosophie. Ein Versuch, die Leser zum Verstehen zu zwingen, in: ebd., 545–644.

Johann Gottlieb Fichte: Die Grundzüge des gegenwärtigen Zeitalters, in: Gesamtausgabe (GA) der Bayerischen Akademie der Wissenschaften (hg. von R. Lauth u. H. Gliwitzky), Stuttgart-Bad Cannstatt 1962–2012, Bd. I.8, 189–396.

Johann Gottlieb Fichte: Ueber Machiavell, als Schriftsteller, und Stellen aus seinen Schriften, in: GA I.9, 223–275.

Johann Gottlieb Fichte: Reden an die deutsche Nation (Mit einer Einleitung hg. von A. Aichele), Hamburg 2008.

Johann Gottlieb Fichte: Die Staatslehre, oder über das Verhältniss der Urstaats zum Vernunftreiche, in Vorlesungen, gehalten im Sommer 1813 auf der Universität zu Berlin, in: Werke in 11 Bänden (hg. von I. H. Fichte), Berlin 1971, Bd. IV, 367–600.

Johann Gottlieb Fichte: Politische Fragmente aus den Jahren 1807 und 1813, in: ebd., Bd. VII, 517–613.

Johann Gottlieb Fichte: Das System der Rechtslehre, in: ebd., Bd. X, 493–652.

Johann Gottlieb Fichte: Der Patriotismus und sein Gegenteil, in: ebd., Bd. XI, 221–274,

Johann Gottlieb Fichte: Darstellung der Wissenschaftslehre (1801/02) (hg. sowie mit einer Einl. u. Anm. versehen v. R. Lauth unter Mitarb. v. P. K. Schneider), Hamburg ²1997.

Johann Gottlieb Fichte: Vorlesungsankündigung, GA I.9, 289.

Johann Gottlieb Fichte: Wiederholte ernstl. Deliberation über meine Lage, GA II.10, 91 f.

Johann Gottlieb Fichte: In Beziehung auf den Namenlosen, GA II.10, 83–85.

Johann Gottlieb Fichte: J. G. Fichte im Gespräch. Berichte der Zeitgenossen (hg. v. E. Fuchs in Zusammenarbeit mit R. Lauth u. W. Schieche), 7 Bde., Stuttgart-Bad Cannstatt 1978–2012.

Christiane Florin: Der innere Frieden steht auf dem Spiel. Interview mit Konrad Ott (https://www.deutschlandfunk.de/fluechtlingspolitik-der-innere-frieden-steht-auf-dem-spiel.886.de.html?dram:article_id=346991 zuletzt abgerufen am 27.02.20, 19:14).

Hans Freyer: Über Fichtes Machiavelli-Aufsatz (1936), in: Ders., Preußentum und Aufklärung und andere Studien zu Ethik und Politik (hg. u. komm. v. E. Üner), Weinheim 1986, 131–150.

Francis Fukuyama: Identity. Contemporary Identity Politics and the Struggle for Recognition, London 2018.

Daniel Gasman: The Scientific Origins of National Socialism. Social Darwinism in Ernst Haeckel and the German Monist League, London/New York 1971.

Peter Gay: Weimar Culture. The Outsider as Insider, New York 2001.

Arnold Gehlen: Deutschtum und Christentum bei Fichte, in: Gesamtausgabe, Bd. 2. Philosophische Schriften II (1933–1938) (hg. von L. Samson unter Mitwirkung von S. Gilloz, B. Marti u. G. Sommaruga), Frankfurt a. M. 1980, 215–293.

Arnold Gehlen: Der Idealismus und die Gegenwart, in: ebd., 347–358.

Arnold Gehlen: Noch einmal: Der Idealismus und die Gegenwart, in: ebd., 358–361.

Robert Gerwarth: The Vanquished. Why the First World War Failed to End, 1917–1923, London 2017.

Gesellschaft für deutsche Sprache: https://gfds.de/identitaet-identisch-identitaer/ (zuletzt aufgerufen am 03.03.20, 19:40).

Otto von Gierke, Das deutsche Genossenschaftsrecht, 2 Bde., Berlin 1868 u. 1873.

Nicholas Goodrick-Clarke: The Occult Roots of Nazism. Secret Aryan Cults and Their Influence on Nazi Ideology: The Ariosophists of Austria and Germany, 1890–1935. With a foreword by R. Butler, New York 1992.

Nicholas Goodrick-Clarke: Black Sun. Aryan Cults, Esoteric Nazism and the Politics of Identity, New York/London 2002.

Martin Gregor-Dellin: Richard Wagner. Sein Leben. Sein Werk. Sein Jahrhundert, München 1983.

Jakob u. Wilhelm Grimm: Deutsches Wörterbuch, 16 Bde. in 32 Teilbänden, Leipzig 1854–1961.

Ernst Haeckel: Natürliche Schöpfungsgeschichte, in: Gemeinverständliche Werke (hg. von H. Schmidt-Jena), 6 Bde., Leipzig/Berlin 1924, Bde. 1 u. 2.

Ernst Haeckel: Die Welträtsel. Gemeinverständliche Studien über monistische Philosophie, in: ebd., Bd. 3, 1–422.

Ernst Haeckel: Die Lebenswunder. Gemeinverständliche Studien über biologische Philosophie, in: ebd., Bd. 4.

Ernst Haeckel: Gott-Natur (Theophysis). Studien über monistische Religion, in: ebd., Bd. 3, 423–486.

Ernst Haeckel: Der Monismus als Band zwischen Religion und Wissenschaft, in: ebd., Bd. 5, 407–444.

Karl Hahn: Staat, Erziehung und Wissenschaft bei Fichte, München 1969.

Georg Wilhelm Friedrich Hegel, Grundlinien der Philosophie des Rechts oder Naturrecht und Staatswissenschaft im Grundrisse. Mit Hegels eigenhändigen Notizen und den mündlichen Zusätzen, in: Werke in 20 Bänden (hg. von E. Moldenhauer u. K. M. Michel), Frankfurt a. M. 1986, Bd. 7.

Marion Heinz/Rainer Schäfer: Die Fichte-Rezeption im Nationalsozialismus am Beispiel Bauchs und Gehlens, in: J. Stolzenberg/O.-P. Rudolph (Hg.), Wissen, Freiheit, Geschichte: Die Philosophie Fichtes im 19. und 20. Jahrhundert, Bd. 1, Leiden/Amsterdam 2010, 243–265.

Jochem Hennigfeld: Fichte und Humboldt, in: Fichte-Studien 2 (1990), 37–50.

Björn Höcke: Nie zweimal in denselben Fluss. Björn Höcke im Gespräch mit Sebastian Hennig. Mit einem Vorwort von F. Böckelmann, Lüdinghausen/Berlin 2018.

Peter Hoeres: Krieg der Philosophen. Die deutsche und die britische Philosophie im Ersten Weltkrieg, Paderborn 2004.

Max Horkheimer/Theodor W. Adorno: Dialektik der Aufklärung. Philosophische Fragmente, Frankfurt a. M. 1988.

Uwe Hoßfeld: Kurwenals Zahlenspiele. Streit über sprechende Hunde und rechnende Pferde, https://www4.uni-jena.de/journal_senatskommission_tierpsychologie.htm (zuletzt aufgerufen am 26.03.20, 17:39).

Joachim Hruschka: Kant und der Rechtsstaat, Freiburg i. Br. 2015.

Joachim Hruschka: Joachim Hruschka, Utilitarismus in der Variante von Peter Singer, in: Juristenzeitung 2001, 261–271.

Walter Hubatsch: Die Stein-Hardenbergschen Reformen, Darmstadt 1977.

Wilhelm G. Jacobs: Johann Gottlieb Fichte: Eine Einführung, Frankfurt a. M. 2014.

Wolfgang Janke: Vom Bilde des Absoluten. Grundzüge der Phänomenologie Fichtes, Berlin/New York 1993.

Michael Jeismann: Das Vaterland der Feinde. Studien zum nationalen Feindbegriff und Selbstverständnis in Deutschland und Frankreich 1792–1918, Stuttgart 1992.

Marc Jongen: Das Gespenst der AfD (https://www.cicero.de/innenpolitik/afd-ein-manifest-fuer-eine-alternative-fuer-europa/56894, zuletzt abgerufen am 16.03.20, 18:07).

Michiko Kakutani: The Death of Truth, London 2018.

Immanuel Kant: Kritik der reinen Vernunft, in: Werkausgabe in 12 Bänden (hg. von W. Weischedel), Frankfurt a. M. 1977, Bde. III/IV.

Immanuel Kant: Prolegomena zu einer jeden künftigen Metaphysik, die als Wissenschaft wird auftreten können, in: ebd., Bd. V, 109–264.

Ashifa Kassam: Canada indigenous women were coerced into sterilisations, lawsuit says (https://www.theguardian.com/world/2017/oct/27/canada-indigenous-women-sterilisation-lawsuit; zuletzt aufgerufen am 13.04.20 um 16:10).

Wolfgang Kersting: Die Unabhängigkeit des Rechts von der Moral (Einleitung). Fichtes Rechtsbegründung und „die gewöhnliche Weise, das Naturrecht zu behandeln", in: J.-C. Merle (Hg.), J. G. Fichte: Grundlage des Naturrechts, Berlin 2001, 21–37.

Simran Khurana: The History of „My Country Right or Wrong!". How a popular phrase became a jingoistic war cry, https://www.thoughtco.com/my-country-right-or-wrong-2831839 (zuletzt abgerufen: 19.03.19, 14:15).

Endre Kiss: Anmerkungen zu Fichtes Begriff der Nation, in: Archiv für Geschichte der Philosophie 77 (1995), 189–196.

Klaus-Michael Kodalle: Fichtes Wahrnehmung des Historischen, in: W. Hogrebe (Hg.), Fichtes Wissenschaftslehre 1794, Frankfurt a. M. 1995, 183–224.

Götz Kubitschek: Die Spurbreite des schmalen Grats. 2000–2016, Schnellroda 2016.

Götz Kubitschek: Nachwort, in: Willms, Philosophie der Selbsthauptung, 75–80.

Julius Langbehn: Rembrandt als Erzieher. Von einem Deutschen, Leipzig 1922[50].

Ulrich Langer: Heinrich v. Treitschke. Politische Biographie eines deutschen Nationalisten, Düsseldorf 1998.

Emil Lask: Fichtes Idealismus und die Geschichte, Tübingen/Leipzig 1902.

Rudolf Lassahn: Studien zur Wirkungsgeschichte Fichtes als Pädagoge, Heidelberg 1970.

Ferdinand Lassalle: Die Philosophie Fichtes und die Bedeutung des deutschen Volksgeistes. Fest-Rede, gehalten bei der am 19. Mai 1862 von der philosophischen Gesellschaft und dem wissenschaftlichen Kunst-Verein in dem Arnim'schen Saale veranstalteten Fichtefeier, in: Gesammelte Reden und Schriften. Vollständige Ausgabe in 12 Bänden (hg. u. eingel. v. E. Bernstein), Berlin 1919, Bd. VI, 111–152.

Reinhard Lauth: Einleitung, in: J. G. Fichte, Reden an die deutsche Nation, Hamburg 1978, IX-XLI.

Reinhard Lauth: Die Handlung in der Geschichte nach der Wissenschaftslehre, in: Transzendentale Entwicklungslinien von Descartes bis zu Marx und Dostojewski, Hamburg 1989, 397–410.

Reinhard Lauth: Der letzte Grund von Fichtes *Reden an die deutsche Nation*, in: Fichte-Studien 4 (1992), 198–230.

Reinhard Lauth: Fichtes Leistung in der Geschichte der Philosophie, in: Vernünftige Durchdringung der Wirklichkeit. Fichte und sein Umkreis, München 1994, 331–345

Xavier Léon: Fichte et son temps, 3 Bde., Paris 1922 ff.

Mark Levene: Genocide in the Age of the Nation State, Vol. I: The Meaning of Genocide, London 2008.

Mark Levene: Vol II: The Rise of the West and the Coming of Genocide, London 2013.
Martin Lichtmesz (eigtl.: Semlitsch): Die Verteidigung des Eigenen. Fünf Traktate, Schnellroda 2015⁴.
Hermann Lübbe: Politische Philosophie in Deutschland. Studien zu ihrer Geschichte, Basel/Stuttgart 1963.
Niccolò Machiavelli: Ritratto delle cose della Magna, in: Tutte le opere. Secondo l'edizione di Mario Martelli 1971 (introduzione di M. Ciliberto, coordinamento di P. D. Accendere), Firenze/Milano 2018, 261–267.
Niccolò Machiavelli: Politischer Zustand Deutschlands im Anfang des sechszehnten Jahrhunderts, in: Niccolo Machiavelli, Gesammelte Schriften in fünf Bänden (Übs. v. J. Ziegler u. F. N. Baur, hg. v. H. Floerke), München 1925, Bd. 2, 208–216.
Marc Maesschalk: Education libératrice et religion: Les „Discours à la nation allemande" de Fichte, in: Révue philosophique de la France et de l'Etranger 118 (1993), 683–703.
Marc Maesschalk: Fichte et la question nationale, in: Archives de la Philosophie 59, 355–380.
Thomas Robert Malthus: An Essay on the Principles of Population (ed. by J. E. Chaplin), New York/London 2018.
Karl Mannheim: Das Problem der Generationen, in: Kölner Vierteljahreszeitschrift für Soziologie 7 (1928), 157–185.
Ernst Mayr: Grundlagen der zoologischen Systematik, Berlin 1975.
Ernst Mayr: What Evolution Is, London 2002.
Thomas Meaney: A Celebrity Philosopher Explains the Populist Insurgency (https://www.newyorker.com/magazine/2018/02/26/a-celebrity-philosopher-explains-the-populist-insurgency, zuletzt abgerufen am 16.03.20, 18:20).
Friedrich Meinecke: Weltbürgertum und Nationalstaat (hg. u. eingel. v. H. Herzfeld), München 1962.
Jean-Christophe Merle: Fichte's Political Economy and his Theory of Property, in: D. James/G. Zöller (eds.), The Cambridge Companion to Fichte, Cambridge 2016, 199–221.
Wilhelm Metz: Die Weltgeschichte beim späten Fichte, in: Fichte-Studien 1 (1990), 121–131.
Arthur Moeller van den Bruck: Das ewige Reich (hg. von H. Schwarz), 3 Bde., Breslau 1933.
Arthur Moeller van den Bruck: Das dritte Reich (hg. von Hans Schwarz), Hamburg 1931.
Armin Mohler: Die Konservative Revolution in Deutschland 1918–1932. Ein Handbuch. Hauptband und Ergänzungsband (mit Korrigenda) in einem Band, Darmstadt 1994⁴.
George L. Mosse: The Crisis of German Ideology. Intellectual Origins of the Third Reich. With a New Preface by the Author, New York 1981.

Patrik v. zur Mühlen: Rassenideologien. Geschichte und Hintergründe, Berlin/Bonn-Bad Godesberg 1977.
Bernd v. Münchow-Pohl: Zwischen Reform und Krieg. Untersuchungen zur Bewußtseinslage in Preußen 1809–1812, Göttingen 1987.
Herfried Münkler: „Wer sterben kann, wer will den denn zwingen" – Fichte als Philosoph des Krieges, in: J. Kunisch/H. Münkler (Hg.), Die Wiedergeburt des Krieges aus dem Geist der Revolution. Studien zum bellizistischen Diskurs des ausgehenden 18. und beginnenden 19. Jahrhunderts, Berlin 1999, 240–259.
Sibylle Mulot: Wodin, Tunis und Inka. Die Ura-Linda-Chronik, in: K. Corino (Hg.), Gefälscht! Betrug in Politik, Literatur, Wissenschaft, Kunst und Musik, Frankfurt a.M. 1996, 263–275.
Julian Nida-Rümelin: Kritik des Konsequentialismus, München ²1995.
Friedrich Nietzsche: Ueber Wahrheit und Lüge im aussermoralischem Sinne, in: Sämtliche Werke. Kritische Studienausgabe in 15 Bd. (hg. von G. Colli und M. Montinari), München/Berlin/New York ²1988, Bd. 1, 873–890.
Peter L. Oesterreich: Politische Philosophie oder Demagogie? Zur rhetorischen Metakritik von Fichtes *Reden an die deutsche Nation*, in: Fichte-Studien 2 (1990), 74–88.
Peter L. Oesterreich: Aufforderung zur nationalen Selbstbestimmung. Fichtes Reden an die deutsche Nation, in: Zeitschrift für philosophische Forschung 46 (1992), 44–55.
Konrad Ott: Zuwanderung und Moral, Stuttgart 2016.
Carla De Pascale: Der Primat Deutschlands bei Fichte, in: Fichte-Studien 3 (1991), 68–85.
Reiner Pesch: Die politische Philosophie Fichtes und ihre Rezeption im Nationalsozialismus, Kassel 1982.
Gaius Plinius Secundus: Naturkunde. Lat./Dt. (hg. u. übs. von R. König in Zusammenerb. mit W. Hopp u. W. Glöckner), 37 Bde., München/Zürich 1973–1994.
Fred Plotkin: Pondering the Mysteries of *Parsifal*, https://www.wqxr.org/story/273134-pondering-mysteries-parsifal/ (zuletzt abgerufen am 27.12.19).
Uwe Poschner: Die völkische Bewegung im wilhelminischen Kaiserreich: Sprache – Rasse – Religion, Darmstadt 2001.
Samuel Pufendorf: Severinus de Monzambano, De statu imperii Germanici, Den Haag 1667 (Dt. Die Verfassung des Deutschen Reiches, hg. u. übs. von H. Denzer, Frankfurt a.M. 1994).
Ives Radrizzani : La «machiavélisation» du politique chez le Fichte tardif, in: ders. (Hg.), Fichte lecteur de Machiavel. Un nouveau *Prince* contre l'occupation Napoléonienne, Basel 2006, 68–85.
Gaetano Rammetta: Vérité et politique dans la pensée de Fichte lecteur de Machiavel, in: Radrizzani (Hg.), Fichte lecteur de Machiavel, 86–97.

Gaetano Rammetta: Politik der Vernunft und Vernunftstaat bei Fichte (1793–1808), in : C. De Pascale u.a. (Hg.), Fichte und die Aufklärung, Hildesheim u. a. 2004, 227–247.
Eric Rauchway: Donald Trump's new favorite slogan was invented for Nazi sympathizers, in: Washington Post vom 14.06.16 (https://www.washingtonpost.com/posteverything/wp/2016/06/14/donald-trumps-new-favorite-slogan-has-a-nazi-friendly-history/ zuletzt aufgerufen am 28.03.20, 17:17).
Stefan Reiß: Fichtes *Reden an die deutsche Nation* oder: Vom Ich zum Wir, Berlin 2006.
Stefan Reiß: Fichte in Berlin. Öffentliches Engagement und Arbeit am System, in: Baumann (Hg.), 9–46.
Alain Renaut: Présentation, in: J. G. Fichte, Dicours à la nation allemande, Paris 1992, 7–48.
Timothy W. Ryback: Hitler's Private Library. The Books that Shaped his Life, London 2010.
Frank Salter: Risky Transactions: Trust, Kinship and Ethnicity, New York/Oxford 2002.
Frank Salter: Welfare, Ethnicity and Altruism: New Findings and Evolutionary Theory, London 2004.
Frank Salter: On Genetic Interests: Family, Ethnicity and Humanity in an Age of Mass Migration, London 2006.
Jürgen Sandmann: Der Bruch mit der humanitären Tradition. Die Biologisierung der Ethik bei Ernst Haeckel und anderen Darwinisten seiner Zeit, Stuttgart/New York 1990.
Wolfgang Schivelbusch: Die Kultur der Niederlage. Der amerikanische Süden 1865, Frankreich 1871, Deutschland 1918, Frankfurt a. M. 2003.
Karl Schlechta: Der Trend des Biologismus zur Weltanschauung im 19. Jahrhundert, in: G. Mann (Hg.), Biologismus im 19. Jahrhundert, Stuttgart 1973, 1–9.
Wilhelm Schmidt-Biggemann: Die Freiheit, der Wille, das Absolute. Fichte als Ausdenker Rousseaus, in: H. Jaumann (Hg.), Rousseau in Deutschland. Neue Beiträge zur Erforschung seiner Rezeption, Berlin/New York 1995, 197–219.
Carl Schmitt: Der Begriff des Politischen. Text von 1932 mit einem Vorwort und drei Corollarien, Berlin ^{8}2009.
Carl Schmitt: Völkerrechtliche Großraumordnung mit Interventionsverbot für raumfremde Mächte. Ein Beitrag zum Reichsbegriff im Völkerrecht, Berlin 1991 [ND der Ausg. Berlin/Leipzig 1941^4].
Timothy Snyder: The Road to Unfreedom. Russia, Europe, America, New York 2018.
Hans-Joachim Schoeps: Preußen. Geschichte eines Staates, Frankfurt a. M./Berlin 1981.
Pat Shipman: The Evolution of Racism. Human Differences and the Use and Abuse of Science, New York u. a. 1994.

Peter Sloterdijk: Zorn und Zeit, Frankfurt a. M. 2006.
Alois Soller: Nationale Erziehung und sittliche Bestimmung, in: Fichte-Studien 2 (1990), 89–110.
Fritz Stern: The Politics of Cultural Despair. A Study in the Rise of the Germanic Ideology, Berkeley/Los Angeles/London, 1989.
Jürgen Stolzenberg: Absolutes Wissen und Sein. Zu Fichtes Wissenschaftslehre von 1801/02, in: Fichte-Studien 12 (1997), 307–322.
Thomas Stamm-Kuhlmann: König in Preußens großer Zeit. Friedrich Wilhelm III., der Melancholiker auf dem Thron, Berlin 1992.
Res Strehle: Interview mit Peter Sloterdijk, Tages-Anzeiger Zürich vom 16.04.16 (https://www.tagesanzeiger.ch/ausland/europa/merkel-ging-einen-teufelspakt-ein/story/16212849?track, zuletzt abgerufen am 16.03.20, 18:15).
Christian Strub: Absonderung des „Volks der lebendigen Sprache" in deutscher Rede. Die Performanz von Fichtes *Reden an die deutsche Nation*, in: Philosophisches Jahrbuch 111 (2004), 384–415.
Cornelius Tacitus: Germania. Lat./Dt. (erläutert und mit einem Nachwort hg. von M. Fuhrmann), Stuttgart 1997.
Hartmut Traub: J. G. Fichtes Populärphilosophie 1804–1806, Stuttgart-Bad Cannstatt 1992.
Carl Trautwein: Über Ferdinand Lassalle und sein Verhältnis zur Fichteschen Sozialphilosophie, Jena 1913.
Heinrich v. Treitschke: Fichte und die nationale Idee (1862), in: Aufsätze, Reden und Briefe. 2 Bde. (hg. von K. M. Schiller), Meersburg 1929, Bd. 1, 250–274.
Heinrich v. Treitschke: Die Freiheit (1861), in: ebd., Bd. 2, 9–42.
Peter Walkenhorst: Nation – Volk – Rasse. Radikaler Nationalismus im Deutschen Kaiserreich 1890–1914, Göttingen 2007.
Hans-Ulrich Wehler: Deutsche Gesellschaftsgeschichte. 5 Bde., München 2008.
Volker Weiß: Die autoritäre Revolte. Die Neue Rechte und der Untergang des Abendlandes, Stuttgart 2018.
Benno von Wiese: Herder, in: Theodor Haering (Hg.), Das Deutsche in der deutschen Philosophie, Stuttgart/Berlin 1942^2, 273–294.
Markus Willinger: Die identitäre Generation. Eine Kriegserklärung an die 68er, London 2013.
Bernard Willms: Idealismus und Nation. Zur Rekonstruktion des politischen Selbstbewußtseins der Deutschen, Paderborn u.a. 1986.
Bernard Willms: Die Deutsche Nation. Theorie – Lage – Zukunft, Köln-Lövenich 1982.
Bernard Willms: Philosophie der Selbstbehauptung, Schnellroda 2014^2.
Bernard Willms: Identität und Widerstand. Rede aus dem deutschen Elend, Schnellroda 2016^2.
Herman Wirth: Der Aufgang der Menschheit. Untersuchungen zur Geschichte der Religion, Symbolik und Schrift der atlantisch-nordischen Rasse, Delhi 2015 (ND der Ausg. Jena 1928).

Herman Wirth: Was heißt deutsch? Ein urgeistesgeschichtlicher Rückblick zur Selbstbesinnung und Selbstbestimmung, Jena 1931.

Ingo Wiwjorra: Herman Wirth – Ein gescheiterter Ideologe zwischen „Ahnenerbe" und Atlantis, in: B. Danckwortt u.a. (Hg.), Historische Rassismusforschung. Ideologen – Täter – Opfer, Hamburg 1995, 91–112.

Ingo Wiwjorra: In Erwartung der „Heiligen Wende" – Herman Wirth im Kontext der völkisch-religiösen Bewegung, in: U. Puschner/C. Vollnhals (Hg.), Die völkisch-religiöse Bewegung im Nationalsozialismus. Eine Beziehungs- und Konfliktgeschichte, Göttingen 2012^2, 399–416.

Ludwig Woltmann: Politische Anthropologie. Eine Untersuchung über den Einfluss der Descendenztheorie auf die Lehre von der politischen Entwicklung der Völker, Eisenach/Leipzig 1903.

Nicholas Wright Gillham: A Life of Francis Galton. From African Exploration to the Birth of Eugenics, Oxford 2001.

Wilhelm Wundt: Völkerpsychologie. Eine Untersuchung der Entwicklungsgesetze von Sprache, Mythos und Sitte, 10 Bde., Leipzig 1900–1920.

Wilhelm Wundt: Die Nationen und ihre Philosophie. Ein Kapitel zum Weltkrieg, Leipzig 1915^2.

MIX
Papier aus verantwortungsvollen Quellen
Paper from responsible sources
FSC® C105338

If you have any concerns about our products,
you can contact us on
ProductSafety@springernature.com

In case Publisher is established outside the EU,
the EU authorized representative is:
Springer Nature Customer Service Center GmbH
Europaplatz 3, 69115 Heidelberg, Germany

Printed by Libri Plureos GmbH
in Hamburg, Germany